HABILIDADES DIRECTIVAS

EVALUACIÓN Y DESARROLLO

RICKY W. GRIFFIN

Texas A&M University

DAVID D. VAN FLEET

Arizona State University

Traducción
Pilar Mascaró Sacristán
Enrique C. Mercado González

Traductores profesionales

Revisión técnica
Dra. Alma Delia Pérez Otero

Administración de organizaciones
Facultad de Contaduría y Administración
Universidad Nacional Autónoma de México

CENGAGE
Learning®

Australia · Brasil · Corea · España · Estados Unidos · Japón · México · Reino Unido · Singapur

CENGAGE
Learning®

Habilidades directivas. Evaluación y desarrollo.
Ricky W. Griffin y David D. Van Fleet

Presidente de Cengage Learning Latinoamérica:
Fernando Valenzuela Migoya

Director Editorial para Latinoamérica:
Ricardo H. Rodríguez

Editora de Adquisiones para Latinoamérica:
Claudia C. Garay Castro

Gerente de Manufactura para Latinoamérica:
Antonio Mateos Martínez

Gerente Editorial de Contenidos en Español para Latinoamérica:
Pilar Hernández Santamarina

Gerente de Proyectos Especiales:
Luciana Rabuffetti

Coordinador de Manufactura:
Rafael Pérez González

Editora:
Abril Vega Orozco

Diseño de portada:
Anneli Daniela Torres Arroyo

Imagen de portada:
© jorge mcleman/Shutterstock

Composición tipográfica:
Braulio Morales Sánchez

Impreso en México
1 2 3 4 5 6 7 18 17 16 15

Traducido del libro *Management Skills: Assessment and Development*.
Ricky W. Griffin and David D. Van Fleet.
Publicado en inglés por South-Western, una compañía de Cengage Learning ©2014
ISBN: 978-0-538-47292-0

Datos para catalogación bibliográfica:
Griffin, Ricky W. y David D. Van Fleet.
Habilidades directivas. Evaluación y desarrollo.
ISBN: 978-607-522-850-1

Visite nuestro sitio en:
http://latinoamerica.cengage.com

Se imprimió en los talleres de Data Color Impresores S.A de C.V., con domicilio en calle Avena No. 201, Col. Granjas México, C.P. 08400, México D.F., en el mes de noviembre de 2015. El tiraje fue de 2,500 ejemplares

Dat@ Color
IMPRESORES

DEDICATORIA

Para Griffin Grace Hilgemeier, la estrella más joven en el universo de su abuelo (RWG)
Para Ella, mi apreciada y querida colaboradora (DDVP)

CONTENIDO BREVE

CONTENIDO DETALLADO

CAPÍTULO 1   HABILIDADES CENTRALES PARA DIRIGIR   2

CAPÍTULO 4   HABILIDADES INTERPERSONALES   98

© iStockphoto.com/Robert Churchill

CAPÍTULO 6   HABILIDADES PARA DIAGNOSTICAR   188

© SelectStock

CAPÍTULO 7   HABILIDADES PARA LA COMUNICACIÓN   234

© Dmitriy Shironosov

CAPÍTULO 8 HABILIDADES DE TOMA DE DECISIONES 272

© iStockphoto.com/Steve Cole

Estilos de toma de decisiones   274

Muestrario de control interno y externo   274

Cuestionario sobre el estilo de toma de decisiones   275

Su estilo de toma de decisiones   278

El contexto para la toma de decisiones   281

Clases de decisiones   282

Condiciones para tomar decisiones   282

Toma racional de decisiones   284

Reconocer y definir la situación de la decisión   285

Identificar las alternativas   285

Evaluar las alternativas   285

Escoger una alternativa   286

Implementar la alternativa seleccionada   287

Seguimiento y evaluación de los resultados   288

Procesos conductuales y toma de decisiones   288

El modelo directivo   288

Coaliciones y toma de decisiones   289

La intuición   289

Escalar el compromiso   290

Propensión al riesgo y toma de decisiones   291

Ética y toma de decisiones   291

Toma de decisiones participativa y en grupos   291

La participación y la implicación de los empleados   291

Toma de decisiones en grupos y en equipos   292

Formas de toma de decisiones en grupos y en equipos 292 • Ventajas de la toma de decisiones en grupos y en equipos 293 • Desventajas de la toma de decisiones en grupos y en equipos 293 • Dirigir la toma de decisiones en grupos y en equipos 294

¿Cuánta participación se debe permitir?   294

Tomar decisiones para contingencias y durante crisis   296

Resumen y una mirada al futuro   298

Habilidades de toma de decisiones en acción 1   298

Habilidades de toma de decisiones en acción 2   299

Cómo escoger carrera   299

Cómo escoger a los miembros de un equipo   300

Toma de decisiones y comunicación   302

Estudiar un componente del sistema de control de una organización   303

Decisiones para reducir costos   304

Evaluar la capacitación   305

La toma de decisiones individual o en grupo nominal   306

Preparar una relación o un diagrama de afinidad para la toma de decisiones   306

Diseñar una nueva organización   307

Toma de decisiones y comunicación en una pequeña empresa   308

Decisiones, decisiones, decisiones   309

Lufthansa   310

Extensiones para el grupo   312

Extensiones individuales   312

Evaluación de sus habilidades de toma de decisiones 313

Habilidades de toma de decisiones 313

Resumen de sus calificaciones 314

Interpretación de sus calificaciones 314

Estilos de toma de decisiones   314

Muestrario de control interno y externo   315

Cuestionario acerca del estilo para resolver problemas   315

Su estilo de toma de decisiones   316

CAPÍTULO 9 HABILIDADES TÉCNICAS 320

CAPÍTULO 10   TRANSICIÓN DE LA DIRECCIÓN AL LIDERAZGO   362

¿Qué tan carismático es usted?   364

Cuestionario sobre el comportamiento del líder directivo   365

Diferencias entre dirigir y liderar   367

Comprensión de los elementos básicos del liderazgo   368

Poder y liderazgo 368

Poder legítimo 368 • Poder para incentivar 368 • Poder coercitivo 369 • Poder de referencia 369 • Poder de experto 369 • Uso del poder 369

Rasgos del liderazgo 370

Conductas del liderazgo 370

Estudios de Michigan 370 • Estudios de Ohio State 370 • Grid gerencial 371

Comprensión de los enfoques situacionales del liderazgo   372

Teoría CMP 372

Carácter favorable de la situación 373 • Carácter favorable y estilo del líder 373 • Flexibilidad del estilo del líder 374

Teoría de la ruta-meta 374

Conducta del líder 374 • Factores situacionales 374

Enfoque del intercambio líder-miembros 375

Comprenda las perspectivas afines sobre el liderazgo   376

Sustitutos del liderazgo 376

Liderazgo carismático 377

Liderazgo transformacional 378

Liderazgo intercultural 378

Liderazgo ético 378

Resumen y una mirada al futuro   379

Habilidades de liderazgo en acción 1   379

Habilidades de liderazgo en acción 2   380

Haga un dibujo del liderazgo   380

Analice el estilo de liderazgo   380

Directores y líderes   381

¿Quiénes son los líderes?   381

Las dificultades del liderazgo   382

Papel o no: Xerox lo ha cubierto   383

Extensiones para el grupo   385

Extensiones individuales   386

¿Qué tan carismático es usted?   386

Cuestionario sobre el comportamiento del líder directivo   387

APÉNDICE A 391

APENDICE B 401

GLOSARIO 415

ÍNDICE ANALÍTICO 421

Ricky W. Griffin es profesor distinguido y ocupa la cátedra Blocker de negocios en la universidad de Texas A&M. Es miembro de la Academy of Management y de la Southern Management Association. Obtuvo su grado de doctorado en comportamiento organizacional en la Universidad de Houston. Trabajó como editor en el *Journal of Management* y como directivo en la División Regional del Sudoeste de la Academy of Management, y la Southern Management Association así como la División de Métodos de Investigación y la División de Comportamiento Organizacional de la Academy of Management. Griffin fue profesor de la Universidad de Misuri (Columbia) durante tres años y después ingresó a la Universidad de Texas A&M en 1981. Sus temas de investigación incluyen la violencia en el centro de trabajo, la salud e higiene de los empleados en el centro laboral y la cultura en el trabajo. Es un autor muy respetado y reconocido por sus investigaciones en el terreno de la administración, la dirección y la conducta organizacional, y ha escrito muchos libros de texto exitosos, entre otros: *Management, Fundamentals of Management, Organizational Behavior, Human Resource Management, Introduction to Business* e *International Business*.

David D. Van Fleet es profesor de administración en la Escuela Morrison de Agroindustria y Administración de Recursos de la Universidad estatal de Arizona. Es miembro de la Academy of Management y la Southern Management Association. Obtuvo su grado de doctorado en economía y administración en la Universidad de Tennessee-Knoxville. Trabajó como editor en el *Journal of Management* y el *Journal of Behavioral and Applied Management*, y fue directivo de la División Regional del Sudoeste de la Academy of Management, la Southern Management Association y la División de Historia de la Administración de la Academy of Management. Van Fleet fue profesor en la Universidad de Tennessee, la Universidad de Akron y la Universidad de Texas A&M, antes de mudarse al estado de Arizona en 1989. Algunos de los temas de sus investigaciones son la violencia en el centro de trabajo, el liderazgo y la historia de la administración. Van Fleet es un respetado autor de muchos libros exitosos, entre otros: *The Violence Volcano, Workplace Survival, Contemporary Management, Behavior in Organizations* y *Organizational Behavior: A Managerial Viewpoint*.

PREFACIO

Las escuelas de administración y negocios llevan muchas décadas impartiendo cursos de administración o dirección. Cuando planeamos y creamos este libro, nuestra visión fue adoptar una perspectiva enteramente nueva para que usted pudiese aprender por un camino mejor esas temáticas. Nuestro punto focal son las habilidades básicas de la dirección, y nuestro planteamiento nace de la perspectiva de un aprendizaje activo. En concreto, pensamos que usted puede aprender definiciones, modelos, esquemas y teorías cuando lee acerca de ellos, pero creemos que para que pueda mejorar en realidad sus capacidades directivas y administrativas debe ser un participante activo en el proceso del aprendizaje.

ESTILO Y PLANTEAMIENTO

Para cumplir nuestro propósito nos planteamos crear este libro con un conjunto específico de características en mente. En particular, queríamos que tuviese:

Contenido basado en investigaciones o teorías. Cada uno de los conceptos y de las premisas que contiene este libro se basan en teorías o investigaciones válidas. No somos partidarios del club de "la moda del mes" basada en anécdotas de la prensa popular que hablan de lo que le funcionó a un director en una organización y en una situación particular. En cambio, derivamos nuestro material de teorías e investigaciones serias y sistemáticas realizadas por expertos en el campo.

Enfoque realista aplicado en la práctica. Por otro lado, no dependemos exclusivamente de las ideas provenientes de las investigaciones o las teorías y, acto seguido, suponemos que usted sabrá aplicar ese conocimiento. En cambio, presentamos infinidad de ejemplos que ilustran por qué muchos directores, de toda una gama de organizaciones y en contextos realistas, han tenido éxito o han fracasado haciendo las cosas de forma consistente o inconsistente partiendo de teorías e investigaciones sólidas.

Modelo de aprendizaje activo. Además, pensamos que usted aprenderá mejor si toma parte activa en el proceso didáctico. Por tanto, si bien el libro presenta de modo tradicional el contenido básico, este se rodea de una amplia variedad de ejercicios activos, casos y otras actividades más.

Marco para una evaluación integral. Por lo habitual, la evaluación se presenta de una sola manera: exámenes, casos, proyectos y demás que son calificados por su profesor. Esa forma de evaluación será probablemente parte de su curso, pero este libro también incluye un marco para una evaluación integral. En concreto, usted podrá evaluar qué tanto domina en la actualidad cada una de las habilidades centrales de la administración, y más adelante tendrá oportunidad de evaluarlas de nueva cuenta después de que las haya estudiado y, además, empleado en la práctica. Por lo tanto, obtendrá una lectura directa de lo que ha mejorado. Puede contestar esas evaluaciones en el libro y también en línea, en el sitio de Course Mate.*

Fácil de leer y atractivo. Algunos libros de texto son áridos y aburridos. Hemos hecho nuestro mejor esfuerzo por presentar este material utilizando un estilo amable y fácil de leer, e incluyendo numerosos ejemplos para que resulte más interesante y accesible.

ORGANIZACIÓN LÓGICA

En su nivel más básico, este libro habla de las habilidades centrales que necesitan los directores, gerentes y ejecutivos actuales y futuros. Nuestro propósito es ayudarle a aprender y a desarrollar esas destrezas básicas de modo que tenga una buena preparación para iniciar una carrera en la administración y dirección o para que se desempeñe con más efectividad en su puesto actual. Si ya ha iniciado su carrera, este libro le ayudará a prepararse para puestos futuros en niveles más altos. El texto habla de las siguientes habilidades centrales: para administrar el tiempo, interpersonales, conceptuales, para diagnosticar, para la comunicación, de toma de decisiones y técnicas.

El primer capítulo habla de la índole del trabajo del administrador y relaciona las habilidades directivas con las funciones y los roles que constituyen ese trabajo. El capítulo 2 repasa el camino para que usted aprenda y desarrolle con efectividad las habilidades directivas centrales. Los capítulos 3-9

---

*Este material se encuentra disponible en inglés.

abordan de una en una aquellas habilidades centrales. El capítulo 10 plantea los procesos asociados a la síntesis de estas habilidades y cómo aplicarlas para transitar de los puestos ejecutivos o directivos a los de liderazgo. El apéndice A incluye un instrumento para una evaluación global el cual le servirá para conocer sus fortalezas y debilidades en cada una de las habilidades centrales del libro (desde el principio del capítulo 1 tendrá que consultar este apéndice). Por último, incluimos el apéndice B, que le ayudará con sus habilidades para buscar empleo y hacer carrera.

CARACTERÍSTICAS PEDAGÓGICAS

Este libro emplea varias características pedagógicas para facilitar el aprendizaje y para aplicar el conocimiento y las habilidades.

Introducción y evaluación. Cada capítulo inicia con una breve introducción. A continuación presenta un cuestionario como parte de una evaluación diagnóstica que le servirá para calificar qué tanto domina actualmente el uso de la habilidad que explica el capítulo. El cuestionario inicial (incluido en el apéndice A) es bastante largo porque cubre todas las habilidades centrales. Los cuestionarios de evaluación de cada capítulo son bastante más cortos porque solo abarcan una habilidad. Las evaluaciones terminan con datos para una interpretación normativa que le servirá para comparar su dominio de las habilidades con el de otros gerentes o directores como usted.

Aprender elementos básicos de la habilidad. Después de cada evaluación, el libro presenta una explicación de la habilidad, con todo detalle, de cómo se relaciona usted en otras áreas del trabajo directivo y la razón de su importancia.

Visualizar la habilidad. A continuación, le ayudamos a visualizar las habilidades refiriéndonos a escenas de algunas películas que se exponen con el libro. Además, el *Instructor's Manual* sugiere escenas de infinidad de películas populares que también ilustran las destrezas en acción. Esas películas se pueden conseguir por lo habitual en bibliotecas públicas o universitarias y también en línea y en negocios que rentan películas.

Practicar y usar las habilidades. Las secciones adicionales presentan ejercicios y casos que le servirán para poner en práctica sus habilidades y que ofrecen la posibilidad de reflexionar más y perfeccionarlas. Después de esas secciones hemos incluido otros ejercicios para que amplíe su dominio de la habilidad en un contexto individual o uno de grupo.

Reevaluaciones. Los capítulos 3-9 se concentran en las habilidades administrativas centrales y contienen una evaluación para después del aprendizaje que le ayudará a medir qué tanto ha mejorado en el uso de las habilidades que se plantean en dichos capítulos.

Interpretaciones. Por último, cada capítulo termina con datos adicionales para su interpretación.

Características adicionales. Además de crear un contenido sólido y efectivo, también trabajamos estrechamente con nuestros editores para cerciorarnos de que el diseño y la presentación del libro fueran atractivos y accesibles. El uso efectivo de colores, fotografías y otros elementos innovadores del diseño lo ayudarán a interesarse en el proceso de aprendizaje. Diversos materiales de apoyo en la web también mejorarán su experiencia al aprender.*

Materiales de apoyo*

Nuestro texto ofrece un conjunto completo de materiales de apoyo para los profesores y los estudiantes.

- *CD de recursos para el profesor*.* Los profesores encontrarán todo lo necesario a efecto de crear un entorno interactivo y dinámico para el aprendizaje usando todos los materiales auxiliares fundamentales para el docente (*Instructor's Manual*, banco de exámenes, ExamView® y diapositivas de PowerPoint®). Este potente CD-ROM proporciona el instrumento más reciente para ahorrar tiempo cuando se adaptan a modo las clases y las presentaciones. El *Instructor's Manual* contiene resúmenes y esquemas de los capítulos, mejoras para las clases, sugerencias para aplicar ejercicios, interpretaciones para las evaluaciones, respuestas sugeridas para las preguntas de los casos de los capítulos y mucho más. El banco de exámenes contiene reactivos de opción múltiple, de verdadero/falso y abiertas. Cada pregunta está complementada con útiles metadatos. ExamView® contiene todas las preguntas del banco de exámenes impreso. El docente puede añadir, editar o seleccionar preguntas, instrucciones y respuestas específicas (aleatoria o numéricamente) sin dificultad alguna

---

*Este material se encuentra disponible en inglés.

en la pantalla. Dé vida a sus clases con diapositivas dinámicas PowerPoint® Lecture Presentation las cuales están ordenadas por capítulo y se pueden modificar con facilidad.

- *DVD**. Los estudiantes pueden ver cómo los conceptos del texto adquieren vida en la colección de videoclips. Estos contienen los correspondientes ejercicios de *Visualizing the Skill* en ocho capítulos y un apéndice. Los videoclips son de películas contemporáneas populares, como *In Good Company, Failure to Launch, Friday Night Lights, Casino* y *Charlie Wilson's War*. La guía de DVD anexa (disponible en el sitio web *Instructor's Companion*) ofrece descripciones detalladas de los segmentos, inclusive las metas de aprendizaje del capítulo y una sinopsis. El DVD es magnífico a efecto de usarlo en clase, y es posible acceder a esos mismos videos, para emplearlos fuera del aula, por medio de CengageNOW*, CourseMate* y WebTutor.*

- *Sitio web Text Companion**. Acceda a recursos importantes para la enseñanza en este sitio web. Los profesores pueden descargar versiones electrónicas de los suplementos para el profesor contenidos en la sección del sitio protegida por una clave, inclusive el manual del profesor, el banco de exámenes y las presentaciones PowerPoint®.

- Si desea acceder a estos materiales adicionales del curso y recursos acompañantes, visite por favor www.cengagebrain.com. En la página principal CengageBrain.com*, busque el ISBN 978-0-538-47292-0 Esto lo llevará a la página del producto donde encontrará recursos de apoyo gratuitos.

- *MANAGEMENT CourseMate**. El nuevo sitio web MANAGEMENT CourseMate, cautivante, rastreable y asequible, es un camino dinámico para dar vida a los conceptos del curso mediante instrumentos interactivos para el aprendizaje, la preparación de exámenes y el estudio que apoyan esta edición impresa del texto. Vea cómo se proyecta la comprensión de los estudiantes con las novedosas tarjetas y los juegos cautivantes, las autoevaluaciones interactivas, el *streaming* de videos y mucho más en este sitio web específico del sitio. Un *e-book* completo le proporciona lo mejor de una experiencia completa de aprendizaje en línea. ¡MANAGEMENT CourseMate va más allá del libro para proporcionarle todo lo que necesita!

- *CengageNOW**. Este sólido sistema para un curso de administración en línea le permite tener un mayor control en menos tiempo, así como obtener mejores resultados de los estudiantes YA. CengageNOW para el libro *Habilidades directivas* de Griffin/Van Fleet incluye recursos para la enseñanza y el aprendizaje organizados en torno a las clases prácticas, la creación de tareas, las calificaciones, los cuestionarios y el seguimiento del avance y el desempeño de los alumnos. Algunas opciones flexibles para las asignaciones son las autoevaluaciones, los ejercicios prácticos, los ejercicios de representación de roles, las preguntas para el análisis de los casos y muchas más. Las pruebas de los videos presentan segmentos que se abordan en la sección Visualize the Skill que presentan los capítulos. Como ya dijimos, estos videoclips han sido tomados de películas populares contemporáneas, como *In Good Company, Failure to Launch, Friday Night Lights, Casino* y *Charlie Wilson's War*. Con ver un breve videoclip y contestar las preguntas de opción múltiple correspondientes, los estudiantes pueden saber cuánto conocen acerca de las habilidades. Estas características mejoran el enfoque único del texto que busca no solo explicar las habilidades administrativas y directivas sino también mostrarlas en acción. La calificación automática y la opción de una plantilla de calificaciones permiten tener más control, pero a la vez le ahorrarán tiempo valioso. Un instrumento personalizado para diagnosticar qué estudiar permite a los estudiantes dominar los conceptos, prepararse para los exámenes e involucrarse más en clase.

- *WebTutorTM for Blackboard® o WebCT®**. Inicie su curso con este instrumento de enseñanza y aprendizaje basado en la web, diseñado específicamente para *Habilidades directivas* de Griffin/VanFleet. Fácilmente combine, añada, edite, reconozca o elimine contenido, inclusive activos de medios, cuestionarios, ligas a la web, temas de discusión, juegos interactivos, ejercicios y mucho más. Estos recursos complementan la experiencia del aula y garantizan que los estudiantes saldrán con las herramientas necesarias para triunfar en la administración y la dirección hoy en día.

Esperamos que, a medida que vaya afirmando sus bases en la dirección, encuentre que este libro es un recurso valioso. La práctica de la administración es un desafío y un agasajo. Hemos tratado de crear un libro que lo preparará para su primer puesto gerencial y, más adelante, para su ascenso a puestos directivos de niveles superiores. Por favor envíenos sus comentarios y retroalimentación a: rgriffin@tamu.edu y ddvf@asu.edu.

Ricky W. Griffin
David D. Van Fleet

AGRADECIMIENTOS

Los dos iniciamos nuestra carrera docente, hace más años de lo que quisiéramos pensar! Si contamos desde nuestras primeras clases, hemos formado a miles de estudiantes, literalmente. En su mayoría han sido alumnos tradicionales de tiempo completo, pero muchos otros han sido estudiantes de medio tiempo, extemporáneos, administradores en activo y directores de niveles altos. Por lo tanto, nuestro primer agradecimiento va dirigido a todos ellos y ellas a quienes hemos tenido el privilegio de conocer y de quienes igualmente hemos aprendido.

También queremos dar las gracias al sólido equipo de profesionales de Cengage Learning. Scott Person y Julia Chase son dos profesionales de primera que han encabezado y dirigido este proyecto desde el principio. Jonathan Monahan ha desempeñado un papel central en la creación de los planes de marketing del libro. Otras personas que han contribuido enormemente son Erin Joyner, Colleen Farmer, Rob Ellington, Tamara Grega, Scott Rosen y Christie Barros. Además, queremos dar las gracias a Carol Heeter, Cheryl Meheden, Charlie Cook, Susan Leshnower y Damaris Herlihy por lo bien que prepararon los suplementos. Un agradecimiento especial a Karen Baker por su magnífica ayuda en las investigaciones.

Varios revisores también nos ayudaron a afinar nuestras ideas y enfoque. Damos las gracias a los siguientes profesionales que fueron fundamentales:

Kathryn Archard
University of Massachusetts Boston

Genie Black
Arkansas Technical University

Scott Bryant
Montana State University

Jonathan Bundy
University of Georgia

Frank Carothers
Somerset Community College

Duane Collette
Skagit Valley College

Christine Day
Eastern Michigan University

Daniel Degravel
California State University: Northridge

Ivan Filby
Greenville College

Monica C. Gavino
Saint Xavier University

David Glew
University of North Carolina Wilmington

Dr. Alan Goldman
Arizona State University

Kimberly Goudy
Central Ohio Technical College

Douglas A. Greiner
University of Toledo

George Griffin
Spring Arbor University

Joanne Hix
Dallas Baptist University

John Humphreys
Texas A&M University

Gerri Hura
Buffalo State College

Jonatan Jelen
The City College of New York

Toni Knechtges
Eastern Michigan University

Barbara Limbach
Chadron State College

Jerry Luckett
Dakota Wesleyan University

Karen Markel
Oakland University

Erin Makarius
Canisius College

Donald W. McCormick
California State University: Northridge

Heather S. McMillan
Southeast Missouri State University

Cheryl Meheden
University of Lethbridge

Tracy K. Miller
University of Dayton

Morgan Milner
Eastern Michigan University

Elouise Mintz
Saint Louis University

Peter Morgan
British Columbia Institute of Technology

David W. Murphy
Madisonville Community College

David Nemi
Niagara County Community College

Buddy Jo Tanck
*Miami County Campus of Fort Scott
Community College*

Elaine Tweedy
The University of Scranton

Paula Weber
St. Cloud State University

Carolyn Wiethoff
Indiana University

John Yudelson
California State University: Channel Islands

Maria Vitale
Chaffey College

Paula Weber
St. Cloud State University

Robert Zahrowski
*Oregon Institute of Technology, OIT (Portland
campus)*

Por último, no queremos omitir nuestro agradecimiento por las innumerables contribuciones de nuestras familias a nuestro trabajo, Glenda, Dustin, Ashley y Matt enriquecen la vida de Ricky en más sentidos de lo que suponen, también le ayudan a no perder el piso y le recuerdan hacer una pausa para oler las rosas. Ella, Dirk y Marijke ayudan constantemente a David a comprender y apreciar el mundo del trabajo y, cuando se necesita, le brindan la ocasión de hacer todo a un lado.

CAPÍTULO

1

HABILIDADES CENTRALES PARA DIRIGIR

Este capítulo monta el escenario para que usted llegue a dominar las habilidades (o competencias) centrales para dirigir porque le ayudará a conocer mejor el tema de la dirección: su significado, sus funciones básicas y el modo en que las funciones y las actividades de los profesionales en la materia embonan para que puedan crear, guiar y dirigir una organización. En primer término, incluimos una definición de dirección y presentamos las habilidades que los directores o gerentes deben tener para rendir un buen desempeño. A continuación, abordamos el concepto de la brújula organizacional el cual permitirá a los directores o gerentes evaluar mejor las competencias que necesitan en su puesto actual y las que necesitarán en puestos futuros. Por último, hablamos de las funciones y las actividades básicas de los directores o gerentes.

EVALÚE SUS HABILIDADES

HABILIDADES CENTRALES PARA DIRIGIR

Si usted desea sacar todo el provecho posible de este libro, antes de leerlo y de trabajar en sus páginas es conveniente que cuente con una evaluación inicial razonablemente exacta de sus habilidades. El apéndice A le servirá para evaluarlas y obtener una medida básica de su condición. Dado que la dirección (administración) requiere de diversas destrezas, usted necesitará un instrumento general que le permita hacer una evaluación detallada. *Por lo mismo, diríjase ahora mismo al apéndice A y conteste las preguntas de la evaluación.*

A lo largo de todo el libro usted encontrará diferentes ocasiones para reevaluar sus habilidades en ciertas áreas. Cuando compare esas evaluaciones con la inicial, que es más general, podrá ver cuánto ha avanzado o tal vez cuáles áreas tiene que volver a estudiar. Cada capítulo empieza con varias autoevaluaciones que le servirán para saber cuáles son las destrezas que necesita para ser un buen director y/o gerente. Este capítulo empieza con dos de esas autoevaluaciones.

¿QUÉ TAN BIEN CALIFICO COMO DIRECTOR O GERENTE?

La autoevaluación que aparece a continuación le ayudará a saber cuál es su enfoque de la práctica de la dirección y cuánto conoce de ella. Esta evaluación esboza las cuatro funciones más importantes de la dirección (administración): planear, organizar, dirigir y controlar. Usted debe responder en *alguno* de tres sentidos con:

1. Una respuesta basada en su experiencia directiva personal, si la tiene.
2. Una respuesta que hable de los directores eficaces (o ineficaces) que haya encontrado durante su experiencia laboral.
3. Una respuesta en términos del comportamiento que usted piensa que correspondería a un director ideal.

Instrucciones:

Recuerde una situación en la que haya sido parte de un grupo o un equipo que debía cumplir con una tarea o un proyecto específicos. Tal vez fue en un trabajo, una clase, una iglesia, un club o una organización civil. Ahora, evalúe su comportamiento en cada una de las actividades. Después de leer cada pregunta, califíquese usando la escala siguiente:

Escala de calificaciones

5 Definitivamente me comporté así.
4 Tal vez me comporté así.
3 Ni sí ni no, estoy indeciso.
2 Tal vez no me comporté así.
1 Definitivamente no me comporté así.

I. Planear

_____ 1. Preparo una orden del día para las juntas.
_____ 2. Procuro anticipar lo que sucederá en el futuro como consecuencia de mis decisiones y actos en el presente.
_____ 3. Establezco metas claras, tanto para mí como para otros.
_____ 4. Antes de tomar decisiones, analizo con detenimiento los pros y los contras que implica una situación.

_____ 5. Siempre estoy dispuesto a probar cosas nuevas y a experimentar.

_____ 6. Vislumbro con claridad cómo se debe desempeñar la tarea en cuestión.

_____ 7. Pongo mis planes por escrito para que otros sepan exactamente de qué tratan.

_____ 8. Procuro ser flexible para poder adaptarme a las condiciones cambiantes.

_____ 9. Procuro anticipar los obstáculos que se presentarán para saber cómo superarlos y alcanzar las metas.

_____ 10. Analizo con otros mis planes y los involucro al hacerlos.

_____Total de la sección I

II. Organización

_____ 1. Procuro sujetarme al plan cuando desempeño la tarea.

_____ 2. Procuro involucrarme con los diferentes pasos o partes que se necesitan para terminar la tarea en cuestión.

_____ 3. Pondero distintas maneras de desempeñar la tarea antes de decidir el curso de acción que seguiré.

_____ 4. Tengo muy claro el orden de prioridad de las actividades necesarias para terminar la tarea.

_____ 5. Me encargo de que otros estén informados acerca del avance alcanzado antes de terminar la tarea.

_____ 6. Estoy abierto a otras maneras de desempeñar la tarea, incluso las novedosas.

_____ 7. Modifico la secuencia de las actividades implicadas cuando cambian las circunstancias.

_____ 8. Tengo muy claro el modo en que deben estar estructurados los pasos necesarios para terminar la tarea.

_____ 9. Dirijo (o, en su caso, sigo) cuando es conveniente para corroborar el avance en el desempeño de la tarea.

_____ 10. Me coordino con otros integrantes para cerciorarnos de que el avance en el desempeño de la tarea sea sostenido.

_____Total de la sección II

III. Dirección

_____ 1. Pongo el ejemplo de lo que deben hacer otros miembros del grupo.

_____ 2. Soy muy bueno para motivar a otros miembros del grupo.

_____ 3. Procuro mantener un equilibrio entre hacer que se cumpla el trabajo y mantener el espíritu del trabajo en equipo.

_____ 4. Procuro manejar los conflictos de manera constructiva, nada amenazante.

_____ 5. Ofrezco guía y capacitación pensando que pueden ayudar a otros miembros del grupo a desempeñar mejor sus funciones.

_____ 6. Escucho las sugerencias que me hacen otros miembros del grupo.

_____ 7. Mantengo a todos informados acerca de las actividades y los avances del grupo.

_____ 8. Mi interés por el trabajo de otros es en verdad auténtico.

_____ 9. Soy respetuoso cuando planteo sugerencias constructivas a otros miembros del grupo.

_____ 10. Comprendo las necesidades de otros y los animo a que tomen la iniciativa para satisfacerlas.

_____Total de la sección III

IV. Control

_____ 1. Evalúo con regularidad la cantidad y la calidad de los avances alcanzados en la tarea en cuestión.

_____ 2. Procuro asegurarme de que la información que tengo es oportuna, exacta, completa y relevante.

_____ 3. Comparto información rutinariamente con otros para ayudarles a desempeñar sus tareas.

_____ 4. Comparo los avances con los planes y tomo medidas correctivas conforme se necesitan.

_____ 5. Administro mi tiempo y ayudo a otros a hacer lo propio con el suyo.

_____ 6. Cuento con buenas fuentes de información, o métodos eficaces para obtenerla.

_____ 7. Uso la tecnología (computadoras, tabletas, teléfonos inteligentes, etc.) para monitorear los avances y comunicarme con otros miembros del grupo.

_____ 8. Anticipo las reacciones negativas que se podrían presentar y tomo medidas para minimizarlas.

_____ 9. Reconozco que "visualizar los problemas antes de que ocurran" es mejor que "arreglar los problemas una vez que han ocurrido".

_____ 10. Procuro equilibrar mi atención entre los muchos pasos diferentes que se necesitan para terminar la tarea en cuestión.

_____Total de la sección IV

Fuentes: Adaptado de Van Fleet, D.D., Van Fleet, E.W. y Seperich, G.J., *Principles of Management for Agribusiness*, Clifton Park, Nueva York, Delmar-Cengage Learning, 2013; Griffin, R.W., *Management, Mason*, Ohio, South-Western Cengage Learning, 2011, y Van Fleet, D.D., *Behavior in Organizations*, Boston, Houghton Mifflin, 1991, en colaboración con G. Moorhead y R.W. Griffin.

Vea las interpretaciones al final de este capítulo.

DESCRIBO MI PERFIL

Esta evaluación es un perfil de sus habilidades directivas básicas, según su propia descripción. Los incisos de la lista son las destrezas y las características personales recomendadas por la American Assembly of Collegiate Schools of Business (AACSB) como las que deben ser fomentadas en los estudiantes universitarios de las carreras administrativas y de dirección.

Instrucciones:
Evalúe sus diez características personales con la escala siguiente:

F = *Fuerte: tengo entera confianza en esta.*
M = *Mediana: hay espacio para que crezca.*
D = *Débil: tengo mucho por hacer en esta.*
? = *No sé: sencillamente no sé.*

_____ 1. *Pensamiento crítico:* Su capacidad para evaluar con detenimiento los supuestos y otros aspectos de su pensamiento para llegar a distintos cursos de acción viables.

_____ 2. *Vigor y resistencia al estrés:* Su capacidad para desempeñar sus tareas cuando tiene que trabajar más horas de lo normal y en condiciones estresantes.

_____ 3. *Habilidades multiculturales:* Su capacidad para trabajar sin prejuicios o sesgos de índole racial, étnica, de género y otros más.

_____ 4. *Tolerancia a la incertidumbre:* Su capacidad para desempeñar sus tareas a pesar de que existan condiciones ambiguas o inciertas.

_____ 5. *Habilidades interpersonales:* Su capacidad para interactuar bien con otros.

_____ 6. *Metas laborales internas:* Su capacidad para establecer metas personales a efecto tanto de rendir un gran desempeño como de trabajar con el propósito de alcanzarlas.

_____ 7. *Habilidades para manejar el cambio:* Su capacidad para ser flexible y adaptarse a los cambios.

_____ 8. *Confianza en sí mismo:* Su capacidad para actuar consistentemente con eficacia y decisión.

_____ 9. *Habilidades para trabajar en equipo:* Su capacidad para trabajar en cooperación dentro de un grupo.

_____ 10. *Objetividad frente a sí mismo:* Su capacidad para evaluar sus fortalezas y debilidades personales así como conocer sus motivos y destrezas para las tareas requeridas.

_____ 11. *Habilidades para la negociación*: Su capacidad para analizar sus diferencias con otros y para llegar juntos a resultados aceptables.

_____ 12. *Introspección*: Su capacidad para aprender de su propia experiencia, conciencia y conocimiento de sí mismo.

_____ 13. *Habilidades para la comunicación*: Su capacidad para emplear los medios indicados a efecto de transmitir información y que esta sea comprendida.

_____ 14. *Iniciativa emprendedora*: Su capacidad para solucionar problemas y aprovechar oportunidades a efecto de lograr un cambio constructivo.

_____ 15. *Habilidades para dirigir*: Su capacidad para influir en otros y para motivarles a efecto de que desempeñen una tarea o alcancen objetivos comunes.

Calificación:

Anótese un punto por cada respuesta con la palabra Fuerte, y medio punto por cada respuesta con la palabra Mediana. Las respuestas Débil o No sé no valen puntos.

    Calificación total: _____

Fuentes: "Recommendations to AACSB International from the Globalization of Management Education Task Force", Tampa, Florida, AACSB International-The Association to Advance Collegiate Schools of Business, 2011; "Management Education at Risk", San Luis, Misuri, AACSB International-The Association to Advance Collegiate Schools of Business, abril de 2002; "Outcome Measurement Project, Phase I and Phase II Reports", San Luis, Misuri, American Assembly of Collegiate Schools of Business, 1986 y 1987.

Vea las interpretaciones al final de este capítulo.

 ENTRE EN Griffin/VanFleet Assessment Library para ver las versiones en línea de esta evaluación y otras más.*

*Este material se encuentra disponible en inglés.

APRENDA QUÉ SON LAS HABILIDADES

Starbucks emplea diversos recursos, entre ellos el café en grano, los empleados y la información financiera. Otras compañías usan diferentes combinaciones de recursos.

dirección
conjunto de actividades (inclusive planear y tomar decisiones, organizar, dirigir y controlar) enfocado a los recursos (humanos, financieros, físicos y de información) de una organización con el propósito de alcanzar de forma eficiente y eficaz las metas de esta

¿QUÉ ES LA DIRECCIÓN

En general, la dirección (administración) es definida como el conjunto de actividades (inclusive, planear y tomar decisiones, organizar, dirigir y controlar) enfocado a los recursos (humanos, financieros, físicos y de información) de una compañía con el propósito de alcanzar de forma eficiente y eficaz las metas de esta. La última frase de nuestra definición tiene especial importancia porque subraya el objetivo básico de la dirección; es decir, asegurar que la organización alcance con eficiencia y eficacia sus metas. Con eficiente queremos decir usar los recursos debidamente, con costos eficientes. Por ejemplo, una compañía como Honda, que fabrica productos de gran calidad a un costo relativamente bajo, es eficiente. Con efectiva queremos decir que la compañía toma las decisiones correctas y las implementa debidamente. Honda también fabrica automóviles de estilo y calidad necesaria para despertar el interés y la confianza de los consumidores. Por otro lado, una compañía podría fabricar con eficiencia computadoras laptop, voluminosas y pesadas, con pocas opciones y con capacidades limitadas, pero no tendría éxito porque hoy los usuarios de las laptop quieren máquinas pequeñas y ligeras, con múltiples capacidades. Una empresa que fabrica productos que nadie quiere no es eficaz. En general, las organizaciones que tienen éxito durante mucho tiempo son tanto eficientes como eficaces.[1]

Todas las organizaciones usan cuatro clases básicas de recursos de su entorno: los humanos, los financieros, los físicos y los de información. Los *recursos humanos* incluyen el talento de los directores y/o administradores, así como de los empleados. Los *recursos financieros* son el capital que la organización emplea para costear las operaciones iniciales, las corrientes y las que desarrollará a largo plazo. Los *recursos físicos* incluyen las materias primas, los edificios de oficinas, las fábricas y su equipamiento. Los *recursos de información* son los datos útiles que usará para tomar decisiones eficaces.

Los directores son los encargados de combinar y coordinar los distintos recursos con la finalidad de alcanzar las metas de la organización. Por ejemplo, uno de Chevron usa tanto el talento de los ejecutivos y los trabajadores de las plataformas de perforación, como las utilidades etiquetadas para su reinversión, las refinerías, los edificios de oficinas y otras instalaciones existentes, al igual que los pronósticos de ventas, para tomar decisiones en función de la cantidad de petróleo que será refinado y distribuido durante el trimestre entrante. Por otro lado, el alcalde (administrador) de Chicago usaría al cuerpo de policía, una partida del gobierno (tal vez complementada con el superávit de la recaudación fiscal), las estaciones de policía existentes y las estadísticas detalladas de los delitos para emprender un gran

> ❝ *'Los negocios son sencillos. La tarea de los directores es cuidar a los empleados. La tarea de los empleados es cuidar a los clientes. Los clientes felices cuidan a los accionistas. Es un círculo virtuoso.'* ❞
>
> JOHN MACKEY
> Fudador y CEO de
> Whole Foods[2]

© Forbes, febrero 14, 2005, p. 110.

© Matthew Mahon/Redux

programa de prevención de la delincuencia en la ciudad. ¿Cómo combinan y coordinan de modo eficaz y eficiente estos administradores y otros las distintas clases de recursos? Lo hacen recurriendo a un conjunto de habilidades directivas centrales para cumplir con las funciones administrativas básicas.

LAS HABILIDADES DIRECTIVAS CENTRALES

Muchos decenios de teorías, investigaciones y práctica han señalado las numerosas habilidades que los directores y/o gerentes deben poseer y poner en práctica en distintas circunstancias. Sin embargo, no existe consenso universal respecto del conjunto específico que deben tener de ellas. También sucede que la importancia de las destrezas y la frecuencia con la que se usan cambian dependiendo de los diferentes contextos. Para complicar más las cosas, en algunos casos las diferencias entre unas habilidades y otras son evidentes, mientras que hay casos en que unas se sobreponen a otras. Sin embargo, las teorías y las investigaciones coinciden más o menos en cuanto a la importancia de siete habilidades directivas centrales. El esquema que usamos en este libro está basado en ellas y fue creado a partir de aquel conjunto de investigaciones y teorías. Después, afinamos y validamos el esquema por medio de detenidas entrevistas a cientos de directores. Estos constituyen una muestra representativa de la industria, del tamaño de la organización, del nivel y del área funcional. Como muestra la *figura 1.1*, este libro está organizado en torno a las habilidades centrales para administrar el tiempo, las interpersonales, las conceptuales, las diagnósticas, las de comunicación, las de toma de decisiones y las técnicas.[3]

Habilidades para administrar el tiempo

Todos los directores y/o gerentes necesitan destrezas eficaces para administrar el tiempo. **Las habilidades para administrar el tiempo se refieren a la capacidad del director para ordenar por prioridad sus actividades, trabajar con eficiencia y delegar correctamente.** Ellos

eficiente usar los recursos debidamente, con costos eficientes. Por ejemplo, una compañía como Honda, que fabrica productos de gran calidad con costos relativamente bajos, es eficiente

eficaz tomar las decisiones correctas e implementarlas debidamente

habilidades para administrar el tiempo la capacidad del director para ordenar por prioridad las actividades laborales, para trabajar con eficiencia y delegar correctamente

FIGURA 1.1 LAS HABILIDADES DIRECTIVAS CENTRALES

Los directores y/o gerentes deben dominar siete habilidades centrales: las técnicas, las interpersonales, las conceptuales, y las que se usan para diagnosticar, para comunicar, para tomar decisiones y para administrar el tiempo. La mezcla eficaz de estas destrezas en el comportamiento, y la acción con la ejecución eficaz de las funciones y las actividades directivas básicas, incrementa la probabilidad de que las personas, los equipos, las unidades y la organización tengan éxito.

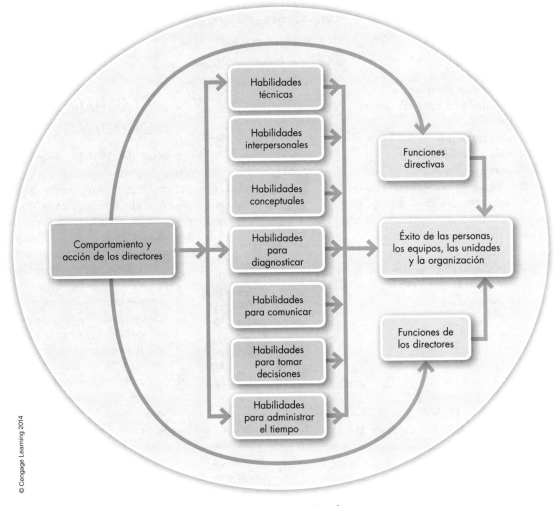

© Cengage Learning 2014

El contexto organizacional

encuentran muchas presiones y desafíos. No es difícil que se llenen de trabajo que bien podrían posponer o delegar a otros.[4] Por desgracia, cuando esto sucede, podrían descuidar labores más apremiantes o prioritarias.[5] De otro lado, las habilidades deficientes para administrar el tiempo darán por resultado ineficiencia y estrés. Algunos elementos básicos de las destrezas para hacerlo bien son saber ordenar por prioridad las actividades, delegar con eficacia, programar las juntas, controlar las intromisiones y manejar el estrés. Jeff Bezos, director general ejecutivo (CEO, chief executive officer) de Amazon.com, programa

todas sus juntas para alguno de tres días de la semana, pero insiste en dejar los otros dos días libres para desarrollar sus ideas y mantener la flexibilidad necesaria a efecto de interactuar de modo informal con sus empleados.[6] El capítulo 3 le ayudará a evaluar y a desarrollar sus habilidades para administrar el tiempo.

Habilidades interpersonales

Los directores y/o gerentes pasan una cantidad considerable de tiempo interactuando con personas de dentro y de fuera de la organización. Deben tener habilidades interpersonales; es decir, la capacidad para comprender y relacionarse con personas y con grupos, así como para motivar a otros para que den su mejor desempeño. Conforme los directores y/o

habilidades interpersonales la capacidad del director y/o gerente para comprender y relacionarse con personas y con grupos, así como para motivar a otros para que den su mejor desempeño

gerentes van subiendo en la jerarquía organizacional, deben tener la capacidad para llevarse bien con sus subordinados, sus compañeros y las personas que están en niveles más altos que el suyo. Como tienen que desempeñar diferentes roles, deben ser capaces para trabajar con proveedores, clientes, inversionistas y otras personas fuera de la organización. Aun cuando algunos han triunfado a pesar de sus habilidades interpersonales deficientes, el gerente o administrador que tiene buenas destrezas será probablemente más exitoso. Algunos elementos básicos de las habilidades interpersonales son: reconocer las diferencias individuales, comprender la diversidad, trabajar con equipos, manejar los conflictos, motivar a otros y dirigir las conductas en el centro de trabajo. Sheryl Sandberg entró a trabajar a Facebook en 2008 como directora general de operaciones, después de ocupar exitosamente puestos en el Banco Mundial, el Departamento del Tesoro y Google. Es famosa por sus destrezas interpersonales y su aguda inteligencia, las cuales son un contrapeso para la introversión del CEO Mark Zuckerberg. Estas habilidades le han servido para cultivar relaciones muy sólidas con anunciantes importantes y para colocar a Facebook en una senda de estabilidad y crecimiento continuo. Las habilidades interpersonales son el punto focal del capítulo 4.

Habilidades conceptuales

Las habilidades conceptuales dependen de la capacidad del director en el área del pensamiento abstracto. Debe conocer el funcionamiento general de la organización y de su entorno, comprender cómo embonan todas las partes de esta y vislumbrarla de forma integral. Lo anterior les permite pensar de forma estratégica, ver el "cuadro entero" y tomar decisiones generales que abarcan a la organización completa. El pensamiento estratégico, la administración de la innovación así como la creatividad y el manejo del cambio son elementos fundamentales de las habilidades conceptuales. En fecha reciente, Dave Gilboa y Neil Blumenthal fundaron Warby Parker, una compañía que vende por correo lentes con receta. Los emprendedores vieron que a muchos consumidores les desagradaba la experiencia de acudir a una óptica para probarse lentes y después quedar impresionados ante el elevado precio de esos lentes. Por ende, Warby Parker ofrece lentes a precios más bajos, con diseños de moda y una garantía de devolución del dinero. A continuación, un marketing astuto permitió que su negocio de nicho arrancara con rapidez y vendieron más de 50 mil pares de lentes que les generaron utilidades apenas un año después de iniciadas las operaciones.[7] El capítulo 5 le ayudará a evaluar sus habilidades conceptuales y a empezar a desarrollarlas.

Habilidades para diagnosticar

Los directores y/o gerentes exitosos también poseen habilidades para diagnosticar, o sea la capacidad de vislumbrar la respuesta más conveniente para la situación. Un médico diagnostica el mal de un paciente después de analizar los síntomas y determinar su causa probable. De otro lado, un director y/o gerente puede diagnosticar y analizar un problema de la organización si estudia los síntomas, y después formula las soluciones.[8] Algunos elementos de las habilidades para diagnosticar son: conocer las relaciones causa-efecto, administrar el control y ligar los premios con las conductas deseadas de los empleados. Cuando los dueños originales de Starbucks no consiguieron triunfar con su negocio, Howard Schultz entró al quite. Dejó a un lado el negocio de los pedidos por correo y lo reorientó a los cafés. Sus habilidades en el diagnóstico le permitieron saber por qué el modelo de negocios corriente no estaba funcionando y cómo construir uno mejor. Las habilidades para diagnosticar son el punto focal del capítulo 6.

Habilidades para la comunicación

Las habilidades para la comunicación se refieren a la capacidad del director y/o gerente para transmitir de forma eficaz ideas e información a otros y recibir de la misma forma las ideas y la información que ellos le proporcionan. Estas destrezas le permiten transmitir ideas a los subordinados de modo que sepan lo que se espera de ellos, coordinar el trabajo con compañeros y colegas de modo que trabajen debidamente juntos y mantener informados a los administradores de los niveles altos sobre lo que está sucediendo. Además, le ayudan a escuchar lo que dicen otros y a comprender lo que verdaderamente quieren decir cartas, informes y otras comunicaciones escritas. Entender el significado de la comunicación, ser competente en diferentes formas comunicativas, tener conocimiento de la comunicación informal y contar con capacidad para manejar la comunicación contribuyen a las habilidades para la comunicación, que son el tema del capítulo 7.

Habilidades para tomar decisiones

Los directores y/o gerentes eficaces también tienen destrezas muy buenas para tomar decisiones. Las habilidades para tomar decisiones se refieren a la capacidad del director para reconocer y definir correctamente los problemas y las oportunidades así como, a continuación, para escoger un curso de acción adecuado para resolver esos problemas y capitalizar esas oportunidades. Ningún director toma la decisión correcta en *todas* las ocasiones. Sin embargo, quienes son eficaces deciden

habilidades conceptuales la capacidad del director y/o gerente para el pensamiento abstracto

habilidades para diagnosticar la capacidad del director y/o gerente para vislumbrar la respuesta más conveniente para una situación

habilidades para la comunicación la capacidad del director y/o gerente para transmitir de forma eficaz ideas e información a otros y recibir de la misma forma las ideas y la información que ellos le proporcionan

habilidades para tomar decisiones la capacidad del director y/o gerente para reconocer y definir correctamente los problemas y las oportunidades así como, a continuación, para escoger un curso de acción adecuado para resolver esos problemas y capitalizar esas oportunidades

bien la mayor parte de ellas. Cuando toman una mala decisión, por lo habitual reconocen enseguida su error y a continuación toman buenas decisiones para resarcir aquella de modo que el daño o el costo para la organización sean tan bajos como sea posible. Algunas habilidades para tomar decisiones son: conocer la perspectiva racional y la conductual para esta medida, el papel de la participación en ella y tener decisiones para contingencias y durante crisis. El capítulo 8 aborda el tema de las habilidades para tomar decisiones.

> '... establezca metas realistas, alcánzalas y vuelva a calibrarlas de modo que siempre vaya avanzando, en lugar de establecer metas de soñador que sólo harán que se sienta frustrado.'
>
> MEREDITH WHITNEY
> Fundador de Meredith Whitney Advisory Group[9]

desempeñarme con eficacia en mi *puesto actual?*, y 2) ¿qué habilidades necesito para desempeñarme con eficacia en mi *siguiente puesto?* Sobra decir que usted ya conoce y está desarrollando las necesarias para su puesto actual. De otro lado, sin embargo, debe saber cuáles son las que necesitará para su próximo puesto y debe desarrollarlas. La brújula organizacional que ilustra la *figura 1.2* le servirá como un mapa de los caminos para esta evaluación. Los directores y/o gerentes deben saber dónde encaja su puesto actual en términos de nivel y de área, así como dónde están (también por nivel y área) los puestos que probablemente ocupará en el futuro.

Habilidades técnicas

Las habilidades técnicas son necesarias para desempeñar o comprender tareas que requieren de conocimientos especializados. Estas destrezas son especialmente importantes para los directores y/o gerentes de primera línea, los cuales dedican gran parte de su tiempo a capacitar a los subordinados y a responder a preguntas referentes a problemas laborales. Para ser administradores eficaces, deben saber cómo se desempeñan las tareas que asignan a las personas que supervisan. Las habilidades técnicas deben incluir conocimientos sobre tecnología, productos, servicios, finanzas, contabilidad, pronósticos, planeación, toma de decisiones y el negocio mismo. Brian Dunn, director y CEO de Best Buy, inició su carrera en 1985 como asociado de una tienda cuando la compañía solo tenía 12 establecimientos. Fue subiendo por distintos puestos, entre ellos gerente de tienda, gerente de distrito, gerente regional, vicepresidente regional, vicepresidente general, vicepresidente ejecutivo y presidente de Ventas al detalle (para América del Norte), hasta llegar a la cima. Por lo tanto, aprendió los aspectos de las ventas al detalle literalmente desde la base. En el capítulo 9 abordamos el tema de las habilidades técnicas.

LA BRÚJULA ORGANIZACIONAL

Un ingrediente medular para que usted triunfe en la administración es que sepa y aprecie cómo contribuye a la eficacia y la eficiencia de su organización, lo cual le permitirá maximizar esas contribuciones y, al final de cuentas, aumentar el éxito en su carrera. En cuestión de habilidades, los directores y/o gerentes tienen que contestar dos preguntas centrales: 1) ¿Qué habilidades necesito para

habilidades técnicas la capacidad del director y/o gerente para desempeñar o comprender tareas relativamente concretas que requieren de conocimientos especializados

FIGURA 1.2 LA BRÚJULA ORGANIZACIONAL

Los directores y/o gerentes deben saber cuál es su nivel actual y área funcional dentro de su organización. Ello les permitirá evaluar las habilidades que necesitan para desempeñarse con más eficacia en su puesto actual. En la medida de lo posible deben saber también dónde es probable que se ubique su siguiente puesto, en términos de nivel y área, para estar mejor preparados cuando suban a él.

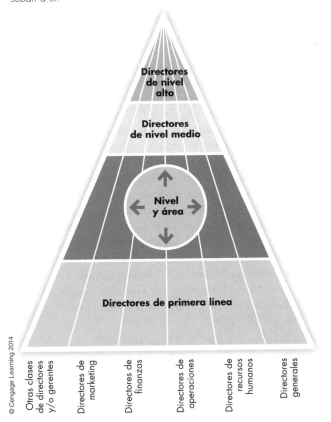

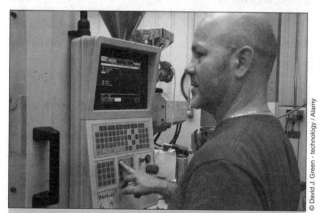

La mayor parte de las organizaciones están pobladas por directores y/o gerentes que están en diferentes niveles jerárquicos. Por lo general, los expertos clasifican los niveles de la manera siguiente: directores de nivel alto, de nivel medio y de primera línea (o supervisores).

APRENDER

Niveles de dirección o gerenciales

Una manera de clasificar a los directores es por su nivel en la organización. Si bien, las compañías grandes suelen tener numerosos **niveles de dirección**, la visión más común considera que hay tres niveles básicos: los directores y/o gerentes de nivel alto, los de nivel medio y los de primera línea.

Directores o gerentes de nivel alto Constituyen un grupo relativamente pequeño de ejecutivos que administran la organización entera. En este grupo encontramos nombramientos como presidente, vicepresidente y CEO. Ellos crean las metas, la estrategia global y las políticas de operaciones de la compañía. También la representan oficialmente en el entorno externo cuando se reúnen con funcionarios públicos, ejecutivos de otras organizaciones, etcétera.

Howard Schultz, CEO de Starbucks, es un director de nivel alto, al igual que Troy Alstead, que es el vicepresidente ejecutivo de la empresa. El puesto de este nivel suele ser complejo y variado. Estos ejecutivos toman decisiones sobre actividades como adquirir otras compañías, invertir en investigación y desarrollo (IyD), ingresar a diversos mercados o salir de ellos, así como construir plantas y edificios de oficinas nuevos. A menudo trabajan muchas horas y pasan gran parte de ese tiempo en juntas o hablando por teléfono. En la mayor parte de los casos, reciben muy buenas pagas. De hecho, los directores de élite de compañías muy grandes ganan a veces varios millones de dólares al año por concepto de sueldo, bonos y acciones.[10]

Directores o gerentes de nivel medio Constituyen probablemente el grupo más grande en la mayor parte de las organizaciones. Algunos de sus nombramientos comunes son gerente de planta, gerente de operaciones y jefe de división. Los ejecutivos de nivel medio se encargan principalmente de implementar las políticas y los planes que han creado los de nivel alto, y de supervisar y coordinar las actividades de los de nivel bajo.[11] Por ejemplo, los gerentes de planta se ocupan de la administración de inventarios, el control de calidad, las fallas del equipamiento y los problemas sindicales menores. También coordinan el trabajo de los supervisores en la planta. Jason Hernández, un gerente regional de Starbucks, es el encargado de las operaciones de la compañía en tres estados del este de Estados Unidos y es un administrador de nivel medio.

En años recientes, muchas organizaciones han adelgazado las filas de directores y/o gerentes de nivel medio para abatir costos y recortar el exceso de burocracia. Sin embargo, son necesarios como puente entre el nivel alto y el nivel bajo o de primera línea y para implementar las estrategias creadas en la cima. Si bien, numerosas compañías han descubierto que pueden sobrevivir en efecto con menos administradores de nivel medio, los que han permanecido

niveles de la dirección (administración) los directores de nivel alto, los de nivel medio y los de primera línea desempeñan un papel incluso más importante para determinar el grado de éxito que tendrá la organización.

Directores o gerentes de primera línea Supervisan y coordinan las actividades de los empleados operativos. Algunos nombramientos comunes de los ejecutivos de primera línea son: supervisor, coordinador y gerente de oficina. Estos puestos suelen ser el primer puesto directivo o gerencial que ocupan los empleados que provienen de las filas del personal operativo. Wayne Maxwell y Jenny Wagner, que trabajan en dos cafés Starbucks ubicados en Texas, respectivamente, son ejemplos de ello. Supervisan las operaciones diarias de sus respectivos establecimientos, contratan a los empleados operativos que formarán parte de su personal y se encargan de otras tareas administrativas de rutina que la compañía matriz ha establecido como parte de sus obligaciones. A diferencia de los directores y/o gerentes del nivel alto y del medio, los de primera línea suelen dedicar una parte considerable de su tiempo a supervisar el trabajo de sus subordinados.

Áreas de la dirección

Los directores, independientemente de su nivel, trabajan en distintas áreas de una organización. En una compañía cualquiera, las áreas directivas incluirían marketing, finanzas, operaciones, recursos humanos, gerencia y otras más.

Directores de marketing Trabajan en áreas correspondientes a la función de marketing de la organización; es decir, la de propiciar que los consumidores y los clientes compren sus productos o servicios (sean iPad, automóviles Ford, revistas *Time*, boletines de prensa de Associated Press, vuelos en Southwest Airlines o tazas de café "latte" en Starbucks. Algunas de estas áreas son: desarrollo de productos nuevos, promoción y distribución. Dada la importancia del marketing para casi todas las organizaciones, la formación de buenos ejecutivos para esta área es fundamental.

Directores financieros Se ocupan primordialmente de los recursos financieros de la organización. Son los encargados de actividades como la contabilidad, la administración del dinero y las inversiones. En algunas compañías, como las de seguros y los bancos, hay una cantidad considerable de ellos porque la administración financiera es la función central de esos negocios.

Directores de operaciones Se encargan de crear y de administrar los sistemas que crean los productos y los servicios de la organización. Algunas

> 66 *'Como CEO, dedico más tiempo a la prioridad de desarrollar a las personas que a cualquier otra cosa.'*
> MIKE DUKE
> CEO de Walmart[13] 99

© USA Today, septiembre 19, 2011, p. 3B.

obligaciones características de los ejecutivos de operaciones son: control de las operaciones, de los inventarios, la calidad, la distribución de la planta y la elección de la ubicación. Ellos son necesarios tanto en las compañías fabricantes como en las de servicios.

Directores de recursos humanos Son responsables de la contratación y el desarrollo de los empleados. Por lo general están involucrados en la planificación de los recursos humanos, reclutamiento y selección de empleados, capacitación y desarrollo, diseño de sistemas de compensación y beneficios, formulación de sistemas de evaluación del desempeño, así como las cuestiones relacionadas con el desempeño de los empleados de bajo rendimiento y los problemas que esto conlleva.

Directores o gerentes No están atados a una especialidad particular de la administración. El mejor ejemplo de un puesto de estos sería un director general de un hospital o una clínica. Suelen ser generalistas; es decir, están familiarizados con lo básico de todas las áreas funcionales de la administración en lugar de tener una preparación especializada en un área cualquiera.[12]

Otras clases de directores o gerentes Muchas organizaciones tienen puestos administrativos especializados además de los que hemos descrito. Los ejecutivos de las relaciones públicas, por ejemplo, tratan con el público y los medios en nombre de compañías como Philip Morris Companies y Dow Chemical Company para proteger y resaltar la imagen de la organización. Los de IyD coordinan las actividades de los científicos y los ingenieros que trabajan en proyectos científicos de las compañías, como Monsanto Company, la NASA y Merck & Company. Organizaciones como Prudential Insurance emplean a asesores internos para que proporcionen su opinión, como expertos, a los administradores de operaciones. Los especializados en organizaciones como Eli Lilly y Rockwell International coordinan las operaciones internacionales. En algunos casos, las compañías crean puestos directivos y/o gerenciales temporales para que se encarguen de actividades especiales que tienen una duración limitada. Por ejemplo, durante la fusión de Continental y United Airlines en 2011-2012, las compañías crearon un equipo de directores administrativos para que supervisaran la integración de las dos empresas. Los puestos fueron eliminados una vez que esta fusión se realizó. El número, la índole y la importancia de estos ejecutivos especializados varían enormemente de una organización a otra. A medida que la complejidad y el tamaño de las compañías contemporáneas sigan creciendo es muy probable que el número y la importancia de aquellos aumenten también.

áreas de la dirección (administración) las de marketing, operaciones financieras, recursos humanos, administrativa, entre otras

LA PERSPECTIVA FUNCIONAL DE LA DIRECCIÓN

Antes dijimos que la administración implica cuatro funciones básicas: planear y tomar decisiones, organizar, dirigir y controlar. Por ejemplo, piense en Sergey Brin y Larry Page, los fundadores y directores administrativos de Google. Cuando estos dos hombres hacen lo propio en su organización, primero deben crear las metas y los planes que articularán lo que desean que llegue a ser su compañía. A continuación, recurren a una organización eficaz que sirva para convertirlos en realidad. Brin y Page prestan también suma atención a las personas que trabajan en su empresa. Además deben monitorear el buen desempeño de ella. Cada una de estas actividades representa una de las cuatro funciones básicas de la administración que ilustra la *figura 1.3*; establecer metas forma parte de planear; determinar la organización forma parte de organizar; dirigir a las personas forma parte de liderar, y monitorear el desempeño forma parte de controlar.

FIGURA 1.3 PERSPECTIVA FUNCIONAL DE LA DIRECCIÓN

La perspectiva funcional de la dirección (administración) dice que la mayor parte de sus actividades implican planear y tomar decisiones, organizar, dirigir y controlar. La clara comprensión de estas funciones y de su relación con las habilidades directivas centrales propiciará un desempeño más eficaz. Como indican las interconexiones, la mayor parte de los directores y/o gerentes llevan a cabo más de una actividad a la vez, y muchas ocasiones van y vienen de una actividad a otra de forma imprevisible.

© Cengage Learning 2014

Sin embargo, los directores y/o gerentes no siempre desempeñan paso por paso estas funciones, de forma ordenada. No planean los lunes, toman decisiones los martes, organizan los miércoles, dirigen los jueves y controlan los viernes. En un momento dado cualquiera, es probable que estén desempeñando varias actividades diferentes al mismo tiempo. Su trabajo de un contexto a otro tiene tanto similitudes como diferencias. Las similitudes que se presentan en la mayor parte de los contextos son las fases del proceso de administración y/o dirección. Algunas diferencias importantes son el énfasis en cada fase, la secuencia de estas y sus implicaciones.[14]

Planear y tomar decisiones: determinar los cursos de acción

En su forma más simple, planear significa establecer las metas de una organización y decidir cuál es el mejor camino para alcanzarlas. La toma de decisiones forma parte del proceso de planeación e implica escoger un curso de acción de entre un conjunto de alternativas. La planeación y la toma de decisiones sirven para sostener la efectividad de los directores y/o gerentes porque imprimen la visión general y la específica de las actividades futuras. En otras palabras, las metas y los planes de la organización ayudan a estos a saber con claridad cómo deben asignar su tiempo y sus recursos. Para planear y tomar decisiones es preciso comprender tanto el papel como la importancia que tienen las metas de la compañía, la estrategia y las planeaciones estratégica, táctica y de las operaciones. Si bien, todas estas habilidades directivas centrales afectan la planeación, las destrezas para diagnosticar y las conceptuales suelen ser las más importantes, y aquellas para tomar decisiones son la médula para decidir de modo eficaz como una función básica de la dirección (administración).

Organizar: coordinar las actividades y los recursos

Una vez que el director y/o gerente ha establecido las metas y preparado un plan viable, su siguiente función será organizar a las personas y los demás recursos necesarios para desarrollar lo proyectado. **Organizar** implica determinar el modo de agrupar y coordinar las actividades y los recursos. La compañía requiere que él conozca de diseño de puestos, división por departamentos, relaciones de autoridad, ámbitos de control y funciones del personal administrativo y del de línea. También requiere que sepa embonar estos elementos y conceptos para que juntos formen el diseño global de la empresa. Es más, para organizar debe saber cómo manejar el cambio organizacional, la

planear establecer las metas de una organización y decidir cuál es el mejor camino para alcanzarlas

tomar decisiones escoger un curso de acción de entre un conjunto de alternativas

organizar determinar el modo de agrupar y coordinar las actividades y los recursos

planeta y, cuatro meses después, a observar si llegó al punto deseado. Monitorea la nave espacial prácticamente todo el tiempo y aplica las correcciones necesarias a su curso para que no se desvíe.

El control ayuda a asegurar la eficacia y la eficiencia que se requieren para una buena dirección (administración). A efecto de cumplir debidamente con la función de control, los administradores deben conocer los elementos básicos del proceso de este, entre ellos la creciente importancia del control estratégico, la administración de las operaciones, la calidad y la productividad, y la administración de la información y la tecnología informática. Las habilidades técnicas y para el diagnóstico, la toma de decisiones y el tiempo desempeñan un papel muy importante en el control.

innovación y los procesos asociados a la administración de los empleados. Las habilidades técnicas, las conceptuales y las diagnósticas desempeñan muchas veces papeles importantes en la compañía.

Dirigir: motivar y guiar a las personas

La tercera función administrativa básica es la de dirigir. Algunas personas consideran que es la actividad más importante y desafiante de todas. **Dirigir** se refiere al conjunto de procesos que el administrador usa para que los miembros de la organización trabajen juntos para provecho de esta. Para que los directores y/o gerentes desempeñen con eficacia la función de dirigir deben conocer los procesos individuales y los interpersonales. También deben estar totalmente involucrados en cuestiones como la manera de motivar a los empleados, la comunicación y las relaciones interpersonales, la dinámica de la administración de los grupos y los equipos de trabajo, y el liderazgo mismo. Las habilidades para la comunicación y las interpersonales suelen tener gran importancia para cumplir con la función de dirigir.

Controlar: monitorear y evaluar las actividades

La última fase del proceso de la dirección (administración) consiste en **controlar** o monitorear el avance que registra la organización para alcanzar sus metas. A medida que esta vaya avanzando hacia esos objetivos, los directores y/o gerentes deben monitorear el avance para asegurarse de que se está desempeñando de modo que llegará a su "destino" en el momento indicado. Una buena analogía es la de la misión a Marte. La NASA no se limita a lanzar un cohete en dirección general al

LA PERSPECTIVA DE LAS FUNCIONES DE LOS DIRECTORES O GERENTES

Conforme usted vaya desarrollando y perfeccionando sus habilidades directivas centrales también tendrá que ir aprendiendo las distintas funciones que desempeñan los directores. Mintzberg nos ofrece una serie de conocimientos muy interesantes sobre la índole de esas funciones.[15] Observó cuidadosamente las actividades diarias de un grupo de varios CEO, literalmente caminando a su lado y tomando notas de lo que hacían. Sus observaciones le llevaron a la conclusión de que los directores y/o gerentes desempeñan 10 roles diferentes (resumidos en la *tabla 1.1*), los cuales se insertan en tres categorías básicas: las funciones interpersonales, los informativos y los decisorios.

Roles interpersonales

El trabajo de un administrador implica tres roles (**funciones**) interpersonales. De entrada, muchas veces esperamos que sea un *representante oficial* de la compañía; es decir, que coma con visitantes en algún restaurante, que asista a ceremonias de inauguración, etc. Por lo habitual, estas actividades son más bien ceremoniosas y simbólicas que sustantivas. También esperamos que sea *líder*; es decir, que contrate, capacite y motive a los empleados. Un director y/o gerente dirige cuando enseña a sus subordinados, formal o informalmente, el modo de hacer las cosas y de actuar en condiciones de gran presión. Por último, los directores y/o gerentes desempeñan el rol de *enlace*, el cual suele implicar que actúen como coordinadores o puentes entre personas, grupos u organizaciones.

Por ejemplo, las compañías del sector de las computadoras usan a enlaces para mantener informadas de sus planes a otras empresas. Esto, por ejemplo, permite que Microsoft cree software de interconectividad para las nuevas impresoras de Hewlett-Packard mientras están en la etapa de desarrollo. De otro lado, los ejecutivos de Hewlett-Packard pueden

dirigir conjunto de procesos que el director y/o gerente utilizan para que los miembros de la organización trabajen juntos para provecho de esta

controlar monitorear el avance que registra la organización para alcanzar sus metas

roles interpersonales los de representante oficial, líder y enlace

TABLA 1.1 DIEZ ROLES BÁSICOS DE LOS DIRECTORES O GERENTES

Categoría	Rol	Ejemplo de actividades
Interpersonales	Representante oficial	Asistir a la ceremonia de inauguración de una planta nueva
	Líder	Alentar a los empleados a que aumenten la productividad
	Enlace	Coordinar las actividades de dos grupos de proyecto
Informacionales	Monitor	Revisar los informes de la industria para estar al tanto de los desarrollos
	Difusor	Enviar memorandos que esbocen las iniciativas nuevas de la organización
	Portavoz	Pronunciar un discurso que hable de los planes de crecimiento
Decisorios	Emprendedor	Desarrollar ideas nuevas para innovaciones
	Mediador en conflictos	Resolver un conflicto entre dos subordinados
	Adjudicador de recursos	Revisar y modificar las solicitudes de presupuesto
	Negociador	Llegar a un acuerdo con un proveedor importante o con un sindicato de trabajadores

© Cengage Learning 2014

incorporar nuevos atributos de Microsoft a las impresoras que introducirán. Los enlaces entre estas funciones y las habilidades directivas centrales son muchos. Por ejemplo, las destrezas interpersonales sirven para cumplir el rol de líder y también el de enlace.

Roles informativos

Los tres roles (**funciones**) informativos fluyen de forma natural de los interpersonales que hemos expuesto antes. A su vez, el proceso de desempeñar estos últimos coloca al director y/o gerente en un lugar estratégico para reunir información y difundirla: el primer rol o función informativo es el de *monitor*, o la persona que busca activamente información que podría ser valiosa. El director y/o gerente hace preguntas a los subordinados, está abierto a recibir información que no ha solicitado, y trata de estar tan enterado como puede. También es un *difusor* porque retransmite dentro del centro de trabajo aquella información que es relevante a otras personas. Si juntamos el rol de monitor con el de difusor veremos que el ejecutivo surge como un eslabón vital de la cadena de comunicación de la organización. El tercer rol (función) informativo se concentra en la comunicación externa. El *portavoz* es el encargado formal de transmitir información a personas de fuera de la unidad o de la compañía.

Por ejemplo, un gerente de planta de Union Carbide podría transmitir información a los directo-

© Sean Locke/Jupiterimages

res y/o gerentes de nivel alto para que estén mejor enterados de las actividades de la planta. También podría representar a la organización ante una cámara de comercio o un grupo de consumidores. Si bien los roles de portavoz y de representante oficial son parecidos, presentan una diferencia básica. Cuando un director actúa como representante oficial, lo que interesa es su presencia como símbolo de la organización. Sin embargo, en su función de portavoz, lleva información que comunica a otros en un sentido formal. Las habilidades para la comunicación, para diagnosticar y para administrar el tiempo entran en juego cuando se desempeñan los roles y/o funciones informativos.

Roles decisorios

Los roles informativos del director conducen por lo habitual a los roles y/o funciones de toma de decisiones. La información que él obtiene cuando desempeña los primeros tiene enorme peso para las decisiones importantes que

© iStockphoto.com/kutay tanir

Roles (funciones) informativos los de monitor, difusor y portavoz

Roles (funciones) decisorios los de emprendedor, mediador en conflictos, adjudicador de recursos y negociador

tomará. Mintzberg señaló cuatro roles y/o funciones en la toma de decisiones. En primer término, el director desempeña el rol de *emprendedor*, o de iniciador voluntario del cambio. Uno de 3M Company desarrolló la idea de las notas Post-it, pero tuvo que "vendérsela" a ejecutivos escépticos de la compañía. El segundo rol decisorio no es iniciado por el director sino por otra persona o grupo. Responde a su función de *mediador en conflictos* cuando maneja problemas como las huelgas, las infracciones a derechos de propiedad, o problemas en las relaciones públicas o la imagen de la organización.

El tercer rol o función en la toma de decisiones es el de *adjudicador de recursos*. Para asignarlos, decide cómo repartirá los recursos y con quién trabajará estrechamente. Por ejemplo, un director asigna por lo habitual los fondos del presupuesto operativo de la unidad a los distintos miembros y proyectos de esa unidad. El cuarto rol o función decisorio es el de *negociador*, en el cual participa en negociaciones con otros grupos u organizaciones como representante de la compañía. Por ejemplo, los directores y/o gerentes podrían negociar un contrato sindical, un contrato con un asesor, o una relación de largo plazo con un proveedor. Las negociaciones también se pueden presentar en el interior de la empresa. El director, por ejemplo, podría ser mediador en una disputa entre dos subordinados o negociar con otro departamento para que brinde un apoyo adicional.

De nueva cuenta, existen muchas conexiones claras entre las habilidades centrales para dirigir (administrar) y los roles o funciones de toma de decisiones. Sin embargo, las competencias para la comunicación, para diagnosticar, las interpersonales y las técnicas también serán importantes en la mayor parte de las situaciones.

RESUMEN Y UN VISTAZO AL FUTURO

Ahora ya conoce los significados básicos de las habilidades directivas centrales en torno a las cuales está organizado este libro. Es más, en términos de nivel y de área de las compañías, ha visto la importancia que tiene que usted sepa dónde se ubica su puesto actual y lo valioso de que reconozca dónde es probable que se ubique su siguiente puesto. También ha visto la índole de las funciones básicas de la administración (planear, organizar, dirigir y controlar) y cómo se relacionan con aquellas habilidades. Por último, ahora sabe cuáles son los roles generales que los directores y/o gerentes deben desempeñar y puede empezar a reconocer la relación entre estos y las habilidades directivas básicas.

Así, ha llegado el momento de que empiece a desarrollar sus competencias personales. Para ponerlas en práctica, en las páginas siguientes encontrará varios ejercicios básicos y algunos casos. Después de estos, las actividades adicionales le permitirán extender su dominio de las competencias directivas básicas al contexto de un grupo y al de un individuo. El capítulo termina con información sobre las interpretaciones que le ayudarán a comprender mejor dónde está situado en las distintas habilidades.

PRACTIQUE SUS HABILIDADES

¿POR QUÉ LAS PERSONAS SE VUELVEN EMPRENDEDORAS?

Este ejercicio le ofrece la oportunidad de analizar sus antecedentes personales para determinar si existe la probabilidad de que escoja una carrera empresarial como camino para usar sus habilidades directivas.

Los estudiosos de las iniciativas emprendedoras se interesan por saber por qué algunas personas optan por emprender negocios, mientras que otras no lo hacen. Ellos han encuestado a miles de personas emprendedoras y no emprendedoras en un intento por descubrir los factores que diferencian a los dos grupos. De los cientos de estudios que han realizado ha surgido determinado consenso. Por ejemplo, es más probable que un individuo sea emprendedor si:

- es padre, hijo, cónyuge o hermano de una persona emprendedora
- ha inmigrado a otro país o es hijo de un inmigrante
- es padre o madre
- pertenece a la religión judía o protestante

- posee un título profesional en un campo como la medicina, el derecho o la ingeniería
- en fecha reciente ha pasado por un hecho que cambió su vida, por ejemplo, se ha casado, ha tenido un hijo, se ha mudado a otra ciudad o se ha quedado sin trabajo

Su tarea

1. Escoja alguna de las categorías anteriores y explique por qué ese factor podría aumentar la probabilidad de que una persona se convierta en la dueña de su negocio.

2. De las categorías mencionadas, escoja una que se aplique a su persona (no elija la misma categoría que en la pregunta 1). ¿Considera que ese factor aumenta la probabilidad de que usted se vuelva un emprendedor? ¿Por qué sí o no?

3. Si ninguna de las categorías anteriores se aplica a su caso, indique si ese hecho disminuye la probabilidad de que usted se vuelva un emprendedor y explique por qué.

HABILIDADES PARA EL TRABAJO

Este ejercicio le permite considerar por qué puestos diferentes requieren que use habilidades directivas distintas. Por ejemplo, algunos dependen mucho de destrezas técnicas específicas, mientras que otros requieren el uso de un pensamiento más abstracto, como el caso de las conceptuales. Es muy probable que los puestos muy estructurados y de ritmo veloz requieran de las habilidades para administrar el tiempo, mientas que las comunicativas y las interpersonales serán cruciales en situaciones donde las personas interactúan en el trabajo.

Su tarea

1. Mencione 10 puestos que sean ostensiblemente diferentes entre sí. Anótelos y señale tres habilidades que serían necesarias para desempeñarse con eficacia en cada uno de ellos.

2. Su profesor(a) dividirá el grupo en equipos para que discutan las listas de los miembros de estos.

   a) La tarea de cada equipo es llegar a una lista consensuada de dos puestos que sean los más interesantes o singulares.

   b) A continuación, los equipos se pondrán de acuerdo sobre tres habilidades para cada uno de los dos puestos de trabajo.

   c) Después, de los dos puestos que hayan escogido, los equipos estrecharán la lista a uno solo.

3. A continuación, su profesor(a) volverá a reunir al grupo y los equipos compartirán sus resultados (con "informes orales", escribiendo en gráficas, en el pizarrón, o usando tecnología de cómputo compartida).

   a) Agregar o eliminar habilidades si la discusión lo amerita.

   b) Tenga en cuenta la cantidad de acuerdos o desacuerdos que hay entre los estudiantes en relación con las habilidades requeridas.

LA ÍNDOLE DEL TRABAJO DEL DIRECTOR O GERENTE

Este ejercicio tiene por objeto ayudarle a comprender la complicada índole del trabajo del director y/o gerente. Compare con los resultados de la investigación de Mintzberg sus calificaciones sobre la forma en que el director característico de nivel alto pasa el tiempo (Mintzberg, H., *The Nature of Managerial Work*, Nueva York, Harper and Row, 1973).

PRACTICAR

Su tarea

Lea las descripciones de las 13 tareas directivas siguientes. Colóquelas por orden del porcentaje de tiempo que usted supone que un director y/o gerente de alto nivel característico dedica a cada una de ellas en una semana laboral normal. El orden debe ir de 1 (la mayor cantidad de tiempo) a 13 (la menor cantidad de tiempo).

Tarea	Orden
Trabajo no administrativo: trabajo en tareas especializadas de la organización	_____
Programación: breves comunicados para programar formalmente el día; por ejemplo, llamadas telefónicas y juntas	_____
Ceremonias: encabezar o participar en ceremonias de la organización; por ejemplo, banquetes y bienvenida a empleados nuevos	_____
Trabajo en otros consejos de administración: trabajar en los consejos de otras compañías	_____
Solicitudes y peticiones debidas a la posición: solicitudes no relacionadas con el trabajo, presentadas por personas de dentro y de fuera de la organización, que necesitan que el director y/o gerente les dedique tiempo, principalmente debidas a su elevado cargo	_____
Peticiones de acción: peticiones relacionadas con el trabajo las cuales requieren del tiempo del director; por ejemplo, pidiendo información y asesoría, su presión de influyente o para que se inicie un proyecto	_____
Peticiones del director y/o gerente: peticiones a un subordinado; por ejemplo, solicitándole información o para delegar una tarea	_____
Recorridos de observación: recorrer la organización para ver un punto específico de interés o para observar de modo general	_____
Recibir información: informarse, por ejemplo, mediante llamadas telefónicas, juntas no programadas, informes, etcétera	_____
Proporcionar información: informar a otros, de dentro y de fuera de la organización	_____
Revisión: discutir una amplia variedad de temas con los subordinados inmediatos	_____
Estrategia: asistir a juntas formales en las que se toman decisiones organizacionales importantes	_____
Negociación: hablar con otras compañías para llegar a acuerdos satisfactorios para todas las partes	_____

Fuente: Tomado de Daft, *Management 9E*, © South-Western, parte de Cengage Learning, Inc. Reproducido con autorización. www.cengage.com/permissions

Vea la interpretación al final del capítulo.

¿USTED QUÉ OPINA?

Este ejercicio le brinda la oportunidad de pensar en las habilidades directivas que serían parte de los empleos que usted o sus compañeros(as) de clases podrían buscar cuando se hayan graduado. Si combina sus suposiciones con las de ellos obtendrá una ponderación más exacta y detallada de las destrezas que necesitará.

Su tarea

1. Su profesor(a) dividirá en pequeños equipos al grupo.
2. Una persona de cada equipo será designada como "el entrevistador". Todos los demás miembros desempeñarán el papel del "recién graduado" que busca su primer puesto ejecutivo.
3. El entrevistador hablará en privado con cada recién graduado fuera del aula o en un rincón lejos del resto de los miembros del equipo. Pedirá la opinión de cada recién graduado respecto de cuáles son las habilidades más importantes que debe tener un director.

4. El equipo se volverá a juntar para combinar las listas reunidas por el entrevistador.

5. Los equipos compartirán sus listas con el grupo entero ("informes" orales, escribiendo en gráficas o en el pizarrón, o usando tecnología de cómputo compartida). El grupo debe discutir las distintas habilidades directivas señaladas.

USE SUS HABILIDADES

EL ÉXITO CONDUCE A...

AmeriHost Properties era un pequeño negocio de Illinois que crecía a gran velocidad cuando su especialidad era comprar inmuebles, como moteles y hoteles deteriorados y abandonados, para remozarlos y después operarlos rentablemente. Tal vez no era un negocio espectacular, pero AmeriHost adquirió una magnífica fama en la industria como compañía bien administrada y estrechamente controlada.

Inició operaciones en 1984 con el nombre de America Pop Inc., cuando vendía palomitas de maíz y bebidas carbonatadas en quioscos colocados en los pasillos del metro de Chicago. Ese negocio jamás generó utilidades. Por lo mismo, en 1986, los fundadores lo vendieron, cambiaron el nombre de la compañía al de AmeriHost y se dedicaron a invertir en hoteles. Al principio registraron pérdidas porque tuvieron que contratar a otros directores, invertir en crear los diseños de sus nuevas propiedades y en abrir hoteles con su marca: AmeriHost Inn. Sin embargo, para 1990 AmeriHost estaba registrando sus primeras utilidades y en posición para su expansión y crecimiento futuros.

La estrategia de AmeriHost fue muy sencilla: enfocarse hacia comunidades pequeñas del Medio Oeste de Estados Unidos que estuvieran creciendo y comprar moteles quebrados o construir otros nuevos. Cada inmueble proporcionaría servicios limitados, no tendría un gran vestíbulo, ni restaurante, instalaciones de lavandería, etc. Estos nuevos hoteles fueron operados como parte de un sistema de franquicias nacionales o regionales, inclusive Days Inn y Holiday Inn.

Cuando AmeriHost evaluaba la posible ubicación de un inmueble o un edificio aplicaba una lista de los criterios que debía cumplir la cual abarcaba 20 páginas. Por ejemplo, un factor importante era que hubiese uno o varios de los llamados "generadores de demanda", como universidades, empresas nuevas y grandes carreteras, que no cesan de proporcionar clientes potenciales.

AmeriHost controlaba estrechamente también todas sus operaciones. Por ejemplo, usaba a los mismos constructores y proveedores para remozar o construir sus inmuebles. Además, solo empleaba uno de tres diseños básicos, con el mismo propósito de mantener bajos los costos. Estas tácticas permitieron a la compañía construir 15 hoteles sin salirse de presupuesto.

Después, a finales de la década de 1990, la empresa vendió los derechos de las franquicias a Cendant Corporation. Esta siguió construyendo y desarrollando AmeriHost Inns, pero pasó las franquicias de AmeriHost a otros inmuebles existentes. Después, en 2006, el Cendant Hotel Group pasó a formar parte Wyndham Worldwide, una compañía hotelera derivada de Cendant. También anunció que la marca AmeriHost Inns cambiaría a la de Baymont Inns y que el nombre, AmeriHost Inn, ya no formaría parte de las marcas. En este caso, el éxito de la administración condujo a que la empresa fuera absorbida. Sin embargo, Wyndham está considerado un grupo operador de hoteles muy respetado.

Preguntas del caso

1. Al parecer, ¿qué habilidades usaron los directores y/o gerentes de AmeriHost?

2. ¿Qué habilidades adicionales habrían evitado la absorción?

3. ¿Piensa usted que sus destrezas serían compatibles con la dirección de un hotel? ¿Por qué sí o no?

4. Si sus habilidades no son compatibles, pero le gustaría que lo fuesen, ¿qué haría para cambiarlas?

Vea en línea

Referencias del caso

Maha Atal, "Best corporate citizens: Hotels", *Fortune*, 2 de octubre de 2009, http://money.cnn.com/2009/10/02/news/companies/good_citizen_hotels.fortune/index.htm; Telis Demos y Jia Lynn Yang, "On the radar: What to watch in the weeks ahead", *Fortune*, 2 de agosto de 2006, http://money.cnn.com/magazines/fortune/fortune_archive/2006/08/07/8382595/index.htm; "AmeriHost Finds Niche in Restoring Distressed Motels", *The Wall Street Journal*, 6 de junio de 1991, p. B2.

LA IMAGEN BORROSA DE KODAK

Las condiciones de la economía y la competencia global afectan incluso a las grandes organizaciones que dominan el mercado. Una de ellas, Eastman Kodak, la enorme compañía fotográfica con domicilio en Rochester, Nueva York, pasó cuando menos por cuatro reestructuraciones a principio de la década de 1980 en su esfuerzo por responder a la creciente competencia global. Más de 20 mil personas salieron de la empresa, en virtud de jubilaciones anticipadas, renuncias o despidos. Sin embargo, a pesar de esos esfuerzos, sus utilidades cayeron de más de mil millones de dólares en 1980 a poco más de 300 millones en 1985. Aun con ello, se fueron recuperando después y llegaron a más de 500 millones en 1989.

Kodak está organizada en torno a tres grandes sectores del mercado: el Grupo de imágenes digitales de consumo; el Grupo de películas, acabado fotográfico y entretenimiento, y el Grupo de comunicaciones gráficas. La compañía se deshizo de dos unidades que tenía: en el sector químico, Eastman Chemical en 1994, y en 2007, el Grupo de salud Sterling-Winthrop, al cual había adquirido en 1988.

Ahora, Kodak lleva varios años en los tres sectores mencionados dirigiéndose a enfoques administrativos de mucha participación, usando en especial la organización con base en equipos y procesos. El trabajo en equipo, que ha obtenido resultados excelentes, se presenta en forma de participación y autogestión de los empleados, ligadas a la filosofía de la mejoría continua. La organización de procesos se presenta cuando la compañía usa gráficas de flujo para la reingeniería de los departamentos en forma de cúmulos de clientes o unidades de negocios.

El esfuerzo de Kodak por mantener su fuerte posición histórica ha generado el desarrollo de nuevos productos. Desarrolló una serie de impresoras de inyección de tinta que en opinión de algunos le conquistarán una participación de mercado sostenida. También hizo algunas nuevas incursiones en el negocio de la impresión comercial y en el de las imágenes médicas. Sin embargo, su transición de la película a lo digital todavía no ha hecho "clic". No obstante los rumores de quiebra que corrieron en 2011, la película tradicional de Kodak generó gran parte de sus ingresos.

Preguntas del caso

Vea en línea

1. ¿Qué habilidades diría usted que está utilizando la dirección de Kodak? ¿Por qué las estaría empleando?

2. ¿Qué habilidades considera que deben tener los director y/o gerente de Kodak para competir con eficacia en los distintos sectores del mercado en los que participan?

3. ¿Piensa que las habilidades que usted tiene serían compatibles con un trabajo en Kodak? ¿Por qué sí o no?

4. Si sus habilidades no son compatibles pero le gustaría que lo fuesen, ¿qué haría para cambiarlas?

Referencias del caso

Mina Kimes, "Ouch! 15 worst-performing stocks", *Fortune*, 15 de abril de 2010, http://money.cnn.com/galleries/2010/fortune/1004/gallery.fortune500_worst_performing_stocks.fortune/index.html; Jon Fortt, "Kodak inkjets target the heart of HP's profit", *Fortune*, 5 de febrero de 2007, http://tech.fortune.cnn.com/2007/02/05/kodak-inkjets-target-the-heart-of-hps-profit/; "Teamwork Is Key to Kad Site Management's Success", Plant Engineering, 17 de septiembre de 1992, p. 72; Thomas A. Stewart, "The Search for the Organization of Tomorrow", *Fortune*, 18 de mayo de 1992, pp. 92-98; "Integrative Learning Speeds Teamwork", *Management Review*, 1 de diciembre de 1991, p. 43.

EXTIENDA SUS HABILIDADES

Su profesor podría usar una o varias de las **Extensiones para el grupo** a efecto de brindarle una oportunidad más para desarrollar sus habilidades. De otro lado, usted puede seguir solo con el desarrollo si contesta una o varias de las **Extensiones individuales**.

EXTENSIONES PARA EL GRUPO

- Un buen ejercicio para romper el hielo el primer día de clases es pedir a los estudiantes conformar equipos pequeños para que escojan dos o tres clases diferentes de organizaciones y puestos directores y/o gerentes e indicarles que discutan las habilidades que piensan que necesitarían para esos puestos.

- Solicitar a los estudiantes que participen en una lluvia de ideas para presentar ejemplos de la información más importante que se debería incluir en un inventario de habilidades de los empleados.

- Pedir a los estudiantes que señalen las habilidades más comunes que probablemente se verían en todas las organizaciones.

- Indicar a los equipos de estudiantes que investiguen y reúnan información sobre una compañía grande diversificada. Después pedirles que clasifiquen las habilidades de los directores de los diferentes niveles de esta.

- Dividir a los estudiantes en equipos pequeños. Indicarles que escojan una organización y un puesto directivo o gerencial. Después solicitarles que señalen las destrezas que necesitaría la persona que ocupe ese puesto.

- Pedir a los estudiantes que encuentren copias de anuncios de empleo que especifiquen las habilidades y que las compartan en clase.

- Solicitar a los equipos de estudiantes que señalen las diferencias y las similitudes entre las destrezas que necesita un ejecutivo y las que requiere un supervisor de la línea del frente.

- Indicar a los alumnos que estudien sus preferencias personales respecto de la dirección (administración) en términos de las habilidades que poseen actualmente.

- Solicitar a los estudiantes que creen un anuncio de empleo hipotético el cual especifique las habilidades necesarias para un empleo que tienen o uno que les gustaría tener en el futuro.

- Pedir a equipos pequeños de estudiantes que discutan un empleo que en su opinión sería el "perfecto". Indicarles que identifiquen las similitudes y las diferencias de las habilidades correspondientes a los diferentes empleos sugeridos.

EXTENSIONES INDIVIDUALES

- Piense en una organización que conozca más o menos bien. Describa las habilidades del personal que labora en ella.

- Piense en diferentes puestos directivos o gerenciales. ¿Las habilidades que se requieren para algunos puestos son diferentes de las que se necesitan para otros? ¿Por qué sí o no?

- ¿Todos los altos ejecutivos utilizan las mismas habilidades independientemente del tamaño o el tipo de organización en la que trabajan? ¿Por qué si o por qué no?

- Acuda a la biblioteca y averigüe cuántas habilidades directivas diferentes puede encontrar en la literatura. ¿Pudo encontrar algunas que no fueron mencionadas en este libro? Comparta sus resultados con el grupo.

- Vea un programa de televisión que esté en el contexto de una organización. Encuentre tantas destrezas como pueda.

- ¿Puede pensar en dimensiones de las habilidades que no han sido abordadas en el libro? Señale su relación con las que sí se han explicado.

EXTENDER

INTERPRETACIONES

¿QUÉ TAN BIEN CALIFICO COMO DIRECTOR O GERENTE?

La **calificación total** que obtenga en cada sección representa una evaluación general de su desempeño en esas funciones. Si su calificación total en una sección es 40-50, su desempeño es bastante bueno. Una calificación entre 30-40 sugiere que debe mejorarlo. Una calificación por debajo de 30 indica que debe mejorarlo mucho.

Al final del curso, si ha participado en actividades de grupo que incluyeron alguna de estas áreas, vuelva a contestar el cuestionario para ver si su calificación ha mejorado.

DESCRIBO MI PERFIL

Esta evaluación es un perfil de sus habilidades directivas básicas descritas por usted mismo. Si bien, la calificación perfecta es 15, es poco probable que muchas personas se adjudiquen una calificación tan alta. Sin embargo, ofrece un buen punto de partida para decidir cuándo y qué tanto debe expandir el desarrollo de esas destrezas y sus características personales.

Aumentar y desarrollar estas y otras habilidades requiere de mucho trabajo, pero la importancia que conceda a ello nunca será demasiada. El éxito de los directores o gerentes bien podría depender de que aprecien la importancia que tienen estas habilidades y de su voluntad para luchar por fortalecerlas continuamente durante su carrera laboral.

Cuando haya contestado el perfil usted solo, pida a alguien que lo conozca bien que lo evalúe utilizando este mismo instrumento. Es casi seguro que la calificación de su propia descripción será diferente de la hecha por otra persona.

ÍNDOLE DEL TRABAJO DEL DIRECTOR O GERENTE

A continuación presentamos los resultados de la investigación de Mintzberg. Dos tareas ligadas que requieren mucho tiempo: recibir información y revisión.

Lugar	Tarea
7	Trabajo no administrativo
6	Programación
3	Ceremonias
5	Trabajo en consejos externos
8	Peticiones y solicitudes debidas a la posición
3	Solicitud de acción
5	Peticiones del director y/o gerente
8	Recorrido para observar
1	Recibir información
4	Proporcionar información
1	Revisar
2	Estrategia
4	Negociación

Fuente: Mintzberg, H., *The Nature of Managerial Work*, Nueva York, Harper and Row, 1973.

NOTAS

[1] Fred Luthans, "Successful vs. Effective Real Managers", *Academy of Management Executive*, mayo de 1988, pp. 127-132. Vea también "The Best Performers", *Business Week*, primavera de 2011, número especial, pp. 46-72, primavera de 2012, número especial, pp. 52-70.

[2] *Forbes*, 14 de febrero de 2005, p. 110.

[3] Para una exposición clásica de varias de estas habilidades vea Robert L. Kate, "The Skills of an Effective Administrator", *Harvard Business Review*, septiembre-octubre de 1974, pp. 90-102. Para una perspectiva reciente vea J. Brian Atwater, Vijay R. Kannan y Alan A. Stephens, "Cultivating Systemic Thinking in the Next Generation of Business Leaders", *Academy of Management Learning & Education*, 2008, vol. 7, núm. 1, pp. 9-25. Vea también Peterson, T.O. y Van Fleet, D.D., "The Ongoing Legacy of R.L. Kate: An Updated Typology of Management Skills", *Management Decision incorporating the Journal of Management History*, 2004, vol. 42, núm. 10, pp. 1297-1308.

[4] Vea "The Real Reasons You're Working so Hard... And What You Can Do About It", *BusinessWeek*, 3 de octubre de 2005, pp. 60-68, "I'm Late, I'm Late, I'm Late", *USA Today*, 26 de noviembre de 2002, pp. 1B-2B.

[5] Para una explicación a fondo acerca de la importancia de las habilidades para administrar el tiempo vea David Barry, Catherine Durnell Cramton y Stephen J. Carroll, "Navigating the Garbage Can: How Agendas Help Managers Cope with Job Realities", *Academy of Management Executive*, mayo de 1997, pp. 26-42.

[6] "Taming the Out-of-Control In-Box", *Wall Street Journal*, 4 de febrero de 2000, pp. B1, B4.

[7] "A Startup's New Prescription for Eyewear", *BusinessWeek*, 4-10 de julio de 2011, pp. 49-51.

[8] Para una aplicación muy interesante vea Mark Cottfredson, Steve Schaubert y Hernán Sáenz, "The New Leader's Guide to Diagnosing the Business", *Harvard Business Review*, febrero de 2008, pp. 63-72.

[9] Citado en *Fortune*, 6 de julio de 2009, p. 47.

[10] Vea "Executive Pay", *BusinessWeek*, 15 de abril de 2002, pp. 80-100. Vea también Jim Collins, "The Ten Greatest CEO's of All Times", *Fortune*, 21 de julio de 2003, pp. 54-68.

[11] Rosemary Stewart, "Middle Managers: Their Jobs and Behaviours", en Jay W. Lorsch (Ed.), *Handbook of Organizational Behavior*, Englewood Cliffs, Nueva Jersey, Prentice-Hall, 1987, pp. 385-391. Vea también Bill Woodridge, Torsten Schmid y Steven W. Floyd, "The Middle Management Perspective on Strategy Process: Contributions, Synthesis, and Future Research", *Journal of Management*, 2008, vol. 34, núm. 6, pp. 1190-1221, y Anneloes Raes, Mrielle Heijltjes, Ursula Glunk y Robert Row, "The Interface of the Top Management Team and Middle Managers: A Process Model", *Academy of Management Review*, enero de 2011, pp. 102-126.

[12] John P. Kotter, "What Effective General Managers Really Do", *Harvard Business Review*, marzo-abril de 1999, pp. 145-155. Vea también Peter Drucker, "What Makes an Effective Executive", *Harvard Business Review*, junio de 2004, pp. 55-68.

[13] Citado en *USA Today*, 19 de septiembre de 2011, p. 3B.

[14] Sumantsa Chospal y Christopher A. Bartlett, "Changing the Role of Top Management: Beyond Structure to Process", *Harvard Business Review*, enero-febrero de 1995, pp. 86-96.

[15] Henry Mintzberg, *The Nature of Managerial Work*, Englewood Cliffs, Nueva Jersey, 1973.

CAPÍTULO 2

APRENDER Y DESARROLLAR
LAS HABILIDADES DIRECTIVAS

© Yuri Arcurs/Shutterstock.com

El capítulo 1 presentó las habilidades directivas y las relacionó con las funciones básicas de la administración y las funciones de los profesionales que se dedican a ella. Subrayó además la importancia de que usted conozca el grado de crecimiento de sus capacidades en ese campo, tanto el presente como el futuro, así como el área de la organización en la que se está desempeñando. El capítulo 2 habla de cómo los directores o gerentes aprenden, desarrollan y perfeccionan esas habilidades. Presenta otras perspectivas de la índole de su trabajo y, a continuación, expone y describe un modelo de este desarrollo. El capítulo explica que la dirección es una ciencia y también un arte, y señala la función que desempeñan la educación y la experiencia. Además, analiza las habilidades personales y cómo contribuyen a la obtención y uso de las habilidades directivas. Por último, resume el amplio ámbito donde estas capacidades tienen importancia.

EVALÚE SUS HABILIDADES

¿CUÁL ES SU ESTILO PARA APRENDER?

El estilo para aprender se entiende como su modo preferido para abordar información nueva. Cada uno de nosotros aplica su estilo personal para ello y procesar información; pero muchos también compartimos determinados patrones, preferencias y enfoques del aprendizaje. Si usted conoce su estilo, ello le ayudará a darse cuenta de que otros tal vez estén abordando la misma situación de manera diferente.

Instrucciones:

Conteste el cuestionario siguiente para evaluar su estilo preferido para aprender. Primero lea el texto de la columna de la izquierda. Después encierre con un círculo las tres respuestas del lado derecho que lo caractericen mejor. Sea honesto cuando responda, describa cuál es su situación actual. Cuente el número de círculos y anote el total al final de cada columna. Las respuestas que haya elegido le permitirán saber cuál es su modo de aprender.

1. Cuando trato de **concentrarme...**	Me distraen los objetos y el movimiento, y me fijo en cosas que me rodean y que otros no advierten.	Me distraen los sonidos y trato de controlar la cantidad y el tipo de ruido que me rodea.	Me distraen problemas personales y tiendo a encerrarme en mí mismo.
2. Cuando **visualizo...**	Veo mentalmente imágenes detalladas muy claras.	Pienso en voces y sonidos.	Veo mentalmente imágenes que implican movimiento.
3. Cuando **hablo con otros...**	Tengo dificultad para escucharlos durante mucho tiempo.	Me gusta escuchar o me siento impaciente por querer hablar.	Gesticulo y me comunico con las manos.
4. Cuando tengo **contacto con otras personas...**	Prefiero las reuniones frente a frente.	Prefiero hablar por teléfono cuando se trata de conversaciones serias.	Prefiero interactuar mientras caminamos o participamos en alguna actividad.
5. Cuando **veo a un conocido...**	No me acuerdo de su nombre pero sí de su rostro y tiendo a intentar recordar en dónde nos conocimos.	Recuerdo el nombre de la persona y por lo general puedo citar lo que hablamos.	Recuerdo lo que hicimos juntos y prácticamente puedo "revivir" el tiempo que pasamos juntos.
6. Cuando **me relajo...**	Veo televisión, voy al teatro, a una exposición o al cine.	Escucho la radio, pongo música, leo o charlo con un amigo.	Practico un deporte, hago manualidades o alguna otra actividad que involucre las manos.
7. Cuando **leo...**	Me gustan los ejemplos descriptivos y tal vez me detenga para imaginar la escena.	Lo que más me gusta es la narrativa y prácticamente puedo "escuchar" a los personajes hablando.	Prefiero los relatos de acción, pero es raro que lea por gusto.
8. Cuando **escribo...**	Vislumbro la palabra en mi cabeza o imagino cómo se verá cuando la escriba.	Pronuncio la palabra, a veces en voz alta, y suelo recordar las reglas de la ortografía.	Tanteo cómo será la palabra escribiéndola o imaginando que la escribo.
9. Cuando **hago algo nuevo...**	Busco demostraciones, imágenes o diagramas.	Me gustan las instrucciones orales y escritas y las comento con otra persona.	Me lanzo a probarlo y después intento enfoques diferentes.
10. Cuando **armo un objeto...**	Primero veo la imagen, y después tal vez lea las instrucciones.	Leo las instrucciones o hablo en voz alta mientras trabajo.	Suelo ignorar las instrucciones y voy resolviendo las cosas conforme avanzo.
11. Cuando **interpreto el estado de ánimo de alguien...**	Estudio sus expresiones faciales.	Escucho su tono de voz.	Me fijo en el lenguaje corporal.
12. Cuando **enseño algo a otras personas...**	Les demuestro las cosas.	Les explico las cosas, lo pongo por escrito o les hago preguntas.	Les demuestro la manera de hacer las cosas y después les pido que lo intenten ellas.
Total	Visual: _____	Auditivo: _____	Táctil/cinético: _____

Calificación

La columna que sume el total más alto representa su estilo primario de procesar las cosas. La columna con el siguiente total es su estilo secundario.

Su estilo primario de aprender: _____

Su estilo secundario de aprender: _____

Fuente: © Marcia Conner, What's Your Learning Style? 1993-2012. Todos los derechos reservados. http://marciaconner.com

Vea las interpretaciones al final de este capítulo.

EVALÚE SUS CAPACIDADES MENTALES

Las capacidades mentales son importantes para aprender y para el desempeño laboral, en especial en esta era de la información. La evaluación siguiente recoge sus opiniones acerca de ellas.

Instrucciones:

Indique qué tan bien lo describe cada uno de los enunciados siguientes. En algunos casos quizá tenga dificultad para decidirse por uno, pero oblíguese a escoger, eligiendo lo que más se parezca a su forma de actuar. Anote sus respuestas a la izquierda de cada enunciado basándose en la escala siguiente:

Escala de calificaciones
5 = Me describe muy bien
4 = Me describe bastante bien
3 = Me describe regular
2 = No me describe demasiado bien
1 = No me describe en absoluto

_____ 1. Tengo facilidad para aprender de forma visual. Capto bien las cosas y retengo mentalmente las imágenes visuales de las instrucciones.

_____ 2. Puedo producir respuestas inteligentes o poco comunes que no están demasiado ligadas a enunciados o situaciones.

_____ 3. Puedo formular y comprobar hipótesis que tienen el propósito de encontrar relaciones entre los elementos de un problema.

_____ 4. Puedo acordarme de elementos del material que no están relacionados entre sí.

_____ 5. Puedo recordar y reproducir inmediatamente una serie de datos después de una única presentación de ella.

_____ 6. Puedo manejar con rapidez números para hacer operaciones aritméticas.

_____ 7. No tardo en encontrar cifras, hacer comparaciones y desempeñar otras tareas simples que implican una percepción visual.

_____ 8. Puedo razonar partiendo de las premisas planteadas hasta llegar a las conclusiones requeridas.

_____ 9. Puedo percibir patrones y dimensiones, pudiendo orientarme frente a objetos en el espacio. Tengo capacidad para manejar o transformar la imagen y dimensiones espaciales en otros arreglos visuales.

_____ 10. Conozco muchas palabras y sus significados pudiendo aplicar ese conocimiento para entender el discurso.

Fuente: Adaptado de Dunnette, M.D., "Aptitudes, Abilities, and Skills", en M.D. Dunnette (Ed.), *Handbook of Industrial and Organizational Psychology*, Rand McNally, pp. 481-483. © 1976 de Rand McNally. Reproducido con autorización del autor.

Vea las interpretaciones al final de este capítulo.

 ENTRE EN Griffin/VanFleet Assessment Library para ver las versiones en línea de esta evaluación y otras más.*

*Este material se encuentra disponible en inglés.

APRENDA QUÉ SON LAS HABILIDADES

© Yuri Arcurs/Shutterstock.com

Las personas no llegan a su primer trabajo y simplemente se ponen a dirigir (administrar). Este capítulo aborda los complejos procesos que se requieren, a lo largo de toda la vida, para desarrollar las habilidades directivas. Primero hablamos de la índole de la labor de los directores y/o gerentes, y luego, de la ciencia y el arte de la dirección (administración), así como de la función que desempeñan la educación y la experiencia. Además, presentamos un conjunto de capacidades personales que le ayudarán a lograr aquel desarrollo. Por último, nos referimos a una serie de contextos donde tales habilidades serían muy importantes.

LA ÍNDOLE DEL TRABAJO DE LOS DIRECTORES O GERENTES

El trabajo de los directores no se sujeta a una progresión sistemática de actividades ordenadas durante la semana laboral. Está lleno de incertidumbre, cambios, interrupciones y acciones fragmentarias. El estudio de los roles o funciones gerenciales de Mintzberg que presentamos en el capítulo 1 encontró que, en un día normal, los CEO quizá pasaban 59% de su tiempo en juntas programadas, 22% en "trabajo de escritorio", 10% en juntas no programadas, 6% en el teléfono y el 3% restante en recorridos por las instalaciones de la compañía. (Por supuesto que estas proporciones cambian en el caso de los directores de niveles bajos). Es más, la esencia compleja de la labor del personal gerencial sigue cambiando, y muchas veces por caminos imprevisibles.[1] Por ejemplo, Mintzberg realizó su investigación antes de que llegaran el correo electrónico, los teléfonos inteligentes, las redes sociales y otras tecnologías de comunicación que casi todo quien dirige y administra usa actualmente. No cabe duda de que, si ese estudio fuese repetido hoy, el abanico y la diversidad de las actividades serían mucho más grandes.

Además, los directores desempeñan gran variedad de tareas. En el transcurso de un solo día, por ejemplo, quizá deban tomar una decisión respecto del diseño de un producto nuevo, conciliar un conflicto entre dos subordinados, contratar a una nueva asistente, preparar un informe para presentar a su jefe, coordinar una compañía en participación con un colega en el extranjero, formar una fuerza de tarea para que investigue un problema, buscar información en internet, y manejar una disputa laboral. Es más, este ritmo de trabajo es implacable. Quizá un director esté sometido a un bombardeo de correos electrónicos, llamadas telefónicas y personas esperan para verlo. Tal vez deba tomar con rapidez decisiones y formular planes prácticamente sin tiempo para reflexionar.[2] Sin embargo, en muchos sentidos estas mismas características de la labor gerencial contribuyen también a su versatilidad y sentido. Tomar decisiones críticas en situaciones de gran presión, y hacerlo bien, es una fuente importante de satisfacción interna. Además, los directores reciben por lo habitual una muy buena remuneración por las presiones y manejo del estrés al que están sometidos.

MODELO DEL DESARROLLO DE LAS HABILIDADES

La meta primordial de este libro es ayudarle a desarrollar las habilidades que necesitará para triunfar en su carrera como gerente y/o director. La *figura 2.1* ilustra el modelo que usaremos para alcanzar esa meta y que es el modelo fundamental, para ese desarrollo, en torno al cual está organizado este libro.

Nuestro modelo sugiere tres antecedentes esenciales para desarrollar las habilidades. La educación (escuela primaria, secundaria, media superior, superior y/o continua) desempeña una función muy importante. También entra en juego una amplia gama de experiencias, las cuales podrían incluir

FIGURA 2.1 MODELO DEL DESARROLLO DE LAS HABILIDADES DIRECTIVAS

Este modelo propone que una combinación de educación, experiencia y habilidades personales lleva a nuestra capacidad a evaluar las fortalezas y debilidades que tenemos. Es una autoevaluación que, aunada al conocimiento y la visualización de las habilidades, nos permiten practicar, aplicar y extender estas en nosotros. Después, la práctica de la ciencia y el arte de la dirección (administración) hacen posible mejorar las habilidades personales, en educación y experiencia.

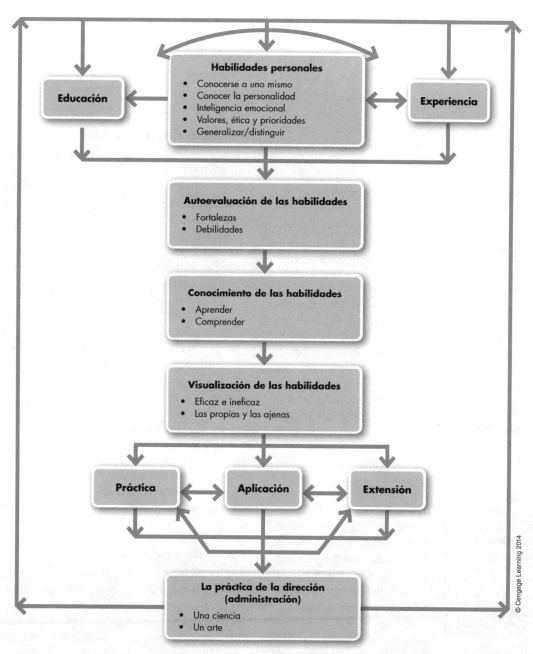

© Cengage Learning 2014

empleos de verano mientras la persona es estudiante, empleos a prueba, puestos profesionales de ingreso, empleos en una carrera anterior (diferente de la actual) y ascensos a otros puestos. Además, las **experiencias** pueden provenir de otros campos, como puestos de liderazgo en otras organizaciones, grupos voluntarios, etc. La tercera condición antecedente es un conjunto de **habilidades personales**. Estas se derivan o giran en torno al conocimiento de uno mismo, es decir la conciencia respecto de 1) la propia personalidad así como la inteligencia emocional; 2) los valores, la ética y las prioridades, y 3) la motivación, el autocontrol y la capacidad para generalizar/distinguir contextos diversos. Más adelante en este capítulo explicaremos cada uno de estos tres antecedentes.

En segundo lugar, estas condiciones previas sirven a las personas para alimentar el conocimiento de sus habilidades. Es importante que sepan y comprendan cada una de estas. Lo adquieren leyendo y estudiando comentarios de textos, así como por medio de charlas, análisis de teorías, investigaciones y la práctica.

El siguiente paso de nuestro modelo del desarrollo de las habilidades es la visualización; es decir, "verlas" a la luz de distintas situaciones. Es aleccionador observar cómo distintas capacidades se pueden usar de manera eficaz o ineficaz. También es útil visualizar el modo en que otros las emplean y cómo las utilizamos nosotros mismos. La visualización nos ayuda a interpretar nuestras autoevaluaciones y a comprender cómo traducimos a acciones el conocimiento. Se presenta cuando observamos las conductas de otros, interpretamos el efecto de ellas y aplicamos nuestras observaciones a las propias situaciones.

El director (o el futuro director), debidamente armado con la autoevaluación, el conocimiento y la visualización, está listo para practicar, aplicar y extender sus habilidades. La práctica y la aplicación se refieren a usar estas en situaciones, decisiones, problemas y oportunidades de hecho en el centro de trabajo. Extensión significa usar la habilidad en diferentes contextos. Por ejemplo, si dominamos el uso de alguna en lo individual, podríamos extender su uso a un contexto de grupo. Por otro lado, una vez que hemos dominado una en el centro de trabajo, podríamos dominarla incluso más si la usamos en un ámbito distinto (familiar o social).

Por supuesto que los directores tienen que cumplir también con sus funciones, ¡no pueden pasar todo el tiempo concentrándose exclusivamente en desarrollar sus habilidades! Mientras las practican, aplican y extienden, cumplen además con su trabajo directivo, sus conductas y sus tareas normales, sin olvidar que su labor tiene algunos elementos de arte y también

educación primaria, secundaria, media superior, superior y/o continua que contribuye a la eficacia del director y/o gerente.

experiencias los empleos de la persona mientras es estudiante, los puestos profesionales de ingreso, los empleos en una carrera anterior (diferente) a la actual y los ascensos de puestos que contribuyen a la eficacia del director y/o gerente.

habilidades personales las que se derivan o giran en torno al conocimiento de uno mismo, la inteligencia emocional, los valores, la ética, las prioridades, la motivación y el autocontrol

de ciencia. Es decir, se ocupan de practicar (de trabajar, si prefiere llamarlo así) la dirección (administración).

Por último, como dictan las premisas del aprendizaje durante toda la vida, el desarrollo de las habilidades nunca "termina" en realidad. Cuando las hemos perfeccionado, aumentado y dominado, pasan a ser parte de la base de nuestras experiencias y nuestros conocimientos educativos y podrían afectar nuestras habilidades personales. Por ende, el proceso se reanuda cuando las reevaluamos a medida que vamos subiendo por los diferentes niveles jerárquicos y áreas de la organización y pasamos a otros desafíos en diferente contexto.

LA CIENCIA Y EL ARTE DE LA DIRECCIÓN

La práctica de dirigir podría implicar algunos elementos de ciencia y otros de arte. Una dirección eficaz es una mezcla de ciencia y de arte. Los gerentes exitosos reconocen que es muy importante combinar tal ciencia y arte cuando practican su oficio.[3]

La ciencia de la dirección

Podemos abordar muchas cuestiones directivas de forma racional, lógica, objetiva y sistemática. Durante muchas décadas los investigadores partieron del supuesto de que era probable la existencia de "una manera mejor" de administrar, liderar, tomar decisiones y dirigir las organizaciones. Por lo tanto, gran parte de las primeras obras que hablaban de la temática (académicas, artículos, libros y prensa popular) buscaba recetar a los profesionales dedicados a ella cómo deberían desempeñar sus trabajos.

Los buenos directores suelen reunir datos, hechos e información objetiva. Emplean tanto modelos cuantitativos como técnicas para la toma de decisiones con el propósito de llegar a hacer las "correctas". Deben adoptar este enfoque científico para resolver problemas, en especial si están lidiando con cuestiones relativamente rutinarias y sencillas. Cuando Starbucks piensa construir un café nuevo o ingresar a otro mercado, por ejemplo, sus directivos estudian detenidamente una amplia gama de detalles objetivos para formular sus planes. Usan variables como los patrones del tráfico, los niveles de ingresos, los establecimientos minoristas adyacentes y decenas de variables objetivas más para escoger las ubicaciones. Las habilidades para diagnosticar y para tomar decisiones, así como las técnicas, tienen especial importancia cuando practican la ciencia de la dirección.

El arte de la dirección

Aun cuando los directores procuren ser científicos, con frecuencia deben tomar decisiones y resolver problemas basándose en su intuición, experiencia, instinto y conocimientos. Un buen gerente depende mucho de sus habilidades conceptuales y para la comunicación, para administrar el tiempo y las interpersonales a efecto de escoger un curso de acción de entre otros muchos que le parecen igual de atractivos. Se podría dar el caso de que incluso los "hechos objetivos" estén equivocados. Cuando Starbucks planeaba su primer café en Nueva York, una investigación de mercado dio con claridad el resultado de que los habitantes de esa ciudad preferían el café de percoladora que otros más exóticos tipo exprés. Tras instalar más cafeteras percoladoras y menos máquinas de exprés que en otros establecimientos, los directores tuvieron que dar marcha atrás cuando los neoyorquinos hicieron filas clamando por un exprés. Starbucks presenta ahora un menú y una distribución estándar en todos sus cafés, independientemente de las presuntas diferencias entre mercados, y más adelante hace los ajustes que se necesitan. Luego entonces, los directores deben mezclar un elemento de intuición y conocimientos personales con los datos duros y los hechos objetivos.[4]

¿Cómo adquirimos las habilidades necesarias para mezclar la ciencia y el arte de la administración para llegar a ser un gerente exitoso? Las variantes son tantas como el número de gerentes que existen, pero el camino más común implica una combinación de educación y experiencia.

> ❝ *'Los negocios son en realidad una forma de arte. En su mejor expresión, son el arte de juntar a las personas para que creen cosas.'*
>
> PETER SENGE
> Destacado experto
> en negocios[6] ❞

© Biz Ed, mayo/junio 2010, p. 23.

en un contexto educativo. Cuando usted haya terminado este libro y su curso, tendrá un conocimiento básico y cierta preparación para usarlas en cursos más avanzados. Un grado universitario es ahora un requisito para avanzar en una carrera en los negocios, y prácticamente todos los CEO de Estados Unidos poseen licenciatura. Hoy en día, los grados de maestría también son comunes en el caso de ejecutivos exitosos. La *tabla 2.1* enumera los programas de MBA clasificados en los lugares más destacados en Estados Unidos. También presenta una lista de los de MBA en línea que gozan de más popularidad. Cada vez son más las universidades extranjeras, en especial en Europa y Asia, que están empezando a ofrecer estudios en dirección y administración.

Incluso después de titularse, la mayor parte de los futuros directores y/o gerentes no han visto el final de sus aprendizajes formales en la materia. Muchos de nivel medio o alto regresan a las universidades para participar en programas para ejecutivos o de desarrollo, que pueden durar apenas unos cuantos días pero también varias semanas. Los de primera línea aprovechan también los de extensión y de educación continua que ofrecen las instituciones de formación superior. Una innovación reciente es la llamada extensión de estudios en dirección y/o administración, la cual es un programa de maestría para ejecutivos (EMBA) que ofrecen muchas escuelas superiores de negocios de primera línea, en el cual los gerentes de niveles medio y alto, que tienen varios años de experiencia, toman un curso intensivo de estudios que se llevan a cabo los fines de semana.[7] La *tabla 2.1* enumera también los programas de EMBA clasificados en los primeros lugares.

LA FUNCIÓN DE LA EDUCACIÓN

Muchos de ustedes leen este libro porque se han inscrito en un curso de dirección (administración) en algún instituto o universidad. Por ende, están empezando a aprender acerca de sus habilidades para administrar y dirigir y a desarrollarlas

TABLA 2.1 PROGRAMAS TRADICIONALES DE MBA, MBA EN LÍNEA Y EMBA (ESTADOS UNIDOS)

Programas de MBA de tiempo completo clasificados en los primeros lugares	Programas de MBA en línea más populares	Programas de EMBA clasificados en los primeros lugares
1. Universidad de Chicago	1. Universidad de Indiana	1. Universidad de Chicago
2. Universidad de Harvard	2. Universidad de Maryland	2. Universidad de Columbia
3. Universidad de Pensilvania	3. Universidad de Walden	3. Universidad de Northwestern
4. Universidad de Northwestern	4. Universidad Estatal de Arizona	4. UCLA
5. Universidad de Stanford	5. Babson College	5. Universidad de Michigan
6. Universidad de Duke	6. Universidad de Drexel	6. SMU
7. Universidad de Michigan	7. Universidad de Northeastern	7. USC
8. Universidad de California	8. Universidad de Syracuse	8. Wharton
9. Universidad de Columbia	9. Universidad de Texas Dallas	9. Universidad de Duke
10. MIT	10. Universidad George Washington	10. Universidad de Carolina del Norte

© Cengage Learning 2014

Fuentes y notas: Estas clasificaciones representativas han sido tomadas de distintas fuentes, entre ellas *Business Week, U.S. News and World Report* y *Financial Times,* en enero de 2012. Las clasificaciones cambian de un año a otro y dependen de los criterios usados. No existen clasificaciones confiables de programas MBA en línea. Los de la lista ostentan un número relativamente grande de inscripciones.

La educación es un ingrediente importante para el éxito del director o gerente. Algunas personas siguen estudios formales a pesar de que llevan trabajando varios años.

Por último, muchas compañías grandes cuentan con programas internos de capacitación para ampliar los estudios de sus ejecutivos. Algunas han creado entidades que, en esencia, son universidades propias las cuales ofrecen la educación especializada que consideran necesaria para que ellos sigan trabajando con éxito.[8] McDonald's y Shell Oil son líderes en este terreno. También existe una clara tendencia hacia programas en línea para el desarrollo de esos gerentes.[9] La ventaja primaria del estudio en habilidades para dirigir es que una persona puede seguir un programa educativo bien formulado y familiarizarse con el pensamiento y las investigaciones actuales al respecto. En algunos casos, los alumnos pueden dedicar toda su energía y atención al aprendizaje. Sin embargo, un aspecto negativo es que los estudios en la materia suelen ser demasiado generales a efecto de satisfacer las distintas necesidades de la gran variedad de educandos o para ofrecer el conocimiento específico que necesitan los directores para los distintos empleos. Es más, un libro puede abordar muchos aspectos del trabajo gerencial, pero aquellos no los apreciarán ni comprenderán en realidad mientras no los hayan experimentado.

LA FUNCIÓN DE LA EXPERIENCIA

Este libro proporciona una base sólida para que usted enriquezca sus habilidades directivas. Sin embargo, a pesar de que fuese capaz de aprender de memoria cada una de las palabras contenidas en los textos de administración y dirección que se hayan escrito, no podría ocupar un puesto de nivel alto y ser eficaz. ¿Por qué? Esas habilidades se obtienen también por medio de la

> " *'El crecimiento es otra habilidad que debemos aprender. Los pasados diez años fuimos muy buenos para reestructurar los negocios. El crecimiento requiere práctica.'*
>
> LEWIS BOOTH
> Director general financiero
> de Ford Motor[12] "

experiencia. La mayor parte de los profesionales en la rama subieron a sus puestos actuales provenientes de otros puestos. Un individuo sólo puede conocer la verdadera índole y el carácter del trabajo gerencial si ha experimentado las presiones que quien se dedica a ello sufre todos los días y ha enfrentado distintos desafíos al respecto. Este libro le brinda la oportunidad de "ver" algunas habilidades para dirigir eficaces, y otras menos eficaces, tanto en los casos como en las películas que presentamos, los cuales le ofrecen la ocasión de practicar y, por ende, de adquirir experiencia por medio de los ejemplos y ejercicios.

Como la práctica es esencial, la mayor parte de las compañías grandes, así como también muchas pequeñas, han desarrollado programas de estudios en administración para sus futuros profesionales en el tema. Contratan a personas en las universidades o a las provenientes de otras organizaciones o de las filas de sus propios directores de primera línea y empleados de operaciones. Después, las asignan de forma sistemática a distintos puestos. Con el transcurso del tiempo, un individuo ha estado expuesto a la mayor parte de los aspectos fundamentales de la empresa, por no decir que a todos. De tal suerte, el directivo aprende por experiencia. Los programas de capacitación en algunas compañías como Procter & Gamble, General Mills y Shell Oil, son tan buenos que otras procuran contratar a personas que los han cursado.[10] Quienes no han pasado por programas formales pueden también tener éxito cuando aprenden de diversas experiencias. Por ejemplo, antes de hacerse cargo de Southwest Airlines, Herb Kelleher era un abogado litigante. Por supuesto que la capacidad natural, el ahínco y la motivación de una persona desempeñan una función importante cuando se trata de adquirir experiencia y desarrollar sus habilidades para dirigir.

Los gerentes más eficaces aprenden estas habilidades por medio de una combinación de estudios y experiencia. Un título universitario, a pesar de que no sea en gestión de negocios, suele ser un buen fundamento para una carrera en esta área. A continuación, consiguen su primer empleo y van pasando por diversas situaciones administrativas y gerenciales mientras avanzan. En su ascenso por las filas de la organización, las "actualizaciones" educativas ocasionales, como los programas de desarrollo gerencial, podrían complementar su experiencia práctica en el trabajo. Cada vez es más frecuente que deban adquirirla también de modo internacional como parte de su desenvolvimiento profesional. Al igual que sucede con las habilidades generales para dirigir, el conocimiento internacional se obtiene por medio de una combinación de estudios y experiencia.[11]

LAS HABILIDADES PERSONALES

En nuestro modelo del desarrollo de las habilidades (*figura 2.1*), las personales desempeñan una función fundamental para la adquisición de las habilidades gerenciales. Las primeras se refieren a las fortalezas y debilidades que el individuo lleva consigo al centro de trabajo. Como sucede con aquellas para dirigir, a medida que vayamos creciendo, madurando y adquiriendo conocimiento y experiencia, también podremos desenvolver y perfeccionar las personales. Existe una reciprocidad entre el aumento de las habilidades para dirigir y el mayor desarrollo de las personales que tenemos.

Conocimiento de uno mismo

Una **habilidad personal** fundamental es la de tener conciencia de uno mismo. El *conocimiento de uno mismo* se refiere a la medida en que nos damos cuenta de cómo nos ven otros. Este saber se puede referir al aspecto físico, las conductas, las palabras y las expresiones, las decisiones y otros factores que generan la impresión que otros se forman de nosotros.

Luego entonces, una persona con *gran conocimiento de sí misma* sabe relativamente bien cómo la ven otras. Por ejemplo, sabría que otros consideran que es una directora que se expresa bien, tiene una voluntad férrea, toma decisiones con rapidez y es un buen modelo de rol o función para otros. Aumenta también ese conocimiento cuando reconoce el modo en que los demás responden ante ella y la medida de confianza que aparentemente tienen en su persona a lo largo del tiempo y en diferentes contextos. Es más, un buen autoconocimiento le permitirá funcionar de forma más eficaz en el futuro. Por ejemplo, si sabe que otros la ven como una excelente oradora en público, adquirirá confianza en sus capacidades cuando le pidan que hable frente a un grupo de inversionistas o de posibles empleados nuevos.

Sin embargo, otras personas se *conocen poco a sí mismas* y no saben muy bien cómo las ven los demás. Por ejemplo, suponga que otra directora se ve también como una buena oradora en público, pero que otros (por desgracia) la ven como una mala oradora. Ella tal vez se afane por tener la ocasión de hablar en público, sin entender por qué no es seleccionada cuando se ofrece a hacerlo o qué otros no manifiestan entusiasmo por escucharla. Con el tiempo, se sentirá frustrada y tal vez incluso piense que no cae bien a otros o que la están discriminando. Los individuos no se conocen bien a sí mismos porque no prestan atención a la forma en que los demás responden ante ellos, sobrevaloran sus habilidades personales o tratan de encontrar una explicación lógica para situaciones, sin reconocer que se deben a una deficiencia suya (por ejemplo, justificando que su mal desempeño se debe a que han dormido poco o están sometidas a demasiado estrés).

Es importante reconocer que nadie es perfecto y que nadie se ve a sí mismo de forma exactamente igual a como lo ven otros. Además, personas diferentes verán de maneras diversas al mismo individuo. Sin embargo, si prestamos atención a las señales que nos envían otros, si diagnosticamos con sinceridad nuestros éxitos y fracasos, y si adquirimos un conocimiento genuino de nuestras verdaderas fortalezas y debilidades personales, nos conoceremos mejor a nosotros mismos. Entender con claridad cómo es nuestra personalidad ayuda también a que nos conozcamos en mayor medida. Un buen autoconocimiento nos permite funcionar de forma positiva y constructiva.

Conozca su personalidad

La **personalidad** se refiere al conjunto relativamente estable de atributos psicológicos que diferencian a un individuo de otro. Los psicólogos llevan muchos años discutiendo (el llamado debate "naturaleza o educación") la medida en que los rasgos de la personalidad son heredados de nuestros progenitores (el argumento a favor de la "naturaleza") o si el entorno los forma (el argumento a favor de la "educación"). En realidad, la función que desempeñan tanto los factores biológicos como los del entorno es muy importante para determinar la personalidad. Los directores deberían tratar de conocer los atributos básicos de esta y cómo afectan la conducta de los individuos en situaciones que se presentan en la organización, por no hablar de cómo las perciben ni de sus actitudes hacia ellas. Un elemento fundamental para conocernos mejor es saber cómo está constituida la personalidad. Además, si sabemos más acerca de ella podremos también comprender mejor a otros.

Los "cinco grandes" rasgos de la personalidad Los psicólogos han identificad literalmente miles de rasgos de la personalidad que diferencian a un individuo de los demás. Sin embargo, en años recientes, han señalado cinco atributos fundamentales que tienen especial importancia para las organizaciones.[13] Estos rasgos (que presenta la *figura 2.2*) son conocidos ahora como los "cinco grandes" rasgos de la personalidad.

La **simpatía** se refiere a la capacidad de un individuo para llevarse con otros, y hace a esta clase de personas ser amables, cooperadoras, complacientes, comprensivas y amenas cuando tratan con otras. Sin embargo, también provoca que otras se irriten, se enojen, sean poco cooperadoras y, en general, se opongan a aquel individuo. Los investigadores no han estudiado del todo los efectos de tal rasgo, pero es probable que las personas simpáticas desarrollen buenas relaciones laborales con sus compañeros de trabajo,

conciencia de uno mismo medida en que sabemos cómo nos ven otros

personalidad conjunto relativamente estable de atributos psicológicos que diferencian a una persona de otra

los "cinco grandes" rasgos de la personalidad cinco rasgos fundamentales de la personalidad que tienen especial importancia para las organizaciones: simpatía, meticulosidad, neurosis, extraversión y apertura

simpatía capacidad de una persona para llevarse bien con otras

FIGURA 2.2 MODELO DE LOS "CINCO GRANDES" RASGOS DE LA PERSONALIDAD

El modelo de los "cinco grandes" rasgos de la personalidad representa el esquema más aceptado para conocer esos atributos en el contexto de las organizaciones. En general, los expertos coinciden en que, en un ámbito de esta clase, los rasgos de personalidad ubicados en el extremo izquierdo de cada continuo son más positivos, mientras que quienes se aproximan al extremo derecho son menos positivos.

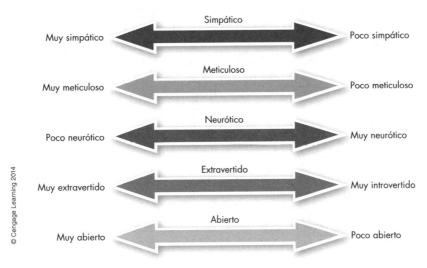

© Cengage Learning 2014

sus subordinados y los directores de niveles más altos que el suyo, mientras que es menos probable que las poco simpáticas tengan relaciones de esa clase particularmente buenas. Este mismo patrón se podría aplicar a las relaciones con los clientes, los proveedores y otros elementos fundamentales de la organización. Saber que usted es simpático le ayudará a trabajar con más eficacia con otros y tal vez a ver con más claridad la función que su modo de ser desempeña en relaciones interpersonales que podrían ser más o menos positivas.

La **meticulosidad** se refiere al número de metas en las que se enfoca una persona. Quienes se concentran a la vez en un número relativamente pequeño serán probablemente ordenadas, sistemáticas, cuidadosas, concienzudas, responsables y disciplinadas. Sin embargo, hay otras que tienden a perseguir una gran variedad de metas y, por ende, son más desordenadas, descuidadas e irresponsables, así como menos concienzudas y disciplinadas. Las investigaciones han arrojado que, en distintos trabajos, el desempeño de las personas más meticulosas suele ser mejor que el de las menos. El patrón resulta lógico toda vez que las primeras toman muy en serio su labor y la abordan con suma responsabilidad. Una visión realista de su propia meticulosidad

contribuirá a que usted administre bien el tiempo y le servirá de guía para decidir si acepta o no obligaciones adicionales.

La tercera de las "cinco grandes" dimensiones de la personalidad es la **neurosis**. Las personas neuróticas suelen experimentar con más frecuencia que las menos neuróticas emociones desagradables como ira, ansiedad, depresión y sentimientos de vulnerabilidad. Las menos neuróticas son ecuánimes, tranquilas, resilientes y seguras. Las primeras son más irritables, inseguras, reactivas, y su estado de ánimo sufre cambios extremos. Cabe suponer que las segundas manejarán mejor el estrés, la presión y la tensión en el trabajo. Su estabilidad también podría provocar que sean vistas como más confiables que sus compañeros menos estables. Es difícil saber qué tan neurótico es uno, pero si usted lo logra, estará mejor armado para manejar el estrés y las presiones en situaciones laborales y no laborales.

La **extraversión** refleja la medida en que una persona se siente cómoda en sus relaciones. Las extravertidas son sociables, parlanchinas, confiadas y están dispuestas a establecer relaciones nuevas. Las introvertidas son mucho menos sociables, parlanchinas y confiadas, y más reacias a iniciar otras relaciones. Las investigaciones sugieren que el desempeño laboral general de aquellas suele ser mejor que el de estas y que es más probable que se sientan atraídos a empleos basados en las relaciones personales, como los de ventas y los de marketing. Saber cuál es nuestro grado de extraversión es un factor importante para ponderar por qué nos gustan o disgustan ciertas clases de trabajo, y nos puede servir de guía cuando consideramos opciones para hacer una carrera. Por ejemplo, si un individuo se sabe extravertido podría esfor-

meticulosidad número de metas en las que se enfoca una persona, inclusive la administración eficaz del tiempo y el cumplimiento de las obligaciones laborales

neurosis medida en que una persona experimenta comúnmente emociones desagradables, como ira, ansiedad, depresión y sentimientos de vulnerabilidad, en lugar de equilibrio, tranquilidad, resiliencia y seguridad

extraversión medida en que una persona se siente cómoda en sus relaciones

zarse más para subir a un puesto que implica mucha interacción personal, mientras que la introvertida podría evitar ese puesto.

Por último, la **apertura** refleja el grado de rigidez de las creencias y de la gama de intereses de un individuo. Las personas muy abiertas están dispuestas a escuchar ideas nuevas y a cambiar las propias así como creencias y actitudes ante nueva información. También suelen tener muchos intereses y ser curiosas, imaginativas y creativas. De otro lado, las personas poco abiertas no suelen recibir ideas nuevas ni estar demasiado dispuestas a cambiar de opinión. Incluso, a menudo tienen menos intereses, y son más estrechos en su mentalidad, suelen ser poco curiosas y creativas. Cabe esperar que el desempeño de los que tienen mayor apertura sea mejor debido a su flexibilidad, y también es más probable que otras de la organización las acepten. Asimismo, la apertura abarca la medida en que una persona está dispuesta a aceptar el cambio. Las que son muy abiertas lo aceptarían en buen grado, mientras que las menos abiertas se podrían resistir a él. Es muy útil conocer la medida de lo abiertos que somos, en especial si somos propensos a no serlo mucho. Por ejemplo, saberlo nos permitiría no tomar decisiones de manera repentina ni rechazar ideas con excesiva rapidez simplemente porque no encajan con nuestras visiones y actitudes actuales.

El esquema de los "cinco grandes" rasgos sigue captando la atención de investigadores y directores. Su valor radica en que abarca un conjunto integral de aspectos que, al parecer, son válidos para prever determinadas conductas en ciertas situaciones. Por lo tanto, los directores que comprendan este esquema, evaluarán racionalmente la medida en que su propia personalidad embona con esos rasgos y analizarán estos en sus empleados, estando en una magnífica posición para saber cómo se comportan y por qué lo hacen. De otro lado, deben tener cuidado de no sobreestimar su capacidad para evaluar los "cinco grandes" rasgos de su per-

> "*Ahora ya no soy una persona conocida por tomar decisiones arrebatadas, y la gente considera que soy analítica y que pienso mucho las cosas.*"
>
> LAUREN ZALAZNICK
> Ejecutiva de la televisora
> NBC[14]

© Fortune, julio 6, 2009, p. 49.

sonalidad o de la de otros. Incluso una evaluación que use medidas válidas muy rigurosas será seguramente bastante inexacta. Otra limitación del esquema de esos cinco rasgos es que está fundado principalmente en investigaciones realizadas en Estados Unidos. De este modo, la posibilidad de generalizarlo a otras culturas plantea cuestiones que todavía no tienen respuesta. Incluso en ese país es probable que una serie de otros factores y rasgos afecten la conducta en las organizaciones.

Esquema Myers-Briggs Otro planteamiento muy interesante para comprender las personalidades en las organizaciones es el del esquema de Myers-Briggs, el cual, basado en la obra clásica de Carl Jung, diferencia a las personas en función de cuatro dimensiones generales: sensación/intuición, opinión/percepción, extraversión/introversión y pensamiento/sentimiento. El lugar más alto o más bajo que ocupen los individuos en cada una de las dimensiones sirve para clasificarlas dentro de alguna de 16 categorías de la personalidad.

El Indicador de Tipos de Myers-Briggs (MBTI por sus siglas en inglés) es un cuestionario muy popular aplicado en las organizaciones para evaluar estas categorías. De hecho, hoy en día es uno de los instrumentos más utilizados para la selección de trabajadores y lo han contestado hasta dos millones de individuos cada año. Las investigaciones sugieren que es un método muy útil para determinar los estilos de comunicación y las preferencias por la interacción. Sin embargo, existen dudas de la validez y la estabilidad del MBTI respecto de los rasgos de la personalidad.

Otros rasgos de la personalidad en operación Es probable que, además de los contenidos en estos modelos complejos de la personalidad, existan varios otros rasgos específicos de ella que influyen en la conducta en las organizaciones, entre ellos el locus de control, la propia eficacia, el autoritarismo, el maquiavelismo, la autoestima y la propensión al riesgo.

El **locus de control** se refiere a la medida en la cual las personas creen que su conducta tiene de hecho un efecto en lo que les sucede.[15] Por ejemplo, algunas piensan que si trabajan arduamente tendrán éxito. Tal vez también crean que quienes fracasan lo hagan debido a su falta de capacidad o de motivación. Se dice que quienes piensan que los individuos dirigen y dominan sus vidas tienen un locus de control interno.

© iStockphoto.com/TriggerPhoto

apertura grado de rigidez de las creencias y de la gama de intereses de una persona

locus de control medida en la cual las personas creen que su conducta tiene de hecho un efecto en lo que les sucede

Existen otras personas las cuales piensan que el destino, el azar, la suerte o la conducta de otros determinan lo que les ocurre. Por ejemplo, un empleado que no recibe un ascenso podría atribuir el fracaso a que su jefe tuvo motivos políticos para negárselo o simplemente a la mala suerte, en lugar de atribuirlo a su falta de habilidades o su mal desempeño. De aquí se dice entonces que tienen un locus de control externo quienes piensan que fuerzas no dominadas por ellos dictan lo que les sucede.

La autoeficacia se refiere a una característica de la personalidad ligeramente diferente, es decir a la idea que un individuo tiene de sus habilidades para desempeñar una tarea. Quienes confían mucho en su eficacia piensan que se pueden desempeñar bien en una actividad específica; quienes creen que tienen poca, suelen dudar de su capacidad para realizarla. Las autoevaluaciones de la habilidad contribuyen a creer en la propia eficacia, pero la personalidad del individuo contribuye a ello también. Algunos individuos tienen simplemente más autoconfianza que otros. Como creen en su capacidad para llevar a cabo una tarea, el resultado es que en efecto son más seguros de sí mismos y más capaces de concentrar su atención en el desempeño.[16]

Otra característica importante de la personalidad es el autoritarismo, o sea la medida en la cual un individuo piensa que está bien que existan las diferencias de poder y de estatus en los sistemas sociales jerárquicos, como es el caso de las organizaciones.[17] Por ejemplo, una persona muy autoritaria podría aceptar instrucciones u órdenes de otra que tiene más poder y mando que ella simplemente porque es "el jefe". Por otro lado, alguien que no es muy autoritario podría aceptar instrucciones razonables de su jefe, pero es más probable que cuestione las circunstancias, diga no estar de acuerdo con aquel o incluso se niegue a cumplir sus órdenes si tiene algún motivo de objeción.

Un director muy autoritario podría ser relativamente autocrático y exigente, y es más probable que los subordinados demasiado autoritarios acepten esa conducta de su líder. De otra forma, uno con menor autoritarismo podría permitir que sus subalternos tengan un papel mayor en la toma de decisiones, y los subordinados menos autoritarios responderían de forma positiva a ese comportamiento. Dennis Kozlowski, el ex-CEO de Tyco International que fue juzgado, era alguien tan autocrático, que resultaba maquia-

vélico: llegó a pensar que su posición de poder en la compañía le daba el derecho de hacer prácticamente todo lo que quisiese con los recursos de esta.[18]

El maquiavelismo es otro rasgo importante de la personalidad. El concepto deriva su nombre de Nicolás Maquiavelo, un autor del siglo XVI que, en su libro *El Príncipe*, explicaba cómo los nobles podían hacerse de más poder y usarlo. Hoy, el término "maquiavélico" se usa para describir una conducta que tiene por objeto hacerse de poder y controlar el comportamiento de otros. Las investigaciones sugieren que el grado de maquiavelismo varía de un individuo a otro. Quienes lo tienen en gran medida suelen ser racionales y no emocionales, estarían dispuestos a mentir para alcanzar sus metas personales, conceden poca importancia a la lealtad y a la amistad, y les gusta manipular la conducta de otros. Los individuos menos maquiavélicos son más emocionales, están menos dispuestos a mentir para triunfar, valoran mucho la amistad y la lealtad, y no obtienen placer propio de manipular a otros.

La autoestima es la medida en la cual una persona piensa que es valiosa y merecedora. Es muy probable que quien tiene mucha autoestima busque empleos de estatus más alto, confíe en su capacidad para alcanzar niveles de desempeño superiores y tenga mayor satisfacción intrínseca de sus logros. En cambio, alguien con menos autoestima se podría contentar con un empleo de nivel más bajo, tendría menos confianza en su capacidad y se concentraría más en los premios extrínsecos. Entre las grandes dimensiones de la personalidad, la autoestima es la que ha sido más estudiada en otros países. Si bien, se necesitan más investigaciones, la evidencia publicada sugiere que como rasgo de la personalidad existe de hecho en distintos países y su función en las organizaciones es razonablemente importante en distintas culturas.

La propensión al *riesgo* es la medida en que una persona está dispuesta a correr riesgos y a tomar decisiones arriesgadas. Un gerente que tiene una clara propensión a ello, por ejemplo, podría experimentar ideas innovadoras y aventurarse con productos nuevos. También tendría la capacidad de guiar a la organización en direcciones nuevas. Podría ser catalizador de la innovación y, de otro lado, poner en peligro la continuidad del bienestar de la compañía si sus decisiones arriesgadas resultan equivocadas. Uno con poca propensión al riesgo podría llevarla al estancamiento y el conservadurismo excesivo, o ayudaría a que navegue con éxito por tiempos imprevisibles y turbulentos si él conserva la estabilidad y la calma. Por lo tanto, las posibles consecuencias de la propensión al riesgo dada en un director dependen enormemente del entorno de la organización.

Inteligencia emocional

El concepto de inteligencia emocional nos ofrece conocimientos muy interesantes acerca de la personalidad. La inteligencia emocional, o IE, se refiere a la medida en que

---

autoeficacia lo que una persona cree respecto de sus capacidades para desempeñar una tarea

autoritarismo medida en la cual una persona piensa que está bien que existan diferencias de poder y de estatus en los sistemas sociales jerárquicos, como es el caso de las organizaciones

maquiavelismo conducta que tiene por objeto hacerse de poder y controlar la conducta de otros

autoestima medida en la cual una persona cree que es valiosa y merecedora

propensión al riesgo medida en que una persona está dispuesta a correr riesgos y a tomar decisiones comprometedoras

inteligencia emocional (IE) medida en que las personas se conocen a sí mismas, manejan sus emociones, se motivan a sí mismas, expresan empatía por otros y poseen habilidades sociales

las personas se conocen y motivan a sí mismas, controlan sus emociones, expresan empatía por otros y son sociables.[19] Estas emociones se describen así:

Conocimiento de uno mismo Es la base de los otros componentes. Se refiere a la capacidad de la persona para saber lo que siente. En general, quien se conoce mejor a sí mismo puede dirigir con eficacia su vida y su conducta.

Manejo de las emociones Se refiere a la capacidad individual para equilibrar la ansiedad, el miedo y la ira de modo que no interfieran excesivamente con el debido desempeño de las actividades.

Automotivación Esta dimensión se refiere a la capacidad de la persona para no perder el optimismo y para seguir luchando ante los inconvenientes, los obstáculos y el fracaso.

Empatía Se refiere a la capacidad de los individuos para comprender lo que están sintiendo otros a pesar de que no lo digan explícitamente.

Habilidad social Se refiere a la capacidad de la persona para llevarse bien con otros y para establecer relaciones positivas.

Las investigaciones preliminares sugieren que quienes tienen una IE elevada podrían tener mejor desempeño que otros, en especial en empleos que requieren un grado considerable de interacción interpersonal y que implican ejercer influencia o dirigir el trabajo de otros. Es más, al parecer, la IE no tiene un fundamento biológico, pero sí es posible desarrollarla.[20]

Generalizar/distinguir

Otra habilidad personal es la capacidad de generalizar a partir de diferentes situaciones o distinguir estas. Por ejemplo, suponga que el director de proyecto que labora en una organización muy grande se ofrece de voluntario para un plan de construcción de Habitat for Humanity. En el transcurso del proyecto, observa en muchos casos que si los individuos trabajan juntos pueden desempeñar con gran eficacia las actividades. También advierte situaciones en que quienes no están de acuerdo con la manera de hacer algo, después resuelven su desacuerdo de forma amigable. Nota que hay quienes ven a otros como sus líderes informales. Además se conoce a sí mismo lo bastante para saber cuáles son sus fortalezas y debilidades y lo que las personas del proyecto Habitat piensan de él. Así las cosas, en su trabajo lo acaban de nombrar para que encabece el equipo de un plan nuevo que se encargará de administrar la construcción de un centro comercial. Él podría aportar algo de lo aprendido en el proyecto Habitat y aplicarlos con eficacia en el actual. Si lo consigue, habrá demostrado su capacidad para generalizar de un contexto a otro.

Por otro lado, suponga que una directora acaba de dejar su empleo como representante de ventas de una compañía farmacéutica muy grande y ha ingresado a otro donde venderá bienes inmuebles comerciales. Si bien sus habilidades para vender podrían ser transferibles o generalizables, ella debe saber cuáles son las diferencias entre promover productos para médicos y hospitales o promover bienes inmuebles para tiendas minoristas enormes. En la medida que ella lo sepa, estará demostrando su capacidad para distinguir. Las habilidades personales para generalizar y distinguir se refieren a que usted sepa cuáles son las similitudes y las diferencias existentes entre varios contextos y cómo las conductas para un ámbito podrían ser efectivas o no en otro. Tanto mayor sea su capacidad para generalizar y distinguir correctamente, cuanto mayor será la probabilidad de que usted sea más efectivo.

Conozca sus valores, su ética y sus prioridades personales

Por último, es importante que usted conozca con claridad sus valores, su ética y sus prioridades personales. Por ejemplo, algunos individuos quizá no se sientan a gusto trabajando para un contratista militar que está construyendo un sistema de proyectiles dirigidos, en una compañía maderera que corta árboles, una empresa tabacalera que fabrica cigarrillos en países en desarrollo o una agencia de publicidad que propende a las exageraciones en sus campañas publicitarias. Otras podrían no tener problema alguno con estos empleadores y tal vez piensen que siempre y cuando estos operen dentro de la ley serán atractivos. De otro lado, algunas personas tal vez no se sientan bien laborando para una compañía de seguros y debiendo tomar la decisión de reembolsar o no a los asegurados el dinero de una cirugía costosa. Otros más podrían obtener satisfacción laborando en una oficina de servicios sociales que ayuda a individuos en situaciones de desventaja, mientras que otras considerarían que ese trabajo es deprimente.

El clima ético de la organización también es importante. La *figura 2.3* presenta una manera de evaluar las áreas clave en las que interviene la ética y ofrece un marco para evaluar la medida en que esta nos podría afectar. Como muestra la figura, tales cuestiones suelen estar relacionadas con el trato que la empresa brinda a sus empleados, el que los empleados dan a ella, y el que tanto los unos como la otra brindan a los demás agentes económicos.

El trato que la empresa brinda a sus empleados abarca áreas como la contratación y los despidos, los sueldos y salarios, al igual que las condiciones de trabajo, la privacidad y el respeto. Por ejemplo, las directrices éticas y legales sugieren que las decisiones de la contratación y los despidos deben estar basadas exclusivamente en la capacidad de una persona para desempeñar sus labores. El director que en las contrataciones discrimina a los afroamericanos está exhibiendo una conducta ilegal y sin ética. Piense ahora en el caso del que no discrimina en general, pero que contrata a un amigo de la familia cuando otros solicitantes están igual de preparados. Si bien, esta decisión de contratación no sería ilegal, si es objetable en términos de ética. Los sueldos y salarios y

FIGURA 2.3 EL CONTEXTO ORGANIZACIONAL DE LA ÉTICA

El contexto organizacional de la ética suele implicar tres áreas básicas: el trato que la empresa brinda a sus empleados, el que los empleados dan a ella, y el que tanto los unos como la otra brindan a los demás agentes económicos. Conocer estas áreas ayudará a los directores y/o gerentes a embonar sus valores, su ética y sus prioridades con los de su empleador.

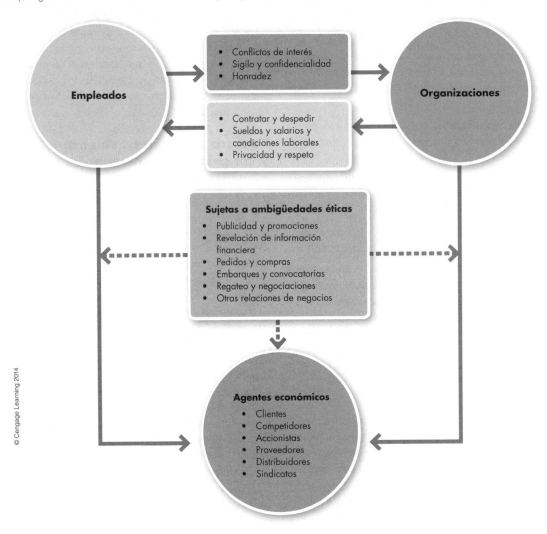

© Cengage Learning 2014

las condiciones laborales están reglamentadas, pero también son áreas de posibles controversias. Por ejemplo, podríamos decir que no es ético el director que paga a un empleado menos de lo que merece simplemente porque sabe que este no se puede dar el lujo de renunciar ni de arriesgarse a perder su trabajo por quejarse. Por último, casi todo el mundo estaría de acuerdo en que una empresa está obligada a proteger la privacidad de sus empleados.

Hay muchas cuestiones éticas que nacen de la forma en que los empleados tratan a la organización, en especial en cuestión de conflictos de interés, el sigilo y la confidencialidad, y la honradez. Un conflicto de esa clase se presenta cuando una decisión beneficiaría a un individuo pero iría en detrimento de la empresa. Para defenderse de esta práctica, la mayor parte de las compañías tienen políticas que prohíben a sus compradores aceptar obsequios de sus proveedores. Es evidente que divulgar secretos de la organización no es ético. Los empleados que trabajan en empresas que operan dentro de sectores sumamente competitivos (aparatos electrónicos, software y ropa de moda, por ejemplo) podrían sentir la tentación de vender a sus competidores información sobre los planes de la compañía. Otra área de preocupación es la honradez en general. En este campo, los problemas más comunes incluyen actividades como utilizar el teléfono de la empresa para hacer llamadas de larga distancia, robar suministros e inflar las cuentas de gastos de representación. En fecha reciente se han generalizado conductas como el uso personal de internet en el trabajo.

La ética interviene también en la relación de la compañía y sus empleados con otros agentes económicos. Como enumeró la *figura 2.3*, los principales agentes o grupos de interés son los clientes, competidores, accionistas, proveedores, distribuidores y sindicatos. Algunas conductas de la organización con estos agentes las cuales están sujetas a las ambigüedades éticas son publicidad y promociones, revelación de información financiera, los pedidos y las compras, embarques y convocatorias, el regateo y las negociaciones así como otras relaciones de negocios.

También es preciso reconocer las prioridades personales. Por ejemplo, un individuo tal vez prefiera un empleo que casi no requiera viajar y le permita estar en casa todas las noches y los fines de semana. Sin embargo, otro podría considerar que un trabajo con muchos viajes es emocionante y no le importaría laborar por la noche y los fines de semana. Algunas personas conceden suma importancia a la remuneración y estarían dispuestas a trabajar más horas y a mudarse con frecuencia para avanzar en la organización y ganar más. Sin embargo, otras desean una vida equilibrada con mucho tiempo para sus intereses particulares y para actividades sociales y familiares. Ellas no estarían muy interesadas en empleos que requieren que se muden. Por supuesto que las prioridades cambian en el curso de nuestras vidas y carreras. Por ejemplo, las personas estarían más dispuestas a laborar más horas y a mudarse en las primeras etapas de su carrera, pero más adelante preferirían mayor equilibrio y estabilidad. Es importante que sepamos cuáles son nuestras prioridades y que las validemos con las de nuestros empleos en la medida de lo posible.

© Stan Honda/AFP/Getty Images/Newscom

EL ÁMBITO DE LA DIRECCIÓN

La dirección (administración) ocurre en infinidad de contextos. Todo grupo de dos o más personas que trabajan juntas para alcanzar una meta y que cuentan con recursos humanos, materiales, financieros o de información a su disposición debe ser dirigido (administrado).

Dirección de organizaciones con fines de lucro

La mayor parte de lo que sabemos acerca de la administración y dirección proviene de grandes organizaciones con fines de lucro porque su supervivencia en el largo plazo depende de su eficiencia y eficacia. Algunos ejemplos de negocios grandes serían las compañías como ExxonMobil, Toyota, BMW, Xerox, Unilever y Levi Strauss; los bancos mercantiles como Citicorp, Fuji Bank y Wells Frago; las empresas de seguros como Prudential, State Farm y Metopolitan Life; las compañías minoristas como Sears, Safeway y Target; las organizaciones de transportación como United Airlines y Consolidated Freightways; las empresas de servicios públicos como Pacific Gas & Electric al igual que Consolidated Edison of New York; las compañías de comunicación como CBS y New York Times Company, y las organizaciones de servicios como Kelly Services, KinderCare Learning Centers y los bienes raíces Century 21.

Aun cuando muchas personas asocian la administración primordialmente con las compañías grandes, la gerencia eficaz también es esencial en las pequeñas, las cuales desempeñan un papel muy importante en la economía de los países. De hecho, la mayor parte de las empresas de Estados Unidos son pequeñas. En algunos sentidos, esa clase de dirección es más importante en una de tales compañías que en una de gran dimensión. Una voluminosa, como ExxonMobil o Monsanto, se puede recuperar con relativa facilidad después de perder varios miles de dólares por una decisión incorrecta; incluso si perdiera millones, eso no amenazaría su supervivencia en el largo plazo. Sin embargo, las pequeñas no se pueden dar el lujo de siquiera registrar una pérdida mucho menor. Por supuesto que algunas de estas se vuelven grandes. Por ejemplo, una sola persona (Michael Dell) inició Dell Computer en 1984. Para 2011, la compañía se había convertido en una de las más grandes de Estados Unidos, con ventas anuales por más de 60 mil millones de dólares.

En años recientes, la importancia de la dirección internacional ha aumentado enormemente. La lista de compañías estadounidenses que hacen negocios en otros países es apabullante. Por ejemplo, ExxonMobil genera cerca de 75% de sus ingresos en mercados exteriores, y Coca-Cola realiza más de 80% de sus ventas en ellos también. Otras enormes exportadoras de Estados Unidos son General Motors, General Electric, Boeing y Caterpillar. Sin embargo, las cifras de algunas de ellas, como las de Ford, son engañosas. Por ejemplo, este fabricante de automóviles tiene grandes subsidiarias ubicadas en muchos países de Europa y no incluye sus ventas como ingresos provenientes del mercado internacional. Es más, una serie de empresas muy grandes que hacen negocios en aquella nación tienen su oficina matriz en otros países. Algunas de las que pertenecen a esta categoría son Royal Dutch/Shell Group (Países Bajos), Fiat S.p.A.

(Italia), Nestlé S.A. (Suiza) y Massey Ferguson (Canadá). Sin embargo, la dirección internacional no se limita a las organizaciones con fines de lucro. Además, varias federaciones deportivas internacionales, como la Little League Baseball; algunas entidades del gobierno federal, y la Iglesia Católica Apostólica Romana están asentadas en muchos países también. En algunos sentidos, el ejército fue una de las primeras organizaciones multinacionales.

Dirección de organizaciones sin fines de lucro

El objeto primordial de las organizaciones sin fines de lucro son muchas veces metas intangibles, como la educación, los servicios sociales, la protección de las personas y la recreación. Algunos ejemplos son United Way of America, la Oficina de Correos estadounidense, las Girl Scouts de Estados Unidos, el Comité Olímpico Internacional, las galerías de arte, los museos y el Public Broadcasting System (PBS). Si bien, estas y otras similares no tienen que ser rentables para atraer a los inversionistas, sí deben emplear buenas prácticas administrativas para sobrevivir, trabajar y alcanzar sus metas.[21] Deben manejar su dinero de forma eficaz y eficiente. Si United Way empezara a gastar en su gestión una gran parte de las aportaciones que recibe, los donadores perderían confianza en ella y harían sus donativos a otra institución.

Por lo habitual se considera que la administración de las organizaciones y las instituciones del gobierno es una especialidad por separado. Algunas entidades públicas de Estados Unidos serían la Federal Trade Commission (FTC), la Environmental Protection Agency (EPA), la National Science Foundation, todas las oficinas del ejército, los departamentos de las carreteras estatales y los sistemas carcelarios estatales y el federal. El dinero de los impuestos las sostiene, por lo cual los políticos y los grupos de ciudadanos están muy atentos a su manejo eficaz y eficiente.

Las escuelas primarias, las de bachillerato y las universidades, públicas y privadas, se benefician cuando usan con eficiencia sus recursos. En estados como California y Massachusetts, las "revueltas" de los contribuyentes han provocado recortes drásticos en el dinero público disponible para la educación, lo cual ha obligado a los directores a tomar decisiones difíciles sobre cómo asignar los recursos remanentes.

Ahora se considera que la administración de unidades de salud, como las clínicas, los hospitales y los centros hospitalarios (HMO por sus siglas en inglés) es un campo por separado. En este caso, como sucede en otras organizaciones, los recursos escasos imponen un manejo eficaz y eficiente. En fechas recientes, muchas universidades han creado programas de administración de instituciones de salubridad a efecto de preparar a personas para especializarlas en este campo.

La buena dirección es necesaria también en contextos no tradicionales. Las organizaciones religiosas, los grupos terroristas, las sociedades de alumnos, el crimen organizado, las pandillas callejeras, las asociaciones de barrios y los hogares individuales usan la administración y la dirección. En pocas palabras, la administración y los profesionales que se dedican a ella tienen enorme influencia en todos nosotros. Por ende, es fundamental que traten de desarrollar sus habilidades para dirigir las organizaciones de forma tan eficaz y eficiente como puedan.

DeAnna Warren dirige Genesis Community Health, una clínica sin fines de lucro en Florida. Aun cuando el propósito de esta no es obtener ganancias, Warren debe dirigirla con eficacia para que sobreviva.

RESUMEN Y UNA MIRADA AL FUTURO

Ahora ya conoce la índole del trabajo de los directores y/o gerentes así como el modelo de desarrollo de las habilidades el cual usaremos en este libro. Sabe cuál es la diferencia entre la ciencia y el arte de la dirección (administración) y reconoce la importancia de la educación y la experiencia para aumentar sus capacidades. También valora más la importancia de las habilidades personales, entre ellas la de conocerse a sí mismo y la de entender la función y la importancia de la personalidad, la inteligencia emocional, la destreza para generalizar y distinguir, y los valores, la ética y las prioridades individuales. Reconoce además el ámbito de las oportunidades de la dirección en diversas organizaciones que trabajan por lucro o sin fines de lucro. Las páginas siguientes presentan varios ejercicios y casos los cuales proporcionarán más conocimientos que le servirán conforme vaya desarrollando y perfeccionando sus habilidades directivas o gerenciales.

PRACTIQUE SUS HABILIDADES

¿QUÉ PONE USTED SOBRE LA MESA?

Este ejercicio le brinda la oportunidad de ver cómo su preparación y su experiencia contribuyen no solo a sus metas de aprendizaje sino también a las de otros miembros de su grupo.

Su tarea

1. Piense de tres a cinco cosas o características suyas que afecten su modo de aprender y sus posibles aportaciones al grupo. Podrían ser su experiencia laboral, sus estudios, los idiomas que sabe, los contactos que tiene, otras materias que haya cursado o las organizaciones a las cuales pertenezca.

2. Forme equipos pequeños para compartir por medio de una lista sus ideas con los otros miembros del suyo. Después, cada equipo discutirá los listados, concentrándose en la importancia o la utilidad que podrían tener o no los distintos puntos anotados.

3. Cada equipo debe presentar al grupo un resumen breve de los elementos más importantes que identificó para discutirlos más ampliamente.

EL CÍRCULO INTERNO

Este ejercicio le brinda la oportunidad de analizar distintas metas de aprendizaje con sus compañeros de clases. Le debe proporcionar una nueva visión de las habilidades que los directores necesitan para resolver diferencias de opinión y crear un consenso de los empleados que tienen necesidades diferentes.

Su tarea

1. Forme grupos de 12 estudiantes y divida en dos cada uno de ellos, con seis miembros en cada equipo.

2. Pida a uno de los equipos de seis personas de cada grupo que se reúnan para discutir "lo que esperan aprender en este curso". El otro equipo de seis de cada grupo debe observar y escuchar la discusión del primero.

3. Después, pida a todos los equipos que cambien de puesto y repitan el ejercicio. En esta segunda ronda, los que exponen pueden abundar en lo que sucedió en la primera ronda.

4. Los dos equipos de cada grupo se vuelven a reunir para analizar lo que han averiguado y cómo han intentado resolver las diferencias que pudiesen haber surgido.

5. El total de los grupos debe reportar sus resultados en clases para que todos los estudiantes se hagan una idea de la medida en que sus metas fueron parecidas o diferentes.

¿QUÉ METAS PERSIGUE CON EL APRENDIZAJE?

Este ejercicio le brindará la oportunidad de comparar sus metas de aprendizaje con las de sus compañeros. También le permitirá saber si es viable tratar de satisfacer a todas las personas. Le ayudará a ver la disyuntiva que enfrenta un director (en este caso, profesor) cuando trata de abordar gran variedad de metas de los estudiantes y a saber cuáles son las habilidades que se necesitan para resolver las decepciones que ellos sufren.

PRACTICAR

Su tarea

1. Prepare una lista de cinco cosas que quiera aprender en este curso. Estas pueden ser muy específicas (como cuál es el formato correcto de las cartas de negocios) o muy generales (como trabajar con otros).

2. Forme equipos pequeños y comparta con los demás miembros su lista. A continuación discutan cada punto y preparen un listado del equipo con las cinco "cosas que quiero obtener de este curso" y compártanla con el resto del grupo.

3. Después, el grupo entero discutirá si es factible lograr esas metas de aprendizaje con este curso. ¿Por qué algunas cosas son más factibles que otras?

¿QUÉ DECIR DE MÍ, QUÉ DECIR DE USTED?

Este ejercicio le brinda la oportunidad de analizar con otros sus propias metas y las de los que presuntamente tienen metas similares a las suyas.

Su tarea

1. ¿Los alumnos estudiarán en su debida oportunidad el material del libro de texto que les asignen o lo harán para cuando se aproxime el examen?

2. ¿Piensa que sus compañeros de grupo están interesados en aprender o que solo quieren sacar una buena calificación o cumplir con una materia obligatoria del plan de estudios?

3. ¿Sus colegas de clases cooperan y participan en los ejercicios grupales?

4. ¿Sus compañeros son honrados en las autoevaluaciones y en los ejercicios en grupo?

5. ¿Serán honrados los alumnos cuando presenten los exámenes de este curso?

USE SUS HABILIDADES

BODY SHOP Y LA EDUCACIÓN

El primer establecimiento Body Shop abrió sus puertas en 1976 en Brighton, Inglaterra. Para 1992 tenía más de 800: arriba de 200 en el Reino Unido y las islas del canal, más de 100 en Estados Unidos, cerca de 100 en Canadá, y los demás, salpicados en otros 40 países del mundo. Ese mismo año, el valor de las acciones de la empresa era del orden de mil millones de dólares. Nada mal para una cadena de tiendas minoristas la cual no creía en la publicidad y subrayaba que es más importante tener una conversación interesante que imparta información a un cliente a que este salga de una tienda después de haber comprado algo. El estilo directivo de la fundadora Anita Roddick ha sido descrito como uno poco estructurado, colaborador, imaginativo e improvisado. Ella creía decididamente en alimentar a los emprendedores y a los renegados para generar grupos eficaces en su organización.

Las tiendas de Body Shop buscan instruir a los consumidores así como practicar la responsabilidad social y ambiental. Regalan volantes y tarjetas que ofrecen consejos para la salud y la belleza, al igual que información sobre el contenido de los productos. Por todas partes hay folletos y trípticos que hablan de reciclaje y de Amnistía Internacional. Los clientes educados no solo compran productos de la empresa sino que también convencen a sus amigos de que hagan lo mismo. Por lo tanto, con recomendaciones de boca en boca, el negocio se expande sin gastar dinero en publicidad o en marketing. Por supuesto que no tiene nada de malo obtener un montón de publicidad gratis por apoyar distintas causas sociales.

Los empleados también reciben instrucción. Les llueve información acerca de la compañía por medio de boletines, videos, folletos, carteles, programas de capacitación, etc. Sin embargo, el mensaje no habla de aspectos de las ventas o las ganancias, sino más bien de la esencia y el uso de los productos. Por lo tanto, el empleado recibe conocimientos para poder instruir al cliente. Eso permite que aprenda y se sienta interesado y emocionado con los productos, lo cual, a su vez, favorece las buenas relaciones con los consumidores (al final de cuentas esto genera ventas, pero sin haber creado estrés de entrada). El mensaje podría hablar también de algún tema social, como salvar los bosques tropicales o prohibir las sustancias químicas que acaban con la capa de ozono, para instruir de nueva cuenta al empleado de modo que él o ella puedan asesorar mejor al cliente.

Por lo tanto, los trabajadores saben por qué es importante tener buenos exhibidores de mercancía, establecimientos limpios, tratar con respeto a los consumidores, etc. No necesitan tener reglas para estas cosas, han aprendido que son importantes y, por consiguiente, las hacen. Trabajan juntos en equipo para hacerlas. La cultura corporativa los enlaza con los clientes mediante la idea de que una compañía no solo debe ganar dinero, crear empleos y vender productos, también debe ayudar a resolver los grandes problemas sociales.

Este punto común permite a los grupos de empleados de Body Shop funcionar como equipos de educadores llenos de energía que hablan de sus productos y de cuestiones sociales importantes. La empresa anima a su personal y al de sus franquicias a trabajar en proyectos comunitarios de su preferencia los cuales se desarrollan en sus localidades. Algunos de esos grupos se han desempeñado en proyectos como preparar y servir comidas en dispensarios, laborar en albergues mejorados para mujeres y niños y ayudar en programas de alfabetización. Los empleados están autorizados para tomarse hasta medio día con goce de sueldo, cada cuatro semanas, para participar en estas actividades, pero también es frecuente que los grupos dediquen su propio tiempo y energía a esos proyectos sociales.

A la larga, los imitadores erosionaron los mercados de Body Shop. En 2002, en un esfuerzo por mejorar la compañía, sus fundadores Anita y Gordon Roddick dejaron sus puestos de copresidentes del consejo. Para mediados de la década de 2000, la imagen remozada y el aumento de la eficiencia habían permitido que retomara su sólido desempeño, pero en 2006 la adquirió L'Oréal. En 2007, Anita Roddick murió a causa de un derrame cerebral, una complicación de la hepatitis C que había contraído varios años antes por medio de una transfusión de sangre. En sus últimos años de vida, ella promovió el trabajo del Fideicomiso de la Hepatitis C en el Reino Unido y luchó valientemente para instruir a otros sobre esta "enfermedad silenciosa".

Preguntas del caso

1. ¿Por qué Body Shop ponía énfasis en la educación?
2. ¿Cómo los empleados aprendían cosas acerca de los productos, de la importancia que tienen los clientes, y de mantener la tienda limpia y ordenada?
3. ¿Qué le enseña esta compañía acerca de la forma en que podrían aprender los trabajadores?
4. ¿Considera que es eficiente aprender de esa manera? ¿Es eficaz? ¿Por qué sí o no?
5. ¿Piensa que sus habilidades serían compatibles con un trabajo en Body Shop? ¿Por qué sí o no? Si no lo son, pero le gustaría que lo fueran, ¿qué haría usted para cambiarlas?

Vea en línea

Referencias del caso

Beth Carney, "Toning up the Body Shop", *Business Week*, 18 de mayo de 2005, http://www.businessweek.com/bwdaily/ dnflash/may2005/n120050518_6631_db016htm; Carlye Adler, "The Disenfranchised owning a Body Shop store seemed like the perfect business, with great products and earth-friendly management. So why are some franchisees now suing the company?", *Fortune*, 17 de septiembre de 2001, http://money.cnn.com/magazines/fortune/fortune_ archive/2001/09/17/310263/index.htm.; Diversos "folletos de datos" del paquete para la prensa proporcionado por The

Body Shop Communications Office, Cedar Knolls, Nueva Jersey, noviembre de 1992; Rahul Jacobs, "What Selling Will Be Like in the 90's", *Fortune*, 13 de enero de 1992, pp. 63-64; Tom Peters, Liberation Management, Nueva York, Alfred A. Kopf, 1992, pp. 594-596.

EL APRENDIZAJE EN KYOCERA

Kyocera Corporation fue iniciada por el aventurero Kazuo Inamori. Este monje budista ordenado, que obtuvo un doctorado en ingeniería química, trabajó primero para un importante fabricante japonés. Sin embargo, no tardó en darse cuenta de que no le gustaba laborar sujeto al sistema burocrático tradicional japonés de esa compañía. Por lo tanto, dejó a su primer empleador y creó Kyocera, la cual no es tan conocida fuera de Japón como otras, por ejemplo Sony, Honda y Nissan, pero en ese país tiene fama de ser uno de los fabricantes nacionales de mejor calidad. En una encuesta reciente, los ejecutivos japoneses la calificaron como la empresa que más admiraban.

Kyocera se especializa en aparatos electrónicos. Considera que su ventaja competitiva es fabricar productos de la mejor calidad posible. Lo que más había molestado a Inamori en su primer empleo era tener que inclinarse ante la autoridad. Pensaba que los directores y gerentes individuales debían gozar de libertad a efecto de aprender y perseguir oportunidades de iniciativas para nuevos negocios sin estar limitados por una burocracia rígida. Por lo tanto, cuando constituyó la compañía, una de sus grandes prioridades era evitar los canales rígidos de autoridad y, en cambio, fomentar oportunidades para aprender, para la creatividad y para la innovación.

Su concepto de Kyocera se derivó de la noción de las amibas. Piensa que la organización es simplemente como un conjunto de personas que individualmente no tienen puestos asignados ni están afiliados a un departamento de forma permanente. En cambio, cada una es asignada al grupo de un proyecto, el cual crece, cambia y se disuelve conforme dicta el trabajo particular que le han asignado. Por lo tanto, los grupos son como una amiba que, para sobrevivir, debe aprender.

Cada grupo o amiba arranca con la asignación de un ejecutivo o un supervisor de un proyecto. A continuación esa persona recorre la lista de empleados disponibles y recluta a los más idóneos para lo que necesita el proyecto. A medida que el grupo va tomando forma, se hace de más y más control, y el supervisor va convirtiéndose cada vez más en un simple miembro, en lugar de ser el jefe del grupo. Al final de cuentas, el propio grupo recluta a los nuevos miembros conforme se va necesitando; asimismo, los integrantes van abandonado este cuando sus servicios dejan de ser necesarios. Cada grupo toma sus propias decisiones en función de los suministros, los materiales y las compras, y también programa sus asignaciones de trabajo.

En un momento dado cualquiera, varias decenas de amibas están laborando, cada una con un número de miembros que va desde apenas dos hasta varios cientos. Muchas personas tendrían problemas para comprender esta estructura que evoluciona y está cambiando de manera permanente, pero Kyocera crea los productos de mayor calidad de su industria. Inamori considera que sus amibas son el ingrediente fundamental del éxito de la compañía, la cual incluye el desarrollo de la Finecam SL300R y el exitoso Smart Phone.

Preguntas del caso

Vea en línea

1. ¿Cómo aprenden los empleados de Kyocera? ¿Eso es eficaz y eficiente?

2. ¿En su opinión, por qué han tenido tanto éxito las amibas en Kyocera?

3. ¿Este concepto funcionaría en todas las organizaciones? ¿Por qué sí o no?

4. ¿Qué habilidades personales únicas necesitaría un individuo para sentirse cómodo trabajando en Kyocera?

5. ¿Considera que sus propias habilidades serían compatibles con un trabajo en Kyocera? ¿Por qué sí o no? Si no lo son, pero le gustaría que lo fueran, ¿qué haría para cambiarlas?

Referencias del caso

William Pesek, "He's not Steve Jobs, but this tycoon might fix it?", Business Week, 20 de enero de 2010, http://www.businessweek.com/globalbiz/content/jan2010/gb20100120_195894.htm; Peter Lewis, "A camera to outsmart your smart aleck kid", *Fortune*, 12 de enero de 2004, http://money.cnn.com/magazines/fortune_archive/2004/01/12/357943/index.htm; Peter H. Lewis, "Smart Phone Invasion: Kyocera's Smartphone combines a wireless phone with a Palm computer", *Fortune*, 28 de mayo de 2001, http://money.cnn.com/magazines/fortune/fortune_archive/2001/05/28/303878/index.htm; Gene Bylinsky, "The Hottest High-Tech Company in Japan", Fortune, 1 de enero de 1990, pp. 82-88.

EXTIENDA SUS HABILIDADES

Su profesor(a) puede emplear una o varias de estas extensiones para el grupo y brindarle así una oportunidad más a efecto de desarrollar sus habilidades para aprender. De otro lado, usted puede continuar por sí solo ese desarrollo, realizando una o varias de las extensiones individuales.

EXTENSIONES PARA EL GRUPO

- Pida a equipos de estudiantes compartir las estrategias que prefieren para aprender, y que discutan los pros y los contras de cada una de ellas.
- Solicite a equipos de estudiantes que señalen diversas técnicas empleadas para la enseñanza y/o el aprendizaje. Deben compartir con el grupo entero cuáles consideran que son las mejores y cuáles las peores.

EXTENSIONES INDIVIDUALES

- Señale algo que quiera conocer y lo cual se pueda "descomponer" en partes. Trate de saber sobre una de ellas usando la técnica o el estilo de aprender que prefiere habitualmente, y después intente aprender otra parte de un modo diferente. ¿Le sirvió de algo probar planteamientos diversos?
- Investigue el método para aprender habilidades que en su opinión parezca el mejor, luego comparta con el grupo sus resultados.

INTERPRETACIONES

¿CUÁL ES SU ESTILO PARA APRENDER?

Ahora que sabe cuál es el estilo de aprender que usa, puede mejorar su potencial para tratar de conocer más. Por ejemplo, las sugerencias siguientes le ayudarán a sacar más provecho de la lectura de este libro.

Si su estilo primario de aprender es *visual*, haga dibujos en los márgenes, vea las gráficas y lea el texto que las explica. Vislumbre el tema o vea mentalmente una película de cómo actuaría en esas circunstancias.

Si su estilo primario es *auditivo*, escuche las palabras que va leyendo. Trate de establecer un diálogo interno entre usted y el libro. No se avergüence de leer en voz alta ni de hablar con la información.

Si su estilo primario es *táctil/cinético*, use un lápiz o un marcador para señalar los pasajes que tienen importancia para usted. Tome notas, trasladando a los márgenes del libro, a un cuaderno o a una computadora la información que aprende. Escriba lo que le venga a la mente cuando lee. Sostenga el libro con las manos en lugar de colocarlo sobre la mesa. Camine mientras lee. Sienta las palabras y las ideas. Manténgase ocupado, tanto mental como físicamente.

Encontrará más información sobre cada estilo, así como sugerencias sobre cómo maximizar su potencial para aprender, en el libro de Marcia Conner, *Learn More Now*, Hoboken, Nueva Jersey, John Wiley & Sons, 2004.

EVALÚE SUS CAPACIDADES MENTALES

En las 10 categorías de conducta, tanto más alta sea su calificación, cuanto mejor describirá su capacidad mental.

1. Visualización
2. Respuestas inteligentes y poco comunes
3. Formular hipótesis
4. Recordar material no relacionado
5. Recordar puntos
6. Manipular números para aritmética
7. Comparar con rapidez
8. Razonar a partir de premisas planteadas
9. Patrones espaciales
10. Vocabulario

Piense cómo cada una de estas capacidades mentales (categorías de conducta) se relacionarían con diferentes habilidades y funciones de la dirección.

NOTAS

[1] Michael A. Hitt, "Transformation of Management for the New Millenium", *Organizational Dynamics*, invierno de 2000, pp. 7-17

[2] James H. Davis, F. David Schonman y Lex Donaldson, "Toward a Stewardship Theory of Management", *Academy of Management Review*, enero de 1997, pp. 20-47.

[3] Gary Hamel y C.K. Prahalda, "Competing for the Future", *Harvard Business Revies*, julio-agosto de 1994, pp. 122-128.

[4] James Waldroop y Timothy Butler, "The Executive as Coach" *Harvard Business Review*, noviembre-diciembre de 1996, pp. 111-117.

[5] Steven J. Armstrong y Anis Mahmud, "Experimental Learning and the Acquisition of Managerial Tacit Knowledge", *Academy of Management Learning & Education*, 2008, Vol. 7, Núm. 2, pp. 189-208.

[6] *Bis Ed*, mayo/junio de 2010, p. 23.

[7] "The Executive MBA Your Way", *BusinessWeek*, 18 de octubre de 1999, pp. 88-92.

[8] "Despite Cutbacks, Firms Invest in Developing Leaders", *Wall Street Journal*, 9 de febrero de 2009, p. B4.

[9] "Turning B-School into E-School", *BusinessWeek*, 18 de octubre de 1999, p. 94.

[10] Vea "Reunion at P&G University", *Wall Street Journal*, 7 de junio de 2000, pp. B1, B4, para una explicación de los programas de capacitación de Procter & Gamble.

[11] Para una explicación interesante de estos temas vea Rakesh Khurana, "The Curse of the Superstar CEO", *Harvard Business Review*, septiembre de 2002, pp. 60 70.

[12] *BusinessWeek*, 13 de junio de 2011, p. 23.

[13] R.W. Griffin y G. Moorhead, *Organizational Behavior*, 11a Ed., Mason, OH, Cengage, 2013, capítulo 3.

[14] Citado en *Fortune*, 6 de julio de 2009, p. 49.

[15] J.B. Rotter, "Generalized Expectancies for Internal vs. External Control of Reinforcement", *Psychological Monographs*, Vol. 80, 1966, pp. 1-28; Bert De Brabander y Christopher Boone, "Sex Differences in Perceived Locus of Control", *Journal of social Psychology*, Vol. 130, 1990, pp. 271-276.

[16] Jeffrey Vancouver, Kristen More y Ryan Yoder, "Self Efficacy and Resource Allocation Support for a Nomnotic Discontinuous Model", *Journal of Applied Psychology*, 2008, Vol. 93, Núm. 1, pp. 35-47.

[17] T.W. Adorno, F. Frenkel Burnswick, D.J. Levinson y R.N. Sanford, *Tha Authoritarian Personality*, Nueva York, Harper & Row, 1950.

[18] "The Rise and Fall of Dennis Kozlowski", *Business Week*, 23 de diciembre de 2002, pp. 64-77.

[19] Daniel Goleman, *Emotional Intelligence: Why it Can Matter More Than IQ*, Nueva York, Bantam Books, 1995.

[20] Daniel Golemn, "Leadership That Gets Results", *Harvard Business Review*, marzo-abril de 2000, pp. 78-90.

[21] Jame L. Perry y Hal G. Ramey, The Public Private Distinction in Organization Theory: A Critique and Research Strategy", *Academy of Management Review*, abril de 1988, pp. 182-201. Vea también Ran Lachman, "Public and Private Sector Differences: CEO's Perceptions of Their Role Environments", *Academy of Management Journal*, septiembre de 1985, pp. 671-680.

CAPÍTULO
3

HABILIDADES PARA ADMINISTRAR EL TIEMPO

© Stephen Coburn/Shutterstock.com

En el capítulo 2 hablamos de distintas maneras de aprender y desarrollar las habilidades para dirigir, y explicamos la diferencia entre la ciencia y el arte de la administración. El hecho de que usted comprenda esas diferencias le servirá para darse cuenta de la importancia que la educación y la experiencia tienen para que desarrolle esas capacidades. El capítulo también habló de la importancia de las habilidades personales y de las muchas oportunidades directivas que existen en varias organizaciones. En el capítulo 3 iniciamos el análisis de algunas habilidades específicas con una que es verdaderamente universal: la administración del tiempo. En casi todos los aspectos de la vida es relevante aprovechar con eficacia y eficiencia el tiempo. Nuestra exposición empieza con un análisis de cómo saber cuál es la prioridad de las actividades. A continuación hablamos del proceso de la delegación. De ahí, pasamos a mencionar algunos puntos básicos para programar juntas así como controlar las interrupciones. Por último, analizamos las causas y las consecuencias del estrés, y algunas técnicas para manejarlo. El capítulo termina con varios casos y ejercicios que le ayudarán a desarrollar y dominar más sus habilidades para la administración del tiempo.

EVALÚE SUS HABILIDADES PARA ADMINISTRAR EL TIEMPO

PERFIL DE LAS ACTIVIDADES CONDUCTUALES

Esta autoevaluación le servirá para conocer mejor los rasgos que le podrían generar estrés cuando trata de administrar su tiempo.

Instrucciones:

Cada uno de nosotros presenta determinados tipos característicos propios de conductas y de patrones de pensamiento. En las 21 descripciones siguientes, encierre con un círculo el número que en su opinión describe mejor el punto donde se encuentra entre cada par. La respuesta correcta en cada conjunto de descripciones es la que señala más atinadamente lo que usted piensa, cree o siente. Conteste de modo que refleje su conducta, sus pensamientos o sus rasgos característicos o habituales.

Descripciones

1.	Siempre llego puntual a mis citas.	7 6 5 4 3 2 1	Nunca llego a tiempo.
2.	Cuando alguien está hablando conmigo, es probable que me anticipe a lo que dirá asintiendo con la cabeza, interrumpiéndole o terminando sus oraciones.	7 6 5 4 3 2 1	Escucho tranquilamente, sin impacientarme.
3.	Con frecuencia trato de hacer varias cosas al mismo tiempo	7 6 5 4 3 2 1	Suelo hacer una cosa a la vez.
4.	Cuando tengo que esperar formado en una fila (en el banco, el cine, etc.) me desespero y me siento molesto.	7 6 5 4 3 2 1	En realidad no me importa.
5.	Siempre siento que tengo prisa.	7 6 5 4 3 2 1	Nunca tengo prisa.
6.	Cuando es cuestión de mal carácter, en ocasiones tengo problemas para controlarlo.	7 6 5 4 3 2 1	Sencillamente no lo tengo.
7.	Suelo hacer todo rápido, por ejemplo comer, caminar y hablar.	7 6 5 4 3 2 1	Lentamente.

TOTAL DE PUNTOS 1–7 = _____ = S (Vea la interpretación de "S" al final del capítulo)

8.	Para ser sinceros, las actividades que más disfruto son las relacionadas con el trabajo.	7 6 5 4 3 2 1	Las actividades recreativas.
9.	Al final de un día normal de labores, por lo habitual siento que podría haber hecho más de lo que hice.	7 6 5 4 3 2 1	Pienso haber cumplido con todo lo que tenía que hacer.
10.	Alguien que me conozca bien diría que prefiero el trabajo a las diversiones.	7 6 5 4 3 2 1	Prefiero las diversiones al trabajo.
11.	Cuando es cuestión de adelantar trabajo, eso es lo más importante para mí.	7 6 5 4 3 2 1	Muchas cosas son más importantes
12.	Mi principal fuente de satisfacción es mi trabajo.	7 6 5 4 3 2 1	Casi siempre encuentro satisfacción en actividades ajenas a mis labores, como aficiones, amigos y familia.
13.	La mayor parte de mis conocidos y amigos son personas de mi trabajo.	7 6 5 4 3 2 1	No tienen conexión alguna con mi trabajo.
14.	Prefiero ir al trabajo que tomar vacaciones.	7 6 5 4 3 2 1	Nada de lo que ocurra en el trabajo es tan importante que me impida tomar vacaciones.

TOTAL DE PUNTOS 8-14 = _____ = I (Vea la interpretación de "I" al final del capítulo)

15.	Las personas que me conocen dirían que soy persistente y competitivo.	7 6 5 4 3 2 1	Relajado y tranquilo.
16.	En general, mi conducta está regida por mi afán por los logros y por recibir reconocimiento.	7 6 5 4 3 2 1	Se rige por lo que quiero hacer y no porque trato de complacer a otros.
17.	Cuando trato de terminar un proyecto o resolver un problema, tiendo a agotarme antes que abandonarlo.	7 6 5 4 3 2 1	Suelo tomarme un descanso o dejarlo si me siento fatigado.
18.	Cuando juego a algo (tenis, cartas, etc.) lo que más me gusta es ganar.	7 6 5 4 3 2 1	La interacción social.
19.	Me gusta relacionarme con personas que se dedican a avanzar.	7 6 5 4 3 2 1	Con las relajadas y toman la vida como viene.
20.	Me siento mal cuando no estoy haciendo algo.	7 6 5 4 3 2 1	Muchas veces me gusta "no hacer algo".
21.	Me encantan las actividades competitivas.	7 6 5 4 3 2 1	Las actividades no competitivas.

TOTAL DE PUNTOS 15-21 = _____ = H (Vea la interpretación de "H" al final del capítulo).

Fuente: Tomado de John M. Ivancevich y Michael T. Matteson, *Organizational Behavior and Management*, 3a. ed., pp. 274-276, © 1990, 1993 de Richard D. Irwin, Inc. Reproducido con autorización de The McGraw-Hill Companies.

Vea la interpretación al final del capítulo.

¿ES USTED BUENO PARA PLANIFICAR?

¿Establece metas y señala los caminos para alcanzarlas? Esta breve evaluación le ayudará a ver cómo sus hábitos laborales encajan con hacer planes y establecer metas.

Instrucciones:

Conteste los enunciados siguientes aplicándolos en sus hábitos para el trabajo o el estudio. Indique si, en su caso, cada uno es casi siempre cierto o casi siempre falso.

	Casi siempre cierto	Casi siempre falso
1. Tengo metas claras específicas para varios campos de mi vida.	_____	_____
2. Tengo un resultado definido en la vida que deseo alcanzar.	_____	_____
3. Prefiero las metas generales a las específicas.	_____	_____
4. Trabajo mejor sin fechas límite específicas.	_____	_____
5. Cada día o semana me hago un tiempo para planificar mi trabajo.	_____	_____
6. Tengo claras las medidas que me indican cuándo he alcanzado una meta.	_____	_____
7. Trabajo mejor cuando me fijo metas desafiantes.	_____	_____
8. Ayudo a otros a aclarar y definir sus metas.	_____	_____

Fuente: Adaptado de Richard L. Daft, *Management*, 10a. ed., Mason, Ohio, South-Western Cengage Learning, 2012, p. 177. Usado con autorización.

Vea la interpretación al final del capítulo.

MANEJO DEL ESTRÉS

Este cuestionario tiene por objeto ayudarle a conocer la medida de su competencia para manejar el estrés a efecto de que pueda adaptar el aprendizaje a sus necesidades específicas. Cuando lo haya contestado, la clave para calificarlo le ayudará a detectar cuáles son las áreas de habilidades que es importante que domine.

Instrucciones:

Conteste las preguntas siguientes anotando un número tomado de la escala de calificaciones que presentamos a continuación. Sus respuestas deben reflejar su conducta y sus actitudes actuales, y no como le gustaría que fueran.

Escala de calificaciones
6 – Estoy totalmente de acuerdo
5 – Estoy de acuerdo
4 – Estoy un poco de acuerdo
3 – No estoy totalmente de acuerdo
2 – No estoy de acuerdo
1 – No estoy en absoluto de acuerdo

Cuando me encuentro en situaciones estresantes o con presión de tiempo

_____ 1. Uso métodos eficaces para administrar el tiempo, como llevar cuenta de los tiempos, hacer listas de pendientes, establecer el orden de prioridad de las cosas, etcétera.

_____ 2. Sigo con regularidad un programa de ejercicio para mantener mi condición física.

_____ 3. Tengo una relación franca con una persona de mi confianza a la que le puedo contar mis frustraciones.

_____ 4. Conozco y practico varias técnicas de relajación temporales, como la respiración profunda, la relajación muscular, etcétera.

_____ 5. Repaso con frecuencia el orden de prioridad de las cosas, para que las menores no ocupen el lugar de las más importantes.

_____ 6. Mantengo el equilibrio de mi existencia mediante los distintos intereses que tengo fuera del trabajo.

_____ 7. Tengo una relación estrecha con una persona que actúa como mi mentora o asesora.

_____ 8. Sé aprovechar a otros para desempeñar tareas laborales.

_____ 9. Pido a otros que, cuando se dirijan a mí con problemas o dificultades, no se limiten a hacer preguntas, sino que me propongan soluciones.

_____ 10. Para mejorar, procuro redefinir los problemas en forma de oportunidades.

Cuando delego a otros tareas en el trabajo o en grupos diferentes

_____ 11. Me fijo que cuenten con los recursos y las atribuciones necesarias para desempeñar sus tareas.

_____ 12. Especifico con claridad la medida de desempeño que espero y el grado de iniciativa que debe tener la otra persona.

_____ 13. No dejo de compartir información nueva y recursos que les ayuden con su trabajo.

_____ 14. Me aseguro de que la otra persona ha comprendido del todo los resultados que espero cuando delego actividades.

_____ 15. Siempre sigo el desarrollo de las tareas delegadas y pido que me rindan cuentas.

Calificación:

Sume los puntos de las respuestas de los 15 enunciados y anote a continuación el total.

TOTAL: _____

Vea la interpretación al final del capítulo.

EVALUACIÓN DE LA ADMINISTRACIÓN DEL TIEMPO

Cualquier persona puede responder la primera sección de este instrumento, pero la segunda está dirigida principalmente a personas que en la actualidad ocupan algún puesto directivo o gerencial en la organización.

Instrucciones:

Cuando conteste los enunciados siguientes, anote el número que señale la frecuencia con la que desarrolla cada actividad. Califique su conducta actual, no piense en la que le gustaría que fuera. La utilidad que este instrumento tenga para usted dependerá de su capacidad para evaluar con exactitud su propia conducta. Le proporcionamos una clave de calificaciones y una interpretación de ellas.

Escala de calificaciones
0 – *Nunca*
1 – *Rara vez*
2 – *En ocasiones*
3 – *Por lo habitual*
4 – *Siempre*

SECCCIÓN I

_____ 1. Leo de forma selectiva, recorriendo el material por encima hasta que encuentro lo importante y entonces lo subrayo.

_____ 2. Hago un listado de las tareas que debo cumplir cada día (lista de pendientes).

_____ 3. Mantengo todas las cosas en su lugar en el trabajo para poder encontrarlas.

_____ 4. Establezco el orden de prioridad de las actividades que tengo que desempeñar durante el día en función de su importancia y urgencia.

_____ 5. Me concentro en una sola tarea importante a la vez, pero si son triviales, desempeño varias al mismo tiempo (firmar cartas mientras hablo por teléfono).

_____ 6. Preparo una lista de actividades de entre cinco y 10 minutos que debo desempeñar.

_____ 7. En la medida de lo posible, divido los proyectos grandes en etapas separadas más pequeñas.

_____ 8. Detecto cuál 20% de mis tareas producirá 80% de mis resultados.

_____ 9. Desarrollo mi actividad más importante en mi mejor hora del día.

_____ 10. Cada día cuento con determinado tiempo en el cual puedo trabajar sin interrupciones.

_____ 11. No me hago el remolón, hago las cosas cuando se tienen que hacer.

_____ 12. Llevo registro de cómo utilizo el tiempo, con instrumentos como un cronograma.

_____ 13. Me fijo fechas límite.

_____ 14. Hago algo productivo siempre que estoy esperando.

_____ 15. Desempeño el "montón de trabajo" redundante a una hora fija del día.

_____ 16. Termino cuando menos una cosa cada día.

_____ 17. Programo un tiempo del día para pasarlo solo (para planificar, meditar, orar, hacer ejercicio)

_____ 18. Sólo me permito preocuparme por las cosas a una hora particular del día, nunca todo el tiempo.

_____ 19. Me esfuerzo por alcanzar los objetivos de largo plazo claramente definidos que tengo.

_____ 20. Nunca dejo de buscar pequeñas formas de aprovechar con más eficiencia mi tiempo.

SECCIÓN II

_____ 1. Por rutina, siempre tengo una junta al final del día.

_____ 2. Permanezco siempre de pie durante las juntas cortas.

_____ 3. Fijo siempre un límite de tiempo al principio de cada junta

_____ 4. Cancelo las juntas que están programadas pero que no son necesarias del todo.

_____ 5. Preparo para cada junta un escrito con el orden del día.

_____ 6. Me ciño al orden del día y llego al cierre de cada uno de sus puntos.

_____ 7. Siempre hay una persona asignada para llevar las minutas de cada junta y para vigilar el tiempo.

_____ 8. Empiezo puntualmente todas las juntas.

_____ 9. Pido que me preparen las minutas después de la junta y me encargo de que se sigan a la brevedad.

_____ 10. Cuando los subordinados me buscan para plantearme un problema, les pido que me sugieran soluciones.

_____ 11. Me reúno con los visitantes fuera de mi oficina o en la puerta.

_____ 12. Acudo a las oficinas de mis subordinados cuando puedo, de modo que me permite controlar sus actividades cuando no me encuentro en la mía.

_____ 13. Dejo cuando menos una cuarta parte de mi jornada sin juntas ni citas.

_____ 14. Cuento, cuando menos parte del tiempo, con una persona que toma mis llamadas y recibe a los visitantes en mi nombre.

_____ 15. Tengo un lugar donde puedo trabajar sin interrupciones.

_____ 16. Hago algo definitivo con cada uno de los papeles que manejo.

_____ 17. Mantengo mi lugar de trabajo sin materiales, salvo aquellos con los que estoy laborando.

_____ 18. Delego actividades.

_____ 19. Especifico la cantidad de iniciativa personal que espero que tomen otros cuando les asigno tareas.

_____ 20. No me molesta que otros se lleven el crédito de las actividades que desempeñaron.

Calificación:

Sume por separado los puntos de las respuestas que anotó en los 20 incisos de la sección I y en los 20 incisos de la sección II y anótelos a continuación:

Total de la sección I _____   Total de la sección II _____

Vea la interpretación al final del capítulo

ENTRE EN Griffin/VanFleet Assessment Library para ver las versiones en línea de esta evaluación y otras más.*

---

*Este material se encuentra disponible en inglés.

APRENDA ACERCA DE LAS HABILIDADES PARA ADMINISTRAR EL TIEMPO

APRENDER

Comprender el orden de prioridad
Establecer el orden de las prioridades
No establecer bien la prioridad de las actividades
Delegar con eficacia
Razones para delegar
Partes del proceso de la delegación
Problemas al delegar
Descentralización y centralización
Programar las juntas y controlar las interrupciones
Programar y manejar las juntas
Controlar las interrupciones
Manejo del estrés
Causas del estrés
Consecuencias del estrés
Limitar el estrés
Resumen y una mirada al futuro

Las habilidades para administrar el tiempo se refieren a la capacidad del director o el administrador para ordenar sus labores por prioridad, para trabajar con eficiencia y para delegar debidamente. A medida que el ritmo de las tareas gerenciales incrementa y que también aumenta el tiempo que se exige del director, la importancia de que usted gestione con eficacia su tiempo es mayor que nunca; ello le permitirá terminar a tiempo sus tareas, lo cual facilitará las actividades de otros y evitará problemas. De otro lado, la administración ineficaz del tiempo puede provocar que no cumpla con fechas límite, y con ello afectará las labores de otros y ocasionará dificultades en todas las organizaciones y sus diferentes áreas. También puede generarle un estrés inmanejable, al igual que a los demás. Este capítulo le ayudará a mejorar sus habilidades para administrar el tiempo conforme expliquemos cómo establecer el orden de prioridad, delegar con eficacia, programar y encabezar juntas, controlar el acceso y las interrupciones, y manejar el estrés.

COMPRENDER EL ORDEN DE PRIORIDAD

Uno de los ingredientes más importantes para administrar con eficacia el tiempo es la capacidad para establecer el orden de primacía de las actividades. Este **orden de prioridad** se refiere a la capacidad para comprender la importancia relativa que tienen diferentes metas y actividades. Suponga que debe desarrollar dos tareas. Una es preparar un resumen ejecutivo para un informe mayor que debe entregarle mañana a su jefe, y la otra es contestar una encuesta

de marketing de una asociación del gremio la cual ha de entregar en dos semanas. Es evidente que la primera tarea tiene prioridad sobre la segunda. ¿Por qué? Se trata de un documento interno muy importante, lo debe entregar dentro de muy poco tiempo, y usted debe rendirle cuentas a su jefe por su preparación. Lo puede hacer ahora, y contestar la encuesta mañana. Si pasa el día contestando esta y no termina el resumen ejecutivo, es muy probable que sufra repercusiones serias.

Establecer el orden de las prioridades

Prácticamente en cualquier momento, los directores tienen muchas actividades que requieren de su atención y una serie de tareas en las que están trabajando. Las decisiones sobre cuáles desarrollar y en qué secuencia necesitan de la capacidad para establecer su orden de prioridad. (Además, otras habilidades, en especial las diagnósticas y las conceptuales, ayudan a los administradores y directores a ver la relativa primacía de diferentes actividades y tareas). El orden de prioridad debe estar basado por lo general en los elementos siguientes:

- El tiempo: ¿Cuál es la fecha final para entregar la tarea o actividad? En igualdad de condiciones, debemos realizar primero aquellas a las cuales les queda menos tiempo para llegar a la fecha límite.

- La responsabilidad: ¿Quién es el responsable de la actividad o la tarea? ¿El director la debe manejar personalmente o delegar o asignar legítimamente a alguien?

- Responsabilidad: ¿Quién es el gerente y/o directivo responsable para completar la actividad o la tarea? Todo lo demás es igual, la rendición de cuentas a alguien en un nivel superior en la organización probablemente debería tener prioridad.

- Importancia: ¿Qué tanta es la importancia de la actividad o la tarea? ¿Cuáles son las consecuencias si no se termina a tiempo?

- Repercusiones para otros: ¿Tiene repercusiones para otros no terminar a tiempo la actividad o la tarea? Por ejemplo, si un director es el encargado de preparar la primera parte de un informe que será entregado dentro de seis meses, pero hay otros que completarán las siguientes partes del mismo, él debe conocer su calendario de trabajo así como el de esas personas.

Algunas personas consideran muy útil contar con una lista de "pendientes". Esta relación de actividades les ayuda a llevar

habilidades para administrar el tiempo capacidad del director y/o gerente para ordenar sus labores por prioridad, para trabajar con efectividad (eficiencia y eficacia) y para delegar debidamente.

orden de prioridad capacidad para comprender la importancia relativa de diferentes metas y actividades.

registro de lo que deben hacer y para qué fecha debe quedar terminado. A continuación, establece el orden de prioridad de esas actividades y tareas en función de los criterios antes mencionados. Algunos piensan que pueden llevar esa lista "en la cabeza". Sin embargo, los expertos en administración del tiempo recomiendan que el listado sea por escrito (en papel o en medios electrónicos) para no pasar por alto algún punto sin que nos demos cuenta. Los directores deben ir actualizando constantemente la relación conforme van surgiendo actividades y tareas nuevas y otras quedan terminadas. También existen diferencias en la forma en que ellos preparan sus listas. Por ejemplo, algunos prefieren iniciar el día abordando un par de tareas o actividades rápidas y fáciles. Esto les permite sacar esos puntos del listado y sentir que han logrado algo antes de pasar a asuntos más difíciles. Otros prefieren lidiar primero con lo difícil. La clave está en saber qué le funciona mejor a usted.

No establecer bien la prioridad de las actividades

En ocasiones, incluso los directores que tienen grandes habilidades para administrar el tiempo no establecen bien las prioridades y se dan cuenta más adelante de su error. Cuando esto sucede, deben hacer varias cosas. La primera es pasar esa actividad o tarea a la cabeza de la lista y realizarla enseguida. Al posponer otras actividades, tal vez puedan terminarla antes de la fecha límite. Quizá también puedan conseguir recursos adicionales para que les ayuden a realizarlas. Por ejemplo, un director y/o gerente podría pedir a un compañero el favor de que le ayude o tal vez pueda contratar personal temporal.

Sin embargo, si es evidente que no podrá cumplir con la fecha límite, el director debe darlo a conocer de inmediato a todas las partes afectadas. Esta notificación debe incluir: 1) un aviso claro de que no puede cumplir con la fecha límite; 2) una disculpa - justificación sincera (con la debida explicación en su caso), y 3) una declaración contundente de la fecha en que la actividad o la tarea quedará terminada.

DELEGAR CON EFICACIA

Otro elemento primordial para la administración eficaz del tiempo es delegar debidamente. Significa establecer el patrón de las atribuciones correspondientes a un superior y a uno o varios de sus subordinados. Concretamente, **delegar** es el proceso que siguen los directores para asignar a otras personas una parte de su carga total de trabajo.[1]

Razones para delegar

La razón fundamental para delegar es que permite al director desarrollar una cantidad más grande de su propio trabajo. Los subordinados lo apoyan en una parte de su carga cuando los directivos desempeñan cantidades considerables de las labores de la organización. En algunos casos, un subalterno puede tener más experiencia que aquel en el caso de un problema particular. Por ejemplo, tal vez esté mejor preparado para desarrollar sistemas de informática o podría conocer mejor una línea de productos o una zona geográfica particulares. La delegación sirve también para que los subordinados se desarrollen. Al participar en la toma de decisiones y en la resolución de problemas, aprenden tareas de las operaciones en general y mejoran sus habilidades para dirigir y administrar.

Partes del proceso de la delegación

En teoría, como muestra la *figura 3.1*, el proceso de la delegación sigue tres pasos. En el primero, el director adjudica una responsabilidad o encarga al subordinado que haga algo. La asignación de la responsabilidad puede ir desde pedirle que prepare un informe hasta dejarlo a cargo de un equipo de tarea. Con su asignación, la persona recibe las atribuciones para desempeñar el trabajo. El director podría otorgarle la facultad de buscar en archivos confidenciales determinada información que necesita o la de dirigir un grupo de otros empleados.

Por último, el director determina el nivel de actuación que debe rendir el subordinado; es decir, este acepta la obligación de desempeñar la tarea que le ha asignado aquel. Por ejemplo, el CEO de AutoZone no estampará su firma en el reporte financiero de la compañía hasta que los directores individuales responsables de cada unidad hayan certificado que sus resultados son fidedignos. La compañía piensa que este nivel de rendición de cuentas le servirá para evitar el tipo de escándalos contables los cuales han afectado a muchas empresas en años recientes.[2]

Un elemento central de la administración del tiempo es delegar debidamente. Este director general (izquierda) está delegando un proyecto a un miembro de su equipo y explicándole el calendario.

© Michal Kowalski /Shutterstock.com

delegar proceso que siguen los directores y/o gerentes para asignar a otras personas una parte de su carga total de trabajo

FIGURA 3.1 EL PROCESO DE LA DELEGACIÓN

La delegación suele ser un proceso que sigue tres pasos. En el primero, el director asigna la responsabilidad de una tarea, una decisión, una actividad o un proyecto. En el segundo, otorga las atribuciones necesarias para cumplir con la responsabilidad), le otorga el poder –empoderamiento–. Por último, establece qué tantas cuentas, cada cuándo, y la manera en cómo el subordinado le debe presentar la tarea asignada, la decisión, la actividad o el proyecto.

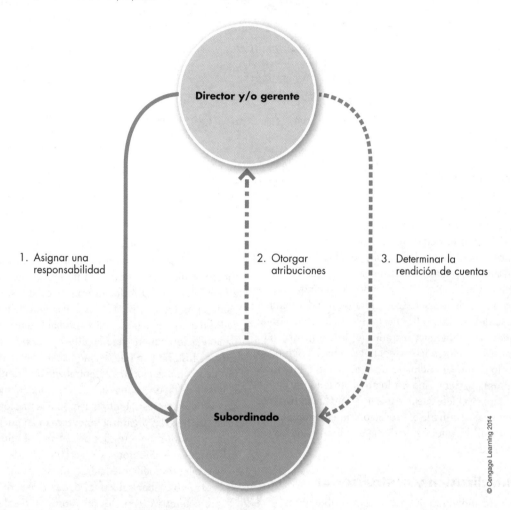

1. Asignar una responsabilidad
2. Otorgar atribuciones
3. Determinar la rendición de cuentas

Director y/o gerente

Subordinado

© Cengage Learning 2014

Sin embargo, estos tres pasos no se presentan de forma mecánica. De hecho, cuando un director y un subordinado han establecido una buena relación de trabajo, las partes principales del proceso podrían ser tácitas en lugar de explícitas. El primero tal vez sólo tenga que mencionar que es preciso realizar una tarea dada. Una subordinada perspicaz sabrá que de hecho se la está asignando a ella. Dada su experiencia pasada con ese jefe, ella también sabrá, sin que él le diga, que tiene las atribuciones necesarias para desarrollar la actividad y deberá rendirle cuentas cuando el trabajo quede terminado conforme a lo "convenido".

Problemas al delegar

Por desgracia, en el proceso de delegar se presentan con frecuencia problemas. Por ejemplo, los directores podrían ser reacios a él. Algunos son tan desordenados que no tienen la capacidad de planear por adelantado su trabajo y, por lo tanto, no pueden delegar debidamente. Otros se podrían preocupar de que los subordinados hagan verdaderamente bien lo que les corresponde y ello signifique una amenaza para su propio avance. Por último, algunos subalternos se resisten a aceptar que les deleguen actividades. Tal vez tengan miedo de que un fracaso podría llevarles a una llamada de atención del jefe. Asimismo, pueden percibir que aceptar una responsabilidad adicional no conlleva premio alguno. Por otro lado, quizá simplemente prefieran no arriesgarse y, quieran que su superior asuma toda la responsabilidad.

Norm Brodsky, propietario de una pequeña empresa que creó seis compañías exitosas, aprendió de primera mano lo que sucede cuando el CEO no es capaz de delegar debidamente. Brodsky tardó siete años en convertir un servicio de mensajería en un negocio que valía 120 millones de dólares, pero sólo tardó 14 meses para pasar de los 120 millones a la quiebra. "¿Dónde me equivoqué?", se pregunta retóricamente, y acto seguido se responde: "La empresa necesitaba dirección, estabilidad y estructura y yo impedí que las tuviera. Deseaba tanto sostener la descarga de adrenalina del caos inicial que yo mismo tomaba todas las decisiones finales y no permitía que los directores hicieran su trabajo. Al final de cuentas, pagué un precio muy alto".[3]

Estos problemas no tienen fácil arreglo. El punto básico es la comunicación. Los subordinados deben saber cuál es su responsabilidad, cuáles sus atribuciones, y qué cuentas deben rendir, y el director debe reconocer el valor que representa una buena delegación. Con el transcurso del tiempo, aquellos se deben desarrollar hasta llegar al punto donde puedan dar contribuciones sustanciales a la organización. Asimismo, los directores deben reconocer que el desempeño satisfactorio de un subordinado no significa una amenaza para su propia carrera, sino un logro alcanzado por quien realizó la tarea y el jefe que lo capacitó y que fue lo bastante sagaz como para confiarle el proyecto. Sin embargo, la responsabilidad última del resultado sigue correspondiendo al director y/o gerente.

Descentralización y centralización

Tal como un individuo puede delegar atribuciones a otro, las organizaciones también desarrollan patrones de las atribuciones que corresponde a toda una serie de puestos y departamentos. La **descentralización** es el proceso de delegar poder y autoridad sistemáticamente a los directores de nivel medio y bajo de toda la empresa. Es importante recordar que este proceso está en un extremo de un continuo que, en el otro extremo, está anclado por la **centralización**, o el proceso de retener el poder y la autoridad sistemáticamente en manos de los directores del nivel más alto. En

descentralización proceso de delegar poder y autoridad sistemáticamente a los directores y/o gerentes de nivel medio y bajo de toda la organización

centralización proceso de retener el poder y la autoridad sistemáticamente en manos de los directores y/o gerentes del nivel más alto

> 'El único camino para la ejecución de grandes ideas es que las personas que están al mando y que pueden llevar las cosas al siguiente nivel no esperen a escuchar mis instrucciones, sino que lleven las cosas al siguiente nivel.'
> STEVE BALLMER
> CEO de Microsoft[4]

© Bloomberg Businessweek, enero 16, 2012, p. 49.

© Kimihiro Hoshino/AFP/Getty Images/Newscom

una organización descentralizada, la toma de decisiones, el poder y las atribuciones son delegados a niveles de la cadena de mando tan bajos como es posible. Por otro lado, en una centralizada son retenidos en los niveles directivos más altos. No existe una organización totalmente descentralizada o completamente centralizada, algunas compañías se ubican más hacia un extremo del continuo, y otras se inclinan hacia el otro.

¿Qué factores determinan la posición de una empresa en el continuo de la descentralización-centralización? Una determinante común es el ámbito externo. Por lo habitual, cuanto mayor sea la complejidad y la incertidumbre del entorno, tanto mayor será la tendencia a descentralizar. Otro factor crucial es la historia de la organización. Las compañías tienden a continuar con lo realizado en el pasado y, por ende, es probable que exista determinada relación entre lo que una llevó a cabo en sus primeros años de historia y lo que decide hacer hoy en día en términos de centralización o descentralización. También cuenta la índole de las decisiones que se tomarán; cuanto más costosas y arriesgadas sean, tanto mayor será la presión por centralizar. Además, las organizaciones toman en cuenta las capacidades de los directores del nivel bajo. Si ellos están bien calificados, los directores y/o gerentes pueden aprovechar sus talentos mediante la descentralización. De hecho, si estos no descentralizan el poder y las atribuciones, los directores y/o gerentes talentosos de niveles más bajos podrían abandonar la compañía.[5]

Un ejecutivo de esa posición no cuenta con directrices claras para decidir si centraliza o descentraliza. Muchas organizaciones exitosas, como General Electric y Johnson & Johnson, están bastante descentralizadas. Otras, también muy exitosas, como McDonald's y Walmart, siguen en el extremo contrario. En fecha reciente IBM ha sufrido una transformación, pasando de un planteamiento muy centralizado a otro mucho más descentralizado para dirigir sus operaciones. Una cantidad considerable de atribuciones para tomar decisiones pasó hacia abajo, de manos de un grupo selecto de altos ejecutivos a las de seis grupos de producto y marketing. La medida se debió al deseo de acelerar la capacidad de la compañía para tomar decisiones, introducir nuevos productos y responder a los clientes. Por otro lado, Royal Dutch Shell, que llevaba muchos años operando de forma sumamente descentralizada, acaba de sufrir varios cambios grandes, todos ellos con la intención de que sea una empresa más centralizada. El nuevo CEO, Peter Voser, llegó a comentar que "serán menos las personas que tomen decisiones estratégicas".[6] Yahoo! Inc., también ha iniciado un cambio para ser más centralizada.[7]

> '*Cuando el mando y el control está en manos de las 10 personas en los puestos más altos, solo es posible hacer una o dos cosas a la vez. El futuro es cuestión de colaboración y trabajo en equipo, y de tomar decisiones con un proceso que ofrezca escala, velocidad y flexibilidad.*'
>
> JOHN CHAMBERS
> CEO de Cisco[8]

© Business Week, marzo 23/30, 2009, p. 33.

llegan tarde. Sin embargo, esperar es premiar a los que se retrasan (porque no se pierden nada) y castigar a los que llegan puntualmente (porque pierden tiempo mientras esperan sentados a que lleguen los demorados). En la medida de lo posible, el organizador de la junta debe sujetarse al orden del día y cubrir todos los puntos anunciados, sin introducir otros temas a no ser que resulte enteramente necesario. El orden debe indicar la hora en que empezará y la hora en que terminará la junta, y el organizador debe darla por concluida a esta hora. Por último, se deben anotar todas las acciones que tendrán que desarrollar las personas asistentes para darles seguimiento.

PROGRAMAR LAS JUNTAS Y CONTROLAR LAS INTERRUPCIONES

Programar y manejar las juntas y controlar la información y las interrupciones son también elementos importantes de una administración eficaz del tiempo.

Programar y manejar las juntas

Las juntas son parte normal y frecuente del funcionamiento diario de toda organización. Las reuniones bien programadas y dirigidas ofrecen un camino estupendo para tomar decisiones, discutir asuntos, resolver conflictos, crear estrategias y comunicar información. Por otro lado, las mal programadas y dirigidas son una pérdida de tiempo y una fuente de conflicto. La *tabla 3.1* resume una serie de sugerencias para dirigirlas y programarlas con eficacia.

Las juntas planeadas deben ser anunciadas con anticipación suficiente para que todos los que deban asistir tengan tiempo disponible para ello. Además, se deben llevar a cabo en una sala apropiada para el grupo que se reunirá; es decir, debe ofrecer acceso fácil a todos y ser tan grande y cómoda como se requiera. Algunos directores sugieren que los asistentes permanezcan de pie durante las juntas breves. Es muy útil enviar un recordatorio a todos poco antes de la junta. Es más, la mayor parte de los expertos aconsejan que se envíe el orden del día de antemano para que las personas conozcan los temas que se tratarán. Hoy en día, las herramientas electrónicas para programar facilitan más que nunca la planeación de juntas.

Las reuniones deben empezar puntualmente, pero algunos consideran que es más aconsejable esperar a quienes

Controlar las interrupciones

Otra práctica muy útil para mejorar la administración del tiempo consiste en controlar las interrupciones inesperadas. A la mayor parte de los directores y/o gerentes les gusta estar disponibles para otros miembros de la organización, y muchas veces hablan de tener una política de "puerta abierta", con lo que sugieren que las personas deben sentirse en libertad de pasar a verlos. Sin embargo, esta práctica podría llevar a infinidad de conversaciones informales que, si son toleradas, podrían provocar que el director no cuente con tiempo suficiente para desarrollar su trabajo. Por

Las juntas de trabajo son un camino muy efectivo para que se hagan las cosas. Sin embargo, las mal llevadas pueden ser una pérdida de tiempo.

© Yuri Arcurs/Shutterstock.com

APRENDER

TABLA 3.1 DIRECTRICES PARA UNA JUNTA EFICAZ

Efectúe en el inicio de la jornada las juntas creativas, y las de rutina, al final del día.

Pida a los asistentes que permanezcan de pie durante las juntas breves.

Fije un límite de tiempo.

Programe las juntas de forma regular y cancélelas cuando no sean necesarias.

Prepare un orden del día y lleve minutas.

Reparta las minutas poco después de la junta y déles seguimiento.

Si la junta es para lidiar con una problemática:

Presente el problema

- Exponga los puntos principales del problema
- Comparta toda la información que se requiera
- Procure no sugerir causas ni soluciones
- Refiérase a intereses recíprocos

Diagnostique el problema

- Fomente alternativas
- Evalúe las alternativas

Genere soluciones

- Concéntrese en el presente
- Fomente lo novedoso

Evalúe las soluciones

- Haga una lista de las ventajas/desventajas y de los costos/beneficios
- Encuentre tiempo para hacer bien las cosas
- Escoja una solución

© Cengage Learning 2014

© Purestock/agefotostock

Permitir que la gente pase a visitar informalmente al director es un buen camino para la comunicación, pero el exceso de interrupciones podría significar una pérdida de tiempo y también afectar la eficiencia.

lo tanto, aun cuando él quiera aplicar esa política tendrá la necesidad de cerrar la puerta ocasionalmente para concentrarse durante algún tiempo en un proyecto. Asimismo, utilizar a una recepcionista para que se encargue de elegir con cuidado a los posibles visitantes también es un camino efectivo para controlar las interrupciones. Por ejemplo, se puede pedir a los visitantes que saquen una cita a efecto de manejar las juntas de forma sistemática y no *ad hoc*. Otra práctica cada vez más común para controlar las interrupciones es que el director trabaje durante algún tiempo fuera de su oficina, por ejemplo en casa, en la sala de conferencias, etcétera.

Regular el flujo de la información es también un método muy útil para controlar las interrupciones. Significa que las personas que se comunican entre sí toman medidas para que no haya exceso de carga. En el caso del emisor, esto significaría no pasar de una sola vez por el sistema una cantidad excesiva de información. En el caso del receptor, podría significar resaltar el hecho de que le están pidiendo demasiadas

estrés respuesta que presenta un individuo a un estímulo fuerte

cosas a la vez. Muchos directores limitan la información que les entra depurando periódicamente la lista de publicaciones y reportes de rutina que reciben, o piden a su asistente que elija con minuciosidad las llamadas telefónicas y a los visitantes. Algunos ejecutivos reciben tantos correos electrónicos que los reenvían a un(a) asistente, quien los revisa, desecha los inútiles (por ejemplo el "spam"), contesta los de rutina, y pasa al director y/o gerente exclusivamente aquellos que requieren de su atención personal.

MANEJO DEL ESTRÉS

El estrés es otra consideración de peso para la administración del tiempo en las organizaciones. Como ilustra la *figura 3.2*, uno y otra se afectan y refuerzan de forma recíproca y cíclica. Por ejemplo, si una mala administración del recurso temporal provoca que el director se atrase en los proyectos importantes, es probable que su estrés aumente. Uno excesivo propiciará que no pueda manejar con eficacia su tiempo, lo cual generará más demoras.

El estrés es la respuesta del individuo ante un estímulo muy fuerte,[9] o la *causa estresante*. Por lo habitual, se presenta después de un ciclo llamado síndrome de adaptación general (GAS por sus siglas en inglés),[10] el cual se presenta en la *figura* 3.3. Según esta visión, cuando un individuo encuentra una causa estresante se inicia el GAS y, en la etapa 1, se activa una alarma. La persona podría sentir pánico, preguntarse cómo encarar las cosas o sentirse desamparada. Por ejemplo, suponga que le piden a un director que prepare una evaluación detallada de un plan para que la compañía adquiera a uno de sus competidores. Su primera reacción podría ser "¿Cómo podré hacerlo para mañana?".

Si la causa estresante es demasiado intensa, el individuo tal vez sienta que no es capaz de lograrlo y tal vez nunca trate en realidad de responder a las exigencias. Sin embargo, en la mayor parte de los casos, después de un breve periodo de alarma, hace acopio de fuerzas y empieza a resistirse a los efectos negativos de la causa estresante. Por ejemplo, el director que debe preparar la evaluación se tranquilizaría, llamaría a casa para avisar que llegará tarde, se sentaría al escritorio, pediría un café y se pondría a trabajar. Luego entonces, en la etapa 2 del GAS, la persona se resiste a los efectos de la causa del estrés.

En muchos casos, la fase de la resistencia pone fin al GAS. Si el director consigue terminar la evaluación antes

FIGURA 3.3 EL SÍNDROME DE ADAPTACIÓN GENERAL

El síndrome de adaptación general representa el proceso normal que seguimos al reaccionar ante hechos estresantes. En la etapa 1 (alarma) sentimos pánico, y nuestro nivel de resistencia al estrés se desploma. La etapa 2 (resistencia) representa nuestros esfuerzos por encarar y controlar la circunstancia estresante. Si fracasamos podríamos pasar con el tiempo a la etapa 3 (agotamiento) y ahí darnos por vencidos o renunciar.

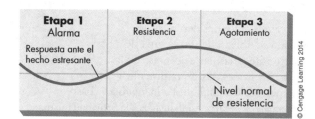

© Cengage Learning 2014

de lo que ha calculado, podría guardarla en su portafolio, sonreírse y dirigirse a casa cansado, pero satisfecho.

De otro lado, la exposición prolongada a un elemento estresante sin resolver podría montar el escenario; el individuo se da por vencido totalmente y es incapaz de resistir el estrés. Por ejemplo, el gerente se quedaría dormido sobre su escritorio a las 3:00 a.m. sin llegar a terminar la evaluación.

El estrés no siempre es malo. Cuando no lo hay, podríamos sentirnos aletargados o estancados. Por otro lado, un nivel óptimo podría generar motivación y emoción. Sin embargo, uno excesivo puede tener consecuencias negativas. También es importante saber que tanto cosas "buenas" como "malas" pueden generarlo. Una presión exagerada, demasiadas exigencias de tiempo y las malas noticias pueden ser su causa. Sin embargo, recibir un bono y después tener que decidir qué hacer con el dinero puede también ser estresante. Sucede lo mismo si nos conceden un ascenso, obtenemos reconocimiento y situaciones similares.

Una línea de pensamiento importante respecto del estrés se concentra en la personalidad tipo A y la tipo B.[11] Los individuos tipo A son sumamente competitivos, muy entregados a sus labores y tienen una sensación muy clara de urgencia. Es probable que sean agresivos, impacientes y que se orienten mucho al trabajo. Tienen mucho vigor y desean hacer lo más posible en el menor tiempo. Las personas tipo B son menos competitivas, menos dedicadas al trabajo y tienen menos sensación de urgencia. Es menos probable que experimenten conflicto con otras, y hay más posibilidad de que vean la vida de forma tranquila y equilibrada. Tienen capacidad

FIGURA 3.2 EL CICLO DEL ESTRÉS EN LA ADMINISTRACIÓN DEL TIEMPO

El estrés y la administración del tiempo están íntimamente interrelacionados. Por ejemplo, llevar a cabo esta actividad de mala manera puede provocar que una persona se atrase en sus obligaciones, y que registre un aumento importante de esa tensión. Es más, ese agobio adicional puede provocar que gestione su tiempo incluso peor, lo cual lo llevará a más presión. Por otro lado, una buena administración del recurso temporal ayuda a controlar el estrés, y el buen manejo de este ayuda a la persona a trabajar de forma más eficiente.

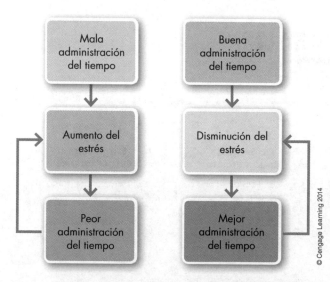

© Cengage Learning 2014

de laborar a un ritmo constante, sin urgencia. No necesariamente son más o menos exitosas que aquellas, pero es menos probable que sufran estrés. Es más, las personas tipo A podrían reaccionar de forma más negativa cuando se retrasan o encuentran demoras para terminar las cosas

Causas del estrés

Las causas del estrés derivadas del trabajo se ubican dentro de una de cuatro categorías: las exigencias de la tarea, las físicas, las de la función y las interpersonales, como ilustra la *figura 3.4*. Las *exigencias de la tarea* están ligadas a la actividad misma. Algunas ocupaciones tienden a ser de modo inherente más estresantes que otras, y las situaciones que pueden provocarlo son: tener que tomar decisiones rápido, con información que dista de estar completa, o que tienen consecuencias relativamente graves. Los trabajos de cirujano, piloto de avión y corredor de bolsa son relativamente más estresantes que los de médico general, encargado de equipaje o recepcionista de oficina. Si bien, el médico general toma decisiones importantes, también es probable que tenga tiempo para hacer un diagnóstico bien pensado y estudie a fondo una serie de tratamientos diferentes. Sin embargo, en una operación, el cirujano debe tomar decisiones rápidamente a sabiendas de que si se equivoca pondrá en peligro la vida del paciente.

> '...su comportamiento en momentos de estrés influirá mucho en su gente.'
>
> LLOYD BLANKFEIN
> Presidente del consejo y CEO de Goldman Sachs[12]
>
> © Fortune, julio 6, 2010, p. 44.

Las exigencias físicas son causas de estrés relacionadas con el contexto del trabajo. Laborar al aire libre cuando hace mucho calor o frío, incluso en una oficina mal calentada o refrigerada, puede provocarlo. Asimismo, los puestos que tienen turnos rotatorios dificultan a la persona tener patrones de sueño estables. Una oficina mal diseñada la cual hace difícil tener privacidad, o por lo contrario, que fomenta muy poca interacción social, puede generar estrés, así como la iluminación deficiente o las superficies inadecuadas para laborar. Más graves son los empleos que representan una amenaza para la salud, por ejemplo la minería de carbón, el procesamiento de aves o el manejo de desechos tóxicos. Asimismo, están los trabajos que implican riesgos asociados a tasas más altas de incidentes violentos como los robos a mano armada, por ejemplo los policías de barrio, los conductores de taxi y los dependientes de tiendas de abarrotes.

Las exigencias de la función también provocan estrés. Una función (o rol) es el conjunto de conductas que se esperan de un puesto en un grupo u organización. El estrés puede provenir de un conflicto de funciones o de la ambigüedad de las tareas que la persona experimenta en los grupos. Por ejemplo, una empleada la cual siente la presión de su jefe para que trabaje hasta más tarde o para que viaje más, pero al mismo tiempo escucha a su familia pedir que esté más en casa, es casi seguro que sufra estrés como resultado de

FIGURA 3.4 CAUSAS DEL ESTRÉS LABORAL

En las organizaciones existen varias causas de estrés laboral. Cuatro conjuntos generales de estas son: las exigencias de la tarea, las físicas, las de la función y las interpersonales.

© Cengage Learning 2014

un conflicto de funciones o roles.[13] Por otro lado, un empleado nuevo el cual experimenta la ambigüedad de funciones porque la compañía no sigue buenas prácticas para la orientación y la capacitación lo sufrirá también. Asimismo, el exceso de juntas es una fuente posible de estrés.[14] Si bien, los recortes de personal y los despidos habidos durante la recesión de 2008-2009 se concentraron en la angustia que experimentaron quienes se quedaron sin empleo (y de modo justificado), muchos de los directores y/o gerentes que impusieron los despidos lo tuvieron por igual.[15]

Las exigencias interpersonales son causas de estrés asociadas a relaciones que enfrentan a las personas en las organizaciones. Por ejemplo, las presiones del grupo en relación con la restricción de lo que se produce y la conformación a la norma podrían también provocarlo. Una empleada que siente gran necesidad de participar en la toma de decisiones podría sentir estrés si el jefe no le permite participar. Quienes tienen personalidades que chocan podrían sufrirlo si deben trabajar muy cerca de otros. Por ejemplo alguien que tiene un locus de control interno se sentiría mal laborando con alguien que prefiere lamentarse y sentarse a esperar a que pasen las cosas.[17]

Consecuencias del estrés

Como dijimos antes, los resultados del estrés pueden ser positivos o negativos. Los negativos podían ser conductuales, psicológicos o médicos. El conductual podría desembocar en acciones perjudiciales o desgastantes, como fumar, comer en exceso en momentos de tensión o consumir alcohol o drogas. Otros comportamientos inducidos por el estrés son la propensión a sufrir accidentes, la violencia contra uno mismo o contra otros, y los desórdenes alimentarios. El uso excesivo de algunas sustancias nocivas sería una posible consecuencia.[18]

Las consecuencias psicológicas interfieren con la salud mental y

© USA Today, abril 23, 2009, p. 5D.

" *'Había trabajado con algunos [de los que despedí] desde hacía mucho tiempo. Vi el dolor en sus rostros, pero pensé que no les podía mostrar mis emociones... Tan pronto como podía, cerraba la puerta, bajaba las cortinas y lloraba un rato.'*

ALICIA SANERA
Ejecutiva de RH[16]
"

el bienestar de un individuo. Algunas de ellas son las alteraciones del sueño, la depresión, los problemas con la familia y la disfunción sexual. Los directores tienden en especial a las variaciones del sueño cuando experimentan tensión laboral.[19] Las consecuencias médicas afectan el bienestar fisiológico. Se dice que los infartos y los derrames cerebrales pueden estar ligados al estrés, al igual que las jaquecas, el dolor de espalda, las úlceras y los problemas de la piel, como el salpullido y el acné.

El estrés individual tiene también consecuencias directas en las empresas. Para un empleado de operaciones, se puede traducir en un trabajo de mala calidad y en poca productividad. Para un director, significaría una toma de decisiones equivocadas y alteraciones en las relaciones laborales.[20] También puede provocar retraimiento. Las personas que tienen problemas con la tensión en su trabajo tienen más probabilidades de reportarse enfermas o que abandonen la organización. Algunas formas más sutiles de retraimiento también pueden ocurrir. Un director podría empezar a dejar de cumplir con las fechas límite o tomarse más tiempo a la hora de comer. Los empleados también se pueden aislar desarrollando sentimientos de indiferencia. La irritación que exhiben las personas sometidas a mucha tensión puede dificultar la posibilidad de llevarse con ellas. La satisfacción laboral, el ánimo y el compromiso, al igual que la motivación para desempeñarse, pueden verse afectados como resultado de niveles excesivos de estrés.

Otra consecuencia es el agotamiento (*burnout*), un sentimiento de cansancio que se puede presentar cuando alguien experimenta demasiado estrés durante un periodo largo. Resulta en fatiga constante, frustración e impotencia. Después viene mayor rigidez, al igual que la pérdida de confianza en sí mismo y

© Greg Pease/Getty Images

agotamiento sentimiento de cansancio físico y mental que se puede presentar cuando una persona sufre demasiado estrés durante un plazo muy extenso el retraimiento psicológico. A la persona le aterra tener que ir a trabajar, con frecuencia labora más tiempo pero consigue hacer menos cosas que antes y presenta fatiga mental y física. Ante los efectos devastadores del agotamiento, algunas compañías están tomando medidas a efecto de ayudar a los empleados a evitarlo. Por ejemplo, British Airways capacita a todos sus trabajadores para que sepan reconocer los síntomas de ese cansancio y desarrollen estrategias para no sufrirlo.

Limitar el estrés

Dadas las posibles consecuencias que puede tener el estrés es lógico suponer que las personas y las organizaciones estén interesadas en encontrar la manera de limitar sus efectos más nocivos. Infinidad de planteamientos e ideas han sido propuestos a efecto de manejarlo. Como resume la *tabla* 3.2, algunas de ellas son estrategias para los individuos, mientras que otras lo son para las empresas.[21]

El ejercicio es un camino para que las personas manejen el estrés. Quienes lo practican con regularidad se sienten menos estresadas, tienen más confianza en sí mismas y son más optimistas. Su buena condición física hace también que sean menos susceptibles a muchas enfermedades comunes. Quienes no hacen con regularidad ejercicio se sienten por lo general más estresadas y tienen mucha probabilidad de que se sientan deprimidas. También es más probable que sufran infartos y, dada su condición física, se enfermen.

La relajación es otro método usado para manejar el estrés. Quienes se relajan se pueden adaptar a este y, por ende, lo pueden manejar mejor. Existen muchas formas para conseguir tranquilidad, por ejemplo tomar con frecuencia vacaciones y desarrollar los fines de semana actividades que no tienen qué ver con el trabajo. Un estudio reciente descubrió que la actitud de las personas hacia diversas características del centro laboral mejoraba en medida sustancial después de un fin de semana en el que se habían desconectado totalmente de las actividades de su empleo.[22] También es posible relajarse en el trabajo. Por ejemplo, algunos expertos recomiendan que los individuos se tomen descansos regulares durante su jornada laboral normal.

Como dijimos antes, las personas también administran su tiempo para controlar el estrés. La idea de ello es que resulta posible disminuir o eliminar muchas de las presiones diarias si administran mejor ese factor. Por último, pueden manejarlo recurriendo a grupos de apoyo. Este puede ser simplemente un grupo de parientes o de amigos. Por

ejemplo, asistir a un partido de baloncesto o ir al cine con un par de compañeros después del trabajo sirve para aliviar la tensión acumulada en el día. La familia y las amistades pueden ayudar a alguien a lidiar con el estrés de forma permanente o en momentos de crisis. Por ejemplo, una empleada que se acaba de enterar que no recibirá el ascenso por el que había venido luchando durante muchos meses podría encontrar consuelo en una buena amiga, alguien con quien puede hablar y sacar su frustración. Las personas pueden también acudir a grupos de apoyo más formales. Por ejemplo, los centros comunitarios o las iglesias podrían tener grupos especializados para personas que acaban de pasar por un divorcio, la muerte de un ser querido o alguna otra situación difícil.

Las organizaciones también se están dando cuenta de que deben tratar de ayudar a los empleados a lidiar con el estrés. Un argumento a favor de lo anterior dice que como la empresa es la responsable, cuando menos en parte, de generarlo, debe ayudar a aliviarlo. Otro argumento dice que las reclamaciones de seguros relacionadas con esta tensión las cuales presentan los trabajadores cuestan a la compañía una cantidad considerable de dinero. Otro más dice que los empleados que sufren niveles más bajos de estrés nocivo funcionan de forma más efectiva. AT&T ha creado una serie de seminarios y talleres para ayudar a su personal a lidiar con la presión que tienen en su trabajo. La empresa decidió hacerlo a la luz de las tres razones que hemos mencionado.

Un programa de bienestar sin estrés es una parte especial de la organización que ha sido creado específicamente como ayuda para lidiar con este inconveniente. Las compañías han adoptado programas para manejarlo, programas para fomentar la salud y otras clases de ellos para tal fin. El de seminarios de AT&T que mencionamos antes se parece a esta idea, pero los verdaderos programas de bienestar son actividades permanentes que incluyen diversos elementos. Por lo común incluyen acciones relacionadas con el ejercicio así como enseñanza en aulas que abordan cuestiones como dejar de fumar, bajar de peso y manejar el estrés en general.

Algunas compañías desarrollan sus propios programas de bienestar o usan los existentes. Por ejemplo, Johns Manville cuenta con un gimnasio en el edificio de sus oficinas centrales. Otras empresas negocian con gimnasios locales para que ofrezcan cuotas con descuento a sus empleados. Del lado educativo del programa, la compañía puede patrocinar su propia capacitación y seminarios de forma mancomunada con

TABLA 3.2 MÉTODOS Y TÉCNICAS PARA MANEJAR EL ESTRÉS

Planificar las metas

Tenga en mente las metas de largo plazo, incluso cuando desempeña tareas menores o actividades desagradables.

Repase y afine periódicamente sus metas de largo plazo; no se preocupe si cambian.

Revise con frecuencia sus metas de corto plazo e identifique las actividades que debe desarrollar cada día para alcanzarlas.

Determinar el orden de prioridad

La prioridad se refiere al grado de importancia que tiene alcanzar las metas de largo plazo; el solo hecho de que esté haciendo algo lo cual debe entregar "mañana" no significa que sea preponderante.

Use una lista de "pendientes" específicos que debe realizar cada día.

Ordene las tareas por prioridad (A = en primer lugar porque representa más probabilidad de llevarle a alcanzar sus metas; B = mediana importancia; C = menos importancia).

Procure desarrollar las metas de A, no las de B o C.

Use un cajón "C" para guardar lo que no tira enseguida a la basura.

Use la regla "80-20" (regla de Pareto) como recordatorio para no dejar de enfocarse en las cosas que tienen prioridad A (80% de sus logros provendrán de 20% de sus actividades).

No se salte cosas de la lista de "pendientes" simplemente porque son difíciles o desagradables.

Use su mesa de trabajo para laborar, no para almacenar; coloque lo más importante en el centro de la mesa.

Analizar

Estudie sus hábitos enraizados para, de ser posible, eliminarlos o agilizarlos.

Lleve un calendario o un cronograma para identificar los principales problemas y oportunidades.

Identifique la parte del día en la cual es más creativo o productivo y procure programar a otra hora las juntas de rutina y las tareas administrativas.

Usar técnicas

No piense que pierde tiempo en esperas; considere que se lo regalan para relajarse, planificar o hacer algo que sin la espera no tendría tiempo para hacer.

Lleve siempre consigo tarjetas de 7.5 × 12 cm en blanco o un cuaderno para anotar ideas o apuntes.

No se concentre en más de una cosa a la vez.

Fije plazos límite, para usted y para otros.

Delegue en la medida de lo posible y lo viable, dadas las exigencias de tiempo que tienen otros.

Seleccione a los visitantes, la correspondencia y las llamadas telefónicas en la medida de lo posible.

Escriba las respuestas directamente en los memorandos a las cartas originales (guarde una copia para usted o el original y envíe una copia).

Sea tan respetuoso del tiempo de otros como quiera que ellos respeten el suyo. Genere la menor cantidad de papeles posible y tire a la basura todos los que pueda.

Decida qué hacer con cada papel que reciba; reenvíelo a otra persona, pida más información antes de cumplir lo que solicita, etc. (En ocasiones esto se conoce como "manejar un papel una sola vez").

Tener una filosofía para administrar el tiempo

Tómese tiempo para relajarse y para desarrollar actividades extra laborales, en especial por la noche y los fines de semana.

Recuerde que las redes interpersonales son muy importantes; no se separe de sus amigos.

También recuerde que lo importante es la calidad del tiempo y no la cantidad del mismo.

© Cengage Learning 2014

la YMCA de su localidad, u organizaciones civiles o religiosas. Los programas de acondicionamiento físico de la empresa facilitan que los empleados hagan ejercicio, lo cual es una idea muy positiva, pero esos programas son muy caros. Cada vez crece más el número de las compañías que están creando programas de este tipo para su plantilla laboral.

Además, algunas ofrecen periodos sabáticos; o sea descansos prolongados del trabajo los cuales presuntamente permiten que las personas se revitalicen y carguen de energía. Intel y McDonald's son dos organizaciones que ofrecen esta prestación.[23]

RESUMEN Y UNA MIRADA AL FUTURO

Cuando haya leído y estudiado este capítulo sabrá más acerca de la administración del tiempo. Por ejemplo, tendrá una idea más clara de cómo determinar la prioridad de sus actividades y de qué hacer si se equivoca. Conocerá cómo delegar de forma eficaz, lo cual es parte fundamental de la buena administración de esa índole, y estará mejor preparado para programar y dirigir juntas y para controlar las interrupciones que afectan su horario. Por último, tendrá una idea más clara de la relación que existe entre el estrés y la administración del tiempo, conocerá las causas y las consecuencias de este y algunas formas de limitarlo.

La parte restante de este capítulo le brinda la oportunidad de seguir desarrollando y afinando sus habilidades para administrar el tiempo. Por ejemplo, le dirigirá a recursos que le permitirán ver cómo una administración de estas es más eficaz, y otra menos. Las secciones siguientes le brindan varias opciones para que practique y estudie desde diferentes perspectivas las habilidades para tal administración. El capítulo termina con algunos datos adicionales acerca de las evaluaciones y su interpretación.

VISUALIZAR LAS HABILIDADES PARA ADMINISTRAR EL TIEMPO

HABILIDADES PARA ADMINISTRAR EL TIEMPO EN ACCIÓN 1

Su tarea

Para este capítulo piense en los dos videoclips BizFlix de películas.

How the Grinch Stole Christmas (2000) de Dr. Seuss es una adaptación libre del cuento, pero no deja de ser reconocible. Whoville, una tierra mítica mágica, presenta a los Who, que adoran la Navidad, y al Grinch (Jim Carrey), que la odia. Este es un personaje odioso el cual trama robarle la Navidad a aquellos, a quienes también detesta. Una niñita, Cindy Lou Who (Taylor Momsen) trata de hacerse amiga del Grinch y de que vuelva a celebrar el Yuletide, pero su esfuerzo resulta contraproducente para todos los involucrados.

Played (2006) trata del bajo mundo de Londres y del crimen. Uno de esos criminales, Ray Burns (Mick Rossi) ha estado en la cárcel por un crimen que no cometió. Cuando sale de ella, después de ocho años, se dedica a vengarse de sus enemigos. Esta película se mueve con rapidez y se asoma a fondo al mundo criminal de Londres, el cual incluye a algunos policías corruptos, en especial el Detective Brice (Vinnie Jones). El final inesperado de la película repasa todas las partes centrales de la trama.

Observe cómo estas dos escenas muestran la administración del tiempo.

1. En el primer videoclip, vemos la manera en que el Grinch gestiona su tiempo **de forma positiva y también negativa**. Lleva una libreta donde lo programa, pero después lo desperdicia dejando para después la decisión de aceptar la invitación de Cindy Lou Who. ¿La conducta del Grinch le recuerda las habilidades para administrar el tiempo que han usado usted u otras personas?

2. En el segundo videoclip, la importancia que tiene la administración del tiempo en los planes, incluso en aquellos para una actividad criminal, se aclara cuando Ray dice: "Bien amigos, ¿qué tenemos aquí? Nathan, uno, dos, tres, cuatro movimientos, ¿está claro?". El tiempo de cada movimiento debe ser programado cuidadosamente para que cada salto tenga éxito. ¿Puede sugerir cómo estos personajes podrían haber manejado de otro modo esa administración cuando planeaban cada salto?

HABILIDADES PARA ADMINISTRAR EL TIEMPO EN ACCIÓN 2

Este ejercicio le brinda la oportunidad de pensar en las habilidades para administrar el tiempo que podría requerir en los puestos directivos que ocupe en el futuro.

Su tarea

1. Piense en las habilidades para administrar el tiempo y trate de identificar una escena de una película, un programa de televisión o tal vez un video en YouTube que ilustren el uso positivo o eficaz de esas destrezas.

2. Ahora haga lo mismo en una escena que ilustre un uso negativo o ineficaz de esas habilidades.

   Comparta con el grupo sus resultados y discutan por qué cada videoclip muestra el uso positivo y el negativo de las habilidades para administrar el tiempo. También debe sugerir cómo se habría podido cambiar la situación negativa para que fuera mejor.

PRACTIQUE SUS HABILIDADES PARA ADMINISTRAR EL TIEMPO

CONTROLE SU PROPIO TRABAJO

Las habilidades para administrar el tiempo desempeñan un papel central en la función de control de los directores y/o gerentes. Estos podrían usarlas para manejar mejor su propio trabajo. Este ejercicio sirve para demostrar la relación que existe entre esas habilidades y el control.

Suponga que usted es un director de nivel medio en una fábrica. Hoy es lunes, su primer día de labores después de unas vacaciones de una semana. Lo primero que encuentra es que su asistente no irá hoy a la oficina porque ha viajado a provincia para asistir al funeral de su tía. Sin embargo, le ha dejado la nota siguiente.

Estimado jefe:

a) *Siento mucho haber tenido que faltar hoy. Debo enterarle de las siguientes cosas antes de mi regreso mañana:*

b) *La Sra. Jantzen (su jefa) quiere reunirse con usted hoy a las 4 p.m.*

c) *El representante sindical de la planta quiere verlo a la brevedad para hablarle de un problema laboral.*

d) *George Littman (un cliente muy importante) tiene una queja sobre un embarque reciente.*

e) *Jolene Fajinski (un proveedor imprescindible) quiere analizar un cambio en el calendario de entregas.*

f) *El Sr. Prescott, de la Cámara de Comercio, quiere que asista a un desayuno de trabajo el miércoles para platicar acerca de nuestros planes de expansión.*

g) *La oficina jurídica quiere discutir la próxima inspección de la OSHA.*

h) *Recursos humanos quiere saber cuándo podrá entrevistar a la nueva persona para el puesto de supervisor.*

i) *Jack Williams, el operario que despidió la semana pasada, ha estado dando vueltas por el estacionamiento.*

Su tarea

1. Explique la diferencia entre importancia y urgencia.

2. Clasifique el trabajo por orden de prioridad dentro de tres categorías: muy urgente, medianamente urgente, menos urgente.

3. Explique qué información adicional necesitará antes de saber la prioridad que tienen las actividades individuales.

4. Piense en qué cambiaría su enfoque si su asistente hubiese ido a la oficina hoy.

EQUILIBRE LAS TAREAS URGENTES Y LAS IMPORTANTES

Este ejercicio le permitirá evaluar sus habilidades actuales para administrar el tiempo y mejorarlas cuando conoce la prioridad de sus tareas y otras actividades.

Los directores eficaces deben estar preparados para cambiar de una actividad básica a otra durante el proceso de dirigir y administrar. También deben ser capaces de desempeñar funciones diferentes en sus organizaciones y de emplear diversas habilidades gerenciales cuando lo hacen. Además, sus calendarios están siempre muy ocupados y llenos de tareas complejas, imprevisibles y breves, las cuales requieren que con frecuencia "cambien de velocidad" durante su jornada.

Stephen Covey, un asesor en temas administrativos y directivos y autor de *Los siete hábitos de la gente altamente efectiva* y otros libros muy vendidos ha encontrado una manera de colocar por orden de prioridad las tareas. Califica estas empleando los términos *urgente* e *importante*. Las **tareas urgentes** son las que se deben desempeñar enseguida, como las que están por llegar a su fecha límite. Las **tareas importantes** son las críticas, es decir las que tienen grandes repercusiones en áreas clave de la propia existencia. Covey sostiene que la mayoría de los individuos dedican demasiado tiempo a las urgentes, siendo que las importantes son las que deberían tener prioridad. Afirma que los empleados que se concentran en las primeras cumplen con las fechas límite, pero descuidan áreas críticas como la planificación de largo plazo. Estos podrían también descuidar esa clase de áreas en sus vidas personales. A efecto de ayudar a los administradores y directores a aprovechar mejor su tiempo, Covey creó una matriz de 2 × 2 para ilustrar cuáles tareas caen dentro de alguno de los cuatro cuadrantes: 1) urgente e importante; 2) no urgente pero importante; 3) no importante pero urgente, y 4) no urgente ni importante.

Covey sostiene que las personas que pasan la mayor parte de su tiempo en el cuadrante 1 cumplen seguramente con sus fechas límite, pero no están aprovechándolo bien en el largo plazo. Con el transcurso del tiempo, los problemas consumirán a esos individuos. Si usted pasa una parte considerable en tal cuadrante es probable que experimente estrés, y este le puede obligar a huir por vía del desempeño de las actividades del cuadrante 4. Disminuya al mínimo el tiempo que pasa en el cuadrante 1 y, en cambio, dedique algún tiempo al cuadrante 2 para avanzar en sus problemas gracias a una mejor planeación y preparación.

Las personas que pasan gran parte de su tiempo en el cuadrante 2 suelen ser eficaces en su vida privada y en la profesional. Son activas y se concentran en las oportunidades en lugar de en los problemas. Con frecuencia hacen cambios profundos y positivos en las organizaciones y los individuos que los rodean. Es prácticamente imposible estar demasiado tiempo en este cuadrante. Si usted pasa una parte considerable del suyo ahí, entonces tiene el control, es equilibrado y disciplinado, experimenta pocas crisis y permanece enfocado en su visión de largo plazo.

La persona que pasa mucho tiempo en el cuadrante 3 piensa que está muy ocupada, y de hecho lo está; sin embargo, en retrospectiva, no ha logrado mucho. A usted tal vez le guste complacer a otros y que lo necesiten, pero también debe dedicar tiempo a sus propias metas de largo plazo. Si pasa demasiado en ese cuadrante puede provocar que se sienta frustrado o hasta victimizado cuando trata de cumplir las expectativas de los demás. Otros resultados de las actividades en él serían sentir que usted no está en contacto con sus sentimientos o sus metas, sentir que no vale nada, y experimentar relaciones superficiales. Desempeñe algunas actividades del cuadrante 3, pero no olvide que debe equilibrar ese tiempo con las actividades del cuadrante 2.

El cuadrante 4 sería el más peligroso. Las personas que pasan demasiado tiempo en él son irresponsables, se descuidan y también descuidan a otros. Si las actividades de este cuadrante representan una parte muy grande de su tiempo es probable que tenga relaciones rotas, dependa de otros para obtener un apoyo básico y tenga dificultad para terminar sus cursos o conservar un trabajo. Si pasa una cantidad más o menos grande ahí debe mejorar sus habilidades para administrar el tiempo. Reduzca al mínimo las actividades de tal cuadrante y, de ser posible, pase más tiempo en el 2. Si desempeña algunas actividades triviales, asegúrese de disfrutarlas de verdad y limite la duración que les dedica.

Los directores eficaces pueden equilibrar las exigencias de sus actividades urgentes si entienden que deben dedicar una cantidad adecuada de tiempo a las actividades importantes.

Su tarea

1. En una hoja de papel dibuje una matriz con celdas de 2 × 2 (como se muestra a continuación) que refleje las ideas de Covey en relación con la administración del tiempo.

	URGENTE	NO URGENTE
IMPORTANTE	Cuadrante 1 **"El cuadrante de lo necesario"**	Cuadrante 2 **"El cuadrante del liderazgo"**
NO IMPORTANTE	Cuadrante 3 **"El cuadrante de la decepción"**	Cuadrante 4 **"El cuadrante del desperdicio"**

2. ¿Qué parte de su tiempo pasa en los cuadrantes? En cada celda de la matriz anote algunas de las actividades que tuvo ayer o en varios días pasados.

   a) En el cuadrante 1 (Necesario) anote cosas como imprevistos urgentes, crisis laborales, problemas, tareas a punto de vencer y actividades de último minuto.

   b) En el cuadrante 2 (Liderazgo) escriba las actividades que tenían por objeto alcanzar metas de largo plazo o prevenir problemas. Por ejemplo, hacer ejercicio previene problemas de salud futuros, mientras que el tiempo dedicado a construir relaciones familiares o amistades importantes logra una meta fundamental en el largo plazo. Otros ejemplos serían planear, preparar, iniciar tareas con fechas límite todavía muy distantes, recreación y alivio del estrés y explorar oportunidades e ideas nuevas.

   c) En el cuadrante 3 (Decepción) anote las tareas que tenían fechas límite urgentes pero que de hecho no le servían para alcanzar metas importantes, como el tiempo dedicado a los problemas de otras personas, las juntas de rutina, los informes y las interrupciones. Las fiestas, las actividades sociales y cualquier otra cosa que siente "presión" por hacer también caben en este cuadrante.

   d) El cuadrante 4 (Desperdicio) también es llamado cuadrante por omisión, porque las personas suelen recurrir por omisión a las actividades de este para no desempeñar las tareas de otros cuadrantes; por ejemplo ven televisión, navegan por la web, escriben mensajes instantáneos, chatean sin sentido, leen correo chatarra, etc. Todo lo que se haga en exceso cabe en el cuadrante 4.

3. Mencione algo que puede hacer hoy para aprovechar mejor su tiempo. Pruébelo y observe si mejoran sus habilidades para administrar este.

Horario diario

1. ¿Cómo está invirtiendo su tiempo? No dependa de la memoria, averígüelo de forma sistemática empleando un HORARIO DIARIO. Lleve el horario cuando menos para un día y, de preferencia, para una semana.

Horario diario				
			Anote si	
Hora	Actividad	Comentarios*	Laboral	No laboral
8:01 - 8:15				
8:16 - 8:31				
8:31 - 8:45				
8:46 - 9:00				
9:01 - 9:15				
9:16 - 9:30				
9:31 - 9:45				
9:46 - 10:00				
10:01 - 10:15				
10:16 - 10:30				
10:31 - 10:45				
10:46 - 11:00				
11:01 - 11:15				
11:16 - 11:30				
11:31 - 11:45				
11:46 - 12:00				
12:01 - 12:15				
12:16 - 12:30				
12:31 - 12:45				
12:46 - 1:00				
1:01 - 1:15				
1:16 - 1:30				
1:31 - 1:45				
1:46 - 2:00				
2:01 - 2:15				
2:16 - 2:30				
2:31 - 2:45				
2:46 - 3:00				
3:01 - 3:15				
3:16 - 3:30				
3:31 - 3:45				
3:46 - 4:00				
4:01 - 4:15				
4:16 - 4:30				
4:31 - 4:45				
4:46 - 5:00				
5:01 - 5:15				
5:16 - 5:30				
5:31 - 5:45				
5:46 - 6:00				

*Por ejemplo, ¿quién inicio la actividad, fue un superior, un subordinado, un compañero, un familiar, un cliente? ¿La actividad era importante o urgente? ¿Se la "delegaron"? ¿La "delegó" usted a otra persona?

2. Una vez que haya llevado varios horarios diarios (recomendamos una semana de ellos), use el Resumen de actividades siguiente para ordenar y sintetizar lo que haya encontrado.

Resumen de actividades								
	Persona o grupo involucrado							
Actividad	Subordinado	Superior	Compañero	Social	Familia	Importancia	Urgencia	¿Delegar?
Trabajo de escritorio								
Cartas								
Memorandos								
Informes								
Publicaciones								
Libros								
Otros								
Llamadas telefónicas:								
Marcadas								
Recibidas								
Recorridos								
Juntas de la empresa:								
Programadas								
No programadas								
Movimiento:								
Dentro de la empresa								
Fuera de la empresa								
Sociales								
Familia								
Otras								

3. Cuando haya contestado los ejercicios "Conducta deseada" y "Hoja de metas personales" trate de calcular el grado o la medida en que cada actividad contribuye a sus metas particulares. Señale las tareas que no están contribuyendo de forma sustancial ("pérdida de tiempo") y procure eliminarlas. Esto le ayudará a confirmar que todas sus actividades contribuyan a sus objetivos planteados.

EXIGENCIAS QUE GENERAN ESTRÉS

El estrés es muy común en el contexto de las organizaciones y en otros no laborales, como la escuela o la vida familiar. Todos atribuimos gran parte del que tenemos "a la índole del trabajo". Sin embargo, usted puede disminuir una cantidad significativa del estrés si administra con más eficacia su tiempo. Para ello, tendrá que aprender las habilidades pertinentes.

Este ejercicio le ayudará a analizar su vida laboral o la personal a efecto de identificar los factores estresantes y eliminarlos.

Su tarea

1. Solo, evalúe las *exigencias de las actividades* asociadas a su curso de dirección y/o administración. En esta categoría incluya puntos como la medida en que está plenamente informado y, por lo tanto, puede tomar decisiones documentadas acerca de sus obligaciones y responsabilidades laborales. También considere la presión del tiempo y las posibles consecuencias de sus actos.

2. Evalúe las *exigencias físicas* asociadas a su curso de administración y/o dirección. En esta categoría, incluya puntos como la ubicación de las facilidades disponibles en el salón de clases. Incluya también iluminación, calefacción, ventilación, sillas, cantidad de espacio, flexibilidad del espacio, etcétera.

3. Evalúe las *exigencias de la función* asociadas a su curso de dirección y/o administración. En esta categoría piense en el papel que desempeña como estudiante. ¿Sabe lo que se espera de usted en él? ¿Se siente cómodo haciéndolo? ¿Su función como estudiante choca con otros papeles importantes que desempeña?

4. Evalúe las *exigencias interpersonales* asociadas con su curso de administración y/o dirección. En esta categoría considere su relación con su profesor(a) y con sus compañeros(as) de clases. Todos los conflictos de personalidad o la presión para ceñirse a las normas del grupo incrementarían el estrés.

5. Discutan en equipos pequeños sus respuestas y traten de encontrar patrones de similitudes y de diferencias. A continuación discutan los cambios que podrían hacer para disminuir el estrés. No olvide considerar los que tal vez harían su institución o departamento, su profesor(a) o los(as) estudiantes.

6. Discuta con el grupo entero y con su profesor(a) las conclusiones de su equipo.

ESCALONE SUS METAS

Para decidir cómo invertirá su tiempo ahora, primero debe determinar lo que en realidad quiere lograr; es decir, sus metas de largo plazo. Una manera de hacerlo es escalonar los medios y el fin.

Su tarea

Use un diagrama como el que presentamos a continuación para anotar sus principales metas, las que son de largo plazo (3-5 años), las de mediano plazo (1-3 años) y las de corto plazo (del presente a dentro de un año).

A) Partiendo de la derecha, identifique su meta de LARGO plazo en primer lugar de su orden de prioridad (1).

B) Avanzando hacia atrás, identifique varias metas de MEDIANO plazo (1,1; 1,2; 1,3, etc.) que serán sus medios para llegar a su meta de LARGO plazo.

C) Vuelva a trabajar hacia atrás, a la izquierda, e identifique varias metas de CORTO plazo (1,1,1; 1,1,2 y 1,2,1; 1,2,2 y 1,3,1; 1,3,2, etc.) las cuales serán los submedios para alcanzar las metas de MEDIANO plazo 1,1; 1,2, y 1,3.

D) Ahora repita lo anterior para su meta de LARGO plazo en el segundo lugar de su orden de prioridad (2).

E) Repita lo anterior con todas sus metas de largo plazo prioritarias (si verdaderamente son preponderantes no deben ser muchas).

Para escalonar usando medios-fin, después de construir la escalera empezando por la derecha, impleméntela empezando por la izquierda. Hacer lo necesario para alcanzar sus metas de corto plazo le ayuda automáticamente a cumplir sus objetivos de mediano plazo. Por ende, alcanzar estos le ayuda a alcanzar los que son de largo plazo.

Sin embargo, las cosas cambian, por lo cual tendrá que repetir este ejercicio aproximadamente cada año para adoptar sus medios y sus fines a efecto de responder a esos cambios.

Escalones de medios-fin

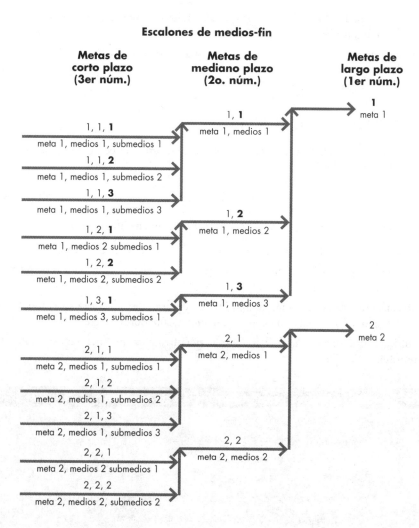

Metas de corto plazo (3er núm.)	Metas de mediano plazo (2o. núm.)	Metas de largo plazo (1er núm.)

1, 1, **1**
meta 1, medios 1, submedios 1

1, 1, **2**
meta 1, medios 1, submedios 2

1, 1, **3**
meta 1, medios 1, submedios 3

1, 2, **1**
meta 1, medios 2 submedios 1

1, 2, **2**
meta 1, medios 2, submedios 2

1, 3, **1**
meta 1, medios 3, submedios 1

1, **1**
meta 1, medios 1

1, **2**
meta 1, medios 2

1, **3**
meta 1, medios 3

1
meta 1

2, 1, 1
meta 2, medios 1, submedios 1

2, 1, 2
meta 2, medios 1, submedios 2

2, 1, 3
meta 2, medios 1, submedios 3

2, 2, 1
meta 2, medios 2 submedios 1

2, 2, 2
meta 2, medios 2, submedios 2

2, **1**
meta 2, medios 1

2, **2**
meta 2, medios 2

2
meta 2

EFICACIA DEL INTERCAMBIO EN LA COMUNICACIÓN

Este ejercicio le ayuda a desarrollar sus habilidades para administrar el tiempo por cuanto le ayudan a la comunicación.

La comunicación no solo es parte fundamental de la administración y la dirección, sino también de nuestras vidas diarias. Todos nos beneficiamos cuando se da de forma eficaz, pero una comunicación ineficaz podría provocar que perdamos mucho tiempo y energía.

Su tarea

1. Piense en las conversaciones que sostuvo durante un día. Con quién habló, cuándo, durante cuánto tiempo, sobre qué temas:

   - ... en conversaciones frente a frente o por teléfono.
   - ... en mensajes por el correo tradicional o el electrónico que recibió o envió.
   - ... en mensajes de texto que recibió o envió

2. Evalúe cada intercambio como una comunicación más valiosa o menos valiosa.

3. Calcule la cantidad de tiempo que pasó en una comunicación menos valiosa.

4. Decida cómo podría haber evitado esos intercambios de comunicación menos valiosa o de qué modo los podría haber hecho más valiosos.

5. Piense en cuánto controlamos en realidad nuestra comunicación.

¿EN QUÉ INVIERTE SU TIEMPO?

Este ejercicio le permite analizar un horario diario para determinar cómo podría mejorar sus habilidades para administrar el tiempo.

Su tarea

La información siguiente corresponde al horario diario de un ejecutivo muy ocupado.

1. ¿Cuánto tiempo invirtió en cuestiones 1) personales, 2) familiares, 3) escolares, 4) laborales?

2. En la categoría personal, ¿cuánto dedicó en recreación/relajación, y cuánto en crecimiento de sí mismo (educación/desarrollo)?

3. En la categoría laboral, ¿cuánto tiempo invirtió en distintas subcategorías como A) solo, uno a uno, en grupo, y B) con subordinados, compañeros, superiores, etcétera?

4. Por último, ¿qué sugerencias le haría a este ejecutivo para que mejorara sus habilidades para administrar el tiempo?

Horario de Jaime Sánchez para el martes 14 de octubre	
5.00 am	Desperté; me bañé; me vestí
5:30	Recogí el periódico; preparé el desayuno
6:00	Leí el periódico; desayuné; descansé
6:30	Desperté a la familia y los apresuré
6:45	Preparé el desayuno para los niños; les ayude a encontrar sus materiales escolares
7:00	Ayudé a vestir a los niños para que fueran a la escuela
7:15	Me dirigí a la oficina; tomé un café por el camino; llamé a mi asistente
8:00	Llegué al trabajo; me detuve en varias oficinas para saludar a los compañeros y "hacer base"
8:30	Llegué a mi oficina; consulté mi lista de "pendientes"
8:45	Repasé los correos electrónicos; regresé las llamadas telefónicas de ayer por la tarde
9:00	La asistente me entregó el correo; miré por encima el correo; seguí repasando los correos electrónicos
9:15	Leí por encima varios artículos buscando ideas que me ayudaran con las cuestiones actuales y leí uno con más detenimiento
9:30	Copié notas de ayer por la noche a la plantilla de informes
10:00	Delegué el informe a la ayudante para que lo terminara
10:05	Leí por encima los informes de distintas unidades de la organización; revisé varios temas para darles seguimiento
10:40	Fui al baño; tomé un café de la máquina expendedora para llevarlo a la oficina
10:50	Me detuve en el pasillo con un colega para discutir un problema
11:00	Un subordinado me esperaba en la oficina con una preocupación
11:15	Empecé a escribir correos electrónicos y memorandos dirigidos a compañeros y a subordinados sobre los asuntos anotados en los informes de la unidad
11:20	Mi asistente entró para hacerme algunas preguntas sobre el informe

11:25	Seguí trabajando en puntos del informe
11:45	Junta con un cliente
12:00	Empecé a tomar notas para la junta de planeación del nuevo proyecto
12:45 pm	Un compañero pasó a invitarme a que comiéramos juntos en la cafetería
1:30	Terminé las notas para la junta del proyecto nuevo
2:00	Junta con el comité ejecutivo para discutir la estrategia del año entrante
3:00	Charla informal con compañeros después de la junta
3:20	Llamó mi esposa para comentarme las actividades que tendrían los niños después de la escuela y para decirme cuáles eran los planes para la cena
3:30	Junta de la unidad para actualizar a los subordinados respecto del avance del comité ejecutivo
4:00	Fui al baño y después leí el artículo "Cómo ser un mejor jefe"
4:20	Leí, corregí y más adelante firme las cartas y los memorandos que había preparado mi asistente
4:40	Más correos electrónicos y llamadas telefónicas
5:00	Un par de subordinados pasaron a darme las buenas noches antes de irse a casa
5:10	Recibí una llamada telefónica importante
5:30	Tomé notas sobre lo que deberé hacer mañana
5:45	Me topé con el jefe en el pasillo y me puso al día de la situación del desempeño
6:00	Salí de trabajar
6:40	Llegué a casa; hablé con los niños sobre lo que habían hecho ese día; me lavé para cenar
7:00	Cena familiar interrumpida por una llamada telefónica breve sobre un problema en la obra de beneficencia donde trabajo de voluntario
8:00	Ayudé a mi esposa a recoger la mesa
8:15	Ayudé a los niños con su tarea
9:00	Charlé con mi esposa de los niños y otras cuestiones
9:30	Llamada telefónica de un padre de la escuela para informarme de una actividad escolar próxima
9:45	Leí una revista y revisé mi correo electrónico
10:00	Vi el noticiero local para enterarme en especial de los resultados de los partidos de la noche
10:30	Me acosté temprano; leí un capítulo de un libro
11:00	Apagué la luz

HOJA DE METAS PERSONALES

Una manera fácil de decidir cómo invertir su tiempo consiste en llevar una Hoja de metas personales.

Su tarea

1. Use una gráfica como la que presentamos a continuación para señalar cuáles son las metas principales que tiene para usted, la escuela, la familia, el trabajo, etc., partiendo del LARGO plazo, después el MEDIANO, y por último el CORTO.

2. Determine el orden de PRIORIDAD de las metas y líguelas en el transcurso del tiempo, tal vez con una ESCALERA DE MEDIOS-FIN (vea el ejercicio "Escalone sus metas").

Hoja de metas personales			
Punto focal de la meta	**Corto plazo (del presente a 1 año)**	**Mediano plazo (1-3 años)**	**Largo plazo (3-5 años)**
Yo			
Escuela			
Familia			
Trabajo			
Comunidad y profesión			

NOTA: estas metas deben ser amplias y generales

CLASIFIQUE LAS TAREAS POR ORDEN DE PRIORIDAD

Este ejercicio le enseñará a relacionar las cuestiones de la administración del tiempo con las presiones y las oportunidades del entorno.

Los directores y las organizaciones deben estar al tanto de una serie de dimensiones y fuerzas del entorno que se reflejan en tres entornos: 1) el *entorno general*: las dimensiones económicas, las tecnológicas y las jurídico-políticas; 2) el *entorno de la tarea*: los competidores, los clientes, los proveedores, los legisladores y los aliados estratégicos, y 3) el *entorno interno*: los dueños, el consejo directivo y los empleados. El entorno ético, el social y el internacional también son importantes.

El problema que afrontan los directores es que el tiempo es un recurso limitado. Un día tiene solo cierta cantidad de horas y únicamente es posible hacer determinado volumen de acciones en un periodo dado. Por lo tanto, ellos nunca paran de escoger cómo invertirán su tiempo. Sobra decir que deben tratar de aprovecharlo con sabiduría y dirigirlo a los desafíos y las oportunidades más importantes que enfrenten. Es un error que utilicen minutos u horas en un asunto trivial mientras descuidan uno importante.

Los expertos en administración del tiempo sugieren muchas veces que los directores y/o gerentes empiecen el día haciendo una lista de lo que deben hacer en él. A continuación, deben clasificar las tareas dentro de tres grupos y desempeñarlas siguiendo un orden de prioridad.

a) Verdadera prioridad: lo que debe abordar ese día.

b) Mediana prioridad: lo que debe acometer ese día, pero se puede posponer en caso necesario

c) Escasa prioridad: lo que se puede posponer sin problema o que ni siquiera se requiere hacer.

Su tarea

1. En la parte superior de una hoja de papel anote Prioridad A, B y C como explicamos antes.

2. En una columna, en el lado izquierdo de esa misma hoja, anote los distintos elementos y las dimensiones del entorno de la *tarea* (por ejemplo cliente y competidor) y del *entorno interno* (por ejemplo dueños y empleados).

3. En la intersección de cada fila y columna, piense en un caso adecuado que un director podría afrontar. Por ejemplo, en las filas de *entorno de la tarea* imagine una situación de verdadera prioridad, una de mediana y una de escasa que impliquen a un cliente, después a un competidor y por último a un proveedor. Haga lo mismo en el caso del *entorno interno*.

4. Forme un equipo pequeño con dos o tres compañeros(as) de clases para compartir y comparar los ejemplos que presentó.

TRABAJOS QUE GENERAN ESTRÉS

Las habilidades para administrar el tiempo y otras más están claramente ligadas al estrés y a las labores que implican tensión. Por ejemplo, la indebida administración del tiempo provoca que no se cumplan las fechas límites, y la falta de descripciones de puestos y funciones, la falta de habilidades técnicas y otras más interfieren con el debido desempeño en un puesto. A su vez, ya unidas estas, generan más estrés. Cuanto más estresante sea el trabajo, tanto mayor será la necesidad de administrar con eficacia su tiempo y la de evitar más presión. Sin embargo, la capacidad para llevar a cabo esta administración depende enormemente de las habilidades que tenga o no tenga el empleado para desempeñar las actividades debida y puntualmente. Este ejercicio le brinda la oportunidad de identificar las diferentes destrezas (o las similares) que requerirá en labores las cuales generan mucho o poco estrés.

Su tarea

1. Individuos: Señale los 10 trabajos *más* estresantes y los 10 *menos* estresantes que se le ocurran (deben ser reales). Clasifíquelos por orden de niveles de estrés y explique por qué estableció cada uno de ellos en ese orden.

2. Equipos: Su profesor(a) dividirá en equipos al grupo. Cada uno deberá discutir las listas de sus miembros y preparar un listado con los cinco trabajos que consideren que son los más estresantes y los cinco que supongan los menos estresantes.

3. Grupo entero: Comparta con el grupo la lista de su equipo (informes "orales", escribiendo en gráficas o en el pizarrón, o utilizando tecnología de cómputo compartida). A continuación discutan las habilidades necesarias para esos 10 trabajos, destacando las similitudes y las diferencias entre ellas respecto de los más estresantes y los menos estresantes.

IDENTIFIQUE LOS ELEMENTOS QUE GENERAN ESTRÉS

Este ejercicio le ayudará a relacionar con la disminución del estrés las habilidades para administrar el tiempo. Las deficientes impiden que usted clasifique su trabajo por orden de prioridad, delegue correctamente y labore con más eficiencia, y todo ello le producirá más estrés.

Su tarea

1. Haga una lista de las grandes expectativas o hechos que le generan estrés. Las causas pueden ser la escuela (clases difíciles, demasiados exámenes), el trabajo (horario demandante, fechas límite cortas, presiones económicas) o circunstancias personales (amigos, novios, familia). Sea tan específico como pueda. Procure identificar cuando menos 10 factores que se lo generan.

2. En la lista que preparó en el numeral 1, evalúe la medida en que las deficiencias en sus habilidades para administrar el tiempo entran en juego a la hora de determinar la forma en que le afecta cada causa de estrés. Por ejemplo, ¿los exámenes le generan tensión porque estudia a última hora?

3. Refiriéndose a cada causa de estrés que incluyó en el numeral 2, formule una estrategia para aprovechar el tiempo con más eficiencia en esa situación.

4. Señale las relaciones entre las distintas causas de estrés y el tiempo. Por ejemplo, las presiones económicas podrían motivarle a trabajar, pero esta labor podría interferir con sus estudios. ¿Puede administrar con más eficacia respecto del tiempo algunas de esas interrelaciones?

5. ¿Cómo maneja el estrés que se presenta en su vida? ¿Podría controlarlo de modo que aumente la eficacia de su tiempo?

PRACTICAR

ENCABECE JUNTAS DE UN EQUIPO

Este ejercicio le ayudará a desarrollar sus habilidades para administrar el tiempo en relación con enca-bezar una junta de un equipo.

Los equipos y las juntas de equipo son muy comunes ahora, pero algunos directores y/o gerentes piensan que en ellas se pierde mucho tiempo. A continuación presentamos una lista de algunas de las muchas sugerencias que han planteado los expertos para encabezar de forma más eficiente una junta.

- Redacte el orden del día de la junta y entregue una copia a los miembros con anticipación para que se preparen.
- Convoque a una junta sólo cuando exista una razón de peso.
- Establezca con claridad la hora de comienzo y de término y coloque un reloj de modo que todos puedan verlo.
- Retire todas las sillas y pida a la gente que permanezca de pie.
- Ponga el seguro para cerrar la puerta a la hora de empezar para "evidenciar" a los demorados o ponerlos en vergüenza de alguna manera.
- Asigne a todos los presentes una función en la junta.
- Use material auxiliar visual.
- Nombre a un secretario para que lleve registro y documente los acuerdos a que se llega.
- Designe un día "feriado" a la semana en el cual nadie pueda programar juntas.

Su tarea

1. Evalúe la eficacia que podría tener cada una de las sugerencias anteriores.
2. Clasifique las proposiciones por orden del grado de valor que podrían tener.
3. Mencione un mínimo de tres sugerencias más que considere que podrían mejorar la eficiencia de una junta de equipo.

APROVECHE CON MÁS EFICIENCIA EL TIEMPO

El buen uso de las habilidades para administrar el tiempo podría cambiar la forma de trabajar de una persona. En teoría, usted puede desempeñar con más eficiencia casi todas sus actividades.

Su tarea

1. La próxima vez que desarrolle una actividad particular, como estudiar para un examen, escribir un ensayo o trabajar en un proyecto, tome nota de sus hábitos para hacerlo. Piense en la posibilidad de grabarse en video mientras labora, para ver la cinta después. Fíjese especialmente en aspectos que no contribuyen al desempeño de la actividad: abrir el refrigerador, ver televisión, soñar despierto, hacer o recibir una llamada telefónica innecesaria, enviar mensajes de texto, etc. A continuación calcule qué cantidad del supuesto "total del tiempo trabajado" estuvo dirigido a otras tareas.
2. Evalúe la medida en que cada acción ajena al trabajo significó un desperdicio de esfuerzos o no contribuyó en nada al desempeño de la actividad.
3. Describa cómo habría terminado el trabajo si no hubiese desarrollado ninguna de las actividades ajenas a él.
4. Suponiendo que usted quiere cambiar sus hábitos para laborar con el propósito de aprovechar con más eficiencia su tiempo, describa un planteamiento que podría usar para cambiarlos.

QUÉ HACER A CONTINUACIÓN

La administración del tiempo implica un orden de prioridad. Este ejercicio le servirá para perfeccio-nar sus habilidades porque le ofrece la oportunidad de establecer un orden de preponderancia y de discutirlo con otros.

Su tarea

1. Use el formato que presentamos a continuación para tomar notas conforme vaya cubriendo los distintos puntos de esta tarea.

NOTAS

Clave de urgencia: 1 = Urgente; 2 = Vencimiento próximo; 3 = Sin prisa
Clave de prioridad: 1 = Hacer ya; 2 = Hacer pronto; 3 = No importa cuándo hacer;
4 = Ni tomarse la molestia

Asunto	Urgencia	Prioridad	Acción emprendida
A			
B			
C			
D			
E			
F			
G			
H			
I			
J			
K			
L			
M			
N			
O			
P			
Q			
R			

2. Suponga que es el miércoles 5 de mayo y que usted, Brooke Salerno, es la gerente de Corporación XYZ sentada ante un escritorio que tiene cartas, mensajes telefónicos, correos electrónicos, etc., algunos de los cuales llevan ahí mucho tiempo.

A • CARTA

---

30 de abril de 2010

Brooke Salerno
XYZ Corporation
29 North Central Avenue

Main City, Estados Unidos.

Estimada Sra. Salerno:

Nuestra junta de invierno fue todo un éxito gracias a personas como usted. Las presentaciones interesantes y prácticas bien fundamentadas son muy importantes, y la suya fue estupenda.

Ahora es momento de ver hacia el futuro. ¿Podrá usted participar de nueva cuenta el año entrante? En breve le enviaremos detalles sobre las fechas y los lugares.

Le reitero mi agradecimiento por su ayuda y espero que nuestra relación siga siendo así de productiva en el futuro.

Atentamente,

David

David Smith
Presidente del programa
Major Manager Association

B • CARTA

30 de abril de 2010

Brooke Salerno
XYZ Corporation
29 North Central Avenue
Main City, Estados Unidos

Apreciable Lic. Salerno:

El comité ejecutivo de SMC me ha pedido que le pregunte si estaría dispuesta a ocupar un puesto en el consejo de administración de la Comisión. Por lo habitual sostenemos tres juntas al año, con duración de entre una hora y media a dos horas en la Sala de Juntas del Gobernador, y procuramos que sean breves y vayan al grano.

Si decide aceptar esta invitación, por favor comuníquemelo y yo me encargaré del papeleo.

Atentamente,

Tony

Antonio Certosimo
Director ejecutivo
Comisión Estado de México
Despacho del Gobernador

C • CORREO ELECTRÓNICO

De: Global Business Solutions
Enviado: 3 de mayo de 2010 a las 4:00 a.m.
Para: Brooke Salerno
Asunto: Informe semanal

Si desea maximizar la perspectiva de las utilidades de su compañía en un mercado clave, tal vez le interese el siguiente informe de una investigación:

Los negocios en China: un mercado arriesgado pero muy rico. Este informe expone los pros y los contras de ingresar en ese mercado en expansión. Cubre diversos aspectos (económicos, políticos, culturales, demográficos) con suficiente detalle como para que le pueda sacar provecho enseguida. Haga clic aquí para ordenar: www.globalbussolutions.com/research.

D • CORREO ELECTRÓNICO

De: Susan Hunt
Enviado: 3 de enero de 2010 a las 8:34 AM
Para: Brooke Salerno
Asunto: Reclamación de accidente

Estimada Brooke:

Como está enterada, Ralph Lawyer, un archivista del African Group, se lesionó la semana pasada cuando se resbaló y cayó en la sala de archivos. Recibió los beneficios habituales, pero ahora afirma que no fue todo lo que le correspondía. Tengo entendido que ha contratado a un abogado y que piensa demandar a la compañía y a varias personas. ¿Qué deberíamos hacer?

Susan

Susan Hunt
Departamento de recursos humanos

E • CARTA

3 de enero de 2010

Lic. Brooke Salerno
XYZ Corporation
29 North Central Avenue
Main City, Estados Unidos

Apreciable Lic. Salerno:
Las organizaciones que hacen negocios en los mercados globales, rara vez pueden manejar correctamente las cuestiones políticas y sociales que encuentran en ellos. Eso puede llevarlas a una confrontación o incluso un litigio.

Una investigación que estamos realizando ha dado como resultado, entre otros hechos sobre los negocios globales, los que le menciono a continuación:

1. Cada vez es más frecuente que las empresas globales reconozcan que sus directores de alto nivel deben participar personalmente en las relaciones exteriores de estas.
2. Los ejecutivos encargados de los asuntos públicos y de las relaciones exteriores, rara vez participan en los procesos de planificación de la dirección administrativa o en la toma de decisiones en áreas sensibles del terreno social o el político.
3. Los directores de operaciones, en especial si están en el extranjero, no tienen el tiempo, la preparación formal ni los incentivos adecuados para participar de forma sistemática o significativa en el análisis de los problemas y los asuntos exteriores.
4. Los planes de las compañías son con frecuencia formulados en función de datos económicos y no toman en cuenta cuestiones sociales, políticas ni culturales.
5. Las compañías carecen muchas veces de los sistemas de comunicación necesarios para compartir información con los subordinados, las oficinas regionales y las oficinas en su propio país.

Estos hallazgos y otros serán detallados exclusivamente para las compañías patrocinadoras en un informe especial, titulado *Managing in the Global Economy*, el cual irá acompañado por algunos talleres para ejecutivos los cuales tendrán lugar en Estados Unidos y Asia.
El informe especial estará a disposición de las organizaciones patrocinadoras dentro de seis meses. El taller en Estados Unidos tendrá lugar alrededor de un mes después del informe. El de Asia se efectuará poco después. El informe especial y los talleres serán prácticos y estarán redactados en el lenguaje que se usa todos los días en los negocios. Las compañías patrocinadoras recibirán el informe especial antes de que esté a disposición de otras empresas, y los primeros talleres serán exclusivamente para directores de aquellas.
Su organización está todavía a tiempo de participar como patrocinadora. El informe especial y la participación en los talleres solo cuestan 15 000 dólares.
Espero que quiera participar en el programa.

Cordialmente,

Frank

Francisco Fernández
Director de Desarrollo de Políticas Públicas
Global Business Solutions Corporation
29 Portside Street
Boston, MA

F • CORREO ELECTRÓNICO

De: Mary Cochran
Enviado: 3 de mayo de 2010 a las 8:45 a.m.
Para: Brooke Salerno
Asunto: No lo olvides

Querida Brooke:

¡NO OLVIDES que la última junta de la Association of Managers and Administrators tendrá lugar el viernes 14 de mayo, en Doubletree Inn, en el Salón Ironwood! El brindis de bienvenida será a las 7:30 p.m. y la cena, a las 8:00. El menú de la cena será lomo a la inglesa, ensalada cariño, helado de crema de chocolate, todo acompañado por un buen vino.

Los directores del año entrante rendirán protesta, y después habrá baile con música en vivo. El espectáculo principal estará a cargo de "One Foot in the Grave".

El último día para hacer reservaciones es el lunes 10 de mayo antes del mediodía.

Ojalá nos veamos ahí.

Mary

G • CORREO ELECTRÓNICO

De: Mary Cochran
Enviado: 3 de mayo de 2010 a las 8:45 a.m.
Para: Lista del departamento
Asunto: Café

Si quieres participar con fondos para comprar café, ponte en contacto con Joan.

H • CORREO ELECTRÓNICO

De: Susan Hunt
Enviado: 3 de mayo de 2010 a la 1:20 p.m.
Para: Brooke Salerno
Tema: Calendario de vacaciones

Hola, Brooke, necesito tu visto bueno para el calendario de vacaciones

Del 1 de junio al 27 de julio

Periodo	Empleado
4-8 de junio	Cherri Miller
11-21 de junio	Michael Dupree
18-22 de junio	Susan Hunt
25-29 de junio	Patrick Hurley
9-13 de julio	Loretta Pence
16-20 de julio	Juan López
23-27 de julio	Helen Marie Feeney-Schmidt

Susan Hunt
Departamento de recursos humanos

I • CORREO ELECTRÓNICO

De: W.J. Kelley
Enviado: 4 de mayo de 2010; 8:34 a.m.
Para: Brooke Salerno
Asunto: John Greenberg

Hola, Brooke:

He escuchado rumores y alguien "con credibilidad" me contó que John Greenberg ha estado buscando empleo en otros lugares y ahora tiene una oferta firme que contestará la semana entrante. Creo que nadie más lo sabe todavía, yo me enteré por casualidad. Sé que tú y el Lic. Thomas piensan que John es una de las personas más valiosas del grupo, y creí que debía contarte esto para que tomes las medidas que consideres pertinentes.

W.J.

William J. Kelley
Departamento de recursos humanos

J • CORREO ELECTRÓNICO

De: Howard Fritz
Enviado: 4 de mayo de 2010; 9:20 a.m.
Para: Brooke Salerno
Asunto: Presupuesto

Brooke,
Vamos muy atrasados en la preparación de las cifras para el nuevo presupuesto y todavía no hemos recibido los informes de varios grupos. ¿Puedes hacer algo para acelerar las cosas?

Howie

Howard Q. Fritz
Departamento de contabilidad

K • CORREO ELECTRÓNICO

De: Ted Lawrence
Enviado: 4 de mayo de 2010; 2:30 p.m.
Para: Brooke Salerno
Asunto: Empleo estatal relacionado con el turismo y los viajes

Para su solicitud, vea anexo.

Theodore J. Lawrence
Departamento de marketing

Anexo

Empleo estatal relacionado con el turismo y los viajes				
Municipio	Hotelería empleos del sector	Alimentos empleos del sector	Todos los demás empleos del sector	Totales
A	36	78	27	141
B	227	391	353	971
C	2,135	2,911	3,006	8,052
D	155	567	307	1,029
E	24	59	380	463
F	5,357	8,500	12,844	26,741
G	441	586	626	1,653
H	370	430	437	1,237
I	2,291	4,142	6,304	12,737
J	84	156	142	382
K	95	215	721	1,031
L	179	625	401	1,205
M	537	899	1,365	2,801
TOTAL				

Fuente: Basado en estadísticas del sector turístico y de viajes para la Secretaría Estatal de Turismo.

L • CORREO ELECTRÓNICO

De: Ted Lawrence
Enviado: 4 de mayo de 2010; 3:35 a.m.
Para: Brooke Salerno
Tema: Desarrollo de negocios

Brooke, a continuación incluyo la lista de los clientes que visitamos George y tu servidor el miércoles 28 de abril.
Miller Industries
Wilson Products
Sun Valley Properties

Seguramente recuerdas que George y yo los visitamos por primera vez en febrero.

En nuestras visitas recientes, nos acompañó Mary Blythe, gerente de la oficina de la FCIA de Los Ángeles. A petición nuestra, ella viajó especialmente hasta aquí para explicar con más amplitud el programa de la FCIA que interesaba a estos clientes.

Ted

Theodore J. Lawrence
Departamento de marketing

M • LLAMADA TELEFÓNICA

Esta llamada tuvo lugar el 5 de mayo. *La parte de la conversación correspondiente a Brooke está en cursivas.*

- Hola, Brooke, habla Jerry Murphy. ¿Cómo anda todo por ahí?

- *Estupendo. ¿Cómo están tú y tu familia? Me cuesta trabajo creer que Megan terminará la preparatoria este año. Recibimos ayer su invitación para asistir a la graduación.*

- Ojalá puedan venir. Te llamo para pedirte que por favor me ayudes con un proyecto, si puedes. Ayer, George Grills, auditor en jefe del Banco Estatal me preguntó si quería ser uno de los revisores de los nuevos servicios que ofrecerán los bancos el decenio entrante. George habló de la importancia de las telecomunicaciones, las transmisiones satelitales y los sistemas automatizados muy sofisticados. Además habló de sistemas más avanzados para la transferencia de fondos, servicios para pagar cuentas, servicios de comprobación de cheques y datos proporcionados directamente por los clientes. ¿Qué ves tú en el horizonte en relación con una mayor expansión de las operaciones internacionales? George quiere conocer mi opinión antes del 31 de mayo. ¿Me puedes ayudar con la visión internacional?

- *Por supuesto. Pediré a alguien que me ayude y te llamaré el lunes 24 de mayo.*

- Muchas gracias Brooke. De verdad agradezco tu ayuda.

- *No exageres. Te llamaré pronto.*

- Adiós.

- *Adiós.*

N • CARTA

3 de mayo de 2010
Lic. Brooke Salerno
XYZ Corporation
29 North Central Avenue
Main City, EE.UU.

Apreciable Lic. Salerno:

Tuve la fortuna de ser parte del público en su presentación en la junta de invierno de la Managers Association. ¡Fue estupenda! Felicidades por un trabajo bien hecho.

GER está planeando programas para Londres, Nueva York, Montreal y San Francisco que tendrían lugar en 2017. Nos encantaría contar con su participación y para ello le extendemos una cordial invitación a efecto de que forme parte de nuestras mesas redondas sobre el impacto de las operaciones internacionales en las organizaciones.

Por favor, comuníquenos a la brevedad si le interesa participar.

Atentamente,

Alex

Alexander Holmes
Director ejecutivo
Global Executives Roundtable

O • COPIA DE UN ARTÍCULO

Artículo tomado de una respetada revista de negocios, el cual detalla los cambios en las operaciones internacionales que se derivan de los adelantos en la tecnología inalámbrica.

Nota anexa al artículo dice: "Pensé que esto te interesaría, Ted".

P • CARTA

3 de mayo de 2010

Ms. Brooke Salerno
XYZ Corporation
29 North Central Avenue
Main City, Estados Unidos

Estimada Lic. Salerno:

¡Felicidades!

Ha sido nombrada ganadora de nuestro premio "Los negocios internacionales" para el año 2010.

El premio será entregado en nuestra cena anual, que tendrá lugar el viernes 14 de mayo en el Mountain View Resort a las 8:00 p.m.

Nos gustaría que nos enviara una foto suya a color de 8" × 10" para efectos de las relaciones públicas. Por favor, envíela a Margaret Stephens para que ella se encargue.

En espera de que nos veamos, le reitero mi felicitación.

Atentamente,

Alice

Alice Woodward, Presidenta
Departamento de Negocios Internacionales
Small College Local

Q • NOTA PEGADA EN LA PANTALLA DE LA COMPUTADORA

[sin fecha] Acordarme del mantenimiento del auto.

USE SUS HABILIDADES PARA ADMINISTRAR EL TIEMPO

LOS HORARIOS FLEXIBLES

Hace varios años, la unidad de servicio al cliente de la división Sperry Topsider de Stride Rite Coorporation aumentó de 40 a cerca de 70 las horas que estaba disponible al público, con un incremento de costos del orden de 3%. El centro directivo de Xerox en Dallas encontró que las faltas disminuían un tercio, el trabajo en equipo mejoraba y el ánimo subía, con muy poco cambio en los costos. Carter Hawley Hale Stores, GTE, IBM y Harris Bank de Chicago han tenido experiencias similares. El vínculo común de estas situaciones fue que las compañías se volvieron más flexibles en cuanto a los horarios laborales de los empleados.

La flexibilidad de horarios, que fuera un fenómeno relativamente raro en las empresas de Estados Unidos, ahora es cosa común. Los empleados la colocan con frecuencia en el primer lugar de las características que desean en un trabajo, a la par que la remuneración y la seguridad. El Families and Work Institute, en su informe "Estudio nacional de los cambios en la fuerza de trabajo", decía que una tercera parte de las personas encuestadas que no tienen la opción de tener una excedencia para gozar de tiempo libre para el embarazo o la crianza de los hijos estarían dispuestas a negociar la remuneración y otras prestaciones a cambio de esa opción. Otra encuesta de 80 de las 500 compañías de la revista *Fortune* dio como resultado que de hecho solo alrededor de 25% de los empleados gozaban de un horario flexible y que poco menos de 2% labora con arreglos de medio tiempo. De otro lado, Harris Bank encontró que 64% de las solicitudes para un horario de trabajo flexible pedían una semana laboral comprimida, 24% pedía horario flexible, 7%, un lugar flexible (trabajo a distancia), y 5%, convenios de medio tiempo.

En Xerox, el centro directivo de Dallas tenía muchos padres solos y parejas con dos carreras, con problemas para el cuidado de los hijos y la familia. Los convenios flexibles eran muy populares, y a pesar de que los directores se sentían incómodos al usarlos, se aguantaron y los arreglos tuvieron tanto éxito que la compañía estaba probándolos en otros lugares de ella. Stride Rite encontró que, a pesar de que en ciertos momentos no había muchos empleados presentes; en compensación, estos desarrollaban sus tareas de oficina mucho más rápido en otros momentos. En la división de operaciones telefónicas de GTE, los trabajadores pidieron más flexibilidad. Cuando la empresa la concedió, ellos respondieron tan bien que ahora en esencia cargan con el 100% de la responsabilidad para programar sus horarios, y GTE estaba pensando en la posibilidad de extender el esfuerzo a otras instalaciones.

En el caso de las semanas laborales comprimidas, las personas trabajan más horas, pero en menos días. Las parejas con dos ingresos y dos carreras pueden arreglar sus horarios de modo que uno de los dos está libre para criar a los hijos durante bloques de tiempo más largos. El horario flexible les permite llegar y salir del trabajo a diferentes horas, así como adaptar mejor los horarios laborales al flujo del tránsito y a las obligaciones paternas, por ejemplo llevar a los niños a practicar futbol o a clases de gimnasia. El lugar flexible (o trabajo a distancia) da la oportunidad a los individuos de laborar en su casa o en otros lugares sin tener que acudir a una oficina central. Este planteamiento ofrece una gran oportunidad para quienes trabajen a su ritmo y que incluyan en sus horarios sus diversas exigencias de tiempo. Los arreglos de media jornada implican por lo habitual compartir un puesto, de modo que dos personas que trabajan medio tiempo cada una ocupan un solo puesto, el cual normalmente sería para una nada más. Casi todos estos planteamientos facilitan el manejo de las responsabilidades familiares al mismo tiempo que las laborales.

Catalyst, una organización nacional que estudia cuestiones relacionadas con las carreras de mujeres, realizó una encuesta con el propósito de establecer el efecto que la flexibilidad en el centro de trabajo tenía en las compañías. Encuestó a personal de recursos humanos de 50 empresas que tenían a individuos laborando con arreglos flexibles de una clase u otra. Catalyst encontró que estos pueden tener éxito en una gran variedad de empleos y áreas. Los convenios flexibles eran usados incluso en trabajos de línea, puestos de supervisión y tareas de mucho contacto con los clientes. La encuesta encontró que la mayor parte de los individuos que usaban estos arreglos eran mujeres con hijos en edad preescolar. Dado que las mujeres constituyen una parte considerable de la fuerza laboral, los convenios representan una atractiva prestación que podría ofrecer una empresa.

USAR

Si bien, los arreglos laborales flexibles llevan a tasas más altas de productividad, ánimo y retención, no hacen gran diferencia a no ser que la cultura de la organización también sea flexible. La mentalidad de los directores respecto del "tiempo presencial" debe cambiar. "Tiempo presencial" se refiere a la idea muy arraigada y defendida la cual dice que si las personas están presentes en el trabajo durante 40 horas a la semana, entonces estarán desempeñando su labor, independientemente de lo mucho que produzcan o no; pero si un empleado no es controlado por un reloj que marca su entrada y salida, entonces no trabajará. Los gerentes deben abandonar la idea del tiempo presencial para que las políticas flexibles tengan impacto. Es más, la comunicación es crítica. Para usar el sistema, los compañeros, los subordinados, los superiores y los clientes deben saber con claridad cómo funciona el arreglo, inclusive cuáles son las responsabilidades y los horarios diarios en que la persona está disponible.

Preguntas del caso

1. ¿Qué clases de arreglos laborales flexibles existen? ¿Cuáles son las ventajas y las desventajas de cada una de ellas?

2. ¿Qué habilidades para administrar el tiempo se necesitan para cada uno de estos arreglos?

3. ¿Las capacidades para la administración del tiempo identificadas en el numeral 2 también sirven para otros convenios organizacionales? En tal caso, ¿para cuáles? De lo contrario, ¿por qué no?

4. ¿Qué supuestos sustentan el tiempo presencial? Si usted fuera dueño de una compañía, ¿estaría dispuesto a permitir que sus empleados tuvieran un horario flexible en lugar de horas presenciales? ¿Por qué sí o no?

5. ¿Cuál sería una manera de adquirir las habilidades para administrar el tiempo que se precisan para los horarios de un trabajo flexible?

6. ¿Qué piensa usted de la posibilidad de permitir un horario flexible para determinadas categorías de empleados (por ejemplo, los padres de niños menores de seis años o los trabajadores que tienen ciertos nombramientos o clasificaciones) pero no para todos?

Vea en línea

Referencias del caso

Amy Dunkin, "Working dads want Flextime, too", BusinessWeek, 13 de junio de 2007, http://www.businessweek.com/careers/workingparents/blog/archives/2007/00/working_dads_wa.html; Anne Fisher, "Forget the raise, give me flexible hours", *Fortune*, 22 de agosto de 2007, http://money.cnn.com/2006/07/27/news/economy/annie.0726.fortune/index.htm; Anne Fisher, "7 ways to make your office greener", *Fortune*, 5 de diciembre de 2007, http://money.cnn.com/2007/12/04/news/economy/environment.fortune/index/htm; Sue Shellenbarger, "More Companies Experiment with Workers Schedules", *Wall Street Journal*, 13 de enero de 1994, pp. B1 y B6; Catherine Romano, "What's Your Flexibility Factor?", *Management Review*, enero de 1994, p. 9.

UNITED PARCEL SERVICE

Dos adolescentes, Jim Casey y Claude Ryan, iniciaron en Seattle la American Messenger Company en 1907. En 1913 cambiaron ese nombre por el de Merchants Parcel Company para que reflejara el negocio que había surgido. Para 1918, la compañía estaba manejando las entregas de las tres tiendas de departamentos más grandes de Seattle. Empezó a expandir sus operaciones y cambió su nombre al de United Parcel Service (UPS). Para 1930 se había expandido desde la costa oeste hasta la ciudad de Nueva York. En la década de 1950, UPS expandió sus servicios a efecto de incluir la recogida y la entrega de paquetes de puerta a puerta y el negocio de las entregas exprés por avión. Para la década de 1980, UPS se había convertido en el servicio de paquetería más grande de Estados Unidos, y ahora tiene operaciones en más de 200 países.

Los métodos de Frank Gilbreth para ahorrar el recurso temporal, plasmados en el estudio pionero de los tiempos y movimientos, intrigaron a Jim Casey, quien adoptó muchos de ellos. Casey dirigió la organización durante más de 50 años. Como resultado de su influencia, el énfasis en la eficiencia y la administración del tiempo domina en la compañía. Por ejemplo, los asientos de los camiones de entrega fueron rediseñados para permitir que los conductores salieran más rápido del vehículo y, por ende, efectuaran con más rapidez recogidas y entregas. Más adelante, la tecnología se convirtió en un factor central para la eficiencia. UPS lleva registros diarios computarizados del trabajo de cada conductor y, como parte del énfasis en esta, pide a supervisores que viajen con los conductores "menos buenos" (los peores) para ayudarles a mejorar. UPS usa computadoras para monitorear todos los aspectos del desempeño en la empresa.

A principios de la década de 1990, UPS tenía más de 60 mil conductores y manejaba más de un millón de cuentas tan solo en Estados Unidos. Para dirigir este vasto negocio, usaba más de 70 mil computadoras de mano con pluma, que estaban ligadas, por medio de más de 300 redes de áreas locales, a su red global de comunicaciones, la cual tenía cerca de 3 terabytes de espacio para almacenar datos (un terabyte tiene un billón de bytes de información). Este gigantesco sistema de información le permitía seguir el rastro de más de 12 millones de paquetes cada día.

UPS desarrolló su propia versión de un código de barras para manejar más información que la habitual. Se conoce como código denso porque, aproximadamente en el mismo espacio, guarda alrededor del doble de información. Los lectores ópticos leen el origen, el destino, el contenido y el precio de un paquete, y envían la información al sistema central de cómputo. UPS ha desarrollado cuidadosamente planes para administrar el tiempo incluso en casos de emergencia. Emplea a "trabajadores contingentes" para que todo siga marchando.

El uso de la tecnología ha permitido que UPS se expanda a Europa, brindando su servicio de puerta a puerta por toda la Unión Europea. Por medio de un enlace avanzado de datos en las cabinas de los aviones puede competir también en el negocio de la carga aérea. La tecnología de la compañía está diseñada de modo que es fácil conectarse a su sistema de información computarizada. Esto le ha posibilitado abrir centros de paquetería en los supermercados para mayor comodidad de los clientes.

El aumento del costo de las gasolinas son una preocupación permanente para las empresas camioneras, y UPS no es la excepción. Ante los precios prácticamente incontrolables, UPS ha utilizado ideas creativas para aumentar la demanda, como prestar dinero a empresas pequeñas para que lo usen en embarques. Asimismo, UPS anunció en 2004 que ahorraría gasolina (y también reduciría la probabilidad de que sus camiones chocaran) recortando al mínimo las vueltas a la izquierda. Cuando los camiones están en las intersecciones de calles, esperando para poder dar vuelta a la izquierda, consumen gasolina pero no se acercan a sus metas. La organización desarrolló un software que marca las rutas de los paquetes del día con un mínimo de vueltas a la izquierda. Dado el tamaño de su flotilla de camiones, el ahorro de gasolina es considerable.

Preguntas del caso

Vea en línea

1. ¿Qué instrumentos para administrar el tiempo puede ver en UPS?

2. ¿Qué habilidades para administrar el tiempo se precisan para cada uno de esos instrumentos?

3. ¿Qué fortalezas y debilidades considera que existen en los planteamientos de UPS para administrar el tiempo? ¿Cómo podría reducir las debilidades?

4. ¿Qué haría usted a efecto de adquirir las habilidades para administrar el tiempo que se necesitan en UPS?

Referencias del caso

Brent Adams, "UPS delivers through weather challenges", *BusinessWeek*, 30 de enero de 2009, http://louisville.bizjournals. com/louisville/stories/2009/02/02/story3.html?b=1233550800^1770708; Matthew Boyle, "UPS Making Loans to Small Biz", *Business Week*, 4 de septiembre de 2008, http://www.businessweek.com/magazine/content/08_37/b4099064499029. htm; Greg Nieman, *Big Brown: The Untold Story of UPS*, Hoboken, Nueva Jersey, John Wiley & Sons, 2007; "UPS Ups Rates", *The Traffic World*, 11 de enero de 1993, pp. 15-21; Frank Hammel, "A Little 'Wap' Music", Supermarket Business, 1 de noviembre de 1992, pp. 73-79; "Langley Data Link Systems Provides ATC Communications", *Aviation Week & Space Technology*, 6 de enero de 1992, pp. 52-53; Dennis Livingston, "United Parcel Service Gets A Special Delivery", *Systems Integration*, 1 de noviembre de 1991, pp. 54-61.

EXTIENDA SUS HABILIDADES PARA ADMINISTRAR EL TIEMPO

Su profesor(a) puede usar una o varias de estas extensiones para el grupo y brindarle con ello otra oportunidad más a efecto de desarrollar sus habilidades para administrar el tiempo. De otro lado, usted puede seguir por su cuenta este desarrollo mediante una o varias de las extensiones individuales.

Estas extensiones para el grupo se repiten exactamente de la misma forma para cada una de las siete habilidades específicas. Desarrollar la extensión precisa para las diferentes capacidades le servirá para perfeccionar esas destrezas y las diferencias sutiles que existen entre ellas.

EXTENSIONES PARA EL GRUPO

- Forme equipos pequeños de estudiantes. Inste a cada equipo que escoja una empresa y un puesto directivo. Después pídales que identifiquen las habilidades para administrar el tiempo las cuales necesitaría una persona en ese puesto.

- Conforme equipos pequeños de estudiantes. Solicite a cada conjunto que identifique un problema o una oportunidad que afronte una empresa u otra clase de organización. Después pídales que señalen las habilidades para administrar el tiempo que requerirán los directores para lidiar con ese problema u oportunidad.

- Forme equipos pequeños de estudiantes. Asigne a cada conjunto una o varias compañías que deberán analizar. Solicíteles identificar a los miembros que constituyen el consejo directivo e investigar sus antecedentes. Después indique que describan las habilidades para administrar el tiempo que estos consejeros deben tener.

- Constituya equipos pequeños de estudiantes. Pida a cada uno que escoja un empleo que ve con regularidad (por ejemplo, vendedor de tienda minorista, trabajador de negocio de comida rápida, personal administrativo de la escuela). Solicíteles que describan las habilidades para administrar el tiempo que esos empleados deben tener para su puesto laboral.

- Forme equipos pequeños de alumnos. Solicite que cada estudiante diseñe y proponga las habilidades para administrar el tiempo que necesitaría si fuera a iniciar una clase específica de negocio nuevo.

- Haga equipos pequeños de estudiantes. Solicite a cada equipo que señale situaciones en las que se encontraron recientemente y hayan necesitado que usaran sus habilidades para administrar el tiempo.

EXTENSIONES INDIVIDUALES

- Acuda a la biblioteca e investigue una compañía. Determine su grado de eficacia y señale las habilidades para administrar el tiempo que deben tener sus directores de nivel alto. Comparta con el grupo sus resultados.

- Escoja a un director que sea muy visible y analice qué habilidades para administrar el tiempo exhibe.

- Entreviste a un director de una organización local. Averigüe qué habilidades para administrar el tiempo necesita para desempeñar con eficacia su trabajo.

- Piense en algún conocido suyo que sea director. Describa el puesto directivo que ocupa esa persona por cuanto se refiere al tipo de organización, al nivel que tiene en ella, y al área de la dirección o administración en la que trabaja. ¿Qué habilidades para administrar el tiempo necesita ese individuo para ser eficaz?

- Concentrándose en las habilidades para administrar el tiempo, planifique un cambio hipotético para su escuela.

EXTENDER

- Tal vez quiera desarrollar algunos de los ejercicios que contiene el "Cajón de herramientas" que proporcionamos en http://www.mindtools.com/.
- También podría recurrir a listas de "pendientes" en su computadora como las que proporcionan rememberthemilk.com, todolist.com, tadalist.com o toodledo.com.

SUS HABILIDADES ACTUALES PARA ADMINISTRAR EL TIEMPO

EVALUACIÓN DE LAS HABILIDADES PARA ADMINISTRAR EL TIEMPO

Ha terminado el capítulo 3 y llegado el momento de volver a evaluar sus habilidades para administrar el tiempo. Para ello, conteste el instrumento siguiente. Piense en su situación o su empleo actuales, o en una organización a la cual pertenece. Responda pensando su circunstancia presente y no lo que supone que deberían contestar usted o cualquier administrador o director. Si el enunciado no corresponde a su situación actual, responda en función de lo que piensa que sería el caso si estuviese en esa circunstancia.

Use la escala siguiente para responder:

1	2	3	4	5
Definitivamente no es cierto	Relativamente no es cierto	En ocasiones es cierto, y en otras no	Relativamente cierto	Definitivamente cierto

Sume sus puntos y anote el total en la tabla que presentamos al final del instrumento.

Dado que muchos expertos sugieren que las evaluaciones del desempeño usen la retroalimentación de 360°, usted quizá considere conveniente saber lo que otros piensan de sus habilidades gerenciales. Su profesor(a) puede proporcionarle una forma que está diseñada para que contesten otros y, cuando la hayan respondido, usted también anotaría esas calificaciones en la tabla. Fíjese en las áreas en las que existe gran diferencia entre su visión y la de otros y dedique más tiempo a desarrollar las habilidades que ellos indican.

HABILIDADES PARA ADMINISTRAR EL TIEMPO

(Nota: los números corresponden a la evaluación básica que presenta el apéndice A.)

_____ 301. Casi siempre termino a tiempo mis actividades.

_____ 302. Puedo "desestresarme" después de un cansado día de trabajo.

_____ 303. Las fechas de vencimiento y los compromisos no me estresan.

_____ 304. Analizo las tareas y las asignaciones nuevas para determinar su prioridad.

_____ 305. Primero abordo los problemas y las tareas verdaderamente prioritarios.

_____ 306. Manejo los asuntos de uno en uno.

_____ 307. No recargo excesivamente mi día, dejo tiempo para lo "inesperado" y para relajarme.

_____ 308. Hago ejercicio para soltar tensión.

_____ 309. Suelo ser puntual.

_____ 310. Por lo habitual, no me cuesta demasiado trabajo saber cuál es la prioridad de las tareas.

_____ 311. En general administro bien mi tiempo.

_____ 312. Cuando lo necesito pido la ayuda de otros.

_____ 313. Manejo con rapidez las interrupciones para que no me atrasen en mi trabajo.

_____ 314. Despacho con rapidez y eficacia el papeleo.

_____ 315. Tengo algunos "confidentes" para hablarles de mis frustraciones.

_____ 316. Llevo una lista de "pendientes".

_____ 317. Mi espacio para trabajar siempre esta ordenado y organizado.

_____ 318. Guardo de manera ordenada la información y los documentos.

_____ 319. Sé cuánto tiempo invierto en las distintas tareas que desempeño.

_____ 320. Aprovecho bien el tiempo.

_____ 321. Alcanzo mis metas.

_____ 322. Disminuyo al mínimo las distracciones que me impedirían trabajar en actividades críticas.

_____ 323. Organizo y programo mis tareas.

_____ 324. Planeo mis actividades.

_____ 325. Organizo bien mi tiempo.

_____ 326. Presto atención a los detalles.

_____ 327. Uso técnicas de relajación (por ejemplo, repetir un mantra, respirar lentamente)

_____ 328. Clasifico mis actividades por orden de prioridad.

_____ 329. Contesto a la brevedad todas las solicitudes por escrito.

_____ 330. Regreso las llamadas telefónicas tan pronto como puedo.

_____ 331. Rara vez tengo que pedir que me extiendan un tiempo.

_____ 332. Fijo fechas límite y las cumplo.

_____ 333. Aparto un tiempo para planificar y programar.

_____ 334. Me fijo metas diarias y preparo listas diarias de "pendientes".

_____ 335. Fijo fechas límite específicas para cada proyecto.

_____ 336. Me tomo tiempo para reunirme con otros.

_____ 337. Procuro no dejar las cosas para el último minuto.

_____ 338. Establezco metas para determinar la prioridad de mis tareas y actividades.

_____ 339. Hago planes que me permiten administrar mis tareas.

_____ 340. Trabajo de forma pulcra y ordenada.

Resumen de sus calificaciones

Habilidad (calificación máxima posible)	Su calificación actual	Las calificaciones de otros	Su calificación en el capítulo 1
Administración del tiempo (200)			

Interpretación de sus calificaciones

Compare su calificación con la que obtuvo en la evaluación inicial del capítulo 1. Si ha mejorado poco o nada, debería estudiar el mismo conjunto de incisos de la evaluación de las habilidades centrales para dirigir de ese capítulo y comparar cada uno de ellos para saber dónde ha habido un cambio o no. Debe dedicar más tiempo a desarrollar las habilidades particulares en las que el cambio ha disminuido o permanecido igual.

INTERPRETACIONES

PERFIL DE LAS ACTIVIDADES CONDUCTUALES: MEDICIÓN DEL TIPO A

1) Traslade las calificaciones que ha obtenido en la actividad de la autoevaluación a la tabla siguiente:

Impaciencia	Entrega al trabajo	Tenaz y competitivo	Calificación total
(S)	(I)	(H)	(A) = S + J + H

2) El perfil de la actividad conductual busca evaluar tres patrones de conducta que propenden a coronar al tipo A, así como proporcionar una calificación total. A continuación presentamos las tres clases *a priori* de esos patrones. Compare su calificación con los tipos.

Incisos	Patrón de conducta	Características
1-7	(S) Impaciencia	Ansioso por interrumpir No escucha con atención Molesto cuando tiene que esperar (por ejemplo, formado en una fila, a que otros terminen un trabajo)
8-14	(I) Entrega al trabajo	El punto focal de su atención es el trabajo Vive para trabajar Disfruta estando en el trabajo Inmerso en actividades laborales
15-21	(H) Tenaz, competitivo	Trabaja mucho y es muy competitivo Competitivo en la mayor parte de los aspectos de la vida, los deportes, el trabajo, etc. Siempre en carrera contra el tiempo
1-21	(A) Calificación total	Total de S + J + H representa su conducta global del tipo A

Los rangos de puntos para la calificación total son:

Puntos	Tipo conductual
122 o más	Tipo A de hueso colorado
99-121	Tipo A moderado
90-98	Poco tipo A
80-89	Tipo X
70-79	Poco tipo B
50-69	Tipo B moderado
40 o menos	Poco tipo B

3) Ahora puede comparar su calificación con la de una muestra de más de 1 200 personas que respondieron.

Calificación porcentual (Porcentaje de personas que calificaron más bajo)	Calificación bruta	
	Hombres	Mujeres
99%	140	132
95%	135	126
90%	130	120
85%	124	112
80%	118	106
75%	113	101
70%	108	95
65%	102	90
60%	97	85
55%	92	80
50%	87	74
45%	81	69
40%	75	63
35%	70	58
30%	63	53
25%	58	48
20%	51	42
15%	45	36
10%	38	31
5%	29	26
1%	21	21

¿ES USTED BUENO PARA PLANIFICAR?

Anótese un punto por cada enunciado que marcó con Casi siempre cierto, excepto en los enunciados 3 y 4. En estos dos, márquese un punto por cada uno si marcó Casi siempre falso. Una calificación de 5 puntos o más indica un grado positivo de su conducta para establecer metas y planificar. Si su calificación es de 4 puntos o menos, debería evaluar las cosas y empezar a cambiar su comportamiento. Una parte importante del trabajo de un director y administrador es establecer metas y planificar.

Estos enunciados indican la medida en que usted ya ha adoptado un uso disciplinado de las metas para su vida y para su desempeño laboral. Sin embargo, si su calificación es baja, no se desespere. Es posible aprender a establecer objetivos. Las investigaciones dan como resultado que plantear metas claras, específicas y desafiantes para áreas clave dará por resultado un mejor desempeño.

MANEJO DEL ESTRÉS

Esta autoevaluación tiene por objeto ayudarle a descubrir su grado de competencia para manejar el estrés de modo que le permita ajustar su aprendizaje a sus necesidades específicas. Los primeros 10 enunciados se refieren a su manejo directo de situaciones estresantes o con presión de tiempo, y los cinco últimos aluden a cómo usa la delegación para manejar aquel.

Cuanto más altas sean sus calificaciones, tanto mejor está manejando el estrés.

EVALUACIÓN DE LA ADMINISTRACIÓN DEL TIEMPO

La administración del recurso temporal es importante para todo el mundo, pero en especial para los directores. Por lo mismo, la primera sección de este instrumento es para todos, y la segunda se dirige más que nada a las personas que actualmente ocupan algún tipo de puesto administrativo y directivo.

Cuanto más alta sea su calificación para cada sección, tanto mejor es su capacidad para administrar el tiempo.

NOTAS

[1] Carrie R. Leana, "Predictors and Consequences of Delegation", *Academy of Management Journal*, diciembre de 1986, pp. 754-774.

[2] Jerry Useem, "In Corporate America It's Cleanup Time", *Fortune*, 16 de septiembre de 2002, pp. 62-70.

[3] Norm Brodsky, "Necessary Losses", *Inc.*, diciembre de 1997, pp. 116-119

[4] Citado en *Bloomberg Businessweek*, 16 de enero de 2012, p. 49.

[5] "Toppling the Pyramids", *Canadian Business*, mayo de 1993, pp. 61-65.

[6] "New Shell CEO Begins Shake-Up", *Wall Street Journal*, 28 de mayo de 2009, p. B4.

[7] "Yahoo CEO to Install Top-Down Management", *Wall Street Journal*, 23 de febrero de 2009, p. B1.

[8] *BusinessWeek*, 23/30 de marzo de 2009, p. 33.

[9] Frank Landy, James Campbell Quick y Stanislav Kasl, "Work, Stress, and Well-Being", *International Journal of Stress Management*, 1994, Vol. 1, Núm. 1, pp. 33-73.

[10] Hans Selye, *The Stress of Life*, Nueva York, McGraw-Hill, 1976.

[11] M. Friedman y R.H. Rosenman, *Type A Behavior and Your Heart*, Nueva York, Knopf, 1974.

[12] *Fortune*, 6 de julio de 2010, p. 44.

[13] Richard S. DeFrank, Robert Konopaske y John M. Ivancevich, "Executive Travel Stress: Perils of the Road Warrior", *Academy of Management Executive*, 2000, Vol. 14, Núm. 2, pp. 58-67.

[14] Steven Rogelberg, Desmond Leach, Peter Warr y Jennifer Burnfield, "'Not Another Meeting!'. Are Meeting Time Demands Related to Employee Well Being?", *Journal of Applied Psychology*, 2006, Vol. 91, Núm. 1, pp. 86-96.

[15] "Those Doing Layoffs Can Feel The Pain", *USA Today*, 23 de abril de 2009, p. 5D.

[16] *USA Today*, 23 de abril de 2009, p. 5D.

[17] Remus Ilies, Michael Johnson, Timothy Judge y Jessica Keeney, "A Within-Individual Study of Interpersonal Conflict as a Work Stressor: Dispositional and Situational Moderators", *Journal of Organizational Behavior*, enero de 2011, pp. 44-64.

[18] Michael R. Frone, "Are Work Stressors Related to Employee Substance Abuse? The Importance of Temporal Context in Assessments of Alcohol and Illicit Drug Use?, *Journal of Applied Psychology*, 2008, Vol. 93, Núm. 1, pp. 199-216.

[19] "Breaking Point", Newsweek, 6 de marzo de 1995, pp. 56-62; vea también "Rising Job Stress Could Affect Bottom Line", *Usa Today*, 28 de julio de 2003, p. 18.

[20] Christopher M. Barnes y John R. Hollenbeck, "Sleep Deprivation and Decision-Making Teams: Burning the Midnight Oil or Playing with Fire?", *Academy of Management Review*, Vol. 34, Núm. 1, enero de 2009, pp. 56-66.

[21] John M. Kelly, "Get a Gripo n Stress", *HR Magazine*, febrero de 1997, pp. 51-58; vea también Marilyn Macik-Frey, James Campbell Quick y Debra Nelson, "Advances in Occupational Health: From a Stressful Beginning to a Positive Future", *Journal of Management*, 2007, Vol. 33, Núm. 6, pp. 809-840.

[22] Charlotte Fritz, Sabine Sonnentag, Paul Spector y Jennifer McInroe, "The weekend Matters: Relationships Between Stress Recovery and Affective Experiences", *Journal of Organizational Behavior*, noviembre de 2010, pp. 1137-1162.

[23] "Nice Work if You Can Get It", *BusinessWeek*, 9 de enero de 2006, pp. 56-57; vea también "Wellness", *Time*, 23 de febrero de 2009, pp. 78-79.

CAPÍTULO

4

HABILIDADES INTERPERSONALES

© iStockphoto.com/Robert Churchill

En el capítulo anterior describimos las habilidades para administrar el tiempo, así como el camino que le servirá para aprender y desarrollarlas de forma más eficaz. Para llevar a cabo esa administración debe comprender cómo aquello que hace repercutirá en los que están a su alrededor. Por ejemplo, usted tal vez cuente con una semana para escribir un memorando, pero otros tal vez tengan que actuar una vez que lo entregue. El hecho de tenerlo pronto o tarde tendrá un efecto multiplicador. El trato con quienes le rodean implica las relaciones interpersonales, que son el tema de este capítulo. Iniciamos estudiando la índole de las diferencias entre los individuos y lo que motiva su conducta en las organizaciones. A continuación hablamos de la administración o dirección de la diversidad, los equipos y los conflictos. Después de la sección de texto presentamos varios casos y ejercicios que le ayudarán a desarrollar más y a dominar sus habilidades interpersonales.

EVALÚE SUS HABILIDADES INTERPERSONALES

EVALÚE SUS NECESIDADES

Las necesidades son un factor que influye en la motivación. La evaluación siguiente recoge sus opiniones respecto de algunos requerimientos personales que podrían estar configurando su motivación.

Instrucciones:

Califique la medida en que le describe con exactitud cada uno de los 10 enunciados siguientes. Tal vez en algunos casos le cueste un poco de trabajo tomar una decisión, pero oblíguese a escoger una opción. Anote sus respuestas a un lado de cada enunciado en función de la escala siguiente:

Escala de calificación
5 = Me describe muy bien
4 = Me describe medianamente bien
3 = Me describe más o menos
2 = No me describe mucho
1 = No me describe en absoluto

_____ 1. Aspiro a realizar tareas difíciles, sujetas a parámetros muy altos, y estoy dispuesto a esforzarme para alcanzar metas distantes.

_____ 2. Me encanta estar con amigos y con la gente en general y acepto a las personas con facilidad.

_____ 3. Me enojo con facilidad y a veces estoy dispuesto a perjudicar a otros con tal de salirme con la mía.

_____ 4. Procuro soltarme de ataduras o restricciones de cualquier tipo.

_____ 5. Siempre quiero ser el centro de atención y me encanta tener público.

_____ 6. Hablo sin cortapisas y suelo actuar sin pensarlo.

_____ 7. Siempre que puedo ayudo a otros y brindo apoyo y consuelo a quienes lo necesitan.

_____ 8. Creo en las palabras que dicen "todo tiene su lugar y cada cosa en su lugar". Me molesta el desorden.

_____ 9. Expreso mis opiniones con fuerza, me encanta el rol de líder y trato de controlar mi entorno en la medida de lo posible.

_____ 10. Quiero adentrarme en muchos campos de conocimiento y aprecio el valor de las ideas sintetizadas y la generalización.

Vea la interpretación al final del capítulo.

IMPLICACIÓN EN EL TRABAJO

Cuando los empleados tienen más voz para decidir cómo se hacen las cosas, se interesan y comprometen más con la organización. Cuando disfrutan de su trabajo, se implican más en lo que hacen. Esta autoevaluación mide su interés por las cosas, partiendo de su trabajo.

Instrucciones:

Piense en el empleo que tiene actualmente. Si no está trabajando, hágalo respecto del trabajo que haya tenido en fecha más reciente. Después, junto a cada uno de los 20 enunciados siguientes conteste si Decididamente no estoy de acuerdo 1); No estoy de acuerdo 2); Estoy de acuerdo 3), y Estoy decididamente de acuerdo 4).

_____ 1. Me quedo a trabajar hasta tarde para terminar un trabajo, a pesar de que no me paguen por hacerlo.

_____ 2. Uno puede medir a una persona bastante bien juzgando la calidad del trabajo que ha realizado.

_____ 3. Mi mayor satisfacción en la vida está en mi trabajo.

_____ 4. Siento que las mañanas en el trabajo pasan volando.

_____ 5. Por lo habitual llego a trabajar un poco antes de la hora para preparar todas mis cosas.

_____ 6. Las cosas más importantes que me suceden tienen que ver con el trabajo.

_____ 7. A veces por las noches permanezco despierto pensando lo que haré en el trabajo al día siguiente.

_____ 8. Soy verdaderamente perfeccionista en cuestiones de mi trabajo.

_____ 9. Me deprime no poder hacer alguna cosa relacionada con mi trabajo.

_____ 10. Tengo otras actividades que son más importantes que mi trabajo.

_____ 11. Vivo, como y respiro por mi trabajo.

_____ 12. Probablemente seguiría trabajando aunque no necesitara el dinero que me pagan.

_____ 13. Con frecuencia tengo ganas de no ir a trabajar y quedarme en casa.

_____ 14. Creo que mi trabajo solo es una parte de mí.

_____ 15. Mi entrega personal al trabajo es enorme.

_____ 16. Procuro no aceptar obligaciones y responsabilidades laborales extra.

_____ 17. Antes era más ambicioso con mi trabajo que ahora.

_____ 18. La mayor parte de las cosas de la vida me parecen más importantes que el trabajo.

_____ 19. Antes me preocupaba más por mi trabajo, pero ahora hay muchas cosas que me importan en mayor medida.

_____ 20. A veces quisiera darme de topes por los errores que he cometido en mi trabajo.

Fuente: Thomas M. Lodahl y Mathilde Kejmer, "The Definition and Measurement of Job Involvement", _Journal of Applied Psychology_, febrero de 1965, Vol. 49, Núm. 1, pp. 24-33. © 1965 de la American Psychological Association. Reproducido con autorización.

Vea la interpretación al final del capítulo.

INVENTARIO DE LA EFECTIVIDAD DEL EQUIPO

Para triunfar, todas las organizaciones deben contar con equipos de gran desempeño. Los factores que contribuyen a la eficacia de estos son muchos. La autoevaluación siguiente mide algunas de las características críticas de los equipos las cuales contribuyen a su eficacia.

Instrucciones:

Piense en un grupo o un equipo al que haya pertenecido o pertenezca. Por favor conteste qué tanto está de acuerdo o no con cada enunciado. Use la escala siguiente: Decididamente no (DN); No (N); No sé/ me da igual (NS); Sí (S); Decididamente sí (DS).

Enunciados	DN	N	NS	S	DS
Desempeño de la tarea:					
1. Hacemos planes de antemano por si acaso surgiera algún problema.	1	2	3	4	5
2. Somos un equipo muy efectivo para resolver problemas.	1	2	3	4	5
3. Nuestro desempeño alcanza metas muy altas.	1	2	3	4	5
Influencia:					
4. Los miembros del equipo están dispuestos a escucharse y a comprenderse.	1	2	3	4	5
5. Los miembros influyen con su actuación en el futuro del equipo.	1	2	3	4	5
6. Los miembros están dispuestos a disentir y a hacer sugerencias a los demás.	1	2	3	4	5

(Continúa)

EVALUAR

Satisfacción:

7. Disfruto trabajando con los miembros de mi equipo.	1	2	3	4	5
8. En este equipo puedo usar ampliamente mis habilidades y capacidades.	1	2	3	4	5
9. En resumidas cuentas, es un gozo ser miembro de este equipo.	1	2	3	4	5

Relaciones de los miembros:

10. Tengo confianza en los miembros de mi equipo.	1	2	3	4	5
11. Ningún miembro se aprovecha del trabajo de otros.	1	2	3	4	5
12. Somos un grupo unido, y todos cooperamos.	1	2	3	4	5

Creatividad:

13. Fomentamos la divergencia de ideas.	1	2	3	4	5
14. Nuestras normas propician el cambio.	1	2	3	4	5
15. Recurrimos al talento creativo de los miembros para mejorar la calidad y la cantidad de lo que producimos.	1	2	3	4	5

Calificación:

Sume los puntos correspondientes a cada escala:

_____ *Desempeño de la tarea*

_____ *Influencia*

_____ *Satisfacción*

_____ *Relaciones de los miembros*

_____ *Creatividad*

_____ TOTAL DE PUNTOS

Fuente: Reproducido con autorización de Hellriegel, Slocum y Woodman, *Organizational Behavior*, 6a. ed., pp. 344-345. © South-Western, parte de Cengage Learning, Inc. www.cengage.com/permissions.

Vea la interpretación al final del capítulo.

CUÁNDO USAR EQUIPOS

Cada vez es más común que empresas de todo el mundo usen los grupos y los equipos. La evaluación siguiente mide lo que usted piensa y sabe acerca del uso eficaz de los equipos en las organizaciones laborales.

Instrucciones:

Usted seguramente estará de acuerdo con algunos enunciados, y no lo estará con otros. En algunos casos tal vez encuentre difícil tomar una decisión, pero esfuércese por escoger una opción. Anote sus respuestas junto a cada enunciado en función de la escala siguiente:

4 – Coincido definitivamente

3 – Coincido relativamente

2 – No coincido relativamente

1 – No coincido definitivamente

_____ 1. Todos los equipos se parecen.

_____ 2. Para que un equipo funcione bien no es necesario que esté muy estructurado.

_____ 3. Todas las organizaciones pueden usar equipos.

_____ 4. Para que un equipo sea eficaz debe tener total autoridad sobre todos los aspectos de su labor.

_____ 5. La creatividad no es importante para que un equipo funcione bien.

_____ 6. Los equipos desarrollan sobre la marcha todas las habilidades que necesitan, por lo tanto la capacitación no es necesaria.

EVALUAR

_____ 7. Los directivos y/o gerentes determinan los medios para alcanzar el fin, pero el equipo establece este.

_____ 8. Una ventaja de los equipos es que los directores se pueden concentrar en otras cuestiones una vez que el equipo está marchando.

_____ 9. Para formar un equipo muy eficaz solo es preciso reunir a unas cuantas personas, proporcionarles una idea general de lo que tienen que hacer y dejar que lo hagan.

_____ 10. La rendición de cuentas de cada individuo garantiza la eficacia del grupo.

Fuente: Adaptado de John Mathieu, M. Travis Maynard, Tammy Rapp y Lucy Gilson, 2008, "Team Effectiveness 1997-2007: A Review of Recent Advancements and a Glimpse into the Future", *Journal of Management*, 34(3), pp. 410-476; J. Richard Hackman (Ed.), Groups That Work (and Those That Don't), San Francisco, Jossey-Bass Publishers, 1990, pp. 493-504; y Van Fleet, D.D. 1991, *Behavior in Organizations*, Boston, Houghton Mifflin, en colaboración con G. Moorhead y R.W. Griffin.

Vea la interpretación al final del capítulo.

ENTRE EN Griffin/VanFleet Assessment Library para ver las versiones en línea de esta evaluación y otras más.*

_____

*Este material se encuentra disponible en inglés.

APRENDA ACERCA DE LAS HABILIDADES INTERPERSONALES

Las **habilidades interpersonales** se refieren a la capacidad que tiene un director para comunicarse, comprender y relacionarse con individuos y con grupos. Los directores interactúan con muchas personas diferentes, entre ellas, los subordinados, los compañeros, las de niveles más altos dentro de la organización y los colegas de otras compañías. Dadas las distintas funciones que deben desempeñar, también necesitan tener la capacidad para trabajar con proveedores, clientes, inversionistas y otros individuos de fuera de la organización. Si bien, algunos directores que tenían malas habilidades interpersonales han triunfado, es

habilidades interpersonales la capacidad del director para comunicarse con personas y grupos, comprenderlos y relacionarse con ellos

más probable que los que tienen buenas consigan éxito. Este capítulo presenta primero el contexto que explica la esencia interpersonal de las organizaciones. A continuación analizamos una serie de factores que afectan las relaciones interpersonales, entre ellos las diferencias entre personas, la motivación de los empleados, la diversidad, los equipos, el conflicto y diversas formas de conducta en el centro de trabajo.

LA ESENCIA INTERPERSONAL DE LAS ORGANIZACIONES

Gran parte del quehacer de todo el personal gerencial implica interactuar, sea directa o indirectamente, con otras personas de dentro o de fuera de la organización. El horario que ponemos a continuación representa un día típico del presidente de una compañía con domicilio en Houston, la cual forma parte de una gran corporación con oficinas centrales en California. Él llevó registro de sus actividades durante varios días para que usted pudiera apreciar con más claridad la índole del trabajo de un director.

6:00-6:30 a.m. Leer y contestar correos electrónicos desde casa; leer las noticias principales.
7:45-8:15 a.m. Llegar a la oficina; revisar correspondencia en papel clasificada por el(la) asistente.
8:16-8:30 a.m. Leer por encima la versión en línea de *The Wall Street Journal*; leer y contestar correos electrónicos.
8:31-9:00 a.m. Reunión con dirigentes sindicales y el gerente de la planta para resolver conflictos laborales menores.
9:01-9:30 a.m. Revisar informe interno; leer y contestar un correo electrónico recién recibido.
9:31-10:00 a.m. Reunión con dos ejecutivos de marketing para revisar campaña publicitaria; darles la orden de que envíen por Fax el visto bueno a la agencia de publicidad.
10:01-11:30 a.m. Reunión con el comité ejecutivo de la compañía para discutir la estrategia, algunos aspectos del presupuesto y la competencia (el comité se reúne todas las semanas).
11:31-12:00 a.m. Enviar varios correos electrónicos; leer y contestar otros que acaban de llegar.
12:01-1:15 p.m. Comida con el vicepresidente de finanzas y dos ejecutivos de otra subsidiaria de la compañía matriz. Tema principal de discusión: el equipo de baloncesto Rockets de Houston. Hacer tres llamadas por el celular mientras me dirijo a comida y recibir una llamada de camino a la oficina.
1:16-1:45 p.m. Reunión con el director de recursos humanos y su ayudante sobre la inspección reciente de la OSHA. Formar una fuerza de tarea para que investigue los problemas señalados y sugiera soluciones.

1:46-2:00 p.m. Leer y contestar correos electrónicos recién recibidos.

2:01-2:30 p.m. Llamada de conferencia con otros cuatro presidentes de la compañía.

2:31-3:00 p.m. Reunión con vicepresidente de finanzas sobre un asunto confidencial que surgió en la comida (no programada).

3:01-3:30 p.m. Trabajar solo en la oficina; leer y contestar un correo electrónico recién llegado; enviar varios correos de estos.

3:31-4:15 p.m. Reunión con un grupo de representantes de ventas y el agente de compras de la compañía.

4:16-5:30 p.m. Trabajar solo en la oficina.

5:31-7:00 p.m. Jugar raquetbol con el vicepresidente de marketing en un club deportivo cercano.

9:00-9:30 p.m. Leer y contestar correos electrónicos desde casa; enviar uno a asistente comunicándole una junta urgente que debe programar para mañana.

¿En qué invirtió su tiempo este director? Pasó la mayor parte trabajando, comunicándose e interactuando con otras personas. Además, este horario diario comprimido no incluye varias llamadas telefónicas breves, conversaciones cortas con su asistente ni pláticas sucintas con otros directivos. Queda claro que las relaciones interpersonales, la comunicación y los procesos de grupo se extienden por todas las organizaciones y son parte vital de todas las actividades de los directores.[1] Así, puede suponer las diferencias de eficacia habidas entre este administrador que tiene sólidas habilidades interpersonales (como es el caso) comparado con otro que no las posee.

Dinámica interpersonal

La índole de las relaciones interpersonales en una organización es tan diversa como lo son sus miembros. En un extremo están las personales y positivas. Estas se presentan cuando dos partes se conocen, se respetan, sienten aprecio la una por la otra y disfrutan de su interacción. Dos directores que llevan muchos años de conocerse, juegan juntos al golf los fines de semana y tienen una buena amistad, seguramente tendrán un intercambio positivo en el trabajo. En el otro extremo, la dinámica interpersonal puede ser negativa. Es probable que esto suceda cuando las partes se caen mal, no sienten respeto la una por la otra y no les gusta interactuar entre sí. Suponga que un director lleva años luchando abiertamente para impedir el ascenso de otro directivo en la organización. Sin embargo, este otro ha superado los obstáculos de aquel y conseguido ascender a su nivel. Cuando ambos tengan que interactuar es probable que lo hagan de modo negativo.

La mayor parte de las interacciones quedan entre estos dos extremos, dado que los miembros de la organización tienen contacto de forma profesional y se concentran más que nada en alcanzar las metas. Estas interacciones se refieren a un trabajo en cuestión, son relativamente formales y estructuradas y están orientadas a la tarea. Por ejemplo, dos directores podrían respetar el trabajo del otro y reconocer la competencia profesional que ambos aportan a la tarea. Sin embargo, también podrían tener pocos intereses en común y, fuera de las actividades que están desempeñando, podrían no tener mucho tema de conversación. Estas clases diferentes de interacciones se pueden presentar entre individuos, intergrupales y entre sujetos y grupos, y pueden cambiar con el transcurso del tiempo. Dos directores podrían optar por guardar sus diferencias y comportarse de forma tolerante y profesional. Al hacerlo, tal vez encuentren que tienen más en común de lo que suponían, y sus interacciones ayudarían a que su relación se torne más positiva en el ámbito profesional y el personal.

Resultados de las conductas interpersonales

Las conductas interpersonales dan por resultado que sucedan distintas cosas. Varias perspectivas de la motivación sugieren que la mayoría de los individuos tienen necesidades sociales. Como muchos consideran, las relaciones interpersonales en las organizaciones son una fuente primordial para satisfacer esos requerimientos. Para alguien que tiene una fuerte necesidad de afiliación, gran calidad en estas relaciones son un elemento positivo importante del centro de trabajo. Sin embargo, si esa misma persona encuentra interacciones laborales de pésima calidad, el efecto podría ser igual de fuerte en el otro sentido.

Las relaciones interpersonales representan también una base sólida del apoyo social. Suponga que la evaluación de un empleado dice que su desempeño es malo o que él no recibe el ascenso que esperaba. Otros sujetos de la organización le pueden brindar su apoyo porque comparten un marco de referencia común; conocen las causas y las consecuencias de lo que ha sucedido. Las buenas relaciones

> " '*Cuando la compañía era más joven y más pequeña [Steve Ballmer, el CEO de Microsoft] podía abordar la mayor parte de los asuntos gracias a su energía e inteligencia. Ahora ha aprendido a dirigir por medio de otras personas... Pienso que terminará luciendo como un líder verdaderamente único y especial.*'
>
> JAMES CASH
> Exdirector de Microsoft[3] "

interpersonales en toda la empresa también son una fuente de sinergia. Los individuos que se apoyan entre sí y que trabajan bien juntos pueden hacer mucho más que las que no se ayudan ni trabajan bien unidas. Otro resultado es el conflicto. Las personas pueden terminar un intercambio interpersonal sintiéndose furiosas y hostiles. Un hilo conductor pasa por todas estos resultados: las interacciones en una organización.[2] Un director que tiene habilidades interpersonales sólidas está en magnífica posición para comprender, dirigir, capitalizar y ayudar a mejorar las interacciones entre otros.

COMPRENDER LAS DIFERENCIAS INDIVIDUALES

Un punto aconsejable para empezar a conocer la función y el efecto de las habilidades interpersonales en el centro de trabajo es la esencia básica de la relación entre las personas y las organizaciones. También es muy útil conocer la índole de las diferencias individuales.

El contrato psicológico

La mayoría de las personas conocen lo básico de un contrato. Por ejemplo, siempre que se compra un automóvil o vende una casa, el comprador y el vendedor celebran un convenio que especifica los términos de la transacción. En algunos sentidos, un contrato psicológico es similar a uno legal estándar, pero es menos formal y no está muy definido. En particular, un contrato psicológico se refiere al conjunto global de expectativas que tiene un individuo respecto de lo que contribuirá a la organización y de lo que esta le proporcionará a cambio.[4] Luego entonces, un contrato de esta clase no está escrito sobre papel, y sus términos no son negociados de forma explícita.

La *figura 4.1* ilustra la índole esencial de un contrato psicológico. Un individuo ofrece distintas aportaciones a la organización: esfuerzo, habilidades, capacidad, tiempo, lealtad, etc. Se supone que estas contribuciones satisfacen distintas necesidades de aquella. Es decir, dado que la empresa habría contratado a la persona en virtud de sus habilidades, es lógico que espere de ella exhibir esas destrezas más adelante cuando desempeñe su trabajo.

La organización, a cambio de estas contribuciones, ofrece sueldos e incentivos al individuo. Algunos de estos, como la remuneración y las oportunidades para hacer carrera, son elementos tangibles. Otros, como

contrato psicológico conjunto global de expectativas que tiene un individuo en función de lo que contribuirá a la organización y de lo que esta le proporcionará a cambio

aportaciones (contrato psicológico) lo que un individuo entrega a la organización: esfuerzo, habilidades, capacidad, tiempo, lealtad, etcétera

sueldos e incentivos (prestaciones) lo que una organización proporciona a un individuo: remuneración, oportunidades para hacer carrera, seguridad de empleo, estatus, etcétera

FIGURA 4.1 EL CONTRATO PSICOLÓGICO

Los contratos psicológicos se refieren a los supuestos básicos que los individuos tienen sobre sus relaciones con su organización. Estos convenios se definen en virtud de las aportaciones del sujeto frente a los alicientes que ella ofrece. Las personas tienen contratos psicológicos con la organización misma o con su líder y los miembros de su equipo.

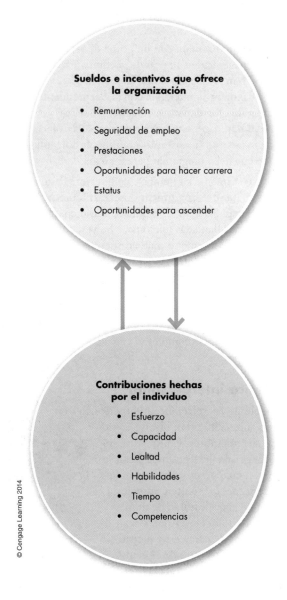

© Cengage Learning 2014

la seguridad de empleo y el estatus, son más bien intangibles. Al igual que las contribuciones del sujeto deben satisfacer las necesidades de la organización, así también los incentivos que esta ofrece deben cumplir con los requerimientos de aquel. Por lo tanto, si alguien acepta un empleo en una compañía porque supone que obtendrá un sueldo atractivo y la oportunidad de avanzar, más adelante esperará que esas compensaciones le lleguen en realidad.

Si tanto el individuo como la organización perciben que el contrato es equitativo y justo, estarán satisfechos con la relación, y probablemente la sostengan. En cambio, si alguna de las partes considera que es injusto o inequitativo, podría iniciar un cambio. Por ejemplo, el primero solicitaría un aumento de sueldo o una promoción, disminuir el esfuerzo que aporta o buscar un trabajo mejor en otro lugar. La organización también podría dar comienzo a un cambio si solicita al individuo que mejore sus habilidades mediante su capacitación, lo transfiere a otro puesto o da por terminada la relación laboral.[5]

Luego entonces, un desafío básico que encuentran los directores y/o gerentes es conocer a fondo los contratos psicológicos. El administrador se debe asegurar de que los empleados de la organización están aportando valor. Al mismo tiempo, debe vigilar que esta les ofrezca los incentivos correctos. Por ejemplo, si no se está pagando a los empleados lo adecuado por sus contribuciones, estos podrían presentar un desempeño deficiente o buscar empleo en otro lugar. Por otro lado, si la empresa les paga demasiado por lo que aportan, en tal caso estará incurriendo en costos innecesarios.[6] Las habilidades interpersonales eficaces ayudarán a los directores a comprender los contratos y les permitirán explicarlos e implementarlos debidamente.

Engranaje persona-empleo

Un aspecto específico de la aplicación de las habilidades interpersonales para administrar los contratos psicológicos es manejar el engranaje persona-empleo, el cual se refiere a la medida en que las contribuciones que hace el individuo embonan con los sueldos e incentivos que ofrece la organización. En teoría, cada empleado tiene un conjunto específico de necesidades que desea que queden satisfechas, y un cúmulo de conductas y capacidades laborales que aporta. Si la empresa sabe aprovechar todos esos comportamientos y destrezas, y si puede satisfacer completamente los requerimientos de la persona, esta y el empleo empatarán a la perfección.

Por supuesto que rara vez se consigue ese engranaje preciso. Varias razones explican lo anterior. En primer término, los procedimientos de selección que usan las organizaciones no son perfectos. Estas pueden saber más o menos qué niveles de habilidades tienen los empleados cuando toman le decisión de contratarlos, y pueden mejorarlas con capacitación. Sin embargo, hasta las destrezas para el desempeño más sencillas son difíciles de medir de forma objetiva y válida.

Otra razón que explica por qué las personas y los empleos no embonan con precisión es que tanto las primeras como las organizaciones cambian. Alguien que encuentra que su nuevo trabajo es estimulante y emocionante, después de varios años podría considerar que es aburrido y monótono. Por otro lado, cuando la empresa adopta una nueva tecnología, cambian las habilidades que requiere de sus empleados,

El engranaje entre la persona y el empleo es una consideración importante en las organizaciones. Por ejemplo, no todo el mundo podría o estaría dispuesto a limpiar las ventanas de un edificio alto como el hombre de la foto.

y algunos de ellos podrían encontrar que es demasiado difícil adaptarse a ese cambio.

Otra razón que explica que la persona y empleo no embonen bien es que cada individuo es único. Medir las habilidades y el desempeño es difícil de por sí. Evaluar las necesidades, las actitudes y la personalidad es mucho más complicado. Cada una de esas diferencias individuales provoca que el proceso de concordar a los sujetos con los trabajos sea complejo.[7]

La esencia de las diferencias individuales

Las diferencias individuales son los atributos personales que varían de un individuo a otro. Esas divergencias pueden ser físicas, psicológicas o emocionales. En el capítulo 2 analizamos la importancia que tiene conocer nuestra personalidad y mencionamos varias de sus características fundamentales. Esos

engranaje persona-empleo, el cual se refiere a la medida en que las contribuciones del individuo embonan con los sueldos e incentivos que ofrece la organización

diferencias individuales atributos personales que varían de un individuo a otro

rasgos nos definen de forma única y son el marco básico que hace que cada uno de nosotros sea distinto.

Las diferencias individuales que caracterizan a una persona específica hacen que sea única frente a todas las demás. Pero, ¿las distinciones de un sujeto dado son buenas o malas?; ¿contribuyen a su desempeño o lo restan? Depende de las circunstancias. Alguien tal vez no esté contento y sea retraído y negativo en el contexto de un trabajo, pero quizá esté muy satisfecho y sea abierto y positivo en otro. Las condiciones laborales, los compañeros de trabajo y el liderazgo contribuyen al desempeño o lo restan.

Cuando una organización trate de evaluar o explicar las diferencias individuales que existen entre sus empleados debe también tener en cuenta la situación en la que se presenta la conducta de estos. Los satisfechos o productivos en un ámbito podrían estar insatisfechos y ser improductivos en otro. Considerar las diferencias y las contribuciones individuales frente a los alicientes y los contextos es un gran desafío para las compañías cuando tratan de establecer contratos psicológicos eficaces con sus empleados y de conseguir que las personas y sus trabajos engranen de forma óptima.

MOTIVAR A LOS EMPLEADOS

Una de las funciones básicas de la dirección es motivar a los empleados. Este proceso depende mucho de las habilidades interpersonales del director. La **motivación** se refiere al conjunto de fuerzas que hacen que los individuos se comporten de determinadas maneras.[8] En un día cualquiera, un empleado podría decidir que se esforzará lo más posible en su trabajo, que solo lo hará lo bastante para evitar una reprimenda o que laborará lo menos posible. La meta gerencial es aumentar al máximo la probabilidad de la primera conducta y reducir al mínimo la última. Este objetivo adquiere más importancia cuando comprendemos el peso que la motivación tiene en el centro de trabajo. El desempeño individual suele ser determinado por tres elementos: la motivación (el deseo de desempeñar el trabajo, la capacidad (la destreza para llevarlo a cabo) y el entorno laboral (los recursos necesarios para desempeñarlo). Si un empleado no tiene la habilidad necesaria, el director puede capacitarle o reemplazarle. Si existe un problema de recursos, este lo puede corregir. Pero si la motivación es el inconveniente, la tarea del director es un gran desafío.[9] La conducta del individuo es un fenómeno muy complejo, y aquel podría tener dificultad para determinar con precisión la índole del problema y la manera de resolverlo. La motivación y sus rasgos intangibles son importantes porque determinan en gran medida el desempeño.[10]

Perspectivas del contenido de la motivación

Las perspectivas del contenido de la motivación se refieren a las necesidades y a las deficiencias de estas necesidades. Las **perspectivas del contenido** plantean la pregunta: ¿Qué factores del centro de trabajo son motivantes? Los directores y/o gerentes suelen contestar que remuneración más alta, jornada más corta y condiciones de trabajo de mayor calidad motivan a los empleados. Algunos expertos sugieren que es posible mejorar la motivación brindándoles más autonomía y responsabilidad.[11] Las dos posiciones representan un panorama del contenido de la motivación. La primera afirma que está en función del pago, las horas de trabajo y las condiciones laborales; la segunda sugiere que la responsabilidad y la autonomía son sus causas. Dos perspectivas conocidas sobre tal contenido son la pirámide de las necesidades y la teoría de los dos factores.

El enfoque de la pirámide de las necesidades Este enfoque parte del supuesto de que las personas tienen diferentes necesidades, las cuales se presentan por orden de importancia. El más conocido es Maslow's hierarchy of needs.[12] la **pirámide de las necesidades de Maslow**, el cual plantea que existen cinco niveles de necesidades.

En la base de la pirámide están las *necesidades fisiológicas* (por ejemplo, comida, sexo y aire), que representan las cuestiones elementales para la supervivencia y la función biológica. En las organizaciones, los sueldos y prestaciones justos así como el entorno laboral mismo, el cual proporciona sanitarios, iluminación adecuada, temperaturas cómodas y ventilación, suelen satisfacer estos requerimientos.

A continuación están las *necesidades de seguridad*, o un entorno físico y emocional seguro. Por ejemplo, la necesidad de vivienda y ropa, de no tener que preocuparse por el dinero y de tener certeza de empleo. En el centro de trabajo, la continuidad de empleo (ausencia de recortes de personal), un sistema de quejas (para protegerse contra acciones arbitrarias de los supervisores) y un paquete de prestaciones adecuado, con seguridad social y jubilación (para servicios en caso de enfermedad y provisión de ingresos más adelante en la vida) satisfacen esos requerimientos. Sin embargo, hoy en día las industrias deprimidas y la debilidad económica dejan sin empleo a las personas y restauran la prioridad de las necesidades de seguridad.

Las *necesidades de pertenencia* se refieren a los procesos sociales e incluyen la necesidad de amor y afecto, y la de ser aceptado por los pares. Fuera del trabajo, la mayoría de las personas las sacia con sus relaciones familiares y con la comunidad, y en el trabajo, mediante amistades. Un director puede contribuir a esa satisfacción si permite las

---

motivación conjunto de fuerzas que hacen que los individuos se comporten de determinadas maneras

perspectivas del contenido (*para la motivación*) teorías y conceptos que abordan cuestiones relativas a los factores del centro de trabajo que motivan a las personas

pirámide de las necesidades de Maslow perspectiva de los contenidos que dice que existen cinco niveles de necesidades que se presentan por orden de importancia

interacciones sociales y hace que los empleados se sientan parte de un equipo o un grupo de trabajo.

Las *necesidades de estima* son dos clases diferentes: la de tener una imagen positiva y sentir respeto por uno mismo, y la de recibir el reconocimiento y el respeto de otros. Un director ayuda a satisfacerlas cuando proporciona a los empleados una serie de símbolos externos para los logros, por ejemplo los nombramientos de los puestos, un despacho agradable y otros premios similares que correspondan. En un nivel más intrínseco, puede asignar labores desafiantes y oportunidades para que ellos generen un sentimiento de logro.

En la cima de la pirámide están las *necesidades de realización personal*, las cuales implican el despliegue del potencial para alcanzar un crecimiento y un desarrollo individual sostenidos. Estos requerimientos podrían ser los que presentan mayor dificultad para un director. De hecho, cabe decir que su satisfacción debe provenir totalmente del interior del individuo. Sin embargo, el administrador puede ayudarle cuando fomenta una cultura que permite esa realización. Por ejemplo, podría dejar que sus empleados participen en la toma de decisiones sobre su trabajo y brindarles la oportunidad de aprender cosas nuevas.

Maslow sugiere que, en primera instancia, la motivación del individuo será satisfacer sus necesidades fisiológicas. Mientras no estén satisfechas, esa será su motivación exclusiva. Una vez que quedan satisfechas, dejan de actuar como factores primarios de motivación, y el individuo sube un escalón en la pirámide, para ocuparse de las necesidades de seguridad. El proceso prosigue hasta que el sujeto llega al nivel de la realización personal. El concepto de la pirámide de las necesidades de Maslow tiene cierta lógica intuitiva, y muchos directores lo conocen. Sin embargo, las investigaciones han revelado que también tiene fallas y defectos. Algunas han encontrado que los cinco niveles de necesidades no están presentes todas las veces y que su orden no siempre es el mismo que postuló Maslow.[14] Además, es probable que las personas de diferentes culturas tengan otras categorías y jerarquías de necesidades.

La teoría de los dos factores Otra perspectiva del contenido que goza de popularidad es la **teoría de los dos factores de motivación**.[15] Frederick Herzberg desarrolló su

> ❝
> *'Quería hacer de mi vida algo que me hiciese sentir que estaba contribuyendo. De alguna manera, vender más tacos y margaritas que la semana anterior no era ese algo.'*
>
> CATHEY GARDNER
> Exgerente de un restaurante cuando decidió hacerse enfermera[13]
> ❞

© USA Today, agosto 16, 2004, p. 2B.

© Gerardo Antonio Sanchez Torres

teoría pidiendo a una serie de empleados que recordaran ocasiones en que se habían sentido satisfechos y motivados, así como ocasiones cuando se habían sentido sin motivación e insatisfechos. Para su sorpresa, encontró que los conjuntos de factores asociados a la satisfacción y la insatisfacción eran diferentes; es decir, que la persona tal vez señalaba que una "mala remuneración" le provocaba estar insatisfecho, pero no necesariamente mencionaba una "buena remuneración" como causa de satisfacción. En cambio, otros factores (como el reconocimiento o los logros) eran mencionados como causa de satisfacción y motivación.

Este hallazgo llevó a Herzberg a la conclusión de que la visión tradicional de la satisfacción laboral no estaba completa. Esa perspectiva presuponía que la satisfacción y la insatisfacción son los extremos de un continuo. Las personas pueden estar con regocijo, desagrado o en algún punto intermedio. Sin embargo, las entrevistas de Herzberg habían detectado dos dimensiones diferentes: una que iba de la satisfacción a la nula satisfacción (a no satisfecho), y otra que iba de la insatisfacción a la nula insatisfacción (a no insatisfecho). La *figura 4.2* presenta esta perspectiva, sumada a varios ejemplos de los factores que afectan a los continuos. Observe que los que influyen en el de la satisfacción (llamados factores de motivación) se relacionan específicamente con el contenido del trabajo. Los que supuestamente producen insatisfacción (llamados factores higiénicos) están relacionados con el entorno físico del trabajo.

Con base en estos hallazgos, Herzberg planteó que el proceso para motivar a los empleados tiene dos etapas. En primer lugar, los directores deben asegurarse de que no haya deficiencias en los factores higiénicos: el sueldo y la seguridad deben ser adecuados, las condiciones del trabajo no deben tener riesgos, el lugar físico debe ser el adecuado, la supervisión técnica debe ser aceptable, etc. Al proporcionar en una medida adecuada aquellos factores, los gerentes no estimulan la motivación sino que solo se aseguran de que los empleados "no estén insatisfechos". Los

teoría de los dos factores de motivación perspectiva del contenido que se basa en dos dimensiones diferentes, una que va de satisfacción a nula satisfacción, y otra que va de insatisfacción a nula satisfacción

FIGURA 4.2 LA TEORÍA DE LOS DOS FACTORES DE MOTIVACIÓN

La teoría de los dos factores plantea que la satisfacción laboral tiene dos dimensiones. El director que trata de motivar a los empleados exclusivamente por medio de los factores higiénicos, como el sueldo y las condiciones laborales adecuadas, probablemente fracasará en su intento. Para motivarlos y generar un grado considerable de satisfacción, los directivos deben también ofrecer factores como la responsabilidad y la oportunidad de avanzar (factores de motivación).

© Cengage Learning 2014

APRENDER

trabajadores que tienen directivos y/o gerentes que tratan de "satisfacerles" exclusivamente por medio de factores de higiene harán por lo habitual justo lo bastante para salir del paso. Por ende, estos últimos deben transitar a la segunda etapa: brindar a los empleados la oportunidad de experimentar los factores motivacionales, como los logros y el reconocimiento. El resultado predecible será un grado considerable de satisfacción y motivación. Herzberg fue también un paso más allá que la mayor parte de los otros investigadores y describió exactamente cómo usar esta teoría de los dos factores en el centro de trabajo. En específico recomendó enriquecer el trabajo con una propuesta del diseño de este la cual busca proporcionar grados más altos de factores de motivación.

La teoría de los dos factores de Herzberg es bien conocida por muchos administradores y directores, pero no está exenta de críticas. Una de ellas es que los hallazgos de las primeras entrevistas pueden estar sujetos a diferentes interpretaciones. Otra acusación es que su muestra no fue muy representativa de la población general y que las investigaciones posteriores muchas veces no confirmaron la teoría.[16] Los estudiosos del campo no conceden gran valor a la teoría de Herzberg, pero esta ha tenido grandes repercusiones en los administradores y directivos y ha sido medular para que ellos adquieran más conciencia acerca de la motivación y de su importancia en el centro de trabajo.

perspectivas del proceso (*de motivación*) teorías y conceptos que se concentran en la razón por la cual las personas escogen determinadas opciones conductuales para solventar sus necesidades y cómo evalúan su satisfacción después de que han alcanzado esas metas

teoría de las expectativas perspectiva de los procesos la cual sostiene que la motivación depende de dos cosas: lo mucho que deseemos algo y el peso de la suposición de que probablemente lo obtendremos

Perspectivas del proceso de motivación

Las perspectivas del proceso se refieren a cómo ocurre la motivación. En lugar de tratar de identificar los estímulos de la motivación, las perspectivas del proceso se concentran en explicar por qué las personas optan por determinadas conductas para satisfacer sus necesidades y cómo evalúan su satisfacción una vez que han alcanzado esas metas. Tres de estas vistas de gran utilidad son la teoría de las expectativas, la de la equidad y la del establecimiento de metas.

Teoría de las expectativas La teoría de las expectativas dice que la motivación depende de dos factores: qué tanto deseamos algo y qué tan probable consideramos que lo podamos lograr.[17] Suponga que acaba de salir de la universidad y está buscando trabajo. Sabe que General Motors está buscando un vicepresidente que tendría un sueldo inicial de un millón y medio de dólares al año. Aun cuando usted quisiera tener ese empleo, no lo solicitaría porque sabe que es poco probable que lo consiga. También sabe que hay una plaza laboral para retirar goma de mascar de debajo de las butacas de un cine, donde pagan el salario mínimo. Es muy probable que sí consiguiera ese empleo, pero no lo solicitaría porque no es lo que quiere. También se entera de un puesto que se ajusta a sus credenciales y que paga un sueldo comparable al que le han ofrecido a sus compañeros de estudios. Probablemente solicitaría ese empleo, porque lo quiere y porque piensa que tiene bastante probabilidad de obtenerlo.

La teoría de las expectativas está fundada en cuatro supuestos básicos:

1. Una combinación de fortalezas del individuo y de fuerzas del entorno determinan la conducta.

FIGURA 4.3 MODELO DE LAS EXPECTATIVAS DE LA MOTIVACIÓN

El modelo de las expectativas de la motivación es una representación compleja y relativamente exacta de cómo ocurre esta. Según el modelo, un administrador o director debe saber qué desean los empleados (como sueldo, promociones o estatus) para poder motivarlos. Por ejemplo, si ofrece un premio que no desea nadie, no motivará conducta alguna.

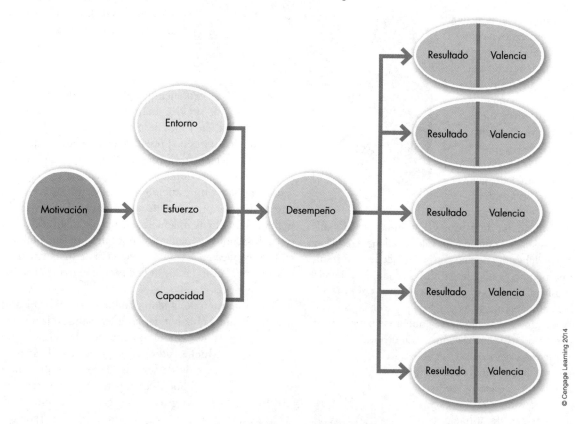

© Cengage Learning 2014

2. Las personas deciden cuál será su conducta en las organizaciones.

3. Diferentes individuos tienen clases distintas de necesidades, deseos y metas.

4. Las personas escogen sus planes de conducta de entre varias alternativas basándose en su percepción de la medida en que un comportamiento dado desembocará en los resultados que desean.

La *figura 4.3* resume el modelo básico de las expectativas, el cual sugiere que la motivación lleva al esfuerzo y que este, combinado con la capacidad del empleado y los factores del entorno, desemboca en el desempeño. A su vez, este rendimiento conduce a varios resultados, y cada uno de ellos está asociado a un valor, llamado valencia. Sin embargo, una figura no puede presentar las partes más importantes del modelo de las expectativas, a saber: la esperanza de un individuo de que su esfuerzo desembocará en un gran desempeño, que el desempeño producirá resultados y que cada resultado implicará alguna clase de valor.

- *Expectativa de esfuerzo a desempeño*. La expectativa de esfuerzo a desempeño se refiere a la percepción del individuo de cuánta probabilidad existe de que su esfuerzo desemboque en un gran desempeño. Cuando piensa que le conducirá directamente a este, su esperanza será bastante grande (cerca de 1.00). Cuando cree que tanto uno como otro no están relacionados, su esperanza de esfuerzo a desempeño será muy poca (cerca de 0). La idea de que el primero está algo vinculado con el segundo, pero no demasiado, implicaría una expectativa moderada (entre 0 y 1.00).

- *Expectativa de desempeño a resultado* La expectativa de desempeño a resultado se refiere a la percepción del individuo de que su desempeño desembocará en un resultado específico. Por ejemplo, si piensa que uno grande conducirá a un aumento de sueldo, su esperanza de desempeño a resultado será grande (cerca de 1.00). Quien piensa que un gran desempeño tal vez desemboque en un aumento de sueldo tendría una esperanza moderada (entre 1.00 y 0). La

expectativa de esfuerzo a desempeño probabilidad que percibe el individuo de que su esfuerzo conduzca a un gran desempeño

expectativa de desempeño a resultado la percepción del individuo de que su desempeño desembocará en un resultado deseado

expectativa de la persona que cree que el desempeño no está relacionado con los premios será muy baja (cerca de 0).

- *Resultados y valencias* La teoría de las expectativas reconoce que la conducta de un individuo genera distintos **resultados** o consecuencias en el contexto de una organización. Por ejemplo, alguien que tiene un desempeño magnífico obtendría mejores aumentos de sueldo, ascendería más rápido y recibiría más elogios de su jefe. De otro lado, también sufriría más estrés y despertaría el resentimiento

de sus compañeros de trabajo. Cada uno de estos resultados va asociado también a un valor o **valencia**, es decir un índice del valor que una persona concede a un resultado particular. Si ella desea un resultado, la valencia será positiva, si no lo desea, será negativa, y si el resultado le es indiferente, será nula. Esta parte de la teoría de las expectativas es la que trasciende a las perspectivas del contenido de la motivación. Los individuos tienen necesidades diversas, y tratarán de satisfacerlas por caminos distintos. En el caso de un empleado que tiene mucha necesidad de logros y poca necesidad de afiliación, el aumento de sueldo y las promociones que mencionamos antes como resultado de un gran desempeño tendrían valencias positivas, las alabanzas y el resentimiento las tendrían nulas, y el estrés tendría una valencia negativa. En el ejemplo de otro trabajador que tiene poca necesidad de logros y mucha necesidad de afiliación, el aumento de sueldo, las promociones y las alabanzas tendrían valencias positivas, mientras que el resentimiento y el estrés tendrían valencias negativas.

Para que ocurra una conducta motivada deben presentarse tres condiciones. La primera es que la expectativa del esfuerzo a desempeño tiene que ser mayor a cero (el individuo debe creer que si hace un esfuerzo, este desembocará en un gran desempeño). La segunda es que la expectativa

de desempeño a resultado debe ser también mayor a cero (el sujeto debe pensar que si tiene un gran desempeño, obtendrá determinadas consecuencias). La tercera es que la suma de las valencias de los resultados debe ser mayor a cero. (Uno o varios resultados podrían tenerlas negativas si son afectados por las valencias positivas de otras consecuencias. Por ejemplo, el atractivo de un aumento de sueldo, una promoción o una alabanza del jefe podría tener más peso que el nada atractivo sufrimiento de más estrés o el resentimiento de los compañeros de trabajo). La teoría de las expectativas sugiere que cuando se presentan estas condiciones, la persona estará motivada para hacer un esfuerzo mayor. Starbucks considera que su singular programa de acciones para los empleados se lleva el mérito de una fuerza de trabajo motivada y dedicada. Teniendo en cuenta los conceptos fundamentales de esta teoría, reciben acciones en función de su antigüedad y desempeño. Por lo tanto, su dedicación al trabajo les sirve para recibir más.[18]

Una extensión de la teoría de las expectativas ha arrojado también una luz por demás interesante en la relación que existe entre el desempeño y la satisfacción.[20] Muchas personas suponen que la satisfacción de los empleados es motivo de su buen desempeño. Sin embargo, ninguna investigación ha confirmado esta relación causal. Esta teoría sugiere que en efecto existe tal vínculo, pero en el sentido opuesto; es decir, un gran desempeño produciría una satisfacción grande. La *figura 4.4* resume esta lógica. El desempeño desemboca en premios para el individuo. Algunos de ellos son intrínsecos (como la autoestima y los logros). El sujeto evalúa la equidad o justicia de los premios frente al esfuerzo y el nivel de trabajo que ha alcanzado. Si percibe que los premios son equitativos, se sentirá satisfecho.

Teoría de la equidad Una vez que las necesidades han estimulado el proceso de motivación, y el individuo ha escogido una acción que espera que satisfaga esas necesidades, él evaluará la justicia, o equidad, del consecuente resultado. La **teoría de la equidad** sostiene que las personas están motivadas cuando buscan la equidad social en los premios que reciben por su desempeño.[21] Esta se refiere a la situación en la que piensan que el trato que reciben es justo en comparación con el que se les da a otros. Según la teoría en

> *'Cuando somos productivos y hemos hecho bien algo juntos (y nos lo reconocen), nos sentimos satisfechos, no a la inversa.'*
>
> J. RICHARD HACKMAN
> Destacado psicólogo organizacional[19]

FIGURA 4.4 EXTENSIÓN DE LA TEORÍA DE LAS EXPECTATIVAS (DE LOS PROCESOS)

Una extensión de la teoría de las expectativas sugiere que si el desempeño desemboca en premios equitativos, las personas estarán más satisfechas. Luego entonces, el desempeño conduciría a la satisfacción. Por lo tanto, los directores deben asegurarse de que cualquier sistema de motivación incluya premios o compensaciones justos o equitativos para todos.

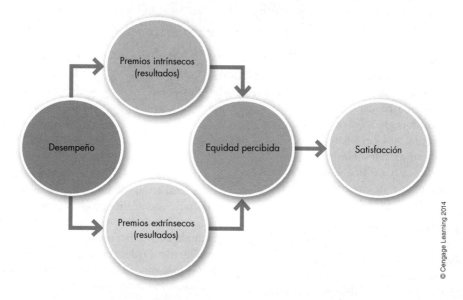

© Cengage Learning 2014

cuestión, algunos de los resultados del trabajo son el sueldo, el reconocimiento, las promociones, las relaciones sociales y los premios intrínsecos. Para obtenerlos, el individuo hace aportaciones a sus labores; por ejemplo, aporta tiempo, experiencia, esfuerzo, educación y lealtad. La teoría sugiere que las personas ven sus resultados y aportaciones en forma de proporción, y después comparan esa proporción con la de alguien más, quien puede ser del grupo de trabajo o también alguna suerte de promedio grupal o una cifra compuesta. El proceso de comparación sería así:

$$\frac{\text{Resultados (yo)}}{\text{Aportaciones (yo)}} \quad \begin{array}{c}\text{en}\\ \text{comparación}\\ \text{con}\end{array} \quad \frac{\text{Resultados (otro)}}{\text{Aportaciones (otro)}}$$

Tanto la formulación de las proporciones como la comparación de las mismas son muy subjetivas, se fundan en percepciones individuales. Las contrastaciones darían por resultado tres condiciones: la persona puede sentir que ha recibido un premio equitativo, uno poco equitativo o uno excesivo.

Cuando las dos proporciones son iguales, el individuo sentirá que el premio es equitativo. Podría sentir eso a pesar de que los resultados del otro sean superiores a los suyos, o si las aportaciones de este son proporcionalmente más grandes. Suponga que Marcos tiene estudios de bachillerato y gana 560 mil pesos anuales. Él sentiría que recibe un trato equitativo frente a Susana, que gana 720 mil porque tiene un título universitario.

Las personas que sienten que su premio no ha sido suficiente tratarán de reducir la inequidad. Alguien así podría

disminuir sus aportaciones esforzándose menos, incrementar sus resultados solicitando un aumento de sueldo, distorsionar las proporciones originales racionalizándolas, conseguir que el otro sujeto cambie sus resultados o aportaciones, abandonar la situación o cambiar el punto de comparación.

Un individuo puede también sentir que su premio es excesivo en comparación con otro. Es poco probable que la mayor parte de las personas se sientan demasiado incómodas en este caso, pero las investigaciones dan como resultado que algunas que experimentan inequidad en esta situación están algo motivadas para reducirla. En estas circunstancias, ellas podrían incrementar sus aportaciones realizando un esfuerzo mayor, reducir sus resultados produciendo menos unidades (si trabaja a destajo) o tratar de disminuir las aportaciones o aumentar los resultados de la otra persona.

Hoy en día los directores deben prestar gran atención a la teoría de la equidad y sus implicaciones. Muchas compañías se están orientando hacia los sistemas de premios basados en el desempeño, en lugar de los incrementos de sueldo estándar o para todo el mundo. Por ende, deben asegurarse de que estén claros y sean objetivos los fundamentos para premiar más a unas personas que a otras. Más allá de cuestiones legales como la discriminación, deben tener la certeza de que están ofreciendo premios e incentivos justos a quienes realizan el mejor trabajo.[22]
Es más, deben ser sensibles a las diferencias culturales que afectan la forma en que los individuos perciben y reaccionan ante la equidad y la inequidad.[23]

teoría de la equidad teoría de los procesos la cual sostiene que las personas tienen motivos para pretender equidad social en los premios que reciben por su desempeño

Teoría del establecimiento de metas

Esta teoría de la motivación presupone que la conducta es resultado de metas e intenciones conscientes.[25] Por lo tanto, el director que establece objetivos para las personas de la organización podrá influir en su conducta. Dada esta premisa, el reto está en conocer a fondo los procesos que usan las personas para establecer metas y después esforzarse por alcanzar. La premisa básica de esta teoría es que los directores deben trabajar con sus subordinados y ayudarles a crear metas significativas, relevantes y eficaces. Se sabe que dos características específicas de las metas, su dificultad y su especificidad, dan forma al desempeño.

- La *dificultad de la meta* se refiere a la medida en que esta representa un reto y requiere de empuje. Si las personas se esfuerzan por alcanzar objetivos, es razonable suponer que se esforzarán más para alcanzar los más difíciles cada vez. Sin embargo, una meta no debe ser tan complicada que resulte inalcanzable. Si una directora nueva pide a su fuerza de ventas que incremente las ventas en 300%, el grupo se podría sentir desilusionado. Una meta más realista, aunque difícil (tal vez un incremento de 30%), sería un incentivo mejor. Existen muchas investigaciones que sustentan la importancia que tiene la dificultad de las metas. Por ejemplo, para efectos de un estudio, los directivos de Weyerhaeuser establecieron metas difíciles para los conductores de camiones que transportaban maderas del lugar de la tala a los aserraderos. En un periodo de nueve meses, estos incrementaron tanto la cantidad de madera que entregaban que, considerando la carga promedio por camión que existía, la empresa habría tenido que gastar 250 mil dólares en camiones nuevos para alcanzarla.[26]

- La *especificidad de la meta* se refiere a su claridad y precisión. El objetivo de "incrementar la productividad" no es muy específica, pero la meta de "incrementar la productividad 3% en los próximos seis meses" lo es bastante. Algunas metas, como las que implican costos, producción, rentabilidad y crecimiento, son bastante fáciles de especificar. Sin embargo, otras como mejorar la satisfacción laboral o el ánimo de los empleados, la imagen y la reputación de la compañía, la ética y la conducta social responsable, son mucho más difíciles de plantear en términos precisos. Se ha demostrado que la

> '*Las personas recuerdan durante mucho tiempo. Recordarán si pensaron que recibieron un trato equitativo o no.*'
> WILLIAM CONATY
> Exdirector de RH de General Electric[24]

especificidad, al igual que la dificultad, está consistentemente relacionada con el desempeño. Por ejemplo, el estudio de los conductores de camiones con maderos mencionado también consideró la especificidad de la tarea. Se encontró que las cargas iniciales que ellos transportaban equivalían a 60% del peso máximo que podía cargar cada camión. Los directores establecieron la nueva meta de 94% y los choferes no tardaron en alcanzarla. Por lo tanto, la meta fue tanto específica como difícil.

La perspectiva del contenido de la motivación ayuda a los directores a saber cuáles necesidades podrían generar una conducta incentivada. De otro lado, las perspectivas del proceso de motivación les dan luces que guían la conducta en direcciones específicas. Las habilidades interpersonales permitirán a esos gerentes a impulsar de forma más eficaz a los empleados si conocen tanto las necesidades como el proceso motivacional.

TRABAJAR CON DIVERSIDAD, EQUIPOS Y CONFLICTOS

Las diferencias individuales son como un gran lente que nos permite ver a otros para entenderlos y tener así relaciones interpersonales positivas con ellos. La teoría de la motivación nos proporciona otro lente para mirar por qué los sujetos escogen sus conductas. Otras perspectivas importantes son la de la diversidad, la de los equipos y la de los conflictos.

Comprender la diversidad

La diversidad existe en una comunidad humana cuando algunos de sus miembros son diferentes de otros en una o varias dimensiones importantes. No es siempre un fenómeno absoluto que especifique que un grupo u organización es diverso o no. En cambio, podemos pensar en la diversidad como un continuo. Si todas las personas de la comunidad son exactamente iguales, entonces no existe diversidad. Si todo el mundo es distinto en todas las dimensiones imaginables, entonces la diversidad es total. En realidad estos extremos son más hipotéticos que reales. La mayor parte de los contextos se caracterizan por un grado de diversidad que se ubica en algún punto entre estos dos límites. Por lo tanto, podemos pensar en la diversidad en términos de nivel o grado respecto de dimensiones relevantes.

En general, la relación entre las habilidades interpersonales y la diversidad suele ser recíproca. Por ejemplo, probablemente un director que tiene fuertes esas habilidades

teoría del establecimiento de metas teoría de los procesos de la motivación que presupone que la conducta es un resultado de metas e intenciones conscientes

diversidad caso que se presenta en una comunidad de personas cuando sus miembros son diferentes en una o varias dimensiones importantes ayudará a reforzar la diferencia de la fuerza de trabajo de la organización. Al mismo tiempo, a medida que la empresa se torna más diversa, los directores que tengan mentalidad abierta comprenderán una gama más amplia de conductas de los empleados y, por lo tanto, fortalecerán aquellas habilidades entre estos.

Razones del incremento de la diversidad Varias razones explican por qué ahora hay más diversidad en las organizaciones. Una de ellas es que la composición de su fuerza de trabajo se ha vuelto más diversa. Un factor relacionado que contribuye a la diferencia es que ellas han reconocido que pueden mejorar la calidad general de su plantilla laboral si contratan y ascienden a las personas más talentosas disponibles. Como lanzan una red más grande para reclutar, y como buscan empleados más allá de las fuentes tradicionales, las empresas los están encontrando más y mejor calificados en distintos segmentos de la sociedad. Por lo tanto, ellas han encontrado que la diversidad puede ser fuente de una ventaja competitiva.[27]

Otra razón que explica el incremento de la diversidad es que tanto las leyes como los fallos judiciales han obligado a las organizaciones a contratar con un sentido más amplio. Antes, en Estados Unidos, las compañías estaban prácticamente en libertad de discriminar a las mujeres, los afroamericanos y otras minorías. Si bien, no todas las seguían esta práctica de forma abierta o consciente, muchas llegaron a estar dominadas por hombres de raza blanca. Sin embargo, a raíz de la aprobación de la Ley de los Derechos Civiles de 1964, numerosas leyes han prohibido la discriminación de estos grupos y otros más. Hoy en día, las organizaciones deben contratar y ascender a las personas con base exclusivamente en sus evaluaciones de actuación.

La globalización es otro factor que ha contribuido al incremento de la diversidad. Las empresas que han abierto oficinas y fábricas en otros países han tenido que aprender a manejar hábitos, costumbres y normas sociales diferentes. Las alianzas estratégicas y las propiedades en el exterior también han contribuido a ello, dado que hoy es más probable que los directores cumplan asignaciones laborales en otras naciones o que trabajen para administradores o directivos extranjeros en su país. Conforme estos y los empleados pasan de una asignación a otra cruzando las fronteras, las organizaciones y sus subsidiarias en cada uno de los países se vuelven más diversas.

Dimensiones de la diversidad Muchas dimensiones de la diversidad caracterizan a una organización, entre ellas, la edad, el género y la etnia. La *figura 4.5* ilustra las tendencias recientes de varios aspectos. La edad promedio de la fuerza de trabajo en Estados Unidos está subiendo gradualmente y seguirá elevándose en años próximos. Por ejemplo, la *figura 4.5* presenta la distribución por edad en ese país en el año 2000 y la proyectada hasta 2050. En ese plazo, se espera que la edad promedio pase de 35.5 a 39 años.

© C. Thatcher

La diversidad adopta muchas formas. Por ejemplo, en este pequeño grupo de médicos saltan a la vista varias dimensiones. También existen otras diferencias menos evidentes.

Varios factores han contribuido a este patrón. Uno de ellos es que la generación del *baby boom* (término usado para describir el número enorme de personas que nacieron dentro de los 20 años siguientes a la Segunda Guerra Mundial) sigue envejeciendo. Al mismo tiempo, la disminución de las tasas de natalidad en las generaciones posteriores al *baby boom* explica los porcentajes más bajos de sujetos que ingresan a la fuerza de trabajo. Otro factor que contribuye al envejecimiento de esta fuerza son la salud y los servicios médicos de buena calidad. Como resultado de estas mejoras, las personas siguen activas y siendo productivas durante más tiempo. Por último, y por desgracia, muchos que se acercan a la edad tradicional de jubilación no cuentan con ahorros suficientes para su retiro y deben seguir trabajando más. Estas razones combinadas dan por resultado que cada vez haya más individuos trabajando a una edad mayor a la que habrían necesitado para jubilarse hace algunos años.

¿Cómo afecta a las organizaciones esta tendencia? Los empleados que tienen más años suelen tener más experiencia, ser más estables y contribuir más a la productividad que los jóvenes. Por otro lado, a pesar de las mejoras en la salud y los servicios médicos, es probable que los primeros necesiten coberturas de seguridad médica más amplias y costosas. El decremento de la reserva de mano de obra de los empleados jóvenes seguirá planteando un problema para las compañías porque no habrá un número grande de entrantes nuevos a la fuerza laboral.[28] La diferencia de edades es un reto para las relaciones interpersonales. En igualdad de condiciones, una diferencia de edad muy grande entre el director y un subordinado (en las dos direcciones) puede dificultar enormemente

FIGURA 4.5 EL ENVEJECIMIENTO DE LA FUERZA DE TRABAJO EN ESTADOS UNIDOS

La población de Estados Unidos ha ido envejeciendo gradualmente. Por ejemplo, en 2010, la edad promedio en el país era de 36.9 años; sin embargo, para 2050, la cifra subirá a 39. Ese mismo año, más de la tercera parte de esa población será mayor de 50.

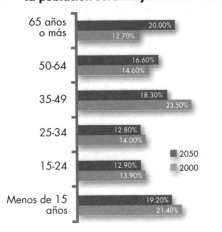

Para 2050, más de la tercera parte de la población será mayor de 50 años.

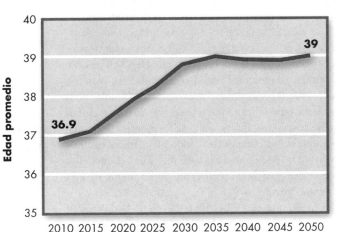

La edad promedio subirá a 39 años.

Fuente: U.S. Census Bureau

que se comprendan y aumentar la posibilidad de que se presenten malos entendidos y conflictos.

Conforme ha ido aumentando el número de mujeres que ingresan a laborar, las organizaciones han registrado cambios en las proporciones relativas de empleados y empleadas. Por ejemplo, en Estados Unidos, 66% de hombres y 34% de mujeres componían la fuerza de trabajo antes de 1964. Para 2010, la proporción era del orden de 50.1% de hombres y 49.9% de mujeres. Se espera que en los próximos 10 años la diferencia entre estos porcentajes siga disminuyendo.

Dejando estas tendencias a un lado, un importante problema de género que se presenta en muchas compañías es el **techo de cristal**, término que describe la barrera que impide que las mujeres suban a puestos directivos.[29] Este techo es difícil de romper porque su presencia es sutil y, por lo tanto, no siempre evidente. Mientras que las mujeres representan 38% de los directivos, existen muy pocas que sean CEO de alguna de las mil compañías más grandes de Estados Unidos. Por otro lado, el sueldo promedio de las mujeres es más bajo que el de los hombres. Si bien, la brecha que separa sus sueldos está disminuyendo poco a poco, la inequidad sigue siendo evidente.

¿Por qué no ha dejado de existir el techo de cristal? Una razón sería que los obstáculos para que las mujeres avancen, como una discriminación sutil, siguen presentes en algunas organizaciones.[30] Otra es que muchas mujeres talentosas deciden abandonar su empleo en una compañía grande para iniciar su propio negocio. Otro factor más es que algunas optan por suspender o demorar el avance de su carrera para tener hijos. Sin embargo, también hay muchas talentosas que están subiendo por la escalera de la empresa y acercándose cada vez más al "punto más alto".[31]

La etnia es una tercera dimensión de la diversidad en las organizaciones. **Etnia** se refiere a la composición étnica de un grupo u organización. En Estados Unidos, la mayor parte de las empresas reflejan diversos grados de ella, con caucásicos, afroamericanos, latinos y asiáticos. Como sucede en el caso de la edad y el género, la composición de la población de ese país es cada vez más diversa.[32] La *figura 4.6* presenta las tendencias de la distribución étnica en Estados Unidos, proyectada de 2000 a 2025.

Los cambios proyectados más importantes implican a los caucásicos y los latinos. En particular, se espera que el porcentaje de caucásicos que habrá en Estados Unidos caiga de 72 a 53% para el año 2025. Por otro lado, se espera que el porcentaje de latinos suba de 11.5% a 24.5%.[33] También se espera que suba el porcentaje de afroamericanos, asiáticos y otros, pero a un ritmo más lento. Como en el caso de las mujeres, los afroamericanos, los latinos y los asiáticos tienen por lo general escasa presencia entre los puestos ejecutivos de la mayor parte de las organizaciones. Por si fuera poco, su remuneración es más baja de lo que se esperaría. Además, como sucede con las mujeres, las diferencias han ido desapareciendo poco a poco a medida que las empresas optan

techo de cristal se refiere a la barrera que impide que las mujeres suban a puestos directivos en muchas organizaciones

etnia composición referente al aspecto étnico de un grupo o una organización

FIGURA 4.6 TENDENCIAS DE LAS ETNIAS EN ESTADOS UNIDOS

La diversidad étnica también está aumentando en Estados Unidos. Por ejemplo, si bien, 72% de la población del país era blanca o caucásica en 1999, la cifra bajará a 53% para el año 2050. Los latinos presentarán el incremento porcentual más grande, pasando de 11.5% en el año 2000 a 24.5% para 2050.

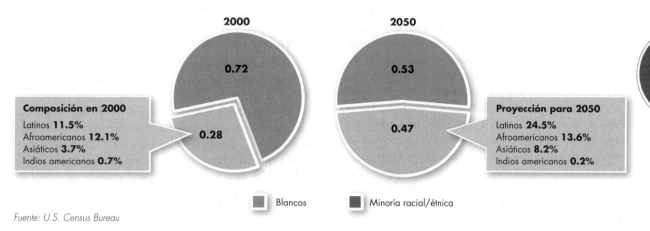

2000

0.72

0.28

Composición en 2000
Latinos **11.5%**
Afroamericanos **12.1%**
Asiáticos **3.7%**
Indios americanos **0.7%**

2050

0.53

0.47

Proyección para 2050
Latinos **24.5%**
Afroamericanos **13.6%**
Asiáticos **8.2%**
Indios americanos **0.2%**

■ Blancos   ■ Minoría racial/étnica

Fuente: U.S. Census Bureau

totalmente por la igualdad de oportunidades para el empleo y reconocen que tienen a su disposición una cantidad mayor de talentos.[34]

Además de la edad, el género y la etnia, las organizaciones han encontrado otras dimensiones de la diversidad. Las diferentes creencias religiosas, por ejemplo, constituyen una muy importante.[35] Los padres y las madres solos, las parejas con dos carreras, los homosexuales y las lesbianas, las personas con preferencias especiales para su dieta (como los vegetarianos) y aquellos con diferentes ideologías y puntos de vista políticos representan dimensiones centrales de la diversidad en las empresas de hoy en día.[36] Los empleados con capacidades diferentes o disminuidos físicamente han ido adquiriendo importancia en muchas compañías, en especial a partir de 1990 cuando se aprobó la Ley de los Americanos con Discapacidades.

Además de las dimensiones relacionadas con la diversidad mencionadas, ahora las organizaciones también se caracterizan por las diferencias pluriculturales. Algunas, en especial los negocios internacionales, están muy activas tratando de reforzar la diversidad cultural de su fuerza trabajadora. Incluso las que son más pasivas en este sentido se están volviendo más multiculturales en virtud de los cambios que registra el mercado laboral externo. La cifra de inmigración a Estados Unidos está en su punto más alto desde 1910. Tan solo entre 1991 y 1995, más de cinco millones de personas procedentes de Asia, México, Europa y otros lugares del mundo ingresaron a ese país.[37]

Trabajar con la diversidad En años recientes, dado el enorme potencial que la diversidad promete para la ventaja competitiva y las posibles consecuencias del conflicto asociado a esa diversidad, los directores se han enfocado a descubrir cuál es la mejor manera de administrar y dirigir

esta. Las habilidades interpersonales desempeñan un papel medular en su gerencia eficaz. Cuando consideran la diversidad, los directivos deben tener presente cuatro puntos.

El primero es que deben conocer la esencia y el significado de la diversidad. Algunos directores han llevado a extremos innecesarios los conceptos básicos de la igualdad de oportunidades para el empleo. Saben que, por ley, no pueden discriminar a las personas en razón de su sexo, raza, etc. Por respetar este mandato, llegan a pensar que deben dar igual trato a todos. Sin embargo, esa concepción puede ocasionar problemas cuando se traduce a la conducta de los individuos en el centro de trabajo una vez que han sido contratadas, porque no todo el mundo es igual. Si bien, las personas han de ser tratadas con equidad y justicia, los directores deben comprender que existen de hecho diferencias entre ellas. Por lo tanto, cualquier esfuerzo por tratar a todos por igual, sin tomar en cuenta sus diferencias humanas fundamentales, solo generará problemas. Los directivos deben comprender que los factores culturales hacen que el comportamiento de los sujetos sea distinto, y que ellos tienen que aceptar esas diferencias.

La empatía es otro asunto relacionado con la diversidad que tiene que ver con la comprensión. Las personas de una organización deben tratar de entender las perspectivas de los demás. Por ejemplo, suponga que una mujer ingresa a un grupo que tradicionalmente ha estado compuesto por hombres de piel blanca. Cada uno de ellos podría estar un poco tenso sin saber bien cómo actuar con su nueva compañera, y con ganas de hacer que esté cómoda y bienvenida. Quizá lo logren mejor si sienten empatía y piensan en cómo se debe sentir ella. Por ejemplo, ella se puede sentir decepcionada o encantada con su nueva asignación, se puede sentir segura de sí misma o nerviosa por su posición en el grupo, o tal vez tenga experiencia o ser inexperta respecto de trabajar con colegas del otro sexo. Si los demás miembros saben más acerca de lo que ella siente pueden facilitar su capacidad para trabajar juntos con eficacia.

La tolerancia es la tercera estrategia para lidiar con la diversidad. A pesar de que las personas aprendan a comprender a otros, y de que procuren sentir empatía, sigue siendo un hecho que algunos de ellos no acepten o disfruten de algún aspecto de su conducta. Por ejemplo, una organización reportó que había un conflicto considerable entre sus empleados estadounidenses y los israelíes. Al parecer, estos siempre querían discutir en torno a cada tema que se presentaba. Los directores de Estados Unidos preferían hacer las cosas de forma más armónica y se sentían incómodos ante el conflicto. Al final de cuentas, después de numerosas discusiones, los estadounidenses se dieron cuenta de que muchos de los israelíes simplemente disfrutaban argumentando o debatiendo y que consideraban que eso era parte del desempeño de su trabajo. No dejaron de sentir desagrado por las discusiones, pero después de que se dieron cuenta de que no era por una intención hostil estuvieron más dispuestos a tolerarlas como una diferencia cultural fundamental entre ellos y sus colegas de Israel.[38]

La comunicación es el cuarto y último enfoque para lidiar con la diversidad. En el capítulo 7 abordaremos el tema de las habilidades para la comunicación, pero el interés por esta se encuentra también claramente relacionado con las interpersonales porque los problemas suelen escalar cuando los individuos no están dispuestos o tienen miedo de hablar abiertamente de cuestiones relacionadas con la diferencia o la pluralidad cultural. Por ejemplo, suponga que una empleada joven está siempre haciendo chistes sobre la edad de un compañero mayor. Ella quizá no tenga mala intención y solo esté diciendo cosas que ella considera chistosas, pero el empleado mayor puede considerar que sus chistes son ofensivos. Si estas dos personas no se comunican, ella no dejará de hacerlos y él estará cada vez más molesto. A la larga, lo que empezó como un problema menor se puede volver uno muy grande. Para que la comunicación sirva debe ser bilateral. Si un sujeto se pregunta si determinada conducta suya podría ofender a otra, lo único que debe hacer es preguntárselo. Asimismo, si alguien se siente ofendido por el proceder de otro, debe explicar a este cómo percibe su comportamiento y pedirle que lo suspenda. Si tales intercambios son amigables, en tono moderado y sin amenazas tendrán por lo habitual un resultado positivo. Por supuesto que si el mismo mensaje se presenta de forma excesivamente agresiva, o si la persona persiste en su conducta ofensiva cuando le han pedido que la suspenda, la magnitud de los problemas subirá. En este punto es probable que alguien más de la organización deba intervenir. Hoy en día la mayor parte de las compañías han instituido uno o varios sistemas para abordar cuestiones y conflictos que van surgiendo a causa de la diversidad.

Dirigir o liderar los equipos

Las organizaciones llevan muchos decenios utilizando equipos, pero en años recientes se ha generalizado su uso. Nosotros definimos equipo como "un número pequeño de personas que tienen habilidades que se complementan, que están comprometidas con un propósito, metas o un enfoque comunes, y que consideran que cada una de ellas debe rendir cuentas a las demás".[39] De suma importancia son las habilidades interpersonales eficaces a efecto de dirigir un equipo y para ser miembro de uno. Por ejemplo, para guiarlo quien lo haga debe interactuar adecuadamente con cada uno de los integrantes y con el equipo entero. Por otro lado, para que alguien sea un miembro eficaz debe ser capaz de trabajar de forma productiva con sus compañeros.

Clases de equipos Existen varios tipos de equipos. Los equipos de trabajo suelen ser permanentes y son los que desarrollan las tareas diarias de una organización.[40] Las enfermeras, las afanadoras y los distintos técnicos encargados de todos los pacientes de un piso o de un ala de un hospital constituyen un equipo de trabajo. Estos conjuntos, más que investigar un problema específico, evaluar alternativas y recomendar una solución o un cambio, se encargan de realizar las actividades día a día de la unidad. La diferencia entre un equipo de trabajo tradicional de enfermeras y uno de atención a los pacientes es que este tiene atribuciones para decidir cómo desarrollará su labor, en qué orden y quién hará qué. El conjunto entero se encarga de toda la atención que les brindará. En general, los equipos de trabajo son aquellos que fabrican o hacen cosas y que cuentan con la cantidad adecuada de atribuciones y autonomía.

Los equipos para resolver problemas son temporales y creados para solucionar dificultades específicas en el centro de trabajo. Usan distintos métodos para resolverlas. Una vez solucionadas, por lo general se desintegran de modo que sus miembros pueden regresar a su trabajo habitual. Una encuesta dio como resultado que 91% de las compañías estadounidenses recurren con regularidad a los equipos para resolver problemas.[41] Los conjuntos de esta clase que presentan un muy buen desempeño suelen ser interfuncionales, o sea que sus miembros provienen de diferentes áreas. Los equipos para crisis son aquellos que dan solución a dificultades y los cuales operan exclusivamente mientras dura una contingencia crítica en la organización; suelen estar compuestos por personas provenientes de distintas áreas. Los equipos para resolver problemas presentan recomendaciones que otros pondrán en práctica.

equipo número pequeño de personas que tienen habilidades y propósitos que se complementan, metas de desempeño y un planteamiento en común, de los cuales todas tienen la obligación de rendir cuentas ante las demás

equipos de trabajo los que son permanentes y se encargan de desarrollar el trabajo diario de la organización

equipos para resolver problemas equipos temporales creados para abordar problemas específicos en el centro de trabajo

Hoy en día, los equipos están presentes en muchos contextos laborales. Este de contratistas y arquitectos estudia los planos del lugar donde construirán un nuevo complejo de oficinas.

Los **equipos directivos** están compuestos por directores y/o gerentes provenientes de distintas áreas y son los que coordinan a los equipos de trabajo. Son relativamente permanentes porque su tarea no acaba cuando se termina un proyecto particular o se resuelve un problema. Se deben concentrar en los conjuntos que tienen más repercusiones para el desempeño global de la compañía. La tarea principal de los equipos administrativos es asesorar y aconsejar a las distintas áreas, de modo que tomen decisiones internas y se autoadministren. La segunda actividad más importante es coordinar el trabajo de los distintos equipos de trabajo que de alguna manera son interdependientes. Digital Equipment Corporation abandonó su estructura matricial de equipos porque la matriz no estaba bien organizada ni coordinada. Los miembros de todos los niveles dijeron que pasaban horas y horas en juntas tratando de coordinar sus equipos, lo cual les dejaba muy poco tiempo para desempeñar su verdadero trabajo.[42] Los equipos de directores y/o gerentes podrían tener algunas dificultades. En primer término, el quehacer de estos grupos no siempre es conducente a un equipo de trabajo. Los directores y/o administradores de las diferentes divisiones podrían estar encargados de diversos conjuntos de operaciones que no se relacionan y no necesitan estar coordinados. Obligar a este tipo de ejecutivos a formar un equipo podría no ser conveniente. En segundo, estos administradores han llegado muchas veces a un nivel alto de la organización porque poseen determinadas características o capacidades para que se hagan las cosas. Por lo general, es difícil que estos ejecutivos exitosos modifiquen su estilo, reúnan sus recursos con los de otros y sacrifiquen su independencia e individualidad.[43]

Los **equipos de desarrollo de productos** son combinaciones de equipos de trabajo y de equipos para resolver problemas de diseños creativos en artículos o para servicios nuevos a efecto de satisfacer las necesidades de los clientes. Son similares a los de solución de problemas porque se suelen desintegrar una vez que el bien o servicio está enteramente desarrollado y en la etapa de producción o aplicación. Conforme la competencia global y las capacidades

para almacenar, procesar y recuperar información electrónica han ido aumentando, las compañías de casi todas las industrias han estado luchando por recortar los tiempos de desarrollo. El principal medio a su alcance para lograr esta importante tarea es el equipo interfuncional "banda azul". El de Boeing que desarrolló el avión comercial 787 y los de la plataforma de Chrysler son ejemplos típicos. La prisa por llegar al mercado con diseños nuevos podría generar numerosos problemas para los equipos de desarrollo de productos. Las grandes dificultades de la mala comunicación y coordinación que se presentan en los procesos típicos de esa etapa creativa en las organizaciones se pueden rectificar mediante la creación de equipos de desarrollo de productos interfuncionales autogestionados.[44]

Los **equipos virtuales** tal vez nunca se reúnan de hecho en una misma sala; desarrollan sus actividades en computadoras por vía de teleconferencias y otros sistemas electrónicos de información. Ingenieros que están en Estados Unidos se pueden conectar directamente, tanto de forma auditiva como visual, con sus contrapartes en cualquier lugar del mundo y compartir archivos vía internet, correo electrónico y otros medios de comunicación. Todos los participantes pueden ver el mismo impreso, plano o especificación, de modo que les hace posible tomar decisiones con mucha más rapidez. Los sistemas electrónicos permiten que los miembros del equipo ingresen, salgan o sostengan una coonversación entre ellos conforme los asuntos lo ameriten.

Beneficios y costos de los equipos ¿Por qué hay tantas organizaciones que usan los equipos en la actualidad? Dado que la popularidad de estos aumenta a gran velocidad en todo el mundo es posible que algunas compañías los estén empezando a usar simplemente porque todos los demás los emplean, razón que obviamente no es correcta. El motivo fundamental para que una empresa cree equipos debe ser que estos tengan sentido para ella. La mayor razón se explica con la recapitulación de los beneficios positivos que se derivan de un entorno basado en equipos: mejor desempeño, beneficios para los empleados, costos más bajos y mejoras organizacionales.

El mejor desempeño se presenta de muchas formas, entre otras como mayor productividad, calidad y servicio al cliente. El hecho de trabajar en equipos permite que los empleados no desperdicien esfuerzos, y en cambio disminuyan errores y reaccionen mejor ante los clientes, todo lo cual genera mayor producción por cada unidad de aportaciones de ellos. Estas mejoras se derivan de la conjugación de otra manera de los

APRENDER

esfuerzos individuales y de la lucha continua por mejorar para beneficio del conjunto.[45] Por ejemplo, la productividad de una planta de General Electric en Carolina del Norte registró un incremento de 20% después de que se formaran equipos.[46] Por su parte, K Shoes reportó un aumento de 19% en ese aspecto y una reducción significativa en los rechazos dentro del proceso productivo, luego también de que empezó a usar equipos.

Los empleados se benefician igual que las organizaciones en un contexto de equipos. Las diferencias que existen entre las actitudes de la generación del *baby boom* y las generaciones posteriores hacia el trabajo, han captado mucha atención la importancia de este en sus vidas y lo que desean obtener con él. En general, los más jóvenes suelen estar menos satisfechos con su trabajo y la organización, tener menor respeto por la autoridad y la supervisión, y desear más que un talón de pago cada semana. Los equipos ofrecerían el sentimiento de control personal, de dignidad humana, de identificación con el trabajo, y de valor y realización individuales que al parecer tratan de obtener los empleados actuales. En lugar de depender del sistema jerárquico tradicional basado en directores y/o gerentes, los equipos brindan a la fuerza laboral libertad para crecer, ganarse respeto y tener dignidad administrándose solos, tomando decisiones sobre su trabajo y haciendo una verdadera diferencia en el mundo que les rodea.[47] Por lo tanto, los empleados gozan de una vida laboral mejor, enfrentan menos estrés en su puesto y recurren menos a los programas de ayuda.

Dado que los equipos que disfrutan de atribuciones generan menos desperdicio, cometen menos errores, presentan menos quejas laborales solicitando una compensación, y disminuyen el ausentismo y la rotación de los empleados, las organizaciones basadas en ellos están obteniendo considerables reducciones de costos. Los integrantes sienten que se juegan mucho en los resultados, que desean hacer contribuciones porque son valorados, y que están comprometidos con su equipo al grado de no querer defraudarlo. Durante cinco años, Wilson Sporting Goods reportó un ahorro de 10 millones de dólares al año gracias a sus equipos. Colgate Palmolive dio a conocer que, debido a ellos, la rotación de técnicos era muy baja: más de 90% llevaba en la compañía una cantidad mayor de cinco años.

Otras mejoras empresariales que se derivan de abandonar una cultura directiva basada en una jerarquía y optar por una sustentada en los equipos son los incrementos en la innovación, la creatividad y la flexibilidad.[48] En las organizaciones grandes, estos grupos permiten eliminar los niveles burocráticos redundantes y acortar la jerarquía. Los empleados se sienten más cerca y más en contacto con la dirección y/o gerencia general. Es más probable que hagan aportaciones significativas los empleados que piensan que sus esfuerzos son importantes. Además, el entorno de equipos es un desafío constante para que ellos innoven y resuelvan problemas de forma creativa. Si "el camino trillado" no funciona, aquellos conjuntos que gozan de atribuciones están en libertad de ignorarlo y de crear otro camino. Ante la creciente competencia global, las organizaciones deben ir adaptándose constantemente para estar a la altura de los cambios. Los equipos ofrecen la flexibilidad necesaria para reaccionar con rapidez. Uno de los primeros de Motorola se negaba a seguir una añeja política de la dirección administrativa respecto de las inspecciones de los proveedores porque deseaba reducir los tiempos del ciclo y mejorar la entrega de partes cruciales.[49] Tras varios intentos, la dirección permitió finalmente que el equipo cambiara el sistema, por lo cual más adelante pudo cosechar los beneficios esperados.

Los costos de los equipos suelen ir ligados a la dificultad para cambiar a una organización basada en estos. Los directores han expresado su frustración y confusión en torno a su nueva función como entrenadores y facilitadores, en especial si desarrollaron sus habilidades gerenciales en virtud de la vieja filosofía de la administración jerárquica tradicional. Algunos directivos han sentido como si se estuvieran quedando sin empleo mientras entregaban más y más de sus obligaciones gerenciales a un equipo.[50] Durante el cambio a una cultura de equipos, los empleados también podrían sentir que están perdiendo algo. Algunos grupos ejecutivos tradicionales, como el de asesores técnicos, podrían sentir que sus trabajos corren peligro cuando los equipos van desempeñando cada vez más tareas técnicas que antes desarrollaban los especialistas. En esta situación, quizá sea necesario crear roles y escalas salariales nuevos para el personal técnico. Muchas veces, cuando ellos han sido asignados a un equipo o un grupo pequeño de equipos, se vuelven miembros que participan plenamente en las actividades de este.

Otro costo asociado a los conjuntos es la lentitud del proceso completo de desarrollo de estos, los cuales tardan mucho en recorrer el ciclo completo de desenvolvimiento para hacerse maduros, eficaces y eficientes. Si la dirección administrativa se impacienta ante el lento avance, podría disolver a los equipos, y la empresa regresaría a su forma jerárquica original, con pérdidas significativas para los empleados, los directivos y ella misma. Sin embargo, el costo más peligroso podría ser que abandone prematuramente su transformación a una organización basada en equipos. Si la dirección general se impacienta con el proceso de cambio a los equipos y lo suspende, sin permitir que estos se desarrollen plenamente y realicen los beneficios, se perderá todo el gran esfuerzo que han hecho los empleados, los directores de nivel medio y los supervisores. El resultado sería que la confianza de los empleados en los directores y/o gerentes en general y en los tomadores de decisiones en particular quedaría afectada durante mucho tiempo.[51] Sería muy difícil recuperar lo que se haya perdido en productividad y en eficiencia. Por consiguiente, la dirección debe estar totalmente convencida antes de iniciar un cambio a una organización basada en equipos.

Manejar el conflicto

Cuando los sujetos trabajan juntos en una empresa, sea en equipos o en parejas tradicionales, las cosas no siempre marchan bien. El conflicto es un elemento ineludible de las relaciones interpersonales en las organizaciones. En esta sección veremos cómo los problemas afectan el desempeño general. Asimismo, exploraremos las causas de estos entre individuos, grupos y una empresa y su entorno. Las habilidades interpersonales son esenciales para que el director pueda comprender el conflicto y para que lo dirija y lo resuelva cuando surge.

La índole del conflicto Un desacuerdo entre dos o más individuos, grupos u organizaciones genera un **conflicto**. La disconformidad puede ser relativamente superficial o muy profunda. Puede durar muy poco, o bien, meses e incluso años, y estar relacionado con el trabajo o ser personal. Se presenta de distintas maneras. Los sujetos podrían competir entre sí, mirarse feo, gritar o retraerse. Los grupos pueden cerrar filas para proteger a miembros populares o expulsar a los que no lo son. Es posible que las organizaciones recurran a remedios que marca la ley.

La mayoría de las personas suponen que es conveniente evitar los conflictos porque estos connotan antagonismo, hostilidad, situaciones desagradables y disensión. Por lo general, los directores y los teóricos de la administración han visto el conflicto como una dificultad que se debe evitar.[52] Sin embargo, en años recientes hemos reconocido que, si bien, el conflicto puede significar un gran problema, también existen determinadas clases de conflicto que serían beneficiosas.[53] Por ejemplo, cuando dos miembros de la comisión que seleccionará un sitio para una nueva planta no están de acuerdo en cuanto a cuál sería el mejor lugar para construirla, ambos se verían obligados a estudiar más a fondo la alternativa que prefieren para defenderla. El resultado tanto de este análisis más sistemático como del debate y argumentación, sería que la comisión tome una decisión más atinada y esté mejor preparada para justificarla frente a otros que en el caso de que todos hubiesen estado de acuerdo desde el principio y aceptado una alternativa que quizá no estaba tan bien analizada. Siempre y cuando el conflicto sea manejado de forma cordial y constructiva es probable que tenga un fin útil en la organización. De otro lado, cuando altera las relaciones laborales y llega a niveles destructivos, es probable que resulte disfuncional, y será preciso atacarlo.[54]

La *figura 4.7* describe la relación general entre el conflicto y el desempeño en el caso de un grupo o una organización. Cuando no existe conflicto alguno en ellos, sus miembros se pueden volver complacientes y apáticos. Por ende, el desempeño y la innovación del grupo o la empresa se verían afectados. Por otro lado, un grado moderado de conflicto entre los integrantes dispararía la motivación, la creatividad, la innovación y la iniciativa y elevaría el rendimiento. Sin embargo, el exceso de conflictos produciría resultados tan indeseables como la hostilidad y la nula cooperación, disminuyendo con ello el desempeño. Para los directivos, el asunto está en encontrar y mantener la cantidad ideal de conflicto para fomentar el desempeño. Por supuesto que esta varía dependiendo de la situación y de las personas implicadas.[55]

FIGURA **4.7** LA ÍNDOLE DEL CONFLICTO ORGANIZACIONAL

El exceso o la ausencia de conflicto suelen ser disfuncionales para la organización. En los dos casos, el desempeño sería malo. Sin embargo, una cantidad óptima de situación conflictiva que inspire la motivación, la creatividad, la innovación y la iniciativa dará por resultado niveles más altos de ese desempeño.

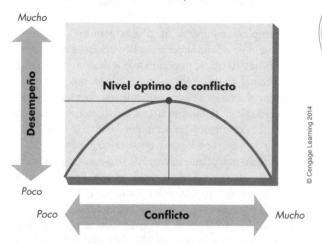

© Cengage Learning 2014

Causas de los conflictos En las organizaciones es casi seguro que se presenten conflictos entre dos o más individuos en razón de la enorme variedad de percepciones, metas, actitudes y demás que tienen todos los miembros. William Gates, fundador y CEO de Microsoft, y Kazuhiko Nishi, un exsocio del negocio en Japón, terminaron una lucrativa y larga relación de negocios debido a un conflicto interpersonal. Nishi acusó a Gates de haberse vuelto demasiado político, y este acusó a aquel de tener una conducta demasiado imprevisible y errática.[56]

En las organizaciones, una fuente frecuente de conflictos interpersonales es lo que la gente suele llamar "choque de personalidades"; es decir, cuando un sujeto desconfía de los motivos del otro, cuando se caen mal o en el momento en que por alguna otra razón sencillamente no se pueden llevar bien.[57] También puede surgir una situación conflictiva cuando los individuos tienen creencias o percepciones diferentes en función de algún aspecto de su trabajo o su organización. Por ejemplo, un director tal vez quiera que la empresa exija que todos los empleados usen el software Office de Microsoft con el propósito de su estandarización. Otro a lo mejor piense que se deben permitir distintos paquetes de software para reconocer la individualidad. Asimismo, un gerente podría no estar de acuerdo con una colega en el tema de aclarar si la organización discrimina o no a las mujeres al decidir las promociones. El conflicto también nace de un exceso de competitividad entre los sujetos. Por ejemplo, dos personas que desean obtener el mismo puesto podrían recurrir a hacer política con la intención de sacar ventaja. Si un

> **conflicto** resultado de una desavenencia entre dos o más personas, grupos u organizaciones

competidor considera que la conducta del otro es incorrecta, es probable que surjan acusaciones. Incluso después de que se ha decidido quién "ha ganado" el puesto, el conflicto podría seguir debilitando las relaciones interpersonales, en especial si las razones establecidas para seleccionar a un candidato son ambiguas o pudieran tener otras explicaciones. Un ex-CEO de Delta Air Lines renunció porque no estaba de acuerdo con otros altos ejecutivos respecto de la manera de reducir los costos de la compañía. Cuando se dedicó a buscar a alguien que reemplazara a uno de sus rivales, pero sin autorización del consejo de administración de la empresa, el conflicto y las controversias que se desataron solo le dejaron la opción de abandonar el puesto.[58] En algún momento, problemas muy parecidos afectaron a Boeing cuando sus directores ejecutivos manifestaban públicamente sus desacuerdos en razón de cuestiones de rutina, y en ocasiones incluso se tomaban la molestia de hacer que los otros quedaran mal parados.[59]

También es bastante común que se presente un conflicto entre dos o más grupos de la organización. Por ejemplo, el de marketing de una compañía podría no estar de acuerdo con el de producción en cuanto a la calidad de los artículos y los calendarios de entrega. Dos grupos de ventas podrían no estar de acuerdo respecto de la vía para cumplir las metas de ventas, y un par de grupos de directores podrían tener ideas diferentes sobre la mejor manera de asignar los recursos de la empresa. Muchos problemas intergrupales surgen más por causas organizacionales que por motivos interpersonales. Por ejemplo, una mayor interdependencia provoca que la coordinación sea más difícil y aumenta el potencial para los conflictos. Por ejemplo, en una interdependencia en secuencia, el trabajo pasa de una unidad a otra. En este caso podría surgir una problemática en los grupos si el primero pasa demasiado trabajo (el segundo se atrasará), muy poco trabajo (el segundo no alcanzará sus metas) o trabajo de mala calidad. En una tienda departamental de J.C. Penney surgió una dificultad entre los empleados del almacén y los vendedores. Estos afirmaban que los almacenistas eran muy lentos para entregar la mercancía al piso de ventas donde ellos tenían que poner las etiquetas del precio y acomodarla en los anaqueles. A su vez, los trabajadores del almacén decían que los vendedores no les estaban dando suficiente margen de tiempo para entregar la mercancía y que no comprendían que ellos tenían otras obligaciones además de llevar la mercancía a tal piso.

Los diferentes departamentos, al igual que las personas, muchas veces persiguen metas distintas. Es más, con frecuencia estos objetivos son incompatibles. La meta de marketing de maximizar las ventas, que se alcanzaría en parte mediante la oferta de muchos artículos en una amplia variedad de tallas, formas, colores y modelos, probablemente choque con la meta de producción de minimizar los costos, la cual se lograría en parte con series productivas largas de unos cuantos artículos. En fecha reciente, Reebok afrontó esta situación. Un grupo de directores quería introducir una línea nueva de ropa deportiva lo antes posible, pero otros gerentes querían una expansión más deliberada y cauta.

Como las dos áreas no pudieron conciliar debidamente sus diferencias, estas condujeron a problemas de calidad y a las demoras en las entregas que causaron molestias importantes a la compañía durante muchos meses.

La competencia por obtener recursos escasos puede también desembocar en un conflicto entre grupos. La mayor parte de las organizaciones (en especial las universidades, los hospitales, los organismos públicos y las empresas en industrias deprimidas) tienen recursos limitados. Por ejemplo, en un pueblo de Nueva Inglaterra el departamento de obras públicas y la biblioteca se pelearon por obtener los fondos de una partida federal para obras de construcción. Las divisiones Buick, Pontiac y Chevrolet, de General Motors, se peleaban con frecuencia por el derecho de fabricar los distintos productos nuevos que había desarrollado la compañía. Estos pleitos internos fueron señalados como uno de los muchos factores que condujeron a la quiebra de GM en 2009. Como parte de la solución, la marca Pontiac fue descontinuada más adelante.

Administrar el conflicto en las organizaciones

¿Cómo lidian los directores con todos estos conflictos en potencia? Por fortuna, como muestra la *tabla 4.1*, existen maneras de estimular el conflicto para fines constructivos, de supervisarlo antes de que se salga de control, y de resolverlo en caso de que esto último suceda. A continuación veremos algunas maneras de administrar o dirigirlos.[60]

Algunas organizaciones podrían estimular un conflicto colocando a empleados individuales o a grupos en situaciones de competencia. En tal caso, las habilidades interpersonales del director o administrador tendrán especial importancia porque la propia compañía es la que está creando el potencial para el problema. Los ejecutivos pueden crear concursos de ventas, crear planes de incentivos, bonos y otros estímulos para desatar la competencia. Siempre y cuando las reglas básicas sean equitativas y que todos los participantes consideren que el trato es justo y equitativo, el conflicto que

TABLA **4.1** MÉTODOS PARA MANEJAR LOS CONFLICTOS

Estimular un conflicto
Incrementar la competencia entre los individuos y los equipos.
Contratar a personas externas para que cuestionen las posturas.
Cambiar los procedimientos establecidos.

Controlar un conflicto
Expandir la base de recursos.
Mejorar la coordinación de la interdependencia.
Establecer metas de orden más alto.
Unir las personalidades y los hábitos laborales de los empleados.

Resolver y eliminar un conflicto
Evitar el conflicto.
Convencer a las partes en conflicto a que lleguen a una solución.
Reunir a las partes en conflicto para que se enfrenten y negocien su problemática.

© Cengage Learning 2014

creará la competencia será probablemente constructivo porque todo el que participe se esforzará por ganar (mejorando con ello algún aspecto del desempeño de la organización).

Otro método muy útil para estimular un conflicto es contratar a una o varias personas externas para que cuestionen los argumentos y aporten otra perspectiva de las prácticas de la organización. Pueden ser empleados nuevos, empleados actuales asignados a un grupo de trabajo existente, o consejeros asesores contratados de forma temporal. Por supuesto que esta acción podría provocar la molestia de los internos que piensan que están calificados para ocupar ese puesto. The Beecham Group, una compañía británica, contrató a un ejecutivo estadounidense para el puesto de CEO, con la intención expresa de que transformara la forma en que esta desarrollaba sus actividades. En efecto, su llegada trajo otra manera de hacer las cosas y gran entusiasmo por la competitividad. Por desgracia, algunos empleados valiosos decidieron salir de Beecham molestos por algunos de los cambios que realizaron.

Cambiar los procedimientos establecidos, en especial aquellos que han perdurado tanto que han dejado de ser útiles, también puede estimular un conflicto. Estas acciones llevan a las personas a reevaluar la manera de desempeñar su trabajo y a determinar si lo están llevando a cabo correctamente. Por ejemplo, el presidente de una universidad anunció que todos los puestos administrativos vacantes serían autorizados exclusivamente después de que él hubiera aprobado su justificación hecha por escrito. Se presentó un conflicto entre él y los jefes de departamento, porque estos sintieron que tenían que encargarse de mayor papeleo del que era necesario. La mayoría de las solicitudes fueron aprobadas, pero como esos jefes tenían ahora que pensar bien qué personal necesitaban, unos cuantos puestos innecesarios fueron eliminados debidamente.

Una manera de controlar un conflicto consiste en expandir la base de recursos. Suponga que una directora administrativa recibe dos solicitudes de 100 mil dólares del presupuesto cada una. Si ella solo cuenta con 180 mil para repartir, el escenario para un conflicto estará listo porque cada grupo piensa que su propuesta amerita los fondos y se sentirá molesto si no recibe el monto completo. Si las dos solicitudes valen en efecto la pena, la directora tal vez pueda encontrar 20 mil dólares extra en alguna otra fuente para así evitar un problema.

Como dijimos antes, la interdependencia puede generar un conflicto. Si los directores emplean una técnica adecuada para mejorar la coordinación podrán disminuir la probabilidad de que surja un conflicto. Algunas técnicas de coordinación son usar la jerarquía administrativa, recurrir a reglas y procedimientos, tener a personas que funjan de enlace, formar fuerzas de tarea e integrar los departamentos. En la tienda de J.C. Penney que mencionamos, el conflicto fue atacado proporcionando a los vendedores formatos más claros para especificar la mercancía que necesitaban y en

qué secuencia. Si una técnica no tiene el efecto deseado, el director puede optar por otra.

Las metas que compiten pueden ser también fuente de conflictos entre individuos o grupos. En ocasiones, los directores centran la atención de los empleados en metas de orden más alto como camino para eliminar el problema en niveles más bajos. Cuando los sindicatos obreros como United Auto Workers hacen concesiones salariales para asegurar la supervivencia de la industria automovilística, están respondiendo a una meta de orden superior. Su objetivo inmediato tal vez sea los salarios más altos para los trabajadores, pero saben que si no hubiese una industria automovilística, sus afiliados ni siquiera tendrían empleo.

Por último, los directores deben tratar de identificar y unificar las personalidades y los hábitos laborales de los empleados para evitar los conflictos entre ellos. Por ejemplo, si de dos subordinados valiosos uno fuma como chimenea y el otro está contra el humo del tabaco, lo aconsejable sería que no tuviesen que trabajar juntos en un espacio cerrado. Si surge un conflicto entre un par de individuos incompatibles, el director podría solicitar que uno o ambos fueran transferidos a otras unidades a un puesto equivalente.

A pesar de las buenas intenciones de todos, en ocasiones un conflicto estalla. Si altera el centro de trabajo, porque genera demasiada hostilidad y tensión o si de alguna otra manera afecta a la organización, es necesario resolverlo.[61] Algunos directores que no tienen buenas habilidades interpersonales y que no manejan bien los conflictos optan por evitarlos y cruzan los dedos para que desaparezcan. En ocasiones, rehuirlos puede ser efectivo en el corto plazo si se trata de algunos tipos de desacuerdos entre individuos, pero no sirve de nada para resolver los problemas crónicos o duraderos. Sin embargo, todavía es menos aconsejable "suavizarlos"; es decir minimizar el conflicto y decir a todos que las cosas "mejorarán" con el transcurso del tiempo. Muchas veces el conflicto empeora cuando las personas siguen dándole vueltas.

Una componenda significa llegar a una posición intermedia entre dos extremos. El enfoque funcionaría si se usa con cautela, pero en la mayor parte de estas resoluciones hay una parte que gana y otra que pierde. Los problemas de presupuesto son una de las pocas áreas que se prestan a malos manejos debido a su esencia objetiva. Por ejemplo, suponga que no hay recursos adicionales disponibles para la directora que mencionamos antes. Cuenta con 180 mil dólares para dividir, y los dos grupos afirman que necesitan 100 mil cada uno. Si ella considera que los dos proyectos ameritan los fondos, puede asignar 90 mil a cada uno. El hecho de que ambos han recibido cuando menos un trato equitativo podría minimizar el posible conflicto.

El enfoque de la confrontación para resolver un conflicto (también llamado *resolución de problemas interpersonales*) consiste en reunir a las dos partes para que enfrenten la contrariedad. Discuten la índole de su problema y tratan de llegar a un acuerdo o a una solución. La confrontación exige determinado grado de madurez de los participantes, y el director

En ocasiones las compañías organizan seminarios para enseñar a sus empleados a reconocer la índole de los conflictos. El instructor de este seminario acaba de decir algo chistoso frente a estos directores con el propósito de subrayar un punto importante.

debe estructurar con sumo cuidado la situación. Si se maneja bien, este enfoque será un medio muy eficaz para resolver un conflicto. En años recientes, muchas organizaciones han utilizado una técnica llamada *resolución alternativa de conflictos*, con un equipo de empleados que actúan como árbitros o mediadores de la problemática.[62] Es evidente que las habilidades interpersonales desempeñan un papel muy importante cuando se usa el enfoque de la confrontación.

Sea cual fuere el planteamiento, las organizaciones y sus directores deben saber que es preciso abordar los conflictos para que cumplan un propósito constructivo y evitar que tengan consecuencias destructivas. Es imposible impedir que surjan problemas en las empresas, pero si les prestamos la debida atención podremos amortiguar sus efectos. Por ejemplo, Union Carbide envió a 200 gerentes de la compañía a un taller de tres días sobre el manejo de conflictos. Realizaron distintos ejercicios y sostuvieron varias discusiones para saber con quién era más probable que tuviesen un conflicto y cómo deberían resolverlo. El resultado fue que, más adelante, esos directivos reportaron que la hostilidad y la molestia habían disminuido ostensiblemente en la organización y que el personal decía que sus relaciones laborales eran más agradables.[63]

conductas para el desempeño conjunto completo de conductas relacionadas con el trabajo que la organización espera que exhiban los individuos

conductas disfuncionales las que disminuyen el desempeño de la organización, en lugar de contribuir al mismo

ausentismo porcentaje de ocasiones en que los empleados no se presentan a trabajar

DIRIGIR LAS CONDUCTAS EN EL CENTRO DE TRABAJO

Uno de los grandes resultados que los directivos buscan alcanzar mediante el uso eficaz de las habilidades interpersonales se refiere a los diversos comportamientos de los subordinados en el centro de trabajo. Una conducta de estas se entiende como el patrón de acciones de los miembros de una compañía las cuales influyen directa o indirectamente en la eficacia de esta. Una manera de explicar ese comportamiento consiste en describir sus repercusiones en el desempeño y la productividad, en el ausentismo y la rotación de empleados, y en la ciudadanía organizacional. Por desgracia, los trabajadores también pueden observar conductas disfuncionales.

Conducta para el desempeño

La **conducta para el desempeño** es el conjunto completo de conductas laborales que la organización espera que exhiba el individuo. Cabe pensar que son los "términos" del contrato psicológico que explicamos antes en este mismo capítulo. En el caso de algunos empleos es posible definir estrictamente estos comportamientos y medirlos con facilidad. Por ejemplo, son relativamente pocas las conductas para el desempeño de un trabajador de la línea de montaje que permanece sentado frente a una banda transportadora y agrega una parte a los productos conforme van pasando. Se espera que él o ella permanezcan en su puesto y armen correctamente las partes. Así, es posible medir cuantitativamente su rendimiento con solo contar el porcentaje de partes que ha agregado correctamente.

Sin embargo, en el caso de muchos otros empleos, las conductas para el desempeño son más variadas y mucho más difíciles de medir. Por ejemplo, piense en el caso de un científico de investigación y desarrollo que trabaja en Merck. Se desempeña en un laboratorio tratando de encontrar avances tecnológicos nuevos que pudiesen tener potencial comercial. Debe aplicar el conocimiento que ha adquirido en la universidad y la experiencia obtenida mediante otras investigaciones anteriores. La intuición y la creatividad son importantes también. Tal vez tarde meses o hasta años en encontrar ese avance. Las organizaciones recurren a distintos métodos para evaluar ese desempeño. La llave está en encontrar el mecanismo de evaluación con el trabajo realizado.

Conducta disfuncional

Algunas conductas laborales son disfuncionales por naturaleza. Las **conductas disfuncionales** son aquellas que en lugar de contribuir al desempeño de la organización operan en su contra. Dos de las más comunes son el ausentismo y la rotación de empleados.

El **ausentismo** ocurre cuando un trabajador no se presenta a sus labores. Algunas de esas faltas están justificadas, como es el caso de una enfermedad, ser nombrado jurado, o la enfermedad o muerte de un familiar. En otras ocasiones, los empleados podrían reportar una causa justificada falsa que, en realidad, solo es un pretexto para quedarse en casa. Cuando se ausentan, con razón o sin razón, su trabajo se queda sin hacer o la compañía debe contratar a alguien que lo efectúe. Sea como fuere, es probable que la cantidad o la calidad de la producción efectiva se vean afectadas. Las organizaciones esperan determinado ausentismo, pero luchan por reducir, en la medida de lo posible, tanto las faltas falsas como las bien justificadas.

La **rotación de empleados** se presenta cuando las personas renuncian a su trabajo. Una organización tiene que desembolsar por lo general un costo elevado por reemplazar a los empleados que han renunciado, y si la rotación implica a personas sumamente productivas, el costo es aún más alto. Al parecer, la rotación es resultado de distintos factores, por ejemplo determinados aspectos del trabajo, la empresa, el individuo, el mercado de trabajo y la influencia de la familia. En general, si el sujeto y el empleo no encajan correctamente es probable que eso cause rotación. Los individuos se inclinan también a abandonar una empresa si su falta de flexibilidad les dificulta atender las cuestiones familiares y otros asuntos personales; pero es más probable que se queden si, por el contrario, les ofrece la flexibilidad necesaria para poder equilibrar las cuestiones laborales y extralaborales.[64] Un operador de Chick-fil-A de Texas ha recortado la tasa de rotación de sus establecimientos ofreciendo horarios laborales flexibles y becas para estudios, al igual que prestaciones como la de asistencia gratis a un boliche.[65]

Otras formas de conducta disfuncional pueden ser incluso más costosas para la organización. Por ejemplo, el robo y el sabotaje le generan directamente pérdidas económicas. El acoso sexual y racial también le significan costos, de forma indirecta porque bajan la moral, producen miedo y ahuyentan a empleados valiosos, y directamente por responsabilidad civil cuando no responde conforme a ley. La violencia en el centro de trabajo también es una preocupación que está aumentando en muchas organizaciones. La violencia de ex empleados molestos (o actuales) da por resultado decenas de muertes y lesiones cada año.[66]

Ciudadanía organizacional

Los directores luchan por reducir las conductas disfuncionales al mismo tiempo que procuran fomentar la **ciudadanía organizacional**, la cual se refiere al comportamiento de los individuos que, en términos generales, contribuye de forma positivas, a la organización.[67] Por ejemplo, piense en una empleada cuyo trabajo es aceptable en términos de cantidad y calidad. Sin embargo, ella no acepta laborar horas extra, no ayuda a los novatos a aprender el funcionamiento básico y por lo general no está dispuesta a contribuir con nada que vaya más allá del estricto desempeño de sus actividades. Tal vez sea vista como alguien que presenta buen desempeño, pero no como alguien que es buena ciudadana organizacional.

Otro empleado podría presentar un nivel comparable de desempeño, pero además siempre se queda a trabajar más horas si su jefe se lo pide, se toma tiempo para enseñar a los novatos dónde están y cómo funcionan las cosas, y es percibido como una persona servicial y comprometida con el éxito de la compañía. Es probable que este sujeto sea visto como un mejor ciudadano organizacional.

Un complejo mosaico de variables individuales, sociales y organizacionales determina las conductas de la ciudadanía organizacional. Por ejemplo, la personalidad, las actitudes y las necesidades deben ser congruentes con los comportamientos de la ciudadanía. Además, el contexto social (o el grupo de trabajo) donde labora el individuo debe facilitar y fomentar esas conductas. Asimismo, la propia empresa, en especial su cultura, deben ser capaces de fomentar, reconocer y premiar esta clase de comportamientos para conseguir que se mantengan. El estudio de la ciudadanía organizacional apenas está en sus primeras etapas, pero las investigaciones preliminares sugieren que podría desempeñar un papel muy potente en la eficacia de los organismos y empresas.

RESUMEN Y UNA MIRADA AL FUTURO

Tras haber leído y estudiado este capítulo, usted ahora sabrá más acerca de las habilidades interpersonales. Tendrá más conocimiento para reconocer las diferentes formas de dinámica interpersonal que ocurren en las organizaciones y los distintos resultados que genera esa dinámica. También debe estar en mejor posición para apreciar las diferencias individuales, inclusive los contratos psicológicos y el engranaje entre el sujeto y el empleo. Además, podrá ver con claridad por qué las perspectivas del contenido y del proceso afectan la motivación de los empleados. También reconocerá la función y el efecto de la diversidad, los equipos y el conflicto así como el modo en que las habilidades interpersonales los afectan. Por último, verá la clara diferencia entre las conductas para el desempeño y las disfuncionales, al igual que la ciudadanía organizacional.

La parte restante de este capítulo le brinda la ocasión de seguir desarrollando y afinando sus habilidades interpersonales. Por ejemplo, le dirigirá a recursos que le permitirán ver el uso eficaz y menos eficaz de esa clase de destrezas. Asimismo, las secciones siguientes le ofrecen varias oportunidades para que las practique y estudie desde diferentes perspectivas. El capítulo termina con algunos datos adicionales acerca de las evaluaciones y su interpretación.

rotación de empleados tasa de renuncias laborales que presentan los trabajadores

ciudadanía organizacional conducta de individuos que hacen una aportación global positiva a la organización

VISUALICE LAS HABILIDADES INTERPERSONALES

HABILIDADES INTERPERSONALES EN ACCIÓN 1

Su tarea

Piense en los dos videoclips BizFlix de películas para este capítulo.

El tema de *Lost in Translation* (2003) es el choque cultural. El desfase horario conspira con el choque cultural y provoca que Charlotte (Scarlett Johansson) y Bob Harris (Bill Murray) se conozcan. Ninguno de los dos puede dormir después de llegar a Tokio. Se conocen en el bar de un hotel de lujo y forjan una relación duradera conforme van experimentando las cosas maravillosas, extrañas y complejas de Tokio. Esta película, basada en el guión de la directora Sophia Coppola que ganara un premio de la Academia, fue filmada enteramente en locaciones en Japón. Presenta visiones extraordinarias de diversos aspectos de la cultura japonesa que no estarían a su alcance sin visitar ese país.

Friday Night Lights (2004), basada en el libro de H.G. Bissinger sobre Odessa, Texas, habla de cómo el equipo de futbol americano escolar infunde una chispa en toda la ciudad. La pasión en Odessa por este deporte los viernes por la noche y las Panteras de la Escuela Permian se proyectan con claridad en este tratamiento cinematográfico. El coach Gary Gaines (Billy Bob Thornton) lleva al equipo a la semifinal de 1988, en la cual deben competir contra uno de jugadores que tienen tamaño mucho más grande. El ritmo veloz de las secuencias de futbol y el más lento de las secuencias serias introspectivas dotan a esta película de varios momentos magníficos.

Observe cómo estos dos videoclips presentan las habilidades interpersonales.

1. El primer videoclip ha sido editado para juntar varias partes de la película. Muestra aspectos seleccionados de Tokio y Kioto, en Japón. Charlotte tiene su primera experiencia con el complejo y activo sistema de trenes de Tokio. Más adelanta viaja en tren a Kioto, la ciudad que fue capital del país durante más de diez siglos. ¿Qué habilidades interpersonales deben manejar para vivir en otra cultura, aunque sea por poco tiempo?

2. El segundo videoclip empieza con un "paneo" de la casa de Winchell. El entrenador Gaines le dice a Mike Winchell (Lucas Black): "¿Piensas que puedes con la tarea, Mike?". No sólo pretende motivar a Mike para que juegue bien en el próximo partido, sino también para que piense en lo que hará con su vida en Odessa cuando termine sus estudios de bachillerato. ¿Cree usted que el entrenador Gaines está usando de forma eficaz sus habilidades interpersonales? ¿Por qué sí o no?

HABILIDADES INTERPERSONALES EN ACCIÓN 2

Este ejercicio le brinda la oportunidad de pensar en cuáles habilidades interpersonales podría requerir en puestos administrativos que ocupe en el futuro.

Su tarea

1. Piense en las habilidades interpersonales y trate de identificar una escena de una película, un programa de televisión o tal vez un video en YouTube que ilustre el uso positivo o eficaz de tales destrezas.

2. Ahora haga lo mismo en una escena que ilustre un uso negativo o ineficaz de esas habilidades.

Comparta con el grupo sus resultados y discutan por qué cada videoclip muestra el uso positivo y el negativo de las habilidades interpersonales. También debe sugerir cómo se habría podido cambiar la situación negativa para que fuera mejor.

PRACTIQUE SUS HABILIDADES INTERPERSONALES

DIRIJA EN UN PERIODO DE CAMBIO

Este ejercicio le servirá para comprender cómo aplicar sus habilidades interpersonales en un periodo de cambio.

Suponga que usted es gerente de una tienda minorista dentro de un centro comercial. Su personal está compuesto por siete empleados de tiempo completo y 10 de medio tiempo. Los primeros llevan tres años trabajando juntos como equipo. Los segundos son estudiantes universitarios, pero un par de ellos llevan laborando en la tienda más de un año. Su jefe, el director regional, le acaba de informar que la cadena nacional que es dueña de su establecimiento tiene el proyecto de abrir otra tienda en ese mismo centro comercial y que usted debe planificar e implementar los cambios siguientes:

- Usted será el gerente de las dos tiendas hasta que la nueva haya registrado un volumen de ventas que amerite que tenga su propio gerente.
- Debe escoger a uno de los empleados de tiempo completo de la tienda actual quien será el subgerente encargado de cubrirlo durante las horas que usted no esté ahí.
- A efecto de contar con empleados experimentados en la tienda nueva, debe escoger a tres de los actuales de tiempo completo para que se trasladen a la tienda nueva; uno de ellos será nombrado subgerente.
- Tiene autorización para contratar a tres trabajadores de tiempo completo nuevos para que reemplacen a los transferidos de la tienda actual, y a otros tres nuevos de tiempo completo más para que laboren en la tienda nueva.
- Usted puede decidir cómo distribuir a sus empleados de medio tiempo, pero necesitará a 10 en la tienda actual y a ocho en la tienda nueva.

Sabe que muchos de sus trabajadores se sentirán molestos con estos cambios porque se conocen y laboran bien juntos. Sin embargo, la tienda nueva estará en un ala nueva del centro comercial y será un lugar muy agradable para llevar a cabo sus actividades.

Su tarea

1. Explique las razones que probablemente tendrán los trabajadores para oponerse al cambio.
2. Explique cómo tomará usted las decisiones de las promociones y las transferencias (parta de todos los supuestos que considere necesarios).
3. Esboce cómo informará usted a sus empleados todo lo que va a ocurrir.
4. Una estrategia alternativa que podría adoptar es conservar intacto al personal existente y contratar a otros empleados para la tienda nueva. Esboce una estrategia de persuasión para convencer a su jefe de que eso es lo que deberían hacer.

ESCOJA EL MODO DE COMUNICACIÓN

Este ejercicio aplica las habilidades interpersonales a efecto de escoger el modo comunicativo para transmitir distintas clases de noticias. Este ejercicio es también relevante para las habilidades para la comunicación, las cuales se abordan en el capítulo 7.

Suponga que usted es el director de una sucursal regional de una compañía de seguros muy grande. La semana pasada ha estado ocupado en tantas juntas que prácticamente no ha tenido ocasión de comunicarse con sus subordinados. Se ha puesto al día y ahora tiene mucha información que comunicarles.

- Debe informar a tres personas que recibirán un aumento de sueldo de 10 por ciento.
- Debe comunicar a una persona que estará a prueba durante algún tiempo y que será despedida si no corrige el problema de faltar excesivamente al trabajo.
- Debe felicitar a un empleado porque se ha recibido de maestría.
- Debe informar a todo el mundo cuál será el calendario para el próximo ciclo de revisiones del desempeño.
- Debe informar a dos personas que su solicitud de ser transferidas ha sido autorizada, y a una tercera, que la suya ha sido negada. Además, otra será cambiada a pesar de que no lo ha solicitado y no le agradará el cambio.

Su tarea

1. Escoja un modo de comunicación interpersonal para cada uno de los mensajes que debe transmitir; por ejemplo una llamada telefónica en horario de oficina, una llamada por celular mientras se dirige a casa por la noche, una carta formal, una nota manuscrita, una junta frente a frente o un correo electrónico.
2. ¿Qué factores intervinieron para que eligiera cada uno de los modos?
3. ¿Cuál sería el modo comunicativo interpersonal menos indicado para cada uno de los mensajes? ¿Por qué?
4. ¿Cuáles serían las consecuencias probables de cada elección equivocada?

HABILIDADES PARA LA MOTIVACIÓN Y LA SATISFACCIÓN QUE SE NECESITAN EN UNA CARRERA

Este ejercicio le brinda la oportunidad de ver cómo se usan las habilidades para administrar a efecto de saber qué factores motivantes suelen estar presentes en la carrera que escoja y si esta satisfará sus necesidades.

Su tarea

1. Haga una lista de unas 15 cosas que requiere o desea encontrar en un empleo al que podría ingresar cuando se gradúe. Las necesidades pueden ser muy específicas (como un automóvil nuevo) o muy generales (como un sentimiento de realización).
2. Use internet para buscar el empleo al que ingresaría. (Consejo: una fuente muy buena es *Occupational Outlook Handbook* en el sitio web de Bureau of Labor Statistics, en http://www.bls.gov). Investigue los asuntos relacionados con las necesidades que enumeró en su respuesta al inciso 1, por ejemplo sueldo, prestaciones, condiciones de trabajo, etcétera.
3. ¿Por qué el empleo que ha escogido podría satisfacer sus necesidades? ¿Por qué no le gustarían? En caso afirmativo, ¿se sentirá motivado? En caso negativo, ¿se sentirá desmotivado o encontraría otro camino para abordar las discrepancias (como trabajar en otro empleo o desarrollar una afición)? Explique.

SOBREVIVA EN UN PERIODO DE CAMBIO

Este ejercicio le servirá para comprender mejor cómo aplicar las habilidades interpersonales en un periodo de cambio.

Suponga que usted es el gerente de una sucursal de mediano tamaño de una compañía muy grande en el sudoeste de Estados Unidos. Su empresa es uno de los empleadores más grandes en esa ciudad y ha sido líder en el esfuerzo por volverse "verde". Sus empleados no solo han tomado parte activa en proyectos para ahorrar energía, sino que muchos de ellos han sido reconocidos como líderes del proyecto "Salva al planeta".

El CEO, que tiene sus oficinas en la matriz de la empresa en Minneapolis, ha aceptado adoptar varias de las ideas que han sugerido diversos comités "verdes" y entidades públicas, como la compañía de luz local. Hoy tanto su división como otras han recibido aviso de que las acciones siguientes serán implementadas primero:

- Los termostatos, protegidos por cajas con candado, serán colocados a 80° en verano y a 70° en invierno.
- En las oficinas quedan prohibidos los microondas, refrigeradores personales así como ventiladores y, si se llegaran a encontrar, sus cables de energía serán cortados.
- Se colocarán barriles de reciclaje en todos los edificios para depositar vidrio, latas y papel.
- Las computadoras se apagarán automáticamente a las 7 p.m., todos los días; sin embargo, los fines de semana la persona que tenga que trabajar hasta más tarde o muy temprano podrá reactivar su computadora de forma normal.

Su tarea

Usted es el encargado de comunicar esta información a todos sus empleados y sabe que muchos de ellos se molestarán, a pesar de que hayan apoyado causas ambientales en otras ocasiones.

1. Clasifique las nuevas acciones por orden de la reacción que presentarán los trabajadores; por ejemplo, de "está bien" a "es fatal" o "es una locura".
2. Después piense en las medidas que podrían tomar usted y los directores locales las cuales desviarían parte de la resistencia de los empleados. Por ejemplo, ¿podría cambiar el atuendo exigido de acuerdo con la estación para que el ambiente de la oficina sea más agradable? ¿Qué cambios pueden hacer los propios empleados para reducir al mínimo los efectos negativos de los cambios?
3. ¿Qué situaciones anticipa? ¿Qué pretextos cabe esperar para que las personas no cumplan?
4. Para reducir el efecto negativo en el estado de ánimo, ¿debe transmitir esta noticia por escrito o en persona en una junta?
5. Esboce su presentación, de modo que muestre un equilibrio entre la conducta directiva y la empatía con los empleados.

COMPRENDA EL PROCESO DE LA PERCEPCIÓN

La ventana de Johari es un modelo particularmente bueno para comprender el proceso de la percepción en las relaciones interpersonales. En los grupos pequeños existe por lo habitual más confianza y los individuos trabajan mejor juntos, como podrá observar una vez que haya realizado el presente ejercicio.

Este constructor de habilidades se concentra en las personales y le servirá para conocerse mejor a sí mismo. Sugiere que comparta datos acerca de usted y después asimile y procese la retroalimentación. Tiene una doble intención: propiciar que se analice con más precisión y que empiece a trabajar en la cuestión de la cohesión de un grupo pequeño.

Todo sujeto tiene cuatro conjuntos de características de la personalidad. Un conjunto, que incluye características como trabajar con tesón, es bien conocido por el individuo y por los demás. Otro conjunto resulta desconocido para él, pero es evidente para los demás. Por ejemplo, en una situación laboral, un grupo de compañeros observaría cuando usted salta al rescate para que todo el conjunto salga de un punto muerto, y esa conducta es adecuada. En otras ocasiones, cuando salta antes de que el grupo haya terminado, parecerá que usted interrumpe. Un tercer conjunto es conocido por el individuo, pero no por los demás. Se trata de situaciones que usted ha decidido que no compartirá, tal vez por falta de confianza. Por último está el cuarto conjunto, que no es conocido por el sujeto ni por los demás, por ejemplo el por qué usted se siente incómodo en las fiestas de la oficina.

Su tarea

1. Observe la ventana de Johari que presentamos a continuación. En el cuadrante 1 anote tres cosas que sabe acerca de usted y que considera que otros también conocen. En el cuadrante 3 escriba tres cosas que los demás no saben de usted. Por último, en el cuadrante 2 anote tres cosas que usted no sabía acerca de usted el semestre pasado y que otros le han enseñado.

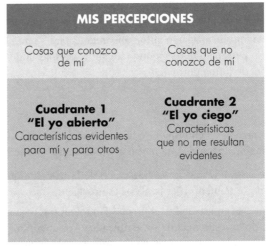

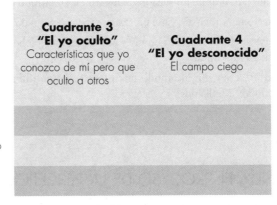

2. Cuando haya terminado este ejercicio, su profesor(a) le pedirá que formen pequeños equipos para compartir y discutir sus percepciones.

Fuentes: Adaptado de Joseph Luft, *Group Processes: An Introduction to Group Dynamics*, Palo Alto, California, Mayfield, 1970, pp. 10-11; William C. Morris y Marshall Sashkin, *Organizational Behavior in Action*, St. Paul, Minnesota, West, 1976, p. 56.

IDENTIFIQUE LOS RASGOS DE LA PERSONALIDAD PARA DIFERENTES EMPLEOS

La definición de habilidades interpersonales lleva implícita la idea de que un director debe tratar de conocer algunas características importantes de otros, entre ellas su personalidad. Este ejercicio le permite ver la importancia que esta tiene en el centro de trabajo, así como algunas de las dificultades que implica evaluar sus rasgos.

Suponga que su trabajo en una compañía nueva requerirá que contrate a tres empleados, con las obligaciones que describimos a continuación:

Representante de ventas: Este puesto requiere visitar a los clientes existentes para cerciorarse de que sigan contentos con los productos de la compañía. También necesita que el representante de ventas trate de conseguir que estos consumidores compren cantidades más grandes de los artículos, así como atraer a clientes nuevos. Un representante de ventas debe ser provocador, pero no intrigante.

Director de oficina: El director de oficina supervisa el trabajo de un equipo compuesto por un total de 20 secretarias, recepcionistas y oficinistas. Él contrata a esas personas, las capacita, evalúa su desempeño y determina su sueldo. Este gerente programa también los horarios laborales y sanciona o despide a los empleados en caso necesario.

Almacenista: Quienes se dedican a esta función descargan los camiones y trasladan los embarques a los anaqueles para almacenarlos. También surten los pedidos de los clientes sacando la mercancía de los anaqueles y llevándola al lugar donde otros la empacan. La actividad requiere que los empleados sigan con precisión las órdenes, y no hay mucha cabida para la autonomía ni para la interacción con otros durante el trabajo.

Su tarea

1. Basándose en las anteriores descripciones de los puestos trate de determinar cuáles rasgos de personalidad son más relevantes para cada uno.

2. Para cada puesto, señale un solo rasgo de personalidad que considere de especial importancia a efecto de que un individuo desempeñe con eficacia su trabajo. Después escriba cinco preguntas que, una vez que las conteste quien solicita el empleo, le ayudarán a usted a evaluar o medir esos rasgos en los posibles empleados. Estos cuestionamientos deben ser del tipo que se contesta en una escala de cinco puntos (por ejemplo, estoy totalmente de acuerdo, estoy de acuerdo, ni sí ni no, no estoy de acuerdo, no estoy para nada de acuerdo).

3. Intercambie sus preguntas con un compañero de clases. Después finja que usted solicita el empleo. Conteste de forma sincera y veraz cada cuestionamiento. Después, analicen los rasgos de personalidad que cada uno de ustedes señaló para cada puesto y la medida en que consideran que las preguntas miden en efecto esos rasgos.

4. Termine analizando las preguntas siguientes:

   A) ¿Qué tan fácil es medir la personalidad?

   B) En su opinión, ¿qué tanta importancia tiene que la organización tome en cuenta la personalidad para la decisión de contratar a alguien?

   C) ¿La percepción y las actitudes afectan la forma en que los individuos contestan el cuestionario sobre la personalidad?

EVALÚE LOS RASGOS DE LA PERSONALIDAD DEL EMPRENDEDOR

Este ejercicio requiere que usted evalúe los rasgos de la personalidad que algunos expertos han asociado a los emprendedores. ¿Está usted de acuerdo con los expertos?

Su tarea

Anote en la columna correspondiente la medida en que está de acuerdo con los 20 rasgos siguientes. Las respuestas no son correctas ni incorrectas.

Rasgos	No estoy para nada de acuerdo	No estoy de acuerdo	No sé	Estoy de acuerdo	Estoy totalmente de acuerdo
1. Creo que el éxito depende de la capacidad, no de la suerte.					
2. Soy consistente.					
3. Tengo poca influencia en las cosas que me suceden.					
4. Tengo ideas originales					
5. Soy estimulante					
6. Soy concienzudo.					
7. Con frecuencia me arriesgo a hacer de otra manera las cosas.					
8. Soy capaz de expresar mi desacuerdo con un grupo.					
9. Prefiero trabajar con un solo problema a la vez.					
10. Me encanta el trabajo detallado.					
11. Prefiero a los amigos que "no hacen olas".					
12. Siempre se me ocurre algo cuando estoy atorado.					
13. Soy metódico.					
14. Necesito la estimulación de los cambios frecuentes.					
15. Me gusta variar mi rutina sin previo aviso.					
16. Jamás pretendo infringir o evitar las reglas.					
17. Soy predecible.					
18. Cuando hago planes, estoy seguro de que los podré realizar.					
19. Prefiero que los cambios ocurran gradualmente.					
20. Estoy más dispuesto a correr riesgos que otras personas.					

Fuente: Adaptado de Ricky W. Griffin, *Fundamentals of Management*, Boston, Houghton Mifflin, p. 149. Reproducido con autorización de la autora, Margaret Hill.

EVALÚE SU TIPO DE PERSONALIDAD

Este ejercicio le demuestra que conocer la personalidad sirve para desarrollar relaciones interpersonales eficaces con las organizaciones. Presenta un instrumento usado con frecuencia para evaluarla: el indicador de tipos de Myers-Briggs. Según Isabel Myers, el tipo de personalidad de cada individuo varía en cuatro dimensiones:

- Extroversión (E) frente a introversión (I). Los extrovertidos obtienen energía cuando están cerca de otros sujetos, pero los introvertidos sienten que otros los agotan, así que necesitan estar solos para recargar su energía.
- Sensitivo (S) frente a intuitivo (N). El sensitivo prefiere las cosas concretas y las experiencias físicas, pero los intuitivos prefieren los conceptos abstractos y la imaginación.
- Pensante (T) frente a sensible (F). Los individuos pensantes basan sus decisiones más bien en la lógica y la razón, pero los sensibles basan sus decisiones más bien en los sentimientos y las emociones.
- Juzgador (J) frente a perceptivo (P). A las personas que son del tipo juzgador les gusta terminar o acabar las cosas, pero a los perceptivos les gustan el proceso y las situaciones abiertas.

Con base en sus respuestas a una encuesta, los sujetos son clasificados dentro de 16 tipos de personalidad; es decir, todas las combinaciones posibles de las cuatro dimensiones antes mencionadas. A continuación, el tipo se expresa en forma de código de cuatro letras, por ejemplo ESTP o INFJ. Después estos códigos se usan para describir el modo de interactuar con otros que prefiere el individuo.

Su tarea

1. Use en línea una forma de evaluación Myers-Briggs para evaluar su tipo de personalidad. Un lugar para encontrarla es http://www.humanmetrics.com/cgi-win/jtypes2.asp. Asimismo, la oficina de orientación vocacional de su institución podría ofrecer el servicio de evaluación Myers-Briggs.
2. Cuando haya determinado el código de cuatro letras correspondiente a su tipo de personalidad, vea las interpretaciones en http://www.dec.co.th/mbti_explanation.htm.

Fuente: Adaptado de Ricky W. Griffin, *Fundamentals of Management*, Boston, Houghton Mifflin, pp. 285-286. Reproducido con autorización de la autora, Margaret Hill.

USAR

USE SUS HABILIDADES INTERPERSONALES

NORDSTROM SE PREOCUPA

En 1901, John W. Nordstrom llegó a Estados Unidos procedente de Suecia y abrió una tienda minorista en Seattle, Washington. Años después, sus tres hijos expandieron el negocio, se concentraron en vender zapatos y, para finales de la década de 1950, habían hecho de Nordstrom la cadena de zapaterías más grande de ese país. Después, en la década de 1960, el negocio se expandió más allá del calzado. Adquirió Best Apparel de Seattle en 1963, y Nicholas Ungar, una tienda de modas de Portland, en 1966. Para 1975, tenía 11 tiendas en tres estados del oeste de la Unión Americana. En 1985 había superado a Saks Fifth Avenue al convertirse en el minorista de moda especializada líder de esa nación.

Tres nietos del fundador dirigieron la compañía hasta finales de la década de 1960. La administraban en equipo, incluso rotándose el título de presidente. Después, una tercera generación de hijos y primos Nordstrom convirtieron a la empresa en una compañía pública en 1971, pero retuvieron puestos ejecutivos para no perder el control. En 1991 expandieron la dirección con un enfoque de equipo el cual incluía a cuatro personas que no eran de la familia. Después, en 1995, la cuarta generación de hermanos y primos trabajaron durante algún tiempo como copresidentes. Por último, después de que hubo un CEO que no formaba parte de la familia, los Nordstrom recuperaron el control en 2001.

En 1988, las 48 tiendas de Nordstrom juntas, que presumían de un servicio al cliente excepcional, registraron ventas por más de 2 mil millones de dólares y se quedaron con un buen bocado del dinero de sus rivales. Para 1990, la compañía había expandido su imperio minorista a la costa este del país, contaba con 59 tiendas y se había convertido en líder en el uso de tecnología avanzada para mantener en contacto entre sí a los empleados, los compradores y las empresas vendedoras. En 1993, Nordstom anunció sus planes para expandirse al sur con una tienda en Dallas.

El servicio al cliente es una condición *sine qua non* para los empleados de la compañía. Esta alecciona a los trabajadores nuevos en que ese servicio es la meta principal y les entrega el famoso "manual" de 75 palabras que los conmina a "usar su buen juicio en todas las situaciones" y que explica que "no hay más reglas". Por lo tanto, muchos empleados leales (llamados "Nordies") están muy motivados. Se ha sabido de casos en que envían notas de agradecimiento a los clientes, les llaman por teléfono para avisarles cuándo recibirán su mercancía, e incluso les calientan sus automóviles en días fríos de invierno. Doscientos de ellos incluso pagaron su transporte para atravesar el país cuando la compañía abrió tiendas en la Costa Este. Estos empleados dedican mucho tiempo y energía a asegurarse de que el servicio al cliente excepcional sea el sello de Nordstrom.

Sin embargo, no todos los empleados comparten este entusiasmo. Algunos empleados y sindicatos obreros afirmaban que las prácticas salariales de la compañía eran injustas. Esos empleados sostenían que no les pagaban las horas extra ni muchas actividades extraordinarias relacionadas con el servicio que desarrollaban después de su horario de trabajo. En 1990, las demandas judiciales de los grupos de interés y los trabajadores sumadas a los fallos en contra Nordstrom dictados por la National Labor Relations Board y el Estado de Washington provocaron que la empresa tuviera que anunciar la primera baja de utilidades en su historia.

Sin embargo, para mediados de la década de 1990, la compañía registró utilidades de nuevo y, al parecer, en el 2010 también obtendría buenos resultados no obstante el efecto negativo de la mala situación económica que se presentó de mediados a finales de la década de 2000. Además, en 2010, la revista *Fortune* colocó a Nordstrom como una de las mejores empresas para trabajar, y el malestar de los empleados se había apagado al parecer.

Preguntas del caso

Vea en línea

1. ¿Qué habilidades interpersonales parecen ser el fundamento del "manual" de 75 palabras?

2. ¿Cómo actúan las capacidades interpersonales para los empleados y los clientes?

3. ¿Qué habilidades interpersonales concretas parecen tener particular importancia para el éxito en Nordstrom? ¿Por qué?

4. ¿Serían compatibles sus destrezas con un trabajo en Nordstrom? ¿Por qué sí o no?

5. Si sus destrezas no fuesen compatibles pero le gustaría que lo fueran, ¿qué haría para asegurarse de que cuenta con el tipo de habilidades requeridos para trabajar en una cadena de tiendas minoristas exitosa como Nordstrom?

Referencias del caso

"Best big companies to work for", *Fortune*, 15 de abril de 2010, http://money.cnn.com/galleries/2010/fortune/1004/gallery.fortune500_best_employers.fortune/18.html; Anne D'Innocenzio, "Retailers prepare for consumer comeback", *BusinessWeek*, 16 de mayo de 2010, http://www.businessweek.com/ap/financialnews/D9FO318G0.htm; Robert Spector y Patrick McCarthy, *The Nordstrom Way to Customer Service Excellence*, Hoboken, Nueva Jersey, John Wiley & Sons, 2005; "News Briefs", *The Arizona Republic*, 6 de enero de 1993, p. C1; Dori Jones Yang, "Nordstrom's Gang of Four", *BusinessWeek*, 15 de junio de 1992, pp. 122-123; "Electronic Mail", *Chain Store Age Executive*, 1 de octubre de 1992, p. 72; "Technology Leaders", *Stores*, 1 de enero de 1992, p. 112.

CAMPBELL'S SIGUE ENLATANDO

El negocio de sopas en lata de Joseph Campbell y Abram Anderson, al igual que el de sus dos competidores, estaba luchando por salir adelante cuando el Dr. John Thompson Dorrance ingresó a la empresa a finales del siglo XIX. Dorrance inventó la sopa condensada para facilitar el movimiento del producto. La de Campbell's inundó el país y, para 1911, la marca era conocida de costa a costa de Estados Unidos. En 1915, Cambell's adquirió Franco American. Pasaron 40 años para que realizara su siguiente adquisición (Swanson's, en 1955), pero después registró un periodo de veloz expansión y adquisiciones, el cual duró toda la década de 1980. Por lo mismo, ahora Campbell's es el fabricante de sopas en lata más grande de Estados Unidos y un importante fabricante de otros artículos, como alimentos congelados y productos listos para consumir, pepinillos, artículos de panadería, jugos de vegetales, salsas para spaghetti, frijoles en lata y pasta. Sin embargo, en fecha reciente Campbell's se ha ido deshaciendo de las líneas menos rentables para poder ser más competitiva. Los resultados de principios de la década de 1990 indican que estaba teniendo éxito.

Cuando David W. Johnson, un exitoso ejecutivo de los productos Gerber, se hizo cargo de Campbell's en 1990, aplicó cambios significativos. Cerró o vendió 20 plantas en distintos lugares del mundo, se deshizo de las marcas que no eran rentables y recortó la fuerza de trabajo en más de 20%. Johnson aplicó cuatro preceptos básicos: 1) actúa con rapidez: una vez que has tomado una decisión ponla en práctica enseguida; 2) no cambies la línea: fija un curso o enfoque y usa al personal existente para lograrlo; 3) ponlos a sudar: motiva a los individuos para que alcancen parámetros muy altos porque se enorgullecen de su trabajo, y 4) administra con base en las cifras: delega atribuciones y motiva a los empleados para que sean creativos, pero lleva un tablero de cifras (VERC, anagrama en inglés que corresponde a volumen, ingresos, rendimiento, efectivo) para medir su desempeño.

Johnson cambió también la cultura de la compañía. Las divisiones de Campbell's habían sido tan independientes que la unidad de sopas hizo una promoción con las galletas Nabisco, siendo que la unidad Pepperidge Farm fabricaba un producto que competía con ellas. Johnson reestructuró la empresa a efecto de acabar con esas actitudes de "protección de territorios". Ligó una proporción considerable de los bonos directivos al desempeño global de la compañía como otro camino para reducir más las actitudes y las conductas territoriales. Instituyó planes para la sucesión, tanto para que los directores supiesen que son evaluados constantemente para sus ascensos, como para proporcionarles retroalimentación sobre la calidad de su desempeño.

Johnson introdujo elementos de técnicas directivas avanzadas y de una administración participativa en muchas plazas, y su éxito sugiere que serán expandidas a lo largo y ancho de Campbell's. Instituyó la capacitación en habilidades para la comunicación y la administración de la calidad. También creó círculos de calidad y equipos de trabajo. Por ejemplo, en las operaciones canadienses los empleados no tardaron en manejar la calendarización de la planta, las contrataciones, las asignaciones del personal y hasta algunos proyectos de capital. También recortaron los costos. En esencia, los empleados liberaron una cantidad equivalente al valor de la capacidad de la planta, lo cual permitió que la operación en Canadá expandiera su mercado, y tal vez hasta le quitara algunos negocios a las fábricas estadounidenses.

El uso de grupos y de programas de motivación ha dado por resultado que algunas partes de Campbell's sean un lugar excelente para trabajar. Por ejemplo, sus oficinas centrales en Camden, Nueva Jersey, cuentan con una guardería en las instalaciones, y la compañía ayuda a los empleados con parte importante del costo. También ofrece horarios flexibles, empleos compartidos e incluso ayuda para las adopciones, con el propósito de contribuir con las distintas situaciones laborales de su plantilla laboral. Sin embargo, en otras partes de la empresa no han sido así las cosas.

Durante la década de 1990, mientras Johnson pasaba de presidente de la compañía a presidente del consejo, la reestructuración prosiguió. Él se retiró en 1999, pero no por mucho tiempo. Descontentos con el desempeño de las acciones de la organización, la familia fundadora Dorrance (que todavía poseía más de 50% de ella) y el consejo de administración presionaron al nuevo presidente para que renunciara. En el año 2000, Johnson regresó de forma interina hasta la contratación de Douglas R. Conant como nuevo presidente y CEO. En 2009, a pesar de los grandes desafíos económicos, Campbell's reportó un buen desempeño de sus negocios.

Preguntas del caso

Vea en línea

1. Johnson fue un director exitoso. ¿Qué habilidades interpersonales exhibió cuando se hizo cargo de Campbell's?
2. ¿Compare sus habilidades con las de Johnson? ¿Está usted preparado para ser un director?
3. La reestructuración y los cuatro preceptos de Johnson crearon estrés en la empresa. ¿Esta presión fue motivante? ¿Qué criterios serían los indicados para emitir este juicio de opinión?
4. ¿Qué piensa usted de mejorar el desempeño económico de una compañía deshaciéndose de unidades/marcas que no cumplen con los parámetros? ¿Cuál sería el efecto para las personas que trabajan en ella? ¿Cómo usaría usted las habilidades interpersonales para manejar ese efecto?

Referencias del caso

2009 Annual Review en www.campbellsoupcompany.com/annualreview/2009/letter.asp; Tina Grant, Ed., *International Directory of Company Histories*, Vol. 71, St. James Press, 2005; "Campbell Soup Posts 29% Increase in Net For Latest Quarter", *The Wall Street Journal*, 11 de septiembre de 1992, p. A7; Bill Saporito, "Campbell Soup Gets Piping Hot", *Fortune*, 9 de septiembre de 1991, pp. 142-148; Bruce Hager, Lisa Driscoll, Joseph Weber y Gary McWilliams, "CEO Wanted. No Insiders, Please", *BusinessWeek*, 12 de agosto de 1991, pp. 44-45.

EXTIENDA SUS HABILIDADES INTERPERSONALES

Su profesor(a) puede usar una o varias de estas **extensiones para el grupo** a efecto de brindarle otra oportunidad más para desarrollar sus habilidades para administrar el tiempo. Por otro lado, usted puede seguir desarrollándolas por su cuenta mediante una o varias de las extensiones individuales.

Las extensiones grupales se repiten exactamente de la misma forma para cada una de las siete habilidades específicas. Desarrollar la extensión exacta para las distintas capacidades le servirá para perfeccionar tanto estas como las diferencias sutiles que existen entre sí.

EXTENSIONES PARA EL GRUPO

- Forme equipos pequeños de estudiantes. Solicite a cada conjunto que escoja una organización y un puesto directivo. Después pídales que identifiquen las habilidades interpersonales que necesitaría alguien en ese puesto.
- Arme equipos pequeños de alumnos. Indique a cada equipo que identifique un problema o una oportunidad que afronte una empresa u otra organización. Después pídales que señalen las habilidades interpersonales que necesitarán los directores para lidiar con ese problema u oportunidad.
- Forme equipos pequeños de estudiantes. Asigne a cada conjunto una o varias compañías que deberán analizar. Indíqueles que identifiquen a los miembros que constituyen el consejo de administración e investiguen sus antecedentes. Después solicite que describan las habilidades interpersonales que estos consejeros deben tener.
- Arme equipos pequeños de alumnos. Pida a cada conjunto que escoja un empleo que ve con regularidad (por ejemplo, vendedor de tienda minorista, empleado de negocio de comida rápida). Pídale que describa las habilidades interpersonales que ese trabajador debe tener para su empleo.
- Forme equipos pequeños de alumnos. Indique a los estudiantes que esbocen las habilidades interpersonales que necesitarían si fueran a iniciar un tipo específico de negocio nuevo.
- Arme equipos pequeños de estudiantes. Solicite a cada conjunto que señale situaciones en las que se hayan encontrado recientemente y que hayan requerido que usaran sus habilidades interpersonales.

EXTENSIONES INDIVIDUALES

- Acuda a la biblioteca (física y/o digital) e investigue una compañía. Determine su grado de eficacia y señale las habilidades interpersonales que deben tener sus directores de nivel alto. Comparta sus resultados con el grupo.

- Escoja a un director que sea muy visible y analice sus habilidades interpersonales.

- Entreviste a un gerente de una organización local. Averigüe qué habilidades para administrar el tiempo necesita a efecto desempeñar con eficacia su trabajo.

- Piense en algún conocido suyo que sea directivo. Describa el puesto administrativo que ocupa por cuanto se refiere al tipo de organización, al nivel que tiene en esta, y al área gerencial en la que trabaja. ¿Qué capacidades interpersonales necesita ese sujeto para ser eficaz?

- Concentrándose en las habilidades interpersonales, planifique un cambio hipotético para su escuela.

SUS HABILIDADES INTERPERSONALES ACTUALES

EVALUACIÓN DE SUS HABILIDADES INTERPERSONALES

Ha terminado el capítulo 4 y llegado el momento de volver a evaluar sus habilidades para administrar el tiempo. Para ello, conteste el instrumento siguiente. Piense en su situación o su empleo actuales, o en una organización a la cual pertenece. Responda pensando en su circunstancia presente y no en lo que supone que deberían contestar usted o cualquier administrador o director. Si el enunciado no corresponde a su situación actual, responda en función de lo que piensa que sería el caso si estuviese en esa circunstancia.

Use la escala siguiente para responder:

1	2	3	4	5
Definitivamente no es cierto	Relativamente no es cierto	En ocasiones es cierto y en otras no	Relativamente cierto	Definitivamente cierto

Sume sus puntos y anote el total en la tabla que presentamos al final del instrumento.

Dado que muchos expertos sugieren que las evaluaciones del desempeño usen la retroalimentación de 360°, usted quizá considere conveniente saber lo que otros piensan de sus habilidades para administrar. Su profesor(a) puede proporcionarle una forma que está diseñada para que contesten otros y, cuando la hayan respondido, usted también anotaría esas calificaciones en la tabla. Fíjese en las áreas en las que existe gran diferencia entre su visión y la de otros y dedique más tiempo a desarrollar las habilidades que ellos indican.

HABILIDADES INTERPERSONALES

(Nota: los números corresponden a la evaluación básica que presenta el apéndice A.)

_____ 51. Admito mis errores y acepto la responsabilidad que tuve por ellos.

_____ 52. Siempre cumplo con mi parte de las actividades del grupo.

_____ 53. Soy ambicioso y competitivo.

_____ 54. Soy impositivo y contundente cuando es necesario.

_____ 55. Estoy consciente de que se podrían presentar conflictos cuando trato con otros.

_____ 56. Me siento bien en puestos de liderazgo.

_____ 57. Por lo habitual soy una persona abierta.

_____ 58. Por lo general soy alegre y entusiasta.

_____ 59. Siento verdadero interés por lo que están haciendo otros por sus carreras.

_____ 60. Tengo paciencia cuando trato con otros.

_____ 61. Soy muy bueno para conseguir que otros adopten mis ideas.

_____ 62. Soy sensible a las necesidades y los sentimientos de otros.

_____ 63. Soy muy resistente física y mentalmente.

_____ 64. Estoy dispuesto a adoptar una posición impopular si pienso que es la correcta.

_____ 65. Estoy dispuesto a trabajar después de la hora de salida cuando es necesario.

_____ 66. Me aseguro de delegar a manos de personas que tienen las atribuciones y los recursos para desarrollar el trabajo.

_____ 67. Evito comprometerme demasiado rápido.

_____ 68. Puedo actuar como portavoz del grupo.

_____ 69. Puedo ser impositivo cuando se necesita.

_____ 70. Puedo manejar bien el estrés y la presión.

_____ 71. Me interesan mis relaciones con otros.

_____ 72. Tomo en cuenta las opiniones y los sentimientos de otros cuando están exponiendo sus ideas.

_____ 73. Coopero con otros.

_____ 74. Delego cuando es conveniente.

_____ 75. Establezco y mantengo buenas relaciones de cooperación con otros.

_____ 76. Pienso que la mayor parte de los individuos son confiables y éticos.

_____ 77. Opino que, por lo general, las personas cumplen mis expectativas.

_____ 78. Suelo conocer las fortalezas y las debilidades de los miembros de mi grupo.

_____ 79. Por lo general me produce entusiasmo alcanzar objetivos y cumplir con fechas límite.

_____ 80. Por lo habitual merezco la atención y el respeto de los demás del grupo.

_____ 81. Verdaderamente me interesan los sentimientos de otros.

_____ 82. Me llevo bien con mis compañeros/colegas.

_____ 83. Me llevo bien con los superiores.

_____ 84. Brindo a las personas la oportunidad de demostrarme lo que son capaces de hacer.

_____ 85. Hago todo lo posible por ayudar a los individuos a desarrollarse.

_____ 86. Manejo los reveses de forma efectiva.

_____ 87. Tengo gran cantidad de contactos y amigos.

_____ 88. Confío en los demás.

_____ 89. Ayudo a otros a que aprendan cuando están desarrollando tareas nuevas.

_____ 90. Ayudo a resolver las exigencias encontradas de los miembros del grupo.

_____ 91. Inspiro confianza.

_____ 92. Mantengo a otros informados de la marcha de las cosas.

_____ 93. Comunico a otros si están haciendo bien su trabajo.

_____ 94. Informo a otros si están haciendo mal las cosas.

_____ 95. Comunico a otros si su desempeño no es el deseado.

_____ 96. Escucho las opiniones de otros.

_____ 97. Prefiero dirigir a seguir.

_____ 98. Doy consejos a otros cuando corresponde.

_____ 99. Proporciono información a otros acerca de lo que deben hacer para que salgan bien las cosas.

_____ 100. Puedo reconocer y manejar problemas entre individuos y grupos.

_____ 101. Reconozco la ayuda de otros y los premio.

_____ 102. Recurro a la persuasión y a la experiencia para motivar a las personas.

_____ 103. Busco responsabilidades adicionales con el fin de mejorar.

_____ 104. Comparto el crédito por un trabajo en equipo.

_____ 105. Me doy tiempo para conocer a las personas.

_____ 106. Suelo ser un sólido jugador de equipo.

_____ 107. Confío en que las personas harán lo correcto.

_____ 108. Siempre procuro ser cortés.

_____ 109. Trato de no alterarme cuando me critican.

_____ 110. Trato de no ponerme irritable o de mal humor cuando estoy sometido a estrés.

_____ 111. Procuro no tomar partido en las discusiones.

_____ 112. Trato de ser un buen modelo de función.

_____ 113. Procuro ser confiado incluso en situaciones ambiguas o estresantes.

_____ 114. Trato de participar en las actividades del grupo.

_____ 115. Procuro actuar como _coach_ de otros para ayudarles con sus tareas.

_____ 116. Trato de expresar lo que siento para que otros sepan cuáles son mis emociones.

_____ 117. Procuro crear un ambiente en donde las personas rindan su mejor desempeño.

_____ 118. Trato de manejar los conflictos fijándome en las razones verdaderamente fundamentales de ellos.

_____ 119. Trato de ser simpático.

_____ 120. Procuro dar atribuciones (empoderar) a las personas para que se desempeñen mejor.

_____ 121. Trato de involucrar a todos en las actividades del grupo.

_____ 122. Trato de que las personas trabajen bien juntas.

_____ 123. Intento ayudar a que otros aprendan de sus errores.

_____ 124. Procuro motivar a otros para que trabajen bien.

_____ 125. Procuro apoyar a otros.

_____ 126. Trato de encargarme de que las tareas queden repartidas equitativamente entre los miembros del grupo.

_____ 127. Procuro poner el ejemplo con mi desempeño para alimentar la excelencia en otros.

_____ 128. Procuro establecer parámetros de desempeño muy altos para los miembros del grupo.

_____ 129. Trato de sugerir que el trabajo de todos es importante.

_____ 130. Intento brindar un trato justo a todos.

Resumen de sus calificaciones

Habilidad (calificación máxima posible)	Su calificación actual	Las calificaciones de otros	Su calificación en el capítulo 1
Interpersonales (400)			

Interpretación de sus calificaciones

Compare su calificación con la que obtuvo en la evaluación inicial del capítulo 1. Si su calificación ha mejorado poco o nada, debería estudiar el mismo conjunto de incisos de la **evaluación de las habilidades para administrar** del capítulo 1 y comparar cada uno de ellos para saber dónde ha habido un cambio o no. Debe dedicar más tiempo a desarrollar las capacidades particulares en las que el cambio ha disminuido o permanecido igual.

INTERPRETACIONES

EVALÚE SUS NECESIDADES

Un psicólogo (H.A. Murray) planteó en 1938 un conjunto de 10 necesidades. Más adelante, otro psicólogo (J.W. Atkinson) les dio un sentido operativo. Dado que resultan visibles en la conducta de una persona se conocen como necesidades manifiestas de Murray y son:

1. Realización
2. Afiliación
3. Agresión
4. Autonomía
5. Exhibición
6. Impulsividad
7. Cariño
8. Orden
9. Poder
10. Comprensión

Para calificar sus resultados, estudie individualmente cada pregunta; las necesidades corresponden de uno a uno con los incisos del cuestionario de la evaluación.

Si bien, no hay muchas investigaciones que confirmen la teoría de Murray, las diferentes necesidades sí han sido objeto de estudio.

Al parecer, las personas tienen un perfil distinto de necesidades que sustenta sus motivaciones a edades diversas. Cuanto más una o varias de estas necesidades le describan a usted, tanto más indica que considera que una necesidad particular está actuando en su composición motivacional.

Para más información, vea H.A. Murray, *Exploration in Personality*, Nueva York, Oxford University Press, 1938, y J.W. Atkinson, A*n Introduction to Motivation*, Princeton, Nueva Jersey, Van Nostrand, 1964.

IMPLICACIÓN EN EL TRABAJO

La calificación de su implicación en el trabajo para esta autoevaluación puede ir de 20 a 80 puntos. Una persona que tiene una calificación inferior a 40 se implica poco. Estos individuos se sienten indiferentes hacia el trabajo y ajenos a la organización; además, consideran que este solo es un instrumento para obtener otros placeres.

De otro lado, las personas que tienen más de 40 puntos están muy implicadas en su trabajo. Gozan de él y tienen mucho sentido de logros, deseo y fuerza. Les gusta ir a laborar y están dispuestas a hacerlo muchas horas.

EFECTIVIDAD DEL EQUIPO

Las calificaciones de entre 12 y 15 puntos en cualquiera de las cinco escalas sugieren que el equipo es eficaz en esa dimensión, mientras que las de entre 3 y 8 puntos aluden a ineficacia. Las calificaciones de entre 9 y 11 puntos en una cualquier escala sugieren incertidumbre o ambigüedad en esa dimensión.

INTERPRETA

Las calificaciones totales de entre 60 y 75 puntos para los 15 incisos sugieren un equipo sumamente eficaz, mientras que las de entre 15 y 30 puntos insinúan uno que probablemente es ineficaz.

CUÁNDO USAR EQUIPOS

Todos los enunciados son falsos. Si usted obtiene una calificación muy alta (30 puntos o más) debería investigar por su cuenta la evidencia de investigaciones.

INTERPRETAR

NOTAS

[1] John J. Gabarro, "The Development of Working Relationships", en Jay W. Lorsh (Ed.), *Handbook of Organizational Behavior*, Englewood Cliffs, Nueva Jersey, Prentice-Hall, 1987, pp. 172-189; vea también (próximas referencias)

[2] G. Gopinath y Thomas E. Becker, "Communication, Procedural Justice and Employee Attitudes: Relationships Under Conditions of Divestiture", *Journal of Management*, 2000, vol. 26, núm 1, pp. 63-83.

[3] Citado en *Bloomberg Businessweek*, 16 de enero de 2012, p. 49.

[4] Lynn McGarlane Shore y Lois Tetrick, "The Psychological Contract as an Explanatory Framework in the Employment Relationship", en G.L. Cooper y D.M. Rousseau (Eds.), *Trends in Organizational Behavior*, Londres, Wiley, 1994; vea también Jacqueline Coyle Shapiro y Neil Conway, "Exchange Relationships: Examining Psychological Contracts and Perceived Organizational Support", *Journal of Applied Psychology*, 2005, vol. 90, núm 4, pp. 774-781.

[5] Para una ilustración vea Zhen Xiong Chen, Anne Tsui y Lifeng Zhong, "Relations to Psychological Contract Breach: A Dual Perspective", *Journal of Organizational Behavior*, 2008, vol. 29, pp. 527-548.

[6] Elizabeth Wolfe Morrison y Sandra L. Robinson, "When Employees Feel Betrayed: A Model of How Psychological Contract Violation Develops", *Academy of Management Review*, enero de 1997, pp. 226-256.

[7] Arne Kalleberg, "The Mismatched Worker: When People Don't Fit Their Jobs", *Academy of Management Perspectives*, 2008, vol. 22, núm 1, pp. 24-40.

[8] Richard M. Steers, Gregory A. Bigley y Lyman W. Porter, *Motivation and Leadership at Work*, 6a. ed., Nueva York, McGraw-Hill, 1996; vea también Maureen L. Ambrose y Carol T. Kulik, "Old Friends, New Faces: Motivation Research in the 1990s", *Journal of Management*, 1999, vol. 25, núm 33, pp. 231-292; y Edwin Locke y Gary Lartham, "What Should We Do About Motivation Theory? Six Recommendations for the Twenty First Century", *Academy of Management Review*, 2004, vol. 29, núm 3, pp. 388-403.

[9] Nigel Nicholson, "How to Motivate Your Problem People", *Harvard Business Review*, enero de 2003, pp. 57-67; vea también Hugo Kehr, "Integrating Implicit Motives, Explicit Motives, and Perceived Abilities: The Compensatory Model of Work Motivation and Volition", *Academy of Management Review*, 2004, vol. 29, núm 3, pp. 479-499; vea también James M. Diefendorff y Megan M. Chandler, "Motivating Employees", en Sheldon Zedeck (Ed.), *Handbook of Industrial and Organizational Psychology*, American Psychological Association, Washington, D.C., 2010.

[10] Jeffrey Pfeffer, *The Human Equation*, Cambridge, Massachussets, Harvard Business School Press, 1998; vea también Nitin Nohria, Boris Groysberg y Linda-Eling Lee, "Employee Motivation-A Powerful New Model", *Harvard Business Review*, julio-agosto de 2008, pp. 78-79.

[11] Para una explicación reciente de estas cuestiones vea Eryn Brown, "So Rich So Young-But Are They Really Happy?", *Fortune*, 18 de septiembre de 2000, pp. 99-110.

[12] Abraham H. Maslow, "A Theory of Human Motivation", *Psychological Review*, 1943, vol. 50, pp. 370-396; Abraham H. Maslow, *Motivation and Personality*, Nueva York, Harper & Row, 1954. La obra más reciente de Maslow es Abraham H. Maslow y Richard Lowry, *Toward a Psychology of Being*, Nueva York, Wiley, 1999.

[13] *USA Today*, 16 de agosto de 2004, p. 2B.

[14] Para una reseña, vea Pinder, *Work Motivation in Organizational Behavior*.

[15] Frederick Herzberg, Bernard Mausner y Barbara Snyderman, *The Motivation to Work*, Nueva York, Wiley, 1959; Frederick Herzberg, "One More Time: How Do You Motivate Employees?", *Harvard Business Review*, enero de 2003, pp. 87-98.

[16] Robert J. House y Lawrence A. Wigdor, "Herzberg's Dual Factor Theory of Job Satisfaction and Motivation: A Review of the Evidence and a Criticism", *Personnel Psychology*, invierno de 1967, pp. 369-389; Victor H. Vroom, Work and Motivation, Nueva York, Wiley, 1964; vea también Pinder, *Work Motivation in Organizational Behavior*.

[17] Victor H. Vroom, *Work and Motivation*, Nueva York, Wiley, 1964.

[18] "Starbucks' Secret Weapon", *Fortune*, 29 de septiembre de 1997, pp. 268.

[19] *Harvard Business Review*, mayo de 2009, p. 101.

[20] Lyman W. Porter y Edward E. Lawler III, *Managerial Attitudes and Performance*, Homewood, Illinois, Dorsey, 1968.

[21] J. Stacy Adams, "Towards an Understanding of Inequity", *Journal of Abnormal and Social Psychology*, noviembre de 1963, pp. 422-436.

[22] "The Best vs. the Rest", *The Wall Street Journal*, 30 de enero de 2006, pp. B1, B3.

[23] Mark C. Bolino y William H. Turnley, "Old Faces, New Places: Equity Theory in Cross-Cultural Contexts", *Journal of Organizational Behavior*, 2008, vol. 29, pp. 29-50.

[24] *BusinessWeek*, 8 de junio de 2009, p. 48.

[25] Vea Edwin A. Locke, "Toward a Theory of Task Performance and Incentives", *Organizational Behavior and Human Performance*, 1968, vol. 3, pp. 157-189.

[26] Gary P. Latham y J.J. Baldes, "The Practical Significance of Locke's Theory of Goal Setting", *Journal of Applied Psychology*, 1975, vol. 60, pp. 187-191.

[27] Gail Robinson y Kathleen Dechant, "Building a Business Case for Diversity", *Academy of Management Executive*, agosto de 1997, pp. 21-31; vea también Orlando G. Richard, "Racial Diversity, Business Strategy, and Firm Performance: A Resource Based View", *Academy of Management Journal*, 2000, vol. 43, núm 2, pp. 164-177.

[28] "The Corning Job Bottleneck", *BusinessWeek*, 24 de marzo de 1997, pp. 184-188; Linda Thornburg, "The Age Wave Hits", *HR Magazine*, febrero de 1995, pp. 40-46; "How to Manage and Aging Workforce", *The Economist*, 18 de febrero de 2006, p. 11.

[29] Gary Powell y D. Anthony Butterfield, "Investigating the 'Glass Ceiling' Phenomenon: An Empirical Study of Actual Promotions to Top Management", *Academy of Management Journal*, 1994, vol. 37, núm 1, pp. 68-86.

[30] Karen S. Lyness y Donna E. Thompson, "Above the Glass Ceiling? A comparison of Matched Samples of Female and Male Executives", *Journal of Applied Psychology*, 1997, vol. 82, núm 3, pp. 359-375.

[31] "What Glass Ceiling?", *USA Today*, 20 de julio de 1999, pp. 1B y 2B; vea también Patricia Sellers, "The 50 Most Powerful Women in Business", *Fortune*, 14 de noviembre de 2005, pp. 125-170.

[32] *Occupational Outlook Handbook*, Washington, D.C., U.S. Bureau of Labor Statistics, 1990-1991.

[33] "Hispanic Nation", *BusinessWeek*, 15 de marzo de 2004, pp. 58-70.

[34] "The Power of Diversity: Who's Got the Clout?", *Fortune*, 22 de agosto de 2005, número especial.

[35] "In a Factory Schedule, Where Does Religion Fit In?", *The Wall Street Journal*, 4 de marzo de 1999, pp. B1 y B12.

[36] Jane Easter Bahls, "Make Room for Diverse Beliefs", *HR Magazine*, agosto de 1997, pp. 89-95; vea también Cliff Edwards, "Coming Out in Corporate America", *BusinessWeek*, 15 de diciembre de 2003, pp. 64-72.

[37] "Inmigration Is on the Rise, Again", *USA Today*, 28 de febrero de 1997, p. 7A.

[38] "Firms Address Workers' Cultural Variety", *The Wall Street Journal*, 10 de febrero de 1989, p. B1.

[39] Vea Jon R. Katzenbach y Douglas K. Smith, *The Wisdom of Teams: Creating the High Performance Organization*, Boston, Harvard Business School Press, 1993, p. 45.

[40] *Ibid.*

[41] *Ibid.*

[42] *Ibid.*

[43] Ellen Hart, "Top Teams", *Management Review*, febrero de 1996, pp. 43-47.

[44] Dan Dimancescu y Kemp Dwenger, "Smoothing the Product Development Path", *Management Review*, enero de 1996, pp. 36-41; vea también "The World's 50 Most Innovative Companies", *Fast Company*, marzo de 2008, pp. 72-117.

[45] Ramón Rico, Miriam Sánchez Manzanares, Francisco Gil y Christina Gibson, "Team Implicit Knowledge Coordination Processes: A Team Knowledge-Based Approach", *Academy of Management Review*, 2008, vol. 33, núm 1, pp. 163-184.

[46] Orsbum, Moran, Musselwhite y Zenger, *Self-Directed Work Temas*, p. 15.

[47] Manz y Sims, *Business Without Bosses*, pp. 10-11.

[48] Deborah Ancona, Henrick Bresman y Katrin Keufer, "The Competitive Advantage of X-Teams", *Sloan Management Review*, primavera de 2002, pp. 33-42.

[49] Katzenbach y Smith, *The Wisdom of Teams*, pp. 184-189.

[50] Manz y Sims, *Business Without Bosses*, pp. 74-76.

[51] Jason Colquitt, Raymond Noe y Christine Jackson, "Justice in Teams: Antecedents and Consequences of Procedural Justice Climate", *Personnel Psychology*, 2002, vol. 55, pp. 83-95.

[52] Suzy Wetlaufer, "common Sense and Conflict", *Harvard Business Review*, enero-febrero de 2000, pp. 115-125.

[53] Kathleen M. Eisenhardt, Jean L. Kahwajy y L.J. Burgeois III, "How Management Teams Can Have a Good Fight", *Harvard Business Review*, julio-agosto de 1997, pp. 77-89.

[54] Thomas Bergmann y Roger Volkema, "Issues, Behavioral Responses and Consequences in Interpersonal Conflicts", *Journal of Organizational Behavior*, 1994, vol. 15, pp. 467-471; vea también Carsten K.D. De Dreu, "The Virtue and Vice of Workplace Conflict: Food for (Pessimistic) Thought", *Journal of Organizational Behavior*, 2008, vol. 29, pp. 5-18.

[55] Robin Pinkley y Grefory Northcraft, "Conflict Frames of Reference: Implications for Dispute Processes and Outcomes", *Academy of Management Journal*, 1994, vol. 37, núm 1, pp. 193-205.

[56] "How 2 Computer Nuts Transformed Industry Before Messy Breakup", *The Wall Street Journal*, 27 de agosto de 1996, pp. A1 y A10.

[57] Bruce Barry y Greg L. Stewart, "Composition, Process, and Performance in Self-Managed Groups: The Role of Personality", *Journal of Applied Psychology*, 1997, vol. 82, núm 1, pp. 62-78.

[58] "Delta CEO Resigns After Clashes with Board", *USA Today*, 13 de mayo de 1997, p. B1.

[59] "Why Boeing's Culture Breeds Turmoil", *BusinessWeek*, 21 de marzo de 2005, pp. 34-36.

[60] Patrick Nugent, "Managing Conflict: Third-Party Interventions for Managers", *Academy of Management Executive*, 2002, vol. 16, núm 1, pp. 139-148.

[61] Kristin J. Behfar, Randall S. Peterson, Elizabeth A. Mannix y William M.K. Trochim, "The Critical Role of Conflict Resolution in Teams: A Close Look at the Links Between Conflict, Conflict Management Strategies, and Team Outcomes", *Journal of Applied Psychology*, 2008, vol. 93, núm 1, pp. 170-188.

[62] "Solving Conflicts in the Workplace without Making Losers", *The Wall Street Journal*, 27 de mayo de 1997, p. B1.

[63] "Teaching Business How to Cope with Workplace Conflicts", *BusinessWeek*, 18 de febrero de 1990, pp. 136 y 139.

[64] Peter Hom, Loriann Roberson y Annee Ellis, "Challenging Conventional Wisdom about Who Waits: Revelations From Corporate America", *Journal of Applied Psychology*, 2008, vol. 93, núm 1, pp. 1-34.

[65] "Chick-fi-A Cuts Job Turnover Rates", *Houston Chronicle*, 9 de enero de 2002, p. B3.

[66] Vea Anne O'Leary-Kelly, Ricky W. Griffin y David J. Glew, "Organization Motivated Aggression: A Research Framework", *Academy of Management Review*, enero de 1996, pp. 225-253; vea también Ramona Paetzold, Anne O'Leary-Kelly y Ricky W. Griffin, "Workplace Violence, Employer Liability, and Implications for Organizational Research", *Journal of Management Inquiry*, 2007, vol. 16, núm 4, pp. 362-370.

[67] Dennis W. Organ, "Personality and Organizational Citizenship Behavior", *Journal of Management*, vol. 20, núm 2, 1994, pp. 465-478. Para información más reciente vea Jeffrey LePine, Amir Erez y Diane Johnson, "The Nature and Dimensionality of Organizational Citizenship Behavior: A Critical Review and Meta-Analysis", *Journal of Applied Psychology*, vol. 87, núm 1, 2002, pp. 52-65; y Mark Bolino y William Turnley, "Going the Extra Mile: Cultivating and Managing Employee Citizenship Behavior", *Academy of Management Executive*, 2003, vol. 17, núm 3, pp. 60-70.

CAPÍTULO 5

HABILIDADES CONCEPTUALES

Una capacidad fundamental que deben tener los directores es la de comprender situaciones complejas dinámicas, anticiparlas y responder a ellas. El desarrollo de las habilidades conceptuales conlleva a ese conocimiento. En este capítulo explicamos la índole de estas para pensar de forma estratégica en la organización y su entorno. También veremos cómo ellas incluyen la destreza para dirigir y administrar la creatividad, la innovación, el cambio y el riesgo. Después de la sección correspondiente al texto presentamos varios casos y ejercicios que le servirán para desarrollar más sus habilidades conceptuales y para dominarlas.

EVALÚE SUS HABILIDADES CONCEPTUALES

CUESTIONARIO PARA ESTABLECER METAS

Este ejercicio le servirá para comprender cómo se conceptualizan los elementos para establecer metas así como sus propias tendencias al fijarlas.

Instrucciones:

Con un círculo alrededor del número correspondiente de la escala que presentamos, indique a continuación de cada enunciado sus conductas y sentimientos al establecer metas.

Enunciados	Definitivamente sí	Ligeramente de acuerdo	No sé	Ligeramente en desacuerdo	Definitivamente no
1. Los premios se deben asignar con base en las metas alcanzadas.	5	4	3	2	1
2. Establezco objetivos para los resultados de todas las áreas clave.	5	4	3	2	1
3. Las metas deben tener fechas límite claras.	5	4	3	2	1
4. Me esfuerzo por proporcionar retroalimentación a otros en función del avance de su desempeño.	5	4	3	2	1
5. Suelo establecer metas que no puedo alcanzar del todo para obligarme a hacer un esfuerzo mayor.	1	2	3	4	5
6. En ocasiones, cuando pienso que tal vez no estoy desempeñándome muy bien, no quiero recibir retroalimentación de otros.	1	2	3	4	5
7. Mis metas están siempre enunciadas con claridad.	1	2	3	4	5
8. Mis objetivos están enunciados en términos cuantificables.	5	4	3	2	1
9. El camino para los ascensos y el éxito es alcanzar objetivos.	5	4	3	2	1
10. Mi jefe (padre, etc.) no me hará caso si no alcanzo mis metas.	1	2	3	4	5
11. Por lo normal, mi jefe (padre, etc.) establece mis metas.	1	2	3	4	5
12. No siempre sé cuáles son las áreas clave para los resultados.	1	2	3	4	5
13. Trabajo mejor sin fechas límite específicas.	1	2	3	4	5
14. Otros me permiten participar con ellos cuando establecen mis metas.	5	4	3	2	1
15. Tanto más desafiantes sean mis objetivos, cuanto mejor trabajo.	5	4	3	2	1
16. Si no alcanzo las metas que tengo en la mira, mi jefe (padre, etc.) debería intervenir en el caso.	5	4	3	2	1

(Continúa)

17. Cuando estoy laborando para lograr mis metas, mi jefe (padre, etc.) no siempre me brinda el apoyo que necesito.	1	2	3	4	5
18. Las metas específicas me ponen nervioso, por lo cual prefiero las generales.	1	2	3	4	5
19. Mis objetivos definen con exactitud los resultados que pienso alcanzar.	5	4	3	2	1
20. Establezco metas que están fuera de mi alcance para ponerme un reto.	1	2	3	4	5

Calificación:

Sume los puntos de todas las respuestas del cuestionario y anote su calificación total aquí: _____. Las calificaciones pueden ir de 20 a 100 puntos. Cuanta más alta sea su calificación, tanto más cerca se encontrará usted de las conductas eficaces para establecer metas.

Fuente: Tomado de Burton, *Exercises in Management*, 3a. ed., © 1990, South-Western, parte de Cengage Learning, Inc. Reproducido con autorización. www.cengage.com/permissions.

Vea la interpretación al final del capítulo.

¿QUÉ TAN CREATIVO ES USTED?

El ejercicio siguiente tiene por objeto ayudarle a comprender un aspecto importante de sus habilidades conceptuales: su creatividad, la cual es una característica valiosa que le servirá para evaluar su entorno organizacional y para responder a él. Si los directores no la perfeccionan es probable que sean actores pasivos que reaccionan al entorno en lugar de ser arquitectos de su futuro.

Instrucciones:

Usando la escala siguiente, indique en los espacios que presentamos a la izquierda de cada enunciado la medida en que está de acuerdo o no con él. Anote sus respuestas con tanta exactitud y sinceridad como pueda. Procure no suponer cómo contestaría los enunciados una persona creativa.

Escala de calificación:
A – Definitivamente sí
B – Sí
C – Ni sí ni no
D – No
E – Definitivamente no

_____ 1. Siempre trabajo sintiéndome muy seguro de que estoy siguiendo los procedimientos correctos para resolver un problema particular.

_____ 2. Si no esperara obtener respuestas, hacer preguntas sería perder el tiempo.

_____ 3. Pienso que un método lógico, paso por paso, es lo mejor para resolver problemas.

_____ 4. En ocasiones expreso mis opiniones dentro de los grupos y, al parecer, eso molesta a algunas personas.

_____ 5. Paso mucho tiempo pensando en lo que otros piensan de mí.

_____ 6. Creo que podría aportar algo importante al mundo.

_____ 7. Me parece más importante hacer lo que considero correcto que tratar de ganarme la aprobación de otros.

_____ 8. No siento respeto por las personas que aparentemente no están seguras de las cosas.

_____ 9. Puedo estar durante mucho tiempo en problemas difíciles.

_____ 10. En ocasiones me entusiasmo demasiado por las cosas.

_____ 11. Muchas veces, las ideas me brotan cuando no estoy haciendo nada concreto.

_____ 12. Cuando quiero resolver un problema, confío en las corazonadas y en la intuición que me dicen si algo está bien o mal.

_____ 13. Cuando estoy solucionando un problema, soy más rápido para analizarlo y más lento para hacer la síntesis de la información que he reunido.

_____ 14. Me gustan los pasatiempos que implican coleccionar cosas.

_____ 15. Soñar despierto ha sido mi motor para muchos de mis proyectos más importantes.

_____ 16. Si tuviera que escoger, preferiría ser médico que explorador.

_____ 17. Me llevo mejor con la gente que pertenece a mi clase social y laboral.

_____ 18. Poseo gran sensibilidad estética.

_____ 19. Las corazonadas y la intuición no son guías confiables para resolver problemas.

_____ 20. Me interesa mucho más dar con ideas nuevas que convencer a otros de que son buenas.

_____ 21. Procuro evitar situaciones donde podría sentirme inferior.

_____ 22. Cuando evalúo información, me importa más la fuente que el contenido.

_____ 23. Me agradan las personas que se sujetan a las reglas, "el quehacer antes que el placer".

_____ 24. El respeto por mí mismo es más importante que el respeto que pueda sentir por otros.

_____ 25. Pienso que los individuos que se esfuerzan por ser perfectos están equivocados.

_____ 26. Me gustan los trabajos en los que debo influir en otros.

_____ 27. Me importa mucho saber cuál es el lugar de las cosas y tener cada cosa en su lugar.

_____ 28. Las personas que están dispuestas a acariciar ideas "locas" no son prácticas.

_____ 29. Me gusta juguetear con ideas nuevas, a pesar de que no vayan a tener resultados prácticos.

_____ 30. Cuando un planteamiento para resolver un problema no me funciona, cambio enseguida la dirección de mis pensamientos.

_____ 31. Me molestan las preguntas que exhiben ignorancia.

_____ 32. Me resulta más fácil modificar mis intereses para perseguir un empleo o una carrera que cambiar de empleo para perseguir mis intereses.

_____ 33. Muchas veces no es posible resolver un problema porque las preguntas planteadas no son las correctas.

_____ 34. Con frecuencia puedo anticipar la solución a algunos de mis problemas.

_____ 35. Analizar los fracasos personales es una pérdida de tiempo.

_____ 36. Solo las personas que tienen pensamientos poco claros recurren a las metáforas y las analogías.

_____ 37. A veces el ingenio de un ladrón me ha asombrado tanto que he deseado que no le atraparan.

_____ 38. Muchas veces reflexiono en un problema del que sólo tengo una vaga idea y que todavía no puedo expresar.

_____ 39. Con frecuencia olvido cosas como el nombre de las personas, las calles, las carreteras y los pueblos.

_____ 40. Creo en que trabajar con tesón es el factor fundamental para triunfar.

_____ 41. Me importa mucho que otros piensen que soy un buen miembro del equipo.

_____ 42. Sé controlar mis impulsos internos.

_____ 43. Soy una persona totalmente confiable y responsable.

_____ 44. Me molestan las cosas inciertas e imprevisibles.

_____ 45. Prefiero trabajar con otros en equipo que hacer el esfuerzo yo solo.

_____ 46. El problema de muchas personas es que toman las cosas demasiado en serio.

_____ 47. Con frecuencia me asechan mis problemas y no puedo librarme de ellos.

_____ 48. No tengo problema para renunciar a las ganancias o la comodidad inmediatas a cambio de alcanzar las metas que me he propuesto.

_____ 49. Si fuera profesor universitario, preferiría enseñar cursos prácticos que teóricos.

_____ 50. Soy un enamorado del misterio de la vida.

Calificación:

Para calcular su calificación use la tabla que presentamos a continuación y marque con un círculo los puntos que corresponden a cada una de sus respuestas; después sume los puntos.

	A Definitivamente sí	B Sí	C Ni sí ni no	D No	E Definitivamente no
1	−2	−1	0	+1	+2
2	−2	−1	0	+1	+2
3	−2	−1	0	+1	+2
4	+2	+1	0	−1	−2
5	−2	−1	0	+1	+2
6	+2	+1	0	−1	−2
7	+2	+1	0	−1	−2
8	−2	−1	0	+1	+2
9	+2	+1	0	−1	−2
10	+2	+1	0	−1	−2
11	+2	+1	0	−1	−2
12	+2	+1	0	−1	−2
13	−2	−1	0	+1	+2
14	−2	−1	0	+1	+2
15	+2	+1	0	−1	−2
16	−2	−1	0	+1	+2
17	−2	−1	0	+1	+2
18	+2	+1	0	−1	−2
19	−2	−1	0	+1	+2
20	+2	+1	0	−1	−2
21	−2	−1	0	+1	+2
22	−2	−1	0	+1	+2
23	−2	−1	0	+1	+2
24	+2	+1	0	−1	−2
25	−2	−1	0	+1	+2
26	−2	−1	0	+1	+2
27	−2	−1	0	+1	+2
28	−2	−1	0	+1	+2
29	+2	+1	0	−1	−2
30	+2	+1	0	−1	−2
31	−2	−1	0	+1	+2
32	−2	−1	0	+1	+2
33	+2	+1	0	−1	−2
34	+2	+1	0	−1	−2

(Continúa)

	A	B	C	D	E
	Definitivamente sí	**Sí**	**Ni sí ni no**	**No**	**Definitivamente no**
35	−2	−1	0	+1	+2
36	−2	−1	0	+1	+2
37	+2	+1	0	−1	−2
38	+2	+1	0	−1	−2
39	+2	+1	0	−1	−2
40	+2	+1	0	−1	−2
41	−2	−1	0	+1	+2
42	−2	−1	0	+1	+2
43	−2	−1	0	+1	+2
44	−2	−1	0	+1	+2
45	−2	−1	0	+1	+2
46	+2	+1	0	−1	−2
47	+2	+1	0	−1	−2
48	+2	+1	0	−1	−2
49	−2	−1	0	+1	+2
50	+2	+1	0	−1	−2
Subtotales	_____	_____	_____	_____	_____
Total	_____				

Fuente: Tomado de E. Raudsepp, *How Creative Are You?* Reproducido con autorización de Dominick Abel Literary Agency.

Vea la interpretación al final del capítulo.

ESCALA DE UNA ACTITUD INNOVADORA

El cambio y la innovación son importantes en las organizaciones. Esta evaluación mide su disposición a aceptar y a participar en esta como parte de su conjunto de habilidades conceptuales.

Instrucciones:

Indique la medida en que cada uno de los enunciados siguientes se aplica a su conducta actual o a sus intenciones en el trabajo. Es decir, describa cómo es usted o cómo pretende ser en su puesto laboral. Use para sus respuestas la escala que se muestra a continuación.

Escala de calificaciones:

5 – Casi siempre sí
4 – Muchas veces sí
3 – No aplica
2 – Muchas veces no
1 – Casi siempre no

_____ 1. Me siento lleno de energía cuando trabajo con colegas innovadores.

_____ 2. Discuto abiertamente con mi jefe lo que yo debería hacer para salir adelante.

_____ 3. Me encanta encontrar buenas soluciones que nadie ha explorado todavía.

_____ 4. Intento ideas y planteamientos nuevos para resolver los problemas.

_____ 5. Desmenuzo las cosas y las situaciones para averiguar cómo funcionan.

_____ 6. Siempre estoy en la búsqueda de encontrar otras maneras de mejorar la eficacia o la eficiencia de mis tareas.

_____ 7. No me molestan la incertidumbre ni las circunstancias extrañas relacionadas con mi trabajo.

_____ 8. Por lo habitual puedo controlar las situaciones que no están estructuradas.

_____ 9. Negocio mi sueldo abiertamente con mi supervisor.

_____ 10. Pueden contar conmigo si se trata de encontrar otro uso para los métodos o el equipamiento existentes.

_____ 11. De entre mis colegas y compañeros de trabajo, siempre seré el primero o el segundo en probar una idea o un método nuevos.

_____ 12. Aprovecho la oportunidad de explicar a mi grupo de trabajo las comunicaciones que vienen de otros departamentos.

_____ 13. Soy original.

_____ 14. Acepto laborar en un problema que ha sido muy difícil para otros.

_____ 15. Me atraen las ideas que no se le han ocurrido a otros o las que no han sido implementadas.

_____ 16. Proporciono retroalimentación crítica para encontrar otra solución.

_____ 17. Aporto por escrito evaluaciones de las ideas propuestas.

_____ 18. Cada día procuro dedicar un poco de tiempo a desarrollar oportunidades nuevas.

_____ 19. Hago contactos con expertos que no laboran en mi compañía.

_____ 20. Uso mis contactos personales para manipular las cosas de modo que obtengo buenas asignaciones de trabajo.

_____ 21. Establezco contactos y reúno ideas de una enorme variedad de áreas.

_____ 22. Me tomo tiempo para perseguir mis ideas o proyectos preferidos.

_____ 23. Dejo aparte recursos para perseguir un proyecto arriesgado.

_____ 24. Me emociona hacer cosas nuevas y poco comunes.

_____ 25. Tolero a las personas que se alejan de la rutina de la organización.

_____ 26. En las juntas de personal digo lo que pienso.

_____ 27. Trabajo en equipo para tratar de resolver problemas complejos.

_____ 28. Me gusta tomar ideas y adaptarlas a mi situación o mis actividades actuales.

_____ 29. Si le preguntaran a mis compañeros de trabajo, dirían que tengo bastante sentido del humor.

_____ 30. Me emociono cuando pienso en ideas o métodos nuevos que podrían estimular a la organización donde laboro.

Calificación:

Cuente el número de círculos que ha puesto alrededor de cada una de las cinco respuestas y use después la tabla siguiente para obtener su calificación:

Escala de respuestas	Núm. de círculos	X	Núm. de puntos	=	Totales
5 = Casi siempre sí	_____	×	5	=	_____
4 = Muchas veces sí	_____	×	4	=	_____
3 = No aplica	_____	×	3	=	_____
2 = Muchas veces no	_____	×	2	=	_____
1 = Casi siempre no	_____	×	1	=	_____
TOTAL					_____

Fuente: Basado en L.G. Gibson y R.A. Gibson, "Predictors of Entrepreneurial Innovation Attitude: Implications for Arts and Business Pedagogy", *United States Association for Small Business and Entrepreneurship Proceedings*, enero de 2011, pp. 1007 1020; D. Killen y C. Williams, *Introduction to Type® and Innovation*. Mountain View, California, CPP Inc., 2009; J.E. Ettlie y R.D. O'Keefe, 1982, "Innovative Attitudes, Values, and Intentions in Organizations, *Journal of Management Studies*, 19, p. 176.

Tanto más alta sea su calificación total, cuánto más probable resultará que usted sea innovador y esté dispuesto a serlo. Su actitud hacia esta habilidad es más positiva que la de los individuos que obtienen una puntuación baja. Una calificación alta es de 115 puntos o más, y una baja es de 85 puntos o menos. Las personas que no lo son tienden a mantener el *statu quo*. Las innovadoras son emprendedoras y les gusta crear cambios en sus organizaciones.

Vea la interpretación al final del capítulo.

RIESGOS PERSONALES

Correr un riesgo implica aceptar la posibilidad de algún peligro o daño, pero al mismo tiempo, de obtener alguna forma de premio, reconocimiento o disfrute.

Instrucciones:

En cada uno de los enunciados de abajo señale dónde piensa que se ubicaría usted en la escala siguiente.

Escala de calificación

5 – Definitivamente soy así
4 – Probablemente soy así
3 – Ni sí ni no, no sé
2 – Probablemente no soy así
1 – Definitivamente no soy así

_____ 1. Por lo habitual estoy dispuesto a correr riesgos.
_____ 2. He invertido tiempo y/o dinero en inversiones financieras arriesgadas.
_____ 3. Con frecuencia manejo a más velocidad de la marcada para el camino.
_____ 4. He nadado en lagos o ríos sin la presencia de un salvavidas.
_____ 5. He hecho trampa en exámenes o pruebas.
_____ 6. Con frecuencia llego tarde a clases o a las juntas.
_____ 7. Suelo ser el primero en adquirir dispositivos tecnológicos nuevos.
_____ 8. A sabiendas he girado cheques sin fondos y me he atrasado en los pagos de cuentas por cobrar o de la renta.
_____ 9. Practico deportes peligrosos como bucear, surfear, esquiar o en parapente.
_____ 10. Con frecuencia manejo largas distancias a pesar de estar cansado o somnoliento.
_____ 11. Pienso que las reglas son para romperse.
_____ 12. He practicado sexo sin protección.
_____ 13. Consumo bebidas alcohólicas.
_____ 14. Fumo.
_____ 15. He consumido "drogas recreativas".
_____ 16. Con frecuencia piso el acelerador cuando el semáforo se pone amarillo para "ganarle al rojo".
_____ 17. Practico actividades deportivas cuando menos una vez al mes.
_____ 18. No quiero trabajar por mi cuenta.
_____ 19. He "disfrazado" la verdad exagerando la información en currículos o solicitudes.
_____ 20. Suelo gastar más de lo que puedo pagar a fin de mes.

_____ 21. Participo con frecuencia en juegos de azar.

_____ 22. He copiado el trabajo de otros para presentarlo como propio en clase.

_____ 23. No me importa pedir a la gente que me preste dinero.

_____ 24. He manejado mi auto después de tomar algunos tragos.

_____ 25. Rara vez me someto a exámenes médicos para conocer mi estado de salud.

Fuente: Adaptado de Thomas Dohmen, Armin Falk, David Huffman y Uwe Sunde, "Individual Risk Attitudes: Measurement, Determinants and Behavioral Consequences", *Journal of The European Economic Association*, Vol. 9, Núm. 3, 2011, pp. 522-550; C.W. Lejuez, Jennifer P. Read, Christopher W. Kahler, Jerry B. Richards, Susan E. Ramsey, Gregory L. Stuart, David R. Stron y Richard A. Brown, "Evaluation of a Behavioral Measure of Risk Taking: The Balloon Analogue Risk Task (BART)", *Journal of Experimental Psychology*, Vol. 8, Núm. 2, 2002, pp. 75-84; y Mark P. Reilly, Mark K. Greenwals y Chris-Ellyn Johanson, "The Stoplight Task: A Procedure for Assessing Risk Taking in Humans", *The Psychological Record*, Vol. 56, 2006, pp. 191-204.

Vea la interpretación al final del capítulo.

ENTRE EN Griffin/VanFleet Assessment Library para ver las versiones en línea de esta evaluación y otras más.*

*Este material se encuentra disponible en inglés.

APRENDA ACERCA DE LAS HABILIDADES CONCEPTUALES

Como dijimos en el capítulo 1, las habilidades conceptuales se refieren a la capacidad del director para el pensamiento abstracto. Todo el que dirige debe tener la capacidad mental necesaria para comprender el funcionamiento general de la organización y su entorno, para entender cómo embonan todas las partes de esta, y para verla con un enfoque holístico. Esto les permitirá pensar de forma estratégica, ver el "cuadro entero" y tomar grandes decisiones que le sirvan a toda ella. Este capítulo le servirá para extender sus habilidades conceptuales en virtud de explicaciones del pensamiento estratégico, la creatividad, la innovación, y la dirección del cambio y del riesgo.

PENSAMIENTO ESTRATÉGICO

La capacidad de un director para pensar de forma estratégica es la piedra angular de sus habilidades conceptuales. A su vez, para pensar así, los gerentes precisan comprender los elementos esenciales de la estrategia y de la administración y la dirección basadas en ella. Una estrategia es un plan general para alcanzar las metas de la organización. Por ende, la

estrategia plan global para alcanzar las metas de la organización

dirección estratégica es un camino para abordar las oportunidades y los desafíos de un negocio; un proceso directivo y administrativo general sostenido que tiene por objeto formular e implementar estrategias eficaces. Por último, las estrategias efectivas son aquellas que fomentan una buena alineación entre la compañía y su entorno y la consecución de sus metas estratégicas.[1] El liderazgo estratégico, que también está muy relacionado con el pensamiento estratégico, es un concepto más o menos nuevo que liga explícitamente el liderazgo a la función de director administrativo. Aquí definimos liderazgo estratégico como la capacidad para comprender la complejidad de la organización y su entorno y encabezar el cambio en esta a efecto de alcanzar y mantener una buena alineación entre ella y su entorno.

Para ser un pensador y líder estratégico eficaz, el director debe conocer a fondo la organización completa; es decir, su historia, su cultura, sus fortalezas y sus debilidades. Además, como líder debe entender muy bien el entorno de la compañía. Esta comprensión debe abarcar las condiciones y circunstancias actuales así como las tendencias y los asuntos significativos que se vislumbran en el horizonte. El pensador y líder estratégico debe conocer también la alineación entre la empresa y su entorno; en qué puntos se relaciona eficazmente con ese entorno y en cuáles no hay una relación tan eficaz. Por último, él, al vislumbrar las tendencias y los asuntos del entorno, trata de mejorar la alineación actual entre la organización y su contexto y también la futura.[2]

Jeffrey Immelt (CEO de General Electric), Héctor Ruiz (CEO de Advanced Micro Devices), Michael Dell (fundador y CEO de Dell Computers), Anne Mulcahy (exCEO de Xerox) y A.G. Lafley (ex CEO de Procter & Gamble) han sido reconocidos como grandes líderes estratégicos. Por ejemplo, reflexionando sobre el cambio drástico que aplicó en Procter & Gamble, Lafley comentó: "He realizado muchos cambios físicos muy simbólicos para que las personas entiendan que estamos empeñados en encabezar la transformación". De otro lado, Raymond Gilmartin (CEO de Merck), Scott Livengood (CEO de Krispy Kreme) y Howard Pien (CEO de Chiron) han sido mencionados como líderes estratégicos menos eficaces. Por ejemplo, bajo el liderazgo de Livengood, las acciones de Krispy Kreme

se desplomaron 80%, y la compañía fue investigada por la SEC; es más, muchos críticos piensan que la cadena trató de expandirse a una velocidad excesiva, lo cual dio por resultado que tuviera que echar marcha atrás y aplicar grandes recortes de personal.[3]

> *'Quería crear una forma nueva de ver las ventas al detalle. En aquella época muchas tiendas eran muy minimalistas, muy limpias. Quería tiendas que me hicieran sentir como si estuviera en una habitación en mi departamento, cómoda acogedora, colorida y diferente.'*
>
> TORY BURCH
> Cofundador y director creativo de Tory Burch[4]

Los componentes de una estrategia

Una estrategia bien concebida aborda en general tres campos: la competencia distintiva, la dimensión y la distribución de los recursos. Una competencia distintiva es algo que la organización hace excepcionalmente bien. Una competencia de Abercrombie & Fitch es la velocidad para rotar su inventario. Lleva el registro diario de las preferencias de los consumidores por medio de computadoras en el punto de venta, transmite los pedidos electrónicamente a sus proveedores en Hong Kong, alquila aviones 747 para que transporten los productos a Estados Unidos y, 48 horas después, ha colocado los productos en las tiendas. Como otros minoristas tardan semanas o tal vez meses para realizar la misma tarea, Abercrombie & Fitch usa esta capacidad distintiva para ser competitiva.[5]

En una estrategia, la dimensión especifica la cantidad de mercados en los cuales competirá una organización. The Hershey Company ha restringido en esencia su dimensión al negocio de los chocolates, con algunas actividades relacionadas en otras áreas de alimentos procesados. En cambio, su gran rival, Mars, ha adoptado una dimensión más amplia y, entre otros, compite en el negocio de alimentos para mascotas y en la industria electrónica. Algunas empresas, llamadas conglomerados, compiten en decenas o incluso cientos de mercados. El pensamiento estratégico que es parte de las habilidades conceptuales eficaces permite al director tomar las mejores decisiones en función de la dimensión.

dirección estratégica manera de abordar las oportunidades y los desafíos de los negocios; un proceso directivo global sostenido que tiene por objeto formular estrategias efectivas e implementarlas

estrategias efectivas las que propician que la organización y su entorno estén perfectamente en línea con la consecución de las metas estratégicas

liderazgo estratégico capacidad para comprender las competencias de la organización y de su entorno y para dirigir el cambio en esta a efecto de alcanzar y mantener una alineación superior entre ella y su entorno

competencia distintiva algo que la organización hace excepcionalmente bien

dimensión *(como parte de la estrategia)* especifica la cantidad de mercados donde competirá una organización

Una estrategia debe incluir también un esquema de la distribución de recursos que proyecta la organización; es decir, de cómo repartirá sus recursos entre las áreas en las que compite. Por ejemplo, General Electric toma utilidades de sus operaciones en Estados Unidos para invertirlas en otros negocios en Europa y Asia. De otro lado, podría haber optado por invertir en diferentes industrias en el mercado nacional o por asignar más en América Latina. Las decisiones que toma sobre dónde y cuánto invertir tocan cuestiones de la distribución de los recursos. De nueva cuenta, las habilidades conceptuales ayudan al director a tomar las mejores decisiones para repartir estos.

© Ian Dagnall/Alamy

Clases de alternativas estratégicas

administración de recursos *(como parte de la estrategia)* especifica la manera en que la organización distribuirá sus recursos entre las áreas que la empresa tiene

estrategia del negocio conjunto de alternativas estratégicas que escoge una organización para desarrollar sus actividades en una industria o un mercado particulares

estrategia corporativa conjunto de alternativas estratégicas de entre las cuales la organización va eligiendo algunas para dirigir sus operaciones de forma simultánea en varias industrias y en varios mercados

formulación de la estrategia conjunto de procesos en los que implica crear o determinar las estrategias de la organización

implementación de la estrategia métodos que sirven para poner en práctica o aplicar las estrategias en la organización

estrategia deliberada un plan escogido e implementado con el propósito de apoyar metas específicas

estrategia emergente patrón de la acción que se desarrolla en una organización a lo largo del tiempo cuando no existe una misión ni metas o a pesar de que estas existan

Hoy en día la mayor parte de los negocios crean estrategias en dos niveles, los cuales proporcionan una combinación de abundantes alternativas basadas en ellas para las organizaciones. La **estrategia del negocio** es un conjunto de esas alternativas que escoge la empresa para realizar sus actividades en una industria o un mercado particulares. Estas opciones la ayudan a concentrar sus esfuerzos competitivos en cada industria o mercado y dirigirlos hacia una meta.

La estrategia corporativa es el conjunto de alternativas estratégicas que escoge la organización para dirigir y administrar sus operaciones al mismo tiempo en varias industrias y varios mercados. Como veremos más adelante, hoy en día las empresas más grandes compiten en diversas industrias y mercados. Por lo mismo, aun cuando elaboren estrategia de negocios para cada industria o mercado, también crean una general la cual sirve para definir la mezcla de industrias y de mercados que les interesan.

Formular e implementar una estrategia

Señalar la diferencia entre formular una estrategia e implementarla es muy instructivo. La formulación de una estrategia se refiere al conjunto de procesos necesarios para crear o determinar la o las estrategias de la organización, mientras que la *implementación de una estrategia* se refiere a los métodos que sirven para poner en operación o aplicar en ella la o las estrategias. La principal diferencia está en el ámbito del contenido frente al proceso: la etapa de la formulación determina cuál será la estrategia, y la fase de la implementación se concentra en el camino para desarrollar esta.

En ocasiones, los procesos para formular e implementar las estrategias son racionales, sistemáticos y planificados. En este caso, hablamos de una estrategia deliberada; es decir, un plan elegido e implementado para apoyar metas específicas.[6] Texas Instruments (TI) tiene una capacidad sobresaliente para formular e implementar estrategias deliberadas. Utiliza un proceso de planificación que asigna a la mayor parte de los directores administrativos dos responsabilidades distintas: una operativa de corto plazo, y una estratégica de largo plazo. Por lo tanto, un gerente sería responsable de aumentar la eficiencia de las operaciones de semiconductores durante el año entrante (operativa de corto plazo) y de investigar materiales nuevos para la fabricación de semiconductores en el siglo XXI (estrategia de largo plazo). El objetivo de TI es ayudar a los directores a tomar decisiones operativas de corto plazo sin que olviden las metas y los objetivos de largo plazo.

Sin embargo, en otras ocasiones las organizaciones usan una estrategia emergente; es decir, el patrón de acciones que se desarrolla en ella en el transcurso del tiempo cuando no existe una misión ni metas o a pesar de que existan.[7] La implementación de esta clase de estrategia implica la asignación de recursos aun cuando la compañía no haya escogido explícitamente las debidas. En ocasiones, esa implementación ha beneficiado a 3M. La invención de la cinta adhesiva transparente es un magnífico ejemplo. Un grupo de ingenieros emprendedores que trabajaban de forma independiente presentaron el invento a su jefe, quien llegó a la conclusión de que este carecía de potencial de mercado porque no formaba parte del plan de investigación y desarrollo que había sido aprobado. El artículo no fue aceptado sino hasta que se evaluó en los niveles más altos de la organización y entonces pasó a formar parte de la mezcla de productos. Sabemos que la cinta Scotch de 3M fue todo un éxito a pesar de que no surgió dentro de las prácticas establecidas de la empresa. Ahora cuenta con que las estrategias emergentes le servirán para expandir sus numerosos negocios.

APRENDER

FIGURA 5.1 USAR UN ANÁLISIS FODA PARA FORMULAR LA ESTRATEGIA

Efectuar un análisis FODA es uno de los pasos más importantes para formular estrategias. Con la misión de la organización como contexto, los directores evalúan sus fortalezas (competencias distintivas) y debilidades internas, así como las oportunidades y las amenazas externas. A partir de ahí, la meta es crear estrategias idóneas que exploten las oportunidades y las fortalezas, que neutralicen las amenazas y que eviten las debilidades.

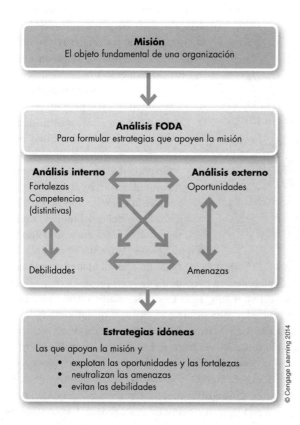

© Cengage Learning 2014

Usar un análisis FODA para formular la estrategia

El punto de partida para formular una estrategia suele ser un análisis FODA, acrónimo de strengths (fortalezas), weaknesses (debilidades), opportunities (oportunidades) y threats (amenazas). Como muestra la *figura 5.1*, un análisis FODA es una evaluación cuidadosa de las fortalezas y las debilidades internas de una compañía, y de las oportunidades y las amenazas externas. En él las estrategias idóneas realizan la misión organizacional porque: 1) explotan sus oportunidades y fortalezas; 2) neutralizan las amenazas, y 3) evitan (o corrigen) sus debilidades.

Evaluar las fortalezas de la organización Las fortalezas de la organización son las habilidades y las capacidades que permiten a esta concebir e implementar sus estrategias. Incluirían cosas como una reserva considerable

de talento directivo, capital excedente, una reputación singular y/o el nombre de marca, y canales de distribución bien consolidados.[8] Por ejemplo, Sears tiene una red nacional de empleados de servicio muy capacitados que reparan los aparatos de su marca. Jane Thompson, una de sus ejecutivas, concibió un plan para fijar los servicios de reparación y mantenimiento bajo el conocido nombre de marca Sears y para promoverlo como un negocio de reparación para todos los electrodomésticos y no solo los adquiridos en la empresa. Así, esta capitalizó sus recursos existentes y la fortaleza de su nombre para emprender un negocio nuevo. Diferentes estrategias requieren de habilidades y capacidades distintas. Por ejemplo, Matsushita Electric Industrial Co., ha demostrado sus fortalezas para la fabricación y la venta de aparatos electrónicos de consumo con el nombre de marca Panasonic. Sin embargo, esta fortaleza en el terreno de esos productos no es garantía de éxito si decide expandirse a los seguros, las piscinas o las ventas al detalle. Las diversas industrias (como las mencionadas) requieren estrategias diferentes y, por consiguiente, fortalezas organizacionales distintas también. El análisis FODA divide las fortalezas en dos categorías: fortalezas comunes y competencias distintivas.

- Una **fortaleza común** es una capacidad de la organización que también poseen muchas otras compañías competidoras. Por ejemplo, todos los grandes estudios cinematográficos de Hollywood poseen fortalezas comunes en cuanto a iluminación, grabación de sonido, diseño de escenarios, vestuarios y maquillaje. Cuando un número considerable de empresas rivales pueden implementar la misma estrategia se presenta una *paridad competitiva*. En tal situación, ellas suelen registrar tan solo niveles promedio de desempeño. Por lo tanto, una compañía cinematográfica que explota únicamente sus fortalezas comunes al escoger e implementar sus estrategias no pasará probablemente de un desempeño promedio.

- Una *competencia distintiva* es una fortaleza que solo poseen unas cuantas compañías rivales. En un conjunto dado estas, las competencias distintivas son raras. Por ejemplo, Industrial Light & Magic (ILM) de George Lucas llevó a nuevas alturas el arte cinematográfico de los efectos especiales. Algunos de los efectos especiales de ILM no pueden ser producidos por ninguna otra organización y, como son efectos raros, representan la competencia distintiva de ella. Las empresas que explotan estas logran obtener una *ventaja competitiva* y registran un desempeño económico superior al normal.[9] Uno de los grandes propósitos de un análisis FODA es descubrir las competencias

FODA siglas de *strengths* (fortalezas), *weaknesses* (debilidades), *opportunities* (oportunidades) y *threats* (amenazas)

fortalezas organizacionales habilidades y capacidades que permiten a una organización concebir sus estrategias e implementarlas

fortaleza común capacidad organizacional que poseen un número considerable de compañías competidoras

distintivas de la organización para que pueda escoger e implementar las estrategias que explotarán sus fortalezas singulares.

- Una organización que posee competencias distintivas y las explota con las estrategias que escoge podrá conquistar una ventaja basada en estas y realizar un desempeño económico superior al promedio. Sin embargo, su éxito provocará que otras empresas repliquen esas ventajas. La imitación de estrategias se refiere a la práctica de copiar la competencia distintiva de otra empresa y, por ende, la de implementar una estrategia valiosa. Algunas de estas competencias sí son imitables, pero otras no. Cuando no lo son, las estrategias que las explotan generan una ventaja competitiva sostenida. Una ventaja competitiva sostenida es aquella que persiste después de que han cesado todos los intentos por imitar la estrategia.[10]

© "Procter & Gamble Needs to Shave More Indians," Business Week, junio 13, 2011, p. 21.

" *'Soy el responsable de... encontrar la manera de alcanzar nuestras metas de crecimiento sin realizar una adquisición.'* BOB MCDONALD CEO de Procter & Gamble[12] "

imitación estratégica práctica de copiar la competencia distintiva de otra compañía y, por lo tanto, de implementar una estrategia valiosa

ventaja competitiva sostenida la que se presenta después de que han terminado todos los intentos por imitar una estrategia

debilidades organizacionales habilidades y capacidades que no permiten que una organización escoja estrategias que apoyan su misión y las implemente

desventaja competitiva cuando una organización no está implementando las estrategias valiosas que sí ponen en funcionamiento las compañías rivales; las que están en desventaja competitiva alcanzarán niveles de desempeño por debajo del promedio

oportunidades organizacionales áreas que podrían generar un desempeño mejor

amenazas organizacionales áreas que incrementan la dificultad para que una organización tenga un desempeño de gran nivel

creatividad capacidad de una persona para generar ideas nuevas o para concebir otras perspectivas de ideas que ya existen

Evaluar las debilidades de la organización Las debilidades de la organización son las habilidades y las capacidades que no le permiten escoger e implementar estrategias que apoyan su misión. En esencia, una empresa tiene dos caminos para atacar sus debilidades. El primero es que tendría que realizar inversiones para obtener las fortalezas requeridas para implementar aquella clase de estrategias. El segundo es que tendría que modificar su misión de modo que la pueda realizar con las destrezas y las capacidades que posee.

En la práctica, las empresas tienen dificultad para concentrarse en las debilidades, en parte porque sus miembros suelen ser reacios a admitir que no poseen todas las habilidades y las capacidades que necesitan. La evaluación de las flaquezas también pone en duda el buen juicio de los directores que en primera instancia escogieron la misión y que no invirtieron en las habilidades y las capacidades necesarias para realizarla. Las organizaciones que no reconocen sus debilidades o que no las superan estarán probablemente en desventaja competitiva. Una compañía se encuentra en desventaja competitiva cuando no implementa estrategias valiosas que sí están implementando las rivales. Las empresas que están en desventaja competitiva esperarían realizar niveles de desempeño inferiores al promedio.

Evaluar las oportunidades y las amenazas de una organización Si bien, la evaluación de las fortalezas y las debilidades concentra la atención en el funcionamiento interno de la compañía, evaluar las oportunidades y las amenazas requiere un análisis de su entorno. Las oportunidades organizacionales son áreas que podrían generar un desempeño superior. Las amenazas organizacionales son áreas que dificultan que la organización alcance un mejor desempeño. El modelo de las "cinco fuerzas" del entorno competitivo de Michael Porter sirve para caracterizar la cantidad de oportunidades y amenazas presentes en el contexto de la empresa. Las cinco fuerzas de Porter son: 1) el grado de competencia rival; 2) el poder de los proveedores; 3) el poder de los compradores; 4) la amenaza de sustitutos, y 5) la amenaza de otras empresas y/o productos entrantes. En general, cuando es alto el nivel de competencia rival, el poder de los proveedores y el de los compradores, y la amenaza de sustitutos y de otros entrantes, la industria presenta tanto relativamente pocas oportunidades como numerosas amenazas. Las compañías en este tipo de ámbito industrial suelen tener el potencial para alcanzar apenas un desempeño económico medio. De otro lado, cuando es bajo el grado de rivalidad, el poder de los proveedores y los compradores y la amenaza de los sustitutos y de otras entrantes, una industria presenta numerosas oportunidades y relativamente pocas amenazas. Estas industrias tienen potencial para que las organizaciones que están en ellas alcancen un desempeño superior a la media.[11]

DIRIGIR LA CREATIVIDAD

Otros dos pilares de las habilidades conceptuales firmes son la creatividad y la innovación. Estos rasgos son distintos, pero comparten ciertas similitudes básicas. De inicio hablaremos del primero, y después, en la siguiente sección, describiremos la innovación. La creatividad es un fenómeno individual y se definiría como la capacidad para generar ideas

APRENDER

nuevas o para concebir otras perspectivas de las ideas existentes. ¿Qué hace que un sujeto sea creativo? ¿Cómo las personas se vuelven así? ¿De qué modo funciona el proceso creativo? Los psicólogos no han encontrado aún todas las respuestas a estas preguntas, pero el estudio de unos cuantos patrones generales nos ayudarán a comprender las fuentes de la creatividad individual en las organizaciones.[13]

El individuo creativo

Infinidad de investigadores han concentrado sus esfuerzos en tratar de describir los atributos comunes a los individuos creativos. Estas capacidades caben por lo habitual en tres categorías: experiencias formativas, rasgos personales y capacidades cognitivas.

Experiencias formativas y creatividad Los investigadores han observado que muchos individuos creativos fueron educados en entornos que alimentaron su creatividad. Mozart perteneció a una familia de músicos y empezó a componer y ejecutar este arte a los seis años. Pierre y Marie Curie, grandes científicos cada uno por su cuenta, tuvieron una hija (Irene) que ganó el Premio Nobel de química. La madre de Thomas Edison alimentó la creatividad de este. Sin embargo, personas que vivieron experiencias formativas muy diferentes de esas han tenido ese talento también. Frederick Douglass nació esclavo en Tuckahoe, Maryland, y tuvo escasas oportunidades para estudiar. No obstante, su potente oratoria y su pensamiento creativo ayudaron a llegar a la Proclamación de la Emancipación, el decreto ejecutivo del presidente Abraham Lincoln que prohibió la esclavitud en Estados Unidos.

Rasgos personales y creatividad Los investigadores también han ligado ciertos rasgos personales a la creatividad de los individuos. Los que comparte un gran número de sujetos con esa habilidad son la apertura, la atracción a lo complejo, los grados considerables de energía, la independencia y la autonomía, la sólida confianza en sí mismos y la firme creencia de que uno en efecto es creativo. Es más probable que quienes poseen estos rasgos sean creativos que los que no los poseen.

Capacidades cognitivas y creatividad Las capacidades cognitivas se refieren a la competencia del sujeto para pensar con inteligencia y analizar de forma eficaz las situaciones y los datos. La inteligencia es una condición requerida para la creatividad individual; si bien, la mayor parte de los que tienen esa característica son sumamente listos, no todas las personas que poseen aquella son creativas. La creatividad está ligada también a la habilidad para tener un pensamiento divergente y uno convergente. El *pensamiento divergente* es la destreza que permite ver las diferencias que existen entre situaciones, fenómenos o hechos. El *pensamiento convergente* es una capacidad que posibilita ver las similitudes entre situaciones, fenómenos o hechos. Las personas creativas tienen por lo general capacidades para esas dos clases de pensamiento. Es de señalar que algunos directores japoneses han llegado a dudar de sus capacidades en ese aspecto. Su preocupación es que el énfasis en la armonía del grupo tal vez haya sofocado la iniciativa individual y también impedido el desarrollo de la creatividad propia. Por lo tanto, unas cuantas compañías de Japón, entre ellas Omron Corporation, Fuji Photo y Shimizu Corporation, han emprendido programas de capacitación para sus empleados con el propósito de aumentar su habilidad de crear.[14]

El proceso creativo

Las personas creativas dicen que muchas veces las ideas les brotan "como un relámpago", esa actividad suele de hecho pasar por una serie de etapas. La *figura 5.2* ilustra esas fases. No toda actividad creativa tiene que seguir estas cuatro etapas, pero gran parte de ella sí lo hace.

Preparación El proceso creativo parte por lo habitual de un periodo de *preparación*. Para hacer una aportación creativa a la dirección de compañías o a los servicios empresariales, generalmente los individuos primero han pasado por una preparación formal con estudios en administración o dirección. Estos y la educación en forma son por lo regular el camino más eficaz para familiarizarse con el vasto volumen de investigaciones y conocimientos que existe. Esta es una razón que explica la enorme demanda de estudios en negocios al nivel de licenciatura y de maestría. Los estudios formales en negocios son un camino eficaz para que un individuo "agarre velocidad" y empiece a hacer aportaciones creativas muy pronto. Las experiencias que los directores viven en su trabajo después de haber terminado su preparación formal

FIGURA 5.2 EL PROCESO CREATIVO

El proceso creativo sigue con frecuencia la secuencia de cuatro pasos que presentamos a continuación. La preparación sienta las bases, mientras que la incubación permite la evolución de las ideas y las razones. El conocimiento se presenta cuando la idea o la inteligencia cristalizan. A continuación se necesita comprobar la validez de estas. El desarrollo del proceso no es automático.

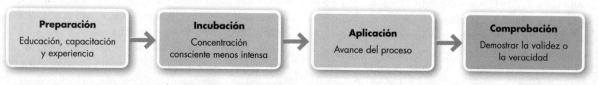

Preparación	**Incubación**	**Aplicación**	**Comprobación**
Educación, capacitación y experiencia	Concentración consciente menos intensa	Avance del proceso	Demostrar la validez o la veracidad

© Cengage Learning 2014

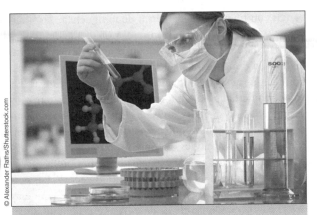

© Alexander Raths/Shutterstock.com

El trabajo de los químicos sigue muchas veces el proceso creativo básico. Su capacitación les proporciona preparación. La incubación y la inteligencia conllevan a avances, los cuales a su vez deben ser comprobados.

contribuyen también al proceso en cuestión. En cierto sentido, la educación y la capacitación de las personas creativas nunca termina en realidad. Perdura mientras ellas sigan interesadas en el mundo y sientan curiosidad por saber cómo funcionan las cosas. Por ejemplo, Bruce Roth obtuvo su grado de doctor en química y después pasó muchos años laborando en la industria farmacéutica, aprendiendo cada vez más acerca de los compuestos químicos y de cómo funcionan en los humanos.

Incubación La segunda fase del proceso creativo es la *incubación*, un periodo de concentración consciente menos intensa en el cual maduran y se desarrollan el conocimiento y las ideas adquiridas durante la preparación. Un aspecto curioso de la incubación es que con frecuencia hacer pausas en el pensamiento racional concentrado ayuda a que avance este. Algunas personas creativas recurren a la actividad física, como correr o nadar, para dar un descanso al pensamiento. Otras tal vez lean o escuchen música. En ocasiones el sueño podría significar la pausa que necesitan. Años después, Bruce Roth entró a Warner-Lambert, una compañía farmacéutica nueva que estaba creciendo muy bien, para ayudar a desarrollar un fármaco que sirviera para reducir el colesterol. En su tiempo libre leía novelas de misterio y escalaba montañas. Más adelante reconocería que ahí era cuando pensaba mejor. Por otro lado, Bill Gates se retira dos veces al año a una cabaña de madera aislada en un bosque para reflexionar en las tendencias de la tecnología; según explica, durante esas semanas es cuando tiene un discernimiento más claro de la dirección hacia la que se debería dirigir Microsoft.[15]

Aplicación La aplicación se suele presentar después de la preparación y la incubación y significa un avance espontáneo que permite que la persona creativa comprenda de otra manera un problema o una situación. Representa la agrupación de todos los pensamientos y las ideas en dispersión que se fueron madurando durante la incubación. Se puede presentar de repente o desarrollar lentamente en el transcurso

del tiempo. Un hecho externo puede activar la inteligencia, por ejemplo una experiencia nueva o un encuentro con datos nuevos, lo cual obliga a la persona a pensar de otra forma en los asuntos y los problemas viejos o puede ser un hecho enteramente interno en el cual los patrones de pensamiento finalmente se forman de modo que generan un nuevo conocimiento. Por ejemplo, un día Bruce Roth revisaba datos de estudios anteriores los cuales habían dado como resultado que un nuevo medicamente que estaba desarrollando no era más efectivo que otros existentes. Pero en esa ocasión encontró ciertas relaciones estadísticas que no había visto antes. Entonces supo que tenía un gran avance entre manos.

Comprobación Una vez que se ha presentado la aplicación, la *comprobación* determina su validez o veracidad. En el caso de muchas ideas creativas, la comprobación incluye experimentos científicos para determinar si la aplicación conduce de hecho a los resultados esperados. La comprobación podría también incluir el desarrollo de un prototipo del producto o el servicio. Un *prototipo* es un artículo o un número mínimo de estos hechos exclusivamente para comprobar si las ideas que lo sustentan funcionan en efecto. Rara vez son vendidos al público, pero son muy valiosos para comprobar la inteligencia desarrollada en el proceso de creación. Una vez que el producto o el servicio nuevos han sido realizados, la comprobación en el mercado es la prueba última de la idea creativa que lo sustenta. Bruce Roth y sus colegas se pusieron a trabajar haciendo pruebas del fármaco y con el tiempo obtuvieron la autorización de la FDA. El fármaco llamado Lipitor se convirtió en el medicamento que ha registrado más ventas en la historia farmacéutica.

Mejorar la creatividad en las organizaciones

Los directores que desean aumentar y fomentar la creatividad en sus organizaciones lo pueden hacer por distintos caminos.[16] Un método importante para incrementarla es volverla parte de la cultura de la compañía, con frecuencia por medio de metas explícitas. Las empresas que en verdad quieren estimular la creatividad, como 3M y Rubbermaid, enuncian objetivos que establecen el porcentaje de ingresos futuros que deben provenir de los productos nuevos. Esto comunica con claridad que la creatividad y la innovación son valoradas. En fecha reciente, Best Buy escogió a cuatro grupos de vendedores de entre 20 y 30 y pocos años y les pidió que pasaran 10 semanas viviendo juntos en un complejo de departamentos en Los Ángeles (la compañía cubrió todos los gastos, y ellos percibieron su sueldo habitual). ¿Su tarea? Sentarse y participar en lluvias de ideas de negocios nuevos que se pudiesen poner en práctica con rapidez y de forma barata.[17] Otro elemento importante para mejorar la creatividad es premiar los éxitos obtenidos de ella, pero con cuidado de no sancionar los fracasos de creatividad. Muchas ideas que parecen meritorias en papel fracasan cuando se

FIGURA 5.3 EL PROCESO DE INNOVACIÓN

Las organizaciones buscan activamente la manera de dirigir el proceso de innovación. Estos pasos ilustran el ciclo de vida general característico de la mayoría de las innovaciones. Como sucede con la creatividad, aquel proceso se verá afectado si se aborda de forma excesivamente mecánica y rígida.

© Cengage Learning 2014

vuelven realidad. Si la primera persona que planteó una idea que fracasa es despedida o castigada de alguna manera, las demás personas de la organización serán más cautelosas con su trabajo. Por lo tanto, surgirán menos ideas creativas.

DIRIGIR LA INNOVACIÓN

Como señalamos antes, la creatividad y la innovación son conceptos relacionados pero diferentes. La innovación se refiere a las actividades que dirige y administra una compañía para desarrollar productos o servicios nuevos o usos nuevos para existentes. Es importante porque, sin bienes o servicios de nueva creación, una organización se quedará a la zaga de sus competidoras.[18]

El proceso de innovación

El proceso de innovación en las compañías consiste en desarrollar, aplicar, lanzar, aumentar y dirigir la madurez y la decadencia de ideas creativas.[19] La *figura 5.3* describe este proceso.

Desarrollo de la innovación Implica evaluar, modificar y perfeccionar ideas creativas. Puede transformar un producto o servicio que ofrece escaso potencial en uno de gran potencial. Por ejemplo, Parker Brothers decidió durante el desarrollo de la innovación que no comercializaría un juego de voleibol para espacios cerrados, sino que vendería por separado la atractiva pelotita de espuma diseñada para este. La compañía jamás sabrá si el juego de voleibol se habría vendido bien, pero la pelota Nerf y los numerosos artículos relacionados le generaron ingresos por muchos millones de dólares.

Aplicación de la innovación Es la etapa en que la organización toma una idea que ha sido desarrollada y la emplea para diseñar, fabricar o entregar productos, servicios o procesos nuevos. En este punto, la innovación sale del laboratorio y es transformada en bienes o servicios tangibles. El uso de sistemas de enfoque basados en el radar en las cámaras instantáneas Polaroid es un ejemplo de la aplicación de una innovación. La idea de usar ondas de radio para descubrir la ubicación, la velocidad y la dirección de objetos en movimiento fue aplicada ampliamente por primera vez por las fuerzas de los Aliados durante la Segunda Guerra Mundial. Conforme la tecnología del radar seguía desarrollándose en años siguientes, los componentes eléctricos usados se fueron haciendo cada vez más pequeños y aerodinámicos. Los investigadores de Polaroid encontraron otra aplicación para esa tecnología bien establecida.[20]

Lanzamiento de la aplicación En la etapa del lanzamiento de la aplicación, la empresa introduce a los mercados los productos o los servicios nuevos. Aquí lo importante no es preguntar si la innovación funciona, sino más bien si los clientes querrán adquirir el bien o el servicio de reciente creación. La historia está llena de ideas creativas que no generaron en los clientes un interés bastante para tener éxito. Algunos conocido fracasos "clásicos" de innovaciones son un calentador portátil de asientos de Sony, la Coca "Nueva" y la cámara instantánea SX-70 de Polaroid (cuyo desarrollo costó 3 mil millones de dólares, pero nunca se vendieron más de 100 mil unidades en un año).[21] En fecha más reciente, una bebida de chocolate introducida por Starbucks, una hamburguesa relativamente saludable con menos grasa de McDonald's y

innovación esfuerzo manejado de una organización con el propósito de desarrollar productos o servicios nuevos u otros usos para los existentes

numerosos productos del mercado de los teléfonos inteligentes no han tenido mucho éxito y han sido descontinuados. Luego entonces, no obstante el desarrollo y la aplicación, los bienes y los servicios nuevos podrían fracasar en la fase de su lanzamiento.

Crecimiento de la aplicación Después de que el lanzamiento de la innovación ha tenido éxito, esta pasa a la etapa de crecimiento. Se trata de un periodo de magnífico desempeño económico para la organización porque la demanda para el producto o servicio suele ser mayor a la oferta. Las compañías que no anticipan esta etapa podrían, sin intención, limitar su crecimiento, como en el caso de Apple cuando no anticipó la demanda que tendría su computadora iMac.[22] De otro lado, hacer un cálculo excesivo de la demanda para un artículo nuevo podría ser igual de negativo para el desempeño. Los artículos que no se venden pueden permanecer muchos años guardados en un almacén.

Madurez de la innovación Después del periodo de crecimiento de la demanda, un bien o un servicio innovador suele pasar a su madurez. En esta etapa la mayor parte de las organizaciones de una industria tienen acceso a la innovación y la están aplicando más o menos de la misma manera. La aplicación tecnológica de esta etapa del proceso suele ser muy sofisticada. Sin embargo, como la mayor parte de las compañías tienen acceso a la innovación, sea como resultado de que la han desarrollado por su cuenta o que han copiado la de otros, no ofrece ventaja competitiva a ninguno de ellos. El tiempo que transcurre entre el desarrollo innovador y su madurez varía enormemente dependiendo del producto o servicio. Siempre que una innovación implica el uso de habilidades complejas (como un proceso de fabricación complicado o un trabajo en equipo muy sofisticado), el tránsito de la fase de crecimiento a la de madurez durará más. Asimismo, si las capacidades que se necesitan para implementar esas innovaciones son raras y difíciles de imitar, entonces la copia de la estrategia tardaría más y la organización disfrutaría de un periodo de ventaja competitiva sostenida.

Decadencia de la innovación Toda innovación exitosa entraña las semillas de su decadencia. Dado que en la madurez de una la compañía no obtiene una ventaja competitiva, debe fomentar que sus científicos, ingenieros y directores creativos empiecen a buscar otras. Esta búsqueda sostenida

innovaciones técnicas cambios en el aspecto material o el desempeño de un producto o un servicio, o del proceso físico mediante el cual se crean el producto o el servicio

© Colour/Shutterstock.com

de tal ventaja suele provocar que los productos y los servicios nuevos pasen del proceso inventivo a la madurez de la innovación y, por último, a su decadencia. En la etapa de decadencia, la demanda para la innovación disminuye y se realizan y aplican otras que la sustituyen.

Formas de innovación

Cada una de las ideas creativas que desarrolla una organización plantea un desafío diferente para el proceso de innovación. Las innovaciones pueden ser radicales o graduales, técnicas o administrativas, o bien, del producto o el proceso.

La innovación radical frente a la gradual Las innovaciones radicales son productos, servicios o tecnologías nuevos que desarrolla una organización y que reemplazan del todo a los que ya existen en una industria.[23] Las graduales son productos o procesos nuevos que modifican a los ya existentes. Las compañías que implementan una innovación radical cambian de modo fundamental la esencia de la competencia y la interacción de las empresas dentro de su mercado. Las que implementan las graduales modifican, pero no transforman fundamentalmente, la interacción de la competencia en la industria.

En años recientes, las organizaciones han introducido muchas innovaciones radicales. Por ejemplo, la tecnología de los discos compactos reemplazó a las cintas grabadas en la industria musical, y ahora las descargas digitales están reemplazando a los CD. En la industria de los videos, los videocasetes fueron sustituidos por los DVD, los cuales ahora son reemplazados por DVD Blu-ray y por las descargas en línea. La TV de alta definición está reemplazando a la tecnología tradicional de los televisores. Tecnologías radicales como las mencionadas suelen ser muy visibles y públicas, pero las innovaciones graduales son de hecho más numerosas. Por ejemplo, cada nueva generación del iPhone y la iPad representan cambios relativamente menores frente a las versiones anteriores.

La innovación técnica frente a la directiva Las innovaciones técnicas son cambios en el aspecto físico o el desempeño de un producto o un servicio, o en los procesos físicos para la fabricación de ese bien o servicio. Muchas de las más importantes de decenios recientes han sido técnicas. Por ejemplo, la serie de reemplazos que van del bulbo al transistor, de este al circuito integrado, y de este al microchip han mejorado enormemente la potencia, la facilidad de uso y la velocidad de operación de una amplia gama de artículos electrónicos. Sin embargo, no todas las innovaciones desarrolladas por las organizaciones son técnicas.

FIGURA 5.4 EFECTOS DE LA INNOVACIÓN DEL PRODUCTO Y DEL PROCESO

A medida que el proceso de innovación pasa del desarrollo a la decadencia, el rendimiento económico de las innovaciones de los productos va disminuyendo gradualmente. Por otro lado, el rendimiento económico de los procesos incrementa durante estos mismos.

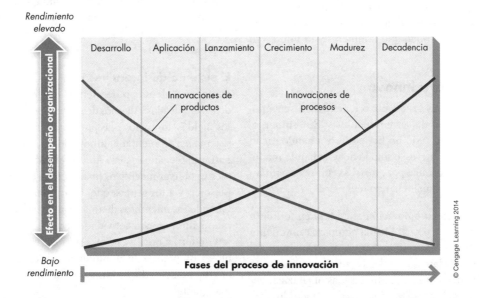

Las **innovaciones directivas** son cambios en el proceso gerencial-administrativo para la concepción, creación y entrega de productos y servicios a los clientes.[24] Estas no siempre afectan directamente el aspecto físico o el desempeño de aquellos. De hecho, el cambio o la reingeniería de los negocios, como explicamos antes, representan una innovación directiva.

La innovación de un producto frente a la de un proceso Las dos clases de innovación técnica más importantes son la de los productos y la de los procesos. Las primeras se refieren a cambios en las características físicas o el desempeño de los bienes o los servicios existentes, o bien, a la creación enteramente nueva de ellos. Las innovaciones de los procesos son transformaciones en la forma de fabricar, desarrollar o distribuir los productos o los servicios. Si bien las directivas suelen afectar el contexto general del desarrollo, las de procesos afectan directamente a la fabricación.

La implementación de la robótica, como explicamos antes, es una innovación del proceso. Como muestra la *figura 5.4*, el efecto que las de los bienes y los procesos tienen en el rendimiento económico dependerá de la etapa del

> *'Debemos seguir innovando nuestra relación con nuestros empleados y averiguar qué es lo mejor que podemos hacer para ellos.'*
>
> LARRY PAGE
> Cofundador y CEO de
> Google[25]

desarrollo innovador en la que se encuentre el proceso o el producto nuevos. Al principio, durante el desarrollo, la aplicación y el lanzamiento, los atributos y las capacidades físicas de una innovación afectan mucho el desempeño de la organización. Por lo tanto, las de productos tienen particular importancia en esas fases iniciales. Más adelante, cuando pasa a las fases de crecimiento, madurez y decadencia, la capacidad de la empresa para innovar los procesos, como perfeccionar la fabricación, aumentar la calidad del artículo y mejorar la distribución, adquieren importancia para mantener el rendimiento económico. Las compañías japonesas son con frecuencia sobresalientes para la innovación de procesos. El mercado de las cámaras de 35 mm estaba dominado por fabricantes alemanes y otros europeos cuando, a principios de la década de 1960, algunas empresas de Japón (como Canon y Nikon) empezaron a fabricar cámaras. Algunos de esos primeros artículos no tuvieron mucho éxito, pero las empresas siguieron invirtiendo en la tecnología del proceso y, con el tiempo, pudieron mejorar la calidad y abatir los costos de producción.[26] Las

> **innovaciones directivas** cambios en el proceso directivo mediante el cual los productos y los servicios son concebidos, fabricados y entregados a los clientes

organizaciones japonesas llegaron a dominar el mercado mundial de las cámaras de 35 mm, y las compañías alemanas, que no pudieron seguir el mismo ritmo en la innovación de procesos, tuvieron que luchar por mantener su participación de mercado y rentabilidad. Además, ahora que la tecnología de las películas está cediendo el paso a la fotografía digital, esas mismas empresas japonesas están haciendo bien la transición de modo que también serán líderes en este mercado.

Incapacidad para innovar

En la economía de hoy las organizaciones deben ser innovadoras para no dejar de ser competitivas. Sin embargo, muchas que deberían serlo no tienen éxito cuando sacan productos o servicios nuevos, o solo lo tienen cuando maduran las innovaciones creadas por otros. Las empresas podrían no innovar por tres razones cuando menos.

Falta de recursos La innovación es costosa en términos de dinero, tiempo y energía. Si una compañía no cuenta con capital suficiente para financiar un programa para tal fin, o si no tiene la clase de empleados requeridos para esta acción, podría quedar a la zaga. Incluso las organizaciones sumamente innovadoras no pueden perseguir todos los productos o servicios nuevos que conciben sus empleados. Por ejemplo, los numerosos compromisos en la industria de las computadoras y los instrumentos electrónicos impidieron que Hewlett-Packard invirtiera en la idea original de una computadora personal de Steve Jobs y Steve Wozniak. Si hubiese tenido recursos infinitos de dinero, tiempo y experiencia técnica y directiva, HP tal vez habría entrado a este mercado al principio. Sin embargo, como no contaba con esa flexibilidad, tuvo que tomar decisiones difíciles sobre las innovaciones en las cuales invertiría.[27]

Incapacidad para reconocer oportunidades Dado que no pueden perseguir todas las innovaciones, las compañías deben desarrollar la capacidad para evaluarlas con sumo cuidado y escoger las que ofrecen más potencial. Para obtener una ventaja competitiva, por lo general la organización debe tomar las decisiones sobre dónde invertirá antes de que el proceso de innovación llegue a la etapa de madurez. Sin embargo, cuanto antes realice la inversión, tanto mayor será el riesgo que corra. Si las empresas no son buenas para reconocer y evaluar las oportunidades podrían ser excesivamente cautelosas y dejar de invertir en innovaciones que más adelante son un gran éxito para otras.

Resistencia al cambio Como veremos más adelante, algunas empresas tienden a resistirse al cambio. Innovar significa abandonar antiguos productos y maneras de hacer las cosas y aceptar nuevos artículos y modos de realización. Esta clase de transformaciones son difíciles para los directores y otros miembros de la organización en lo personal. Así, esta resistencia podría demorar el proceso de innovación.

Promover la innovación en las organizaciones

En el transcurso de los años ha ido surgiendo un enorme abanico de ideas para fomentar la innovación en las compañías. Tres caminos específicos para este impulso son: por medio del sistema de estímulos, por medio de la cultura organizacional y por medio de un proceso llamado *nuevas empresas internas*.[28]

El sistema de incentivos Es el medio que usa una compañía para alentar o desalentar determinadas conductas de los empleados. Algunos de sus componentes centrales son los sueldos, los bonos y las prestaciones especiales. Usar este sistema para fomentar la innovación es una técnica directiva bastante mecánica, pero no por ello deja de ser eficaz. La idea es otorgar incentivos financieros y extrafinancieros a las personas y a los grupos que desarrollan ideas innovadoras. Cuando los miembros de una organización saben que serán premiados por esas actividades es más probable que trabajen de forma creativa. Con esta idea en mente, Monsanto otorga un premio de 50 mil dólares cada año al científico o al grupo de científicos que desarrollen el avance comercial más grande.

Es importante que las organizaciones premien la conducta creativa, pero es fundamental que no impongan una sanción a esta cuando el resultado no es una innovación muy exitosa. Muchas ideas para productos nuevos simplemente no funcionan en los mercados porque el proceso creativo y el innovador entrañan demasiada incertidumbre como para generar un resultado positivo todas las veces. Un individuo podría contar con la preparación para ser creativo, pero tal vez no le llegue la inteligencia. Asimismo, los directores podrían tratar de aplicar una innovación que ha sido realizada, para después tener que reconocer que no funciona. De hecho, algunas empresas operan partiendo del supuesto que si todos sus esfuerzos por innovar tienen éxito, entonces es probable que no estén corriendo una cantidad suficiente de riesgos en la investigación y el desarrollo. En 3M, alrededor 60% de las ideas creativas sugeridas cada año no tienen éxito en el mercado.

Los directores deben ser cuidadosos cuando reaccionan al fracaso de una innovación. Si es resultado de la incompetencia, los errores sistemáticos o la mala administración o dirección, entonces la compañía debe responder en consecuencia; por ejemplo, podría no conceder aumentos de sueldo o reducir el número de ascensos. Sin embargo, las personas que actúan de buena fe para desarrollar una innovación que simplemente no funciona no deben recibir un castigo por su fracaso. Si son sancionadas es probable que en el futuro no sean creativas. Un sistema de premios punitivo no alentaría a los individuos a correr riesgos y, por lo tanto, reduciría la capacidad de la empresa para obtener ventajas competitivas.

La cultura de la organización Se refiere al conjunto de valores, creencias y símbolos que sirve para guiar su conducta. Una cultura organizacional sólida y bien enfocada es útil para apoyar las actividades de la innovación, y bien dirigida comunica que esta es valorada y será premiada, pero también que el fracaso ocasional al perseguir ideas nuevas no solo es aceptable, sino que es lo que se espera. Además de sus sistemas de remuneración y sus actividades para empresas nuevas internas, compañías como Apple, Google, Nintendo, Nokia, Sony, Walt Disney, Vodafone y Hewlett-Packard son conocidas por tener culturas sólidas, orientadas a la innovación, que valoran la creatividad de los individuos, que estos corran riesgos y que sean inventivos.[29]

Las nuevas empresas dentro de las organizaciones grandes En años recientes, muchas compañías grandes han visto que el ánimo emprendedor que fue el motor de su crecimiento se ha estancado después de que pasaron de un negocio pequeño en crecimiento a uno más grande.[30] Para revitalizar ese ánimo, hoy en día algunas fomentan lo que llaman "empresas internas". Las personas que arrancan empresas internas nuevas se parecen a los emprendedores, con la diferencia de que lo hacen en el contexto de una organización grande. En esta última existen tres funciones para los emprendedores internos: el inventor, el defensor del producto y el patrocinador.[31] Para usar correctamente las empresas internas de modo que fomenten la creatividad y la innovación, la compañía debe encontrar a una o varias personas que desempeñen esos roles.

El *inventor* es la persona que de hecho concibe y desarrolla la idea, el producto o el servicio nuevos por medio del proceso creativo. Dado que el inventor podría no tener la experiencia o la motivación para supervisar la transformación del bien o servicio que pasa de una idea a un artículo comercializable, debe entrar en juego el segundo rol. El *defensor del producto* suele ser un director de nivel medio que se entera del proyecto y se compromete con él. Esta persona ayuda a superar la resistencia de la organización y convence a otros de que tomen en serio la innovación, aunque tal vez sepa muy poco de los aspectos tecnológicos de ella. Sin embargo, los defensores de los productos son hábiles para conocer a fondo el funcionamiento de la compañía, saben quién debe dar su apoyo para que el proyecto avance y adónde dirigirse para obtener los recursos que se requieren para un buen desarrollo. Un *patrocinador* es un director de nivel alto que autoriza y apoya un proyecto. Esta persona pelearía para conseguir el presupuesto necesario para desenvolver una idea, superaría los argumentos en contra de un plan y haría política en la organización para asegurar que este sobreviva. Cuando existe un patrocinador, la idea del inventor tiene mucha más probabilidad de desarrollarse bien.

Varias compañías han optado por las empresas nuevas internas como camino para fomentar la creatividad y la innovación. Colgate-Palmolive ha conformado una unidad independiente (Colgate Venture Company) que cuenta

La cultura de una organización contribuye a la creatividad y la innovación. Por ejemplo, Google proporciona a sus empleados equipo que sirve para que se relajen, como muros para escalar, mesas de billar y cómodos salones.

con emprendedores internos que crean productos nuevos. General Foods creó Culinova para que fuese una unidad a la que los empleados llevaran sus ideas para su posible desarrollo. S.C. Johnson & Son creó un fondo de 250 mil dólares con el propósito de apoyar ideas para artículos nuevos, y Texas Instruments se niega a autorizar un proyecto innovador a no ser que incluya a un inventor, un defensor y un patrocinador reconocidos.

DIRIGIR EL CAMBIO

La capacidad para dirigir el cambio debidamente es otra parte importante de las habilidades conceptuales de un director. El **cambio organizacional** es toda modificación sustantiva en alguna parte de la compañía.[32] Por ende, involucraría prácticamente cualquier aspecto de ella: los horarios de trabajo, las bases para la división en departamentos, la dimensión de la administración y dirección, la maquinaria, el diseño organizacional, las personas mismas, etc. Es importante recordar que todo cambio en una empresa puede tener efectos que trasciendan el área donde se aplica este. Por ejemplo, cuando Northrop Grumman instaló un sistema automatizado de producción nuevo en una de sus plantas, tuvo que 1) volver a capacitar a los empleados para que operaran el equipo reciente, 2) ajustar el sistema de incentivos para incluir los nuevos niveles de habilidades, 3) modificar la dimensión de la dirección correspondiente a los supervisores, y 4) rediseñar varios puestos. Asimismo transformó los criterios de selección para los empleados nuevos y necesitó otro sistema

cambio organizacional toda modificación sustantiva de alguna de las partes de la organización

de control de la calidad.[33] El ejemplo anterior nos deja ver que es común y muchas veces necesario que múltiples actividades del cambio organizacional ocurran de forma simultánea.[34]

Las fuerzas del cambio

¿Por qué las compañías precisan cambiar? La razón básica es que algún punto importante para la organización ha transformado o probablemente lo hará en un futuro próximo. Por lo tanto, esta no tiene otra opción sino la de transformarse también. De hecho, una de las principales razones que explican los problemas que muchas veces ellas afrontan es que no anticipan o responden correctamente a las circunstancias que se transforman. Las fuerzas que mueven el cambio pueden ser externas o internas.[35]

Las fuerzas externas Provienen del entorno general de la organización y del de sus tareas.[36] Por ejemplo, dos crisis de energéticos, una industria automovilística japonesa aguerrida, fluctuación de divisas, y tasas de interés internacionales flotantes (todas ellas manifestaciones de la dimensión internacional del entorno general) influyeron profundamente en las compañías automovilísticas estadounidenses. Las nuevas reglas de producción y la competencia las obligaron a modificar drásticamente su forma de hacer negocios. En el terreno político, las nuevas leyes, los fallos judiciales y las regulaciones afectan a las organizaciones. La dimensión tecnológica podría generar técnicas productivas nuevas que la empresa tendrá que explorar. La inflación, el costo de la vida y la oferta monetaria afectan la dimensión económica. La dimensión sociocultural, que refleja los valores de la sociedad, determina la clase de bienes o servicios que aceptará el mercado.

Dado que está muy cerca de la compañía, el entorno de las tareas es una fuerza incluso más potente para el cambio. Los competidores influyen en una empresa en virtud de las estructuras de sus precios y sus líneas de productos. Cuando American Airlines baja sus tarifas aéreas, United y Delta no tiene más opción que seguir su ejemplo. Como los clientes determinan qué artículos se venderán y a cuál precio, las organizaciones se deben interesar en los gustos y las preferencias de los consumidores. Los proveedores afectan a las compañías cuando suben o bajan sus precios o cuando modifican sus líneas de artículos. Los legisladores tienen un efecto enorme en una compañía. Por ejemplo, si la OSHA sentencia que un proceso de producción particular es peligroso para los trabajadores, puede obligar al cierre de una planta hasta que cumpla con normas de seguridad más altas. Los sindicatos pueden obligar al cambio cuando tienen el

> *'La forma de acabar con una compañía es quedarse quieto.'*
> RAY DAVIS
> CEO de Umpqua Holdings[40]

© BusinessWeek, marzo 23/30, 2009, p. 33.

peso para negociar salarios más altos, o si se declaran en huelga.[37]

Las fuerzas internas Una serie de fuerzas que existen dentro de la organización provocan el cambio. Si la dirección administrativa revisa la estrategia actual, lo probable es que haya una transformación.[38] Si una compañía de aparatos electrónicos dispone entrar al mercado de las computadoras de escritorio o si decide subir 3% la meta de ventas del producto en un plazo de 10 años, generaría muchas modificaciones en la organización. Otras fuerzas internas tal vez reflejen influencia de fuerzas externas. Por ejemplo, cuando los valores socioculturales se modifican, las actitudes de los empleados hacia sus labores también lo harían, y ellos podrían exigir un cambio en los horarios o en las condiciones laborales. En tal caso, a pesar de que las raíces de la fuerza estén en el entorno externo, la empresa debe responder directamente a la presión interna que genera.[39]

El cambio planeado frente al reactivo

Algunas modificaciones se planean, otras se presentan como reacción ante hechos inesperados. El cambio planeado es aquél diseñado e implementado de forma ordenada y oportuna anticipándose a hechos futuros. El cambio reactivo es una respuesta paulatina a las circunstancias conforme se van presentando. Dado que el reactivo puede ser apresurado, aumenta la probabilidad de que esté mal concebido y ejecutado. Por lo general, el planeado es preferible al reactivo.[41]

Georgia-Pacific, una enorme compañía de productos forestales, es un ejemplo excelente de una que pasó por un proceso de cambio planeado y bien dirigido. Cuando A.D. Correll asumió el puesto de CEO, de entrada se asustó ante la elevada tasa de accidentes de la compañía: nueve lesiones graves por cada cien empleados cada año, y 26 muertes en el quinquenio anterior. El negocio de estos artículos es inherentemente peligroso, pero Correll creía que la tasa de accidentes era demasiado alta, por lo cual emprendió un gran esfuerzo por modificar y mejorar las cosas. Él y otros directores de nivel alto crearon un programa de cambio por etapas que tenía por objeto instruir a los trabajadores en cuestiones de seguridad, mejorar el equipo de seguridad de la planta y eliminar parte de la añeja cultura de la compañía que colocaba a las lesiones casi como una insignia de valor. El resultado fue que Georgia-Pacific registró la calificación más alta de seguridad en la industria, con relativamente pocas lesiones.[42]

De otro lado, la recesión mundial en la industria de la construcción tomó desprevenida a Caterpillar, que registró enormes pérdidas y tardó varios años en recuperarse. Si sus directores hubiesen anticipado la necesidad de transformar a la empresa, tal vez habrían sido capaces de responder con más rapidez. Asimismo, la frecuencia del cambio organizacional subraya la importancia de abordarlo desde la

cambio planeado el que es diseñado e implementado de forma oportuna y ordenada anticipándose a hechos futuros

cambio reactivo respuesta gradual a las circunstancias en la medida que se presentan

perspectiva de la planeación. La mayor parte de las empresas o de las divisiones de las compañías muy grandes implementan alguna forma de cambio moderado cuando menos cada año, y una o más modificaciones grandes cada cuatro o cinco años.[43] Los directores que se sientan tranquilos a esperar y solo responden cuando no les queda otro remedio tendrán probablemente que pasar mucho tiempo cambiando y modificando las cosas a toda prisa. Anticiparse a las fuerzas que mandan una trasformación y hacer planes adelantados para lidiar con ellas es un enfoque más eficaz.[44]

Modelo del cambio de Lewin

Kurt Lewin, un destacado teórico de las organizaciones, sugirió que todo cambio transita por tres pasos.[45] El primero es *descongelarlo*; es decir que es preciso convencer a las personas que se verán afectadas de modo inminente por él, de que reconozcan que es necesario transformar. A continuación, el *cambio mismo* es aplicado. Por último, este se debe *recongelar*, reforzando y apoyándolo de modo que pase a ser parte del sistema.[46] Por ejemplo, una de las modificaciones que afrontó Caterpillar en respuesta a la recesión que mencionamos implicó un recorte masivo de personal. El primer paso (descongelar) fue convencer al sindicato United Auto Workers que apoyara el recorte dada su importancia para la eficacia de la compañía en el largo plazo. Tras el paso de descongelar, 30 mil empleos fueron eliminados (implementación). A continuación, Caterpillar se puso a trabajar para mejorar su dañada relación con sus empleados (recongelar), asegurándoles que en el futuro habría aumentos salariales y prometiendo que no habría más recortes de personal. Sin embargo, aun cuando el modelo de Lewin es muy interesante, carece de especificidad para operarlo. Por ende, con frecuencia se precisa de una perspectiva más amplia.

Un enfoque inclusivo para el cambio

Un enfoque inclusivo para el cambio adopta una posición sistémica y señala una serie de pasos específicos que por lo general conduce a una modificación exitosa. La *figura 5.5* presenta este modelo expandido.

- El primer paso es reconocer que se precisa una transformación. El cambio reactivo podría ser activado por las quejas de los empleados, la disminución de la productividad o la rotación, los fallos judiciales, las caídas de las ventas o las huelgas laborales. El reconocimiento podría radicar simplemente en que los directores se den cuenta de que la modificación en un área dada es inevitable. Por ejemplo, los gerentes pueden tener conocimiento de la frecuencia general del cambio organizacional emprendido por muchas empresas y reconocer que la suya debe seguir ese mismo patrón. El estímulo inmediato podría ser resultado de un pronóstico que indica el potencial de mercados nuevos, la acumulación de dinero excedente el cual podría ser invertido, o la oportunidad de lograr y capitalizar un avance tecnológico mayor. Los directores también

FIGURA 5.5 PASOS DEL PROCESO DE CAMBIO

Los directores deben entender cómo y por qué implementar un cambio. Un director que sigue una secuencia lógica y ordenada (como la que se muestra a continuación), tiene más probabilidades de éxito que un director cuyo proceso de cambio es irregular y mal concebido.

© Cengage Learning 2014

podrían iniciar un cambio hoy porque hay señales indicadoras de que será necesario en un futuro próximo.[47]

- A continuación, los directores deben establecer las metas del cambio, por ejemplo: incrementar la participación de mercado, ingresar a otros mercados, recuperar el ánimo de los empleados, conciliar una huelga e identificar oportunidades para invertir.

- En tercero, los directores deben diagnosticar qué produjo la necesidad del cambio. Por ejemplo, la rotación de empleados tal vez se debe a los salarios bajos, las malas condiciones laborales, los malos supervisores o la insatisfacción del personal. Por lo tanto, si bien, la rotación podría ser el estímulo inmediato para la modificación, los gerentes deben conocer sus causas para aplicar los cambios convenientes.

- El paso siguiente es seleccionar la técnica para cambiar que alcance las metas deseadas. Si la rotación se debe a los salarios bajos, tal vez se necesite otro sistema de premios. Si la causa es la mala inspección, los supervisores tal vez necesiten capacitarse en las habilidades interpersonales.

- Una vez que han escogido la técnica adecuada, deben planear su implementación. Algunos de los temas que deben tomar en cuenta con los costos del cambio son sus efectos en otras áreas de la empresa, y el grado de participación de los empleados pertinente para la situación.

- Si el cambio ha sido implementado conforme a los planes, tendrán que evaluar los resultados. Si el propósito de la modificación era disminuir la rotación, los directores deben observarla después de que esta lleva operando algún tiempo. Si sigue muy alta, tal vez se necesiten otras modificaciones.[48]

Conocer la resistencia al cambio

Otro elemento de la debida dirección y administración del cambio radica en conocer el porqué de la resistencia que suele acompañarlo.[49] Los gerentes deben saber por qué las personas se resisten a modificar y qué pueden hacer frente a esa resistencia. Cuando Westinghouse proporcionó por primera vez computadoras personales a todos sus directores, la mayor parte de ellos respondió de forma favorable. Sin embargo, uno se resistió al cambio al grado de que empezó a dejar su oficina al medio día. Tuvo que pasar algún tiempo para que volviera a permanecer toda la jornada en su despacho otra vez. Esta resistencia es común por diversas razones.[50]

La incertidumbre La principal causa de que los empleados se resistan al cambio es probablemente la incertidumbre. Frente a una transformación inminente, los empleados se sienten ansiosos y nerviosos. Tal vez se preocupen porque no saben si serán capaces de cumplir con las nuevas exigencias de las tareas, porque piensen que la seguridad de su empleo está en peligro o porque simplemente les desagrade la ambigüedad. En una ocasión, Nabisco fue el blanco de una batalla larga y confusa porque otra compañía la quería absorber, y durante todo ese tiempo los trabajadores estuvieron muy nerviosos sobre la transformación inminente. El *Wall Street Journal* los describió así: "Muchos están furiosos con sus líderes y temen perder su empleo. Están intercambiando rumores e imaginando escenarios para el resultado final de la batalla por conquistar al gigante del tabaco y los alimentos. Los ejecutivos de la oficina matriz de Atlanta saben tan poco de lo que está sucediendo en Nueva York, que algunos llaman a su oficina 'el complejo de los champiñones" donde los mantienen a oscuras".[51]

La amenaza para los intereses personales Muchos cambios inminentes representan una amenaza para los intereses personales de algunos directores de la organización. Una transformación disminuiría su poder o influencia en la compañía, por lo cual se oponen a ella. En cierta ocasión los gerentes de Sears crearon un plan que requería otro tipo de tienda. Las tiendas nuevas serían algo más pequeñas que las características de Sears y no estarían ubicadas en centros comerciales, sino en conjuntos más pequeños de comercios. Llevarían ropa y otros bienes de consumo, pero no llevarían herramientas, electrodomésticos, muebles ni artículos para automóviles.

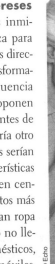

© Echo

Cuando los ejecutivos a cargo de las líneas de productos excluidas se enteraron del plan, pusieron tantas objeciones que este fue cancelado.

Las percepciones diferentes La tercera razón que explica por qué las personas se resisten al cambio son las percepciones diferentes. Un director podría tomar una decisión y recomendar un plan de modificación fundado en su evaluación de la situación. Otras personas de la compañía se resistirían porque no coinciden con la evaluación de ese gerente o porque perciben la situación de otra manera.[52] Los ejecutivos de 7-Eleven batallaron con este problema cuando trataron de aplicar un cambio organizacional mayor. La empresa deseaba "subir de escala" sus tiendas de conveniencia y empezar a vender elegantes alimentos frescos listos para su consumo, las novelas más recientes en edición de lujo, algunos productos gourmet y café de mejor calidad. Sin embargo, muchos franquiciatarios pusieron el grito en el cielo porque consideraron que este movimiento significaba quitarles la compañía a los obreros, que constituían su clientela básica.

El sentimiento de pérdida Muchos cambios implican una variación de los arreglos laborales de modo que rompe los vínculos sociales existentes. Dado que estas relaciones son importantes, la mayor parte de las personas se resisten a todo cambio que pudiese afectar negativamente esas relaciones. Otros intangibles amenazados por una modificación son el poder, el estatus, la seguridad, la familiaridad con los procedimientos existentes y la confianza en uno mismo.

Superar la resistencia al cambio

Por supuesto que un director no se debe dar por vencido ante la resistencia al cambio. Si bien, no existen remedios enteramente seguros, sí hay varias técnicas que cuando menos ofrecen el potencial necesario para superar la resistencia.[53]

La participación Suele ser la técnica más efectiva para superar la resistencia al cambio. Los empleados que se involucran en la planeación y la implementación de una transformación están en mejor lugar de comprender por qué se necesita. Su incertidumbre es menor y los intereses personales y las relaciones sociales se ven menos amenazados. Al haber tenido la posibilidad de expresar sus ideas y de adoptar las perspectivas de otros es más probable que acepten de buena manera el cambio. Un estudio clásico de la participación monitoreó la aplicación de una modificación en los métodos de producción con cuatro grupos de una fábrica de pijamas de Virginia.[54] Tanto la productividad como la satisfacción de los dos grupos participantes por completo en la planificación y la implementación del cambio incrementaron en medida significativa en comparación con las de los dos grupos que no participaron. Otro ejemplo es el caso de la compañía 3M que, en fecha reciente, atribuyó un ahorro de costos por varios millones de dólares debido a que los empleados habían participado en varias actividades del cambio organizacional.

La educación y la comunicación Mostrar a los empleados la necesidad de una transformación inminente y los resultados que pueden esperar de este disminuirá en ellos la resistencia. Cuando se establece una comunicación abierta, y se mantiene durante el proceso de cambio, la incertidumbre disminuye. Caterpillar utilizó estos métodos en muchos de sus recortes de personal para disminuir la resistencia. Primero explicó a los representantes del sindicato UAW por qué se necesitaban las modificaciones planeadas y cuál era su posible valor. Después, la gerencia informó a todos los empleados lo que estaba sucediendo, lo que ocurriría y cómo les afectaría en lo individual.

La facilitación También son aconsejables varios procedimientos para facilitar las cosas. Por ejemplo, efectuar exclusivamente los cambios que se necesitan, anunciarlos por adelantado y dar tiempo a las personas para que se adapten a la forma nueva de hacer las cosas servirán para disminuir la resistencia a ellos.[55] Un director de una oficina regional de Prudential pasó varios meses planeando sistemáticamente en una variación de los procedimientos laborales y el diseño de los puestos de trabajo. Después se impacientó y acudió un fin de semana a las oficinas con una cuadrilla de trabajadores para cambiar la distribución. Cuando el resto de los empleados se presentaron a laborar el lunes por la mañana y vieron lo que había hecho se sintieron molestos, ansiosos y hostiles. Una modificación que parecía promisoria resultó un desastre y el director tuvo que desechar el plan entero.

El análisis de las fuerzas del campo Aun cuando el análisis de las fuerzas del campo podría parecer una cuestión salida de la película *Star Trek*, sí sirve para superar la resistencia al cambio. En casi todas las situaciones de transformación hay algunas fuerzas que actúan a favor de esta, y otras, en su contra. Para facilitarla, los directores empiezan por hacer una lista de esos dos conjuntos de fuerzas y a continuación tratan de inclinar la balanza de modo que las que facilitan el cambio pesen más que las que lo entorpecen. Es muy importante tratar de eliminar, o cuando menos reducir, algunas de las fuerzas que actúan en contra. Por ejemplo, suponga que General Motors está considerando cerrar una planta como parte de una transformación. Existen tres factores que lo refuerzan: GM debe abatir costos, tiene exceso de capacidad y las instalaciones de producción de la planta son muy anticuadas. Por otro lado está la resistencia que presenta el sindicato UAW, la preocupación de los trabajadores por perder su empleo y el presentimiento de que la planta se podría necesitar otra vez en el futuro. GM podría empezar por presentar a aquel las cifras de las pérdidas y las ganancias para convencerlo de que la clausura es necesaria. Después podría ofrecer a los empleados desplazados la posibilidad de reubicación o recapacitación. Por último, podría cerrar la planta y "guardarla entre naftalina" para renovarla más adelante. Así, los tres grandes factores que entorpecen el cambio quedarían eliminados o su importancia quedaría disminuida.[56]

ADMINISTRAR EL RIESGO

El último elemento del conjunto de habilidades conceptuales de un director es su capacidad para administrar los riesgos. La mayor parte de las actividades de una empresa se desarrollan en condiciones de riesgo. Por lo tanto, es importante que los gerentes conozcan el que afronta su negocio, que lo evalúen en términos de sus posibles beneficios y consecuencias, y que tomen las medidas necesarias para administrarlo de modo que reduzca al mínimo sus posibles efectos. Aquí definimos **riesgo** como la incertidumbre respecto de hechos futuros. A su vez, la **administración de riesgos** se refiere al proceso de proteger a la empresa y sus activos mediante la reducción de las posibles consecuencias de hechos futuros que entrañan un riesgo.

Es importante conocer la diferencia entre riesgo y las posibles consecuencias de hechos futuros que entrañan un riesgo. Nadie sabe cuál será el precio del petróleo dentro de 10 años, por lo cual todos los consumidores de productos petrolíferos afrontan el mismo riesgo al respecto. Sin embargo, los directores astutos se pueden colocar en una posición que les permita estar mejor preparados para distintas eventualidades. Por ejemplo, suponga que una compañía ha ofrecido a dos negocios competidores la posibilidad de comprar, mediante el pago de una cuota de 500 mil dólares, los derechos exclusivos de distribución de un artículo nuevo. Uno de los negocios está muy endeudado, tiene poca liquidez, y sus reservas monetarias están muy bajas. Si compra los derechos de distribución y el producto fracasa, se tendría que declarar en quiebra. El otro negocio tiene una deuda muy baja, mucha liquidez y grandes reservas monetarias. El fracaso del artículo sería una decepción, estaría en mejor posición que el otro para absorber la pérdida. Suponiendo que ambos están igual de bien equipados para promover y distribuir el producto nuevo, afrontarían el mismo riesgo. Sin embargo, las consecuencias del fracaso de este serían muy diferentes para uno y otro.

Los gerentes tienen diversas opciones para administrar el riesgo, entre ellas:

- Conocer la propia propensión a correr riesgos. **La propensión al riesgo** es la medida en que un individuo está dispuesto a correr riesgos y a tomar decisiones temerarias. Por

riesgo incertidumbre respecto de hechos futuros

administración de riesgos el proceso de proteger a la empresa y sus activos mediante la reducción de las posibles consecuencias de hechos futuros que entrañan un riesgo

propensión al riesgo la medida en que una persona está dispuesta a correr riesgos y a tomar decisiones temerarias

La administración de riesgos es una función importante en la mayor parte de las empresas. Las inundaciones, los incendios y otros desastres similares son apenas unos cuantos de los muchos peligros que los directores afrontan hoy.

© Henrik Sorensen

ejemplo, el director que tiene una inclinación elevada a ellos seguramente experimentaría las ideas innovadoras y se la jugaría con productos nuevos. Tal vez también dirija a la organización hacia derroteros diferentes y/o sea catalizador para la motivación. Por otro lado, la misma persona podría poner en peligro el bienestar sostenido de la compañía si sus decisiones arriesgadas salen mal. Un director con escasa propensión al riesgo podría provocar que esta se estanque y sea demasiado conservadora, o podría ayudarla a sortear con éxito tiempos turbulentos e impredecibles porque mantiene la estabilidad y la calma. Luego entonces, las posibles consecuencias que sufriría una organización dependen mucho de su entorno.

- Saber cuáles podrían ser los costos y los beneficios de los posibles resultados. Es poco probable que lleguen a triunfar los directores y las empresas que jamás corren riesgos. Por lo tanto, es importante que conozcan la serie de eventuales consecuencias que podría tener un curso de acciones alternativas y los costos y los beneficios asociados a cada una de ellas.

- Disminuir el riesgo. También es posible reducir las consecuencias de un riesgo. Por ejemplo, el planteamiento más arriesgado es no comprar un seguro por lo mucho que cuestan las primas mensuales. Si no ocurre nada malo, uno saldría adelante. Pero si se presentan problemas, los resultados pueden ser catastróficos en razón de las pérdidas que sufriría. En el otro extremo, también se puede asegurar prácticamente contra cualquier pérdida concebible con el propósito de reducir el riesgo al mínimo. Sin embargo, en este caso, las primas mensuales costarían una cantidad excesiva. Así las cosas, la mayor

parte de los tomadores de decisiones optan por una posición en la cual se aseguran contra grandes pérdidas, pero también aceptan correr con ciertos riesgos (en forma de deducibles, etcétera). Una forma de administración de riesgos implica equilibrar la cobertura de los seguros y las primas y los deducibles.

- Compartir el riesgo. Otra opción es compartir el riesgo, muchas veces trabajando con socios estratégicos. Por ejemplo, Shell y BP han colaborado para explorar si existe petróleo en zonas remotas de América del Sur y África. Si no encuentran campos petroleros importantes, estas dos empresas solo perderían alrededor de la mitad del costo total de la exploración.

Cuando los directores eligen una opción deben tener muy en cuenta los riesgos. En la perspectiva de la toma de decisiones, el riesgo gira en torno de la información disponible y del conocimiento de los cálculos de probabilidad de los réditos y los costos de cada resultado. Por ejemplo, suponga que en una compañía la negociadora de un contrato laboral recibe una oferta "final" del sindicato justo antes de la fecha para que estalle una huelga. Tiene dos alternativas: aceptar la oferta o rechazarla. El riesgo depende de que los representantes sindicales estén mintiendo o no. Si la negociadora acepta, evitará la huelga pero se comprometería a un contrato laboral más costoso. Si rechaza, podría lograr un contrato más favorable si el sindicato está mintiendo, pero podría provocar una huelga si está diciendo la verdad.

Basándose en sus experiencias pasadas, la información pertinente, la asesoría de otros y su propio juicio, la negociadora podría llegar a la conclusión de que existe 75% de probabilidad de que los representantes sindicales estén mintiendo, y 25% de que cumplan sus amenazas. Por lo tanto, puede tomar una decisión calculada en función de las dos alternativas (aceptar o rechazar las demandas contractuales) y las consecuencias probables de cada una de ellas. Cuando los directores afrontan un riesgo deben evaluar las probabilidades razonables asociadas a cada opción. Por ejemplo, si los negociadores del sindicato están decididos a estallar una huelga si la compañía no cumple sus demandas y si la negociadora las rechaza porque prevé que no habrá huelga, su error de cálculo puede resultar sumamente costoso.

Gran parte del quehacer de los directores (y la mayor parte de las decisiones que toman) gira en torno del riesgo. La introducción de un producto recién desarrollado, la adopción de una campaña de publicidad nueva, la aceptación de una naciente empresa en participación, la firma de un contrato nuevo, la inauguración de una fábrica o la contratación de un nuevo asistente van asociadas a cierto grado de riesgo. De hecho, si los directores no corren riesgos es muy probable que sus compañías se estanquen y vayan a la zaga de las que sí los corren. Sin embargo, el personal gerencial astuto sabe administrar los riesgos y los mantiene por lo habitual dentro de límites aceptables.

RESUMEN Y UNA MIRADA AL FUTURO

Cuando haya terminado de leer y estudiar este capítulo usted sabrá más acerca de las habilidades conceptuales. En particular, estará mejor preparado para comprender el pensamiento estratégico, así como la creatividad y la forma de dirigirla. Además, estará en posición de describir qué es la innovación y cómo guiarla. También tendrá más claro qué es la dirección del cambio y la conocerá mejor. Por último, tendrá una buena idea de las cuestiones básicas de la administración del riesgo.

La parte restante de este capítulo le brinda algunas oportunidades para seguir desarrollando y perfeccionando sus habilidades conceptuales. Por ejemplo, le dirigirá a nexos que le permitirán ver el manejo eficaz o poco eficaz de esas habilidades. Las secciones siguientes le brindarán varias oportunidades para practicar y explorar las habilidades conceptuales desde diferentes perspectivas. El capítulo termina con algunas evaluaciones adicionales y datos relativos a la interpretación.

VISUALICE SUS HABILIDADES CONCEPTUALES

HABILIDADES CONCEPTUALES EN ACCIÓN 1

Su tarea

Considere los dos videoclips de películas BizFlix para este capítulo.

Charlie Wilson's War (2007) es un relato ficticio sobre Charlie Wilson (Tom Hanks) el diputado por el este de Texas ante el Congreso. Él lleva una vida desordenada, con mucho alcohol y mujeres. La película habla de la rebelión de Afganistán contra la invasión de tropas soviéticas en la década de 1980. Wilson se convierte en el insólito defensor de la causa afgana en razón de su desempeño en dos importantes comisiones del Congreso que se ocupan de la política exterior y las operaciones encubiertas. Joanne Herring (Julia Roberts), una chica de sociedad, es franca partidaria de la intervención. El agente de la CIA Gust Avrakotos (Philip Seymour Hoffman) la ayuda con ciertos detalles.

Inside Man (2006) es ficción pura. El detective de la ciudad de Nueva York Keith Frazier (Denzel Washington) encabeza las actividades para sacar a Dalton Russell (Clive Owen) y su pandilla armada del edificio del Manhattan Trust Bank. Las dificultades se acentúan cuando el presidente del banco Arthur Case (Christopher Plummer) pide la ayuda de la poderosa agente de bolsa Madeline White (Jodie Foster) para que los ladrones no se lleven una caja de depósito particular. Esta película de acción se mueve con velocidad en distintas direcciones hasta llegar a un final inesperado.

Observe cómo estas dos escenas presentan las habilidades conceptuales:

1. En el primer videoclip vemos la manera en que Charlie Wilson usa esas habilidades (y técnicas) para procesar información que cambia rápidamente para analizar el "panorama general" y mostrar que conoce las condiciones existentes en Afganistán. Sin embargo, tiene que consultar a su ayudante para confirmarla y saber cómo votar cuando esté en la Cámara de Diputados. ¿Cómo representa esta escena un uso positivo de las habilidades conceptuales?

2. En el segundo videoclip, el detective Frazier procesa la información que le proporciona el capitán John Darius (Willem Dafoe) para evaluar los riesgos asociados para ponerse en contacto con la pandilla enseguida. Asombra a Darius cuando dice que su estrategia es demorar el contacto para que esta se estrese más. Sugiera un camino para manejar esta situación de otra manera.

VISUALIZAR

HABILIDADES CONCEPTUALES EN ACCIÓN 2

Este ejercicio le brinda la oportunidad de pensar en las habilidades conceptuales que podría necesitar para puestos directivos que ocupe en el futuro.

Su asignación

1. Piense en sus habilidades conceptuales y trate de encontrar una escena que ilustre un uso positivo o eficaz de las mismas en una película, un programa de televisión o un video en YouTube.

2. Ahora haga lo mismo con una escena que ilustra un uso negativo o ineficaz de esas capacidades.

Comparta con el grupo sus resultados y explique por qué las habilidades conceptuales que presenta cada videoclip son usadas de forma positiva o negativa. También debe tratar de sugerir maneras en que la situación negativa se podría haber cambiado para mejorarla.

PRACTIQUE SUS HABILIDADES CONCEPTUALES

LAS FUNCIONES ADMINISTRATIVAS EN DIFERENTES ORGANIZACIONES

La administración implica cuatro funciones básicas y todas ellas requieren que se usen las habilidades conceptuales: planear y tomar decisiones, organizar, dirigir y controlar. Este ejercicio le ayudará a identificar posibles generalizaciones de estas funciones y las capacidades conceptuales aplicadas a diferentes clases de organizaciones.

Su tarea

1. Escoja una empresa grande, una pequeña, una organización educativa, una de servicios médicos y una entidad pública. Ahora suponga que usted es el director general de cada una de ellas.

2. Anote las cuatro funciones principales de cada empresa en la parte superior de una hoja de papel. En forma de lista escriba los nombres de las cinco organizaciones en el margen izquierdo de la hoja.

3. Ahora piense en una situación, problema u oportunidad pertinente para la intersección de cada hilera y columna de la hoja. Procure pensar en oportunidades para usar las habilidades conceptuales en las 20 situaciones (cinco organizaciones y cuatro funciones). Por ejemplo, ¿por qué el director de una entidad pública necesitaría habilidades destrezas para desempeñar la función de organizar? ¿Cómo haría eso mismo el director de una empresa pequeña? ¿De qué modo el de una organización educativa y el de una organización de servicios de salud usarían las destrezas conceptuales para desarrollar la función de planear y tomar decisiones?

4. ¿Qué similitudes significativas encuentra en las cinco columnas?

5. ¿Qué diferencias significativas encuentra en las cinco columnas?

6. Basándose en su evaluación de las similitudes y las diferencias, ¿qué tan difícil o fácil supone que sea para un director pasar de una clase de organización a otra?

Escoja un negocio nuevo para emprender

Este ejercicio le ayudará a relacionar las habilidades conceptuales con la decisión que debería tomar un emprendedor.

Suponga que ha decidido iniciar una pequeña empresa cuando termine sus estudios en la comunidad donde está la universidad. De por hecho que cuenta con los fondos para iniciar el negocio sin tener que preocuparse por encontrar inversionistas.

Su tarea

1. Sin fijarse en el potencial de mercado, la rentabilidad o consideraciones similares, haga una lista de cinco negocios que podría iniciar y operar, exclusivamente en razón de sus intereses personales. Por ejemplo, si le gusta hacer pasteles o andar en bicicleta, tal vez le gustaría abrir una pastelería o una tienda de bicicletas.

2. A continuación, elabore un listado de cinco negocios que le gustaría abrir y operar, exclusivamente en función de la oportunidad de mercado que prometen, sin considerar si le resultan atractivos en lo personal. Use internet para determinar cuáles negocios podrían ser rentables en su comunidad, basándose en factores como la población, las condiciones económicas locales, la competencia local, las oportunidades para vender franquicias, etcétera.

3. Evalúe la posibilidad de éxito de cada uno de los 10 negocios. (*Consejo:* podría colocarlos por orden de importancia).

4. Forme un equipo pequeño con tres o cuatro compañeros del grupo y discutan sus respectivas listas.

   A) Busque casos en que la misma clase de negocios aparece en más de una lista.

   B) Busque casos en que el mismo negocio aparece con posibilidades similares o diferentes de éxito.

   C) Discuta la importancia que tiene el interés personal para el éxito de una pequeña empresa.

   D) Explique la importancia que tiene el potencial de mercado para el éxito de una pequeña empresa.

Use sus habilidades conceptuales para comprender la conducta de otros

Este ejercicio se refiere a las habilidades conceptuales que muchas veces se deben usar juntas para comprender la conducta de otras personas de la organización.

La conducta humana es un fenómeno complejo en todos los contextos, pero en especial en las organizaciones. Saber cómo y por qué los individuos optan por una conducta particular es una tarea difícil y molesta, pero muy importante. Por ejemplo, piense en el escenario siguiente.

Lisa McLeventhal lleva varios años en su departamento laboral. Hasta hace poco había sido una empleada "modelo". Siempre llegaba puntual o antes de tiempo a su centro laboral, y cuando era necesario se quedaba más horas para terminar sus actividades. Era amable, alegre y muy trabajadora. Con frecuencia decía que la compañía era el mejor lugar de todos donde había laborado y que usted era el jefe perfecto.

Sin embargo, hace unos seis meses usted empezó a notar cambios en la conducta de Lisa. Empezó a llegar tarde de vez en cuando y usted ha olvidado cuándo fue la última vez que aceptó quedarse a trabajar después de las 5:00 p.m. Además, se queja mucho. Otros empleados han empezado a evitarla porque es muy negativa. Usted sospecha que está buscando empleo en otro lugar.

Su tarea

1. Suponga que ha revisado las cosas para averiguar qué ha sucedido. Escriba un caso breve (tan descriptivo como pueda) con más información que explique por qué la conducta de Lisa ha cambiado. Por ejemplo, su caso podría incluir el hecho de que en fecha reciente usted ascendió a una persona y que Lisa tal vez estaba esperando ser ascendida a ese puesto.

2. ¿Qué habilidades diagnósticas le servirán para comprender los cambios de conducta de esa trabajadora?

PRACTICAR

3. Decida si puede resolver los problemas o los malos entendidos con Lisa para superar los asuntos que mencionó en la respuesta del inciso 1. Por ejemplo, si describió su conducta diciendo que el ascenso fue para otra persona, ahora relate cómo supone que podría arreglar el asunto con Lisa.

Los valores de los empleos como los perciben los estudiantes y los empleados

Este ejercicio investiga tanto el valor que los estudiantes de su universidad conceden a los empleos como lo que especulan en relación con el concepto que tienen los empleadores del valor que los estudiantes le dan a los empleos.

Los trabajadores escogen carreras acordes con el valor que adjudican a los empleos. Por lo tanto, los empleadores deben conocer esos valores para reclutar, dirigir y motivar a aquellos. Así, los valores del empleo son importantes para los procesos de recursos humanos, desde los anuncios de puestos laborales y las entrevistas para el desempeño hasta la planeación de las remuneraciones.

Su tarea

1. Pensando en lo que espera de su carrera futura, conteste la encuesta de los valores del empleo que presentamos a continuación. En la columna 2 anote el valor que concede a cada elemento de la columna 1, colocando por orden los 14 valores del empleo, donde 1 sería el más importante para usted, y el 14, el menos importante.

2. Cuando los posibles empleadores traten de atraer a los estudiantes, deberían considerar qué tanta importancia suponen que estos conceden a cada uno de los valores. En cada valor de la columna 1 indique si piensa que los empleadores suponen que los alumnos clasificarían el valor del empleo en un lugar más alto que usted y otros estudiantes. En tal caso, conteste con "+" en la columna 3. Si piensa que los empleadores suponen que los alumnos clasificarían el valor del empleo en un lugar más bajo que otros estudiantes, conteste con "−" en la columna 3.

ENCUESTA DE LOS VALORES DEL EMPLEO		
Columna 1 **Valores del empleo**	**Columna 2** **Mi calificación**	**Columna 3** **¿Los empleadores piensan que los estudiantes clasifican esto en un lugar más alto (+) o más bajo (−)**
Condiciones laborales		
Trabajar con otras personas		
Prestaciones para los empleados		
Desafíos		
Ubicación del empleo		
Autodesarrollo		
Clase de trabajo		
Nombramiento del puesto		
Programa de capacitación		
Realización		
Sueldo		
Reputación de la compañía		
Seguridad de empleo		
Autonomía en el trabajo		

3. En equipos pequeños o con todo el grupo, calcule una clasificación promedio para cada valor. Después discutan los resultados.

A) ¿Cuánta variación encontró en las clasificaciones del valor del empleo en la columna 2? Es decir, ¿las clasificaciones de los estudiantes son muy diferentes, ligeramente diferentes o muy similares?

B) Si hay diferencias significativas entre individuos, ¿qué impacto tendrían en el proceso de reclutamiento? ¿En el proceso de capacitación? ¿En la evaluación del desempeño y en el proceso de remuneración?

C) ¿Qué tanta variación encuentra en las respuestas de la columna 3? ¿Su equipo o grupo está de acuerdo en cuanto a la percepción que tienen los empleadores de los valores de los estudiantes universitarios?

D) ¿Existen grandes diferencias entre sus supuestos acerca de la percepción que tienen los empleadores de los estudiantes universitarios y los valores del empleo que ha reportado su equipo o grupo? Si hubiese una gran diferencia, ¿cuáles dificultades crearía la diferencia para las personas que buscan empleo y para los posibles empleadores? ¿Cómo se podrían disminuir o eliminar estas dificultades?

Aprenda de otras organizaciones

Este ejercicio demuestra que las habilidades conceptuales sirven para que los directores clave puedan usar las observaciones o las experiencias que han entresacado de otras organizaciones para mejorar algún aspecto de las operaciones de la suya.

Su tarea

1. Recuerde con detenimiento la vez más reciente en que comió en un restaurante que implicaba cierta medida de autoservicio, por ejemplo, un restaurante de comida rápida como McDonald's, una cafetería o un restaurante tradicional con una barra de ensaladas. Recuerde tanto como pueda de la experiencia y desarrolle algunas ideas que expliquen por qué el restaurante está organizado y montado de esa manera.

2. Ahora recuerde con detenimiento la vez más reciente cuando compró algo en un establecimiento minorista, por ejemplo calzado en una zapatería, un diccionario en una librería o un programa de software en una tienda de computadoras. De nueva cuenta, recuerde todo lo que pueda de la experiencia y desarrolle algunas ideas que expliquen por qué la tienda se organiza y distribuye de esa manera.

3. Señale tres o cuatro elementos del servicio que recibió en los dos comercios que en su opinión influyeron de forma más directa (positiva o negativa) en la calidad y la eficiencia de la experiencia en ese lugar.

4. Analice los elementos del servicio de una organización y analice si de alguna manera se pueden usar en otra. Repita el proceso para la segunda compañía.

¿Hacer trampa o no?

Este ejercicio le brinda la oportunidad de afinar sus habilidades conceptuales. Piense con detenimiento y creatividad en la situación antes de llegar a una conclusión. Su profesor(a) puede pedirle que trabaje solo o en grupo.

Su tarea

Suponga que dos organizaciones nuevas de tecnología, HiTech y ChipT, llegan a un acuerdo sobre sus negocios en un mercado nuevo. Convienen que entrarán a este de forma independiente, pero que cobrarán el mismo precio. Esto se conoce como precio de monopolio porque es el que maximizaría las utilidades para la industria si solo hubiese una compañía o, en este caso, dos empresas que hacen alianza estratégica.

PRACTICAR

Si una de las dos hace trampa y cobra un precio más bajo, le quitaría una participación de mercado considerable a la otra y, como muestra la tabla que presentamos a continuación, ganaría bastante más dinero.

		ChipT	
		Hacer trampa (cobrar un precio más bajo)	No hacer trampa (cobrar precio de monopolio)
HiTech	Hacer trampa	$5 millones cada una	HiTech $10 millones ChipT $3 millones
	No hacer trampa	ChipT $10 millones HiTech $3 millones	$8 millones cada una

Explique qué podría suceder y qué es probable que suceda.

Factores que afectan el diseño organizacional

Este ejercicio le servirá a efecto de aplicar sus habilidades conceptuales para el diseño organizacional y los factores que influyen en los diseños adecuados.

Las cuatro grandes formas de ese diseño son: el planteamiento funcional, el de conglomerado, el de divisiones y el de matriz. Algunos de los factores que afectan la forma indicada de diseño son la tecnología medular, el entorno, el tamaño y el ciclo de vida de la organización.

Su tarea

1. Encuentre cuatro compañías que usen una forma básica de diseño organizacional diferente.

2. Evalúe la tecnología, el entorno, el tamaño y el ciclo de vida de cada una de las cuatro empresas.

3. A continuación, relacione uno por uno los factores de la situación con el diseño que usa cada compañía. Presente su opinión acerca de la relación real entre los factores y el diseño usado por cada empresa. ¿Los factores de la situación operan juntos en diferentes combinaciones cuando afectan el diseño? Por ejemplo, ¿una forma particular de tecnología y determinadas fuerzas del entorno juntas influyen en el diseño organizacional? ¿Piensa que el diseño de cada compañía está determinado directamente por su contexto o que la relación que observa es mera coincidencia?

4. Clasifique por orden de prioridad la importancia relativa de los factores de la situación en el caso de todas las compañías. ¿El orden de importancia de los factores varía de forma sistemática?

¿Sabe usted prever?

Este ejercicio se concentra en sus habilidades conceptuales y las diagnósticas; por ende, usted debe abordar de forma conceptual este problema de contratación, sin utilizar complicados análisis matemáticos o estadísticos.

Su tarea

Prepare un modelo de contratación que reduzca al mínimo los errores de contratación. Su compañía, ZYX Corporation, define "éxito" con una calificación de 55 puntos o más en el instrumento de evaluación del desempeño (ED por sus siglas en inglés). La organización cuenta con los datos adicionales siguientes, basados en experiencias anteriores:

- La correlación entre la evaluación del desempeño (ED) y la prueba general de aptitudes (GAT) es +0.81.

- La correlación entre la evaluación del desempeño (ED) y los promedios de los puntos de las calificaciones de los estudiantes (GPA) es +0.58.

- La correlación entre la evaluación del desempeño (ED) y la calidad escolar (QLY) (correlación en dos series con buena = 1 y mala = 0) es +0.10 (la correlación de Pearson Product Moment es +0.16)

PE	GAT	QLY	GPA
7	8	G	1.5
13	18	P	2.2
26	22	G	2.0
47	26	G	2.5
39	28	P	2.0
58	49	P	3.2
33	35	G	2.7
82	40	P	3.5
67	40	G	3.1
50	48	P	2.0
41	35	G	3.0
76	50	G	2.0
59	51	G	2.0
90	63	G	2.5
64	64	G	2.0
51	65	P	2.3
78	68	G	3.3
71	78	P	3.5
88	82	G	3.0
50	40	G	2.5

Sin emplear un complicado análisis matemático o estadístico, ¿puede usted crear un modelo para la contratación que no produzca errores (de ninguno de los dos tipos que se muestran a continuación)?

Vea la interpretación al final del capítulo.

Relación entre la calidad y el desempeño financiero

Este ejercicio requiere que usted investigue la relación conceptual entre la calidad y el desempeño financiero.

De entre las personas que creen que existe tal relación, algunas piensan que los productos de gran calidad conllevan a ingresos elevados, mientras que otras piensan que solo las empresas que tienen gran desempeño pueden ofrecer gran calidad. Un tercer grupo piensa que no existe relación alguna.

Su tarea

1. Consulte una lista reciente de ganadores del premio Malcolm Baldrige para la calidad (*Consejo*: visite el sitio del National Institute of Standards and Technology, www.baldrige.nist.gov/Contacts_Profiles.htm). Escoja tres compañías de la lista e investigue el desempeño financiero

reciente de su compañía matriz, empleando las ganancias por acción (EPS) como medida del desempeño.

2. ¿Las ganadoras han presentado un gran desempeño? Por ejemplo, ¿su EPS aumentó?

3. Si algunas de las ganadoras han presentado un gran desempeño, ¿este tuvo lugar antes o después del premio, o antes y después?

4. ¿Cuál es su conclusión respecto de la relación entre un gran desempeño y la calidad?

Determine por qué los equipos tienen éxito

Este ejercicio le brinda la oportunidad de practicar sus habilidades conceptuales aplicadas a grupos o equipos.

La importancia de los grupos y los equipos en las compañías es cada vez mayor, por lo cual es preciso que sepamos qué logra que estos tengan éxito. Un camino para hacerlo es analizar los muy eficaces que existen más allá de las fronteras de las organizaciones empresariales típicas, por ejemplo un equipo de baloncesto, un escuadrón del ejército, un grupo de funcionarios públicos como el gabinete de asesores del presidente, un comité estudiantil y el líder de una religión.

Su tarea

1. Use internet para encontrar un ejemplo de un equipo real a) que no sea parte de una compañía habitual con fines de lucro, y b) que le permita argumentar que es uno muy eficaz.

2. Con base en su investigación, determine las razones que explican la eficacia del equipo. Considere las características y las actividades del equipo, como la estructura de las funciones, las normas, la cohesión y la administración de conflictos.

3. ¿Qué podría un director aprender de este equipo particular? ¿Cómo se pueden emplear en el contexto de una empresa los factores que explican su éxito?

USE SUS HABILIDADES CONCEPTUALES

LA CREATIVIDAD EN KELLOGG

W.K. y John Harvey Kellogg estaban haciendo experimentos para encontrar la manera de que los alimentos saludables fuesen más apetitosos y nutritivos para los enfermos cuando, por accidente, descubrieron cómo hacer hojuelas de maíz. W.K. Kellogg vio enseguida el potencial del descubrimiento y siguió experimentando por su cuenta. Creó en 1906 la Battle Creek Toasted Corn Flake Company y, empleando innovadoras técnicas de marketing, cambió lo que las personas pensaban del desayuno. Sin embargo, la competencia creció con rapidez a medida que compañías como General Mills y General Foods ingresaban al mercado.

Kellogg Company cree en la creatividad y la innovación. Siempre está desarrollando e introduciendo productos nuevos. No cesa de probar cuestiones nuevas de marketing, empezando por el letrero más grande del mundo en 1912. Dado que la nutrición fue el interés central de la creación de su primer artículo, es pionera en la colocación de etiquetas nutricionales en lo que comercia. También introdujo otros planteamientos para los empaques y cambió su nombre de Battle Creek por el de Kellogg Company en 1922. Para expandir sus mercados, empezó a crecer en el ámbito internacional rápidamente (Canadá en 1914, Australia en 1924, e Inglaterra en 1938).

En las décadas de 1950 y 1960, la participación de mercado de Kellogg llegó a cerca de 50%, pero en la de 1970 empezaron sus problemas. Al parecer había dejado de estar en contacto con sus clientes, y la demanda global para los cereales para el desayuno empezó a caer. Quaker Oats y Nabisco empezaron a quitarle participación de mercado. Es más, los consumidores conscientes de su salud empezaron a abandonar sus marcas muy azucaradas que habían gozado de tanta popularidad. La participación de mercado de Kellogg empezó a bajar y, para 1990, había caído a cerca de 37 por ciento.

Respondió con planes nuevos. Aumentó la publicidad para amurallar el mercado global y convencer a los adultos de que volvieran a comer cereal. Desarrolló numerosos cereales saludables, en especial los de salvado de avena. Los directores empezaron a concentrarse en el control de calidad para garantizar que todos los productos fueran nutritivos. La compañía tomó también medidas para fortalecer sus mercados exteriores. Sus esfuerzos no tardaron en tener buenos resultados, y su participación de mercado empezó a aumentar otra vez. No obstante, a principios de la década de 1990, la batalla de la competencia fue feroz en los mercados exteriores, en particular en Europa.

En 1999, Carlos Gutiérrez asumió el cargo de CEO de Kellogg, convirtiéndose en el primer CEO latino de las 500 compañías de Fortune. Se concentró en los productos que tenían más margen, como Special K (que atrae a clientes conscientes de su peso), Kashi (dirigido a las personas que optan por comida saludable) y las barras Nutrigrano (desayuno en movimiento). Estos esfuerzos creativos tuvieron frutos, y el desempeño de Kellogg fue sólido. Gutiérrez fue nombrado Secretario de Comercio en 2004 y abandonó la compañía justo cuando las utilidades de Kellogg se volvieron tan aguadas como sus cereales para el desayuno.

David Mackay asumió el mando en 2006 con la idea de ampliar las fronteras y explorar campos nuevos. En respuesta a los grupos de consumidores, anunció que en 2008 Kellog dejaría de dirigir a niños menores de 12 años su publicidad de cereales y tentempiés que no cumplieran con lineamientos nutricionales específicos. Pero en 2009 surgió otro desafío. Los supermercados empezaron a oponerse a los aumentos de precio de los productos de Kellogg y empezaron a recurrir a más artículos de marca privada. Sin embargo, Kellogg prosiguió con sus prácticas habituales, y a principios de 2010 sus ventas y sus utilidades estaban aumentando.

Preguntas del caso

1. ¿Al parecer, qué habilidades conceptuales particulares fueron más usadas en Kellogg?

2. ¿Cómo han empleado estas habilidades conceptuales los directores de Kellogg?

3. Identifique las oportunidades y las amenazas (y fortalezas y debilidades) derivadas de un énfasis excesivo en esas destrezas.

4. ¿Qué capacidades tiene usted que le servirían para triunfar en Kellogg? ¿Qué habilidades conceptuales le faltarían? ¿Cómo se podría preparar a efecto de contar con las habilidades de esa clase requeridas para garantizar su éxito?

Vea en línea

Referencias del caso

Matthew Boyle, "Grocery stores fight back against food prices", *Fortune*, 29 de enero de 2009, http://www.businessweek.com/magazine/content/09_06/b4118048684472.htm; Matthew Boyle, "Snap! Crackle! Pop! Cereal biz gets stale, *Fortune*, 8 de noviembre de 2006, http://money.cnn.com/magazines/fortune/fortune_archive/2006/11/13/8393078/index. htm; Matthew Boyle, "The Man Who Fixed Kellogg Stale Offerings, *Fortune*, 6 de septiembre de 2004, http://money. cnn.com/magazines/fortune/fortune_archive/2004/09/06/380333/index.htm; Christopher Knowlton, "Europe Cooks Up a Cereal Brawl", *Fortune*, 3 de junio de 1991, pp. 175-179; Gary Hoover, Alta Campbell y Patrick J. Spain (Eds.), *Hoover's Handbook: Profiles of Over 500 Major Corporations*, Austin, Texas, The Reference Press, 1991, p. 324.

LA CREATIVIDAD EN MERCK

Merck & Co., Inc. es el fabricante de medicinas patentadas más grande del mundo y tiene alrededor de 5% del mercado. Si bien, comparte raíces comunes con E. Merck de Alemania, las dos compañías han sido totalmente independientes desde 1917. Merck & Co., llegó a ser líder mundial gracias al crecimiento consistente de las ventas y las ganancias que generaron sus productos innovadores. De hecho, en 1990 tenía 18 artículos que generaban, cada uno, más de 100 millones de dólares. Para obtener esos artículos, invierte mucho en investigación y desarrollo; habitualmente es la que más lo hace en la industria. Su énfasis en la investigación nace con la formación de su primer laboratorio en 1933, donde sus científicos realizaron el trabajo pionero de la vitamina B-12 y crearon la cortisona. En las décadas de 1940 y 1950, cinco científicos de Merck fueron galardonados con el premio Nobel.

El Dr. P. Roy Vagelos, el bioquímico que ha sido CEO de Merck desde 1985, ha declarado que cuantos más pensadores originales tenga Merck, tanto más satisfecho estará, porque contar con personas que piensan por líneas diferentes pero persiguen objetivos similares es la llave para la innovación y el éxito. Vagelos está sin duda calificado para ser líder de una organización que tiene esa filosofía. Se graduó de la escuela de medicina de Columbia e hizo su internado en el Massachusetts General Hospital de Boston antes de encabezar el departamento de bioquímica de la Universidad de Washington en San Luis. Llegó a Merck como investigador y fue jefe de investigación durante nueve años antes de convertirse en CEO.

Pero Merck va más allá de fabricar productos innovadores. Es una de las compañías mejor dirigidas del mundo. Durante más de 10 años, la revista *Fortune* ha publicado la lista de "las compañías más admiradas" de Estados Unidos, y solo una ha estado en ella todas las veces: Merck. No únicamente ha estado en el grupo, sino que ha dominado la clasificación y ocupado el primer lugar en seis ocasiones. Merck dice que tiene éxito porque atrae, desarrolla y conserva a individuos muy aptos en la organización. De hecho, el número de personas reclutadas y capacitadas por los altos ejecutivos de ella influye en los ascensos y las evaluaciones de los méritos que hacen esos ejecutivos. Es más, en Merck las mujeres tienen al parecer la posibilidad de avanzar. En 1990, una de las mujeres en puestos más altos de las 500 compañías de *Fortune* fue su directora general de finanzas.

En un comunicado a los empleados, Vagelos subrayó que era preciso monitorear con atención el entorno y hacer planes para responder a las transformaciones que registrara. Declaró que el truco estaba en que Merck anticipara el cambio en el contexto y se moviera con rapidez para aprovecharlo antes que nadie. De tal modo, Merck seguiría teniendo éxito. Según Vagelos, "La mejor garantía (en realidad la única) de una verdadera estabilidad de empleo es una compañía exitosa".

Ese monitoreo atento del entono no solo incluye la investigación ligada al desarrollo de productos, sino también a las oportunidades de mercado. Merck adquirió la mitad de una farmacéutica japonesa (Banyu) para abrir ese mercado y también para tener acceso al pensamiento de los científicos japoneses. También ha creado alianzas con otras farmacéuticas para acceder a otros mercados. Con DuPont crearon una empresa en participación para expandir los mercados globales para los productos de ambas. Merck y Johnson & Johnson hicieron otra de esas empresas para comercializar los artículos que resultaran de la fusión de Merck con la parte de ICI Americas que no manejaba artículos patentados (el principal era Mylanta).

En 1994, Vagelos fue reemplazado por Raymond V. Gilmartin cuando el crecimiento de los servicios médicos administrados había provocado un gran escándalo en toda la industria farmacéutica. Gilmartin tomó medidas para incrementar el trabajo en equipo en Merck agilizando y adelgazando la estructura de la organización. La agilización implicó deshacerse de dos unidades que no eran centrales, Kelco y Calgon Vestal Laboratories. En 1997, vendió su unidad de protección de cosechas y su participación en una empresa en participación con DuPont. Después reestructuró su unidad de salud animal (Merial) de modo que para finales de la década de 1990 era la compañía farmacéutica animal más grande del mundo. A finales de ese decenio, introdujo 15 fármacos nuevos y están registrando un magnífico desempeño.

Cuando las patentes de algunos medicamentos muy exitosos de Merck empezaron a expirar. En 2006, Richard I Clark tomó las riendas como CEO de la compañía. Estrechó el enfoque de las investigaciones y recortó los costos de promoción por medio de mensajes electrónicos dirigidos a los médicos. Al parecer, las medidas funcionaron porque los resultados financieron fueron mejorando gradualmente. Más adelante, en 2009, Merck se fusionó con Schering-Plough y, mediante el apoyo a la innovación, esperaba registrar niveles muy altos de desempeño de forma sostenida.

Vea en línea

Preguntas del caso

1. ¿Cómo describiría las habilidades de Vagelos?

2. ¿De qué modo han usado las habilidades conceptuales los ejecutivos de Merck?

3. ¿Cuáles habilidades conceptuales particulares se han usado más al parecer en Merck?

4. ¿Por qué las capacidades conceptuales tienen particular importancia en una compañía como Merck?

5. Si usted estuviera interesado en un puesto en Merck, ¿cómo se prepararía para contar con las destrezas conceptuales requeridas para tener éxito?

Referencias del caso

David Ewing Duncan, "Merck in a post-blockbuster world", *Fortune*, 20 de octubre de 2009, http://money.cnn.com/2009/10/19/news/companies/merck_clark.fortune/index.htm; John Simons, "How Merck Healed itself", *Fortune*, 7 de febrero de 2008, http://money.cnn.com/2008/02/04/news/companies/how_merck_healed_itself.fortune/index.htm; Amy, Barrett, "Merck's plan for a comeback", *BusinessWeek*, 16 de diciembre de 2005, http://www.businessweek.com/technology/content/dec2005/tc20051216_708777.htm; *Merck World*, octubre de 1992, pp. 2-3; Kate Ballen, "America's Most Admired Corporations", *Fortune*, 10 de febrero de 1992, pp. 40-72; Alison L. Sprout, "America's Most Admired Corporations", *Fortune*, 11 de febrero de 1991, pp. 52-60.

EXTIENDA SUS HABILIDADES CONCEPTUALES

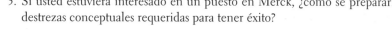

Su profesor(a) puede usar una o varias de estas **extensiones para el grupo** a efecto de brindarle otra oportunidad más para desarrollar sus habilidades para administrar el tiempo. De otro lado, usted puede seguir desenvolviéndolas por su cuenta mediante una o varias de las **extensiones individuales**.

Estas **extensiones para el grupo** se repiten exactamente de la misma forma para cada una de las siete habilidades específicas. Llevar a cabo la **extensión** exacta para las distintas capacidades le servirá para perfeccionar tanto estas como las diferencias sutiles que existen entre sí.

EXTENSIONES PARA EL GRUPO

- Forme equipos pequeños de estudiantes. Solicite a cada conjunto que escoja una organización y un puesto directivo. Después pídales que identifiquen las habilidades interpersonales que necesitaría alguien en ese puesto.

- Arme equipos pequeños de alumnos. Indique a cada equipo que identifique un problema o una oportunidad que afronte una empresa u otra organización. Después pídales que señalen las habilidades conceptuales que necesitarán los directores para lidiar con ese problema u oportunidad.

- Forme equipos pequeños de estudiantes. Pida que identifiquen un problema o una oportunidad que esté presente en un negocio o alguna otra organización. Ahora, pida a cada equipo que identifique las competencias que necesitan los gerentes para lidiar con ese problema u oportunidad.

- Forme equipos pequeños de estudiantes. Asigne a cada conjunto una o varias compañías que deberán analizar. Indíqueles que identifiquen a los miembros que constituyen el consejo de administración y que investiguen sus antecedentes. Después solicite que describan las habilidades conceptuales que estos consejeros deben tener.

- Forme equipos pequeños de estudiantes. Pida a cada equipo que escoja un trabajo que se encuentre con recularidad (vendedor de ropa, mesero de comida rápida). Pida que describan las habilidades conceptuales necesarias para ese trabajo.

EXTENDER

- Forme equipos pequeños de alumnos. Indíqueles que esbocen las habilidades conceptuales que necesitarían si fueran a iniciar un tipo específico de negocio nuevo.
- Arme equipos pequeños de estudiantes. Solicite a cada conjunto que señale situaciones en las que se hayan encontrado recientemente y que hayan requerido que usaran sus habilidades conceptuales.

EXTENSIONES INDIVIDUALES

- Acuda a la biblioteca e investigue una compañía. Determine su grado de eficacia y señale las habilidades conceptuales que deben tener sus directores de nivel alto. Comparta sus resultados con el grupo.
- Escoja a un director muy visible y conocido en su medio y analice sus destrezas conceptuales.
- Entreviste a un gerente de una organización local. Averigüe qué habilidades conceptuales necesita a efecto de desempeñar su trabajo con eficacia.
- Piense en algún conocido suyo que sea directivo. Describa el puesto gerencial y/o directivo que ocupa por cuanto se refiere al tipo de organización, al nivel que tiene esta, y al área específica en la que labora. ¿Qué capacidades conceptuales necesita ese sujeto para ser eficaz?
- Concentrándose en las habilidades conceptuales, planifique un cambio hipotético para su escuela.
- Busque en internet ejemplos de habilidades conceptuales en la administración y compare lo que averigüe con la información que presentamos aquí.

SUS HABILIDADES CONCEPTUALES ACTUALES

EVALUACIÓN DE SUS HABILIDADES CONCEPTUALES

Ha terminado el capítulo 5 y llegado el momento de volver a evaluar sus habilidades conceptuales. Para ello, conteste el instrumento siguiente. Piense en su situación o su empleo actuales, o en una organización a la cual pertenece. Responda pensando en su circunstancia presente y no en lo que supone que deberían contestar usted o cualquier gerente o director. Si el enunciado no corresponde a su situación actual, responda en función de lo que piensa que sería el caso si estuviese en esa circunstancia.

Use la escala siguiente para responder:

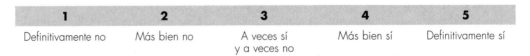

1	2	3	4	5
Definitivamente no	Más bien no	A veces sí y a veces no	Más bien sí	Definitivamente sí

Sume sus puntos y anote el total en la tabla que presentamos al final del instrumento.

Dado que muchos expertos sugieren que las evaluaciones del desempeño usen la retroalimentación de 360°, usted quizá considere conveniente saber lo que otros piensan de sus habilidades conceptuales. Su profesor(a) le puede proporcionar una forma diseñada para que contesten otros y, cuando la hayan respondido, usted también anotaría esas calificaciones en la tabla. Fíjese en las áreas en las que existe gran diferencia entre su visión y la de otros y dedique más tiempo a desarrollar las habilidades que ellos indican.

LAS HABILIDADES CONCEPTUALES

(Nota: los números corresponden a la evaluación básica que presenta el apéndice A.)

_____ 131. Soy capaz de pensar "fuera del marco"

_____ 132. Soy creativo.

_____ 133. Soy maduro en mis emociones.

_____ 134. Soy bueno para el pensamiento abstracto.

_____ 135. Soy bueno para analizar problemas.

_____ 136. Soy bueno para reunir información.

_____ 137. Soy bueno para identificar información importante.

_____ 138. Soy bueno para identificar problemas.

_____ 139. Soy bueno para resolver problemas.

_____ 140. Estoy a la altura de nuevos desafíos.

_____ 141. Estoy dispuesto a correr riesgos.

_____ 142. Puedo identificar los recursos necesarios para desempeñar mis tareas.

_____ 143. Cuestiono las reglas y los procedimientos.

_____ 144. Manejo de forma constructiva mis fracasos y errores.

_____ 145. Encuentro caminos para evaluar si estoy haciendo bien las cosas.

_____ 146. Me encanta aprender otras formas de hacer las cosas.

_____ 147. Me gustan los riesgos.

_____ 148. Me concentro en el desempeño.

_____ 149. Con frecuencia encuentro planteamientos originales e imaginativos para acometer un problema.

_____ 150. Con frecuencia origino cambios.

_____ 151. Con frecuencia doy el primer paso para hacer las cosas.

_____ 152. Por lo general resuelvo los problemas yo solo.

_____ 153. Manejo el cambio con mentalidad abierta.

_____ 154. Conozco bien mis fortalezas y debilidades.

_____ 155. Me impongo normas muy altas.

_____ 156. Imagino soluciones alternativas para resolver problemas.

_____ 157. Inicio ideas nuevas.

_____ 158. No pierdo la perspectiva de las metas y las actividades de corto y de largo plazo.

_____ 159. Conozco mi estilo para aprender y adapto a él las situaciones.

_____ 160. Hago pronósticos para prepararme para hechos futuros.

_____ 161. Fomento el cambio.

_____ 162. No me cuesta trabajo correr riesgos.

_____ 163. Reconozco que la vida ofrece más que trabajo y un empleo.

_____ 164. Busco oportunidades para probarme.

_____ 165. Vendo bien las ideas.

_____ 166. Establezco metas.

_____ 167. Trato de hacer mi mejor esfuerzo.

_____ 168. Pienso mucho en cómo obtener más por menos.

_____ 169. Trato de hacer frente a los problemas rápidamente.

_____ 170. Trato de aprender de mis errores.

SUS HABILIDADES AHORA

Resumen de sus calificaciones

Habilidad (calificación máxima posible)	**Su calificación actual**	**Las calificaciones de otros**	**Su calificación en el capítulo 1**
Conceptual (200)			

Interpretación de sus calificaciones

Compare su calificación con la que obtuvo en la evaluación inicial del capítulo 1. Si ha mejorado poco o nada, debería estudiar el mismo conjunto de incisos de la evaluación de las **habilidades para administrar el contenido** y comparar cada uno de ellos para saber dónde ha habido un cambio o no. Debe dedicar más tiempo a desarrollar las capacidades particulares en las que la modificación ha disminuido o permanecido igual.

INTERPRETACIONES

Cuestionario para establecer metas

No hay mayor interpretación. Tanto más alta sea su calificación, cuánto más cerca estará de que sus conductas para establecer metas sean eficaces.

¿Qué tan creativo es usted?

La creatividad es muy valiosa para evaluar y responder al entorno de su organización.

No hay mayor interpretación. El total indica la medida de su creatividad. Una calificación más alta indica mayor capacidad de esta.

80 a 100	Muy creativo
60 a 79	Arriba del promedio
40 a 59	Promedio
20 a 39	Abajo del promedio
−100 a 19	Nada creativo

Escala de la actitud innovadora

Tanto más alta sea su calificación total, cuanto más dispuesto está a ser innovador. Su actitud hacia la innovación es más positiva que la de las personas que tienen una calificación baja. Una calificación de 72 puntos o más es alta, mientras que una de 45 o menos es baja. Los individuos que no lo son tienden a mantener el *statu quo*. Las que sí lo son se muestran emprendedoras y les gusta crear cambios en sus organizaciones.

Correr riesgos personales

Esta evaluación proporciona un indicador general de su disposición a correr riesgos en distintas áreas. Solo marca propensiones muy generales y no condiciones absolutas ni rígidas.

INTERPRETAR

Las calificaciones altas en 2, 8, 20 y 23 indican que usted está dispuesto a correr riesgos financieros. Los incisos 4, 9 y 17 se refieren a riesgos deportivos, mientras que los incisos 12 al 15 y 25 se refieren a los de salud. Su disposición a correr riesgos legales está reflejada por los incisos 3, 10, 16, 19 y 24. Dos incisos, el 5 y el 22, son específicos para su papel de estudiante, y los restantes (1, 6, 7, 11, 18, 19 y 21) evalúan su disposición general a correr riesgos.

Por lo anterior, usted podría tener una calificación relativamente alta en el terreno financiero, lo cual indica que está dispuesto a correr riesgos que implican dinero, pero tal vez tenga una calificación baja en el campo del deporte o la salud, lo cual indica que no está dispuesto a correr riesgos que implican su bienestar físico.

INTERPRETAR

NOTAS

[1] Para las primeras exposiciones de la administración estratégica vea Kenneth Andrews, *The Concept of Corporate Strategy*, (edición revisada), Homewood, Illinois, Dow Jones-Irwin, 1980; e Igor Ansoff, *Corporate Strategy*, Nueva York, McGraw-Hill, 1965. Para versiones más recientes vea Michael E. Porter, "What Is Strategy?", *Harvard Business Review*, noviembre-diciembre de 1996, pp. 61-78; Kathleen M. Eisenhardt, "Strategy as Strategic Decision Making", *Sloan Management Review*, primavera de 1999, pp. 65-74; Sarah Kaplan y Eric Beinhocker, "The Real Value of Strategic Planning", *Sloan Management Review*, invierno de 2003, pp. 71-80.

[2] Dusya Vera y Mary Crossan, "Strategic Leadership and Organizational Learning", *Academy of Management Review*, 2004, vol. 29, núm. 2, pp. 222-240; vea también Cynthia A. Montgomery, "Putting Leadership Back into Strategy", *Harvard Business Review*, enero de 2008, pp. 54-63.

[3] "The Best & Worst Managers of the Year", *BusinessWeek*, 19 de enero de 2005, pp. 55-84.

[4] *Fortune*, 6 de julio de 2010, p. 45.

[5] *Hoover's Handbook of American Business 2009*, Austin, Texas, Hoover's Business Press, 2009, pp. 29-30.

[6] Gary Hamel, "Strategy as Revolution", *Harvard Business Review*, julio-agosto de 1996, pp. 69-82.

[7] Henry Mintzberg, "Patterns in Strategy Formulation", *Management Science*, octubre de 1978, pp. 934-945; Henry Mintzberg, "Strategy Making in Three Modes", *California Management Review*, 1973, pp. 44-53.

[8] T.R. Holcomb, R.M. Holmes Jr. y B.L. Connelly, "Making the Most of What You Have: Managerial Ability as a Source of Resource Value Creation", *Strategic Management Journal*, vol. 30, núm. 5, 2009, pp. 457-486.

[9] Jay Barney, "Firm Resources and Sustained Competitive Advantage", *Journal of Management*, junio de 1991, pp. 99-120; vea también T. Russell Crook, David J. Ketchen Jr., James G. Combs y Samuel Y. Todd, "Strategic Resources and Performance: A Meta-Analysis", *Strategic Management Journal*, 2008, vol. 29, pp. 1141-1154.

[10] Jay Barney, "Strategic Factor Markets", *Management Science*, diciembre de 1986, pp. 1231-1241. Vea también Constantinos C. Markides, "A Dynamic View of Strategy", *Sloan Management Review*, primavera de 1999, pp. 55-64.

[11] Michael Porter, *Competitive Strategy*, Nueva York, Free Press, 1980.

[12] "Procter & Gamble Needs to Shave More Indians", *BusinessWeek*, 13 de junio de 2011, p. 21.

[13] Richard W. Woodman, John E. Sawyer y Ricky W. Griffin, "Toward a Theory of Organizational Creativity", *Academy of Management Review*, abril de 1993, pp. 293-321.

[14] Emily Thornton, "Japan's Struggle to be Creative", *Fortune*, 19 de abril de 1993, pp. 129-134.

[15] "In Secret Hideaway, Bill Gates Ponders Microsoft's Future", *Wall Street Journal*, 25 de marzo de 2005, pp. A1 y A13.

[16] Christina E. Challey, Lucy L. Gilson y Terry C. Blum, "Matching Creativity Requirements and the Work Environment: Effects on Satisfaction and Intentions to Leave", *Academy of Management Journal*, 2000, vol. 43, núm. 2, pp. 215-223; vea también Filiz Tabak, "Employee Creative Performance: What Makes It Happen?", *Academy of Management Executive*, 1997, vol. 11, núm. 1, pp. 119-122, y Giles Hirst, Daan van Knippenberg y Jing Zhon, "A Cross-Level Perspective on Employer Creativity, Goal Orientation, Team Learning Behavior, and Individual Creativity", *Academy of Management Journal*, vol. 52, núm. 2, 2009, pp. 280-293.

[17] "Real Life Imitates Real World", *BusinessWeek*, 21/30 de marzo de 2009, p. 42.

[18] Constantine Markides, "Strategic Innovation", *Sloan Management Review*, primavera de 1997, pp. 9-24; vea también James Brian Quinn, "Outsourcing Innovation: The New Engine of Growth", *Sloan Management Review*, verano de 2000, pp. 13-21.

[19] L.B. Mohr, "Determinants of Innovation in Organizations", *American Political Science Review*, 1969, pp. 111-126; G.A. Steiner, *The Creative Organization*, Chicago University of Chicago Press, 1965; R. Duncan y A. Weiss, "Organizational Learning: Implications for Organizational Design", en B.M. Staw (Ed.), *Research in Organizational Behavior*, vol. 1, Greenwich, Connecticut, JAI Press, 1970, pp. 75-123; J.E. Ettlie, "Adequacy of Stage Models for Decisions on Adoption of Innovation", *Psychological Reports*, 1980, pp. 991-995.

[20] Alan Patz, "Managing Innovation in High Technology Industries", *New Management*, septiembre de 1986, pp. 54-59.

[21] "Flops", *BusinessWeek*, 16 de agosto de 1993, pp. 76-82.

[22] "Apple Can't Keep up with Demand for Newest iMac", *USA Today*, 26 de agosto de 2002, p. 3B.

[23] Willow A. Sheremata, "Centrifugal and Centripetal Forces in Radical New Product Development under Time Pressure", *Academy of Management Review*, 2000, vol. 25, núm. 2, pp. 389-408; vea también Richard Leifer, Gina Colarelli O'Connor y Mark Rice, "Implementing Radical Innovation in Mature Firms: The Role of Hobs", *Academy of Management Executive*, 2001, vol. 15, núm. 3, pp. 102-113.

[24] Julian Birkinshaw, Gary Hamel y Michael J. Mol, "Management Innovation", *Academy of Management Review*, 2008, vol. 33, núm. 4, pp. 825-845.

[25] Citado en *Fortune*, 6 de febrero de 2012, p. 99.

[26] "Amid Japan's Gloom, Corporate Overhauls Offer Hints of Revival", *Wall Street Journal*, 21 de febrero de 2002, pp. A1 y A11.

[27] Clayton M. Christensen, Stephen P. Kaufman y Willy G. Sluh, "Innovation Killers", *Harvard Business Review*, enero de 2008, pp. 98-107.

[28] Dorothy Leonard y Jeffrey F. Rayport, "Spark Innovation through Empathic Design", *Harvard Business Review*, noviembre-diciembre de 1997, pp. 102-115.

[29] "The 25 Most Innovative Companies", BusinessWeek, 20 de abril de 2009, pp. 46-47.

[30] Geoffrey Moore, "Innovating Within Established Enterprises", *Harvard Business Review*, julio-agosto de 2004, pp. 87-96; vea también David A. Garvin y Lynne C. Levesque, "Meeting the Challenge of Corporate Entrepreneurship", *Harvard Business Review*, octubre de 2006, pp. 102-113.

[31] Gifford Pinchot III, *Intrapreneuring*, Nueva York, Harper & Row, 1985.

[32] Para una excelente reseña de este campo vea Achilles A. Armenakis y Arthur G. Bedeian, "Organizational Change: A Review of Theory and Research in the 1990s", *Journal of Management*, 1999, vol. 25, núm. 3, pp. 293-315.

[33] Para inteligencia adicional sobre el modo en que el cambio tecnológico afecta a otras partes de la organización, vea P. Robert Duimering, Frank Safayeni, y Lyn Purdy, "Integrated Manufacturing: Redesign the Organization Before Implementing Flexible Technology", *Sloan Management Review*, verano de 1993, pp. 47-56.

[34] Joel Cutcher Gershenfeld, Ellen Erns Kossek y Heidi Sandling, "Managing Concurrent Change Initiatives", *Organizational Dynamics*, invierno de 1997, pp. 21-38.

[35] Michael A. Hitt, "The New Frontier: Transformation of Management for the New Millennium", *Organizational Dynamics*, invierno de 2000, pp. 7-15; vea también Michael Beer y Nitin Nohria, "Cracking the Code of Change", *Harvard Business Review*, mayo-junio de 2000, pp. 133-144; y Clark Gilbert, "The Disruption Opportunity", *MIT Sloan Management Review*, verano de 2003, pp. 27-32.

[36] Paul Nunes y Tim Breen, "Reinvent Your Business Before It's Too Late", *Harvard Business Review*, enero-febrero de 2011, pp. 80-87.

[37] Warren Bocker, "Strategic Change: The Influence of Managerial Characteristics and Organizational Growth", *Academy of Management Journal*, 1997, vol. 40, núm. 1, pp. 152-170.

[38] Vijay Govindarajan y Chris Tumble, "The CEO's Role in Business Model Reinvention", *Harvard Business Review*, enero-febrero de 2011, pp. 108-114.

[39] Alan L. Frohman, "Igniting Organizational Change from Below: The Power of Personal Initiative", *Organizational Dynamics*, invierno de 1997, pp. 39-53.

[40] Citado en *BusinessWeek*, 23/30 de marzo de 2009, p. 33.

[41] Nandini Rajagopalan y Gretchen M. Spreitzer, "Toward a Theory of Strategic Change: A Multi-Lens Perspective and Integrative Framework", *Academy of Management Review*, 1997, vol. 22, núm. 1, pp. 48-79.

[42] Anne Fisher, "Danger Zone", *Fortune*, 8 de septiembre de 1997, pp. 165-167.

[43] John P. Kotter y Leonard A. Schlesinger, "Choosing Strategies for Change", *Harvard Business Review*, marzo-abril de 1976, p. 106.

[44] Clayton M. Christensen y Michael Overdorf, "Meeting the Challenge of Disruptive Change", *Harvard Business Review*, marzo-abril de 2000, pp. 67-77.

[45] Kurt Lewin, "Frontiers in Group Dynamics: Concept, Method and Reality in Social Science", *Human Relations*, junio de 1947, pp. 5-41.

[46] Michael Roberto y Linne Levesque, "The Art of Making Change Initiatives Stick", MIT *Sloan Management Review*, verano de 2005, pp. 55-62.

[47] "Time for a Turnaround", *Fast Company*, enero de 2003, pp. 55-61.

[48] Connie J.G. Gersick, "Revolutionary Change Theories: A Multilevel Exploration of the Punctuated Equilibrium Paradigm", *Academy of Management Review*, enero de 1991, pp. 10-36; vea también John P. Kotter y Leonard A. Schlesinger, "Choosing Strategies for Change", *Harvard Business Review*, julio-agosto de 2008, pp. 130-141.

[49] Mel Fugate, Angelo J. Kinicki y Gregory E. Prussia, "Employee Coping with Organizational Change: An Examination of Alternative Theoretical Perspectives and Models", *Personnel Psychology*, 2008, vol. 61, pp. 1-36; vea también Jeffrey D. Ford y Laurie W. Ford, "Decoding Resistance to Change", *Harvard Business Review*, abril de 2009, pp. 95-104.

[50] Clark Gilbert y Joseph Bower, "Disruptive Change", *Harvard Business Review*, mayo de 2002, pp. 95-104.

[51] "RJR Employees Fight Distraction amid Buy-out Talks", *Wall Street Journal*, 1 de noviembre de 1988, p. A8.

[52] Amon E. Reichers, John P. Warnous y James T. Austin, "Understanding and Managing Cynicism about Organizational Change", *Academy of Management Executive*, febrero de 1997, pp. 48-59.

[53] Para una explicación clásica vea Paul R. Lawrence, "How to Deal with Resistance to Change", *Harvard Business Review*, enero-febrero de 1969, pp. 4-12, 166-176; para una explicación más reciente vea Jeffrey D. Ford, Laurie W. Ford y Angelo D'Amelio, "Resistance to Change: The Rest of the Story", *Academy of Management Review*, 2008, vol. 33, núm. 2, pp. 362-377.

[54] Lester Coch y John R.P. French Jr., "Overcoming Resistance to Change", *Human Relations*, agosto de 1948, pp. 512-532.

[55] Benjamin Schneider, Arthur P. Brief y Richard A. Guzzo, "Creating a Climate and Culture for Sustainable Organizational Change", *Organizational Dynamics*, primavera de 1996, pp. 7-19.

[56] "Troubled GM Plans Major Tuneup", *USA Today*, 6 de junio de 2005, pp. 1B y 2B.

CAPÍTULO

6

HABILIDADES PARA DIAGNOSTICAR

La habilidad para diagnosticar situaciones y hechos está estrechamente relacionada con la conceptual. Así como un médico diagnostica una enfermedad basándose en los síntomas del paciente, los directores deben muchas veces hacerlo respecto de las causas de los problemas o las oportunidades para saber cómo responder bien ante ellas. Deben conocer las relaciones causa-efecto para poder desempeñar mejor sus distintas funciones. En este capítulo explicamos la esencia de las habilidades diagnósticas y cómo se usan en la función medular del control en las organizaciones. Además, hablamos de la manera de compensar con eficacia a los empleados por su desempeño. Después de la sección del texto presentamos varios casos y ejercicios que le servirán para desarrollar más sus habilidades en este campo y dominarlas.

EVALÚE SUS HABILIDADES DIAGNÓSTICAS

¿CÓMO ESTÁ DIRIGIDA SU ORGANIZACIÓN?

Esta autoevaluación le servirá para definir o diagnosticar cómo está estructurada una organización que usted conoce bien.

Instrucciones:

Concéntrese en la organización donde está trabajando o en una donde lo haya hecho. Podría ser una compañía pública o una privada, una entidad pública, una fraternidad, un club o la universidad donde está estudiando.

Para contestar en función de cómo considera que está siendo dirigida su compañía marque con un círculo la letra de la escala que indica la medida en que usted está de acuerdo o en desacuerdo con cada uno de los enunciados. No hay respuestas correctas ni incorrectas.

Enunciados	Definitivamente sí	Ligeramente de acuerdo	No sé	Ligeramente en desacuerdo	Definitivamente no
1. Si las personas piensan que están enfocando bien la forma de desempeñar su trabajo, por lo habitual pueden proseguir sin acudir a su superior.	5	4	3	2	1
2. Los individuos de esta organización no siempre tienen que esperar a recibir órdenes de sus superiores respecto de cuestiones importantes.	5	4	3	2	1
3. Los empleados de esta empresa comparten ideas con su superior.	5	4	3	2	1
4. Diferentes personas desempeñan funciones importantes a la hora de tomar decisiones.	5	4	3	2	1
5. Es probable que los empleados de esta organización expresen abiertamente lo que piensan acerca de cuestiones importantes.	5	4	3	2	1
6. Esta organización anima a las personas a decir lo que piensan acerca de cuestiones importantes, incluso si significa disentir con lo que dice su superior.	5	4	3	2	1
7. Hablar con otros sobre los problemas que podría tener alguien a la hora de optar es una parte importante del proceso de toma de decisiones.	5	4	3	2	1
8. Esta organización se interesa mucho por desarrollar los talentos y las aptitudes de los empleados.	5	4	3	2	1
9. La organización anima a las personas a presentar sugerencias antes de que se tome una decisión.	5	4	3	2	1
10. El punto de vista de casi todo el personal se escucha en esta compañía.	5	4	3	2	1
11. Antes de tomar decisiones, muchas veces los superiores buscan la opinión de sus subordinados.	5	4	3	2	1

12. Los subordinados toman parte activa en la administración de esta organización.	5	4	3	2	1
13. Las reglas y las normas para muchas decisiones son creadas sobre la marcha.	5	4	3	2	1
14. No siempre es necesario pasar por distintos canales para acometer cuestiones importantes.	5	4	3	2	1
15. Los empleados no siguen de forma consistente las mismas reglas y normas.	5	4	3	2	1
16. Existen pocas reglas y normas para manejar un problema cualquiera que pudiese surgir cuando se toman muchas de las decisiones.	5	4	3	2	1
17. Con frecuencia se junta en fuerzas de tarea a personas de diferentes departamentos para resolver problemas importantes.	5	4	3	2	1
18. En el caso de problemas especiales solemos crear una fuerza temporal que dura hasta que alcanzamos nuestros objetivos.	5	4	3	2	1
19. Los puestos no están definidos con claridad en esta organización.	5	4	3	2	1
20. En esta organización es importante adaptarse a los cambios que registra el entorno.	5	4	3	2	1
TOTALES DE LAS COLUMNAS	___	___	___	___	___

TOTAL DE PUNTOS DE TODAS LAS COLUMNAS _____

Fuentes: Adaptado de Robert T. Keller, *Type of Management System*, © 1988. Usado con autorización del autor.

Vea la interpretación al final del capítulo.

CUESTIONARIO SOBRE EL CLIMA ORGANIZACIONAL

Este ejercicio le ayuda a pensar en los componentes del clima organizacional y en su efecto en la forma de ejercitar el control en ella.

Instrucciones:

Recuerde a personas del trabajo u otras experiencias en la organización y conteste cada enunciado marcando con un círculo la respuesta que se adecúe más a su impresión de ella. Si no tiene una experiencia que le sirva de base, responda los enunciados marcando las características organizacionales que preferiría.

Enunciados	Definitivamente sí	Ligeramente de acuerdo	No sé	Ligeramente en desacuerdo	Definitivamente no
1. Los canales formales de comunicación no son usados siempre.	5	4	3	2	1
2. No siempre estoy contento con mis funciones en la organización.	1	2	3	4	5
3. No siempre queda claro quién tiene autoridad para tomar decisiones.	5	4	3	2	1
4. Los supervisores asumen la responsabilidad de vigilar que el trabajo sea desempeñado correctamente.	1	2	3	4	5

5. Se incentiva el desempeño, no la politiquería.	5	4	3	2	1
6. Tengo enteramente claro cuál es mi puesto en la organización.	5	4	3	2	1
7. La mayor parte de los empleados no asumen responsabilidad alguna por su trabajo.	1	2	3	4	5
8. Quisiera recibir más retroalimentación sobre cómo estoy haciendo las cosas.	1	2	3	4	5
9. Todo el mundo puede manifestar su opinión sobre cómo hacer las cosas.	5	4	3	2	1
10. Mis premios o compensaciones son por lo habitual equivalentes a mis aportaciones.	5	4	3	2	1
11. Existen reglas y normas para todas las situaciones.	1	2	3	4	5
12. Los supervisores rara vez ofrecen un aliento positivo para mejorar el desempeño.	1	2	3	4	5
13. La mayoría de las personas sabe cuál es mi puesto en la organización.	5	4	3	2	1
14. La mayoría de las personas hace lo que se le pide y lo hace bien.	5	4	3	2	1
15. La dirección respeta las ideas y las sugerencias de los empleados.	5	4	3	2	1
16. Las personas piensan que cada empleado debería resolver sus propios problemas.	5	4	3	2	1
17. No se permite que los individuos se comuniquen informalmente con todos los niveles.	1	2	3	4	5
18. Existe demasiada burocracia en el trabajo.	1	2	3	4	5
19. La mayor parte de las personas no sabe cuál es mi puesto en el trabajo.	1	2	3	4	5
20. Si uno tiene buen desempeño no siempre recibe los premios o compensaciones adecuados.	1	2	3	4	5

Calificación:

Conteste la hoja de calificaciones que presentamos a continuación. Tanto más alta sea su calificación, cuanto mejores son sus habilidades.

Hoja de calificaciones del cuestionario sobre el clima organizacional

1. *Traslade los números de sus respuestas al cuestionario a esta hoja y sume las categorías para conocer sus totales de puntos y la calificación total. Por ejemplo, sus puntos para Comunicación son la suma de sus respuesta a los enunciados 1, 8, 15 y 17.*

Comunicación	Función	Estructura	Responsabilidad	Incentivos
1. ____	2. ____	3. ____	4. ____	5. ____
8. ____	6. ____	9. ____	7. ____	10. ____
15. ____	13. ____	11. ____	14. ____	12. ____
17. ____	19. ____	18. ____	16. ____	20. ____
Subtotales ____ +	____ +	____ +	____ +	____ = ____

2. *Con una X en cada una de las cinco escalas que presentamos a continuación marque los puntos que ha sumado en el inciso anterior.*

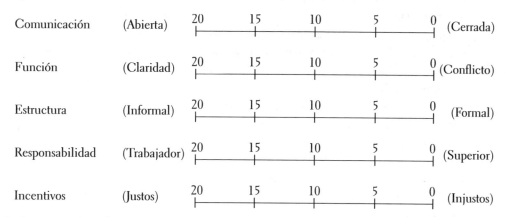

Comunicación	(Abierta)	20	15	10	5	0	(Cerrada)
Función	(Claridad)	20	15	10	5	0	(Conflicto)
Estructura	(Informal)	20	15	10	5	0	(Formal)
Responsabilidad	(Trabajador)	20	15	10	5	0	(Superior)
Incentivos	(Justos)	20	15	10	5	0	(Injustos)

3. *Anote una X en el continuo del clima organizacional que presentamos en seguida para marcar su calificación total.*

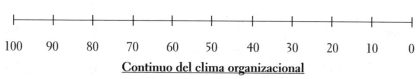

100 90 80 70 60 50 40 30 20 10 0

Continuo del clima organizacional

Fuente: Tomado de Burton, *Exercises in Management*, 3ª ed. © 1990 South-Western, parte de Cengage Learning, Inc. Reproducido con autorización. www.cengage.com/permissions

Vea la interpretación al final del capítulo.

EVALÚE SU ESTILO DE RETROALIMENTACIÓN

Este ejercicio tiene por objeto ayudarle a conocer la dinámica de la retroalimentación sobre la evaluación del desempeño. Diagnosticar esta productividad es fundamental para una dirección y administración eficaz. Este examen implica motivación y, obviamente, diagnóstico, por lo cual es clave para el buen funcionamiento de las organizaciones. Una de las dificultades que presenta la mayor parte de los sistemas que evalúan el desempeño es que el gerente o el director no se sienten cómodos proporcionando retroalimentación acerca de este en un encuentro frente a frente. El resultado muchas veces es que el empleado tiene una idea vaga sobre lo que en verdad significa la evaluación, para qué sirve y cómo puede mejorar el desempeño. El supervisor o el director no abordan estos intereses porque no han diagnosticado correctamente la situación. Por ende, no saben cómo responden los subordinados a la retroalimentación o carecen de la habilidad necesaria para proporcionarla de manera valiosa.

Instrucciones:

A continuación presentamos una lista de conductas. Lea con detenimiento la descripción de cada una y después elija la alternativa que refleje mejor la medida en que esa conducta describe lo que usted hace o supone que haría. Marque su respuesta con un círculo. Las opciones para las respuestas son:

Respuestas

<u>S</u> = Sí, definitivamente me describe.
S = Sí, creo que me describe.
? = No estoy seguro
N = No, creo que no me describe.
<u>N</u> = No, definitivamente no me describe.

1. Cuando me comunico, procuro obtener retroalimentación del receptor para determinar si me está entendiendo. S S ? N N

2. En la medida de lo posible, trato de asegurarme de que mi punto de vista sea aceptado y puesto en práctica. S S ? N N

3. No tengo dificultad para aceptar y manejar argumentos contrarios a mis ideas. S S ? N N

4. Cuando se presenta un problema de comunicación entre la otra persona y yo, suele ser su culpa. S S ? N N

5. Me aseguro de que el otro individuo se entere de que yo sé de lo que estoy hablando. S S ? N N

6. Si alguien se me acerca con un problema personal, trato de escucharlo con objetividad y sin juzgarlo. S S ? N N

7. Cuando escucho los cuestionamientos o las críticas que alguien hace de mis procedimientos, muchas veces me dedico a buscar contraargumentos en mi mente, es decir, a pensar en lo que responderé al individuo que está hablando. S S ? N N

8. Dejo que la otra persona termine su idea antes de intervenir o de terminarla yo. S S ? N N

9. Cuando escucho a alguien, no me cuesta trabajo replantear (parafrasear) el punto de vista de esa persona. S S ? N N

10. Procuro no juzgar de antemano al orador o el mensaje. S S ? N N

11. Siempre que le proporciono información a alguien, prefiero documentarme con hechos y datos objetivamente. S S ? N N

12. Comunicar empatía con lo que siente el receptor suele ser señal de debilidad. S S ? N N

13. Procuro asegurarme de que los otros sepan lo que pienso de sus acciones: buenas, malas, fuertes, débiles, etcétera. S S ? N N

14. Para conseguir que los individuos hagan las cosas bien, uno tiene que decirles lo que deben hacer. S S ? N N

15. Cuando hablo con alguien me gusta preguntar "¿tú qué piensas?" para que el asunto tenga aceptación. S S ? N N

16. Cuando uno es el jefe, las personas esperan que les diga lo que deben hacer. S S ? N N

17. Cuando converso con los empleados, procuro usar preguntas de sondeo y sin sesgos. S S ? N N

18. Cuando proporciono retroalimentación negativa trato de asegurarme de que el otro sepa lo que yo pienso de la situación. S S ? N N

19. Trato de ser empático y no sólo escucho lo que dice el emisor sino también lo que creo que está tratando de decir. S S ? N N

20. Siempre que proporciono retroalimentación trato de convencer a la persona de que la ponga en práctica en seguida. S S ? N N

Calificación:

1. Anote de la manera siguiente los puntos de sus respuestas a los incisos nones:

2. Anote del modo siguiente los puntos de sus respuestas a los incisos pares:

Incisos	_Puntos_	_Incisos_	_Puntos_
1. _____	S = 2	2. _____	S = −2
3. _____		4. _____	
6. _____	S = 1	5. _____	S = −1
8. _____		7. _____	
9. _____	? = 0	12. _____	? = 0
10. _____		13. _____	
11. _____	N = −1	14. _____	N = 1
15. _____		16. _____	
17. _____	N = −2	18. _____	N = 2
19. _____		20. _____	
TOTAL _____		TOTAL _____	

Fuente: Tomado de Vecchio, S/G _Organizational Behavior_, © 1988, South-Western, parte de Cengage Learning, Inc. Reproducido con autorización, www.cengage.com/permissions

Vea la interpretación al final del capítulo.

PREFERENCIAS POR LAS ESTRUCTURAS ORGANIZACIONALES

Instrucciones:

Use la escala siguiente para indicar la medida en que está de acuerdo o no con cada uno de los enunciados siguientes:

5 = _Decididamente sí_
4 = _Sí_
3 = _No sé_
2 = _No_
1 = _Decididamente no_

Yo _prefiero las organizaciones:_

_____ 1. que tienen muchos niveles porque los ascensos se dan con más facilidad.

_____ 2. que señalan con claridad lo que debo hacer para cumplir con mi trabajo.

_____ 3. donde los puestos están definidos con claridad para que no haya conflicto al realizar las tareas.

_____ 4. que tienen reglas que señalan lo que se puede hacer y lo que no.

_____ 5. donde los directores toman las decisiones sin molestarme al respecto.

_____ 6. que exponen cómo se deben hacer las cosas y a quién acudir para pedir ayuda.

_____ 7. en las que existen líneas claras de autoridad y de comunicación.

_____ 8. que ponen énfasis en mi relación con la organización y la reconocen.

_____ 9. en las que los supervisores no tienen a muchas personas bajo sus órdenes.

_____ 10. que me dejan hacer mi trabajo a mí solo.

_____ 11. donde tengo bastante libertad para determinar cómo desempeño mi trabajo.

_____ 12. que implican a todos en las decisiones.

_____ 13. que tienen por escrito pocas reglas o descripciones del puesto.

_____ 14. que usan equipos y la actividad individual tiene poca o ninguna supervisión directa.

_____ 15. donde la información es proporcionada informalmente a todo el personal que la necesita.

_____ 16. que tienen pocos niveles entre la cima y la base de la organización.

_____ 17. donde las decisiones se toman con la participación y la explicación de las partes afectadas.

_____ 18. que ponen énfasis y reconocen mi experiencia y mi papel en asociaciones profesionales.

_____ 19. donde los supervisores tienen una cantidad relativamente grande de personas bajo sus órdenes.

_____ 20. que esperan que participe en las actividades de la empresa.

Calificación:

Sume los puntos de sus respuestas a los enunciados 1-10 (sumarán entre 10 y 50)... M _____

Sume los puntos de sus respuestas a los enunciados 11-20 (sumarán entre 10 y 50)... O _____

Fuente: Adaptado de D.D., Van Fleet, E.W. Van Fleet, y Seperich, G. *Agribusiness: Principles of Management*, Clifton Park, Nueva York, Delmar/Cengage Learning, 2013, R.W. Griffin, *Management*, Mason, Ohio, South-Western Cengage Learning, 2013; y D.D. Van Fleet, *et al.*, *Behavior in Organizations*, Boston, Houghton Mifflin, 1991.

Vea la interpretación al final del capítulo.

ENTRE EN Griffin/VanFleet Assessment Library para ver las versiones en línea de esta evaluación y otras más.*

APRENDA ACERCA DE SUS HABILIDADES DIAGNÓSTICAS

Las **habilidades para diagnosticar** permiten al director y/o gerente ver cuál sería la respuesta más adecuada para una situación. La esencia de la capacidad para diagnosticar es la destreza para conocer y prever las relaciones entre la causa y el efecto. Por ejemplo, suponga que acude al médico porque tiene fiebre y le duele la garganta. Él le toma la temperatura, le revisa la garganta, le hace algunas preguntas y quizá le manda hacer algunas pruebas de laboratorio. Después de estudiar la información obtenida de su examen médico, diagnostica cuál es la causa más probable de su enfermedad y le receta una medicina y guardar cama. La meta es que el tratamiento (medicina y reposo) cure su enfermedad. De igual manera, los directores y/o gerentes deben diagnosticar las situaciones, por ejemplo una baja de productividad, una falta de liquidez, un aumento en la rotación de empleados, e innumerables problemas similares más, hace que deban decidir cuál es la mejor manera de responder ante ellas. Las habilidades diagnósticas desempeñan un papel en distintas situaciones que requieren otras capacidades, pero son fundamentales en especial para la función de control en las organizaciones y para el diseño, la implementación y la aplicación de sistemas de incentivos a efecto de motivar a los empleados.

CONOCER LA CAUSA Y EL EFECTO

En nuestra vida diaria, muchas veces observamos hechos y les atribuimos una causa. Por ejemplo, suponga que nota que la estudiante que se sienta a su

habilidades para diagnosticar la capacidad del director para vislumbrar la respuesta más conveniente para una situación

FIGURA 6.1 RELACIONES CAUSA-EFECTO

Por lo habitual es fácil identificar las relaciones causa-efecto. Sin embargo, algunas de ellas no son lo que parecen. Para que exista causalidad, la variable causal se debe presentar antes que la variable del resultado, un cambio en la primera desemboca en un cambio en la segunda, pero la causa del cambio en el resultado no debe ser ninguna otra variable.

X es causa de Y si:

- X se presenta antes que Y
- Un cambio en X genera un cambio en Y
- No hay falsedades

© Cengage Learning 2014

lado en clases falta con frecuencia. También sabe que está a punto de reprobar. Una conclusión lógica sería pensar que las faltas frecuentes son la causa de su mal desempeño. Pero las cosas no suelen ser tan simples. Una posibilidad es que usted tal vez haya olvidado que asistía a clases con regularidad hasta que llegó el primer examen. Cabe pensar que ella seguramente salió mal en este. A su vez, su mal desempeño en el examen acabó con su motivación y desembocó en que dejara de acudir a la escuela.

En general, como ilustra la *figura 6.1*, deben existir tres condiciones para concluir que una variable (X) es causa de otra (Y). En primer término, X debe ocurrir o existir antes que Y. En este caso, hablamos de un orden temporal. En segundo, un cambio en X debe conducir a una variación en Y. (La correlación puede ser positiva o negativa. Por ejemplo, un aumento de sueldo puede desembocar en una mayor satisfacción, con lo cual la correlación sería positiva. Sin embargo, una reducción de sueldos podría llevar a una mayor rotación de empleados, con una correlación negativa). En este caso hablamos de una variación negativa. En tercer lugar, no debe haber falsedades; es decir, la posibilidad de que otra variable, digamos Z, sea la causa real de Y. Vuelva a pensar en el ejemplo de su compañera que mencionamos antes. Al parecer hay una variación negativa, porque ella falta mucho a clases y su desempeño en el curso es malo. Si ella asistía antes del primer examen, entonces la calificación de este podría ser el factor causal. Sin embargo, si no asistía a clases antes, entonces la asistencia podría ser ese factor. Así las cosas, usted por casualidad encuentra un día a su amiga en la cafetería y le pregunta cómo está. Ella le cuenta que su padre ha estado muy enfermo y que lo ha estado cuidando; usted comprende que

control regulación de las actividades de la organización de modo que cualquier elemento del desempeño pretendido permanezca dentro de límites aceptables

la causa de sus inasistencias y de su mal desempeño ha sido el tiempo que exige cuidar a un padre viejo. Por lo tanto, la supuesta relación entre la asistencia y las calificaciones era falsa, cuando menos en este caso, porque la causa de las dos había sido otra cosa.

Para colocar los conceptos de la causa y el efecto en el contexto de una empresa, suponga que usted es el gerente de una tienda minorista. En años recientes, los ingresos por ventas han ido aumentando alrededor de 5% al año, y la rotación de empleados ha permanecido relativamente estable en 12% al año. Sin embargo, cuando revisa algunos datos actuales, usted advierte dos cosas preocupantes: al parecer, los ingresos de las ventas están bajando por primera vez y la rotación de empleados está incrementando a paso lento pero indudable. Dado que los dos factores son importantes para la supervivencia de su negocio, usted debe averiguar qué está sucediendo para tratar de corregir el o los problemas. Sabe que, hace pocos meses, un competidor abrió un establecimiento a poca distancia en esa misma calle. Cuando compara precios, advierte que los de productos similares a los suyos son más bajos en este, y además ve a algunos de sus exempleados trabajando ahí. Por tanto, llega a la conclusión de que la tienda nueva está atrayendo a su clientela (con precios más bajos) y a sus empleados (tal vez con sueldos más altos).

ENTENDER EL CONTROL

Controlar suele ser la esencia central de un diagnóstico efectivo. El **control** se refiere a la regulación de las actividades de la organización de modo que un elemento meta del desempeño permanezca dentro de límites aceptables. Sin esta regulación, las compañías no tienen indicio alguno de cómo está su productividad en comparación con sus metas. Como el timón de un barco, el control permite que estas avancen en la dirección correcta. En un momento cualquiera, compara el punto donde se encuentra la empresa en términos de desempeño (financiero, productivo o cualquier otro) con el punto donde se supone que debería estar. Como ese timón, manejar proporciona un mecanismo para adaptar el curso organizacional si tal desempeño no está dentro de límites aceptables. Por ejemplo, FedEx tiene la meta de entregar a tiempo 99.9% de sus paquetes. Si baja a 99.6%, los sistemas de control enviarán a los gerentes una señal del problema, de modo que puedan aplicar los ajustes necesarios a las operaciones para recuperar el nivel meta de desempeño.[1] Es poco probable que una compañía sin procedimientos efectivos de manejo alcance sus metas; o, si las alcanza, que sepa que las ha alcanzado. La dirección del control se relaciona con las habilidades diagnósticas porque manejar de manera efectiva requiere un conocimiento claro de la causa y el efecto y lo que se debe cambiar si los sistemas de control indican que hay una dificultad.

FIGURA 6.2 PROPÓSITOS DEL CONTROL

El control es una de las cuatro funciones básicas de la administración en las organizaciones. A la vez, su función tiene cuatro propósitos elementales. Cuando los sistemas controladores están bien diseñados cumplen cada uno de estos.

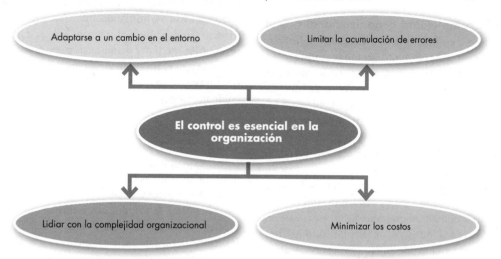

Adaptarse a un cambio en el entorno

Limitar la acumulación de errores

El control es esencial en la organización

Lidiar con la complejidad organizacional

Minimizar los costos

© Cengage Learning 2014

Propósito del control

El control proporciona a una compañía diferentes caminos para adaptarse a los cambios en el entorno, limitar la acumulación de errores, lidiar con la complejidad organizacional, y minimizar los costos. Estas cuatro funciones (que presentamos en la *figura 6.2*) ameritan un análisis más detenido.

Adaptación En el actual entorno turbulento y complejo de las empresas, toda organización tiene que enfrentar el cambio. Si los directores y/o gerentes pudiesen establecer metas y alcanzarlas de inmediato no necesitarían de un control. Sin embargo, entre el momento en que la compañía establece una meta y el punto en que la alcanza pueden pasar muchas cosas, dentro de la organización y en su entorno, las cuales pueden hacer que interrumpan su avance hacia ese objetivo o que incluso cambien este mismo. Un sistema de control bien diseñado ayuda a los directores a anticipar, monitorear y responder a circunstancias cambiantes.[2] Por el contrario, uno mal diseñado provoca que el desempeño de la organización quede muy por debajo de niveles aceptables. Por ejemplo, Metalloy de Michigan, una fundidora familiar, firmó un contrato con NOK, un fabricante japonés de autopartes, para producir juntas fundidas para motores. Metalloy se sintió muy satisfecha cuando produjo su primera serie de 5 mil unidades con 4 985 juntas aceptables y solo 15 defectuosas. Sin embargo, NOK no quedó satisfecha con ese desempeño e insistió en que aquella elevara su norma. En pocas palabras, las normas de calidad de la mayor parte de las industrias globales son tan altas que los clientes exigen que sus proveedores sean casi perfectos. Un sistema de control bien diseñado ayudaría a gerentes como los de Metalloy a estar en mejor posición para elevar sus normas.

Limitar la acumulación de errores Por lo normal, las pequeñas fallas y errores no afectan gravemente la salud financiera de una organización. Sin embargo, con el transcurso del tiempo se acumularían y se volverían graves. Por ejemplo, Whistler Corporation, un fabricante de radares detectores, empezó a registrar un incremento tan veloz de la demanda que la calidad, en esencia, dejó de tener importancia. La tasa de defectos pasó de 4 a 9 y después a 15 y a 25%. Un día, un gerente cuenta que 100 de los 250 empleados de la planta invertían todo su tiempo en arreglar las unidades defectuosas y que un inventario por un valor de 2 millones de dólares estaba en espera de reparaciones. Si la compañía hubiese manejado debidamente la calidad cuando respondió al aumento de la demanda, el problema jamás habría alcanzado esas dimensiones. Por otro lado, una inspección de rutina para el control de calidad de un prototipo del Dreamliner 787 de Boeing reveló que una abrazadera no había sido colocada correctamente. A continuación, un escrutinio más detenido evidenció que literalmente miles de abrazaderas no habían sido bien instaladas en los prototipos que se estaban fabricando. Por lo anterior, el proyecto entero se demoró varios meses. Si el

Ed Turner/Boeing/UPI/Newscom

proceso de inspección hubiese sido más estricto, es probable que el error hubiese sido detectado y corregido mucho antes, en lugar de acumularse y convertirse en un enorme problema para Boeing.[3]

Lidiar con la complejidad organizacional Cuando una compañía solo compra una materia prima, fabrica un producto, tiene un diseño organizacional simple y una demanda constante para su producto, sus directores y/o gerentes pueden llevar el control con un sistema básico. Sin embargo, una empresa que fabrica muchos artículos con infinidad de materias primas, cubre un mercado enorme y tiene un diseño complicado y muchos competidores, necesitará un plan muy sofisticado para llevar un manejo adecuado. Cuando las compañías grandes se fusionan, los resultados en el corto plazo son muchas veces decepcionantes. La razón típica que explica lo anterior es que la empresa nueva es tan grande y compleja que los sistemas de control existentes sencillamente no sirven. United y Continental Airlines afrontaron este problema cuando decidieron fusionarse, y ambas tuvieron que atacar infinidad de cuestiones en este proceso.[4]

Minimizar los costos Cuando el control está bien aplicado ayuda también a bajar los costos y a aumentar la producción. Por ejemplo, Georgia-Pacific Corporation, una enorme compañía maderera, se enteró de que podía usar una tecnología para fabricar cuchillas más finas para sus sierras. Usó su sistema de control para calcular el volumen de madera que se podía ahorrar con cada corte realizado por las cuchillas más delgadas frente a los costos necesarios para reemplazar las existentes. Los resultados fueron impresionantes: la madera que ahorraban las cuchillas nuevas cada año llenaría 800 vagones de ferrocarril. Como descubrió Georgia-Pacific, un buen sistema de control elimina los desperdicios, baja los costos de mano de obra y mejora la producción por unidad de insumo. En fecha reciente, Starbucks giró la orden a sus cafés de que dejaran de preparar café descafeinado automáticamente después de la hora de la comida. Las ventas de descafeinado se desplomaron después de la hora de la comida, y Starbucks se dio cuenta de que simplemente los baristas estaban tirando la mayor parte de ese café por el drenaje. Ahora, entre el medio día y las primeras horas de la noche solo preparan descafeinado por taza, y si un cliente lo pide.[5] De igual manera, muchas empresas que buscan tener costos más bajos están recortando todo, desde la cobertura de los seguros de salud hasta los envíos nocturnos y las comidas de negocios para los clientes.

control de operaciones se refiere a los procesos que la organización usa para transformar los recursos en productos o servicios

control financiero es el relativo a los recursos financieros de la organización

control estructural se ocupa del modo en que los elementos de la estructura de la organización cumplen con su propósito fundamental

control estratégico se concentra en la efectividad con la cual la estrategia corporativa, la del negocio y la funcional de la organización están ayudándola a alcanzar sus metas

Áreas de control

El control puede estar en un área cualquiera de las organizaciones. La mayor parte de estas definen las áreas de control en términos de los cuatro tipos básicos de recursos que usan: físicos, humanos, informativos y financieros.[6] El manejo de los recursos físicos incluye la administración de inventarios (no tener demasiadas ni muy pocas unidades en existencia en el inventario), el control de la calidad (mantener niveles adecuados de calidad para los productos), y del equipamiento (proveer las instalaciones y la maquinaria que se necesitan). El control de los recursos humanos incluye el reclutamiento, la selección y la contratación, la capacitación y el desarrollo, la evaluación del desempeño y la remuneración. Las organizaciones tratan también de controlar la conducta de sus empleados; por ejemplo, dirigiéndolos hacia un mejor desempeño y alejándolos de la falta de ética.[7]

El control de los recursos informativos incluye los pronósticos de ventas y de mercadotecnia, el análisis del entorno, las relaciones públicas, la calendarización de la producción y los pronósticos económicos.[8] El manejo financiero implica administrar la deuda de la organización de modo que no crezca demasiado, garantizar que la compañía siempre tenga liquidez suficiente para cumplir con sus obligaciones, pero que no tenga demasiado dinero en una cuenta de cheques, y garantizar que las cuentas por cobrar sean cobradas y las facturas sean pagadas en su debida oportunidad. En muchos sentidos, el control de los recursos financieros es el área más importante, porque estos se relacionan con el de todos los demás recursos de la organización. Un exceso de inventario conduce a costos de almacenamiento; una mala selección de personal conduce a gastos de despido y de nueva contratación, los pronósticos de ventas equivocados conducen a falta de liquidez y a otros efectos económicos. Las cuestiones financieras suelen estar presentes en la mayor parte de las actividades relacionadas con el control.

Niveles de control

El control se puede clasificar por área y también por nivel dentro del sistema organizacional. El **control de operaciones** se concentra en los procesos que la compañía usa para transformar los recursos en productos o servicios.[9] El control de calidad es una clase del de operaciones. El **control financiero** se ocupa de los recursos económicos. Vigilar las cuentas por cobrar para comprobar si los clientes están pagando puntualmente sus facturas es un ejemplo de manejo financiero. El **control estructural** se encarga de la forma en que los puestos, niveles y jerarquías de la estructura organizacional sirven para los propósitos pretendidos. Vigilar la razón de la dirección y/o gerencia de administración y finanzas para cerciorarse de que los gastos del *staff* no sean excesivos es un ejemplo de control estructural. Por último, el **control estratégico** se concentra en la medida en que la estrategia corporativa, la de negocios y la funcional de la compañía están sirviendo para que esta alcance sus metas. Por ejemplo, si una empresa no ha tenido éxito con la implementación de su estrategia de diversificación, sus directores deben detectar las razones y cambiar de estrategia o reanudar sus actividades para establecerla.

Responsabilidades en el control

De manera tradicional los directores de la organización entera han sido los encargados de supervisar la amplia variedad de sistemas y asuntos de control en las compañía. Ellos deciden la clase de este que ella usará, implementan esos planes y toman medidas basadas en la información que proporcionan estos. Por lo tanto, la responsabilidad última del control está en manos de directivos y/o gerentes tomadores de decisiones. La mayor parte de las organizaciones grandes también tienen uno o varios puestos directivos especializados llamados *contralor*. El **contralor** es el encargado de ayudar a los directores y/o gerentes de línea con sus actividades de manejo, de coordinar el sistema de control financiero general, y de reunir y asimilar la información presupuestal y gastos relevante. Muchas empresas con una estructura de divisiones tienen varios contralores, uno para toda ella y uno para cada división dependiendo del tamaño de la empresa. El puesto de contralor tiene especial importancia en las organizaciones donde los sistemas son complejos.[11]

> *'Fusionar dos líneas aéreas no es como fusionar otras compañías porque se trata de un negocio muy complejo... Hay muchas cuestiones de tecnología, cuestiones de las flotillas, cuestiones de las instalaciones, cuestiones de las personas.'*
>
> JEFF SMISEK
> CEO de United Airlines[10]

© Bloomberg Businessweek, febrero 6–12, 2012, p. 61.

Además, numerosas compañías están empezando a usar a empleados de operaciones para que las ayuden a tener un control eficaz. De hecho, la participación de los empleados sirve con frecuencia de vehículo que ofrece a los de operaciones la oportunidad de facilitar la eficacia organizacional. Por ejemplo, Whistler Corporation incrementó la participación de la fuerza laboral con la intención de superar sus problemas de calidad. Para empezar, la compañía eliminó la unidad de control que había sido la encargada de revisar la calidad del producto al final del proceso de montaje. A continuación se pidió a todos los empleados de operaciones que revisaran su propio trabajo y que asumieran la responsabilidad de corregir sus errores. El resultado fue que Whistler eliminó sus problemas de calidad y ahora ha vuelto a ser un negocio muy rentable.

DISEÑAR SISTEMAS DE CONTROL

Dada la importancia del control, los gerentes tienen que diagnosticar con sumo cuidado el contexto de la organización, del entorno y de las operaciones de los sistemas de manejo que diseñan e implementan. A su vez, para hacerlo deben conocer los pasos específicos del proceso para controlar, los elementos fundamentales del control de operaciones y las características del manejo eficaz.

Pasos del proceso de control

Independientemente del tipo o de los niveles de los sistemas de control que necesita una organización, todo proceso de manejo incluye cuatro pasos fundamentales,[12] los cuales se ilustran en la *figura 6.3*.

Establecer normas o medidas de control El primer paso del proceso de control consiste en establecer medidas. Una **norma de control** es una medida que sirve para comparar el desempeño real contra lo programado.[13] Por ejemplo, los empleados de Taco Bell, restaurante de comida rápida, trabajan para alcanzar las reglas de servicio siguientes:

1. Saludar cuando menos a 95% de los clientes dentro de los tres minutos que transcurren desde su llegada.

© Cortesía de The Whistler Group.

Whistler Corporation es un caso clásico de cómo corregir problemas de calidad. Tras darse cuenta de que casi la mitad de sus trabajadores estaban arreglando defectos de los productos, invitó a sus empleados a participar en un nuevo método para mejorar la calidad. El resultado ha sido que esta es ahora mejor que antes.

director de contraloría o contralor se encarga de ayudar a los administradores y/o gerentes de línea con sus actividades de control, de coordinar el sistema de control entero de la organización, y de reunir y asimilar la información pertinente

norma o medida de control meta que sirve para comparar el desempeño subsecuente

FIGURA 6.3 PASOS DEL PROCESO DE CONTROL

Un sistema de control eficaz ayuda a asegurar que la organización alcance sus metas. Sin embargo, su implementación es un proceso sistemático que suele pasar por cuatro pasos interrelacionados.

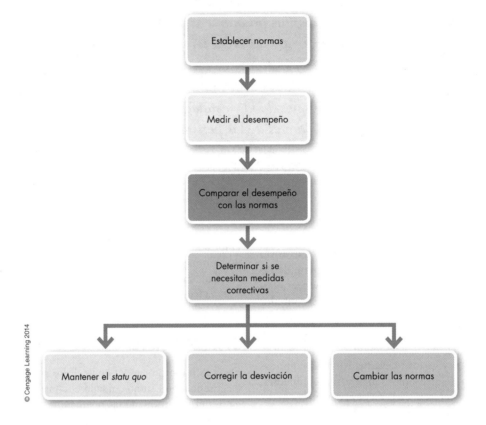

© Cengage Learning 2014

2. Los totopos de tortilla no estarán en el calentador más de 30 minutos antes de que se sirvan a los clientes, después de lo cual serán desechados.

3. Las mesas vacías quedarán limpias en un plazo de cinco minutos después de que se desocupen.

Las normas establecidas para efectos de control deben estar expresadas en términos medibles. Observe que la norma 1 antes mencionada tiene un límite de tiempo de tres minutos, y la meta objetiva de 95% del total de la clientela. La norma 3 lleva implícita la meta objetiva de "todas" las mesas vacías.

Las normas de control también deben ser congruentes con las metas de la organización. Las de Taco Bell incluyen el servicio al cliente, la calidad de los alimentos y la higiene del restaurante. Una norma de estas en un minorista cualquiera como Home Depot debe ser congruente con su meta de incrementar el volumen anual de ventas en 20% en un plazo de cinco años. Un hospital que intenta que sea más breve el tiempo promedio que permanece internado un paciente tendrá normas de control que reflejen los promedios presentes. Una universidad que reafirme su compromiso con la academia podría adoptar la norma de que 89% de sus estudiantes atletas se deben graduar en un plazo de cinco años a partir de su inscripción. Las normas de control

pueden ser tan estrechas o tan anchas como la medida de la actividad a la que se aplican, y deben ser derivación lógica de las metas y los objetivos organizacionales. Cuando Airbus introdujo el A380, el avión de pasajeros más grande del mundo, los directores declararon que la compañía debía tener en el aire 270 naves para llegar al punto de equilibrio, y estableció la meta de entregar 18 al año. También pronosticaron que la demanda de aviones muy grandes, como el A380 y el 747 de Boeing, superaría el número de 1 200 dentro de los próximos 20 años.[14]

El último propósito de establecer normas es identificar los indicadores del desempeño, o sea medidas de este que proporcionan información la cual tiene una relevancia directa para lo que se está controlando. Por ejemplo, suponga que una organización está sujeta a un estrecho calendario para la construcción de una nueva planta. Los indicadores relevantes serían la compra de un terreno, la contratación de un constructor de edificios y los pedidos del equipamiento. Sin embargo, en este caso, los incrementos de las ventas mensuales no tienen relevancia directa. De otro lado, si el control se concentra en los ingresos, los incrementos de las ventas mensuales sí serían significativos, pero la compra del terreno, no tanto.

Medir el desempeño El segundo paso del proceso de control consiste en medir el desempeño, lo cual es una actividad constante y permanente en la mayor parte de las organizaciones. Para que el control sea eficaz, esas medidas deben ser válidas. Las cifras de las ventas diarias, semanales y mensuales miden el desempeño de las ventas, y el de la producción se podría expresar en términos de costo unitario, calidad del producto o volumen producido. El de los empleados se suele medir en términos de la calidad o la cantidad producida, pero en el caso de muchos trabajos no es tan fácil hacer mediciones.

Por ejemplo, un científico de investigación y desarrollo de Merck podría pasar muchos años trabajando en un solo proyecto antes de encontrar algo nuevo. Al director que se hace cargo de una empresa que está al borde de la quiebra tal vez le tome muchos meses o hasta años para cambiar las cosas. Si bien, la medición válida del desempeño resulta muy difícil, es un elemento fundamental para mantener un control eficaz, y por lo habitual es posible crear indicadores del desempeño. Por ejemplo, el avance de un científico podría ser evaluado en parte por un grupo de colegas que revisen su trabajo, y el éxito de una directora podría ser examinado en función de su capacidad para convencer a los acreedores de que, con el tiempo, la compañía volverá a ser rentable. Cuando Airbus concluyó el diseño y la fabricación de su jet jumbo A380, los gerentes reconocieron que las demoras y los costos sobregirados habían cambiado su punto de equilibrio. Los nuevos cálculos dieron como resultado que la empresa tendría que vender 420 aviones para ser rentable. Por supuesto que las ventas anuales no dejaron de ser algo relativamente fácil de medir.

Comparar el desempeño con las normas El tercer paso del proceso de control consiste en comparar el desempeño medido frente a las normas que se han establecido. Este puede ser superior, inferior o igual a la norma. En algunos la comparación es fácil. La meta de cada uno de los gerentes de producto de General Electric es conseguir que el suyo ocupe el primer lugar o el segundo (considerando el total de ventas) en su mercado. Como esta norma es muy clara y el total de ventas es fácil de calcular, resulta relativamente sencillo determinar si se ha alcanzado el objetivo o no. Sin embargo, en ocasiones las comparaciones no son así de claras. Si el desempeño es inferior al esperado, la pregunta sería cuánta desviación de las normas se tolerará antes de tomar medidas correctivas. Por ejemplo, ¿el incremento de 7.9% en las ventas es una aproximación suficiente si la norma era 8%?

El calendario para comparar el desempeño con estas depende de varios factores, entre ellos la importancia y la complejidad de lo que se está controlando. En el caso de normas de largo plazo y nivel alto, las comparaciones anuales serían adecuadas. En otros casos se requerirían comparaciones más frecuentes. Por ejemplo, un negocio que tiene una falta de liquidez considerable tal vez tendría que vigilar todos los días sus reservas de dinero a la vista. En el primer año de su producción, Airbus entregó en efecto 18 aviones A380, tal como había pronosticado.

Determinar si se necesitan medidas correctivas El último paso del proceso de control consiste en determinar si se necesitan medidas correctivas. Las decisiones relativas a esas medidas dependen en gran medida de las habilidades para diagnosticar del director y/o gerente. De hecho, la capacidad para escoger la medida más eficaz es parte fundamental de las destrezas de esta clase. Tras comparar el desempeño con las normas de control, el gerente tomaría una de tres medidas posibles: mantener el *statu quo* (no hacer nada), corregir la desviación o cambiar las normas. Cuando la productividad coincide más o menos con estas últimas es preferible mantener este estatus, pero es probable que sea preciso tomar alguna medida para corregir una desviación de la norma.

Asimismo, en ocasiones el desempeño superior al esperado podría ocasionar problemas a las organizaciones. Por ejemplo, la primera vez que se introducen sistemas de juegos o videojuegos muy esperados, la demanda puede ser tanta que los clientes se deben anotar en listas de espera. Sin embargo, el fabricante quizá no puede incrementar la producción en el corto plazo, y también sabe que las peticiones del producto disminuirán con el tiempo. Sin embargo, por otro lado, la compañía no desea ahuyentar a los posibles consumidores. Por lo tanto, podría

> 'Cerrar los establecimientos que no tienen buen desempeño es parte natural del quehacer de cualquier minorista inteligente.'
> MARIA SCEPPAGUERICO
> Portavoz de Ann Taylor[15]

APRENDER

FIGURA 6.4 CONTROL DE LAS OPERACIONES

Muchos de los sistemas de control que crean la mayor parte de las organizaciones incorporan las tres formas básicas de este manejo. Por ejemplo, la compañía editorial que produjo este libro selecciona los insumos, contratando exclusivamente a editores, formadores e impresores muy calificados (control primario). Además, durante el proceso de transformación vigila la calidad, por ejemplo, antes de que el texto esté listo para imprimir (control depurador), y los productos (los libros impresos y encuadernados) son revisados antes de embarcarlos después de la encuadernación (control después de la acción).

© Cengage Learning 2014

decidir que reducirá su publicidad. Esto podría frenar un poco la demanda y limitar la molestia de estos. Por lo general es preciso cambiar una norma establecida cuando de entrada ha sido establecida en un nivel demasiado alto o bajo. Esto es evidente cuando muchos empleados superan asiduamente la norma por un amplio margen o si ningún empleado llega a ella jamás. Asimismo, tal vez las normas que parecieron del todo adecuadas al establecerse deban ser ajustadas porque las circunstancias han cambiado. Cuando la recesión global de 2008-2009 empezó a cobrar cuentas, dos grandes clientes de Airbus (Qantas y Emirates) dijeron que querían diferir la entrega de algunos de los A380 que habían ordenado. Por lo tanto, Airbus se vio en la necesidad de recortar su producción en 2009, de 18 a solo 14. La compañía declaró también que el punto de equilibrio de los aviones había aumentado, pero que no revelaría la nueva meta.

Control de operaciones

Uno de los cuatro niveles de control que ejercitan casi todas las organizaciones es el **control de operaciones** el cual se refiere a los procesos que utilizan para transformar los recursos en productos o servicios. Dado que la esencia de este manejo es su aplicación, lo analizaremos con un poco más de detenimiento. Como muestra la *figura 6.4*, las tres formas de control de las operaciones son: el preliminar, el depurador y el posterior a la acción, y se presentan en diferentes puntos de los procesos de transformación que usa la organización.

control preliminar se concentra en los recursos (financieros, materiales, humanos y de información) provenientes del entorno los cuales introduce la organización

control de selección también conocido como depurador se concentra en cumplir las normas de calidad o de cantidad de un producto o un servicio durante el proceso de transformación mismo

Control preliminar El control preliminar se concentra en los recursos (financieros, materiales, humanos y de información) que la compañía absorbe del entorno. Busca vigilar la cantidad o la calidad de ellos antes de que ingresen a la organización. Para sus programas de capacitación gerencial, empresas como PepsiCo y General Mills contratan solo a personas que tienen grado de licenciatura, y eso después de que los solicitantes han cumplido con los criterios de selección y dejado satisfechos a varios entrevistadores. De ese modo controlan la calidad de los recursos humanos que ingresan a la organización. Cuando Sears ordena a una compañía que fabrique mercancía que venderá con su nombre de marca, especifica estrictas normas de calidad para así tener manejo de los productos. Las compañías controlan también los recursos financieros y los informativos. Por ejemplo, compañías privadas como Toys "R" Us y Mars limitan la cantidad de acciones que los extraños pueden comprar, y por su parte las redes de televisión comprueban la veracidad de las noticias antes de transmitirlas.

Control de selección, este es también conocido como control depurador, el cual se concentra en cumplir las normas de calidad o de cantidad del producto o servicio durante el proceso de transformación mismo. Depende enormemente de los procesos de retroalimentación. Por ejemplo, en una planta armadora de Dell Computer los componentes del sistema de la computadora se revisan periódicamente durante el armado de cada unidad. La compañía lo hace para asegurarse de que todos han sido ensamblados de modo que funcionen correctamente. Las revisiones frecuentes de la calidad proporcionan retroalimentación a los trabajadores para que sepan cuáles medidas correctivas deben tomar en caso necesario. Dado que los controles depuradores o de selección, sirven para identificar la causa de los problemas, suelen ser usados más que otras formas de control. Cada vez es mayor el número de compañías que los están adoptando porque representan un camino eficaz para propiciar la participación de los empleados y para detectar problemas desde el inicio del proceso general de transformación. Por ejemplo, Corning los adoptó para utilizarlos en la fabricación de vidrio para televisores. Antes, las pantallas de TV solo eran inspeccionadas cuando estaban terminadas. Por desgracia, más de 4% eran regresadas después por los clientes porque presentaban algún defecto. Ahora se inspeccionan en cada paso del proceso de producción, y no al final, y la tasa de devoluciones del consumidor ha bajado a 0.03%.

Control posterior a la acción

El control posterior a la acción se concentra en los productos de la organización una vez que el proceso de transformación ha concluido. El antiguo sistema de Corning era el control después de la acción; es decir una inspección final cuando el producto estaba terminado. Si bien, lo abandonó, podría ser un método de manejo efectivo cuando un producto es fabricado con uno o dos pasos únicamente o cuando un servicio es simple y rutinario. El solo control posterior a la acción no sería tan efectivo como el preliminar o el depurador, pero proporcionaría a la gerencia información para la planeación futura. Por ejemplo, si una revisión de la calidad de bienes terminados da como resultado una tasa de defectos tan alta que es inaceptable, el gerente de producción sabe que debe identificar las causas y tomar medidas para eliminarlos.

El control después de la acción sirve también de base para premiar a los empleados. Por ejemplo, al reconocer que uno ha superado sus metas personales de ventas por un amplio margen podría sugerir al gerente que sería aconsejable darle un bono o un ascenso. La mayor parte de las organizaciones usan más de una forma de control de operaciones. Por ejemplo, el preliminar de Honda incluye contratar exclusivamente a empleados calificados y especificar normas de calidad estrictas al momento de ordenar partes a otros fabricantes. También aplica numerosos controles depuradores cuando revisa la calidad de los componentes durante el armado de los automóviles. Una última inspección y una prueba de manejo cuando cada coche sale de la línea de montaje son parte del manejo de la compañía después de la acción.[16] De hecho, las organizaciones más exitosas usan una gran variedad de técnicas para facilitar el control de las operaciones.

Características del control eficaz

Cuando los directores diseñan e implementan sus sistemas de control es evidente que se deben asegurar de que sean lo más eficaces posible. Pero, ¿qué significa control eficaz? Estos sistemas suelen ser más eficaces si están integrados a la planeación y si son flexibles, exactos, oportunos y objetivos.

Integración con la planificación El control y la planeación deben estar ligados. Tanto más explícito y preciso sea el nexo, cuánto más efectivo será el sistema de control. El mejor camino para integrarlos consiste en tomar en cuenta ese manejo cuando se desarrollan los planes. Es decir, en el momento en que los directores establecen las metas durante el proceso de planeación deben prestar atención a crear normas que reflejen si el proyecto está bien realizado. Los gerentes de Champion Spark Plug Company optaron por ampliar la línea de productos de la compañía de modo que incluyera toda una gama de accesorios para automóviles (un total de 21 productos nuevos). Como parte del plan decidieron de antemano el nivel de ventas que querían realizar con cada producto en cada uno de los próximos cinco años. Establecieron estas metas de ventas como la norma para comparar las ventas realizadas. Por lo tanto, al tomar en cuenta su sistema de control cuando desarrollaron el plan, hicieron un magnífico trabajo respecto de integrar la planeación y el manejo.

Flexibilidad El sistema para controlar debe ser lo bastante flexible como para dar cabida al cambio. Piense, por ejemplo, en una organización con una línea de productos muy diversos que requiere de 75 materias primas diferentes. Su programa de control del inventario debe servir para dirigir y vigilar los niveles actuales de existencias en inventario de los 75 materiales. Cuando un cambio en la línea de productos varía el número de materias primas que se necesitan, o cuando se transforman las cantidades de las existencias de materiales requeridos, el sistema de control debe ser lo bastante flexible como para manejar los requisitos modificados. La alternativa sería diseñar e implementar otro de esa clase, pero ese gasto se puede evitar. El de Champion incluía un mecanismo que enviaba automáticamente los productos a sus grandes clientes para que sus inventarios permanecieran en niveles determinados. La compañía tuvo que ajustar el sistema cuando uno de sus clientes más grandes decidió no llevar la línea completa de productos Champion en existencia. Sin embargo, como su sistema de control era flexible, no fue difícil modificarlo para ese cliente.

Exactitud Los directores toman una cantidad asombrosa de decisiones basadas en información poco precisa. Los representantes de campo podrían maquillar sus proyecciones de ventas para que les hagan lucir mejor. Los gerentes de producción podrían ocultar costos con el objeto de alcanzar sus metas. Sus homólogos de recursos humanos podrían exagerar la cantidad de personas de minorías como prospectos para la contratación a efecto de alcanzar las metas de acciones positivas. En cada uno de estos casos, la información que reciben otros directores no es exacta y los resultados de ello pueden ser desastrosos. Si las proyecciones de ventas están infladas, el gerente podría

> **control posterior a la acción** el que se concentra en los productos de la organización después de que ha terminado el proceso de transformación

recortar la publicidad con la idea de que ya no es necesaria, o aumentarla para incrementar su impulso. Por otro lado, un gerente de producción que no reconoce los costos ocultos podría cotizar un precio de ventas muy por debajo de lo deseable. El director de recursos humanos se podría pronunciar en público sobre la eficacia de la compañía para el reclutamiento de minorías, para enterarse más adelante de que el número de prospectos ha sido inflado. En cada uno de estos casos, el resultado de la información imprecisa es una acción directiva equivocada.

Oportunidad La oportunidad no siempre significa que algo se debe hacer a toda prisa. Más bien, describe un sistema de control que proporciona información con la frecuencia necesaria. Por ejemplo, como Champion cuenta con infinidad de datos históricos sobre las ventas de sus bujías, no necesita información sobre ellas con la misma frecuencia que requiere retroalimentación de las ventas de sus productos más recientes. Las organizaciones minoristas necesitan por lo habitual conocer los resultados de las ventas todos los días para manejar la liquidez y hacer ajustes a la publicidad y la promoción. En cambio, podría hacerles falta información sobre el inventario físico tan solo trimestral o anualmente. En general, tanto más inciertas e inestables sean las circunstancias, cuanto mayor será la frecuencia con la que se requieran las mediciones sean estas positivas o no.

Objetividad El sistema de control debe proporcionar información tan objetiva como sea posible. Para apreciar lo anterior, piense en la tarea del director encargado de manejar los recursos humanos de la compañía. Solicita a dos gerentes de la planta que le presenten informes. Uno señala que el ánimo en la suya está "bien", que el número de conflictos es "el normal" y que la rotación de empleados "está controlada". La otra reporta que el ausentismo en su planta es del orden de 4%, que este año se han presentado 16 disputas (en comparación con 24 el año anterior) y que la rotación está en 12%. La información específica del segundo informe siempre será más útil que los datos generales del primero. Por supuesto que los gerentes también deben ver más allá de las cifras cuando evalúan el desempeño. Por ejemplo, el de planta podría estar aumentando la productividad y los márgenes de utilidad porque presiona demasiado a los trabajadores y usa materiales de mala calidad. Por lo tanto, las utilidades impresionantes en el corto plazo se podrían ver ensombrecidas por incrementos en la rotación de empleados y las quejas de los clientes en un plazo largo.

APLICAR EL CONTROL

No obstante que el sistema de control haya sido diseñado e implementado o que al parecer incluya todas las características de eficacia, los directores también deben poner atención a la forma en que los empleados de la organización utilizan

el control y responden a él. En particular, las personas tienden a resistirse. Cuando esto sucede, los gerentes y/o directivos pueden tomar medidas para superar (o cuando menos reducir) esta resistencia.

Resistencia al control

En ocasiones los directores cometen el error de suponer que el valor de un sistema de control eficaz es evidente para los empleados. No siempre es así. Muchos se resisten al control, en especial si sienten que tienen demasiado sobre ellos, si piensan que no está bien enfocado o que premia la ineficiencia, o bien, si se molestan porque tienen que rendir cuentas.

Exceso de control En ocasiones las organizaciones tratan de controlar demasiadas cosas. Esta situación es problemática en especial cuando el manejo afecta directamente la conducta de los empleados. Una compañía que les da instrucciones sobre cuándo se deben presentar a laborar, dónde se deben estacionar, cuándo pueden tomarse un descanso por la mañana y en qué momento pueden abandonar la oficina por la tarde, ejerce un control considerable sobre sus actividades diarias. Sin embargo, muchas otras tratan no solo de manejar estos aspectos, sino también otros de la conducta en el trabajo. En los años recientes, el acceso de los empleados a su correo electrónico privado y a internet durante las horas de oficina es todo un problema. Algunas compañías no cuentan con políticas que regulen estas actividades, otras han tratado de limitarlas y algunas más han intentado prohibir del todo el acceso.[17] Los conflictos surgen cuando ellos perciben que los intentos por limitar su conducta son ilógicos. Una empresa que ordena a sus empleados la forma de vestir, la de arreglar sus escritorios y la de su peinado podría encontrar más resistencia.

Los trabajadores de Chrysler que tenían vehículos que no eran de esa marca se quejaban porque se les obligaba a dejarlos en un estacionamiento lejano. Pensaban que este intento por gobernar su conducta personal (esa marca) era excesivo. Con el tiempo, los directores eliminaron estos controles y ahora permiten que se estacionen en cualquier lugar. Algunos empleados de Abercrombie & Fitch dicen que la

© Cengage Learning 2014

empresa ejerce un dominio excesivo por sus exigencias respecto de la forma de vestir y el arreglo personal; por ejemplo, los hombres no pueden usar collares ni bigote o barba, y las mujeres solo deben usar barniz de uñas transparente y aretes del tamaño de una moneda de diez centavos estadounidenses. Por otro lado, Enterprise Rent-A-Car tiene un código de 30 reglas sobre cómo deben vestir las mujeres, y de 26 para los hombres. En fecha reciente, una exempleada demandó a la compañía porque fue despedida debido al color de su cabello.[18]

Enfoque incorrecto El sistema de control puede ser demasiado acotado o se puede concentrar demasiado en variables cuantificables, sin dejar cabida para el análisis o la interpretación. Una norma de ventas que propicia las tácticas de gran presión para maximizar las ventas en el corto plazo lo haría a costa de la buena disposición de sus clientes en el largo plazo. Esa regla sería demasiado estrecha. Un sistema de premios en una universidad el cual fomenta que los profesores publiquen muchos artículos sin tomar en cuenta la calidad del trabajo está mal enfocado también. Los empleados se resisten al intento del sistema de control dirigiendo sus esfuerzos exclusivamente a los indicadores del desempeño que se están usando.

Premios a la ineficiencia Imagine dos departamentos de operaciones que están cerca del término de su ejercicio fiscal. El departamento 1 espera tener un remanente de 25 mil dólares en su presupuesto; el 2 ya tiene 10 mil dólares en números rojos. Por lo tanto, es probable que al departamento 1 le reduzcan los recursos el año entrante ("Les sobró dinero, lo que indica que de entrada recibieron demasiado"), y el 2 recibirá posiblemente un presupuesto más grande ("Es evidente que no han recibido suficiente dinero"). Así, el primero es sancionado por ser eficiente, y el segundo es premiado por ser ineficiente. (¡No es extraño que los departamentos se apresuren por lo común a agotar sus presupuestos conforme se acerca el final del ejercicio!). Como sucede en el caso de un enfoque equivocado, las personas se resisten a este intento de control y se comportan de maneras contrarias a la intención de la compañía.

Rendición de cuentas excesiva Los controles efectivos permiten a los directores determinar si los empleados están cumpliendo debidamente con sus responsabilidades. Si las normas establecidas son las correctas y si el desempeño es medido con exactitud, aquellos saben cuándo surgen los problemas y cuáles departamentos y personas tienen la responsabilidad. Así, se resisten al control quienes no quieren asumir la de sus errores o que no quieren trabajar con el tesón que desearía su jefe. Por ejemplo, American Express tiene un sistema que proporciona información diaria sobre la cantidad de llamadas que realiza cada uno de sus representantes de servicio al cliente. Por lo habitual, cuando alguno de ellos ha trabajado a un ritmo más lento y realizado menos llamadas que otros, su desempeño deficiente es más fácil de detectar.

Superar la resistencia al control

Tal vez crear de entrada un control eficaz sea el mejor camino para superar la resistencia a él. Si los sistemas que controlan están bien integrados a los planes de la organización, y si son flexibles, exactos, oportunos y objetivos, es menos probable que esta domine demasiado, se concentre en normas incorrectas o premie la ineficiencia. Otros dos caminos para dejar la negativa son propiciar la participación de los empleados y crear procedimientos de verificación.

Propiciar la participación de los empleados La participación de los empleados ayuda a contrarrestar la resistencia al control. Concretamente, cuando ellos se involucran en la planeación y la implementación del sistema de control es menos probable que se resistan a él. Por ejemplo, su intervención en la planeación, la toma de decisiones y el control de calidad en la planta de ejes y palancas de Chevrolet en Detroit llevó a los empleados a interesarse más por la calidad y por cumplir las normas.

Crear procedimientos de comprobación Muchas normas y sistemas de información cuentan con pesos y contrapesos de control y permiten a la organización comprobar la exactitud de los indicadores del desempeño. Suponga que una directora de producción argumenta que no ha cumplido con determinada norma de los costos porque los precios de las materias primas han subido. Un sistema de control de inventario bien diseñador apoyará o desmentirá su explicación. Suponga que un empleado al cual se despidió porque tenía demasiadas inasistencias argumenta que "no ha faltado mucho". Un plan de manejo de recursos humanos eficaz llevaría registro de la frecuencia y el número de faltas y, por consiguiente, apoyaría el despido. La resistencia al control disminuye porque estos procedimientos de comprobación protegen tanto a los empleados como a la dirección. Si los registros del control de inventarios apoyan la afirmación de la directora de producción respecto del costo elevado de las materias primas, ella no será la única que cargue con la responsabilidad de no haber cumplido la meta de gastos, y es probable que se tome alguna medida para bajar dicho costo.

INCENTIVAR A LOS EMPLEADOS

Otra área donde las habilidades diagnósticas son fundamentales es la del sistema y el proceso que la organización usa para premiar e incentivar a sus empleados. La figura 6.5 ilustra esta perspectiva. Por ejemplo, considere la explicación de la causa y el efecto que ofrecimos al inicio de este capítulo. Si el efecto que queremos conseguir es que los empleados estén motivados para presentar un magnífico desempeño, queda claro que los gerentes y/o directores deben entender las "causas" que conducirían a ese efecto. Dado que la mayor parte de los empleados espera ser reconocida y galardonada por sus esfuerzos, los premios son un importante factor causal que contribuye a la motivación de ellos para trabajar. Como vimos en el capítulo 5, las perspectivas del contenido se refieren a las necesidades, mientras que las del proceso explican por qué las personas optan por distintas conductas para satisfacer sus necesidades y cómo evalúan si son equitativos los premios que reciben por esas conductas. Partiendo de esa explicación, pasamos a explicar cómo premiar a la plantilla laboral haciendo un análisis del modo en que las perspectivas del refuerzo ayudan a mantener su conducta en el transcurso del tiempo.

Perspectivas del refuerzo de la motivación

Las perspectivas del refuerzo explican la función de los incentivos como causa de que la conducta cambie o permanezca igual en el tiempo. En concreto, la **teoría del refuerzo** dice que es probable que se repita una conducta cuya consecuencia es un premio, mientras que es menos probable que se repita una cuyo resultado es un castigo.[20]

Clases de refuerzo en las organizaciones

Los refuerzos de la conducta pueden ser de cuatro clases: el refuerzo positivo, la elusión (o evasión), el castigo y la extinción,[21] como presenta la *tabla 6.1*. Dos de ellos fortalecen o mantienen la conducta, mientras que el otro par la debilita o disminuye.

El refuerzo positivo es un método para robustecer la conducta mediante la entrega de un premio o un resultado

---

FIGURA 6.5 USAR CON EFICACIA LOS INCENTIVOS

Los incentivos resultan más eficaces cuando están ligados a resultados específicos que desea alcanzar la organización. En concreto, desde una perspectiva de causa-efecto operan como variables causales que afectan resultados como la productividad, las conductas de desempeño, las conductas disfuncionales y la educación y buen comportamiento.

Causa ⟶ Efecto

Incentivos
- Refuerzo
- Atribución de facultades y participación
- Alternativas para los arreglos de trabajo
- Premios por méritos
- Incentivos monetarios o en especie

Motivación
- Producir más
- Incrementar las conductas del desempeño
- Disminuir las conductas disfuncionales
- Ser educado y mostrar buen comportamiento en la organización

---

> '*Queríamos conocer la raíz de las causas específicas de nuestra situación para poder implementar cambios que mejoraran el ánimo y el desempeño de los empleados.*'
>
> JAMES SCHMIDT
> CEO de Our Columbus, una oficina de servicios sociales de Ohio[19]

---

positivo después de que se ha presentado la conducta deseada. Cuando un director observa que un empleado está haciendo un muy buen trabajo y lo alaba, ese halago sirve para reforzar de forma positiva la conducta de trabajar bien. En las organizaciones, otros refuerzos positivos serían los aumentos de sueldo, los ascensos y los premios. Como ejemplos de estos, los empleados de General Electric que trabajan en el centro de servicio al cliente reciben ropa, artículos deportivos y hasta viajes a Disney World por un desempeño sobresaliente. Nucor Steel basa en la productividad real la remuneración de su plantilla laboral, y su paga semanal refleja el desenvolvimiento que han tenido en ese periodo. El otro método para fortalecer una conducta deseada es en virtud de la **elusión** o evasión. Por ejemplo, un empleado se presentaría puntualmente a sus actividades con el propósito de evitar un regaño. En este caso, él tiene motivos para observar una conducta de puntualidad para no sufrir las consecuencias desagradables que generaría el hecho de llegar tarde.

Algunos directores usan el **castigo** para debilitar una conducta indeseable. Cuando un empleado pierde el tiempo, llega tarde a laborar, no está trabajando bien o está interrumpiendo las actividades de otros, el director podría recurrir a una reprimenda, a medidas disciplinarias o sanciones. La lógica es que las consecuencias desagradables disminuirán la probabilidad de que el empleado decida presentar esa conducta otra vez. Dados los efectos secundarios contraproducentes del castigo (como resentimiento y hostilidad), muchas veces es aconsejable usar otra clase de refuerzo siempre que sea posible.

El castigo es a veces imprescindible en una organización. Sin embargo, los directores deben tener cuidado de aplicarlo con buenos modos. Al parecer, el de la foto ha perdido la cabeza.

Otra manera de debilitar la conducta es por medio de la **extinción**, sobre todo si se trata de una que ha sido premiada antes. La extinción se presenta cuando un comportamiento se repite porque ha sido galardonado, pero se suspende cuando desaparece el premio. Cuando un empleado cuenta un chiste verde, y el jefe se ríe, la risa refuerza la conducta, y el empleado seguiría contando chistes de esos. Si el jefe simplemente ignora esa conducta y no la refuerza provocará que se debilite y que con el tiempo se "extinga".

Proporcionar refuerzos en las organizaciones No solo es importante saber qué clase de refuerzo se usará, sino también cuándo y con cuánta frecuencia. Como presenta la *tabla 6.1*, hay varias estrategias para brindar refuerzos. El programa de intervalos fijos proporciona el refuerzo de tanto en tanto, independientemente de la conducta. Un buen ejemplo es la paga semanal o mensual. Ofrece el incentivo más débil para desempeñar un buen trabajo porque los empleados saben que recibirán su sueldo independientemente de su esfuerzo. Un programa de intervalos

variables también se basa en tiempos para proporcionar el refuerzo, pero varían los periodos entre un refuerzo y otro. Este programa es adecuado para los elogios y otros premios fundamentados en visitas o inspecciones. Cuando los empleados no saben en qué momento los visitará el jefe suelen mantener un grado de esfuerzo razonablemente alto todo el tiempo.

Un programa de proporciones fijas, entrega el refuerzo después de un número inamovible de conductas, independientemente del tiempo que transcurra entre una y otra. Esto genera un grado más alto de esfuerzo. Por ejemplo, cuando Sears incorpora a clientes nuevos para su tarjeta de crédito, los vendedores reciben un pequeño bono por cada quinta solicitud que entrega su departamento. Con este arreglo, la motivación es elevada porque cada solicitud acerca más al trabajador a recibir el bono siguiente. Con el programa de proporciones variables, el más potente para mantener las conductas deseadas, varía el número de comportamientos necesarios para recibir cada refuerzo. Un supervisor que alaba a una empleada por su segundo pedido, después, por el séptimo, luego, el noveno, después, el quinto, y enseguida, el tercero, está usando un plan de proporción variable. Ella está motivada para incrementar la frecuencia de la conducta deseada porque cada vez que la presenta incrementa su probabilidad de recibir un premio. Por supuesto que un plan de proporción variable es difícil (por no decir que imposible) de usar en el caso de los premios formales como la paga, porque sería demasiado complicado llevar registro de quién fue premiado cuándo.

extinción situación que se presenta cuando una conducta es repetida porque recibe un premio, pero que se suspende cuando no lo recibe

programa de intervalos fijos el que proporciona refuerzos a intervalos fijos de tiempo, independientemente de la conducta

programa de intervalos variables uno basado en los tiempos para proporcionar refuerzos, pero los intervalos de tiempo entre un refuerzo y otro varían

programa de proporciones fijas el que aporta refuerzos después de un número fijo de conductas, independientemente del tiempo que transcurra entre las conductas

programa de proporciones variables uno en el cual cambia el número de conductas que se necesitan para cada refuerzo

TABLA 6.1 ELEMENTOS DE LA TEORÍA DEL REFUERZO

Arreglo de las contingencias del refuerzo	
1. Refuerzo positivo. Refuerza la conducta porque genera una consecuencia deseable.	3. Castigo. Debilita la conducta porque genera una consecuencia indeseable.
2. Elusión. Refuerza la conducta porque permite eludir una consecuencia indeseable.	4. Extinción. Debilita la conducta al no hacerle caso.

Programas para aplicar el refuerzo	
1. Intervalo fijo. El refuerzo se aplica después de intervalos fijos de tiempo, independientemente de la conducta.	3. Proporción fija: El refuerzo se aplica después de un número fijo de conductas, independientemente de los tiempos.
2. Intervalo variable. El refuerzo se aplica a intervalos variables de tiempo.	4. Proporción variable. El refuerzo se aplica después de un número variable de conductas.

© Cengage Learning 2014

Los directores que usan la teoría del refuerzo para motivar a sus empleados aplican por lo habitual la técnica llamada **modificación de la conducta u OB Mod.**[22] Un programa OB Mod empieza por especificar las conductas que deben incrementar (como producir más unidades) o disminuir (por ejemplo llegar tarde al trabajo). A continuación estos comportamientos meta se ligan a formas o tipos específicos de refuerzo. Muchas organizaciones (como Procter & Gamble y Ford) han usado la OB Mod, pero la aplicación más conocida fue la de Emery Air Freight (ahora parte de DHL). La gerencia pensaba que los empleados no estaban empacando con eficiencia los contenedores utilizados para consolidar embarques pequeños en un número menor de embarques más grandes. Mediante un sistema de premios y de retroalimentación automonitoreada, Emery incrementó el aprovechamiento de los contenedores de 45 a 95% y ahorró más de 3 millones de dólares en los primeros tres años del programa.[23]

Implicaciones de las perspectivas del refuerzo En las organizaciones, el refuerzo suele ser una gran herramienta para mantener la motivación de los empleados. Por supuesto que a efecto de que el refuerzo sea verdaderamente eficaz, los directores lo deben usar de acuerdo con los distintos tipos y planes de refuerzo que hemos explicado antes. Además, deben comprender que, sin saberlo, podrían estar motivando conductas indeseables o disfuncionales. Por ejemplo, si un trabajador llega tarde al trabajo por lo habitual pero sin sufrir consecuencia alguna, tanto él como otros pensarán que está bien hacerlo.

Estrategias de motivación populares

Si bien, la perspectiva del refuerzo y las distintas teorías que abordamos en el capítulo 5 ofrecen una explicación sólida de la motivación, los directores deben además emplear distintas técnicas y estrategias para aplicarlas en efecto. Entre las estrategias de motivación que hoy en día gozan de más popularidad están la atribución de facultades y la participación, así como las formas alternativas para los arreglos laborales. Diversas formas de sistemas de premios basados en el desempeño, que analizaremos en la sección siguiente, también reflejan esfuerzos por aumentar la motivación y el rendimiento de los empleados.

> *'Mi tarea como líder es asegurarme de que todos los de la compañía tengan buenas oportunidades y sientan que están teniendo un efecto significativo y contribuyendo al bien de la sociedad.'*
> LARRY PAGE
> cofundador y CEO de Google[25]
> © Fortune, febrero 6, 2012, p. 99.

Atribución de facultades y participación La atribución de facultades y la participación son dos métodos importantes que los directores pueden utilizar para aumentar la motivación de los empleados. La **atribución de facultades** es el proceso de permitir que ellos establezcan sus metas, tomen decisiones y resuelvan problemas laborales dentro de su ámbito de responsabilidad y autoridad. La **participación** es el proceso de darles voz cuando se toman decisiones sobre su trabajo. Luego entonces, la atribución de facultades es un concepto más amplio que fomenta la participación en diversas áreas, entre ellas el trabajo mismo, el contexto de este, el entorno laboral y muchas más.[24]

La función que la participación y la atribución de facultades tienen en la motivación se puede expresar en términos de las perspectivas del contenido y de la teoría de las expectativas. Los empleados que participan en la toma de decisiones se comprometen más en ponerlas en práctica correctamente. Es más, el proceso de tomar una decisión, ejecutarla y después observar las consecuencias positivas podría satisfacer su necesidad de realización personal, ofrecer reconocimiento y responsabilidad y mejorar la autoestima. El solo hecho de pedir al empleado que colabore en las decisiones de la organización podría llevar a cabo esta mejora. Además, la inclusión ayuda a aclarar las expectativas; esto es, cuando los empleados se integran en el proceso decisorio comprenden mejor el vínculo entre su desempeño y los incentivos que desean más. Pueden participar en cierta medida cuando se trata de abordar cuestiones y decidir acerca de su trabajo. Por ejemplo, en lugar de que los directores simplemente les digan cómo hacerlo, pueden pedirles que ellos tomen sus propias decisiones sobre cómo hacerlo. Los trabajadores, basándose en su experiencia y los conocimientos técnicos de sus tareas, podrían aumentar su productividad. En muchas situaciones también podrían estar calificados para optar sobre los materiales, las herramientas, etcétera, que es aconsejable usar. Tal vez sea conveniente además permitir que lo hagan respecto de algunos asuntos administrativos, como sería el caso de los horarios. Si unos trabajos son relativamente independientes de otros, los empleados podrían decidir cuándo hacer cambios de turno, tomar descansos, salir a comer, etcétera. Un equipo o un grupo de trabajo también podrían programar las vacaciones y los días libres de sus miembros. Muchas compañías están brindándoles la oportunidad de participar en cuestiones generales de la calidad de los productos. Esta clase de inclusión es característica de las compañías japonesas exitosas y también de algunas internacionales, y muchas estadounidenses han seguido el ejemplo.

---

modificación de la conducta (OB Mod) procedimiento integral para usar la teoría del refuerzo

atribuir facultades proceso de permitir a los trabajadores establecer las metas de su trabajo y que tomen decisiones y resuelvan problemas dentro de su ámbito de responsabilidad y autoridad

participación se presenta cuando los empleados tienen voz en las decisiones relativas a su trabajo

APRENDER

Técnicas y aspectos de la atribución de facultades

En años recientes un gran número de organizaciones han buscado intensamente la manera de llevar la participación más allá de las áreas tradicionales. Algunas técnicas sencillas, como los buzones de sugerencias y las juntas de preguntas y respuestas, dan lugar a cierto grado de participación. Su motivo principal ha sido aprovechar mejor los activos y las capacidades inherentes a todos los empleados. Por lo tanto, muchos directores prefieren el término *empoderamiento* (atribución de facultades), porque dicen que es más amplio.

Como explicamos en el capítulo 5, un método para atribuir facultades a los empleados consiste en usar equipos de trabajo. Estos son grupos de empleados que tienen atribuciones para planear, organizar, dirigir y controlar sus labores. Su supervisor, en lugar de ser el "jefe" tradicional, actúa más bien como un *coach*. El otro método para delegar atribuciones consiste en cambiar la forma general de estructuración del equipo. El modo básico requiere que la organización elimine niveles jerárquicos y, en consecuencia, que quede mucho más descentralizada. El poder, la responsabilidad y la autoridad se delegan a niveles tan bajos como sea posible, dejando el control del trabajo de lleno en manos de quienes de hecho lo desempeñan.[26]

Sin embargo, independientemente de la técnica o el método específico que se use, la atribución de facultades o empoderamiento solo aumentará la eficacia de las compañías si existen ciertas condiciones. En primera instancia, deben ser sinceros los esfuerzos de estas por delegar facultades y autonomía a niveles más bajos. Es poco probable que tengan éxito los intentos para propiciar la participación en solamente algunas áreas. En segunda, la empresa debe estar decidida a mantener la delegación de facultades y la participación. Los empleados se molestarán mucho si inicialmente les dan más control, y después se los quitan o disminuyen. En tercera, en verdad deben creer que ellos y sus gerentes y/o directores están laborando juntos por interés de ambas partes. Por ejemplo, en algunas fábricas los empleados que tienen un magnífico desempeño ocultan por lo habitual el secreto de su elevada producción. Temen que si la dirección se entera de esto lo usará para subir las expectativas del desempeño.[27] Además, la empresa debe ser sistemática y paciente cuando delega atribuciones a los empleados. Si les da demasiado control muy rápido puede provocar un desastre. Por último, la organización debe estar preparada para aumentar su compromiso con la capacitación. Los empleados que gozan de más libertad para decidir cómo hacer sus actividades necesitarán probablemente capacitación adicional para saber ejercer esa libertad con la máxima eficacia.[28]

Formas alternativas de arreglos laborales

Hoy en día muchas organizaciones están experimentando también con diversas alternativas para los arreglos laborales. Por lo general, estos buscan aumentar la motivación y el desempeño de los empleados permitiéndoles más flexibilidad para decidir cómo y cuándo trabajar. Entre las alternativas más populares de arreglos laborales están los horarios variables y los flexibles, los empleos compartidos y el trabajo a distancia.[29]

- *Horarios laborales variables.* Aun cuando existen muchas excepciones, el horario laboral tradicional empieza a las 8:00 o 9:00 a.m. y termina a las 5:00 p.m., cinco días a la semana (si bien, muchos gerentes y otros profesionales trabajan más horas además de esas). Por desgracia, tal horario les impide atender sus asuntos personales de rutina (ir al banco, ir al médico o al dentista para una revisión de rutina, asistir a una junta de padres de familia y maestros, llevar el auto al taller, etcétera. Por lo anterior, a nivel superficial, los empleados encerrados en esta clase de arreglo tal vez tengan que pedir un permiso económico para tomarse un día libre y resolver esas cuestiones. A nivel más inconsciente, ese horario laboral podría provocar que algunos se sientan impotentes y limitados, lo cual alimentaría un mayor resentimiento y frustración. Para contrarrestar esos problemas, algunas empresas usan **horarios laborales variables** que se desvían del horario laboral tradicional. El **horario laboral comprimido** es una de esas desviaciones y, en este caso, los empleados trabajan las 40 horas semanales reglamentarias, pero en menos días que los cinco tradicionales.[30] Uno de los planteamientos consiste en cubrir jornadas de 10 horas durante cuatro días, lo cual deja libre un día más. Otra alternativa es que se cubran jornadas de poco menos de 10 horas y que hayan completado las 40 para el mediodía del viernes. Además, unas cuantas compañías han probado que los empleados cubran periodos de 12 horas en tres jornadas, con cuatro días libres. Algunas que han usado estas formas de semanas laborales comprimidas son John Hancock, BP Amoco y Philip Morris. Un problema con lo anterior es que cuando los empleados cubren demasiadas horas en un solo día tienden a cansarse y a bajar su desempeño hacia el final de la jornada. Un horario que algunas organizaciones están empezando a usar hoy es el llamado "nueve-ochenta". Con este arreglo, un empleado cubre un horario laboral tradicional una semana, y uno comprimido la semana siguiente, y goza de un viernes libre cada dos semanas. En otras palabras, trabajan 80 horas (el equivalente a las jornadas completas de dos semanas) en nueve días. Cuando las dos mitades de empleados alternan el horario normal y el comprimido, la compañía siempre cuenta con elementos en todos los puestos, pero también deja libres dos días más al mes a los empleados. Shell Oil y BP Amoco Chemicals son dos de las compañías que actualmente usan este horario.

> **horarios laborales variables**
> desviación del horario laboral tradicional que empieza a las 8:00 o 9:00 a.m. y termina a las 5:00 p.m., cinco días a la semana
>
> **horario laboral comprimido** cubrir la jornada completa de 40 horas a la semana en menos días de los cinco tradicionales

- *Programas laborales flexibles.* Otra alternativa es el arreglo de los programas laborales flexibles, en ocasiones conocidos como *flextime*. La flexibilidad deja en manos de los empleados más control personal respecto de las horas que trabajan. La jornada se divide en dos categorías: las horas flexibles y las horas centrales. Todos deben estar en sus puestos de trabajo en las horas centrales, pero pueden escoger sus periodos para el tiempo flexible. Por lo tanto, un empleado puede optar por empezar a trabajar temprano por la mañana y salir poco después de mediodía; otro puede optar por empezar a media mañana y laborar toda la tarde, y otro más puede empezar temprano por la mañana, tomarse varias horas al mediodía y trabajar toda la tarde. Algunas de las organizaciones que han usado el método del horario laboral flexible como arreglo son Hewlett-Packard, Microsoft, Texas Instruments y Netflix.

- *Puestos compartidos.* Otra alternativa para los arreglos laborales son los puestos compartidos, en cuyo caso dos empleados de medio tiempo comparten un trabajo de tiempo completo. Una persona trabajaría de 8:00 a.m. a mediodía, y la otra, de 1:00 p.m. a 5:00 p.m. Los puestos compartidos son ideales para sujetos que solo quieren laborar medio tiempo o cuando hay pocos empleos en el mercado. Por otro lado, la organización puede dar cabida a las preferencias de un abanico más grande de personal y se podría beneficiar del talento de más individuos.

- *Trabajo a distancia.* Un planteamiento que adquiere cada vez más popularidad entre las alternativas de arreglos laborales es el **trabajo a distancia**; es decir, permitir que los empleados trabajen parte del tiempo fuera de la oficina, por lo habitual en su casa. Muchos de ellos que usan el correo electrónico, internet y otras formas de tecnología informática pueden estar en contacto permanente con su organización y desempeñar una cantidad de trabajo en casa tan grande como el que llevan a cabo en la oficina. La creciente potencia y sofisticación de la tecnología moderna de comunicación está facilitando cada vez más las actividades a distancia. Un estudio reciente dio como resultado que cerca de 40% de los trabajadores estadounidenses (33 millones) tienen empleos que les permiten laborar a distancia en parte o totalmente. Casi la mitad del personal de AT&T ha recibido aparatos móviles y tecnologías de acceso remoto que le brindan la flexibilidad necesaria para trabajar en distintos lugares. Además, 40% de los empleados de IBM trabajan actualmente a

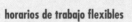

© Todd Warnock

Un puesto compartido es cuando dos personas comparten un empleo. Esta mujer acaba de llegar a laborar por la tarde, y su "compañera" que trabajó por la mañana le está entregando la parte de las actividades que le corresponden.

distancia. En este caso, ellos no solo están más satisfechos con el arreglo, sino que la compañía se ha ahorrado cerca de 2 900 millones de dólares por concepto de gastos para espacio de oficinas.[31]

Usar los sistemas de incentivos para motivar el desempeño

Además de esa clase de estrategias motivacionales, el **sistema de premios** de una organización es su instrumento fundamental para administrar y dirigir la motivación de los empleados. Este sistema de incentivos se refiere a los mecanismos formales e informales que sirven para definir, evaluar y reconocer y galardonar el desempeño de los empleados. Por supuesto que los premios que están ligados específicamente a esta productividad tienen más importancia cuando se trata de mejorar la motivación y el desempeño de hecho. Estos incentivos cumplen varias funciones y persiguen distintos propósitos de las organizaciones. Las intenciones principales implican la relación de los premios con la motivación y el desempeño. En concreto, desean que los empleados presenten una productividad relativamente alta y deben encontrar la manera de que les valga la pena hacer el esfuerzo. Se supone que cuando los premios están ligados a niveles más altos de actividades, ellos estarán motivados para trabajar con más tesón a efecto de obtener esos incentivos. En ese punto, sus propios intereses coinciden con los de la organización. Los premios basados en el desempeño tienen importancia también para otras conductas de los empleados, como la retención y la ciudadanía.

Sistemas de incentivos por méritos Estos sistemas son una de las formas fundamentales de los premios basados en el desempeño.[32] La **paga por méritos** se suele referir a lo que la compañía paga a los empleados con base en el valor relativo de sus aportaciones. Los que aportan más reciben una paga más alta que los que aportan menos. Luego entonces, los **planes de paga por méritos** basan formalmente en los merecimientos una parte considerable de la remuneración.

La forma más general de un plan de estos consiste en otorgar aumentos salariales anuales a los trabajadores con base en sus méritos relativos. A su vez, el merecimiento suele ser determinado o definido en función del desempeño del sujeto y de sus aportaciones globales a la organización. Por ejemplo, una compañía que usa un plan tradicional de paga de esta clase podría instruir a sus supervisores que otorguen a todos los empleados un aumento promedio de sueldo de, por decir, 4 por ciento. Sin embargo, un supervisor individual podría también recibir instrucciones de que diferencie a las personas que presentan una productividad baja promedio, o alta. Por ejemplo, con un sistema simple, un director podría conceder 6% de aumento a 25% de sus empleados; 4% de aumentos a 50%; y 6% de aumento al otro 25% de sus empleados.

Sistemas de pagos por incentivos Estos sistemas son una de las formas más antiguas de premios basados en el desempeño. Por ejemplo, hace más de cien años algunas compañías ya usaban los planes de pago a destajo.[33] Con un **plan de pagos a destajo**, la organización paga al empleado determinada cantidad de dinero por cada unidad que produce. Es decir, un empleado puede recibir un dólar por cada docena de unidades terminadas de un producto. Sin embargo, estos sistemas son muy simplistas y no toman en cuenta aspectos como los niveles del salario mínimo, aparte de que dependen demasiado del supuesto de que el individuo controla enteramente su desempeño y de que el empleado repite una sola tarea continuamente durante toda su jornada laboral. Por lo tanto, hoy en día la mayor parte de las empresas tratan de emplear sistemas de remuneración por incentivos que usan métodos más sofisticados.

- *Planes de pago por incentivos.* En términos generales, los **planes de pago por incentivos** premian el desempeño individual en tiempo real. Es decir, en lugar de recibir un incremento del sueldo base al final del año, la persona recibe algún incremento salarial o premio financiero ligado a una productividad sobresaliente, y el cual es otorgado casi al momento. Es más probable que los sistemas de incentivos individuales se utilicen cuando es posible evaluar el desempeño objetivamente en términos del número de unidades de producto o de medidas similares, en lugar de basarse en una evaluación subjetiva del desempeño por parte de un superior. WD-40 Company usa un plan de incentivos individuales para casi toda su fuerza de trabajo. Sus directores o gerentes acreditan a ese plan que los empleados hayan estado motivados para rendir el elevado desempeño durante la recesión de 2008-2010 que permitió a la compañía realizar utilidades sin precedente.[34]

Algunas variantes del sistema a destajo que describimos antes siguen gozando de bastante popularidad. Muchas de ellas se parecen a los primeros planes en muchos sentidos, pero un conocido sistema a destajo usado en Lincoln Electric ilustra cómo una empresa puede adaptar el modelo tradicional para obtener mejores resultados. Durante años los empleados de esa compañía recibieron un pago de incentivos basado en su desempeño individual. Sin embargo, el monto de dinero que se repartía (la reserva para los alicientes) se fundamentaba en la rentabilidad de la empresa. También había un plan muy bien organizado que permitía a los empleados hacer sugerencias para elevar la productividad. La motivación para esto era que ellos recibían un tercio de las ganancias. (Otro tercio era para los accionistas, y el tercio remanente era retenido para mejoras y nuevos proyectos.) Por ende, la rentabilidad determinaba el monto de la reserva para los pagos de alicientes, y la parte que recibían los empleados de esa reserva estaba en función de su sueldo base y de su desempeño calificado respecto del sistema a destajo. Sin embargo, Lincoln Electric era más famosa por los relatos que contaban que los trabajadores de producción recibían un bono anual por un monto equivalente a su sueldo base del año.[35] En años recientes, Lincoln ha abandonado en parte su famoso sistema por motivos del negocio, pero sigue sirviendo como punto de referencia para otras compañías que buscan programas innovadores de pago a destajo.

La forma más común de incentivos individuales podrían ser las comisiones sobre las ventas que reciben las personas que desempeñan ese trabajo. Por ejemplo, los representantes de ventas de las compañías de productos de consumo, así como los agentes de ventas al detalle, suelen ser remunerados con este sistema. Por lo general el trabajador recibe el pago de una comisión equivalente a un porcentaje del volumen total de ventas realizadas durante determinado periodo de tiempo. Algunos empleos de ventas se basan totalmente en comisiones, pero otros usan una combinación de un sueldo base mínimo y comisiones adicionales como incentivo. Observe que estos planes ponen en "peligro" un monto considerable de los ingresos de los vendedores. Las compañías que usan estos planes tienen muchas veces cuentas bancarias que permiten a los vendedores sobrevivir durante tiempos difíciles. En tal caso, la persona "debe" un dinero a la organización el cual deberá reembolsar. Si no tiene un buen desempeño, no recibirá una buena paga. La parte del sueldo basada en las comisiones no está garantizada, y la compañía la paga exclusivamente si las ventas llegan a una meta establecida.

- *Otras formas de incentivos.* En ocasiones las compañías usan otras formas de alicientes para motivar a las personas. Así, un incentivo no monetario, como más tiempo libre o un premio especial, sería un buen aliciente. Por ejemplo, una empresa podría organizar un concurso para que al mejor grupo de ventas en un periodo de tiempo se le otorgue una semana extra de

plan de pago a destajo cuando la organización paga al empleado una cantidad determinada de dinero por cada unidad que produce

planes de pago de incentivos planes individuales de incentivos que premian el desempeño de la persona en tiempo real

vacaciones pagadas y, tal vez, en un lugar donde la compañía ha hecho arreglos, como un hotel en el trópico o en una zona para esquiar.[36]

Una gran ventaja de los incentivos frente a los sistemas de méritos es que suelen ser un premio único, que no se acumulan y pasan a formar parte del sueldo base del individuo. En otras palabras, quien tiene un desempeño sobresaliente que le da derecho a un aliciente económico solo lo obtiene una vez, con base en ese nivel de esa productividad. Si la productividad de esa persona va decayendo en el futuro, entonces podría recibir un incentivo más pequeño o tal vez ninguno. Por lo tanto, su sueldo base no cambia o quizás incremente a un ritmo relativamente moderado; recibe el pago único del aliciente como reconocimiento por su desempeño ejemplar. Es más, como estos planes se concentran por naturaleza en hechos únicos, las organizaciones pueden cambiar el enfoque del plan de incentivos con mucha más facilidad. En un nivel muy simple, por ejemplo, puede armar uno a efecto de vender determinado producto durante un trimestre y después modificar el aliciente a otro artículo para el siguiente trimestre, conforme dicte la situación. Las compañías de automóviles, como Ford y GM, lo hacen de forma rutinaria, de modo que reducen los incentivos de ventas para los modelos que se están vendiendo bien e incrementan los que son para los modelos con ventas que no cumplen las expectativas o que están a punto de ser descontinuadas.

El sistema de remuneración por méritos y el de remuneración por incentivos se refieren básicamente a arreglos para premiar a los individuos por su desempeño. Otro conjunto de programas basados en esa productividad se dirige a los equipos y a los grupos. Es particularmente importante que los gerentes los conozcan dada la tendencia generalizada hacia las organizaciones y los métodos de trabajo fundamentados en equipos y en grupos.[37]

Sistemas de incentivos para equipos y grupos usados comúnmente Hay dos clases de sistemas de premios para equipos y grupos que las compañías usan comúnmente. Uno de los dos es el de los llamados **programas de reparto de ganancias**, los cuales tienen por objeto compartir con los empleados el monto de los costos ahorrados en virtud del incremento en la productividad. El supuesto que fundamenta este reparto es que tanto personal como empleador persiguen las mismas metas y, por ende, deben compartir equitativamente el incremento en las ganancias económicas.[38]

Por lo general, las organizaciones que reparten ganancias empiezan por medir la productividad de los equipos o los grupos de trabajo. Es importante que esta medida sea válida y confiable y que en verdad refleje el grado actual de desempeño de los mismos, los cuales tienen la orden de tratar de bajar los costos o de mejorar la productividad en virtud de

medidas que tomen sus miembros y que su gerente autorice. A continuación, el ahorro de costos o el aumento de productividad que logren realizar se cuantifican y traducen a valores monetarios. Después, se aplica una fórmula que ha sido determinada de antemano para repartir el dinero ahorrado entre el empleador y los trabajadores. La fórmula habitual para repartir este ahorro es de 25% para los empleados y 75% para la compañía. Una clase específica de sistema de reparto de ganancias se conoce como **plan Scanlon** (el planteamiento fue creado por Joseph Scanlon en 1927) y sigue la misma estrategia básica de esa clase de planes en cuanto a que propicia que los equipos o los grupos de trabajadores sugieran estrategias para bajar costos. Sin embargo, el reparto de esas ganancias se inclina mucho más hacia los empleados, los cuales suelen recibir entre dos tercios y tres cuartos del total de los costos que se ahorren con el plan. Es más, el reparto del monto ahorrado en razón del plan no sólo llega al equipo o el grupo que sugirió y desarrolló las ideas, sino a la organización entera.

Otras clases de premios a equipos y a grupos Si bien, los planes de reparto de ganancias o tipo Scanlon son sistemas de incentivos muy populares para premiar a los grupos, las organizaciones también usan otros. Por ejemplo, algunas compañías usan verdaderos alicientes para los equipos o los grupos. Como sucede con los incentivos individuales, los destinados a los grupos o los equipos ligan los premios directamente a las mejoras en el desempeño. Además, como sucede con los individuales, los de estos se pagan en el momento y no se suman al sueldo base, pero se reparten entre el equipo o el grupo y no entre una sola persona. En algunos casos el reparto se basa en el sueldo que percibe cada empleado, y el bono del inventivo se calcula en forma proporcional. En otros contextos, cada miembro del conjunto recibe el mismo monto de incentivo.

Algunas compañías usan también premios no monetarios para los equipos o los grupos, siendo la forma más común los galardones y las preseas. Por ejemplo, una compañía podría designar ganador al equipo de una planta o subunidad de la compañía que haya registrado el mayor incremento de productividad, el nivel más alto de satisfacción del cliente o algún índice similar de su desempeño. El premio mismo puede ser más tiempo libre, como explicamos antes en este capítulo, o un objeto tangible como un reconocimiento o una placa. La idea es que el premio sea para el equipo entero y que sirva para galardonar a su desempeño ejemplar.

Otra clase de incentivos para un equipo o grupo va más allá de las aportaciones que haga un grupo de trabajo específico y, por lo general, abarca a toda la organización. Un viejo método de este planteamiento es el reparto de utilidades. Con este, al término del ejercicio fiscal se forma un fondo con las utilidades de la compañía y parte de ese dinero se distribuye entre todos los empleados. El dinero puede repartirse en el acto o colocarse en un fideicomiso para su pago diferido al momento en que el empleado se retira.

programas de reparto de ganancias aquellos diseñados para compartir con los empleados los ahorros de costos derivado de una mayor productividad

La lógica que sustenta los sistemas de reparto de utilidades es que todos los de la organización se beneficien de la buena marcha de esta. Sin embargo, en tiempos económicos difíciles, si se obtienen pocas utilidades o tal vez ninguna, entonces no habrá nada que otorgar. A veces, esto provoca reacciones negativas de los empleados, porque piensan que las utilidades son parte de su remuneración anual.

Los planes de acciones de la empresa para los empleados (ESOP, por sus siglas en inglés) también son un sistema de incentivos para el grupo, que en ocasiones utilizan las compañías. Con ellos ofrecen a los empleados la opción de poseer acciones en una cantidad que va aumentando gradualmente. En su forma más característica, el plan implica que la empresa contrata un préstamo y lo utiliza para comprar parte de sus acciones en el mercado abierto. Luego toma sus utilidades para ir liquidando el préstamo en el transcurso del tiempo. Por otro lado, con base en su antigüedad o a veces en su desempeño, los empleados reciben el título de propiedad de una parte de las acciones que la empresa tiene. Con el tiempo, cada individuo se vuelve uno de los dueños de la compañía. En estudio reciente se encontró que 20% de los empleados del sector privado estadounidense (con 25 millones) posee acciones de sus compañías, y de ellos, 10% tenían opciones a acciones.[39]

Muchas veces, los galardones y los reconocimientos son un medio muy efectivo para premiar a quienes presentan el mejor desempeño. Esta persona está recibiendo un reconocimiento por el desempeño sobresaliente en su departamento.

Otros planteamientos para los incentivos basados en el desempeño

Algunas organizaciones reconocen que pueden aprovechar el valor de los incentivos que ofrecen a sus empleados y grupos si permiten que estos opinen sobre cómo repartir los premios. Por ejemplo, por un lado, la compañía podría entregar a los grupos de trabajo presupuestos para los incrementos de sueldo y permitir que sus miembros determinen la manera de distribuirlos entre ellos mismos. Esta estrategia prometería mucho suponiendo que todos los del conjunto laboral entendieran los arreglos relativos al desempeño y que todos se comprometiesen a ser justos y equitativos. Por desgracia, crea problemas cuando las personas de un grupo piensan que los premios no son repartidos de forma justa.[40]

Las organizaciones están siendo innovadoras en los programas de incentivos que ofrecen. Por ejemplo, algunas ahora ofrecen opciones a acciones a todos sus empleados y no solo a los directores de niveles altos. Además, hay casos de compañías que están buscando la manera de individualizar los sistemas de incentivos. Por ejemplo, una compañía podría ofrecer a un trabajador un trimestre sabático con goce de sueldo cada dos años a cambio de que acepte una reducción de 20% en su sueldo. A otro le podría otorgar un incremento salarial de 10% a cambio de una reducción de 5% en las aportaciones empresariales a su cuenta de retiro. Corning, General Electric y Microsoft son algunas de las organizaciones que están estudiando con detenimiento esta opción.[41]

Sin embargo, independientemente del método que usen, los directores deben comunicar con claridad los premios que repartirán y explicar las bases para ello. Por ejemplo, si dividen los incentivos con base en las percepciones de las aportaciones individuales a la compañía deben informárselo a los miembros. Cabe suponer que esto les permitirá saber cuál es la base para los incrementos salariales y la forma de repartir otros alicientes y premios basados en el desempeño.

RESUMEN Y UN VISTAZO AL FUTURO

Cuando haya leído y estudiado este capítulo, usted sabrá más acerca de las habilidades diagnósticas. En particular, estará preparado para conocer las relaciones entre causa y efecto. Asimismo, entenderá el proceso de control y cómo diseñar y dirigir con eficacia los sistemas para controlar. Además, comprenderá mejor por qué el refuerzo, diversas estrategias motivacionales y planes de incentivos sirven para generar efectos positivos para el desempeño y otras conductas de los empleados.

El resto de este capítulo le brinda opciones para que siga desarrollando y afinando sus habilidades diagnósticas. Por ejemplo, le dirigirá a recursos donde pueda ver algunos ejemplos eficaces o menos eficaces. Las secciones siguientes le ofrecen varias oportunidades para practicar y explorar desde diferentes perspectivas las capacidades para diagnosticar. El capítulo termina con datos adicionales para las evaluaciones y las interpretaciones.

VISUALICE SUS HABILIDADES DIAGNÓSTICAS

HABILIDADES DIAGNÓSTICAS EN ACCIÓN 1

Su tarea

Piense en los dos videoclips de películas BizFlix correspondientes a este capítulo.

Rendition (2007) gira en torno al terrorismo y la tortura. La muerte de un agente estadounidense en el exterior provocada por una bomba terrorista da lugar a una investigación que apunta a Anwar El-Ibrahimi (Omar Metwally) quien lleva algún tiempo viviendo en Estados Unidos y está casado con una mujer de Estados Unidos. Cuando aterriza en Washington, D.C., procedente de Ciudad del Cabo en Sudáfrica, un operativo del gobierno estadounidense lo sustrae repentinamente del vuelo. Es un sospechoso de terrorismo que el gobierno ha enviado al norte de África donde fue torturado e interrogado (rendición extraordinaria). Douglas Freeman (Jake Gyllenhaal), un analista de la CIA, se involucra en el caso. No acepta las técnicas de la tortura y pide la liberación de El-Ibrahimi. El relato tiene otras complicaciones, como las actividades en Estados Unidos de la esposa embarazada de Anwar para que su marido regrese sano y salvo.

Played (2006) se ubica en el bajo mundo de Londres. Uno de los delincuentes, Ray Burns (Mick Rossi) está en la cárcel por un crimen que no cometió. Tras ocho años de reclusión es liberado y concentra su atención en vengarse de sus enemigos. Esta película de mucha acción se introduce a fondo en el ambiente criminal londinense, el cual incluye a algunos policías locales corruptos, en especial el detective Brice (Vinnie Jones). El inesperado final de la película repasa todas las partes centrales de la trama.

Observe cómo estos dos videoclips muestran las habilidades diagnósticas.

1. El primer videoclip se compone de diferentes partes de la película que han sido editadas. La escena abre con una toma nocturna del monumento a Washington. Alan Smith (Peter Sarsgaard), el ayudante de un congresista, dice en voz alta: "¿Ella te llamó?". La escena termina cuando el senador Hawkins (Alan Arkin) le pide a Alan que se retire y él mismo se dirige a una junta. ¿Qué habilidades diagnósticas exhibe el senador?

2. El segundo videoclip empieza con un acercamiento a una fotografía de un mono que está estudiando detenidamente Riley (Patrick Bergin). El detective Brice llama a Riley y le explica con detenimiento su diagnóstico de una situación donde puede efectuar un robo para obtener heroína en ese lugar. Después, Riley recluta a Ray Burns para que efectúe el robo. Las escenas terminan cuando Ray Burns acepta la oferta de Riley. Ray se retira diciendo: "Está bien. Que empiece el baile. Está Bien. Gracias Riley". Este dice: "Gracias, Ray". ¿Piensa usted que el diagnóstico de Brice es suficiente para esta tarea (sin tomar en cuenta que se trata de un delito)? ¿Por qué sí o no?

HABILIDADES DIAGNÓSTICAS EN ACCIÓN 2

Este ejercicio le brinda la oportunidad de pensar en las habilidades diagnósticas que podría necesitar para puestos directivos que ocupe en el futuro.

Su tarea

1. Piense en sus habilidades para diagnosticar y trate de encontrar una escena que ilustre un uso positivo o eficaz de las mismas en una película, un programa de televisión o un video en YouTube.

2. Ahora haga lo mismo con una escena que ilustre un uso negativo o ineficaz de esas capacidades.

Comparta con el grupo sus resultados y explique por qué las habilidades diagnósticas que presenta cada videoclip son usadas de forma positiva o negativa. También debe tratar de sugerir maneras en que la situación negativa se podría haber cambiado para mejorarla.

PRACTIQUE SUS HABILIDADES DIAGNÓSTICAS

RELACIONE LAS NECESIDADES CON LA REALIDAD

Este ejercicio le permite desarrollar sus habilidades para diagnosticar porque le pide relacionar, en un sentido personal, la teoría de las necesidades con la realidad.

Su tarea

1. Haga una lista de 15 cosas que desea de la vida. Pueden ser muy específicas ("una casa bonita") o muy generales ("sentir que ayudo a otros"). Procure incluir cosas que ya desea y otras que quiere para más adelante en su vida.

2. Clasifique cada punto de su "lista de deseos" en términos de las necesidades de estas categorías teóricas que satisfaría: fisiológicas/supervivencia; seguridad física y moral; sociales/pertenencia; estima/reconocimiento; realización personal/ser lo mejor posible.

3. Cuando su profesor haya dividido al grupo en equipos de tres, dediquen unos minutos a discutir la lista de cada miembro del equipo y su clasificación de acuerdo con las necesidades.

4. Cuando su profesor vuelva a reunir al grupo entero, discutan la medida en que esta teoría sirve de marco para clasificar las necesidades individuales. Se recomienda en especial que compartan sus resultados los estudiantes que descubrieron que sus necesidades cabían muy bien en las categorías y los que encontraron escasa correlación entre esos requerimientos y las categorías teóricas.

5. ¿El resultado de este ejercicio es que usted ahora confía más o confía menos en la teoría de las necesidades como un instrumento administrativo viable?

6. Piense de qué maneras los directores podrían usar alguna forma de este ejercicio en un contexto organizacional para mejorar la motivación de los empleados.

ASUNTOS DE LA CENTRALIZACIÓN Y LA DESCENTRALIZACIÓN

Este ejercicio le permite desarrollar sus habilidades diagnósticas respecto de las cuestiones de la centralización y la descentralización. Los directores deben muchas veces modificar la medida de centralización o descentralización de su organización.

Empiece el ejercicio pensando en dos escenarios muy diferentes. En el escenario A suponga que usted es el director general de una compañía muy grande que tiene un largo y conocido historial de estar centralizada. Por razones válidas más allá del alcance de este ejercicio, suponga que ha tomado la decisión de que la compañía quede mucho más descentralizada.

En el escenario B asuma que la situación es justo la contraria. Es decir, usted es el director general de una compañía que siempre ha estado descentralizada y ha decidido que se vuelva más centralizada.

Su tarea

1. ¿Qué efectos tiene en las compañías cada uno de los escenarios?

2. Haga una lista de los obstáculos grandes que supone va a encontrar para implementar la descentralización en el escenario A.

3. Elabore un listado de los obstáculos grandes que supone que encontrará para implementar la centralización en el escenario B.

4. ¿Cuál escenario supone que sería más fácil de implementar? Es decir, ¿es más sencillo pasar de la centralización a la descentralización o de la descentralización a la centralización? Explique su respuesta.

5. ¿Dada la opción de iniciar su carrera en una compañía que está muy centralizada o en una que está muy descentralizada, usted cuál preferiría? ¿Por qué?

DETERMINE POR QUÉ LAS PERSONAS SE VUELVEN EMPRENDEDORAS

Este ejercicio le brinda la oportunidad de utilizar las habilidades diagnósticas a efecto de analizar sus antecedentes personales para determinar si es probable que escoja la carrera de emprendedor.

Los estudiosos de las iniciativas emprendedoras tienen interés en saber por qué algunos individuos optan por iniciar un negocio y otros no. Los investigadores han encuestado a miles de personas emprendedoras y no emprendedoras para tratar de encontrar factores que marquen diferencias entre los dos grupos. Se han realizado cientos de estudios, y ahora existe cierto consenso. A juzgar por las numerosas investigaciones, es más probable que un individuo sea emprendedor si

- es padre, hijo, cónyuge o hermano de un emprendedor
- ha inmigrado a Estados Unidos o es hijo de un inmigrante
- es padre (o madre)
- practica la religión judía o la protestante
- tiene un grado de licenciatura en un campo como la medicina, el derecho o la ingeniería
- en fecha reciente ha experimentado un hecho que cambió su vida; por ejemplo, se ha casado, ha tenido un hijo, se ha mudado a otra ciudad o se ha quedado sin trabajo

Su tarea

1. Escoja una de las categorías de la lista anterior y explique por qué ese factor podría aumentar la probabilidad de que una persona se vuelva dueña de su negocio.

2. De las categorías de la lista, elija una válida para su caso (no la misma que en la pregunta 1). En su opinión, ¿ese factor aumenta la probabilidad de que usted se vuelva un emprendedor? ¿Por qué sí o no?

3. Si ninguna de las categorías anteriores se aplica a su caso, explique si eso disminuye la probabilidad de que usted se vuelva un emprendedor y explique por qué.

NEGOCIE EL CONTRATO DE UNA FRANQUICIA

Este ejercicio le brinda la oportunidad de desarrollar sus habilidades diagnósticas porque le permite ver y analizar una situación desde dos puntos de vista, de modo que pueda encontrar una solución o una decisión racional.

Su tarea

1. Suponga que es dueño de una cadena de restaurantes que está creciendo a toda velocidad. Para sostener ese nivel de crecimiento, usted está considerando la posibilidad de vender franquicias para sucursales nuevas.

   a) Exponga los grandes puntos que más le interesa incluir en el contrato de una franquicia.

   b) Enumere las características que buscaría en los posibles franquiciatarios.

2. Suponga que es un inversionista individual que desea comprar una franquicia de una cadena de restaurantes que está creciendo con rapidez.

   a) Exponga los grandes factores que determinarían la franquicia que decidiría comprar.

   b) Enumere las características que buscaría en un posible franquiciante.

3. Ahora forme equipos de cuatro personas. Escoja al azar a un miembro del equipo para que represente el papel de franquiciante, y los otros tres representarán la función de posibles franquiciatarios. Actúen sus roles en una junta de negociación. El franquiciante se debe ceñir lo más posible a los grandes puntos planteados en el paso 1. Asimismo, los posibles franquiciatarios se deben ceñir a los puntos que presentaron en el paso 2.

4. ¿Haber preparado de antemano los pasos 1 y 2 le ayudó en sus negociaciones o las entorpeció?

5. ¿El contrato de una franquicia puede ser tan unilateral que perjudique los intereses de las dos partes? ¿Cómo?

LA ÉTICA EN LA TOMA DE DECISIONES

Este ejercicio le ayudará a desarrollar sus habilidades para el diagnóstico y para tomar decisiones mediante su aplicación en una disyuntiva ética en los negocios.

A medida que compañías, industrias, sociedades y tecnologías se tornan más complejas, los conflictos éticos resultan más desconcertantes. Por ejemplo, piense en las relacionadas con la publicación de música en línea. El aumento de programas para compartir archivos y en la velocidad de las conexiones a internet, el deseo de muchas empresas y clientes de no tener intermediarios, y los cambios en la definición social de "hurto" contribuyen a esta difícil situación.

En 2001, Napster, el programa de archivos compartidos más popular en ese tiempo, fue cancelado en virtud de una demanda judicial interpuesta por la Recording Industry Association of America, representante de editores y distribuidores de música. Con el ocaso de esta compañía, muchos sitios legales de distribución de música aparecieron en la línea, entre ellos iTunes, buy.com, P3.com y hasta WalMart.com. Sin embargo, sigue habiendo muchos distribuidores que difunden principalmente contenido ilegal.

Su tarea

Utilice internet para investigar información actualizada sobre la publicación de música en línea y después conteste las preguntas siguientes.

1. Piense en cada uno de los grupos de interés de la industria de la publicación de música en línea: artistas musicales, compañías discográficas, consumidores, empresas de archivos compartidos en línea como Grokster, y sitios web legítimos como iTunes. Analice los problemas éticos que existen en la industria de la música hoy en día desde el punto de vista de cada una de las partes.

2. ¿Cuál sería el resultado más conveniente para cada una de esas partes?

3. ¿Existe alguna manera de satisfacer las necesidades de todos los grupos de interés? En caso afirmativo, explique cómo se podría hacer. En caso negativo, explique por qué no es posible que haya una solución beneficiosa para todas las partes.

4. ¿Qué impacto tuvo su ética personal en su respuesta a la pregunta 3?

USE DIFERENTES MÉTODOS DE PODER

Una situación que afrontan con frecuencia los directores es la de utilizar el poder o no (y en caso de usarlo, cuál clase de poder) para resolver un problema. Este ejercicio le ayuda a desarrollar sus habilidades diagnósticas relacionadas con el uso de diferentes clases de poder en situaciones diferentes.

Los investigadores han señalado varios métodos para usar el poder, entre ellos:

- *Petición legítima.* Las peticiones del director son aceptadas porque el subordinado reconoce que la organización le ha dado el derecho de hacerlas. La mayor parte de las interacciones diarias entre un gerente y un subordinado son de esta clase.

- *Cumplimiento fundamental.* En esta forma de intercambio, un subordinado cumple para recibir la compensación que controla el director. Suponga que este pide a un subordinado hacer algo que está más allá de sus obligaciones habituales, como trabajar horas extra el fin de semana, terminar una vieja relación con un comprador o entregar malas noticias. El subordinado cumple y, por consiguiente, el gerente lo felicita y le entrega un bono. La siguiente vez que este le pida que desempeñe una actividad similar, el subordinado reconocerá que hacerla será decisivo para obtener más beneficios. Por ende, la base del cumplimiento fundamental es aclarar las contingencias importantes para el desempeño-compensación.

- *Coacción.* El director usa esta forma de poder cuando sugiere o implica que el subordinado recibirá una sanción o un regaño o será despedido si no hace algo.

- *Persuasión racional.* El director usa esta forma de poder cuando es capaz de convencer a un subordinado de que lo más conveniente para él es cumplir. Por ejemplo, un gerente podría explicar a un subalterno que debería aceptar una transferencia porque sería muy bueno para su carrera. En determinado sentido, la persuasión racional es como el poder para premiar, pero en este caso el directivo no controla el premio en realidad.

- *Identificación personal.* El director usa este poder cuando reconoce que es un modelo de referencia para un subordinado y que con esa facultad puede configurar su comportamiento si presenta las conductas deseadas. Este gerente adopta conscientemente la imagen de modelo para el subalterno y explota su identificación personal.

- *Invitación inspiradora.* El director usa este poder cuando puede llevar al subordinado a hacer algo congruente con un conjunto de ideales o valores de más estatura por medio de una conminación inspiradora. Por ejemplo, llamar a la lealtad es una conminación de esta clase.

Su tarea

1. Ofrezca un ejemplo de cada uno de los seis métodos para usar el poder. ¿Puede mencionar uno de estos métodos que usted o alguien más haya usado?

2. ¿Qué más probable, que un director use un solo tipo de poder o que use varios al mismo tiempo?

3. ¿Cuáles son otros métodos o planteamientos para usar el poder?

4. Describa algunos de los peligros e inconvenientes asociados al uso del poder.

UTILICE DIFERENTES CLASES DE PODER

Las habilidades para diagnosticar ayudan al director a vislumbrar las respuestas adecuadas para una situación. Una que los líderes afrontan con frecuencia es decidir el tipo de poder que deben usar para responder a situaciones diferentes. Algunas clases son el legítimo (desde un puesto en una organización), el de compensar (controla los premios), el de coacción (controla las sanciones o la retención de premios), el de experto (basado en el conocimiento y las habilidades) y el de referecia (fundamentado en la identificación personal, la imitación y el carisma).

El presidente de Estados Unidos es uno de los líderes más poderosos del mundo. Sus discursos formales son declaraciones cuidadosamente preparadas que abordan temas específicos, pero también están cargados deliberadamente de un lenguaje que invoca el poder de su encargo. El informe anual llamado Estado de la Unión es muchas veces el discurso público más detallado y pulido que pronuncia este mandatario en el año; por ende, es natural que el escrito contenga muchas referencias a las distintas clases de poder que ejerce el presidente.

Su tarea

Lea una transcripción de un informe del Estado de la Unión de algún presidente. Después conteste las preguntas siguientes. (*Consejo*: Busque en internet.)

1. ¿Qué clases de poder usa el presidente en este discurso? Ofrezca ejemplos específicos de cada una. Por ejemplo, 1) el discurso pronunciado por George W. Bush en 2007: "Felicito a la mayoría democrática". 2) El discurso pronunciado por Barack Obama en 2011: "Es nuestro turno. Sabemos lo que se requiere para competir por los empleos y las industrias en nuestro tiempo. Tenemos que innovar más, educar más, construir más que el resto del mundo".

2. Además de este discurso, haga una lista de otras acciones o palabras del presidente elegido que, en su opinión personal, tiendan a dotarlo de más poder. Haga una lista de algunas actividades o palabras las cuales considere que le restan poder.

3. ¿Este discurso le inspira a seguir al presidente? ¿Por qué sí o no?

CALIDAD FRENTE AL PRECIO Y LAS EXPECTATIVAS

La calidad de un producto o servicio se refiere al precio y a las expectativas. El ejercicio demuestra que las habilidades diagnósticas de un director (su capacidad para vislumbrar respuestas a una situación) sirven para posicionar la calidad frente a ese precio y las expectativas.

Su tarea

1. Piense en una ocasión reciente en que haya comprado productos tangibles (por ejemplo, ropa, equipo electrónico, maletas o suministros profesionales), a) en la cual haya pensado que la calidad era especialmente buena y b) en la que haya pensado que la calidad era mala o muy mala.

2. A continuación, recuerde experiencias que hayan implicado la compra de servicios y no de productos (por ejemplo, viaje por avión, corte de cabello, servicios de tintorería, cambio de aceite de su automóvil) a) una en las que haya pensado que la calidad era especialmente buena y b) en las que considere que la calidad fue mala o muy mala.

3. Por último, recuerde experiencias que hayan involucrado productos y servicios en las cuales la calidad de ambos eran desiguales; es decir, un artículo de mala calidad acompañado por un servicio excelente, o un producto de gran calidad acompañado por un servicio mediocre. Los ejemplos pueden incluir que alguien conteste preguntas sobre un bien que estaba comprando, la devolución de un artículo defectuoso o descompuesto haciendo uso de la garantía de reembolso o reparación, una comida en un restaurante o la compra de un producto para la cual usted necesitó mucha ayuda del personal de ventas.

4. Con los seis ejemplos mencionados, evalúe la medida en que la calidad que usted asoció a cada uno de ellos estuvo en función del precio y de sus expectativas.

5. En el caso de los productos y los servicios que calificó de malos o en el límite, ¿sería posible mejorar su calidad sin afectar demasiado el precio? En tal caso, ¿cómo?

6. ¿Un servicio de buena calidad puede compensar que un producto tenga mala o escasa calidad?

7. ¿Un producto de calidad excelente puede compensar un servicio malo o de escasa calidad?

8. ¿Qué debe hacer un director para diagnosticar la relación calidad-precio en el caso de un producto o servicio?

DIAGNOSTIQUE LAS CAUSAS DE LOS PROBLEMAS

Este ejercicio ayuda a demostrar la relación entre las habilidades diagnósticas y la función de control de la dirección.

Suponga que usted es el director de un restaurante local muy popular que compite con cadenas como Chili's, Bennigan's y Applebee's. Debido a que brinda un servicio excepcional ha podido conservar su participación de mercado a pesar de que con estas aumentó la competencia. Sin embargo, en fecha reciente ha advertido tres tendencias que le preocupan. En primer lugar, sus costos se están incrementando. Al parecer, los cargos mensuales por concepto de compra de alimentos están haciendo lo propio a un ritmo muy veloz. En segundo, las quejas de los clientes también se elevan cada vez. Si bien, el número real de quejas sigue siendo bastante pequeño, las quejas se están incrementando. Por último, la rotación de sus empleados va en aumento también. Si bien, la rotación en el negocio de los restaurantes suele ser muy alta, el incremento reciente que ha registrado su restaurante contrasta notablemente con su patrón histórico de rotación.

Su tarea

1. Diagnostique el problema identificando tantas posibles causas como pueda que expliquen los incrementos en cada una de las tres áreas problemáticas: costos de los alimentos, quejas de los clientes y rotación de empleados.

2. Agrupe las causas en dos categorías: la más probable y la menos probable.

3. Plantee cuando menos una medida que podría tomar para abordar cada causa.

PONDERE LAS ALTERNATIVAS DE CAMBIO DE LA ORGANIZACIÓN

Este ejercicio le servirá para ver cómo las habilidades diagnósticas ayudan a un director a vislumbrar la respuesta más conveniente para una situación. Estas capacidades son de importancia especial durante un periodo de cambio en la organización, y el cambio es precisamente lo que usted afronta de repente.

Suponga que es el director general de un hotel ubicado en una isla tropical, el cual se encuentra en una bella playa y es uno de los seis más grandes que están en ese tramo de la isla. También es uno de los más antiguos ahí, además de que ha operado durante muchos años como franquicia de una enorme cadena de hoteles internacionales (al igual que todos los otros hoteles de la isla) y esa franquicia es propiedad de un grupo de inversionistas extranjeros.

En años recientes, los dueños del hotel se han quedado con la mayor parte de las utilidades y han reinvertido muy poco en él. También le han comunicado que la salud financiera de su negocio no es demasiado buena; que están usando el dinero que genera para compensar las pérdidas que están registrando en otras partes. En cambio, la mayoría de los hoteles cercanos acaba de ser remodelada y, además, recientemente se anunciaron planes para construir dos hoteles más en un futuro próximo.

Un equipo de ejecutivos de la oficina matriz de la franquicia acaba de visitar su hotel. Se manifestaron bastante decepcionados con el inmueble, advirtiendo que no había seguido el ritmo de otros de la isla. También le han informado que si el edificio no es remodelado de modo que cumpla con sus normas, revocarán el contrato de la franquicia cuando llegue su fecha de revisión el año entrante.

Usted vislumbra lo desastrosa que podría ser esa decisión, porque perdería el nombre de marca de la franquicia, el acceso a su sistema de reservaciones, etcétera. Sentado en su oficina, ha detectado varias alternativas que le parecen viables:

- Tratar de convencer a los dueños de que remodelen el hotel. Usted calcula que se requerirían 10 millones de dólares para cumplir con las normas mínimas del franquiciante, y otros 10 millones para competir con los otros hoteles de primera que hay en la isla.

- Tratar de convencer al franquiciante de que le conceda más tiempo y más opciones para mejorar las instalaciones.

- Permitir que el contrato de franquicia termine y tratar de triunfar como hotel independiente.

- Suponer que el hotel quebrará y empezar a buscar otro empleo. Usted tiene buena fama, a pesar de que tendría que empezar en un nivel más bajo (tal vez como subdirector o subgerente) en otra compañía.

Su tarea

1. Clasifique las cuatro alternativas por orden de su posible éxito. Parta de los supuestos que requiera.

2. Señale otras alternativas que no han sido mencionadas aquí.

3. ¿Las alternativas se pueden seguir de forma simultánea?

4. Desarrolle una estrategia general para salvar al hotel al mismo tiempo que protege sus intereses.

OCÚPESE DE LA EQUIDAD Y LA JUSTICIA

Este ejercicio le proporcionará ideas respecto a la manera en que los directores usan las habilidades diagnósticas para enfrentar cuestiones críticas de equidad y justicia en el centro de trabajo.

Suponga que usted es el gerente de un grupo de empleados profesionales que trabajan en la industria de aparatos electrónicos. Ray Lambert, uno de ellos, ha pedido una cita para hablar con usted. La compañía acaba de anunciar que hay una vacante en su grupo para un líder del equipo, y usted sabe que Ray desea ese puesto pero no sabe bien qué hacer. Ray piensa que se ha ganado la posibilidad de ocuparlo en razón de la consistencia de sus esfuerzos, pero usted ve las cosas de otra manera. Desde que le contrató hace unos diez años, ha sido un empleado sólido pero nunca sobresaliente. Por lo mismo, siempre ha recibido calificaciones promedio en las evaluaciones del desempeño, aumentos de sueldo promedio, etcétera. De hecho, hoy gana un poco menos que un par de personas que llevan menos tiempo en el grupo pero que han presentado mejor productividad.

Usted en realidad quiere nombrar para el puesto a Margot Sylvant, otra de sus empleadas. Ella solo lleva seis años en la compañía, pero en ese plazo siempre ha presentado una magnífica productividad. Usted quiere premiar su desempeño y piensa además que ella hará un buen trabajo. Sin embargo, no quiere perder a Ray porque es un miembro sólido del grupo.

Su tarea

1. Haga una lista de las aportaciones (tiempo y esfuerzo) y de los productos (desempeño) de Ray y Margot.

2. ¿Cómo supone que ambos verían esta situación?

3. Plantee una conversación con Ray en la cual le comunicará su decisión de contratar a Margot.

4. ¿Qué le aconsejaría a Margot para cuando esté en su nuevo puesto y deba interactuar con Ray?

5. ¿Qué otros incentivos podría ofrecer a Ray para que no deje de estar motivado?

UTILICE SUS HABILIDADES DIAGNÓSTICAS

EL DIAGNÓSTICO EN DUPONT

Hoy en día DuPont ocupa el segundo lugar entre las compañías químicas más grandes de Estados Unidos, después de Dow que ha sido su rival desde hace mucho tiempo. Distintos miembros de la familia DuPont ocuparon los puestos ejecutivos más altos y la dirigieron como un negocio familiar hasta principios de la década de 1970. Sin embargo, con el tiempo, se convirtió en una empresa guiada por profesionales y con una estructura de divisiones basadas en los productos. DuPont empezó también a expandir sus operaciones al terreno de las pinturas, los tintes, las fibras artificiales y los plásticos y, de ahí, a todas las formas de la química.

No obstante, la empresa lleva 25 años batallando por salir adelante. Creó seis grandes segmentos de negocios: productos industriales, fibras, polímeros, petróleo, carbón y negocios diversificados. A continuación adquirió Conoco en 1981, lo cual sugirió que cambiaría de dirección. El desempeño de DuPont en la década de 1980 cayó de excelente a promedio, y al parecer ya no era tan buena como en el pasado para hacer diagnóstico y anticipación de los impactos cíclicos. Cuatro CEO, que tuvieron diferentes grados de éxito, batallaron para diagnosticar esos problemas y mantener a la compañía en un curso de crecimiento sostenido. Además, la organización era conocida como la más contaminadora de Estados Unidos, tanto por problemas con las emisiones de sus plantas como por los desechos de ácido hidroclorhídrico. No obstante, hacia finales del decenio de 1980, el total de sus ventas se había prácticamente triplicado y su número total de empleados era casi el mismo.

Después vino la década de 1990. Tras un proyecto de investigación mancomunado, Battelle interpuso una demanda contra DuPont acusándola de que se había apropiado deliberadamente de sus secretos comerciales. Un importante fungicida (Benlate) resultó un fiasco y con el tiempo tuvo que ser retirado del mercado porque acabó dañando algunas cosechas. A finales de 1992, el ingreso neto de DuPont llevaba dos años cayendo, y el rendimiento sobre el capital también había disminuido. La empresa diagnosticó la situación y empezó a hacer planes estratégicos y tácticos para corregirla.

La compañía reestructuró la dirección general, eliminó puestos gerenciales y de supervisión, impulsó la jubilación anticipada y desapareció niveles directivos completos. Además, descentralizó la toma de decisiones incluso más que antes y recortó el papeleo burocrático con el que tenían que lidiar los clientes. Asimismo, se deshizo de los productos farmacéuticos mediante la creación de una empresa en participación con Merck & Company, recortó enormemente los costos operativos anuales y se esforzó por reducir los problemas de la contaminación. Sin embargo, mantuvo elevados sus egresos para investigación y desarrollo, y creó proyectos mancomunados para fomentar la innovación. Además, puso énfasis en un contacto más estrecho con los clientes. Es más, se deshizo de los negocios débiles, en particular de aquellos que no tenían una considerable participación de mercado o buen potencial, como el de productos acrílicos. Por último, expandió su papel global desarrollando negocios en el exterior.

Sin embargo, 10 años de reinventarse no mejoraron las cosas. Las pláticas de una fusión con Monsanto no llegaron a nada. En 1998, DuPont vendió Conoco, que incluía productos farmacéuticos y su negocio central de nailon y textiles. En 1999 adquirió Pioneer, lo cual significó su ingreso a la producción de semillas, un negocio totalmente nuevo en el que no tenía experiencia. Todos estos movimientos tal vez habrían montado el escenario para que, con el transcurso del tiempo, DuPont resurgiera como el negocio dominante que había sido alguna vez, pero de 1998 a 2008 el precio de sus acciones se desplomó a la mitad. La compañía tocó fondo en 2008, con dos reestructuraciones más y recortes de miles de empleados. Ellen Kullman, la nueva CEO de la compañía, ha usado su vasta experiencia para ayudar a diagnosticar la situación actual y desarrollar planes sólidos y claros que lleven a DuPont a ser grande otra vez.

Vea en línea

Preguntas del caso

1. ¿Por qué podemos pensar que DuPont tuvo tanta dificultad para diagnosticar sus problemas?

2. ¿Qué habilidades diagnósticas serían al parecer más importantes en DuPont? ¿Por qué?

3. ¿Cuáles parecen ser las fortalezas y las debilidades de los empleados de DuPont? ¿Por qué?

4. ¿Qué capacidades diagnósticas posee usted para trabajar en un puesto gerencial o directivo en alguno de los negocios de DuPont? ¿Cómo se tendría que preparar para contar con las habilidades requeridas para diagnosticar y tener éxito ahí?

Referencias del caso

Carol J. Loomis, "Ellen Kullman's quest to make DuPont great again", *Fortune*, 15 de abril de 2010, http://money.cnn.com/2010/04/14/news/companies/kullman_dupont.fortune/index.htm; Geoff Colvin, "The sustainability exec: DuPont's Linda Fisher", *Fortune*, 12 de noviembre de 2009, http://money.cnn.com/2009/11/10/news/companies/dupont_fisher_sustainability.fortune/index.htm; Andy Serwer, "Oil's fall soups up DuPont", *Fortune*, 26 de septiembre de 2006, http://money.cnn.com/2006/09/26/commentary/streetlife.fortune/index.htm; Joseph Weber, "DuPont: The Wollard Years", *BusinessWeek*, 31 de agosto de 1992, pp. 70-71; Zachary Schiller y Janet Bamford, "A Tooth-and-Nail Fight Over Plastics", *BusinessWeek*, 4 de mayo de 1992, p. 35.

LA CAPACITACIÓN INTERNACIONAL

A medida que la economía mundial se va integrando más y las organizaciones se tornan más globales, la capacitación en el área de negocios internacionales ha ido aumentando de forma sostenida. Esa preparación es necesaria en muchas situaciones, por ejemplo cuando el director alemán de una compañía estadounidense ubicada en Europa es reubicado para que dirija una planta en China. La capacitación internacional es útil no solo para abordar cuestiones en torno a la globalización de los negocios, sino también para lidiar con la diversidad de las compañías en Estados Unidos. En 1990, por ejemplo, una planta de Digital Equipment Corporation en Boston tenía 350 empleados, de 44 países, que hablaban 19 idiomas. La planta imprimió anuncios en inglés, chino, francés, francés criollo de Haití, español, portugués y vietnamita. Además, como hay muchas empresas extranjeras que están realizando inversiones directas con estadounidenses, muchos ciudadanos de Estados Unidos encuentran que sus supervisores son de otros países. La capacitación cultural y los idiomas facilitan la posibilidad de superar problemas en esas situaciones.

Las investigaciones sugieren que la capacidad para comunicarse con eficacia, tanto oralmente como por escrito, así como el dominio de cuando menos otro idioma y la cultura de ese país son fundamentales para la dirección y la administración internacional exitosas. Los negocios están instruyendo a las personas en estos aspectos fundamentales, y la educación en escuelas de negocios está incrementando fuera de Estados Unidos. The London Business School; el INSEAD (L'Institut Européen d'Administration des Affaires) en Fontainebleau, Francia; la UST Business School de Hong Kong; la Indian School of Business; el International Management Institute de Ginebra, Suiza, y el International Management Development Institute en Lausana, Suiza reciben una cantidad de solicitudes superior a la de los estudiantes que pueden admitir. Esto también sucede con los programas de negocios en la Universidad de Bocconi en Italia y en los programas de negocios de primera línea de España.

Cuando los directores internacionales no tienen éxito, su fracaso rara vez se debe a la falta de conocimientos técnicos. Más bien se debe a la incapacidad para entender y adaptarse a una cultura que no conocen, a una falta de habilidades. Para hacer negocios es necesario tener un buen conocimiento, en su idioma original, de leyes laborales, códigos fiscales, prohibiciones legales y conceptos contables. Para comprender esas diferencias se requieren destrezas diagnósticas. Si bien, la capacidad para comunicarse en el idioma de esa cultura es un elemento fundamental a efectos de la adaptación, conocer una cultura exige mucho más que solo comprender su idioma. Por ejemplo, algunas culturas conceden enorme importancia a la puntualidad, mientras que otras no son muy formales con el tiempo. En algunas culturas se considera que es de mal gusto "empezar a hablar de negocios" antes de intercambiar cortesías sociales. En Estados Unidos, por lo general los directores "hacen" las decisiones, mientras que en muchas otras culturas "toman" decisiones, o sea que las obtienen de otros de forma mucho más participativa. La capacidad para diagnosticar correctamente la situación es de importancia fundamental, y la habilidad para tal efecto se puede mejorar mediante la capacitación.

Las organizaciones que reconocen la importancia de la capacitación internacional y la intercultural están cosechando los beneficios que genera. Un estudio reciente dio como resultado que 69% de las compañías encuestadas utilizó la intercultural para personas que viajarían a cumplir compromisos en el exterior. Sin embargo, esta clase de educación es muy cara. Los talleres interculturales de uno o dos días llegan a costar 5 mil dólares o más por familia que será reubicada. No obstante, muchas empresas consideran que bien vale lo que cuesta. Por ejemplo, de 800 empleados de Shell Oil que recibieron capacitación intercultural antes de ser enviados a Arabia Saudita, la compañía encontró que solo tres regresaron a Estados Unidos antes de tiempo, marcando una mejoría considerable en comparación con su experiencia pasada. En SC Johnson Wax, el uso de capacitación ha reducido la tasa de fracasos de los directores en el exterior a menos de 2%, también una mejoría significativa.

Preguntas del caso

Vea en línea

1. ¿De qué manera este caso sugiere que está cambiando el conjunto de habilidades que los directores requieren para triunfar?
2. ¿Cómo deben responder las compañías a este cambio?
3. ¿Cuáles serían los costos y los beneficios de la capacitación internacional?
4. ¿Cuáles habilidades diagnósticas en particular parecen importantes para las asignaciones en el extranjero?
5. Si usted tuviera interés por trabajar en una compañía internacional ubicada en el exterior, ¿cuáles de sus habilidades serían compatibles? ¿Qué capacidades considera que le faltarían? ¿Qué haría para adquirir esas habilidades esenciales?

Referencias del caso

Gretchen Lang, "Cross-cultural training: How much difference does it really make?", *New York Times*, 24 de enero de 2004, http://www.nytimes.com/2004/01/24/news/24iht-rcross_ed3_.html; Rita Bennett, Anne Aston y Tracy Colquhoun (2000), "Cross-cultural training: A critical step in ensuring the success of international assignments", *Human Resource Management*, 39 (2-3), pp. 239-250; Noel J. Shumsky, "Justifying the Intercultural Training Investment", *The Journal of European Business*, 1 de septiembre de 1992, pp. 38-43; Shari Caudron, "Training Ensures Success Overseas", *Personnel Journal*, 1 de diciembre de 1991, pp. 27-31; Kenneth Labich, "What Our Kids Must Learn", *Fortune*, 27 de enero de 1992, pp. 64-66.

EXTENDER

EXTIENDA SUS HABILIDADES DIAGNÓSTICAS

Su profesor puede utilizar una o varias de estas **extensiones para el grupo** a efecto de brindarle una oportunidad más para desarrollar sus habilidades para administrar el tiempo. Por otro lado, usted puede seguir desenvolviéndolas por su cuenta mediante una o varias de las **extensiones individuales**. Estas **extensiones para el grupo** se repiten exactamente de la misma forma para cada una de las siete habilidades específicas. Llevar a cabo la **extensión** exacta para las distintas capacidades le servirá para perfeccionar tanto estas como las diferencias sutiles que existen entre sí.

EXTENSIONES PARA EL GRUPO

- Forme equipos pequeños de estudiantes. Solicite a cada uno que escoja una organización y un puesto directivo. Después pídales que identifiquen las habilidades diagnósticas que necesitaría alguien en ese puesto.

- Arme equipos pequeños de alumnos. Indique a cada equipo que identifique un problema o una oportunidad que afronte una empresa u otra organización. Después pídales que señalen las habilidades diagnósticas que necesitarán los directores para lidiar con ese problema u oportunidad.

- Forme equipos pequeños de estudiantes. Asigne a cada conjunto una o varias compañías que deberán analizar. Indíqueles que identifiquen a los miembros que constituyen el consejo de administración y que investiguen sus antecedentes. Después solicite que describan las habilidades diagnósticas que estos consejeros deben tener.

- Arme equipos pequeños de alumnos. Pida a cada equipo que escoja un empleo común (por ejemplo, vendedor de tienda minorista, empleado en un negocio de comida rápida). Pídales que describan las destrezas diagnósticas que ese tipo de trabajador debe tener para desempeñarse en su empleo.

- Forme equipos pequeños de alumnos. Indíqueles que esbocen las habilidades diagnósticas que necesitarían si fueran a iniciar un tipo específico de negocio nuevo.

- Arme equipos pequeños de estudiantes. Solicite a cada uno que señale situaciones en las que se han encontrado recientemente y que hayan requerido usar sus habilidades diagnósticas.

EXTENSIONES INDIVIDUALES

- Acuda a la biblioteca e investigue a una empresa. Determine su grado de eficacia y señale las habilidades diagnósticas que deben tener sus directores de nivel alto. Comparta sus resultados con el grupo.

- Escoja a un director muy visible y analice sus destrezas diagnósticas.

- Entreviste a un gerente de una organización local. Averigüe qué habilidades diagnósticas necesita para desempeñar su trabajo con eficacia.

- Piense en algún conocido suyo que sea directivo. Describa el puesto administrativo que ocupa por cuanto se refiere al tipo de organización, al nivel que tiene en esta, y al área gerencial en la que labora. ¿Qué capacidades diagnósticas necesita ese sujeto para ser eficaz?

- Concentrándose en las habilidades diagnósticas, planifique un cambio hipotético para su escuela.

- Busque en internet ejemplos de capacidades diagnósticas en la administración y compare lo que encuentre con la información que presentamos aquí.

SUS HABILIDADES AHORA

SUS HABILIDADES DIAGNÓSTICAS ACTUALES

EVALUACIÓN DE SUS HABILIDADES DIAGNÓSTICAS

Ha terminado el capítulo 6 y llegó el momento de volver a evaluar sus habilidades diagnósticas. Para ello, conteste el instrumento siguiente. Piense en su situación o su empleo actuales, o en la organización a la cual pertenece. Responda pensando en su circunstancia presente y no en lo que supone que deberían contestar usted o cualquier administrador o director. Si el enunciado no corresponde a su situación actual, responda en función de lo que piensa que sería el caso si estuviese en esa circunstancia.

Use la escala siguiente para responder:

1	2	3	4	5
Definitivamente no	Más bien no	A veces sí y a veces no	Más bien sí	Definitivamente sí

Sume sus puntos y anote el total en la tabla que presentamos al final del instrumento.

Dado que muchos expertos sugieren que las evaluaciones del desempeño usen la retroalimentación de 360°, usted quizá considere conveniente saber lo que otros piensan de sus habilidades diagnósticas. Su profesor le puede proporcionar una forma diseñada para que contesten otros y, cuando la hayan respondido, usted también anotará esas calificaciones en la tabla. Fíjese en las áreas en las que existe gran diferencia entre su visión y la de otros y dedique más tiempo a desarrollar las habilidades que ellos indican.

HABILIDADES DIAGNÓSTICAS

[Nota: los números corresponden a los de la evaluación básica que presenta el apéndice A.]

_____ 171. Actúo con independencia cuando es necesario.

_____ 172. Me adapto con rapidez a situaciones nuevas.

_____ 173. Puedo vislumbrar los aspectos centrales de los problemas.

_____ 174. Estoy dispuesto a tergiversar las leyes cuando se requiere.

_____ 175. Soy sistemático y metódico.

_____ 176. Estoy dispuesto a ceder para llegar a un acuerdo.

_____ 177. Analizo los hechos antes de tomar decisiones.

_____ 178. Cuando abordo problemas, primero trato de determinar las causas más profundas.

_____ 179. Hago muchas preguntas antes de tratar de resolver problemas difíciles.

_____ 180. Me aseguro de que las personas de mi grupo cuenten con los recursos necesarios para tener éxito.

_____ 181. Examino los problemas por partes para resolverlos mejor.

_____ 182. Defino el problema antes de tratar de resolverlo.

_____ 183. Desarrollo posibles soluciones para los problemas.

_____ 184. Diagnostico las causas del mal desempeño antes de actuar para corregirlo.

_____ 185. Me concentro en cuestiones y problemas que son importantes para la organización.

_____ 186. Con frecuencia me surgen ideas sobre cómo mejorar las actividades del grupo.

_____ 187. Por lo general puedo identificar con gran rapidez las cuestiones clave.

_____ 188. Identifico las tareas fáciles y las realizo antes de acometer otras más difíciles.

_____ 189. Identifico los límites de las soluciones para ayudar a superarlos.

_____ 190. Me gusta un clima desafiante para trabajar.

_____ 191. Me gusta conocer correctamente los detalles.

_____ 192. Intervengo y predico con el ejemplo.

_____ 193. Procuro conocer los síntomas de un problema para poder desarrollar soluciones.

_____ 194. Trato de centrar las discusiones del grupo en la dificultad en cuestión.

_____ 195. Procuro obtener visiones divergentes respecto de un problema y su solución.

_____ 196. Trato de animar a otros a que desarrollen posibles soluciones para los obstáculos.

_____ 197. Procuro ayudar a otros a entender y resolver los problemas.

_____ 198. Procuro aprovechar las oportunidades conforme van surgiendo.

_____ 199. Uso la información de mis redes de comunicación para analizar los problemas.

_____ 200. Por lo habitual "miro bien antes de saltar".

Resumen de sus calificaciones

Habilidad (calificación máxima posible)	**Su calificación actual**	**Las calificaciones de otros**	**Su calificación en el capítulo 1**
Diagnóstico (150)			

Interpretación de sus calificaciones

Compare su calificación con la que obtuvo en la evaluación inicial del capítulo 1. Si su calificación ha mejorado poco o nada, debería estudiar el mismo conjunto de incisos de la **evaluación de las habilidades para administrar** del capítulo 1 y comparar cada uno de ellos para saber dónde ha habido un cambio o no. Debe dedicar más tiempo a desarrollar las capacidades particulares en las que el cambio ha disminuido o permanecido igual.

INTERPRETACIONES

¿CÓMO ESTÁ DIRIGIDA SU ORGANIZACIÓN?

Compare su calificación total con las parciales de la tabla que presentamos a continuación. Los puntajes altos indican una organización muy orgánica y participativa. Las calificaciones bajas están asociadas a una que se dirige de forma mecanicista o burocrática.

Sistema burocrático 1				Sistemas mixtos 2 y 3				Sistema orgánico 4	
0-9	10-19	20-29	30-39	40-49	50-59	60-69	70-79	80-89	90-100

CUESTIONARIO SOBRE EL CLIMA ORGANIZACIONAL

Le pedimos que pensara en experiencias del pasado en un trabajo u otra organización y que contestara cada inciso con un círculo alrededor de la respuesta que mejor encajara con su impresión de tal compañía. A continuación sumó los puntos de sus calificaciones.

Tanto más alta sea su calificación en Comunicación, cuanto más abierta es la organización a los intercambios de comunicación en toda ella. Tanto más alto aparezca su puntaje en Función, cuanto más claras son las funciones en la empresa. Tanto más alta resulta su calificación en Estructura, cuanto más informal es la compañía. Tanto más alta sea su evaluación en Responsabilidad, tanto más bajo es el nivel de los miembros de la organización que asumen la responsabilidad de realizar las actividades. Tanto más alta sea su calificación en Compensaciones, cuanto más justo es el sistema referido a los correspondientes de la empresa. Por último, tanto más alta resulte su calificación final, cuanto más favorable es el clima de la organización y cuanto más extendido y compartido está el control por toda ella, en lugar de estar exclusivamente en manos de la dirección general.

EVALÚE SU ESTILO DE RETROALIMENTACIÓN

La calificación de la parte 1 indica (o sugiere) su tendencia a utilizar el método de resolución de problemas para proporcionar retroalimentación a otros. Su puntaje en la parte 2 indica su preferencia por el método de hablar-y-vender para proporcionar retroalimentación. Todos tenemos la capacidad para usar los dos métodos. A la luz de su calificación, ¿cuál método prefiere usted?

Maier señaló dos planteamientos para la evaluación del desempeño y describió los objetivos, los supuestos, las reacciones de los empleados y las habilidades de los supervisores asociadas a cada método. El de hablar-y-vender, que es el de aplicación más común, tiene un par de objetivos básicos: 1) comunicar la evaluación y 2) convencer al empleado de que mejore. Está fundado en cuatro supuestos: a) el empleado desea corregir sus debilidades cuando las conoce; b) toda persona puede mejorar si decide hacerlo; c) un superior está calificado para evaluar a un subordinado, y d) los individuos sacan provecho de las críticas y agradecen la ayuda. Las habilidades que requiere el supervisor son para vender y tener paciencia. El trabajador reacciona por lo habitual de tres maneras: 1) conducta defensiva reprimida, 2) intentos por cubrir la hostilidad y 3) escaso cambio en el desempeño.

El propósito del método para resolver problemas es estimular el crecimiento y el desarrollo del empleado. Se funda en tres supuestos: a) puede haber crecimiento sin corregir defectos; b) la discusión de los problemas del trabajo conduce a una mejor productividad, y c) una discusión desarrolla ideas nuevas e intereses recíprocos. Las habilidades que requiere el supervisor son: i) escuchar y expresar sentimientos, ii) reflejar ideas, iii) hacer preguntas exploratorias, y iv) resumir. La reacción suele ser tanto una conducta para resolver problemas como el compromiso del empleado con los cambios o los objetivos discutidos porque son sus ideas.

PREFERENCIAS POR LAS ESTRUCTURAS ORGANIZACIONALES

Esta evaluación sugiere su preferencia relativa por una estructura organizacional mecanicista o una orgánica. La calificación M indica si prefiere la primera, y la O señala si prefiere la segunda.

A continuación presentamos algunas de las características de estas dos clases de organización.

Mecanicista o burócrata

1. Las tareas son especializadas y están definidas estrictamente.
2. Los roles (derechos, obligaciones y métodos técnicos) están definidos con precisión.
3. La estructura del control, la autoridad y la comunicación es jerárquica.
4. La comunicación es sobre todo vertical y en forma de instrucciones giradas por los superiores y de solicitud de decisiones planteadas por los subordinados.
5. Se requiere lealtad y obediencia.
6. La importancia y el prestigio se asocian a la organización y a sus miembros.

Orgánica

1. Las tareas son interdependientes y flexibles.

2. Las funciones son generales.

3. La estructura del control, la autoridad y la comunicación es en forma de redes.

4. La comunicación es tanto vertical como horizontal y adopta la forma de información y consejos.

5. El compromiso organizacional es valorado más que la lealtad y la obediencia.

6. La importancia y el prestigio se relacionan con la experiencia y las asociaciones profesionales.

INTERPRETAR

NOTAS

[1] Para una explicación completa de la forma en que FedEx controla sus operaciones vea "The FedEx Edge", *Fortune*, 3 de abril de 2006, pp. 77-84.

[2] William Taylor, "Control in an Age of Chaos", *Harvard Business Review*, noviembre-diciembre de 1994, pp. 64-70.

[3] "Fastener Woes to Delay Flight of First Boeing 787 Jets", *The Wall Street Journal*, 5 de noviembre de 2008, p. B1.

[4] "Marriage at 30,000 Feet", *Bloomberg Businessweek*, 6-12 de febrero de 2012, pp. 58-63.

[5] "Starbucks Brew Up New Cost Cuts By Putting Lid on Afternoon Decaf", *The Wall Street Journal*, 28 de enero de 2009, p. B1.

[6] Mark Kroll, Peter Wright, Leslie Toombs, y Hadley Leavell, "Form of Control: A Critical Determinant of Acquisition Performance and CEO Rewards", *Strategic Management Journal*, 1997, vol. 18, núm. 2, pp. 85-96.

[7] Para un ejemplo vea Donald Lange, "A Multidimensional Conceptualization of Organizational Corruption Control", *Academy of Management Review*, 2008, vol. 33, núm. 3, pp. 710-729.

[8] Karynne Turner y Mona Makhija, "The Role of Organizational Controls in Managing Knowledge", *Academy of Management Review*, 2006, vol. 31, núm. 1, pp. 197-217.

[9] Sim Sitkin, Kathleen Sutcliffe y Roger Schroeder, "Distinguishing Control from Learning in Total Quality Management: A Contingency Perspective", *Academy of Management Review*, 1994, vol. 19, núm. 3, pp. 537-564.

[10] Citado en *Bloomberg Businessweek*, 6-12 de febrero de 2012, p. 61.

[11] Robert Lusch y Michael Harvey, "The Case for an Off-Balance-Sheet Controller", *Sloan Management Review*, invierno de 1994, pp. 101-110.

[12] Edward E. Lawler III y John G. Rhode, *Information and Control in Organizations*, Pacific Palisades, California, Goodyear, 1976.

[13] Charles W.L. Hill, "Establishing a Standard: Competitive Strategy and Technological Standards in Winner-Take All Industries", *Academy of Management Executive*, 1997, vol. 11, núm. 2, pp. 7-16.

[14] "Airbus Clips Superjumbo Production", *The Wall Street Journal*, 7 de mayo de 2009, p. B1.

[15] *USA Today*, 13 de abril de 2009, p. 3B.

[16] "An Efficiency Guru Refits Honda to Fight Auto Giants", *The Wall Street Journal*, 15 de septiembre de 1999, p. B1.

[17] "Workers, Surf at Your Own Risk", *BusinessWeek*, 12 de junio de 2000, pp. 105-106.

[18] "Enterprise Takes Idea of Dressed for Success to a New Extreme", *The Wall Street Journal*, 20 de noviembre de 2002, p. B1.

[19] Citado en *HR Magazine*, enero de 2012, p. 31.

[20] B.F. Skinner, *Beyond Freedom and Dignity*, Nueva York, Knopf, 1971. Vea también Raymond A. Noe, Michael J. Tews y Alison McConnell Dachner, "Learner Engagement: A New Perspective for Enhancing Our Understanding of Learner Motivation and Workplace Learning", en *The Academy of Management Annals 2010*, James P. Walsh y Arthur P. Brief (Eds.), Taylor and Francis, Filadelfia, Pensilvania, 2010, pp. 279-316.

[21] Fred Luthans y Robert Kreitner, *Organizational Behavior Modification and Beyond: An Operant and Social Learning Approach*, (Glenview, Illinois, Scott, Foresman, 1985).

[22] W. Clay Hamner y Ellen P. Hamner, "Behavior Modification on the Bottom Line", *Organizational Dynamics*, Primavera de 1976, pp. 2-21.

[23] "At Emery Air Freight: Positive Reinforcement Boosts Performance", *Organizational Dynamics*, invierno de 1973, pp. 41-50; para una actualización reciente vea Alexander D. Stajkovic y Fred Luthans, "A Meta-Analysis of the Effects of Organizational Behavior Modification on Task Performance, 1975-1995", *Academy of Management Journal*, 1997, vol. 40, núm. 5, pp. 1122-1149.

[24] David J. Glew, Anne M. O'Leary-Kelly, Ricky W. Griffin y David D. Van Fleet, "Participation in Organizations: A Preview of the Issues and Proposed Framework for Future Analysis", *Journal of Management*, 1995, vol. 21, núm. 3, pp. 395-421.

[25] Citado en *Fortune*, 6 de febrero de 2012, p. 99.

[26] Robert E. Quinn y Gretchen M. Spreitzer, "The Road to Empowerment Seven Questions Every Leader Should Consider", *Organizational Dynamics*, otoño de 1997, pp. 37-47.

[27] "On Factory Floors, Top Workers Hide Secrets to Success", *The Wall Street Journal*, 1 de julio de 2002, pp. A1 y A10.

[28] Russ Forrester, "Empowerment: Rejuvenating a Potent Idea", *Academy of Management Executive*, 2000, vol. 14, núm. 3, pp. 67-77.

[29] Baxter W. Graham, "The Business Argument for Flexibility", *HR Magazine*, mayo de 1996, pp. 104-110.

[30] A.R. Cohen y H. Gadon, *Alternative Work Schedules: Integrating Individual and Organizational Needs*, Rading, Massachusetts, Addison Wesley, 1978. Vea también Ellen Ernst Kossek y Jesse S. Michel, "Flexible Work Schedules", en Sheldon Zedeck (ed.), *Handbook of Industrial and Organizational Psychology*, American Psychological Association, Washington, D.C., 2010.

[31] "How Telecommuting Lets Workers Mobilize for Sustainability", GreenBiz.com, 17 de febrero de 2011, "Study: Telecommuting can Save American Households $1.7 Billion per Year", SmartPlanet.com, 16 de marzo de 2011.

[32] Barry Gerhart, Sara L. Rynes, Ingrid Smithey Fulmer, "Pay and Performance: Individuals, Groups, and Executives", en *The Academy of Management Annals 2009* (James P. Walsh y Arthur P. Brief, eds.), Taylor and Francis, Filadelfia, Pensilvania, 2009, pp. 251-316. Vea también Joseph J. Martocchio, "Strategic Reward and Compensation Plans", en Sheldon Zedeck (ed.), *Handbook of Industrial and Organizational Psychology* (American Psychological Association, Washington, D.C. 2010).

[33] Daniel Wren, *The Evolution of Management Theory*, 4a ed., Nueva York, Wiley, 1994.

[34] Eric Krell, "All for Incentives, Incentives for All", *HR Magazine*, enero de 2011, pp. 34-38.

[35] C. Wiley, "Incentive Plan Pushes Production", *Personnel Journal*, agosto de 1993, p. 91.

[36] "When Money Isn't Enough", *Forbes*, 18 de noviembre de 1996, pp. 164-169.

[37] Jacquelyn DeMatteo, Lillian Eby y Eric Sundstrom, "Team Based Rewards: Current Empirical Evidence and Directions for Future Research", en L.L. Cummings y Barry Staw (eds.), *Research in Organizational Behavior*, vol. 20 (Greenwich, Connecticut, JAI, 1998), pp. 141-183.

[38] Theresa M. Welbourne y Luis R. Gómez-Mejía, "Gainsharing: A Critical Review and a Future Research Agenda", *Journal of Management*, 1995, vol. 21, núm. 3, pp. 559-609.

[39] "A Statistical Profile of Employee Ownership", *The National Center for Employee Ownership*, marzo de 2010.

[40] Steve Kerr, "The Best-Laid Incentive Plans", *Harvard Business Review*, enero de 2003, pp. 27-40.

[41] "Now It's Getting Personal", *BusinessWeek*, 16 de diciembre de 2002, pp. 90-92.

CAPÍTULO 7

HABILIDADES PARA LA COMUNICACIÓN

© Dmitriy Shironosov

En este libro hemos señalado varias veces que las habilidades para la comunicación se yuxtaponen o interaccionan con muchas otras habilidades y, por lo mismo, ameritan especial atención. Este capítulo busca ayudarle a desarrollar sus habilidades para la comunicación. Iniciamos con un sondeo general de la comunicación y a continuación presentamos material detallado que le permitirá aprender más acerca de ella. Nos referimos a varias de sus barreras y recomendamos caminos para superarlas. Después de la sección del texto incluimos varios casos y ejercicios que le servirán para desarrollar más sus habilidades para una comunicación eficaz y para dominarlas.

EVALÚE SUS HABILIDADES PARA LA COMUNICACIÓN

SONDEO DE LAS HABILIDADES PARA LA COMUNICACIÓN

Este sondeo le ayudará a comprender las características de una buena comunicación y conocer sus habilidades para esta.

Instrucciones:

Piense en experiencias que haya tenido en un trabajo o en otra organización y conteste cada enunciado marcando con un círculo la respuesta que más se ciña a sus actitudes y conductas.

Enunciados	Definitivamente sí	Ligeramente de acuerdo	No sé	Ligeramente en desacuerdo	Definitivamente no
1. Cuando contesto, procuro usar detalles o ejemplos específicos.	5	4	3	2	1
2. Suelo hablar más que los demás.	1	2	3	4	5
3. Si me parece que la otra persona no me comprende, procuro hablar más despacio y más claro.	5	4	3	2	1
4. Olvido que algunas palabras tienen muchos significados.	1	2	3	4	5
5. Cuando proporciono retroalimentación contesto a los hechos y no permito que intervengan mis opiniones.	1	2	3	4	5
6. Cuando hablo con alguien no me importa que haya momentos de silencio.	5	4	3	2	1
7. Me concentro mucho para que no me distraigan las señales no verbales.	5	4	3	2	1
8. Oír y escuchar son lo mismo.	1	2	3	4	5
9. Antes de proporcionar retroalimentación me aseguro de que el individuo quiera oírla.	5	4	3	2	1
10. Evito decir "ajá", "claro", etcétera, cuando la otra persona está hablando.	5	4	3	2	1
11. Procuro no proporcionar retroalimentación enseguida con el fin de tener más tiempo para pensarla bien.	1	2	3	4	5
12. Me gusta usar modismos y expresiones locales poco comunes.	1	2	3	4	5
13. Mi retroalimentación se concentra en la manera en que la otra persona podría usar mis ideas.	5	4	3	2	1
14. El lenguaje corporal es importante para el sujeto que habla, no para el que escucha.	1	2	3	4	5
15. Sólo uso jerga técnica cuando hablo con expertos.	5	4	3	2	1
16. Cuando alguien está equivocado me aseguro de que lo sepa.	1	2	3	4	5

(Continúa)

(Continuación)

17. Trato de expresar mis ideas en términos globales y generales. 1 2 3 4 5

18. Cuando escucho, procuro no evaluar las cosas. 5 4 3 2 1

Calificación:

Llene la hoja de calificaciones que presentamos a continuación. Tanto más alta sea su calificación, mejores serán sus habilidades.

Hoja de calificaciones del sondeo de habilidades para la comunicación

1) Traslade los números de sus respuestas del sondeo a la hoja de calificaciones siguiente, sume los puntos de las categorías y después súmelos todos para obtener el total. Por ejemplo, su calificación de la habilidad para la retroalimentación es la suma de los puntos de los enunciados 1, 5, 9, 11, 13 y 16.

Habilidad para la retroalimentación	Habilidad para escuchar	Habilidad para articular
1. _____	2. _____	3. _____
5. _____	6. _____	4. _____
9. _____	8. _____	7. _____
11. _____	10. _____	12. _____
13. _____	14. _____	15. _____
16. _____	18. _____	17. _____

Totales _____ + _____ + _____ = _____

2) Anote una X en cada uno de los tres continuos que presentamos en seguida para marcar sus subtotales.

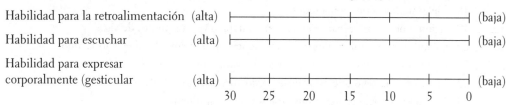

Habilidad para la retroalimentación (alta) ├──┼──┼──┼──┼──┤ (baja)

Habilidad para escuchar (alta) ├──┼──┼──┼──┼──┤ (baja)

Habilidad para expresar corporalmente (gesticular (alta) ├──┼──┼──┼──┼──┤ (baja)

30   25   20   15   10   5   0

3) Anote una X en el continuo de las habilidades para la comunicación para marcar su calificación total.

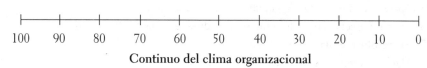

100 90 80 70 60 50 40 30 20 10 0

Continuo del clima organizacional

Fuente: Tomado de Burton, *Exercises in Management*, 3ª ed. © 1990 South-Western, parte de Cengage Learning, Inc. Reproducido con autorización. www.cengage.com.permissions

Vea la interpretación al final del capítulo.

CONOZCA SU ESTILO DE COMUNICACIÓN

La comunicación toca todas las actividades directivas y abarca gran parte del tiempo de un director. El estilo de esta tiene gran influencia en la eficacia con la que usted se puede comunicar. Esta autoevaluación le ayudará a conocer su estilo comunicativo actual.

Instrucciones:

Evalúe la medida en que cada uno de los enunciados siguientes se aplica a su caso personal. En cada enunciado, califíquese con base en la escala siguiente:

Escala de calificación
5 = Definitivamente soy así
4 = Tal vez soy así
3 = Ni sí ni no, no sé
2 = Tal vez no soy así
1 = Definitivamente no soy así

_____ 1. A veces soy impulsivo.

_____ 2. Me enojo con facilidad.

_____ 3. Me siento mal cuando discuto con otros.

_____ 4. Otros opinan que soy muy malo para escuchar.

_____ 5. Tengo baja tolerancia con los desacuerdos.

_____ 6. Interrumpo con frecuencia.

_____ 7. En la mayoría de las conversaciones, hablo más que los demás.

_____ 8. Otros opinan que puedo ser impaciente.

_____ 9. Me coloco muy cerca de otros cuando hablo con ellos.

_____ 10. Reacciono enseguida ante situaciones negativas.

_____ 11. Tiendo a hablar en un volumen alto.

_____ 12. Otros opinan que no sé escuchar.

_____ 13. Suelo estar parado o sentado muy recto cuando hablo con otros.

_____ 14. Hablo muy rápido.

_____ 15. Veo al otro con una mirada penetrante.

_____ 16. Otros opinan que no manifiesto aprecio.

_____ 17. Hablo dando órdenes: deberías hacer esto, tendrías que saberlo.

_____ 18. Me gustaría caerle bien a todos.

_____ 19. Algunas personas opinan que me cuesta trabajo ver sus puntos de vista.

_____ 20. Cuando expreso mi opinión, con frecuencia apunto con el índice y lo sacudo.

_____ 21. Muchas veces pienso que a otros no les importa lo que siento.

_____ 22. Muchas veces digo que estoy de acuerdo aun cuando no lo esté.

_____ 23. Me cuesta trabajo expresar mis deseos y mis sentimientos.

_____ 24. Otros opinan que no digo las cosas en su momento.

_____ 25. Aparentemente no consigo lo que quiero en las discusiones.

_____ 26. Evito mirar a la gente a los ojos, sobre todo si estamos en desacuerdo.

_____ 27. Me resisto a revelar mis opiniones.

_____ 28. Algunas personas dicen que hablo suavemente

_____ 29. Por lo general, dejo que otros decidan por mí.

_____ 30. Cuando escucho a otros, sonrío y asiento con la cabeza para manifestar que estoy de acuerdo.

_____ 31. Dedico mucho tiempo a pedir consejos y ayuda.

_____ 32. Otros opinan que pido perdón con mucha frecuencia.

_____ 33. Procuro comprender los dos lados de un asunto para evitar conflictos.

_____ 34. Por lo general, no me llevo el crédito que merezco.

_____ 35. Usualmente adopto una postura demasiado relajada cuando hablo.

_____ 36. Otros opinan que muchas veces pido permiso sin necesidad.

_____ 37. Tiendo a decir "deberías hacerlo" con demasiada frecuencia.

_____ 38. Evito las confrontaciones.

_____ 39. Otras personas opinan que me esfuerzo por "no hacer olas".

_____ 40. Cuando hablo, uso un volumen bajo.

_____ 41. Procuro mirar de frente, a los ojos cuando hablo con alguien.

_____ 42. Pregunto a otros lo que piensan de las cosas.

_____ 43. Procuro expresar lo que pienso con toda claridad.

_____ 44. Otros opinan que tengo un carácter muy estable.

_____ 45. Enfrento los problemas cuando se presentan.

_____ 46. Escucho atentamente sin interrumpir.

_____ 47. Hablo tranquilamente, sin levantar la voz, incluso cuando estoy en desacuerdo.

_____ 48. Otros opinan que tengo sentido del humor.

_____ 49. Cuando hablo uso mucho la primera persona (yo entiendo, yo trataré).

_____ 50. Por lo general, mi cuerpo está relajado cuando hablo con otros.

_____ 51. Procuro hablar de forma directa y sincera de mis deseos y sentimientos.

_____ 52. Otros opinan que tiendo a la acción.

_____ 53. Procuro establecer cuáles son las alternativas u opciones posibles para resolver desacuerdos.

_____ 54. No acumulo sentimientos negativos.

_____ 55. Evito emitir juicios.

_____ 56. Otros opinan que soy flexible o versátil para adaptarme a condiciones que cambian.

_____ 57. Procuro tener expectativas realistas.

_____ 58. Varío el ritmo cuando hablo.

_____ 59. Otras personas opinan que no permito que nadie abuse de mí o me manipule.

_____ 60. Cuando hablo, me muevo con naturalidad.

Calificación:

Puntos de los enunciados 1-20 _____ = _su calificación G._
Puntos de los enunciados 21-40 _____ = _su calificación P._
Puntos de los enunciados 41-60 _____ = _su calificación S._

Fuentes: Adaptado de Wayne Weiten, Dana S. Dunn y Elizabeth Yost Hammer, _Psychology Applied to Modern Life_, 10ª ed., Belmont, California, Wadsworth Publishing, 2011, Ruth Sherman, Women's Business Center en www.au.af.mil/an/awegate/sba/comm_style.htm (visitado el 18 de enero de 2012); John Jackson y Lorraine Bosse-Smith, _Leveraging Your Communication Style_, Nashville, Tennessee, Abingdon Press, 2008; Christopher L. Heffner, The CEDA Meta-Profession Project en www.cedanet.com/meta/communication_styles.htm (visitado el 25 de enero de 2012), y Serenity Online Therapy en serenityonlinetherapy.com/assertiveness.htm (visitado el 23 de enero de 2012).

Vea la interpretación al final del capítulo.

CUESTIONARIO DE RETROALIMENTACIÓN DE LAS HABILIDADES

La retroalimentación sobre el desempeño es fundamental para el debido funcionamiento de las organizaciones y es una de las formas más importantes de comunicación empleada por los directores. Esta evaluación le dará un indicio de su habilidad para proporcionar retroalimentación sobre el desempeño.

Instrucciones:

Basándose en la escala que presentamos a continuación, anote en los espacios a la izquierda de cada enunciado la medida en que usted está de acuerdo o en desacuerdo. Responda con tanta exactitud y sinceridad como pueda. Evite suponer cómo debería proporcionar la retroalimentación.

En cada inciso, califíquese de acuerdo con la escala siguiente:

<u>Escala de calificación</u>
5 = *Definitivamente soy así*
4 = *Tal vez soy así*
3 = *Ni sí ni no, no sé*
2 = *Tal vez no soy así*
1 = *Definitivamente no soy así*

_____ 1. Prefiero ir al punto y no andar con rodeos.

_____ 2. Me concentro en lo que ha hecho el individuo y no en sus características personales.

_____ 3. Expreso mi aprecio por una buena labor.

_____ 4. Digo cosas como "su trabajo tiene errores", en lugar de "debería revisar su trabajo con más cuidado".

_____ 5. Me concentro en los hechos y las observaciones más que en las opiniones.

_____ 6. Proporciono retroalimentación positiva y constructiva pero no incluyo las dos cosas en la misma oración.

_____ 7. Cuando proporciono retroalimentación negativa, procuro que la persona reconozca su preocupación y sugiera la manera de corregir las cosas.

_____ 8. Pido al individuo que primero me presente su propia evaluación.

_____ 9. Por lo general, primero pregunto si la otra persona quiere recibir retroalimentación.

_____ 10. Cuando proporciono retroalimentación positiva o negativa, procuro establecer metas para el futuro.

_____ 11. Pido a la persona que repita lo que he dicho para asegurarme de que me ha entendido.

_____ 12. Manifiesto mi preocupación cuando el desempeño está abajo de las expectativas.

_____ 13. Proporciono retroalimentación lo antes posible después de que se ha presentado la conducta.

_____ 14. Siempre proporciono la retroalimentación en reuniones frente a frente.

_____ 15. Cuando proporciono retroalimentación positiva o negativa, presento información específica en lugar de hacer comentarios generales como "su trabajo es excelente" o "debería mejorar su trabajo".

Calificación:

Calcule la calificación de su habilidad para la retroalimentación sumando los puntos que anotó en cada uno de los 15 enunciados anteriores: _____.

Fuentes: Adaptado de Elaine D. Pulakos, *Performance Management*, Alexandria, Virginia, SHRM Foundation, 2004; Marty Brounstein, Giving Constructive Feedback, www.dummies.com/how-to/content/giving-constructive-feedback.html (visitado el 18 de enero de 2012); Kenneth N. Wexley, Appraisal Interview, en R.A. Berk (ed.), *Performance Assessment*, Baltimore, Johns Hopkins University Press, 1986, pp. 167-185; D.D. van Fleet, T.O. Peterson y E.W. van Fleet, Closing the Performance Feedback Gap With Expert Systems, *Academy of Management Executive*, 19(3), 2005, pp. 38-53; Susan M. Heathfield, Provide Feedback that Has an Impact, humanrescources.about.com/es/communication/ht/Feedbackimpact.htm (visitado el 18 de enero de 2012).

Vea la interpretación al final del capítulo.

DIFERENCIAS DE GÉNERO EN LA COMUNICACIÓN

Dada la cantidad considerable de mujeres que participan actualmente en la población económicamente activa, la comunicación entre hombres y mujeres ha aumentado y seguirá haciéndolo. La evaluación siguiente sondea sus creencias y valores en torno a las diferencias que existen entre hombres y mujeres para comunicarse.

Instrucciones:

Anote Verdadero o Falso en cada uno de los enunciados. Aun cuando le resulte difícil tomar una decisión en algunos de ellos, escoja una respuesta.

_____ 1. Los hombres y las mujeres se comunican de forma diferente.

_____ 2. Los hombres interrumpen más que las mujeres.

_____ 3. Los hombres y las mujeres tienen habilidades lingüísticas muy diferentes.

_____ 4. Los hombres son más agresivos y llevan las cosas más lejos.

_____ 5. El cerebro del hombres funciona diferente que el de las mujeres en cuestiones del lenguaje.

_____ 6. Las mujeres hablan más que los hombres.

_____ 7. Las mujeres tienen más habilidades verbales que los hombres.

_____ 8. Las mujeres usan el lenguaje de cooperación porque prefieren la armonía y la igualdad.

_____ 9. Las mujeres buscan conectarse con otros, pero los hombres usan el lenguaje con la intención de lograr cosas.

_____ 10. Los hombres son más directos y son menos corteses al comunicarse.

Fuente: Adaptado de Y.K. Fullbright, "Male-Female Communication: Debunking the Mars-Venus Myth", *The Huffington Post*, 2011, en www.huffingtonpost.com (visitado el 7 de noviembre de 2011); D. Cameron, *The Myth of Mars and Venus*, Oxford University Press, 2007; S. Poole (19 de octubre de 2007), y *The Guardian* en www.guardian.co.uk (visitado el 7 de noviembre de 2011).

Vea la interpretación al final del capítulo.

ENTRE EN Griffin/VanFleet Assessment Library para ver las versiones en línea de esta evaluación y otras más.*

*Este material se encuentra disponible en inglés.

APRENDA ACERCA DE LAS HABILIDADES PARA LA COMUNICACIÓN

Un día típico de un director incluye enviar, leer y contestar correos electrónicos, revisar textos y correspondencia impresa, y hacer llamadas telefónicas; asistir a juntas; leer en línea los hechos de actualidad; y sostener conversaciones privadas con otros.[1] Cada una de estas actividades implica comunicación. De hecho, la mayor parte de los directores ocupa más de la mitad de su tiempo en alguna forma comunicativa. Debido a que esta siempre implica a dos o más personas, otros procesos conductuales también entran en juego, como la motivación, el liderazgo y las interacciones de grupos y equipos. Los directores ejecutivos, en particular, deben manejar la comunicación con eficacia para poder ser

comunicación proceso de transmitir información de una persona a otra

comunicación eficaz proceso de enviar un mensaje de tal modo que, cuando se recibe, su significado sea lo más parecido posible a la intención al mandarlo

verdaderos dirigentes. Por consiguiente, todos deben desarrollar y perfeccionar sus habilidades para la misma.

EL SIGNIFICADO DE LA COMUNICACIÓN

Suponga que tres directores trabajan en el mismo edificio de oficinas. El primero está solo y llama a gritos a un subordinado para que le ayude. No aparece nadie, pero sigue llamándole. El segundo está hablando con un subordinado por teléfono celular, pero la señal es deficiente y provoca que el empleado entienda mal algunas cifras importantes. Por lo tanto, envía 1 500 cajas de huevos al número 150 de la Avenida Dos, en lugar de 150 cajas de huevos al número 1500 de la Avenida Doce. La tercera gerente está hablando en su despacho con un subordinado, el cual escucha con claridad y comprende lo que se le está diciendo. Cada uno de estos gerentes está tratando de comunicarse, pero sus resultados son diferentes.

La comunicación es el proceso mediante el cual una persona transmite información a otra. De los tres gerentes, ¿alguno la logró? La tercera sí, pero el primero no. ¿Qué sucedió con el segundo? De hecho, sí lo hizo, sí transmitió información y esta fue recibida. El problema fue que el mensaje enviado y el mensaje recibido fueron diferentes. El ruido y la estática distorsionaron las palabras del gerente. Así, la comunicación eficaz es el proceso de enviar un mensaje de modo que el significado de lo recibido se acerque lo más posible a lo que se quiso decir. Si bien, el segundo gerente pretendió comunicarse, lo hizo de forma ineficaz. Así, desde una perspectiva, el uso correcto de las habilidades para la comunicación incrementará la probabilidad de que un intercambio general sea eficaz.

Nuestra definición de comunicación eficaz se basa en las ideas en torno al significado y la consistencia del mismo. El significado se refiere a la idea que el sujeto que inicia el intercambio de la comunicación desea transmitir. En una comunicación eficaz, el significado es transmitido de modo tal que la persona que lo recibe lo entiende. Por ejemplo, observe estos mensajes:

1. La máxima hoy será de 95 grados Fahrenheit.
2. Hoy hará mucho calor.
3. Ceteris paribus.
4. X16**q zabb&37

Por lo general, usted entendería el significado del primer enunciado. El segundo enunciado tal vez le parezca claro al principio, pero es menos claro que el primero porque el calor es una condición relativa, y la palabra tiene diferentes significados para personas diferentes. Menos individuos entenderían el tercer enunciado porque está en latín. ¡Nadie comprendería el último enunciado debido a que está escrito en clave!

La función de la comunicación en la dirección de las organizaciones

Hemos hablado de las diversas actividades que realiza a diario un director. Juntas, llamadas telefónicas y correspondencia son parte necesaria de su trabajo, y todas implican comunicación. Para comprender mejor los vínculos entre esta y la administración, recuerde las distintas funciones que los directores desempeñan. Ninguna de las 10 funciones gerenciales básicas que vimos en el capítulo 1 (vea la tabla 1.1) no podrían ser desempeñadas sin comunicación.[2] Las funciones interpersonales implican interaccionar con los supervisores, los subordinados, los compañeros y sujetos de fuera de la organización. Las de decisión requieren que los directivos busquen la información que usarán para tomarlas y después para transmitirlas a otros. Las funciones informativas se concentran específicamente en adquirir y difundir aquella.

La comunicación también se relaciona directamente con las funciones básicas directivas de la planeación, la organización, la dirección y el control. A su vez, estas conexiones también subrayan la interdependencia entre las habilidades para la comunicación y otras habilidades clave que hemos explicado, como las diagnósticas, las conceptuales, las de administración del tiempo y las interpersonales. Por ejemplo, el análisis del entorno, la integración de los horizontes del tiempo de los planes, y la toma de decisiones requieren comunicación. La delegación, la coordinación y el cambio y el desarrollo organizacional también la requieren. El desarrollo de los sistemas de recompensas y la interacción con los subordinados como parte de la función de dirigir serían imposibles sin alguna forma de comunicación. Además, esta es esencial para establecer normas, evaluar el desempeño y tomar medidas correctivas como parte del control. Así, queda claro que la comunicación es parte general de casi todas las actividades directivas o gerenciales.[3]

El proceso de comunicación

La *figura 7.1* ilustra cómo suele ocurrir la comunicación entre las personas. El proceso inicia cuando una persona

FIGURA 7.1 EL PROCESO DE COMUNICACIÓN

El ruido puede alterar el proceso de comunicación en cualquier paso. Por lo tanto, los directores deben saber que una conversación en el despacho contiguo, un aparato de fax que se ha quedado sin papel, una red de correo electrónico inhabilitada, o las preocupaciones de un receptor podrían entorpecer los intentos bien intencionados del gerente por comunicarse. Los números indican la secuencia que siguen los pasos.

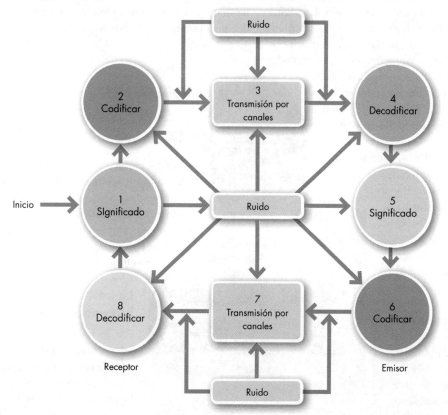

© Cengage Learning 2014

(el emisor) quiere transmitir un hecho, una idea, una opinión u otra información a otra persona (el receptor). Este hecho, idea u opinión tiene un significado para el emisor, sencillo y concreto o complejo y abstracto. Por ejemplo, Linda Porter, representante de marketing de Canon, en fecha reciente consiguió una cuenta nueva y quería informárselo a su jefe. Este hecho y su motivación para decírselo eran el significado.

El siguiente paso es codificar el significado de forma adecuada para la situación. La codificación puede adoptar la forma de palabras, expresiones faciales, gestos o incluso expresiones artísticas y actos físicos. Por ejemplo, la representante de Canon podría haber dicho: "Acabo de conseguir la cuenta de Acme", "Acabamos de recibir buenas noticias de Acme, "Acabo de echarle a perder el día a Xerox", "Acme acaba de tomar una buena decisión", o muchas cosas más. De hecho, optó por enviar el segundo mensaje. Es evidente que el contenido del mensaje, la familiaridad del emisor y el receptor y otros factores de la situación influyen en el proceso de la codificación.

Una vez que el mensaje ha sido codificado es transmitido por vía de un canal o un medio adecuado. La página impresa es el canal para enviarle este mensaje a usted. Algunos canales comunes en las organizaciones son las juntas, el correo electrónico, los memorandos, las cartas, los informes y las llamadas telefónicas. Linda Porter podría haberle escrito una nota a su jefe, enviado un correo electrónico, llamarle por teléfono o detenerse en su despacho para darle la noticia. Como ambos no estaban en la oficina cuando se enteró de la noticia, ella le llamó por teléfono y le dejó un mensaje en su correo de voz.

Una vez que el mensaje ha sido recibido, es decodificado de forma que tenga significado para el receptor. Como señalamos antes, la consistencia de este significado puede variar enormemente. Al escuchar la noticia del negocio de Acme, el director de ventas de Canon podría haber pensado: "Esto significará un buen ascenso para nosotros dos", "Qué buena noticia para la compañía" o "Está haciendo demasiado ruido otra vez". Sus sentimientos reales se

> '*Algunas personas piensan que las cosas solo se deben decir una sola vez. Yo pienso que uno transmite el mensaje cuando lo comunica todos los días.*'
>
> JIM SINEGAL
> Cofundador y CEO de Costco Wholesale[4]

© Fortune, julio 6, 2010, p. 44.

acercaron más al segundo enunciado. En muchos casos, el significado sugiere una respuesta y el ciclo continúa cuando un nuevo mensaje es enviado por los mismos pasos de regreso al emisor original. El gerente podría haber llamado a la representante de ventas para felicitarla, escrito una nota enalteciéndola, elogiarla en un correo electrónico o enviarle una carta formal reconociendo su labor. El jefe de Linda le escribió una nota personal.

El "ruido" puede alterar la comunicación en cualquier punto del camino. El ruido puede ser el sonido de alguien que tose, un camión que pasa por la calle o la charla de otras personas. También puede incluir interrupciones como una carta perdida en el correo, una línea telefónica muerta, una llamada por teléfono celular interrumpida, un correo electrónico mal enviado o infectado con virus o uno de los participantes de la conversación que debe ausentarse antes de que el proceso de comunicación termine. Si la nota escrita por el jefe de Linda se hubiese perdido, ella tal vez habría sentido que no era apreciada. Como fueron las cosas, sus acciones reforzaron no solo sus actividades en Acme sino su esfuerzo por mantener informado a su jefe. Otra forma de ruido podría ser la dificultad para entender los mensajes debido a la barrera del idioma.

FORMAS DE COMUNICACIÓN EN LAS ORGANIZACIONES

Los directores deben conocer los distintos tipos de comunicación que se presentan comúnmente en las compañías de hoy.[5] Así, si desean dominar las habilidades para la comunicación es preciso que comprendan la interpersonal, la que se da en redes y equipos, la organizacional y la electrónica.

La comunicación interpersonal

Por lo habitual, la comunicación interpersonal adopta una de dos formas: la oral o la escrita. Como veremos, las dos tienen fortalezas y debilidades claras.

Jim Sinegal

© Reuters/Robert Sorbo RSS

APRENDER

La comunicación oral Esta clase de comunicación tiene lugar en las conversaciones, las discusiones de grupo, las llamadas telefónicas y otras situaciones en las cuales los individuos usan la palabra hablada para expresar el significado. Un estudio clásico (efectuado antes de la llegada del correo electrónico) demostró la importancia de la comunicación oral cuando descubrió que la mayor parte de los directores ocupa entre 50 y 90% de su tiempo hablando con otras personas.[6] La oral domina por varias razones. Su principal ventaja es que permite una retroalimentación inmediata y un intercambio en forma de preguntas o de aceptación verbal, expresiones faciales y gestos. Además, la comunicación oral es fácil (el emisor simplemente habla) y se puede hacer con escasa preparación (si bien en ciertas situaciones lo aconsejable es una buena preparación). El emisor no necesita lápiz, papel, una impresora o equipamiento de otra clase. En otra encuesta, 55% de los ejecutivos de la muestra opinaron que sus habilidades para la comunicación escrita eran regulares o malas, por lo cual optaban por la oral para no sentirse avergonzados.[7]

Sin embargo, la comunicación oral también tiene sus inconvenientes. Puede ser imprecisa si el orador elige palabras inadecuadas para transmitir el significado o si no incluye detalles pertinentes, si el ruido interrumpe el proceso o si el receptor olvida parte del mensaje.[8] En una charla, rara vez existe tiempo para ofrecer una respuesta bien pensada y ponderada o para introducir muchos datos nuevos, y no hay un registro permanente de lo que se haya dicho. Además, si bien, la mayor parte de los directores no tiene problema para hablar con las personas en lo individual o en grupos pequeños, a pocos les gusta hablar ante públicos más numerosos.[9]

La comunicación escrita "Poner las cosas por escrito" en una carta, un informe, un memorando, una nota manuscrita o un correo electrónico resuelve muchos de los problemas inherentes a la oral. No obstante, y tal vez extrañamente, la comunicación escrita no es tan común como cabría suponer, ni tampoco es un modo demasiado respetado por los directores. Una muestra de ellos dio como resultado que solo 13% del correo impreso que recibían les ofrecía un uso inmediato.[10] Más de 80% de quienes contestaron otra encuesta dijo que la comunicación escrita que recibían era de escasa o mala calidad.[11]

El inconveniente más grande de las formas tradicionales de la comunicación escrita es que inhiben la retroalimentación y el intercambio. Cuando un gerente envía una carta a otro, uno la debe escribir o dictar, imprimir y enviar, y el otro lado la recibe, la abre y la lee. Si hubiese un malentendido, pasarían días antes de que fuera reconocido, y más para rectificarlo. Por supuesto que el correo electrónico es mucho más rápido, pero tanto el emisor como el receptor deben tener acceso a una computadora u otro aparato, y el receptor debe abrir y leer el mensaje para recibirlo. Una llamada telefónica podría resolver el asunto en unos cuantos minutos. Por ende, la comunicación escrita inhibe la retroalimentación y el intercambio y, por lo habitual, es más difícil que la oral y toma más tiempo.

Por supuesto que la escrita ofrece algunas ventajas. Es bastante precisa y proporciona un registro permanente del intercambio. El emisor puede dedicar tiempo a reunir la información, a asimilarla y a escribir un borrador y revisarlo antes de transmitirla. El receptor puede tomarse su tiempo para leerla con detenimiento y después se puede referir a ella cuantas veces quiera. Por lo anterior, la comunicación escrita es preferible cuando hay detalles importantes involucrados. En ocasiones, es importante que una de las partes o las dos cuenten con un registro escrito a su disposición para que sirva de evidencia exacta de lo sucedido. Julie Regan, fundadora de Toucan-Do, una importante compañía de Honolulú, usa mucho las cartas de negocios formales para establecer contactos y comprar mercancía a empresas del sudeste asiático. Julie piensa que estas cartas le dan tiempo para pensar muy bien lo que quiere decir, para ceñir su mensaje a cada individuo y evitar malos entendidos más adelante.

Escoger la forma correcta ¿Qué forma de comunicación interpersonal debería usar un director? La situación dictará cuál es el mejor medio. La oral o el correo electrónico son escogidos cuando el mensaje es personal, no es rutinario y es breve. La comunicación formal por escrito es aconsejable cuando el mensaje es más impersonal, de rutina y largo. Además, ante la función destacada que los correos electrónicos han tenido en varios casos legales recientes en los tribunales, los directores siempre deben ser discretos cuando envían mensajes electrónicos.[12] Por ejemplo, los correos electrónicos que se dieron a conocer durante los procedimientos legales han desempeñado una función central en litigios contra Enron, Tyco, WorldCom y Morgan Stanley.[13]

El director también puede combinar medios para aprovechar las ventajas que ofrece cada uno de ellos. Por ejemplo, una llamada telefónica rápida para concertar una cita es fácil y de inmediato obtiene una respuesta. Después de la llamada, un correo electrónico o una nota manuscrita a modo de recordatorio sirven para que el receptor no olvide la junta y ofrecen un registro de que esta fue convocada. La comunicación electrónica,

comunicación oral se presenta en conversaciones, decisiones de grupos, llamadas telefónicas y otras situaciones en que se usan palabras habladas para expresar significados

comunicación escrita la que emplea medios escritos, por ejemplo cartas, memoranda, informes, correos electrónicos y textos en la web

APRENDER

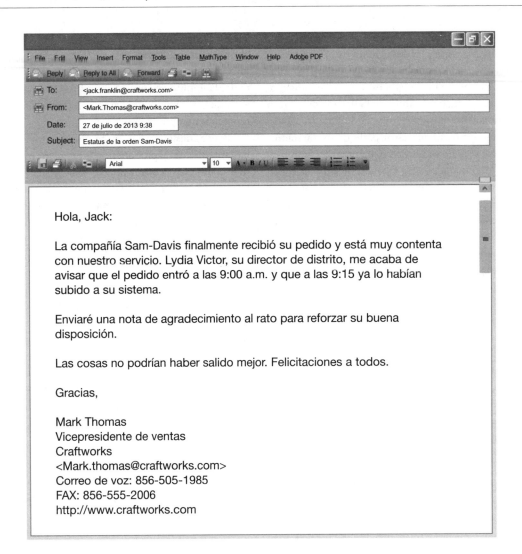

```
File  Edit  View  Insert  Format  Tools  Table  MathType  Window  Help  Adobe PDF

Reply    Reply to All    Forward

To:       <jack.franklin@craftworks.com>
From:     <Mark.Thomas@craftworks.com>
Date:     27 de julio de 2013 9:38
Subject:  Estatus de la orden Sam-Davis

Arial    10    A · B I U
```

Hola, Jack:

La compañía Sam-Davis finalmente recibió su pedido y está muy contenta con nuestro servicio. Lydia Victor, su director de distrito, me acaba de avisar que el pedido entró a las 9:00 a.m. y que a las 9:15 ya lo habían subido a su sistema.

Enviaré una nota de agradecimiento al rato para reforzar su buena disposición.

Las cosas no podrían haber salido mejor. Felicitaciones a todos.

Gracias,

Mark Thomas
Vicepresidente de ventas
Craftworks
<Mark.thomas@craftworks.com>
Correo de voz: 856-505-1985
FAX: 856-555-2006
http://www.craftworks.com

---

como veremos más adelante, borra las diferencias entre la oral y la escrita y hace que las dos sean más eficaces.

La comunicación en redes y en equipos de trabajo

Si bien, la comunicación entre los miembros de una organización es de índole interpersonal, una cantidad sustancial de investigaciones se concentra específicamente en la forma en que los individuos que participan en redes y en equipos de trabajo intercambian información. Una red de comunicación se refiere al patrón mediante el cual se comunican

> "No soy muy amigo del correo electrónico, prefiero hablar frente a frente siempre que puedo."
>
> A.G. LAFLEY
> Expresidente del consejo de Procter & Gamble[14]

© Fortune, diciembre 12, 2005.

los miembros de un grupo o un equipo. Los investigadores que estudian la dinámica de los grupos han descubierto varias redes típicas en los grupos y en los equipos de tres, cuatro y cinco miembros. La *figura* 7.2 presenta algunas redes representativas de los miembros de equipos de cinco personas.[15]

En el patrón de rueda (o X), toda la comunicación fluye por medio de un sujeto central, que probablemente es el líder del grupo. En cierto sentido, la rueda es la red más centralizada porque una persona recibe y difunde toda la información. El patrón Y está un poco menos centralizado; hay dos individuos cerca del centro. El patrón de la cadena ofrece un flujo informativo más parejo entre los miembros, aun cuando dos personas (las de los extremos) solo interaccionan con otra. Este

red de comunicación patrón que usan los miembros de un grupo o un equipo para comunicarse

FIGURA 7.2 LA COMUNICACIÓN EN REDES Y EN EQUIPOS DE TRABAJO

Las investigaciones en torno a las redes de comunicación han identificado cinco redes básicas para los grupos y los equipos de cinco personas. Estas redes varían en cuanto al flujo de información, la posición del líder y la eficacia de los diferentes tipos de tareas. Los directores o gerentes podrían tratar de crear redes centralizadas cuando las tareas del grupo o el equipo son sencillas y rutinarias. Por otro lado, los directores propiciarán grupos descentralizados cuando sus tareas sean complejas y nada rutinarias.

camino es cerrado en función del patrón del círculo. Por último, el patrón de la red de todos los canales el más descentralizado, permite el libre flujo de información entre todos los miembros del grupo. Todos participan por igual y es poco probable que el líder del grupo, si existe uno, tenga demasiado poder.

Las investigaciones realizadas en torno a las redes sugieren que existen algunas conexiones muy interesantes entre la clase de red y el desempeño del grupo. Por ejemplo, cuando la tarea del grupo es relativamente sencilla y rutinaria, las redes centralizadas se desempeñan con eficiencia y exactitud. El líder dominante facilita el desempeño porque coordina el flujo de la información. Cuando un grupo de empleados de contabilidad está asentando las facturas que ingresan y repartiéndolas para su pago, por ejemplo, un líder centralizado coordinaría todo con eficiencia. Cuando la tarea es compleja y nada rutinaria, como tomar una decisión medular sobre la estrategia de la organización, las redes descentralizadas son más eficaces porque los canales de comunicación abiertos permiten una mayor interacción y la posibilidad de compartir información relevante con más eficacia. Los directores deben reconocer los efectos que las redes de comunicación tienen en el desempeño del grupo y la compañía, y deben tratar de estructurar las redes en consecuencia.

La comunicación organizacional

Otras formas de comunicación en las organizaciones son las que fluyen entre dos o varias unidades o grupos. Cada una de ellas implica una oral o escrita, pero las dos también se extienden a patrones más amplios de comunicación de toda la compañía.[16] Como muestra la *figura 7.3*, dos de estas formas de comunicación siguen nexos verticales y horizontales en la organización.

La comunicación vertical La comunicación vertical es la que fluye hacia arriba y hacia abajo a lo largo de la empresa, casi siempre por líneas formales de dependencia; es decir, es la que se presenta entre los directores y sus superiores y sus subordinados. La vertical puede implicar a dos personas o fluir por medio de varios niveles de la organización.

La comunicación ascendente se compone de mensajes que van de los subordinados a los superiores. Ese flujo suele ir de los subordinados a su superior directo, de ahí al siguiente y así sucesivamente por toda la jerarquía. En ocasiones, un mensaje podría pasar por alto a un superior particular. El contenido característico de la comunicación ascendente son solicitudes, información que el director de nivel más bajo considera importante para su superior, respuestas a peticiones del gerente de nivel más alto, sugerencias, quejas e información financiera. Las investigaciones han demostrado que la comunicación ascendente está más sujeta a la distorsión que la descendente. Es probable que los empleados retengan o distorsionen información que les haría lucir mal. Tanto mayor sea el grado de diferencia entre el superior y el subordinado y tanto mayor sea el nivel de desconfianza, cuanto mayor será la probabilidad de que el empleado suprima o distorsione la información.[17] Por ejemplo, los subalternos podrían no revelar algún dato a su jefe acerca de determinado problema si piensan que le molestará o si consideran que ellos solos pueden resolverlo sin que él se entere.

La comunicación descendente se presenta cuando la información fluye hacia abajo siguiendo la jerarquía, de los superiores a los subordinados. El contenido característico de estos mensajes son instrucciones sobre cómo hacer algo, la asignación de otras responsabilidades,

> **comunicación vertical** aquella que sube y baja por los niveles de la organización, por lo habitual siguiendo las líneas formales de dependencia

FIGURA 7.3 LA COMUNICACIÓN FORMAL EN LAS ORGANIZACIONES

La comunicación formal en las organizaciones sigue las relaciones oficiales de dependencia o los canales instituidos. Por ejemplo, la comunicación vertical que representan las líneas sólidas de la figura fluye entre los niveles de la organización e implica a los subordinados y a sus directores. La horizontal que representan las líneas punteadas de la figura fluye entre las personas que están en el mismo nivel y habitualmente se usa para facilitar la coordinación.

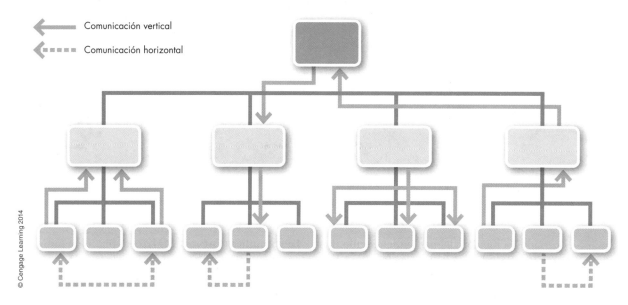

← Comunicación vertical

← - - - - Comunicación horizontal

© Cengage Learning 2014

la retroalimentación del desempeño e información general que el director de nivel más alto piensa que sería valiosa para su colega de nivel más bajo. La comunicación vertical puede y, por lo general, debe ser bilateral; es decir, es probable que una comunicación de dar y recibir con retroalimentación activa sea más eficaz que una unilateral.[18]

La comunicación horizontal La comunicación vertical involucra a un superior y a un subordinado, y la **comunicación horizontal** involucra a colegas y compañeros del mismo nivel en la organización. Por ejemplo, un director o gerente de operaciones comunicaría a uno de marketing que las existencias del inventario son bajas y que deberán extender dos semanas las fechas de entrega proyectadas. Es probable que la horizontal ocurra más entre directores que entre personas que no lo son.

Esta clase de comunicación tiene varios propósitos.[19] Facilita la coordinación entre unidades interdependientes. Por ejemplo, un gerente de Motorola estaba investigando las estrategias de las compañías japonesas de semiconductores que estaban en Europa. Encontró mucha información relevante para sus funciones. También descubrió cierta información adicional que podría ser importante para otro departamento, que compartió con su colega, y este la usó para mejorar sus operaciones. La comunicación horizontal también se usa para resolver problemas de forma mancomunada, por ejemplo, cuando dos

gerentes de planta de Northrop Grumman se reúnen para desarrollar un método nuevo para mejorar la productividad. Por último, la horizontal desempeña una función fundamental en los equipos de trabajo compuestos por miembros provenientes de varios departamentos.

La comunicación electrónica

Por último, como hemos dicho, la comunicación ha adquirido mucha más importancia para los directores en tiempos recientes. Tanto los sistemas formales de información como la tecnología de la informática personal han cambiado el modo en que los directores se comunican entre sí.

Los sistemas de información La mayor parte de las compañías grandes dirigen cuando menos una parte de su comunicación organizacional por medio de sistemas de informática. Algunas incluso han creado un puesto de director general de información, o CIO, por sus siglas en inglés. General Mills, Xerox y Burlington Industries tienen ese puesto. El CIO determina qué información necesita recibir o requiere procesar la compañía y después establece los sistemas que facilitan una comunicación organizacional fluida y eficiente.

Una parte de las actividades del CIO también incluye la creación de uno o varios sistemas formales de información que liguen a todos los directores, departamentos e instalaciones relevantes de la organización. La mayor parte de los sistemas de planeación de recursos de la empresa desempeñan con gran eficacia esta función. Por ejemplo, si el gerente de

comunicación horizontal aquella que implica a colegas y pares del mismo nivel de la organización

marketing carece de un sistema así, quizá llame a su colega de almacén para saber qué cantidad de un producto hay en existencia antes de prometer fechas de entrega a un cliente. Un sistema formal de información efectivo permite al director o gerente de mercadotecnia obtenerla con más rapidez, y probablemente más exacta, cuando se conecta directamente a un sistema de información computarizado.

La tecnología electrónica personal En años recientes, el carácter de la comunicación organizacional ha cambiado enormemente, más que nada por los avances en la tecnología electrónica para la comunicación personal, y el futuro promete cambios mayores. Las máquinas de escribir eléctricas y las fotocopiadoras fueron los primeros avances. Por ejemplo, la fotocopiadora permitió que un director repartiera un informe mecanografiado a un número considerable de individuos en un plazo muy breve. Las computadoras personales han acelerado el proceso. Las redes de correo electrónico, internet, las intranet de las compañías, los sitios de redes sociales, los sistemas de comunicación inalámbrica y otros avances están llevando más lejos a las tecnologías de información computacionales (TIC) por sus siglas en inglés.

Ahora es común sostener teleconferencias, en las que los directores permanecen en sus respectivos lugares (como oficinas en diferentes ciudades) pero pueden ser vistos en las pantallas de las computadoras para una "junta". Un director en Nueva York puede escribir una carta o un memorando en el teclado de su computadora personal y enviarla por correo electrónico a cientos o miles de colegas en todo el mundo en cuestión de segundos. Los directores también pueden acceder a enormes bancos de datos electrónicos para recuperar información sumamente detallada con facilidad. Todo esto ha dado lugar a una versión reciente de un viejo arreglo de trabajo: la industria de las cabañas, en la cual los individuos hacen sus actividades en casa (en su "cabaña") y periódicamente llevan el producto de sus actividades a la compañía. La nueva industria de la cabaña electrónica se conoce como trabajo a distancia. En este caso, las personas laboran en casa en sus computadoras y transmiten su trabajo a sus empresas por líneas telefónicas o cables de módem.

Los teléfonos celulares y los aparatos facsimilares han facilitado mucho más la posibilidad de que los directores se comuniquen con sus asociados en los negocios. Ahora, muchos usan los teléfonos celulares para hacer llamadas mientras van o vuelven del trabajo, de modo que pueden recibir llamadas todo el día. Los aparatos facsimilares y los escáneres facilitan el uso de los medios de comunicación escrita y permiten que las personas reciban retroalimentación muy rápido. Algunos dispositivos de cómputo personales más nuevos, como los teléfonos inteligentes, los iPhone y los iPad, están revolucionando la forma en que los individuos se comunican entre sí.

Sin embargo, los psicólogos empiezan a asociar algunos problemas con estos avances de la comunicación. De

© Image Source

El trabajo a distancia es cada vez más común en las empresas de hoy. Algunas de las causas de esta tendencia son el costo y la distancia, así como la disponibilidad de tecnología nueva como Skype.

entrada, los directores que rara vez trabajan en sus oficinas "reales" probablemente se atrasen en sus campos. También se pierden de gran parte de la comunicación informal que ocurre en ellas. Por ende, podrían ser víctimas de la política organizacional porque como no están ahí no tienen contacto con lo que sucede y no se pueden proteger. Es más, el uso de la comunicación electrónica a costa de las juntas y las conversaciones frente a frente dificulta la posibilidad de crear una cultura fuerte, de desarrollar relaciones laborales sólidas y de crear un ambiente solidario de confianza y cooperación de las partes.[20] Por último, la comunicación electrónica también está abriendo otras puertas para la conducta disfuncional de los empleados, como transmitir material procaz u ofensivo dirigido a otros. Por ejemplo, en cierta ocasión, el *New York Times* despidió a cerca de 10% de los empleados de una de sus sucursales por enviar correos electrónicos inapropiados en horas de trabajo.[21]

LA COMUNICACIÓN INFORMAL EN LAS ORGANIZACIONES

Las formas de comunicación organizacional que se explicaron en la sección anterior son mecanismos de comunicación relativamente planeados y formales. Sin embargo, en muchos casos parte de la comunicación que se presenta en una compañía trasciende esos canales formales y, en cambio, se ajusta a otros métodos informales. Las habilidades eficaces para la comunicación no solo implican dominar

FIGURA 7.4 LA COMUNICACIÓN INFORMAL EN LAS ORGANIZACIONES

La comunicación informal en las organizaciones puede seguir o no las relaciones oficiales de dependencia o los canales establecidos. Puede fluir por diferentes niveles y distintos departamentos o unidades de trabajo y se puede referir o no a las actividades de la empresa.

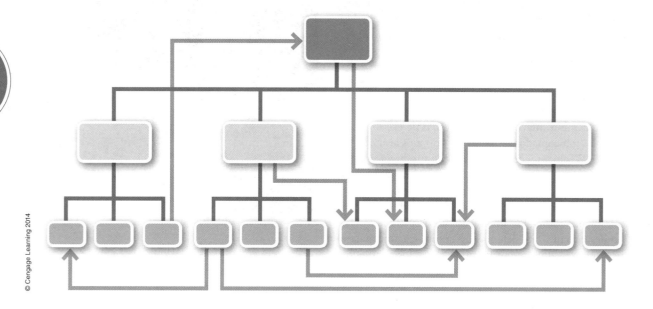

© Cengage Learning 2014

los mecanismos formales antes mencionados, sino también conocer los métodos informales. La *figura 7.4* ilustra varios ejemplos de estos. Algunas de sus formas más comunes son las cadenas de rumores, el dirigir paseándose entre las personas y la comunicación no verbal.

Las cadenas de rumores

Las cadenas de rumores son una red informal de comunicación que puede permear la organización entera. En todas las empresas hay rumores, salvo en las que son muy pequeñas, pero no siempre siguen el mismo patrón que los canales formales de autoridad y comunicación ni necesariamente coinciden con ellos. Las investigaciones han señalado varias clases de cadenas de rumores.[22] La *figura 7.5* ilustra las dos que se presentan con más frecuencia. Estas cadenas de rumores inician cuando una persona difunde el mensaje entre muchas otras. A su vez, cada quien puede callar la información por ser confidencial o la puede transmitir. Una cadena de rumores probablemente contenga información profesional. La otra clase de rumores es la de la *cadena de racimos*, en cuyo caso una persona comparte la información a unos cuantos individuos seleccionados. Algunos de los receptores la transmiten a unas cuantas personas más, pero el resto no la comparte.

No existe pleno consenso acerca de la exactitud de la información que transmite una cadena de rumores, pero investigaciones recientes han descubierto que es bastante exacta,

en especial cuando la información está fundadamentada en hechos y no en especulaciones. Un estudio descubrió que la exactitud de una cadena de rumores puede ser de entre 75 y 95%.[23] También encontró que la comunicación informal está aumentando en muchas organizaciones por dos razones básicas. Uno de los factores es el reciente incremento de actividades relacionadas con las fusiones, las adquisiciones y las absorciones. Como estas actividades afectan considerablemente a las personas de una empresa, es lógico suponer que pasan más tiempo hablando del tema.[24] El otro factor es que a medida que aumenta el número de compañías que trasladan sus instalaciones del centro de las ciudades a los suburbios, los empleados tienden a hablar menos con individuos ajenos a la organización y más entre sí. En fecha más reciente, otro estudio analizó los efectos que la recesión de 2009-2010 y los muchos empleos perdidos tuvieron en la comunicación informal. Más de la mitad de los encuestados mencionó un incremento en la cantidad de personas que escuchan a hurtadillas en las empresas.[25] Es interesante señalar que casi todas las investigaciones sobre las cadenas de rumores fueron realizadas antes de la llegada del correo electrónico. Por lo tanto, cabe suponer que el correo electrónico ha incrementado la penetración de las cadenas de rumores en toda la organización. Tal vez también haya aumentado la exactitud, porque las personas pueden enviar mensajes reales en lugar de recordar los detalles para después expresarlos verbalmente.

Los intentos por eliminar las cadenas de rumores son inútiles, pero por fortuna, el director las puede controlar un poco. Si mantiene abiertos los canales de comunicación y

cadena de rumores red informal de comunicación que puede abarcar a la organización entera

FIGURA 7.5 CADENAS DE RUMORES COMUNES EN LAS ORGANIZACIONES

Las dos cadenas de rumores más comunes en las organizaciones son la de chismes (en cuyo caso una persona comunica un mensaje a muchas otras) y la cadena de racimos (en cuyo caso muchos individuos pasan los mensajes a unas cuantas más).

Cadena de chismes
Una persona le cuenta a muchas

Cadena de racimos
Muchas personas le cuentan a unas cuantas

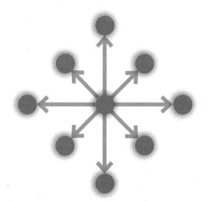

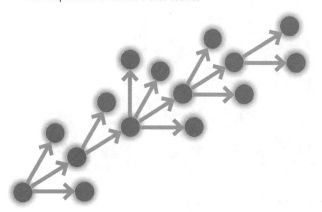

© Cengage Learning 2014

responde con fuerza a la información inexacta, él puede minimizar el daño que puede producir una cadena de rumores, la cual, de hecho, puede ser un activo. Por ejemplo, si el director sabe quiénes son las personas fundamentales de la cadena podría controlar en parte la información que reciben y usar la cadena para sondear las reacciones de los empleados ante ideas nuevas, como un cambio en las políticas de recursos humanos o en el paquete de prestaciones. También puede obtener información valiosa de una cadena de rumores y usarla para mejorar la toma de decisiones.[26]

Dirigir paseándose entre las personas

Otra forma de comunicación informal que está adquiriendo gran popularidad se conoce como dirigir paseándose entre las personas.[27] La idea básica es que algunos directores se enteren bien de lo que está sucediendo, dado que mientras se pasean entre la gente charlan con ella; con los subordinados inmediatos, con los subordinados en la parte más baja de la jerarquía organizacional, el personal de mensajería, los clientes o quienquiera que participe en la compañía. Por ejemplo, Bill Marriott visita con frecuencia las cocinas, los puertos de carga y las áreas de trabajo de los custodios siempre que recorre un hotel Marriott. Afirma que al charlar con los empleados de todo el hotel saca ideas nuevas y tiene un mejor pulso de toda la compañía. Cuando viaja, Jeff Smisek, el CEO de United Airlines, se interesa por hablar con los asistentes de vuelo y con otros pasajeros para obtener ideas nuevas de cómo podría dirigir el negocio de forma más eficaz.

Una forma relacionada de comunicación organizacional sin un nombre específico es el intercambio informal que ocurre fuera de las instalaciones empresariales, como son los casos de los empleados que asisten a un día de campo de la compañía, que juegan en el equipo de softbol de esta o que van de pesca juntos, casi siempre pasan parte de ese tiempo hablando del trabajo. Por ejemplo, los ingenieros de Texas Instruments que laboran en las instalaciones de Lewisville, Texas, con frecuencia acuden a un bar local cuando salen de su turno. En una noche cualquiera, hablan de los Vaqueros de Dallas, del contrato del gobierno que acaba de ganar la compañía, del clima, de su jefe, del precio de las acciones de la empresa, de la política local y de los problemas en el trabajo. No hay una agenda establecida y los temas centrales de la charla varían de un grupo a otro y de un día a otro. Sin embargo, las reuniones sociales cumplen una función importante: fomentan una cultura fuerte y permiten entender cómo funciona la organización.

La comunicación no verbal

La comunicación no verbal se refiere a un intercambio de comunicación que no utiliza palabras o que sí las usa, pero cargadas de más significado que el de la estricta definición de las palabras mismas. En las organizaciones es una forma de comunicación muy potente, pero poco entendida. Muchas veces recurre a las expresiones faciales, los movimientos corporales, el contacto físico y los gestos. Un estudio encontró que hasta 55% del contenido de un mensaje es transmitido por medio de expresiones faciales y la postura del cuerpo, y que 38% se deriva de la inflexión y el tono de voz. Las palabras representan 7% del contenido del mensaje.[28]

dirigir paseándose entre las personas práctica de estar al tanto de lo que ocurre haciendo rondines y hablando con las personas

comunicación no verbal intercambio de comunicación que no emplea palabras o que las usa para transmitir más significado que la definición estricta de ellas

La comunicación no verbal transmite mucha información. Por ejemplo, en el intercambio que presenta la foto vemos con claridad bastante de ella.

Las investigaciones han identificado tres clases de comunicación no verbal que usan los directores: las imágenes, el marco y el lenguaje corporal.[29] En este contexto, las imágenes son la clase de palabras que las personas deciden usar. Mientras que las expresiones "¡Al diablo con las bombas!, ¡Avancemos a toda máquina!" y "A pesar de los posibles riesgos deberíamos seguir con este curso de acción" tal vez transmitan el mismo significado. Sin embargo, el individuo que usa la primera bien sería percibido como un rebelde, como un valiente, un individualista, o bien como un aventurero insensato y tonto. La persona que usa la segunda sería descrita bien como un sujeto agresivo, vigoroso y diligente, o bien como uno de mente estrecha que se resiste a cambiar. En una junta reciente de ejecutivos de Walmart, el ex-CEO Lee Scott comentó: "Sé de qué color es la ropa interior que lleva cada uno de ustedes". ¿Qué quiso decir? Había una cuestión política que estaba dividiendo al grupo y Scott deseaba que los asistentes supieran que él sabía quiénes estaban de uno y de otro lado del asunto.[30] En resumen, las palabras que escogemos transmiten mucho más que el significado estricto de las palabras mismas.

El marco de la comunicación también cumple una función básica en la no verbal. Los límites, la familiaridad, el terreno conocido y otros elementos del marco son importantes. Se ha escrito mucho sobre los símbolos de poder en las organizaciones. El tamaño y la ubicación de un despacho, el tipo de muebles que contiene y la accesibilidad del individuo que lo ocupa comunican información útil. Por ejemplo, cuando H. Ross Perot dirigía EDS, colocaba su escritorio de modo que siempre lo separaba de la persona que le visitaba. Esto le permitía estar al mando. Cuando quería un diálogo menos formal, caminaba al frente del escritorio y se sentaba junto al visitante. Michael Dell de Dell Computer tiene su escritorio mirando hacia una ventana lateral de modo que, cuando vira para saludar a un visitante no haya objetos que se interpongan entre ellos.

El lenguaje corporal es una tercera forma de comunicación no verbal.[31] La distancia que dejamos que nos separe de nuestro interlocutor también tiene significado. En Estados Unidos, pararse demasiado cerca del interlocutor suele indicar familiaridad o agresión. Los ingleses y los alemanes dejan más distancia entre ellos cuando hablan que los estadounidenses, mientras que los árabes, los japoneses y los mexicanos se paran más cerca.[32] El contacto visual es otro medio eficaz de la comunicación no verbal. Por ejemplo, un contacto visual prolongado podría sugerir hostilidad o interés romántico. Algunas otras clases de lenguaje corporal son los movimientos de cuerpo y manos, las pausas al hablar, y la forma de vestir.

El director debe estar consciente de la importancia que tiene la comunicación no verbal y reconocer su posible impacto. Dar a un empleado la buena noticia de que ha obtenido un premio, pero con las pistas no verbales equivocadas, podría destruir el valor del refuerzo del premio. De otro lado, regañar a un trabajador, pero enviándole pistas no verbales inconsistentes, limitará la efectividad de las sanciones. El tono del mensaje, el lugar, la forma de entregarlo, las expresiones faciales y los gestos amplían o debilitan el mensaje, o tal vez lo cambian del todo.

DIRIGIR LA COMUNICACIÓN ORGANIZACIONAL

En vista de la importancia y la amplia presencia de la comunicación en las organizaciones es fundamental que los directores sepan dirigir el proceso comunicativo.[33] Ellos deben conocer el modo de maximizar los posibles beneficios de la comunicación y de minimizar los posibles problemas. Iniciamos nuestra exposición de la dirección de la comunicación analizando los factores que podrían alterar la comunicación efectiva y cómo afrontarlos.

Barreras para la comunicación

Varios factores podrían alterar el proceso de comunicación o ser obstáculo para una eficaz.[34] Como muestra la *tabla 7.1* los factores se dividen en dos categorías: las barreras individuales y las organizacionales.

Barreras individuales Varias barreras subjetivas podrían alterar la eficacia de la comunicación. Las señales inconsistentes o contrarias son un problema frecuente. Una directora enviaría señales contrarias si el lunes dice que las cosas

TABLA 7.1 BARRERAS PARA UNA COMUNICACIÓN EFICAZ

Barreras individuales	Barreras organizacionales
Señales inconsistentes o contrarias	Semántica
Credibilidad del tema	Diferencias de estatus o de poder
Resistencia a comunicar	Percepciones diferentes
Habilidades deficientes para escuchar	Ruido
Predisposición respecto del tema	Sobrecarga
	Diferencias de idioma

© Cengage Learning 2014

se deben hacer de cierta manera, pero el miércoles ordena que se siga un procedimiento enteramente diferente. Un directivo enviará señales inconsistentes cuando dice que su política es tener siempre la "puerta abierta" y quiere que sus subordinados acudan a él, pero mantiene su puerta cerrada y se molesta cuando alguien toca para hablar con él.

Otra barrera es la falta de credibilidad. Esta surge cuando se piensa que el emisor no es una fuente confiable de información. Quizás inspire desconfianza o se piense que desconoce el tema en cuestión. Si se descubre que un político ha ocultado información o si un director toma una serie de decisiones equivocadas, después la gente no los escuchará ni les creerá. En casos extremos, las personas podrían hablar de algo de lo que evidentemente saben poco o nada.

Algunos individuos sencillamente se resisten a iniciar un intercambio de comunicación. Esta resistencia se podría deber a diversas razones. Un director tal vez se resista a informar a sus subordinados de un recorte de presupuesto inminente porque sabe que se molestarán. Por otro lado, un subordinado quizá se resista a transmitir hacia arriba por temor a una represalia o porque piensa que su esfuerzo sería inútil.

Los hábitos deficientes para escuchar suelen ser una gran barrera para la comunicación eficaz. Algunas personas simplemente no saben escuchar. Cuando alguien les habla, ellas están soñando despiertas, mirando alrededor, leyendo o escuchando otra conversación. Como no se están concentrando en lo que les dicen, quizá no comprendan parte del mensaje. Incluso podrían pensar que están prestando atención, para darse cuenta después de que olvidaron algunas partes de la conversación.

Los receptores también pueden introducir ciertas predisposiciones al proceso de comunicación. Tal vez ya hayan tomado una decisión, y estén aferrados a sostener cierta idea. Por ejemplo, un director tal vez ha escuchado que la nueva jefa es desagradable y que es difícil trabajar con ella. Cuando esta lo le llama para presentarse en una junta, él puede entrar a la junta predispuesto a que no le agrade y a descartar lo que vaya a decir.

Barreras organizacionales Otras barreras para la comunicación efectiva implican el contexto organizacional donde ocurre esta. Los problemas de semántica surgen cuando las personas adjudican significados diferentes a las mismas palabras. Palabras y frases como *utilidad*, *incremento de la producción* y *rendimiento sobre la inversión* podrían tener un significado positivo para los directores, pero para los trabajadores tienen un significado menos positivo.

© RubberBall/Alamy

Los problemas de comunicación también podrían surgir cuando dos personas que tienen diferente estatus o poder desean comunicarse entre sí. El presidente de la empresa tal vez no tome en cuenta la sugerencia de un empleado de operaciones porque piensa que "alguien de ese nivel no puede pretender ayudarle a dirigir su compañía". O cuando el presidente sale a inspeccionar una planta nueva, los empleados tal vez no quieran hacer sugerencias porque su estatus es de nivel más bajo. El vicepresidente de marketing podría tener más poder que el de recursos humanos y, por ende, podría prestar poca atención a un informe de personal presentado por el departamento de recursos humanos.

Si los individuos perciben la situación de manera diferente podrían tener problemas para comunicarse entre sí. Cuando dos directores o los gerentes observan que una de sus colegas no ha pasado mucho tiempo en su oficina últimamente, pueden suponer que ha asistido a varias juntas importantes o pensar que "se está escondiendo". Si tienen que hablar con ella por algún asunto oficial, podrían surgir problemas porque uno tiene una impresión positiva, pero el otro tiene una impresión negativa.

Los factores del entorno también pueden entorpecer la comunicación eficaz. Como dijimos antes, el ruido puede afectar en muchos sentidos. Asimismo, la sobrecarga de datos puede ser un problema cuando el emisor envía al receptor más información de la que puede manejar con eficacia.

Muchos directores dicen que a diario reciben tantos mensajes de correo electrónico que en ocasiones se sienten abrumados.[36] Además, si un director encomienda a un subordinado que desempeñe varias tareas y al mismo tiempo la familia y los amigos le piden que haga otras cosas, el resultado sería una sobrecarga y una disminución de la eficacia de la comunicación.

Por último, cuando las organizaciones se globalizan, los diferentes idiomas podrían ocasionar problemas. Para contrarrestarlos, algunas empresas adoptan un "idioma oficial". Por ejemplo, cuando Hoechst, la farmacéutica alemana, se fusionó con Rhone-Poulenc, la empresa francesa, la compañía nueva estableció el inglés como su idioma oficial. De hecho, el inglés se usa cada vez más en todo el mundo como el idioma estándar para los negocios.[37]

Mejorar la eficacia de la comunicación

Si consideramos la cantidad de factores que pueden afectar la comunicación, es una suerte que los directores puedan recurrir a varias técnicas para mejorar la eficacia comunicativa.[38] Como muestra la *tabla 7.2*, estas técnicas incluyen tanto las habilidades individuales como las organizacionales.

Habilidades individuales La habilidad individual más importante para mejorar la eficacia de la comunicación es saber escuchar.[39] Para escuchar bien se requiere que el sujeto esté dispuesto a escuchar, sin interrumpir al orador, a concentrarse en las palabras y en el significado que transmiten, a ser paciente y a hacer las preguntas pertinentes.[40]

> ' ... *una meta de ajuste en el número de cabezas que está relacionado con la sinergia.*'
>
> Palabras usadas en un boletín de prensa de Nokia para anunciar que recortaría 9 000 empleos[35]

© Boletín de prensa de Nokia

Las habilidades para escuchar debidamente son tan importantes que compañías como Delta, IBM y Boeing cuentan con programas para capacitar a sus directores a escuchar mejor. La *figura 7.6* ilustra las características de las personas que no saben escuchar frente a las que sí saben.

Además de ser bueno para escuchar, otras habilidades individuales propician la comunicación eficaz. La retroalimentación es una de las más importantes y la comunicación bilateral la facilita. Esta permite que el receptor pregunte, pida aclaraciones y exprese opiniones, con lo cual el emisor sabe si le ha entendido. Por lo general, cuanto más complicado sea el mensaje tanto más útil será la comunicación bilateral. Además, el emisor debe conocer los significados que diferentes receptores podrían adjudicar a distintas palabras. Por ejemplo, cuando un director se dirige a los accionistas podría usar con frecuencia la palabra *utilidades*. Sin embargo, cuando se dirige a líderes sindicales podría mencionar *utilidades* con menos frecuencia.

Es más, el emisor debe mantener su credibilidad. Lo puede hacer sin pretender que es experto en algo cuando no lo es, "haciendo su tarea" y verificando los hechos, y siendo tan exacto y sincero como pueda. El emisor también debe ser sensible a la perspectiva del receptor. Un director que debe informar a una subordinada que no fue recomendada para un ascenso debe saber que lo más probable es que ella se sienta frustrada y molesta. Así, debe escoger el contenido del mensaje y la forma de entregarlo, en consecuencia. El director también debe estar preparado para aceptar una medida razonable de hostilidad y desagrado sin molestarse por ello.[41]

Por último, el receptor también debe ser sensible al punto de vista del emisor. Suponga que un director o gerente acaba de recibir una noticia muy mala; por ejemplo, le han informado que su puesto será eliminado el año entrante. Las personas cercanas deben comprender que él se sienta decepcionado, furioso o incluso deprimido durante algún tiempo. Por lo tanto, deberían hacer un esfuerzo especial por no ofenderse si él se muestra molesto y podrían fijarse si envía señales de que necesita hablar con alguien.[42]

Habilidades organizacionales Dos habilidades organizacionales son muy útiles para mejorar la eficacia de la comunicación, tanto la del emisor como la del receptor: el seguimiento y el conocer la riqueza de los diferentes medios. El seguimiento simplemente implica comprobar que el mensaje ha sido recibido y comprendido. Cuando una gerente envía por correo un informe a un colega, debe llamarlo pocos días después para asegurarse de que sí lo recibió. En caso afirmativo, ella podría preguntarle si quiere hacerle alguna pregunta al respecto.

TABLA 7.2 SUPERAR LAS BARRERAS PARA LA COMUNICACIÓN

Habilidades individuales	Habilidades organizacionales
Desarrollar buenas habilidades para escuchar	Seguimiento
Propiciar una comunicación bilateral	Conocer la riqueza de los medios
Conocer el idioma y el significado	
Mantener la credibilidad	
Ser sensible a la perspectiva del receptor	
Ser sensible a la perspectiva del emisor	

© Cengage Learning 2014

APRENDER

FIGURA 7.6 MÁS Y MENOS HABILIDADES EFECTIVAS PARA ESCUCHAR

Las habilidades efectivas para escuchar son parte vital de la comunicación en las organizaciones. Varias barreras contribuyen a que los individuos en estas no tengan buenas habilidades para escuchar. Por fortuna, también hay varias prácticas para mejorar tales habilidades.

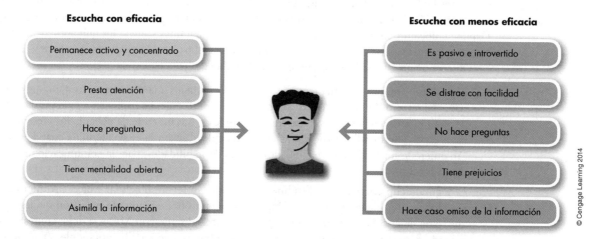

Escucha con eficacia
- Permanece activo y concentrado
- Presta atención
- Hace preguntas
- Tiene mentalidad abierta
- Asimila la información

Escucha con menos eficacia
- Es pasivo e introvertido
- Se distrae con facilidad
- No hace preguntas
- Tiene prejuicios
- Hace caso omiso de la información

© Cengage Learning 2014

VISUALIZAR

Las dos partes también deben conocer la riqueza asociada a diferentes medios. Cuando un director despedirá temporalmente a un subordinado, deberá darle el mensaje frente a frente. Un canal de comunicación frente a frente brinda al director o gerente la oportunidad de explicar la situación y de contestar preguntas. Cuando el propósito del mensaje es conceder un aumento de sueldo, lo aconsejable sería una comunicación por escrito porque es más objetiva y precisa. Como seguimiento, después del aviso por escrito, el gerente puede felicitar en persona a los empleados.

RESUMEN Y UNA MIRADA AL FUTURO

Ahora que ha leído y estudiado este capítulo seguramente sabe más acerca de las habilidades para la comunicación.

En concreto, comprende con claridad el significado de esta, sabe lo que es una comunicación eficaz y conoce su proceso básico. También comprende con más claridad cuáles son las fortalezas y las debilidades de diferentes formas de comunicación. Asimismo, sabe más acerca de las distintas maneras de la informal. Por último, identifica las barreras primarias para la comunicación eficaz y cuál es el mejor camino para superarlas.

El resto de este capítulo le brinda oportunidades para que siga desarrollando y afinando sus habilidades interpersonales. Por ejemplo, lo acercaremos a recursos con los que podrá visualizar las más eficaces y las menos eficaces. Las secciones siguientes ofrecen varias oportunidades para que usted practique y explore las habilidades interpersonales desde diferentes perspectivas. El capítulo termina con algunos datos adicionales para la evaluación y la interpretación.

VISUALICE LAS HABILIDADES PARA LA COMUNICACIÓN

HABILIDADES PARA LA COMUNICACIÓN EN ACCIÓN 1

Su tarea

Observe los dos videoclips BizFlix de películas para este capítulo

Baby Mama (2008) es una comedia. Kate Holbrook (Tina Fey) es una mujer soltera que ronda los cuarenta años; es muy exitosa en su carrera pero no tiene hijos. Le encantan los niños y quiere tener uno, pero no quiere correr los riesgos de un embarazo a su edad. Kate contrata a Angie Ostrowiski (Amy Poehler) del sur de Filadelfia para que sea madre sustituta. El exabogado litigante, ahora dueño de las bebidas de fruta Super Fruity, Rob Ackerman (Greg Kinnear) entra en escena y empieza a salir con Kate. Angie se embaraza pero no se sabe si la criatura es de Kate o de Angie. Ocurre una serie de interacciones sociales y complejas relaciones entrelazadas.

Because I Said So (2007) habla de la comunicación madre-hija en diferentes niveles. Daphne Wilder (Diane Keaton) es la típica divorciada entrometida y madre sobreprotectora de tres hijas. Dos de sus tres bellas hijas están casadas, por lo cual la única que queda, Millie (Mandy Moore), capta toda la atención de Daphne, y también es centro de su conducta compulsiva para encontrarle pareja. Daphne coloca un anuncio en línea, selecciona a los solicitantes y envía los que aprueba a Millie. Mientras tanto, Daphne conoce a Joe (Stephen Collins), el padre de uno de los solicitantes.

Observe cómo estos videoclips presentan las habilidades para la comunicación.

1. El primero empieza con una toma de Kate y Rob sentados a la mesa en un restaurante vegetariano. El mesero (Jon Glaser) se acerca a la mesa y se presenta. La pareja en seguida se da cuenta de que un restaurante no es el lugar ideal para ellos y, tras un corte, la película los presenta sentados en un puesto callejero de sándwiches. Ella pide el suyo y la escena termina cuando él dice: "Yo quiero lo mismo". ¿Qué habilidades (o falta de habilidades) para la comunicación muestra este videoclip?

2. El segundo clip empieza con Daphne contestando su teléfono celular y dice: "Número equivocado". A continuación, aparece Daphne moviendo frenéticamente un sillón de aquí para allá, para dejarlo finalmente donde estaba, mientras discute con Millie si debe contestar una llamada de Jason para invitarla a salir. La escena termina con Millie gritándole: "Y no repitas magnífico demasiado". ¿Piensa que las dos mujeres se están comunicando? ¿Por qué sí o no?

HABILIDADES PARA LA COMUNICACIÓN EN ACCIÓN 2

Este ejercicio le brinda la oportunidad de pensar en las habilidades para la comunicación que necesitaría para puestos gerenciales que ocupe en el futuro.

Su tarea

1. Piense en sus habilidades para la comunicación y trate de encontrar una escena que ilustre un uso positivo o eficaz de las mismas en una película, un programa de televisión o un video en YouTube.

2. Ahora haga lo mismo con una escena que ilustre un uso negativo o ineficaz de esas habilidades.

Comparta sus resultados con el grupo y explique por qué las habilidades para la comunicación que presenta cada clip son usadas de forma positiva o negativa. También sugiera maneras en que la situación negativa se podría haber cambiado para mejorarla.

PRACTIQUE LAS HABILIDADES PARA LA COMUNICACIÓN

¿SOLOS O JUNTOS?

El propósito de este ejercicio es brindarle la oportunidad de repasar las habilidades para la comunicación, tanto individuales como en grupo. Todos los integrantes participarán de forma particular y después como miembros de un grupo.

Su tarea

1. Su profesor identificará una categoría. En 30 segundos, y sin interacccionar con sus compañeros de grupo, anote la mayor cantidad de elementos correspondientes a esa categoría.

2. A continuación, el profesor dividirá al grupo en equipos pequeños. Los miembros de los equipos intercambiarán sus listas y después:

   a) Anotarán en la parte superior de la lista que hayan recibido de otro compañero el número total de elementos. (Nota: toda diferencia en cuanto a si un elemento corresponde a esa categoría o no será decidida por el profesor).

   b) En equipo, sumen los totales individuales para obtener el total del equipo.

   c) Divida el total del equipo entre el número de miembros que lo constituyen. Reporte esta calificación individual "promedio" a su profesor.

3. Ahora su profesor señalará otra categoría. De nueva cuenta, en 30 segundos el equipo debe anotar la mayor cantidad de elementos correspondientes a esa categoría. A continuación, reportará al profesor el número de elementos generados por el equipo como la "calificación del equipo".

4. El profesor anotará en el pizarrón las calificaciones individuales y las de los equipos como base para una discusión.

"LA MEJOR/LA PEOR" PRESENTACIÓN

Hoy en día la capacidad de una persona para preparar y hacer presentaciones eficaces puede acelerar su éxito en los negocios o entorpecerlo. El estilo y la sofisticación de las presentaciones puede variar enormemente en función de diversos factores, entre otros: a) la relación del presentador con el público (compañeros o directores de nivel alto, si el grupo es interno o externo, por ejemplo de clientes, proveedores o financieros); b) el tamaño de la audiencia (individual, departamental, la organización entera, nacional); c) nivel técnico y las expectativas de la audiencia (obreros, empleados de oficina o técnicos); d) lo que el presentador tenga en juego (su futuro, la necesidad de cooperar, votos o dinero). Una manera de aprender lo que se debe hacer o no en una exposición es observar si otras presentaciones son eficaces o no. Este ejercicio le ayudará a analizar algunas de las cosas que sí se deben hacer mediante la observación de las presentaciones de otras personas.

Su tarea

1. Forme equipos pequeños.

   a) Cada miembro del equipo debe describir "La mejor presentación que haya visto jamás". Asimismo compartan los detalles que conozcan en lo tocante a influencias como las mencionadas en la introducción de este ejercicio (relación con el público, tamaño de la audiencia, nivel técnico, lo que está en juego para el presentador).

   b) El equipo preparará una lista de los elementos que hacen que una presentación sea "la mejor".

   c) Repita a y b pero aplicándolos a "La peor presentación que haya visto jamás".

2. Su profesor reunirá al grupo entero para que los equipos compartan sus listas.

   a) Busquen similitudes y diferencias en las listas.

   b) Discutan la importancia de cada elemento.

   c) Discutan cuál de los factores mencionados en la introducción de este ejercicio ha influido en las presentaciones originales que los estudiantes están recordando en sus listas.

¿PUEDE USTED COMUNICAR CON CLARIDAD?

Esta tarea le brinda una interesante oportunidad para ver cómo puede usar la retroalimentación con el fin de mejorar sus habilidades para la comunicación.

Su tarea

1. Su profesor pedirá la colaboración de dos voluntarios. Uno saldrá del salón, pero regresará cuando el ejercicio esté más adelantado.

2. El otro voluntario recibirá una tarjeta con una figura geométrica trazada. Pasará al frente del salón; ahí, mirando al muro y no a sus compañeros, describirá la figura con todo detalle. El grupo permanecerá callado, sin hacer preguntas, comentarios o ruidos, mientras cada participante trata de dibujar la figura que está siendo descrita.

3. A continuación, su profesor mostrará la figura al grupo, mediante una diapositiva o con un dibujo lo bastante grande para que todos la vean. ¿Cuánto tiempo tardó lo anterior, cuántos participantes pudieron reproducir la figura con precisión en ese plazo?

4. El profesor pide al primer voluntario que entre al salón y le proporciona una tarjeta con otro dibujo.

5. Le pide que pase al frente del grupo y que describa la figura mirando de frente. El grupo puede hacer preguntas y el voluntario las debe responder y dar una descripción elaborada.

6. A continuación, el docente revelará el dibujo al grupo igual que antes. ¿Cuánto tiempo tardó esto y cuántos participantes pudieron reproducir la figura con precisión en ese plazo?

7. Compare los resultados de los dos métodos de comunicarse con el grupo. ¿Un método generó mejores resultados que otro? ¿Ese método tardó más o menos tiempo?

COMUNICAR UN CAMBIO DE ESTRATEGIA

Transmitir la decisión de un cambio es parte importante de la dirección de empresas y se requieren magníficas habilidades para la comunicación.

Suponga que usted es el CEO de una cadena de tiendas minoristas de descuento. Ha decidido que su compañía debe cambiar de estrategia para sobrevivir. En concreto, usted desea que la empresa deje las ventas al detalle con descuento y se dedique a las ventas al detalle especializadas. Para ello, cerrará 400 de las 1 200 tiendas de descuento el año entrante. También incrementará el ritmo de expansión de las dos cadenas especializadas que existen e iniciará otra cadena. Sus planes tentativos consideran abrir 300 tiendas especializadas en uno de los negocios y 150 en el otro. También quiere finalizar el concepto básico para la cadena nueva y tener 10 tiendas abiertas. Por último, si bien podrá transferir a algunos de los empleados de las tiendas de descuento a puestos en las tiendas especializadas, varios cientos se quedarán sin empleo.

Su tarea

1. Prepare un boletín de prensa que describa esas metas (tal vez tenga que consultar en línea o acudir a una biblioteca para determinar cuál sería un buen formato para el boletín de prensa).

2. Determine cuál es la mejor manera de comunicar las metas a sus empleados.

3. Prepare un plan de contingencia para resolver los problemas que podrían surgir cuando comunique estas metas.

CUESTIONES DE ÉTICA

Este ejercicio le ayudará a desarrollar sus habilidades para la comunicación y ver la importancia que tienen la claridad y el tacto cuando se transmiten temas sensibles, como serían las cuestiones de ética.

Escenario 1: Suponga que tras dos años de experiencia en mercadotecnia corporativa con un proveedor nacional de teléfonos celulares, una compañía de la competencia lo ha contratado. Su nuevo jefe, el vicepresidente de marketing, le pide detalles específicos de los clientes de su empleador anterior. Él pretende usar esa información para "robarse" a esos clientes, por ejemplo, ofreciéndoles un precio más bajo. Con su empleador anterior, usted firmó un contrato sin una cláusula (de confidencialidad) que le prohibiera revelar esa información. Usted también tiene grandes preocupaciones de índole ético.

Escenario 2. Suponga que tras dos años de experiencia en mercadotecnia corporativa con un proveedor nacional de teléfonos celulares, una empresa de la competencia lo ha contratado. Su nuevo jefe, el vicepresidente de marketing, le pide que se ponga en contacto con algunos de sus excompañeros. Él piensa usar esa información para "robarse" a esos empleados, por ejemplo, ofreciéndoles un sueldo más alto. Hasta donde usted tiene conocimiento no hay problemas legales con esta petición, pero no está seguro de que ocurra lo mismo con las implicaciones éticas. Cuando habló con su jefe, él repuso: "No se preocupe, todo el mundo lo hace. ¡No pasa nada!". Usted quiere conservar su nuevo empleo, pero siente la obligación de responder.

Su tarea

1. Con el escenario 1 en mente escriba una respuesta a su jefe explicándole su posición. Mencione las consecuencias legales y haga énfasis en las cuestiones éticas. Para persuadirlo de que cambie de opinión, refiérase a la afirmación de su jefe y a las razones subyacentes de su petición.

2. Con el escenario 2 en mente prepare una respuesta escrita para su jefe en la cual le explique su posición. Para persuadirlo de que cambie de opinión usted deberá referirse a la afirmación de su jefe y a las razones subyacentes de su petición.

3. ¿Cuál supone que sería el resultado probable de cada uno de estos dos escenarios? ¿Cuáles serían las consecuencias finales para usted, su jefe y la compañía?

4. Los escenarios 1 y 2 se parecen, pero existe una diferencia entre ellos: la certidumbre de que un acto no es ético y la incertidumbre respecto de las implicaciones éticas de un acto. ¿Cómo afectan estas diferencias su comunicación?

COMUNICAR INFORMACIÓN DE RECURSOS HUMANOS

Las habilidades para la comunicación tienen especial importancia en el área de personal porque los empleados están en el terreno de la Dirección o Gerencia de Recursos Humanos. Este ejercicio le brinda la oportunidad de ver cómo la comunicación propicia las buenas relaciones entre los niveles superiores y los empleados.

Muchas compañías proporcionan diversas prestaciones a sus empleados, como vacaciones pagadas, cobertura de seguros, planes de pensiones, etcétera. Estas prestaciones le cuestan mucho a la organización, alrededor de la tercera parte del monto que perciben los empleados en forma de sueldos y salarios. En algunos países, por ejemplo, Alemania, esta cifra es mayor.

Sin embargo, muchos trabajadores no aprecian el verdadero valor de las prestaciones que les proporcionan sus empleadores y subestiman el valor monetario de estas. Además, cuando comparan sus ingresos con los de otros, o cuando comparan otras ofertas laborales, muchos se concentran casi exclusivamente en la remuneración directa: los sueldos y salarios pagados sin mediación al individuo.

Por ejemplo, una persona que tiene dos ofertas, una de 20 000 dólares al año y otra por 22 000 dólares, probablemente escogerá la segunda sin tomar en cuenta que las atractivas prestaciones de la primera oferta son bastantes para hacer que los paquetes de remuneración sean equivalentes.

Su tarea

1. ¿En su opinión, por qué la mayor parte de las personas se concentran en la remuneración directa (sueldos y salarios) cuando ponderan su paga?

2. Si usted fuese director o gerente de recursos humanos, ¿qué haría para comunicar el valor de las prestaciones que ofrece a sus empleados?

3. Suponga que un empleado habla con usted para comentarle que piensa renunciar para aceptar un "trabajo mejor". Después se entera de que para él, la palabra "mejor" significa un sueldo más alto. ¿Cómo le ayudaría a comparar su verdadera remuneración total?

4. Hoy en día algunas compañías están recortando prestaciones. ¿Cómo comunicaría la eliminación de una prestación a sus empleados?

LA COMUNICACIÓN EN LOS NEGOCIOS INTERNACIONALES

En años recientes los negocios internacionales han registrado un crecimiento enorme, dando por resultado que un número creciente de compañías con negocios ubicados por todo el mundo en plazas distantes se tengan que comunicar periódicamente entre sí. Este ejercicio le servirá para sensibilizarlo acerca de algunos de los problemas y las complicaciones que implica la comunicación en los negocios internacionales.

Suponga que una organización internacional pequeña que está creciendo rápidamente lo acaba de contratar como asesor para la comunicación. La empresa tiene operaciones en Nueva York, París, Múnich, Tokio, Hong Kong y Río de Janeiro. El dueño está frustrado porque los directores de las diferentes plazas tienen problemas para comunicarse entre sí. Esto ha ocasionado varios errores y que la organización pierda oportunidades. Usted debe determinar cómo mejorar la comunicación entre las plazas.

Su tarea

1. En un mapa encuentre las distintas plazas donde la compañía tiene operaciones. Investigue también un poco sobre cada una de ellas.

2. Prepare una lista de los problemas que los directores de cada uno de esos lugares podría afrontar cuando tratan de comunicarse con los otros.

3. Identifique una o varias maneras en que los directores podrían superar esos problemas.

ANUNCIAR DECISIONES IMPOPULARES

Este ejercicio le sirve para practicar sus habilidades para la comunicación cuando escriba memorandos con el propósito de motivar a individuos o a grupos de que acepten decisiones que les afectan.

Suponga que usted supervisa a un grupo de seis empleados que trabajan en un espacio cerrado en un lugar relativamente aislado. En fecha reciente, la compañía ha adoptado una política ambigua sobre la prohibición de fumar, la cual dice que está prohibido fumar en todas las áreas laborales a no ser que los empleados de un área específica decidan lo contrario, y a discreción del supervisor del área.

Cuatro personas del grupo que usted supervisa son fumadoras. Le han planteado el argumento de que, como son mayoría, deben tener permiso para fumar en el trabajo. Los otros dos miembros del equipo no fuman y le piden que se prohiba fumar en el área, argumentando que las consecuencias del humo para la salud del fumador pasivo tienen más peso que las preferencias de la mayoría.

Para complicar el problema, su jefe redactó la nueva política y cuando otras muchas personas la han criticado, él siempre se ha puesto a la defensiva. Por lo mismo, sabe que se enfadará muchísimo si usted también plantea dudas sobre la política en lugar de simplemente aceptarla.

Por último, a usted el asunto le da igual. Usted no fuma, pero varios miembros de su familia sí lo hacen. No le importa ser fumador pasivo y no tiene una posición dura al respecto. Sin embargo, debe tomar una decisión. En su opinión, sus opciones son: a) prohibir que se fume en el área; b) seguir permitiendo que se fume en el espacio cerrado; c) pedir a su jefe que aclare la política.

Su tarea

1. Prepare un borrador que usará para anunciar a los cuatro fumadores que ha escogido la opción a.
2. Prepare un borrador que usará para anunciar a los dos no fumadores que ha escogido la opción b.
3. Suponga que ha escogido la opción c. Prepare el borrador que usará cuando se reúna con su jefe.
4. ¿Existen otras alternativas?
5. ¿Cómo manejaría su decisión si fuera el supervisor del grupo?

PRESENTACIÓN CON DIAPOSITIVAS

Hoy en día, la capacidad para preparar y hacer presentaciones eficaces muchas veces es fundamental para el éxito de un director en los negocios. De hecho, algunas compañías piden a los aspirantes a un empleo que, como parte de sus entrevistas, hagan una presentación la cual con frecuencia consta de imágenes o textos que el solicitante lleva en una laptop. Este ejercicio presupone que usted nunca ha preparado una presentación en computadora y, por lo tanto, le brinda la posibilidad de preparar unas cuantas imágenes sencillas que también le demostrarán cómo las fuentes y los colores afectan la facilidad para leer algo.

Su tarea

Con las instrucciones siguientes para demostrar la facilidad de lectura de diferentes fuentes y colores, prepare nueve diapositivas PowerPoint© (cada una conteniendo una lista de las siete grandes habilidades cubiertas en este libro):

Diapositiva 1: Use la fuente Times Roman para la lista de las siete grandes habilidades.
Diapositiva 2: Use la fuente Verdana para la lista de las siete grandes habilidades.
Diapositiva 3: Copie la diapositiva 1, pero escriba con mayúsculas las habilidades que llevan números nones.
Diapositiva 4: Copie la diapositiva 2, pero escriba con mayúsculas las habilidades que llevan números nones.
Diapositiva 5: Copie la diapositiva 1, pero escriba alternando una palabra en cursivas y otra no.
Diapositiva 6: Copie la diapositiva 2, pero escriba alternando una palabra en cursivas y otra no.
Diapositiva 7: Copie la diapositiva 1, pero use tres colores para cada habilidad con número non.
Diapositiva 8: Copie la diapositiva 2, pero use tres colores para cada habilidad con número non.
Diapositiva 9: Estudie todas estas diapositivas y después prepare una final que, en su opinión, sea fácil de leer.

Compare los resultados de las diapositivas. ¿Produjo un método mejores resultados que los otros? ¿Cuáles son las implicaciones para las presentaciones gerenciales?

LA COMUNICACIÓN CON DISTINTOS HUSOS HORARIOS

Los directores internacionales afrontan más problemas para la comunicación derivados de los diferentes idiomas, husos horarios, etcétera. Para ayudarle a perfeccionar sus habilidades comunicativas, este ejercicio estudia el efecto que los diferentes horarios tienen en las actividades de los negocios.

Suponga que usted es director de una compañía multinacional muy grande. Su oficina está en San Francisco, y debe llamar por teléfono a otros gerentes para discutir un próximo cambio de estrategia de la organización, ellos están en Nueva York, Londres, Roma, Moscú, Tokio, Singapur y Sidney.

Su tarea

1. Determine la diferencia de horas con cada ciudad. Cuando son las 10:00 a.m. en San Francisco, ¿qué hora es en cada una de las otras ciudades a las que debe llamar?

2. Suponiendo que las personas de esas ciudades tienen una jornada laboral normal, de 8:00 a.m. a 5:00 p.m., determine cuál sería la mejor hora para hacer su llamada. Es decir, ¿a qué hora puede llamar para evitar inconvenientes al menor número posible de personas?

3. Suponga que debe visitar cada una de las oficinas, pasando un día completo en cada una de las ciudades. Use internet para ver horarios de vuelos, tomando en cuenta las diferencias de horario, y prepare su itinerario.

USO DE LAS HABILIDADES PARA LA COMUNICACIÓN

JAPÓN Y ESTADOS UNIDOS, PARECIDOS PERO DIFERENTES

Estados Unidos y Japón son grandes socios comerciales. Los consumidores de ambos países compran libremente los mismos productos y servicios. Los japoneses usan ropa y consumen comida rápida estadounidenses, y estos tienen automóviles y productos electrónicos japoneses.

Con estas similitudes en la conducta de compra y la de consumo, cabría suponer que los estadounidenses y los japoneses se ven como casi iguales y que la comunicación de los negocios será fácil. No es así. Las diferencias culturales son tan grandes y los siglos de malos entendidos pesan tanto que las diferencias en las percepciones y las actitudes de los dos países representan un problema. Además, los estilos de comunicación también son muy diferentes. El japonés no es particularmente único y es de naturaleza subjetiva, emocional y cortés o tácita, pero los estadounidenses lo perciben como vago e indirecto, lo cual dificulta la comprensión.

En Estados Unidos una encuesta dio como resultado que solo 13% de los estadounidenses piensa que sabe mucho de Japón. Otro 42% dijo que sabe un poco, pero 45% aceptó que no sabía casi nada de Japón. Cuando se preguntó a los japoneses cuánto sabían de los estadounidenses, 5% dijo que sabía mucho, 42% mencionó que sabía poco y más de la mitad (51%) indicó que casi no sabía nada. Por lo tanto, en los dos países la mayor parte de los encuestados pensaba que sabía muy poco del otro país.

Sin embargo, tanto estadounidenses como japoneses sí tienen algunas percepciones similares sobre el otro. Por ejemplo, los dos admiran el grado de logros científicos y técnicos del otro país, y el respeto por la vida familiar es casi igual. Además, unos ven a los otros como relativamente amistosos y no violentos. De hecho, en un sondeo de opinión reciente, 80% del público estadounidense expresó que Japón era un país confiable. Esta cifra sin precedente marca un considerable cambio de actitud hacia Japón, dado que en un sondeo similar realizado en 1998, solo 60% de los estadounidenses dijo confiar en Japón.

Sin embargo, las diferencias entre las dos poblaciones pesan más que las similitudes. Los japoneses admiran a los estadounidenses por su forma de gobierno (63%), papel de líder mundial (84%), libertad de expresión (89%), variedad de estilos de vida (86%), tiempo libre (88%), y trato a las mujeres (68%),que es mucho más que la admiración de los estadounidenses a los japoneses (23, 31, 27, 25, 15 y 20%, respectivamente). Por otro lado, los estadounidenses admiran a los japoneses porque son industriosos (88%) y por sus instituciones educativas (71%), mucho más de lo que estos admiran a aquellos por las mismas características (27 y 48%, respectivamente). Es más, los estadounidenses consideran que los japoneses son sumamente competitivos, no son haraganes, son muy trabajadores, muy hábiles con las manos y muy bien educados, mientras que los japoneses consideran que los estadounidenses son moderadamente competitivos, un poco holgazanes, no muy trabajadores, poco hábiles con las manos y algo maleducados.

Por último, unos y otros ven algunas cuestiones comerciales de forma diferente. Los estadounidenses piensan que les va mal en Japón debido a restricciones al comercio, pero los de este país contestan que se debe a la baja calidad. Concretamente, dos tercios de aquellos piensan que la nación oriental aplica prácticas de comercio desleales porque no permite que los productos de Estados Unidos entren al país, mientras que sólo un tercio de los nipones piensa lo mismo. Además, la mitad de los orientales piensa que a las compañías estadounidenses les va mal en Japón principalmente porque sus productos no son tan buenos como los que fabrican las empresas japonesas. Solo 22% de los estadounidenses tiene esa misma opinión.

Preguntas del caso

1. ¿Qué información de este caso le ha tomado por sorpresa? ¿Por qué?

2. ¿Qué habilidades necesitaría un director estadounidense para hacer negocios en Japón? ¿Qué habilidades necesitaría uno japonés para hacer negocios en Estados Unidos?

3. ¿Cuál de las capacidades antes mencionadas piensa que usted ya posee? ¿Cuáles destrezas piensa que le costaría más trabajo desarrollar?

4. Si laborara en una compañía estadounidense y le asignaran a un puesto en Japón, ¿qué preparativos haría para tener pocos o ningún problema de comunicación?

Vea en línea

USAR

Referencias del caso

Editorial, "In Japan We Trust", *The Japan Times*, 21 de junio de 2009, http://search.japantimes.co.jp/cgi-bin/ed20090621a1.html; Michael Haugh, "Japanese and Non-Japanese Perceptions of Japanese Communication", *New Zealand Journal of Asian Studies*, 5, 1 de junio de 2003, pp. 156-177; "Hey, Japan! Here's a Survey!", *Industry Week*, 17 de febrero de 1992, pp. 58-60; "Japan in the Mind of America", *Time*, 10 de febrero de 1992, pp. 16-20; "America in the Mind of Japan", *Time*, 10 de febrero de 1992, p. 20-23.

VIOLENCIA EN EL CENTRO DE TRABAJO

En los últimos 25 años del siglo xx, la violencia en el centro de trabajo aumentó con rapidez, tanto que ahora es cosa común en Estados Unidos. Por ejemplo, de 1997 a 2007 (el año más reciente del que existe información), en el país se registraron 7 000 homicidios ocupacionales, según el Bureau of Labor Statistics. La mayor parte fueron robos, pero más de mil implicaron a compañeros de trabajo. Los empleados despedidos, los muy estresados y los clientes insatisfechos están recurriendo a los ataques con insultos, peleas a golpes, amenazsa con cuchillos e incluso armas de fuego para solucionar agravios reales o imaginarios.

Muchos de los trabajadores violentos son hombres blancos de mediana edad que sienten que sus años de servicios son ignorados para dejar pasar a jóvenes menos calificados o incluso a personal de minorías. Tal vez vivan solos, se hayan mudado recientemente o estén sufriendo una separación, un divorcio o el fallecimiento de alguien cercano. Su trabajo es su principal vínculo social y les proporciona el escaso significado que tienen sus vidas. En Estados Unidos, con el incremento en la tasa de divorcios, la mayor movilidad y la pérdida de pertenencia a la iglesia o el barrio, muchas personas encajan en esta descripción. El traslado de empleos al exterior y las malas condiciones económicas contribuyen a exacerbar el potencial para la violencia.

De acuerdo con la Occupational Safety and Health Act de 1970 (Sección 5(a)(1), el gobierno de Estados Unidos requiere que las organizaciones ofrezcan un lugar laboral "sin peligros reconocidos" que puedan provocar la muerte o daños físicos graves a los empleados. Por lo tanto, los directores deben tomar medidas razonables para asegurar que los empleados, los clientes y los asociados del negocio estén protegidos. Los directores o gerentes deben repasar los programas de seguridad y vigilancia para asegurarse de que protejan adecuadamente sus activos. Los pleitos laborales, en particular si son por agravios a los trabajadores, podrían llevar a algunos huelguistas a realizar actos de sabotaje o vandalismo contra los bienes. Para evitar la violencia, los directores deben emplear una comunicación consistente y comprensiva cuando informan a las personas que serán despedidas. El paso más importante que deben dar los directores es desarrollar y practicar políticas de comunicación diseñadas para desmotivar las situaciones volátiles antes de que conduzcan a la violencia. Deben prohibir las amenazas y la intimidación. Deben investigar a la brevedad los reportes de posible violencia. Deben proporcionar salidas para que el personal externe sus sentimientos y frustraciones. Deben preparar un plan de emergencia, que incluya algunas maneras de proteger los predios, para lidiar con la violencia de ser el caso.

La comunicación es fundamental para manejar la violencia en el centro de trabajo. Los profesionales en recursos humanos (RH) que laboran en la organización, por lo general, son los más calificados para aportar las habilidades necesarias para lidiar con la violencia. Pueden contribuir a desarrollar programas para ayudar al personal despedido, como servicios de asesoría y colocación en otro lugar, programas de capacitación y otras formas de ayuda que pueden disminuir enormemente el riesgo de violencia en el centro de trabajo. Por desgracia, muchas empresas recortan sus departamentos de recursos humanos como uno de los primeros pasos para reducir costos, adelgazar la compañía y otros programas de reestructuración.

Preguntas del caso

Vea en línea

1. Este caso habla de desmotivar las situaciones volátiles antes de que conduzcan a violencia. ¿Cómo se puede hacer? ¿Qué habilidades se necesitarían para hacerlo?

2. ¿Qué habilidades para la comunicación se necesitan para reportar posibles incidentes de violencia en el centro de trabajo?

3. ¿Qué habilidades para la comunicación se necesitan para manejar una situación una vez que se ha presentado un incidente violento?

4. ¿En su opinión, de qué habilidades para la comunicación carece la mayor parte de los empleados o los directores para lidiar con la violencia en el centro laboral? ¿Por qué?

5. ¿Sus habilidades están a la altura de la tarea? Si usted experimenta u observa en el trabajo un encuentro que podría ser violento, ¿sería capaz de comunicarse con el agresor sin empeorar la situación?

6. Incluso ahora, en su escuela o empleo actual, ¿qué puede hacer para empezar a mejorar sus habilidades para lidiar con la posible violencia en el centro de trabajo?

Referencias del caso

David D. Van Fleet y Ella W. Van Fleet, *The Violence Volcano: Reducing the Risk of Workplace Violence*, Charlotte, Carolina del Norte, Information Age Publishing, 2010; "Recession fuels worries of U.S. workplace violence", 22 de agosto de 2009, uk.reuters.com/article/marketsNewsUS/idUKN2150174520090422?pageNumber=3; Christine Woolsey, "Workplace Security Plans Worth Employing", *Business Insurance*, 6 de junio de 1994, pp. 14-15; Roberta Maynard, "Avoiding Worker Violence over Terminations", *Nation's Business*, mayo de 1994, p. 13; Daniel Weisberg, "Preparing for the Unthinkable", *Management Review*, marzo de 1994, pp. 58-61; Jenny C. McCune, "The Age of Rage", *Small Business Reports*, marzo de 1994, pp. 35-41.

EXTIENDA SUS HABILIDADES PARA LA COMUNICACIÓN

Su profesor puede utilizar una o varias de estas **extensiones para el grupo** a efecto de brindarle otra oportunidad para desarrollar sus habilidades para administrar el tiempo. Por otro lado, usted puede seguir desarrollándolas por su cuenta mediante una o varias de las **extensiones individuales**.

Estas **extensiones para el grupo** se repiten exactamente de la misma forma para cada una de las siete habilidades específicas. Llevar a cabo la **extensión** exacta para las distintas capacidades le servirá para perfeccionar tanto estas como las diferencias sutiles que existen entre sí.

EXTENSIONES PARA EL GRUPO

- Forme equipos pequeños de estudiantes. Solicite a cada uno que escoja una organización y un puesto directivo. Después pídales que identifiquen las habilidades para la comunicación que necesitaría alguien en ese puesto.

- Arme equipos pequeños de alumnos. Indique a cada equipo que identifique un problema o una oportunidad que afronte una empresa u otra organización. Después dígales que señalen las habilidades para la comunicación que necesitarán los directores para lidiar con ese problema u oportunidad.

- Forme pequeños grupos de estudiantes. Haga que cada grupo identifique un problema o una oportunidad frente a una empresa u otra organización. Asigne a cada grupo la tarea de identificar las habilidades de comunicación necesarias por los administradores para hacer frente a ese problema u oportunidad.

- Forme equipos pequeños de estudiantes. Asigne a cada grupo una o varias compañías que deberán analizar. Indíqueles que identifiquen a los miembros del consejo directivo y que investiguen sus antecedentes. Después solicite que describan las habilidades para la comunicación que estos consejeros deben tener.

- Arme equipos pequeños de alumnos. Pida a cada conjunto que escoja un empleo común (por ejemplo, vendedor de tienda minorista, empleado de negocio de comida rápida). Pídales que describan las habilidades para la comunicación que ese trabajador debe tener para su puesto.

- Forme equipos pequeños de alumnos. Indíqueles que esbocen las habilidades para la comunicación que necesitarían si fueran a iniciar un tipo específico de negocio nuevo.

- Arme equipos pequeños de estudiantes. Solicite a cada conjunto que señale situaciones en las que se hayan encontrado recientemente y que hayan requerido el uso de sus habilidades para la comunicación.

EXTENSIONES INDIVIDUALES

- Acuda a la biblioteca e investigue una compañía. Determine su grado de eficacia y señale las habilidades para la comunicación que deben tener sus ejecutivos de nivel alto. Comparta sus resultados con el grupo.

- Escoja a un director muy visible y analice sus habilidades para la comunicación.

- Entreviste a un gerente de una organización local. Averigüe qué habilidades para la comunicación necesita para desempeñar su trabajo con eficacia.

- Piense en algún conocido suyo que sea ejecutivo de alto nivel. Describa el puesto directivo que ocupa en esa organización, al nivel que tiene en ella, y al área de la administración en la que trabaja. ¿Qué capacidades para la comunicación necesita ese sujeto para ser eficaz?

EXTENDER

- Concentrándose en las habilidades para la comunicación, planifique un cambio hipotético para su escuela.
- Busque en internet ejemplos de capacidades para la comunicación en la administración y compare lo que encuentre con la información que presentamos aquí.
- Se cuenta que Tom Peters, un famoso gurú de la administración, dijo en cierta ocasión: "La comunicación es la panacea de todos para todo". ¿Qué significado tienen esas palabras para usted?

SUS HABILIDADES ACTUALES PARA LA COMUNICACIÓN

EVALUACIÓN DE SUS HABILIDADES PARA LA COMUNICACIÓN

Ha terminado el capítulo 7 y ha llegado el momento de volver a evaluar sus habilidades para la comunicación. Para ello, conteste el instrumento siguiente. Piense en su situación o su empleo actuales, o en la organización a la que pertenece. Responda pensando en su circunstancia presente y no en lo que supone que deberían contestar usted o cualquier administrador o director. Si el enunciado no corresponde a su situación actual, responda en función de lo que piensa que sería el caso si estuviese en esa circunstancia.

Use la escala siguiente para responder:

1	**2**	**3**	**4**	**5**
Definitivamente no	Más bien no	A veces sí y a veces no	Más bien sí	Definitivamente sí

Sume sus puntos y anote el total en la tabla que presentamos al final del instrumento.

Dado que muchos expertos sugieren que las evaluaciones del desempeño usen la retroalimentación de 360°, usted quizá considere conveniente saber lo que otros piensan de sus habilidades para la comunicación. Su profesor le puede proporcionar una forma que está diseñada para que la contesten otros y, cuando la hayan respondido, anote también esas calificaciones en la tabla. Fíjese en las áreas en las que existe gran diferencia entre su visión y la de otros y dedique más tiempo a desarrollar las habilidades que ellos indican.

HABILIDADES PARA LA COMUNICACIÓN

(Nota: Los números corresponden a los de la evaluación básica que presenta el apéndice A).

_____ 201. Percibo con exactitud los mensajes no verbales.

_____ 202. Pido a otros que me aconsejen.

_____ 203. Es fácil trabajar conmigo.

_____ 204. Soy un magnífico comunicador.

_____ 205. Estoy consciente de mis reacciones emocionales ante el contenido de una conversación.

_____ 206. Estoy consciente de las reacciones emocionales de otros ante el contenido de una conversación.

_____ 207. Puedo editar documentos escritos.

_____ 208. Mi comunicación oral es clara e inteligible.

_____ 209. Expreso muy bien mis ideas.

_____ 210. Soy muy bueno para negociar.

_____ 211. Soy muy bueno para persuadir.

_____ 212. Soy muy bueno para reportar información.

_____ 213. Soy muy bueno para enseñar.

_____ 214. Cuando no entiendo lo que dice alguien, le pido que me explique.

_____ 215. Puedo describir con precisión lo que siento.

_____ 216. Puedo ser contundente y persuasivo con mi comunicación oral.

_____ 217. Puedo facilitar las discusiones de grupo.

_____ 218. Puedo entrevistar bastante bien.

_____ 219. Puedo preparar informes escritos con facilidad y rapidez.

_____ 220. Puedo proporcionar retroalimentación adecuada.

_____ 221. Me puedo relacionar bien con distintos tipos de personas.

_____ 222. Puedo hablar con eficacia delante de un grupo.

_____ 223. Puedo trabajar solo o con otros.

_____ 224. Dirijo a otros para ayudarles.

_____ 225. Hago preguntas para contribuir a la comprensión.

_____ 226. Aconsejo a otros para ayudarlos.

_____ 227. Enfrento con calma las situaciones difíciles.

_____ 228. Cuando me critican no me pongo a la defensiva.

_____ 229. Propicio que quienes me rodean se sientan en libertad de decir lo que piensan, aunque sus opiniones sean agresivas.

_____ 230. Me gusta formar parte de un grupo.

_____ 231. Me gusta estar con otros.

_____ 232. Se me facilita expresar lo que pienso.

_____ 233. Puedo ver las cosas desde el punto de vista de otros.

_____ 234. Por lo general, encuentro que lo que dicen otros es interesante.

_____ 235. Por lo general, consigo transmitir mi punto de vista cuando hablo.

_____ 236. Por lo general, escucho sin interrumpir.

_____ 237. Mantengo a otros actualizados respecto a la información y los cambios.

_____ 238. Comunico a otros que se verán afectados por algo que estoy haciendo.

_____ 239. Escucho con atención.

_____ 240. Cuando estoy con otros hablo menos y escucho más.

_____ 241. Escucho las desavenencias de otros.

_____ 242. Escucho las preocupaciones de otros.

_____ 243. Escucho las opiniones y las ideas de otros.

_____ 244. Escucho lo que quiere hacer el equipo.

_____ 245. Escucho bien cuando estoy en situaciones de grupo.

_____ 246. Cuando hago una presentación, produzco una buena impresión.

_____ 247. Expreso mis opiniones sin ser impositivo.

_____ 248. Me aseguro de no provocar "sorpresas" en las personas.

_____ 249. Proporciono retroalimentación clara y específica.

_____ 250. Proporciono retroalimentación ligada a un desempeño o una conducta particulares.

_____ 251. Rara vez me enfrasco en discusiones.

_____ 252. Pongo el ejemplo del tesón con el que deben trabajar las personas de mi organización.

_____ 253. Hablo con eficacia.

_____ 254. Expongo mis opiniones de forma clara y concisa cuando hablo con otros

_____ 255. Procuro estar en redes sociales para estar al tanto de información importante.

_____ 256. Enseño a otros a hacer sus tareas.

_____ 257. Soy muy bueno para hablar.

SUS HABILIDADES AHORA

_____ 258. Proporciono mucha información a otros.

_____ 259. Procuro dejar que otros digan lo que piensan.

_____ 260. Intento nunca estar tan ocupado que no pueda escuchar los problemas y las preocupaciones de otros.

_____ 261. Cuando asigno tareas, procuro explicar con claridad los resultados que deseo.

_____ 262. Procuro averiguar lo que piensan otros antes de sacar conclusiones.

_____ 263. Procuro proporcionar retroalimentación que ayude a las personas a resolver sus problemas.

_____ 264. Procuro identificar el "verdadero" mensaje de la comunicación de otros.

_____ 265. Procuro proporcionar información sobre los problemas y no sobre las características personales.

_____ 266. Procuro ponerme en el lugar de los otros cuando hablo con ellos.

_____ 267. Procuro responder de forma útil a los individuos.

_____ 268. Uso bien la gramática.

_____ 269. Acepto bien las opiniones de otros.

_____ 270. Escribo de forma clara y concisa.

Resumen de sus calificaciones

Habilidad (calificación máxima posible)	**Su calificación actual**	**Las calificaciones de otros**	**Su calificación en el capítulo 1**
Comunicación (350)			

Interpretación de sus calificaciones

Compare su calificación con la que obtuvo en la evaluación inicial del capítulo 1. Si su calificación ha mejorado poco o nada, debería estudiar el mismo conjunto de incisos de la evaluación de las **habilidades para administrar** del capítulo 1 y comparar cada uno de ellos para saber dónde ha habido un cambio o no. Debe dedicar más tiempo a desarrollar las capacidades particulares en las que el cambio ha disminuido o permanecido igual.

INTERPRETACIONES

INTERPRETAR

SONDEO DE LAS HABILIDADES PARA LA COMUNICACIÓN

No hay mayor interpretación. Los totales de las columnas indican la medida en que usa con eficacia cada tipo de comunicación. Una calificación más alta señala que las habilidades son mejores.

CONOZCA SU ESTILO DE COMUNICACIÓN

Conocer su estilo de comunicación le servirá para saber cómo lo ven otros. También sabrá cómo cambiar o modificar su estilo para que se ciña mejor a circunstancias particulares.

Esta evaluación emplea tres estilos básicos.

- El agresivo: indicado por los puntos de la calificación G (total de los enunciados 1-20).
- El pasivo: indicado por los puntos de la calificación P (total de los enunciados 21-40).
- El asertivo: indicado por los puntos de la calificación S (total de los enunciados 41-60).

La **comunicación agresiva** es un estilo que se concentra en el "yo" más que en el "ellos" o los "asuntos". Los comunicadores agresivos pueden ser abruptos, dominantes y hasta abusivos. Este estilo aleja a los otros y, por lo mismo, no conduce a relaciones positivas a largo plazo. Los agresivos culpan a otros y, por lo general, niegan sus propias fallas.

La **comunicación pasiva** es un estilo evasivo. Los comunicadores pasivos, por lo habitual, no responden a las situaciones negativas y, en cambio, "se tragan" sus emociones. Acumulan sus sentimientos con el paso del tiempo y eso puede llevar a explosiones y a violencia. Estas personas se vuelven dependientes de otras y a veces hasta promueven las "causas" de otros.

La **comunicación asertiva** es un estilo que se concentra en la apertura para expresar los sentimientos. Los comunicadores asertivos comprenden los deseos y los sentimientos propios y los de otros. Toman con rapidez decisiones informadas, en especial en situaciones de urgencia.

CUESTIONARIO DE RETROALIMENTACIÓN DE LAS HABILIDADES

El total de puntos de los 15 enunciados es su calificación de la habilidad para la retroalimentación. Los puntajes van de 15 a 75.

Las calificaciones más altas indican que la habilidad para proporcionar retroalimentación a otros es mejor.

DIFERENCIAS DE GÉNERO EN LA COMUNICACIÓN

Las respuestas siguientes están basadas en Y.K. Fulbright, "Male-Female Communication Debunking the Mars-Venus Myth", *The Huffington Post*, 2011, en www.huffingtonpost.com, (visitado el 7 de noviembre de 2011); D. Cameron, *The Myth of Mars and Venus*, Oxford University Press, 2007; y S. Poole, *The Guardian*, 19 de octubre de 2007, en http://www.guardian.co.uk (visitado el 7 de noviembre de 2011).

1. Los hombres y las mujeres se comunican de forma diferente.
   Los estudios demuestran que existe una yuxtaposición de 99.7% en la forma de comunicarse de ellos y ellas. Cameron sugiere que las mujeres sonríen más y tienen menos faltas de ortografía, pero eso marca una diferencia muy pequeña en su estilo comunicativo.
2. Los hombres interrumpen más que las mujeres.
   Las mujeres interrumpen tanto como los hombres. Cameron sugiere que el momento y la forma de interrumpir de las personas es cuestión de poder y de relaciones sociales, pero no de género.
3. Los hombres y las mujeres tienen habilidades lingüísticas muy diferentes.
   Según las investigaciones más recientes, las habilidades lingüísticas de hombres y mujeres son casi idénticas.
4. Los hombres son más agresivos y llevan las cosas más lejos.
   Sí, pero se presenta más variación en los grupos que entre ellos. Algunas mujeres superan a los hombres con claridad, por lo cual el hecho de que el promedio sea más alto para los hombres carece de valor práctico.
5. EL cerebro de los hombres funciona diferente que el de las mujeres en cuestiones de lenguaje.
   Existe evidencia de que, al parecer, sí hay una diferencia neurológica entre los hombres y las mujeres. Sin embargo, Cameron argumenta que la diferencia casi no afecta la forma en que los hombres y las mujeres se comunican.

INTERPRETAR

6. Las mujeres hablan más que los hombres.

No es cierto. La revisión de más de 56 estudios dio como resultado que en 34 de ellos los hombres hablaban más que las mujeres y solo en dos fue al contrario. Estudios recientes indican que los dos géneros hablan casi el mismo número de palabras al día.

7. Las mujeres tienen más habilidades verbales que los hombres.

Un metaanálisis realizado en 2005 por Janet Shibley ("The Gender Similarities Hypothesis", *American Psychologist*, vol. 60, núm. 6, septiembre de 2005, pp. 581-592) encontró un efecto moderado a favor de las mujeres, pero también halló que había un efecto casi nulo en comprensión de lectura, vocabulario y razonamiento verbal.

8. Las mujeres usan el lenguaje de cooperación porque prefieren la armonía y la igualdad.

El metaanálisis de Hyde encontró un efecto moderado en el caso de las mujeres cuando se trata de sonreír durante las conversaciones y efectos pequeños para ellas en algunas otras áreas del habla, pero la evidencia no necesariamente apoya la idea de que estas diferencias son de naturaleza genética.

9. Las mujeres buscan conectarse con otros, pero los hombres usan el lenguaje con la intención de lograr cosas.

Cuando los hombres y las mujeres están desempeñando las mismas actividades o funciones no se ha observado diferencia alguna. Las diferencias reportadas indican que los géneros quizá tengan diferencias cuando se dedican a actividades diferentes o desempeñan papeles distintos.

10. Los hombres son más directos y menos corteses al comunicarse.

De nueva cuenta, el metaanálisis de Hyde sólo encontró un efecto muy pequeño a favor de los hombres en el caso de un discurso asertivo. Además, como señalamos antes, existe tanta o más variación en cada uno de los géneros que cuando se comparan los géneros.

Para otras investigaciones del tema vea:

J. Gray, *Men are from Mars, Women Are from Venus: A Practical Guide for Improving Communication and Getting What You Want in Your Relationships*, Nueva York, HarperCollins Publishers, 1992.

L. Hirshman, "Female-male differences in conversational interaction", *Language in Society*, 23, 1994, pp. 427-442.

D. Tannen, *You Just Don't Understand: Women and Men in Conversation*, Nueva York, William Morrow, 1990.

B. Thorne, *Gender Play: Girls and Boys in School*, New Brunswick, Nueva Jersey, Rutgers University Press, 1993.

INTERPRETAR

NOTAS

[1] Henry Mintzberg, *The Nature of Managerial Work*, Nueva York, Harper & Row, 1973.

[2] *Ibid.*

[3] Batia M. Wiesenfeld, Sumita Charan y Raghu Carud, "Communication Patterns as Determinants of Organizational Identification in a Virtual Organization", *Organization Science*, 1999, vol. 10, núm 6, pp. 777-790.

[4] *Fortune*, 6 de julio de 2010, p. 44.

[5] Bruce Barry e Ingrid Fuhner, "The Medium and the Message: The Adaptive Use of Communication Media in Dyadic Influence", *Academy of Management Review*, 2004, vol. 29, núm 2, pp. 272-292.

[6] Mintzberg, *The Nature of Managerial Work*.

[7] Reid Buckley, "When You Have to Put It to Them", *Across the Board*, octubre de 1999, pp. 44-48.

[8] "Did I Just Say That?!" How to Recover from Foot-in-Mouth", *The Wall Street Journal*, 19 de junio de 2002, p. B1.

[9] "Executives Who Dread Public Speaking Learn to Keep Their Cool in the Spotlight", *The Wall Street Journal*, 4 de mayo de 1990, pp. B1 y B6.

[10] Mintzberg, *The Nature of Managerial Work*.

[11] Buckley, "When You Have to Put It to Them".

[12] "Watch What You Put in The Office E-mail", *BusinessWeek*, 30 de septiembre de 2002, pp. 114-115.

[13] Nicholas Varchaver, "The Perils of E-mail", *Fortune*, 17 de febrero de 2003, pp. 96-102; "How a String of E-Mail Came to Haunt CSFB and Star Banker", *The Wall Street Journal*, 28 de febrero de 2003, pp. A1 y A6; "How Morgan Stanley Botched a Big Case by Fumbling E-mails", *The Wall Street Journal*, 16 de mayo de 2005, pp. A1 y A10.

[14] *Fortune*, 12 de diciembre de 2005, inserto sobre el liderazgo sin número.

[15] A Vavelas, "Communication Patterns in Task-Oriented Groups", *Journal of the Accoustical Society of America*, 1950, vol. 22, pp. 725-730; Jerry Wofford, Edwin Gerloff y Robert Cummins, *Organizational Communication*, Nueva York, McGraw-Hill, 1977.

[16] Nelson Phillips y John Brown, "Analyzing Communications in and Around Organizations: A Critical Hermeneutic Approach", *Academy of Management Journal*, 1993, vol. 36, núm 6, pp. 1547-1576.

[17] Walter Kiechel III, "Breaking Bad News to the Boss", *Fortune*, 9 de abril de 1990, pp. 111-112.

[18] Mary Young y James Post, "How Leading Companies Communicate with Employees", *Organizational Dynamics*, verano de 1993, pp. 31-43.

[19] Para un ejemplo vea Kimberly D. Elsbach y Greg Elofson, "How the Packaging of Decision Explanations Affects Perceptions of Trustworthiness", *Academy of Management Journal*, 2000, vol. 43, núm 1, pp. 80-89.

[20] Kristin Byron, "Carrying Too Heavy a Load? The Communication and Miscommunication of Emotion by E-mail", *Academy of Management Review*, 2008, vol. 33, núm 2, pp. 309-327.

[21] "Those Bawdy E-Mails Were Good for a Laugh-Until the Ax Fell", *The Wall Street Journal*, 4 de febrero de 2000, pp. A1 y A8.

[22] Keith Davis, "Management Communication and the Grapevine", *Harvard Business Review*, septiembre-octubre de 1953, pp. 43-49.

[23] "Spread the Word: Gossip Is Good", *The Wall Street Journal*, 4 de octubre de 1988, p. B1.

[24] David M. Schweiger y Angelo S. DeNisi, "Communication with Employees Following a Merger: A Longitudinal Field Experiment", *Academy of Management Journal*, marzo de 1991, pp. 110-135.

[25] "Job Fears Make Offices All Fears", *The Wall Street Journal*, 20 de enero de 2009, p. B7.

[26] Nancy B. Kurland y Lisa Hope Pelled, "Passing the Word: Toward a Model of Gossip and Power in the Workplace", *Academy of Management Review*, 2000, vol. 25, núm 2, pp. 428-438.

[27] Tom Peters y Nancy Austin, *A Passion for Excellence*, Nueva York, Random House, 1985.

[28] Albert Mehrabian, *Non-verbal Communication*, Chicago, Aldine, 1972.

[29] Michael B. McCaskey, "The Hidden Messages Managers Send", *Harvard Business Review*, noviembre-diciembre de 1979, pp. 135-148.

[30] Suzanne Kapner, "Changing of the Guard at Wal-Mart", *Fortune*, 2 de marzo de 2000, pp. 68-76.

[31] David Givens, "What Body Language Can Tell You That Words Cannot", *U.S. News & World Report*, 19 de noviembre de 1984, p. 100.

[32] Edward J. Hall, *The Hidden Dimension*, Nueva York, Doubleday, 1966.

[33] Para una explicación detallada de cómo mejorar la eficacia de la comunicación vea Courtland L. Bovee, John V. Thill y Barbara E. Schatzman, *Business Communication Today*, 7ª ed., Upper Saddle River, Nueva Jersey, Prentice Hall, 2003.

[34] Otis W. Baskin y Craig E. Aronoff, *Interpersonal Communication in Organizations*, Glenview, Illinois, Scott Foresman, 1980.

[35] *BusinessWeek*, 22 de diciembre de 2008, p. 15.

[36] "You Have (Too Much) E-Mail", *USA Today*, 12 de marzo de 1999, p. 3B.

[37] Justin Fox, "The Triumph of English", *Fortune*, 18 de septiembre de 2000, pp. 209-212.

[38] Joseph Allen y Bennett P. Lientz, *Effective Business Communication*, Santa Monica, California, Goodyear, 1979.

[39] "Making Silence Your Ally", *Across the Board*, octubre de 1999, p. 11.

[40] Boyd A. Vander Houwen, "Less Talking, More Listening", *HR Magazine*, abril de 1997, pp. 53-58.

[41] Para una explicación de este tema y otros relacionados vea Eric M. Eisenberg y Marsha G. Witten, "Reconsidering Openness in Organizational Communication", *Academy of Management Review*, julio de 1987, pp. 418-426.

[42] Para una ilustración reciente vea Barbara Kellerman, "When Should a Leader Apologize-and When Not?", *Harvard Business Review*, abril de 2006, pp. 72-81.

CAPÍTULO

8

HABILIDADES DE TOMA DE DECISIONES

© iStockphoto.com/Steve Cole

Como dijimos en el capítulo 1, las habilidades de toma de decisiones se refieren a la capacidad de un director para reconocer y definir correctamente los problemas y las oportunidades y después para escoger un curso de acción adecuado para resolver problemas y capitalizar oportunidades. Este capítulo tiene por objeto ayudarle a desarrollar tales habilidades. Empezamos con cuatro evaluaciones de la toma de decisiones y después presentamos un texto con material detallado que le servirá para aprender más de esta importante capacidad. Al terminar la sección del texto presentamos varios casos y ejercicios que le serán útiles para desarrollar la toma eficaz de decisiones directivas y a dominarla.

EVALÚE SUS HABILIDADES DE TOMA DE DECISIONES

ESTILOS DE TOMA DE DECISIONES

Es evidente que tomar decisiones es importante. Sin embargo, los individuos tienen diferentes estilos para ello o las abordan de diferente manera. La evaluación que presentamos a continuación tiene por objeto ayudarle a saber cuál es su estilo personal de toma de decisiones.

Instrucciones:

Conteste los enunciados siguientes indicando la medida en que cada uno de ellos lo describe a usted. Marque con un círculo el inciso de la respuesta que represente mejor su autoevaluación.

1. En general, soy _____ para actuar.

   a) rápido   *b) medianamente rápido*   *c) lento*

2. Dedico _____ tiempo a tomar decisiones importantes que a hacerlo con otras menos importantes

   a) el mismo   *b) más*   *c) mucho más*

3. Cuando tomo decisiones _____ me quedo con la primera idea.

   a) por lo habitual   *b) en ocasiones*   *c) rara vez*

4. Cuando tomo decisiones _____ me preocupa equivocarme.

   a) rara vez   *b) en ocasiones*   *c) con frecuencia*

5. Cuando tomo decisiones _____ reviso mi trabajo más de una vez.

   a) rara vez   *b) en ocasiones*   *c) por lo habitual*

6. Cuando tomo decisiones primero reúno _____ información.

   a) poca   *b) algo de*   *c) mucha*

7. Cuando tomo decisiones considero _____ alternativas.

   a) unas cuantas   *b) bastantes*   *c) muchas*

8. Por lo habitual tomo decisiones _____ de la fecha límite

   a) mucho antes   *b) poco antes*   *c) justo antes*

9. Cuando tomo una decisión _____ busco otras alternativas y pienso que habría sido mejor esperar.

   a) rara vez   *b) en ocasiones*   *c) por lo habitual*

10. _____ lamento haber llevado a cabo una decisión.

    a) Rara vez   *b) En ocasiones*   *c) Con frecuencia*

Fuente: Adaptado de Robert N. Lussier, *Supervision: A Skill-Building Aporoach*, 2a ed., pp. 122-123, © 1994 de Richard D. Irwin, Inc. Reproducido con autorización de The McGraw-Hill Companies.

Vea las interpretaciones al final del capítulo.

MUESTRARIO DE CONTROL INTERNO Y EXTERNO

El locus de control de un director/gerente influye en gran medida en su forma de tomar decisiones. Julian E. Rotter creó una escala de 29 puntos para medir el grado de control interno (I) o externo (E) que caracteriza a una persona, prueba I-E, la cual se aplica con frecuencia. A continuación presentamos una muestra de algunos puntos tomados de una versión anterior de esa prueba.

Instrucciones: *En cada par de enunciados, marque con un círculo el que represente mejor lo que usted cree.*

Marque con un círculo el enunciado de la columna 1 o la 2.

Columna 1	Columna 2
1. Los ascensos se ganan con mucho trabajo y persistencia.	1. En gran medida, ganar mucho dinero es cuestión de encontrarse con las oportunidades correctas.
2. La experiencia me ha llevado a ver que suele existir una relación directa entre lo mucho que estudio y la calificación que obtengo.	2. En muchas ocasiones pienso que las reacciones de los profesores son aleatorias.
3. El número de divorcios indica que cada vez son más las personas que no están tratando de lograr que sus matrimonios funcionen.	3. En gran medida, casarse es jugársela.
4. Cuando tengo la razón, puedo convencer a otros.	4. Es tonto pensar que uno puede cambiar con facilidad las actitudes básicas de otra persona.
5. En nuestra sociedad, los posibles ingresos futuros de un hombre dependen de su capacidad.	5. En realidad, obtener un ascenso es cuestión de tener un poco más de suerte que otro individuo.
6. Si uno sabe tratar a las personas es en realidad bastante fácil dirigirlas.	6. Puedo influir muy poco en la conducta de otras personas.
7. En mi caso, las calificaciones que obtengo son resultado de mi esfuerzo, la suerte tiene poco o nada que ver con ellas.	7. En ocasiones pienso que no tengo mucha injerencia en las calificaciones que obtengo.
8. Las personas como yo podemos cambiar el curso de los asuntos mundiales si hacemos que se escuche nuestra voz.	8. Es verdaderamente iluso pensar que uno puede influir en lo que sucede en la sociedad en general.
9. Soy dueño de mi destino.	9. Mucho de lo que me sucede es probablemente cuestión de suerte.
10. Llevarse bien con las personas es una habilidad que necesita práctica.	10. Es prácticamente imposible saber cómo puedo complacer a ciertas personas.

Calificación:

Cuente el número de enunciados que marcó con un círculo en la columna 1: _____ (0-10).

Cuente el número de enunciados que marcó con un círculo en la columna 2: _____ (0-10).

Interprete su calificación: Tanto más alto sea su puntaje en la columna 1, tanto mayor será su propensión a tener un locus de control <u>interno</u>. Tanto mayor sea su calificación en la columna 2, tanto mayor será su propensión a tener un locus de control <u>externo</u>.

Fuente: Julian E. Rotter, "External Control and Internal Control", *Psychology Today*, 5, núm. 1, junio de 1971, p. 12. Reproducido con autorización de la revista *Psychology Today*, ©1971 PT PARTNERS, LP.

Vea las interpretaciones al final del capítulo.

CUESTIONARIO SOBRE EL ESTILO DE TOMA DE DECISIONES

Una de las habilidades fundamentales que necesitan todos los directores/gerentes es la que usan para resolver problemas. A la vez, una de las características básicas de la resolución de problemas es la forma que ellos escogen para reunir y evaluar la información. Esta autoevaluación le ayudará a conocer cuál es el estilo que usted prefiere para resolver problemas.

Instrucciones:

Marque la respuesta que describe sus intereses y conductas habituales. Las preguntas no tienen contestaciones correctas o incorrectas. En cada pregunta, indique cuál de las dos alternativas le caracteriza mejor. Si bien, anticipamos que esto sucedería, procure escoger el enunciado que representa relativamente mejor lo que usted hace o piensa en su vida diaria. Trabajará con pares de enunciados y tendrá 5 puntos a su disposición para repartirlos entre ellos. Puede dividir los puntos entre cada enunciado A y B en alguna de las combinaciones siguientes de los pares.

- *Si A lo caracteriza contundentemente y B no lo caracteriza en absoluto, en su hoja de respuestas anote un 5 debajo de A y un 0 debajo de B.*

A	B
5	0

- *Si A lo caracteriza considerablemente más y B lo caracteriza más bien menos, escriba en su hoja de respuestas un 4 debajo de A y un 1 debajo de B.*

A	B
4	1

- *Si A lo caracteriza poco más que B, en su hoja de respuestas ponga un 3 debajo de A y un 2 debajo de B.*

A	B
3	2

- *También puede usar cada una de las tres combinaciones anteriores a la inversa. Por ejemplo, si piensa que B lo caracteriza ligeramente más que A, en su hoja de respuestas anote un 2 debajo de A y un 3 debajo de B (y así sucesivamente en el caso de A = 1 y B = 4; o A = 0 y B = 5).*

A	B
2	3

No olvide que los números que asigne a cada par deben sumar 5 puntos. Relacione a su conducta cada pregunta del índice. Recuerde, no hay respuestas correctas ni incorrectas. Los intentos por presentar una "correcta" simplemente distorsionan el significado de sus respuestas y provocan que el resultado del inventario pierda todo su valor.

Preguntas	Calificación
1. Usted es más bien A) pragmático B) idealista	A | B
2. A usted le imponen más A) las normas B) los sentimientos	A | B
3. A usted le interesa más aquello que A) lo convence con hechos B) conmueve sus emociones	A | B
4. Para usted es peor A) ser práctico B) seguir una rutina aburrida	A | B
5. Usted se siente más atraído por A) alguien que tiene sentido común B) alguien que es creativo	A | B
6. Para juzgar a otros, se inclina más hacia A) las reglas B) la situación	A | B
7. A usted le interesa más A) lo que ha sucedido B) lo que podría suceder	A | B
8. Es más frecuente que usted tenga A) su pensamiento en lo que hace al momento B) emociones al rojo vivo	A | B
9. Usted es más bien A) una persona realista B) una persona imaginativa	A | B
10. Usted es más A) fiel B) lógico	A | B
11. Usted se inclina más A) a la acción B) a la creación	A | B

12. Usted se deja guiar más
   A) por el cerebro
   B) por el corazón

   A | B

13. A usted lo enorgullece
   A) su sentido realista
   B) su capacidad de imaginación

   A | B

14. Para usted es un cumplido personal más grande que le digan que
   A) sus razonamientos son congruentes
   B) es muy considerado con los demás

   A | B

15. Usted se siente más atraído por
   A) lo básico
   B) las implicaciones

   A | B

16. Considera que es mejor ser
   A) justo
   B) sentimental

   A | B

17. Usted prefiere estar con
   A) personas realistas
   B) personas idealistas

   A | B

18. Usted se calificaría como una persona
   A) dura
   B) blanda

   A | B

19. Sus amigos dirían que usted es
   A) una persona rebosante de ideas nuevas
   B) una persona realista

   A | B

20. Cree que es mejor que piensen que es una persona que tiene
   A) sentimientos
   B) una congruencia razonable

   A | B

Calificación:

1) *En las columnas correspondientes que presentamos a continuación anote los números de las respuestas a los 20 enunciados y sume a continuación los puntos de cada columna para obtener una calificación total para A y una para B.*

	Columna				Columna	
	I	**II**			**III**	**IV**
Preguntas	**A**	**B**		**Preguntas**	**A**	**B**
1.	____	____		2.	____	____
3.	____	____		4.	____	____
5.	____	____		6.	____	____
7.	____	____		8.	____	____
9.	____	____		10.	____	____
11.	____	____		12.	____	____
13.	____	____		14.	____	____
15.	____	____		16.	____	____
17.	____	____		18.	____	____
19.	____	____		20.	____	____
Total	____	____		**Total**	____	____
	S	**N**			**T**	**F**

2) *Compare el total de la columna I y el de la II. Si tiene un total de puntos más alto en A o si los dos son iguales, marque con un círculo la "S". Si su total de puntos es más alto en B, marque con un círculo la letra "N".*

3) *Compare el total de la columna III y el de la IV. Si tiene un total de puntos más alto en A, marque con un círculo la letra "T". Si tiene un total de puntos más alto en B, o si el de A y de B son iguales, marque con un círculo la letra "T".*

Vea las interpretaciones al final del capítulo.

SU ESTILO DE TOMA DE DECISIONES

Es evidente que la habilidad de toma de decisiones importa a todos los directores. El grado de preparación, la medida en que las personas dependen de la información y la estructura, y las influencias que recaen en estos modelos para tomar decisiones se determinan muchas veces por el estilo que las personas propenden a usar con más frecuencia. El *Inventario del estilo para decidir* (Rowe, Mason, Dickel, Mann y Mockler, 1994) emplea un sencillo cuestionario para determinar cuál es el estilo que domina. La técnica gira en torno a la forma en que preferimos reunir y usar la información, entre otras cosas. Una vez que nos conocemos y nos comprendemos a nosotros mismos, podremos empezar a entender el estilo de otros.

Instrucciones:

Conteste el cuestionario siguiente. Lea cada uno de los enunciados del lado izquierdo de la hoja y anote cada respuesta en la misma línea, basándose en la alternativa que considera que se acerca más a su forma de pensar o de sentir. Conteste cada cuestionamiento asignándole valores de la manera siguiente:

| 8 | 4 | 2 | 1 |

Más como soy   Menos como soy

Por ejemplo, en el primer enunciado una persona podría asignar 8 a "ser reconocido por mi trabajo", un 4 "tener un puesto con estatus", un 2 a "sentirme seguro", y un 1 a "sobresalir en mi campo". Recuerde que solo puede asignar cada calificación una vez en cada pregunta. Es decir, debe usar los cuatro números (8, 4, 2, 1) en cada una, pero no repetir alguno de ellos en la misma. Por lo tanto, dos 8 o dos 2 no serían una contestación correcta para un cuestionamiento cualquiera. Más adelante le presentaremos una interpretación de las calificaciones.

No hay respuestas correctas o incorrectas. Cada persona es diferente y, por lo tanto, calificará los enunciados de manera diversa. En general, la primera respuesta que le venga a la mente será la mejor para anotar. Su calificación refleja cómo se ve a sí mismo y no lo que usted piensa que es lo correcto o lo deseable para su situación laboral. Cubre decisiones típicas que toma en su contexto laboral.

EVALUAR

Pregunta	Columna 1	Columna 2	Columna 3	Columna 4
1. Mi principal objetivo es	Ocupar un puesto con estatus	Ser el mejor en mi campo	Obtener reconocimiento por mi trabajo	Sentir seguridad de empleo
2. Me gustan los empleos	Técnicos y bien definidos	Que tienen bastante variedad	Que me permiten actuar de forma independiente	Que involucran a las personas
3. Espero que las personas que trabajan para mí sean	Productivas y veloces	Muy capaces	Comprometidas y con capacidad de respuesta	Buenas para recibir sugerencias
4. De mi empleo espero obtener	Resultados prácticos	Las mejores soluciones	Planteamientos o ideas nuevas	Un buen ambiente de trabajo
5. Me comunico mejor con otros	Directamente, de uno a uno	Por escrito	Con una discusión de grupo	En una junta formal
6. En mis planes pongo énfasis en	Los problemas presentes	Cumplir los objetivos	Las metas futuras	Desarrollar la carrera de las personas
7. Cuando tengo que resolver un problema	Recurro a planteamientos probados	Hago análisis cuidadosos	Busco planteamientos creativos	Recurro a lo que siento
8. Cuando uso información, prefiero	Datos específicos	Datos exactos y completos	Cobertura amplia de muchas opciones	Pocos datos que se entiendan con facilidad
9. Cuando no estoy seguro de lo que hago	Dependo de mi intuición	Busco información	Busco llegar a un posible punto medio	Espero antes de tomar una decisión
10. En la medida de lo posible evito	Los debates largos	No terminar el trabajo	Usar números o fórmulas	Entrar en conflicto con otros
11. Soy muy bueno para	Recordar fechas y datos	Resolver problemas difíciles	Vislumbrar muchas posibilidades	Interaccionar con otros
12. Cuando el tiempo es importante	Decido y actúo con rapidez	Me sujeto a planes y prioridades	Me niego a ser presionado	Busco apoyo o la guía de alguien
13. En contextos sociales, por lo general	Hablo con otros	Pienso en lo que se está diciendo	Observo lo que está sucediendo	Escucho la conversación
14. Soy muy bueno para recordar	El nombre de las personas	Los lugares donde conocí a las personas	Los rostros de las personas	La personalidad de los individuos
15. El trabajo que desarrollo me proporciona	Poder para influir en otros	Asignaciones desafiantes	La posibilidad de alcanzar mis metas personales	La aceptación del grupo
16. Trabajo bien con personas que	Están llenas de energía y son ambiciosas	Tienen confianza en sí mismas	Tienen una mentalidad abierta	Son educadas y confiables
17. Cuando estoy sujeto a estrés	Me siento ansioso	Me concentro en el problema	Me siento frustrado	Soy olvidadizo
18. Soy considerado por otros	Agresivo	Disciplinado	Imaginativo	Solidario
19. Mis decisiones suelen ser	Realistas y directas	Sistemáticas o abstractas	Amplias y flexibles	Sensibles a las necesidades de los demás
20. Me desagrada	Perder el control	El trabajo aburrido	Seguir las reglas	Ser rechazado
	Columna 1 Total	**Columna 2 Total**	**Columna 3 Total**	**Columna 4 Total**

Calificación:

Cuando acabe de calificar todas las preguntas, sume el total de las cuatro columnas. A continuación anote los puntajes de cada columna en el cuadro que presentamos a continuación.

Total de la columna 2	Total de la columna 3	Columnas (2 + 3)
────	────	────
ANALÍTICO	**CONCEPTUAL**	**PENSADOR**
Total de la columna 1	Total de la columna 4	Columnas (1 + 4)
────	────	────
DIRIGENTE	**CONDUCTUAL**	**ACTUANTE**
(Columnas 2 + 1)	(Columnas 3 + 4)	
────	────	
ORIENTADO A LAS TAREAS	**ORIENTADO A LAS PERSONAS**	

Fuente: Adaptado de una actividad de aprendizaje diseñada por Sharon Gerstmeier (Strategic Learning Partnerships), 1994, basado en una obra de Rowe, Mason, Dickel, Mann y Mockler, *Decision Style Inventory*, A.J. Rowe, R.O. Mason, K.E. Dickel, 1993, *Strategic Management: A Methodological Approach*. Derechos © 1983 de Alan J. Rowe.

Vea las interpretaciones al final del capítulo.

ENTRE EN Griffin/VanFleet Assessment Library para ver las versiones en línea de esta evaluación y otras más.*

─────────────

*Este material se encuentra disponible en inglés.

APRENDA ACERCA DE LAS HABILIDADES DE TOMA DE DECISIONES

Las **habilidades de toma de decisiones** se refieren a la capacidad de un director/gerente para reconocer y definir con exactitud tanto problemas como oportunidades a efecto de después escoger un curso de acción adecuado para resolver los problemas y capitalizar las oportunidades. Este capítulo le ayudará a comprender mejor cómo toman decisiones los dirigentes y le proporcionará una guía para aumentar la probabilidad de que sean buenas. Hablaremos del planteamiento racional para tomarlas y describiremos varias fuerzas y procesos conductuales que muchas veces limitan o frenan la racionalidad. También estudiaremos la toma de decisiones participativa y en grupo además de revisar cómo es la que se llevará a cabo durante una crisis. Conforme vaya conociendo las distintas perspectivas del tema cabe esperar que sus habilidades para esa acción vayan mejorando. Para empezar, presentaremos algunas definiciones y explicaremos el contexto para la toma de decisiones directiva.

EL CONTEXTO PARA LA TOMA DE DECISIONES

Ahora que empieza a conocer la toma de decisiones es importante que reconozca que esta se puede referir a un acto específico o a un proceso general. La **toma de decisiones** se refiere al acto de escoger una alternativa de entre un conjunto de ellas. Sin embargo, el proceso que conlleva es mucho más que eso. Por ejemplo, un paso del proceso implica que quien las lleva a cabo reconozca que se requiere determinada decisión y que identifique una serie de alternativas viables antes de escoger alguna. Por ende, el **proceso de la toma de decisiones** implica reconocer y definir la índole de la situación de la decisión, identificar alternativas, escoger la "mejor" de ellas y ponerla en práctica.[1] Es más, como parte del proceso de la toma de decisiones, muchas veces el director debe optar por quién decidirá. Por ende, debe saber cómo llevar a cabo la "mejor" él mismo, pero también la forma de manejar con eficacia el proceso que podría involucrar a otras personas.

Por supuesto que la palabra *mejor* implica eficacia. La toma de decisiones eficaz requiere que el tomador que la haga comprenda la situación que lo impulsa. La mayoría de las personas considerarían que una decisión de esa índole es la que optimiza un conjunto dado de factores, como las utilidades, las ventas, el bienestar de los empleados y la participación de mercado. Sin embargo, en algunas situaciones una decisión eficaz sería aquella que minimiza la rotación de empleados, las pérdidas o los gastos. Incluso puede significar escoger el mejor método para cerrar un negocio, recortar a empleados o terminar una alianza estratégica. En la recesión de 2008-2010, por ejemplo, las decisiones más eficaces incluyeron las referentes a recortar costos, minimizar pérdidas, reasignar recursos, etcétera.

habilidades de toma de decisiones la capacidad del director para reconocer y definir con exactitud los problemas y las oportunidades y, a continuación, para escoger un curso de acción adecuado para resolver los problemas y para aprovechar las oportunidades

tomar decisiones escoger un curso de acción de entre un conjunto de alternativas

proceso de la toma de decisiones reconocer y definir la índole de la situación de la decisión, señalar alternativas, elegir la "mejor" alternativa y ponerla en práctica

Las decisiones implican muchas veces un intento por llegar a una solución óptima. Por ejemplo, los minoristas podrían optar por cerrar algunas tiendas existentes y abrir otras nuevas cuando cambia la situación.

una decisión posterior. ¿La compañía debe usar los fondos extra para aumentar los dividendos de los accionistas, para reinvertirlos en las operaciones actuales o para expandirse a otros mercados?

Por supuesto que por lo habitual suele pasar mucho tiempo antes de que un director vea si la decisión que tomó era la correcta. Por ejemplo, a finales de 2008 y principios de 2009, los líderes del gobierno de Estados Unidos determinaron invertir muchos miles de millones de dólares en instituciones financieras y otros negocios que estaban quebrados. Tendrán que pasar años, o tal vez decenios, para que los economistas y otros expertos sepan si fueron buenas decisiones o si hubiese sido mejor para tal país dejar que esos negocios quebraran.

Clases de decisiones

Los directores deben tomar muchas clases diferentes de decisiones. Sin embargo, por lo general la mayor parte pertenece a una de dos categorías: programadas y no programadas.[2] Una **decisión programada** es la que está relativamente estructurada o la que se vuelve a presentar con determinada frecuencia (o las dos cosas). Starbucks usa las programadas para comprar café en grano, tazas y servilletas. Por otro lado, el distribuidor de Ford en Green Bay tomó la decisión de patrocinar todos los años al equipo juvenil de futbol asociación. Por lo tanto, cuando llama el presidente del club de este deporte, el distribuidor ya sabe lo que hará. Muchas decisiones sobre los sistemas y los procedimientos operativos básicos y sobre las transacciones organizacionales son de esta clase y, por lo mismo, es posible programarlas.[3]

Por otro lado, las **decisiones no programadas** son aquellas relativamente poco estructuradas y se presentan con mucha menos frecuencia. La decisión de Disney de adquirir Pixar, y la de United y Continental de fusionarse fueron dos casos de no programadas. Los directores que las afrontan deben tratarlas como únicas y dedicar a cada una gran cantidad de tiempo, energía y recursos para estudiar la situación desde todas las perspectivas. La mayor parte de las decisiones que toman los directores las cuales implican la estrategia (que incluye fusiones, adquisiciones y absorciones) y el diseño organizacional no son programadas. Lo mismo sucede con las decisiones relativas a instalaciones nuevas, productos novedosos, contratos laborales y cuestiones legales.

Condiciones para tomar decisiones

Así como hay diferentes clases de decisiones, también hay diversas condiciones para tomarlas. En ocasiones los

También es preciso señalar que los directores toman decisiones en función de los problemas y también de las oportunidades. Por ejemplo, decidir cómo bajar 10% los costos refleja un problema; una situación indeseable que requiere una solución. Pero las decisiones también son necesarias en situaciones de oportunidad. Por ejemplo, saber que la organización está obteniendo ganancias por encima de las utilidades proyectadas requiere

> "*La gran decisión que tomamos fue deshacernos de algunas marcas [Aston Martin, Jaguar, Land Rover, Volvo, Mazda] para centrarnos como láser en Ford y Lincoln.*"
>
> ALAN MULALLY
> CEO de Ford[4]

decisiones programadas
decisiones relativamente estructuradas o que se vuelven a presentar con determinada frecuencia (o las dos cosas)

decisiones no programadas
las que están relativamente poco estructuradas y que se presentan con mucho menor frecuencia

FIGURA 8.1 CONDICIONES PARA TOMAR DECISIONES

Hoy en día las organizaciones toman la mayor parte de las grandes decisiones en condiciones de incertidumbre. Los directores que lo hacen en estas circunstancias deben estar seguros de que saben tanto como es posible acerca de la situación y tienen que abordar la decisión desde una perspectiva lógica y racional.

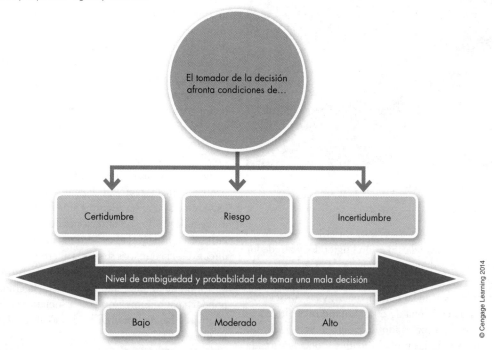

directores conocen casi a la perfección las circunstancias en torno a una decisión, pero otras veces tienen pocas pistas acerca de ellas. En general, como muestra la *figura 8.1*, las circunstancias que se presentan para el tomador de una decisión se refieren a condiciones de certidumbre, de riesgo o de incertidumbre.[5]

Cuando el tomador de la decisión conoce con certidumbre razonable cuáles son las alternativas así como las condiciones asociadas a cada una de estas, se presenta un **estado de certidumbre**. Por ejemplo, suponga que los directores de Singapore Airlines optan por comprar cinco naves jet jumbo. Su siguiente decisión será a quién comprárselos. Como en el mundo sólo hay dos compañías que fabrican esos aviones (Boeing y Airbus), la línea aérea sabe exactamente cuáles son sus opciones. Los dos proveedores ofrecen productos probados y negociarán los precios y las fechas de entrega. Por lo tanto, conoce las condiciones alternativas asociadas a cada una de ellas. Hay poca ambigüedad y una probabilidad relativamente pequeña de tomar una decisión equivocada.

Sin embargo, pocas decisiones organizacionales se llevan a cabo en condiciones de verdadera certidumbre. La complejidad y la turbulencia del mundo contemporáneo de los negocios provocan que esas situaciones sean raras. Incluso decidir comprar aquellos aviones ofrece menos certidumbre de la que parece. Las compañías fabricantes podrían no estar en posición de garantizar las fechas de entrega, por

lo cual podrían incluir cláusulas de aumento de costos o de inflación en sus contratos. Por lo tanto, Singapore Airlines solo puede estar parcialmente cierta de las condiciones en torno a cada alternativa.

Una condición más común para la toma de decisiones es el **estado de riesgo**, situación que se refiere a la disponibilidad de cada alternativa y a que sus posibles réditos y costos se asocian a cálculos de probabilidad.[6] Por ejemplo, suponga que la negociadora del contrato laboral de una compañía recibe la oferta "final" del sindicato justo antes del límite para que se declare la huelga. La negociadora tiene dos alternativas: aceptar la oferta o rechazarla. El riesgo está en saber si los representantes del sindicato están fingiendo. Si la negociadora la acepta, evitará la huelga, pero se comprometerá a un contrato laboral relativamente más costoso. Si la rechaza, tal vez consiga un contrato más favorable en el supuesto de que el sindicato esté fingiendo, pero puede provocar una huelga si este ha dicho la verdad.

Con base en sus experiencias en el pasado, la información correspondiente, el consejo de otros y su propio juicio, la negociadora tal vez llegue a la conclusión de que existe alrededor de 75% de probabilidad de que

estado de certidumbre (en la toma de decisiones) situación en la cual el tomador de decisiones sabe con certeza razonable cuáles alternativas hay y qué condiciones están asociadas a cada una de estas

estado de riesgo (en la toma de decisiones) situación en la cual la presencia de cada alternativa y sus posibles réditos y costos están asociados a cálculos de probabilidad

APRENDER

© Clerkenwell

Estas personas representan diferentes posturas de una negociación entre la gerencia y los trabajadores. Los dos deben tomar decisiones críticas mientras acuerdan un nuevo contrato laboral.

los representantes del sindicato estén fingiendo, y alrededor de 25% de que respalden sus amenazas. Por ende, puede fundamentar la decisión calculada en dos alternativas (aceptar o rechazar las demandas contractuales) y las consecuencias probables de cada una de ellas. Cuando los directores toman decisiones en un estado de riesgo deben hacer un cálculo razonable de las probabilidades asociadas a cada alternativa. Por ejemplo, si los negociadores del sindicato se han comprometido a declarar la huelga si la compañía no cumple sus demandas, y si la negociadora rechaza sus demandas porque supone que no se irán a la huelga, el mal cálculo de esta resultará muy costoso.

Como muestra la *figura 8.1*, la toma de decisiones en condiciones de riesgo va acompañada por una ambigüedad moderada y la posibilidad de que sea una mala opción. Por ejemplo, a semejanza de muchas otras empresas de automóviles, Ford recortó a miles de trabajadores en 2008. Sin embargo, hacia finales de ese año, los ejecutivos de la organización advirtieron que, como los precios de la gasolina estaban bajando, la demanda para su nueva camioneta F-150 estaba incrementando. Por lo tanto, Ford recontrató a mil de sus extrabajadores para que ayudaran a fabricar más camionetas. El riesgo era que si los precios del combustible subieran inesperadamente o si la demanda para la F-150 bajara, la empresa se habría encontrado en la embarazosa posición de haber recontratado a los empleados para volver a despedirlos. Sin embargo, el lado positivo era que si las evaluaciones de Ford estaban en lo

cierto, esta generaría más ingresos y más utilidades.[7] Al final de cuentas, la decisión de Ford resultó correcta porque la demanda siguió aumentando.[8]

En las organizaciones contemporáneas la mayor parte de las grandes decisiones se toman en un estado de incertidumbre. Quien realiza estas acciones no conoce todas las alternativas, los riesgos asociados a cada una de ellas o las probables consecuencias de estas. Esta inseguridad se deriva de la complejidad y el dinamismo de las compañías contemporáneas y sus entornos. El surgimiento de internet como fuerza significativa en el entorno actual de la competencia ha servido a efecto de incrementar el potencial de los ingresos y la incertidumbre para la mayor parte de los directores.

Para tomar decisiones eficaces en estas circunstancias, los directores deben adquirir tanta información relevante como sea posible y abordar cada situación desde una perspectiva lógica y racional. La intuición, el buen juicio y la experiencia cumplen siempre una función importante en el proceso decisorio en condiciones de incertidumbre. No obstante, esta inseguridad es la condición más ambigua para los directivos y la que más se presta al error.[9] De hecho, muchos de los problemas asociados a la caída de Arthur Andersen se derivaron de la dificultad evidente de la compañía para responder a parámetros ambiguos e inciertos para las decisiones relativas a las responsabilidades morales, éticas y legales de la empresa.[10]

TOMA RACIONAL DE DECISIONES

El modelo racional para la toma de decisiones es un planteamiento prescriptivo que indica a los directores cómo deben tomar las determinaciones. Depende del supuesto de que ellos son seres lógicos y racionales y de que deciden para el interés mayor de la organización (como veremos más adelante, estas condiciones se presentan rara vez o quizá nunca). En concreto el modelo parte de los supuestos siguientes.

1. Los tomadores de decisiones tienen información completa respecto de la situación de la determinación y las alternativas posibles.

2. Quienes toman las decisiones pueden eliminar de hecho la incertidumbre para colocarse en una condición de certidumbre para llevar a cabo su tarea.

3. Los tomadores de decisiones evalúan de forma lógica y racional todos los aspectos de la circunstancia de la determinación.

Un director que desea abordar de forma racional y lógica una decisión debería tratar de seguir los pasos de la toma racional que presenta la *figura 8.2*, los cuales le ayudan a concentrarse en los hechos y la lógica, y sirven para que evite supuestos equivocados y trampas.

estado de incertidumbre (en la toma de decisiones) situación en la cual el tomador de decisiones no conoce todas las alternativas, ni los riesgos asociados o las consecuencias probables de cada una de ellas

modelo racional para la toma de decisiones planteamiento prescriptivo que indica a los directores cómo deberían tomar sus decisiones; parte del supuesto de que ellos son seres lógicos y racionales y que toman decisiones para bien de la organización

FIGURA 8.2 MODELO RACIONAL PARA LA TOMA DE DECISIONES

El modelo clásico de la toma de decisiones presupone que los directores son seres lógicos y racionales. Pretende recetar la forma en que ellos deberían abordar las situaciones de las resoluciones.

Cuando afrontan la(s) circunstancia(s) de una decisión, los gerentes deberían...

- Obtener información completa y perfecta
- Eliminar la incertidumbre
- Evaluar todo de forma lógica y racional

... y cerrar con una decisión que sea para el interés mayor de la organización

© Cengage Learning 2014

APRENDER

Reconocer y definir la situación de la decisión

El primer paso de la toma racional es reconocer que se requiere una decisión; es decir, que debe existir un estímulo que inicie el proceso. En el caso de muchas situaciones de una determinación o un problema, el estímulo se puede presentar sin aviso alguno. Cuando la maquinaria deja de funcionar bien, el director debe decidir si la repara o la reemplaza. Cuando estalla una crisis enorme, como describimos en el capítulo 3, debe determinar cómo enfrentarla de inmediato. Como hemos dicho, el estímulo puede ser positivo o negativo. Por ejemplo, un gerente que necesita tomar la decisión de cómo invertir los fondos excedentes está en la situación de una opción positiva. Un estímulo financiero negativo podría significar tener que recortar los presupuestos porque se han superado los costos.

La necesidad de definir con precisión el problema es inherente al reconocimiento de su existencia. El gerente debe tener pleno conocimiento de la problemática, de sus causas y de sus relaciones con otros factores. Este saber se deriva de un análisis cuidadoso y de una consideración bien pensada de la situación. Piense en la circunstancia que vive actualmente la industria internacional de los viajes por avión. Dado el crecimiento de esta clase de viajes por motivo de negocios, estudios y turismo, las líneas aéreas globales como Singapore Airlines, KLM, JAL, British Airways, American Airlines y otras han tenido que aumentar su capacidad para esos traslados. Como la mayor parte de los grandes aeropuertos internacionales están operando a toda capacidad o casi, no es posible sumar un número significativo de vuelos nuevos a los horarios existentes. Por ende, Boeing y Airbus, los únicos fabricantes de aviones comerciales grandes del mundo, reconocieron una oportunidad importante y definieron la situación de su decisión como el modo de responder mejor a la necesidad de más capacidad para los viajes globales.[11]

Identificar las alternativas

Una vez que la situación de la decisión ha sido reconocida y definida, el segundo paso será identificar los cursos de acción eficaces alternativos. Por lo habitual es muy útil desarrollar opciones estándar evidentes y también otras innovadoras y creativas.[12] En un alto porcentaje, tanto más importante sea la determinación, cuanta más atención se prestará a desarrollar alternativas.[13] Si la resolución implica una reubicación de muchos millones de dólares, la compañía dedicará mucho tiempo y experiencia a identificar las mejores ubicaciones. J.C. Penney pasó dos años buscando un lugar antes de elegir la zona de Dallas-Fort Worth para el nuevo edificio de sus oficinas centrales. Si el problema consiste en escoger un color para los uniformes del equipo de softbol, se requerirá menos tiempo y experiencia.

Si bien, los directores deben buscar soluciones creativas, también deben reconocer las distintas restricciones que muchas veces limitan sus alternativas. Algunas de ellas son las restricciones legales, las normas éticas y morales, las restricciones de la autoridad y las impuestas por la facultad y la autoridad del gerente, la tecnología disponible, las consideraciones económicas y las normas sociales extraoficiales. Boeing y Airbus identificaron tres alternativas para abordar la situación de la decisión de incrementar la capacidad de los viajes internacionales de las líneas aéreas. Podían fabricar aviones grandes nuevos de forma independiente, colaborar en una empresa en participación para crear una sola nave nueva más grande, o modificar sus unidades existentes de mayor tamaño para incrementar la capacidad.

Evaluar las alternativas

El tercer paso del proceso decisorio consiste en evaluar cada una de las alternativas. La *figura 8.3* presenta un árbol de decisiones el cual sirve para juzgar diferentes opciones. El gráfico sugiere que los directores evalúan cada alternativa en términos de su viabilidad, su suficiencia y sus consecuencias.

FIGURA 8.3 EVALUAR LAS ALTERNATIVAS EN EL PROCESO DE LA TOMA DE DECISIONES

Los directores deben pensar y evaluar con sumo cuidado todas las alternativas, porque ello incrementará la probabilidad de que tenga éxito lo que escojan finalmente. No evaluar la viabilidad, la suficiencia y las consecuencias de una alternativa les puede llevar a tomar una mala decisión.

© Cengage Learning 2014

La primera pregunta sería si una opción es viable o no. ¿Está dentro del terreno de lo posible y lo practicable? En el caso de una empresa pequeña que batalla por salir adelante, una alternativa que requiere un gasto financiero enorme queda seguramente descartada. Otras podrían no ser viables en razón de barreras legales. Además, los recursos humanos, materiales y de información limitados podrían provocar que otras opciones sean impracticables.

Cuando una alternativa ha superado la prueba de la viabilidad, el director debe determinar qué tanto satisface las condiciones de la situación de la decisión. Por ejemplo, uno que está buscando la manera de duplicar la capacidad de producción podría considerar primero la posibilidad de comprar a otra compañía una planta que ya existe. Si un análisis más detallado revela que esta solo incrementaría la capacidad de producción en 35%, la alternativa dejaría de ser satisfactoria.

Por último, cuando se ha visto que una alternativa es viable y satisfactoria, el director pasa a evaluar sus posibles consecuencias. ¿En qué medida una alternativa particular afectará a otras partes de la organización? ¿Qué costos financieros y extrafinancieros traerán consigo esas afectaciones? Por ejemplo, un plan para incrementar las ventas mediante una reducción de precios podría afectar los flujos monetarios, requerir un programa de publicidad nuevo y alterar la conducta de los representantes de ventas porque se requeriría otra estructura para sus comisiones. Luego entonces, el director debe "poner precio" a las consecuencias de cada alternativa. Si los resultados de una opción son demasiado costosos para el sistema entero, debe ser descartada no obstante que haya sido calificada como viable y satisfactoria. Airbus pensó que quedaría en desventaja si simplemente trataba de aumentar el tamaño de sus aviones existentes

> " *'Pensamos que [fabricar el A380] no es una medida inteligente.'*
> RANDY BAESLER
> Ejecutivo de Boeing[14] "

porque el 747 de Boeing ya era el más grande que se fabricaba y podía expandirlo fácilmente para que siguiera siendo el mayor; de otro lado, Boeing estaba muy preocupada por el riesgo inherente a la fabricación de un nuevo avión incluso más grande, no obstante que compartiera el riesgo con Airbus en un join venture.

Escoger una alternativa

Aun cuando muchas alternativas no superen la triple prueba, es decir la de su viabilidad, su suficiencia y sus consecuencias asequibles, todavía podrían restar dos o más opciones. Escoger la mejor de ellas es la verdadera médula de la toma de decisiones. Un planteamiento consiste en elegir la que presenta la combinación óptima de viabilidad, suficiencia y consecuencias asequibles. Si bien, la mayor parte de las situaciones no se prestan a un análisis matemático objetivo, el director puede muchas veces adjudicar pesos y hacer cálculos subjetivos para la elección.

La optimización es también con frecuencia una meta. Dada la probabilidad de que una decisión afecte a varios individuos o unidades, es posible que ninguna alternativa viable maximice las metas relevantes. Suponga que el gerente del equipo Reales de Kansas City necesita escoger a un nuevo jardinero para la próxima temporada de béisbol. Bill tiene un promedio de 0.350 hits, sin embargo se le dificulta cachar los batazos elevados; Joe tiene un promedio de 0.175 hits, pero es sobresaliente en el campo, y Sam tiene un promedio de 0.290 hits y es un fielder sólido aunque no es sobresaliente. El gerente contrataría probablemente a Sam por el equilibrio óptimo entre sus hits y sus acciones en el campo.

Sin embargo, los tomadores de decisiones también deben recordar que podrían encontrar muchas alternativas

En fecha reciente, Airbus y Boeing enfrentaron la misma situación, pero llegaron a decisiones muy diferentes. Airbus determinó diseñar y lanzar el A380. Por otro lado, Boeing optó por rediseñar el virtuoso 747 así como introducir el nuevo 787.

aceptables; es decir, tal vez no tengan que escoger tan solo una opción y rechazar las demás. Por ejemplo, el gerente de los Reales podría decidir que Sam inicie cada juego, que Bill espere su turno como bateador y que Joe espere como un sustituto defensivo para innings más avanzados. En muchas determinaciones de contratación, los directores hacen una lista por orden de los candidatos que superan la evaluación. Si el candidato que la encabeza rechazará la oferta, esta pasaría automáticamente al que se ubica en segundo lugar y, de ser necesario, a los restantes siguiendo el orden del listado. Por las razones que hemos explicado, Airbus propuso a Boeing que formaran una join venture, pero por otro lado Boeing decidió que el mejor curso de acción para incrementar su capacidad era modificar su 747 existente. Ante eso, Airbus optó por proceder por su cuenta para desarrollar y fabricar un nuevo jet jumbo. Sin embargo, Boeing determinó también que además de modificar aquel modelo desarrollaría un avión nuevo para ofrecer una alternativa, aun cuando no fuera tan grande como el 747 ni como el propuesto por Airbus.

Implementar la alternativa seleccionada

Una vez que el director ha escogido una opción debe ponerla en práctica. En la situación de algunas decisiones, la implementación es fácil, pero en otras es complicada. Por ejemplo, en el caso de una adquisición, los gerentes deben determinar cómo integrarán todas las actividades de la nueva empresa, inclusive las compras, las prácticas de recursos humanos y la distribución, dentro de un marco organizacional sostenido. Un caso similar ocurrió cuando United y Continental decidieron su fusión, los directores estimaron que esta integración llevaría cerca de dos años.

Cuando los gerentes implementan sus determinaciones, también deben tomar en cuenta la resistencia al cambio que presentarán las personas. Algunas de las razones para esa resistencia son la inseguridad, la incomodidad y el miedo a lo desconocido. Cuando J.C. Penney decidió trasladar de Nueva York a Texas sus oficinas generales, muchos empleados determinaron renunciar en lugar de reubicarse. Los directores deben anticipar que se presente resistencia en distintas etapas del proceso de implementación. También deben saber que a pesar de que hayan evaluado con la mayor precisión posible todas las alternativas y ponderado las consecuencias de cada una de ellas, todavía es probable que se presenten consecuencias inesperadas. Después de que ha iniciado la implementación se podría presentar una serie de factores, por ejemplo, un incremento inesperado de costos, una fusión de los subsistemas organizacionales que dista mucho de la perfección, o bien, los efectos imprevistos sobre la liquidez o los gastos de operaciones. Boeing puso a sus ingenieros a trabajar en la expansión de la capacidad de su 747, de 416 a 520 pasajeros, añadiendo poco más de 9 metros al cuerpo del avión. La compañía también ha estado desarrollando su nueva nave para viajes internacionales: el 787 Dreamliner. Por otro lado, los ingenieros de Airbus pasaron muchos años desarrollando y construyendo su nuevo jet jumbo, el A380, equipado con escaleras mecánicas y elevadores y con capacidad para 655 pasajeros. Se había calculado que los costos de desarrollo de Airbus superarían los 12 mil millones de dólares.

Seguimiento y evaluación de los resultados

El último paso del proceso de la toma de decisiones requiere que los directores evalúen la eficacia de sus resoluciones; es decir, que se cercioren de si la alternativa que han escogido ha cumplido con su propósito original. Si esta se implementó y parece no estar funcionando bien, el director puede responder de varias maneras: 1) adoptar otra alternativa que haya identificado (por ejemplo, la segunda o la tercera opción); 2) reconocer que, de entrada, no definió correctamente la situación y empezar de nueva cuenta con el proceso, y por último 3) decidir que la alternativa original en efecto es la correcta, pero que no ha tenido tiempo para funcionar o que debería implementarse de otra manera.[15]

No evaluar la eficacia de una determinación podría desembocar en consecuencias graves. En cierta ocasión, el Pentágono invirtió 1 800 millones de dólares y ocho años para desarrollar el cañón antiaéreo Sergeant York. Desde el principio, las pruebas revelaron que el sistema del arma presentaba problemas serios, pero el proyecto no se descartó hasta las etapas finales cuando se demostró que definitivamente no servía.

Tanto Boeing como Airbus siguen todavía aprendiendo de las consecuencias de sus resoluciones. El A380 de Airbus ya ofrece servicio comercial. Sin embargo, el avión ha presentado numerosos problemas mecánicos. Es más, como la recesión de 2008-2010 sacudió muy duro a las grandes líneas aéreas internacionales, algunas de ellas (como Qantas Airways y Emirates Airlines) demoraron o cancelaron sus pedidos de esa nave. Airbus calculó que debe vender 420 A380 para empezar a registrar utilidades. Las proyecciones actuales sugieren que las ventas del avión no llegarán a esa meta cuando menos hasta el año 2020.[16] Por otro lado, durante determinado tiempo pareció que el compromiso de Boeing con el nuevo 787 podría ser la mejor decisión de todas. Un elemento fundamental del avión es que consume mucho menos combustible que otros internacionales. Dado el enorme aumento de los costos de los combustibles que se ha registrado en años recientes, cabría suponer que una opción que gaste menos, como el 787, tendría enorme éxito. Sin embargo, esta nave adoleció de múltiples problemas de producción y su entrega se demoró varios años. Si bien, la de la primera unidad estaba programada para 2008, el avión no fue entregado sino hasta finales de 2011. Por ende, tardaremos varios años en saber cuál ha sido el verdadero impacto del avión.[17]

PROCESOS CONDUCTUALES Y TOMA DE DECISIONES

Si los directores abordaran las situaciones de todas las decisiones con la lógica que hemos descrito en la sección anterior, sería mayor el número de ellas que resultaran exitosas. Sin embargo, muchas veces determinan sin tener muy en cuenta la lógica ni la racionalidad. Algunos expertos han calculado que las compañías estadounidenses usan en menos de 20% de las ocasiones las técnicas para la toma racional de decisiones.[18] Además, incluso cuando las organizaciones tratan de ser lógicas, a veces fracasan. Por ejemplo, cuando Starbucks abrió sus primeros cafés en Nueva York, recurrió a la investigación científica de mercados, las pruebas de gustos y la deliberación racional para tomar la resolución de hacer el café por goteo en lugar de exprés. Sin embargo, la opción resultó equivocada, porque los neoyorquinos preferían claramente los mismos cafés tipo exprés que eran los pilares de Starbucks en el oeste del país. Por lo tanto, la compañía tuvo que remodelar rápidamente sus establecimientos para satisfacer mejor las preferencias de los clientes.

Por otro lado, cuando una determinación se lleva a cabo sin demasiada consideración por la lógica, en ocasiones puede resultar correcta.[19] Un ingrediente importante de la forma de operar de estas fuerzas es el aspecto conductual en la toma de decisiones. El modelo directivo refleja mejor estas configuraciones subjetivas. Algunos otros aspectos conductuales son las fuerzas políticas, la intuición y el escalamiento del compromiso, la propensión al riesgo y la ética.

El modelo directivo

Herbert A. Simon fue uno de los primeros expertos en reconocer que los directores no siempre toman decisiones basadas en la racionalidad y la lógica.[20] Más adelante, recibiría el Premio Nobel de economía. En lugar de recetar cómo se debería hacer, su visión (ahora conocida como **modelo directivo**) describe un modo frecuente en ello. El modelo dice que los directores 1) usan información incompleta e imperfecta, 2) son frenados por la racionalidad limitada, y 3) se satisfacen con lo "suficiente" cuando toman determinaciones, logran sus objetivos.

La **racionalidad limitada** sugiere que los tomadores de decisiones están limitados por sus valores, reflejos, habilidades y hábitos inconscientes; también por un conocimiento y una información que distan de ser completos. Esta racionalidad explica en parte por qué los ejecutivos estadounidenses de la industria automovilística permitieron que los fabricantes japoneses del ramo consiguieran una posición tan fuerte

modelo directivo (para la toma de decisiones) describe cómo se suelen tomar de hecho las decisiones; sostiene que los directores 1) emplean información incompleta e imperfecta, 2) están sujetos a racionalidad limitada, y 3) tienden a "satisfacer" cuando toman decisiones

racionalidad limitada los tomadores de decisiones están sujetos a sus valores, reflejos, habilidades, además de hábitos inconscientes

en el mercado interno de ese país. Durante años, los directores de nivel alto de GM, Ford y Chrysler compararon entre sí el desempeño de sus compañías e hicieron caso omiso de las importaciones. No reconocieron la "amenaza" del exterior hasta que el mercado interno de los automóviles había cambiado para siempre. Si los gerentes hubiesen reunido información completa desde el principio, tal vez habrían podido frenar a sus competidores extranjeros. Luego entonces, en esencia, el concepto de la racionalidad limitada (acotada), sugiere que aun cuando las personas traten de tomar decisiones bien pensadas, su racionalidad tiene límites.

Otra parte importante del modelo directivo es el concepto de lo satisfactorio (o suficiente), el cual sugiere que en lugar de realizar una búsqueda exhaustiva para encontrar la mejor alternativa posible, los tomadores de determinaciones tienden a buscar solo hasta que identifican una que satisface un parámetro mínimo de suficiencia. Por ejemplo, una gerente que busca un terreno para una planta nueva podría escoger el primero que encuentra que cumple sus requisitos mínimos para el transporte, los servicios públicos y el precio, no obstante que una investigación mayor podría llevarla a un terreno mejor. Los individuos se conforman con lo suficiente por varias razones. Los directores podrían simplemente no estar dispuestos a ignorar sus motivos personales (como no querer dedicar tiempo a decidir) y, por ende, no seguirían con la búsqueda después de haber identificado una alternativa mínimamente aceptable. El tomador de la determinación quizá no pueda ponderar y evaluar numerosas alternativas y criterios. Asimismo, muchas veces las consideraciones subjetivas intervienen en las situaciones de las decisiones.

Dada la imperfección inherente a la información, la racionalidad limitada y la suficiencia, las resoluciones que toma un director podrían ser o no para el bien mayor de la organización. Una gerente podría escoger una ubicación particular para la nueva planta porque 1) el precio del terreno es el más bajo, 2) ofrece una magnífica fuerza de trabajo, y 3) los servicios públicos y de transporte son muy accesibles; o puede elegirla porque está en una comunidad donde quiere vivir.

Luego entonces, en resumen, el modelo racional y el directivo muestran cuadros muy diferentes de la toma de decisiones. ¿Cuál es el más correcto? De hecho, los dos sirven para entender mejor cómo determinan los directores. El modelo racional es prescriptivo. Explica el modo en que ellos pueden, cuando menos, tratar de ser más racionales y lógicos cuando abordan las determinaciones. Los gerentes pueden usar el modelo directivo para conocer mejor sus prejuicios y limitaciones inherentes.[21] En las secciones

siguientes describiremos con más detalles otras fuerzas conductuales que influyen en las determinaciones.

Coaliciones y toma de decisiones

Las coaliciones también desempeñan una función central en el modo de tomar decisiones. Una coalición es una alianza informal entre personas o grupos que se unen para alcanzar una meta común, la cual muchas veces es la alternativa de la determinación preferida. Por ejemplo, en ocasiones las coaliciones de accionistas unen fuerzas para obligar al consejo directivo a llevar a cabo determinadas resoluciones. Cuando General Motors optó por lanzar a Saturn como una compañía automotora nueva, la idea contó con todo el respaldo y el apoyo de Roger Smith, el CEO de GM. Saturn tendría sus propias fábricas, equipos de diseño y redes de distribuidores y competiría directamente con autos importados extranjeros de gran calidad, como los Toyota y Honda. Sin embargo, cuando se estaban introduciendo los primeros coches de Saturn, Smith se retiró. En esas circunstancias, un grupo de altos ejecutivos de GM que se habían opuesto al concepto de esta marca, pero no habían podido hacer nada porque Smith era un campeón muy poderoso del producto, formaron una coalición. Así, cuando Smith salió, la coalición logró que recursos destinados a Saturn fueran desviados a otras marcas de GM. Por ende, los productos de esta marca se demoraron, esta recibió muy poco apoyo para el marketing y nunca cumplió con las expectativas.[22]

El efecto de las coaliciones puede ser positivo o negativo. Pueden ayudar a los directores astutos a colocar a la organización en el camino de la eficacia y la rentabilidad, o pueden estrangular estrategias y decisiones bien concebidas. Ellos deben saber cuándo usar las coaliciones, cómo evaluar si están sirviendo para el interés mayor de la empresa y cómo frenar sus efectos disfuncionales.[23]

La intuición

La intuición es otro proceso de decisión muy importante que trasciende la lógica y la racionalidad. Intuición significa creer en algo de forma innata, sin consideración consciente. En ocasiones, los directores determinan hacer algo porque "presienten que está bien" o tienen "una corazonada". Sin embargo, el sentimiento no suele ser arbitrario. En cambio, se basa en muchos años de experiencia y práctica en la toma de determinaciones en

satisfactorio cuando los tomadores de decisiones solo buscan hasta el punto donde identifican una alternativa que satisface un parámetro mínimo de suficiencia, en lugar de desarrollar una búsqueda exhaustiva para encontrar la mejor alternativa posible

coalición alianza informal de individuos o grupos creada para alcanzar una meta común

intuición lo que se cree de forma innata acerca de algo, sin consideración consciente alguna

APRENDER

© Yuri Arcurs | Dreamstime.com

© Justin Sullivan/Getty Images

Cuando General Motors lanzó Saturn, fue elogiada como una nueva compañía automotora estadounidense que usaría métodos y técnicas japoneses para competir mejor contra Toyota, Honda y Nissan. Sin embargo, una coalición de ejecutivos de GM que se opusieron al concepto consiguió debilitar a Saturn, que con el tiempo cerró sus puertas.

Durante muchos años, Pan American World Airways dominó los cielos y usó sus utilidades para diversificarse al negocio de los bienes raíces y a otros más. Sin embargo, cuando apareció la desregulación, empezó a batallar por sobrevivir y a perder participación de mercado a manos de otras líneas aéreas. Los expertos apuntan hoy que, cuando los directores de la compañía se dieron cuenta finalmente de que las operaciones de esta se habían vuelto sumamente ineficientes, la decisión "racional" habría sido vender las operaciones remanentes y concentrarse en los otros negocios más rentables. Sin embargo, como seguían considerando que Pan Am era la primera y la más importante, empezaron a vender poco a poco sus activos más rentables para mantenerla en el aire. Con el tiempo, lo único que quedó en manos de la organización fue una línea aérea ineficaz e ineficiente. Más adelante, los directores tuvieron que vender las rutas más rentables que ella tenía, hasta que después fue absorbida por Delta. Si los gerentes de Pan Am hubiesen tomado una decisión más racional años antes, probablemente hoy en día seguiría siendo una empresa con rendimientos, aun cuando no estuviera involucrada en la industria de las líneas aéreas.[27]

En un caso contrario, un grupo de inversionistas vendió licencias para el uso de los logotipos y las marcas registradas de Hard Rock a un enorme parque temático (Hard Rock Park) que sería construido en Carolina del Sur. Tras seis años de planes y construcción, y de una inversión superior a los 400 millones de dólares, el parque abrió sus puertas en Myrtle Beach, donde recibió reseñas pésimas y poca asistencia. En lugar de incrementar su inversión y de tratar de aumentar la asistencia, a los nueve meses los dueños determinaron cerrar el parque y vender sus activos.[28]

Por lo tanto, los tomadores de decisiones caminan por una línea muy fina. Por un lado, deben tener cuidado de no aferrarse demasiado tiempo a una determinación equivocada. Del otro, los directores no deben descartar demasiado pronto determinaciones que parecen equivocadas, como sí lo hizo Adidas. Esta compañía había dominado el mercado del calzado deportivo para profesionales. Más adelante ingresó al negocio de los aficionados al deporte, y también tuvo buenos resultados. Sin embargo, los gerentes interpretaron que una desaceleración de las ventas era una señal de que se había terminado la bonanza del calzado deportivo. Pensaron que habían tomado una decisión equivocada y giraron instrucciones para recortes enormes. El mercado volvió a despegar, con Nike a la cabeza, y Adidas quedó muy atrás. Los nuevos gerentes han cambiado el modo de tomar determinaciones en Adidas, y esta ha vuelto al camino para convertirse en una potencia en el mercado del calzado y la ropa deportivos.

situaciones similares.[24] En ocasiones, un sentido interno ayuda a los directores a decidir sin recorrer la secuencia completa de los pasos racionales. Por supuesto que todos ellos, pero en especial los inexpertos, deben tener cuidado de no depender demasiado de la intuición. Si la racionalidad y la lógica son desbancadas continuamente por "lo que siento que está bien", es probable que el desastre llegue algún día.

Escalar el compromiso

Otro proceso conductual importante que influye en la toma de decisioness es **escalar el compromiso** con el curso de acción escogido. En particular, a veces los encargados de decidir lo hacen y después se comprometen de tal modo con los cursos de acción sugeridos por esas determinaciones, que se aferran a ellas, incluso cuando parecen equivocadas.[26] Por ejemplo, cuando las personas compran acciones de una compañía, en ocasiones se niegan a venderlas incluso después de que su precio ha caído varias veces. Han optado por un curso de acción (comprar acciones con la esperanza de obtener una ganancia) y, por ende, las conservan a pesar de que las pérdidas vayan en aumento. Es más, cuando el valor ha caído, usan el razonamiento de que no pueden venderlas en ese momento porque perderían dinero.

> 66
> *'Nada hay más difícil, y por tanto más valioso, que decidir.'*
> NAPOLEÓN[25]
> 99

© Fortune, junio 27, 2005, p. 55.

escalar el compromiso aferrarse a una decisión más allá de determinado punto cuando ha quedado claro que está equivocada

© Randall Hill/Myrtle Beach Sun News/MCT via Getty Images

El escalamiento del compromiso podría llevar a la ruina económica. Los inversionistas de un parque temático llamado Hard Rock, construido en Carolina del Sur, evitaron este error cerrando el parque poco después de que era evidente que estaba condenado al fracaso.

Propensión al riesgo y toma de decisiones

El elemento conductual de la **propensión al riesgo** se refiere a la medida en que el tomador de decisiones está dispuesto a "jugársela" cuando lleva a cabo la acción de decidir. Algunos directores son muy cautelosos con cada opción que eligen. Tratan de ceñirse al modelo racional y son sumamente conservadores respecto de lo que hacen. Es más probable que ellos eviten los errores, y raro que tomen resoluciones que lleven a grandes pérdidas. Otros gerentes son muy combativos al decidir y están dispuestos a correr riesgos.[29] Dependen mucho de la intuición, llegan enseguida a las determinaciones y con frecuencia arriesgan grandes inversiones con ellas. Como en los juegos de azar, es más probable que estos gerentes, en comparación con sus semejantes conservadores, logren grandes éxitos con sus decisiones, pero también, que contraigan cuantiosas pérdidas.[30] La cultura de la organización es un ingrediente básico para propiciar distintos grados de propensión al riesgo.

Ética y toma de decisiones

Como dijimos en el capítulo 2, la ética personal se refiere a lo que el individuo cree que es una buena o una mala conducta. La toma de decisiones incluye la ética en distintos sentidos. Por ejemplo, suponga que, tras un cuidadoso análisis, un director se da cuenta de que la compañía podría ahorrar dinero si cierra determinado departamento y subcontrata a un proveedor de los mismos servicios que presta este. Empero, optar por este curso de acción haría que se perdieran varios empleos, incluso el suyo. Es evidente que su ética personal dictará su forma de proceder.[31] De hecho, cada uno de los componentes de la ética directiva o gerencial (relaciones de la compañía con sus empleados, de estos con ella, y de la empresa con otros agentes económicos) incluye una gran variedad de decisiones, y es probable que todas tengan un componente ético. Los directores deben recordar que tal como los procesos conductuales, por ejemplo la política y la propensión al riesgo, afectan las determinaciones que toman, sus creencias éticas personales también lo hacen.[32]

TOMA DE DECISIONES PARTICIPATIVA Y EN GRUPOS

Los directores optan de manera individual, pero con frecuencia dirigen también los procesos de la toma de decisión cuando atribuyen facultades a sus subordinados o grupos para que decidan. Primero veremos qué es la participación y la implicación de los empleados para después analizar la toma de decisiones en grupos.

La participación y la implicación de los empleados

La **participación** se presenta cuando los empleados tienen voz en las decisiones tocantes a su labor. (Un modelo muy importante que ayuda a los directores a determinar cuál es el nivel óptimo de participación de los trabajadores es el árbol de decisiones de Vroom, planteamiento que analizaremos más adelante). El **facultamiento y delegación** es el proceso tanto de permitir que los empleados establezcan sus metas y tomen determinaciones como de resolver problemas dentro de su ámbito de responsabilidad y sus facultades. Por ende, es un concepto más amplio que propicia la participación en diversas áreas, entre ellas, pero no exclusivamente, el trabajo mismo, el contexto laboral y el entorno laboral.[33]

En un nivel, los empleados participarían realizando preguntas y tomando decisiones sobre su labor. Por ejemplo, en lugar de solo indicarles cómo deben hacer su trabajo, los directores/gerentes podrían decir a los empleados que ellos mismos sugieran cómo desempeñarlo. Basados en su experiencia y el conocimiento de sus funciones, los empleados

propensión al riesgo la medida en que una persona está dispuesta a correr riesgos y a tomar decisiones temerarias

participación se presenta cuando los empleados tienen voz en las decisiones relativas a su trabajo

facultamiento y delegación proceso de permitir a los trabajadores establecer las metas de su trabajo y que tomen decisiones y resuelvan problemas dentro de su ámbito de responsabilidad y autoridad podrían elevar su productividad. En muchas situaciones, también podrían estar calificados para tomar determinaciones respecto del material e instrumentos que utilicen, etcétera.

También es conveniente permitir a los empleados decidir respecto de cuestiones administrativas, como los horarios. Si un trabajo es relativamente independiente de los otros, el personal podría optar por cambiar turnos, tener descansos, salir a comer, etcétera. Un grupo o un equipo laboral incluso podrían programar las vacaciones y los días de descanso de todos sus miembros. Es más, los empleados reciben cada vez más un número mayor de oportunidades para participar en cuestiones más generales de la calidad del producto. La participación de esta índole es una marca distintiva de las compañías japonesas exitosas además de otras empresas internacionales, y muchas organizaciones estadounidenses han seguido su ejemplo.

Sin embargo, la atribución de facultades solo mejorará la eficacia de las organizaciones si existen varias condiciones. En primer término, el director debe ser sincero en su intención de hacer llegar atribuciones y autonomía a sus subordinados. Las intenciones de muestra para fomentar la participación tan solo en unas cuantas áreas no tendrán éxito probablemente. En segundo, el gerente debe estar decidido a mantener la participación y la atribución de facultades. Los trabajadores se molestarán mucho si primero les dan más facultades y toma de decisiones y más adelante se las restan o quitan del todo. En tercer lugar, ese directivo debe ser sistemático y paciente con su interés por otorgar facultades a sus subordinados. Si les da demasiado control y muy rápido, el resultado puede ser desastroso. Por último, el director/ejecutivo debe estar preparado para aumentar el compromiso de la compañía por brindar capacitación. Los empleados que gozan de más libertad sobre su forma de trabajar necesitarán seguramente de mayor capacitación para ejercitar con eficacia esa libertad.

Toma de decisiones en grupos y en equipos

Hoy en día, cada vez son más las compañías donde grupos y equipos, y no individuos, toman las decisiones importantes. Algunos ejemplos son el comité ejecutivo de Abercrombie & Fitch, los equipos de diseño de productos de Texas Instruments, y los conjuntos de planeación de marketing de Red Lobster. Los directores por lo habitual acuerdan si una determinación particular se llevar a cabo por individuos o por grupos y equipos. Es más, ellos son muchas veces parte de uno que tiene el encargo de decidir. Por ende, es importante que sepan más acerca de las formas de la toma de decisiones en grupos o en equipos así como de sus ventajas y desventajas.[34]

grupos y equipos interactuantes (para tomar decisiones) la forma más común de grupos que toman decisiones; se pide a un grupo o a un equipo existentes o recién designados que tomen una decisión

grupo Delphi el que se usa para modelar una decisión a partir de una opinión consensuada de expertos

Formas de toma de decisiones en grupos y en equipos Los grupos interactuantes, los Delphi y los nominales son los métodos más comunes para tomar determinaciones en grupos y en equipos. Cabe señalar que estos métodos se están empleando en línea también.[35]

Los grupos y los equipos interactuantes son la forma más común de conjunto que toma decisiones. El formato es sencillo: se pide a un grupo o a un equipo existente o recién creado que tome una determinación. Los grupos o los equipos existentes pueden ser departamentos funcionales, equipos de trabajo normales o comités especiales. Los recién creados pueden ser comités ad hoc, fuerzas de tarea o equipos laborales nuevos. Los miembros del conjunto hablan entre ellos, discuten, se ponen de acuerdo, debaten un poco más, forman coaliciones internas, etcétera. Por último, después de deliberar durante algún tiempo, el grupo o el equipo toman su decisión. Una ventaja de este método es que la interacción entre las personas genera muchas veces ideas nuevas y propicia la comprensión. Sin embargo, una gran desventaja es que los procesos políticos podrían desempeñar una función demasiado grande.

En ocasiones se usa un **grupo Delphi** para obtener un consenso con la opinión de expertos. El procedimiento Delphi fue creado por Rand Corporation y pide a un panel de especialistas que aporte inteligencia de forma individual. Sus opiniones se combinan y, de hecho, promedian. Por ejemplo, suponga que el problema es establecer la fecha esperada para un gran avance tecnológico que sirve para convertir el carbón en energía consumible. El primer paso para usar el procedimiento Delphi consiste en obtener la cooperación de un conjunto de expertos. Para este caso, ellos podrían incluir a diversos científicos investigadores, investigadores de universidades y ejecutivos de una industria energética relevante. Al principio se les pide que prevean de forma anónima un marco de tiempo para el avance esperado. Las personas que coordinan el grupo Delphi reúnen las respuestas, las promedian y piden a los especialistas que presenten otra previsión. En esta ronda se les solicitará a quienes presentaron previsiones inusuales o extremas que las justifiquen. A continuación, estas explicaciones se podrían repartir entre los otros expertos. Cuando las previsiones se estabilizan, se considera que la predicción promedio representa la determinación del grupo de expertos. El tiempo, el costo y la logística de la técnica Delphi no la hacen apta para las decisiones diarias de rutina, pero su uso ha tenido éxito para pronosticar avances tecnológicos en Boeing, el potencial de mercado para nuevos productos en General Motors, los patrones de investigación y desarrollo en Eli Lilly, y las condiciones económicas futuras en el gobierno de Estados Unidos.[36] Es más, en su origen, las respuestas de este método se presentaban en lápiz y papel y se compartían por correo; las tecnologías de comunicación modernas como el correo electrónico e internet han permitido que los usuarios del Delphi reciban las respuestas mucho más rápido que antes.

TABLA 8.1 VENTAJAS Y DESVENTAJAS DE LA TOMA DE DECISIONES EN GRUPOS Y EN EQUIPOS

Ventajas	Desventajas
1. Hay más información y conocimiento disponibles.	1. El proceso lleva más tiempo que la toma individual de decisiones, por lo cual resulta más costoso.
2. Es probable que generen más alternativas.	2. Se podrían presentar determinaciones producidas por una componenda entre partes indecisas
3. Es posible que la decisión final tenga más aceptación.	3. Una persona podría dominar el grupo
4. Permitiría comunicar mejor la decisión.	4. Es posible que se presente un pensamiento de grupo.
5. Por lo habitual surgen mejores decisiones.	

APRENDER

El grupo nominal es otra técnica muy útil para la toma de decisiones en grupos y en equipos que los directores usan en ocasiones. A diferencia del método Delphi, donde los miembros del conjunto no se ven unos a otros, los de los nominales trabajan juntos frente a frente. Sin embargo, forman un grupo solo de nombre, dado que no hablan libremente entre sí como en el caso de los integrantes de grupos interactuantes. Los nominales se suelen usar para generar alternativas o ideas creativas o innovadoras. Para empezar, el director reúne a un conjunto de expertos conocedores y les plantea el problema. A continuación les pide que, de modo individual, escriban tantas alternativas como se les ocurran. Después, los miembros enuncian por turno sus ideas y estas son registradas al frente de la sala en una hoja de rotafolio o un pizarrón. La discusión se limita a una simple aclaración. Cuando todas las alternativas han sido registradas, tiene lugar una discusión más abierta. A continuación, los miembros del grupo votan y por lo habitual clasifican por orden de puntos las distintas alternativas. La que ocupe el primer lugar representaría la decisión en conjunto. Por supuesto que el director a cargo conserva la autoridad para aceptarla o rechazarla.[37]

Ventajas de la toma de decisiones en grupos y en equipos
La *tabla 8.1* resume las ventajas y las desventajas de la toma de decisiones en grupos y en equipos frente a la individual. Una ventaja es simplemente que en el contexto de un grupo o equipo hay más información disponible, como sugiere el viejo axioma "Dos cabezas piensan más que una". Un grupo o un equipo representan una gran variedad de formaciones educativas, experiencias y perspectivas. En parte como resultado de esta mayor cantidad de información, por lo habitual los grupos y equipos identifican y evalúan más alternativas que una sola persona.[38] Quienes participan en la decisión del grupo o el equipo conocen la lógica y el razonamiento que la sustenta, y es más probable que la acepten, además de que están mejor armados para comunicarla a su departamento o área laboral.[39]

Desventajas de la toma de decisiones en grupos y en equipos
El inconveniente más grande de la toma de decisiones en grupos o en equipos sería que lleva más tiempo y, por lo tanto, implica un gasto mayor. La duración más grande se deriva de la interacción y la discusión entre los miembros del grupo o el equipo. Si el tiempo de un director dado cuesta 50 dólares la hora, y si él tarda dos horas en decidir, le "cuesta" cien a la organización. Para llevar a cabo esa misma determinación, un conjunto de cinco gerentes podría tardar tres horas. Al mismo costo de 50 dólares la hora, le "costaría" 750. Suponiendo que la decisión del grupo o el equipo es mejor, el gasto adicional estaría justificado, pero sigue siendo válido decir que la toma de resoluciones en grupos o en equipos es más costosa.

Las decisiones en grupos o en equipos pueden significar también que las partes llegan a componendas no deseables.[40] Por ejemplo, contratar a un director con base en un arreglo (una persona que todos aceptan pero que no es la primera opción de ninguno de ellos) podría ser a la larga una mala determinación porque esa persona quizá no pueda responder correctamente a las distintas subunidades de la organización ni contar con el entero apoyo de todos. En ocasiones, un individuo domina el proceso del colectivo a tal grado que otros no pueden contribuir totalmente. El dominio se puede derivar del afán de poder o de una personalidad imponente por naturaleza. El problema es que la decisión que al parecer surge del grupo podría ser de un solo individuo.

Por último, un grupo o un equipo pueden sucumbir a un fenómeno conocido como "pensamiento de grupo", el cual se presenta cuando el deseo de cohesión y de llegar a un consenso pesa más que la meta de tomar la mejor determinación posible.[41] El conjunto que ha caído en él puede llevar a cabo decisiones que no son buenas para el interés mayor del grupo o de la organización, pero las cuales se toman para evitar un conflicto entre los miembros del conjunto.

grupo nominal el que se suele usar para generar alternativas o ideas creativas e innovadoras

pensamiento de grupo el que se presenta cuando el deseo de cohesión y de llegar a un consenso es más grande que la meta de llegar a la mejor decisión posible

© Bob Pearson/AFP/Getty Images

Uno de los ejemplos de pensamiento de grupo mejor documentados es el caso del desastre del trasbordador espacial Challenger. Cuando la NASA se estaba preparando para lanzarlo surgieron múltiples problemas y dudas. Sin embargo, en cada paso del camino los tomadores de decisiones argumentaban que no había razón para demorar las cosas y que todo saldría bien. Poco después del lanzamiento, la nave estalló y los siete miembros de la tripulación murieron.

Dirigir la toma de decisiones en grupos y en equipos   Los directores/gerentes pueden hacer varias cosas para propiciar la eficacia de la toma de decisiones en grupos o en equipos. Una es conocer los pros y los contras de que un conjunto realice la determinación. Pueden administrar el tiempo y el costo con solo fijar una fecha límite para la que la determinación debe estar hecha. Pueden evitar el dominio, cuando menos en parte, si forman de manera exclusiva un grupo especial para tomar la resolución. Por ejemplo, un director astuto debe saber qué miembro de la organización trataría de dominar y puede no incluirla en el colectivo, o puede reunir a varios sujetos de voluntad férrea.

Para evitar el pensamiento de grupo, los integrantes deben evaluar de modo individual y con sentido crítico cada una de las alternativas. A efecto de que ellos presenten puntos de vista divergentes, el líder no debe dar a conocer demasiado pronto su posición. Puede asignar a uno o varios miembros para que actúen como abogado del diablo.

Además, después de llegar a una decisión preliminar, el grupo o el equipo deben asistir a una junta de seguimiento en la cual quienes lo deseen pueden volver a plantear los puntos de vista divergentes.[42] Gould Paper Corporation empleó estos métodos asignando a los directores a dos equipos diferentes. Después, los equipos pasan el día entero en un debate estructurado, presentando los pros y los contras de todos los ángulos de un asunto para asegurar que se tome la mejor determinación posible.

¿CUÁNTA PARTICIPACIÓN SE DEBE PERMITIR?

Los directores suelen por lo habitual saber cuánta participación permitirán en la toma de decisiones. Un marco útil para ayudarles al respecto es el planteamiento del **árbol de decisiones de Vroom**. La primera versión de este modelo fue propuesta por Victor Vroom y Philip Yetton, pero más adelante fue revisada y ampliada por Vroom y Arthur Jago.[43] En el año 2000, el primero volvió a afinar el modelo original.[44] Aun cuando el director/gerente no lo utilice por completo, es de gran utilidad que considere los factores de la situación que describe.

El modelo parte del supuesto de que la medida en que es aconsejable alentar a los subordinados a participar en la toma de decisiones depende de las características de la situación. Es decir, no hay un proceso para las decisiones que sea mejor para todas las circunstancias. Tras evaluar distintos atributos (características del problema o resoluciones), el líder determina el estilo decisorio adecuado que especifica la medida de la participación de los subalternos.

El planteamiento actual de Vroom sugiere que los directores usen dos árboles de decisiones diferentes.[45] Para ello, el gerente evalúa primero la situación en términos de varios factores. Esta examinación implica determinar si un factor dado pesa "mucho" o "poco" para la decisión que se debe tomar. Por ejemplo, el primer factor es la significancia. Si la decisión es sumamente importante y si puede tener un gran efecto en la organización (como elegir una ubicación para una planta nueva), entonces tiene mucha significancia. Sin embargo, si es de rutina y si sus consecuencias no son demasiado importantes (como escoger un logotipo para los uniformes del equipo de softbol de la compañía), entonces tiene poca significancia. Esta evaluación guía al director por los caminos del árbol de decisiones hasta llegar a un curso de acción recomendado. Debe usarlo cuando su principal interés es tomar la decisión con la mayor oportunidad posible, y usará el otro cuando el tiempo no importa tanto pero él desea ayudar a los subordinados a que mejoren y desarrollen sus propias habilidades para decidir.

Las *figuras 8.4* y *8.5* muestran los dos árboles de decisiones. Los atributos (factores de la situación) aparecen en la parte superior del árbol. Para usar el modelo, quien lleva a cabo la opción empieza por el lado izquierdo del diagrama y evalúa el primer atributo del problema (significancia de la determinación). La respuesta determina el camino al segundo nódulo del árbol, donde evalúa el siguiente atributo

planteamiento del árbol de decisiones de Vroom herramienta que usa los árboles de decisiones para determinar la medida en que se debería propiciar la participación de los subordinados en la toma de decisiones en virtud de las características de la situación

FIGURA 8.4 ÁRBOL DE DECISIONES DE VROOM IMPULSADO POR EL TIEMPO

Los directores deben usar esta matriz en situaciones cuando el tiempo tiene la máxima importancia para tomar una decisión. La matriz opera como un embudo. Se empieza por el lado izquierdo con un problema específico en mente. Las cabezas de las columnas designan los factores de la situación que podrían estar presentes o no en esa problemática. Se avanza escogiendo mucho o poco (M o P) para cada factor relevante de la circunstancia. Se prosigue avanzando hacia abajo por el embudo, juzgando exclusivamente los factores situacionales que requieren un juicio de opinión, hasta que se llega al proceso recomendado.

	Significancia de la decisión	Importancia del compromiso	Experiencia del líder	Probabilidad de compromiso	Apoyo del grupo	Experiencia del grupo	Competencia del equipo	
PLANTEAMIENTO DEL PROBLEMA	M	M	M	M	—	—	—	**Decidir**
				P	M	M	M	**Delegar**
							P	**Consultar (al grupo)**
						P	—	
					P	—	—	
			P	M	M	M	M	**Facilitar**
							P	**Consultar (individualmente)**
						P	—	
					P	—	—	
				P	M	M	M	**Facilitar**
							P	**Consultar (al grupo)**
						P	—	
					P	—	—	
		P	M	—	—	—	—	**Decidir**
			P	—	M	M	M	**Facilitar**
							P	**Consultar (individualmente)**
						P	—	
					P	—	—	
	P	M	—	M	—	—	—	**Decidir**
				P	—	—	M	**Delegar**
							P	**Facilitar**
		P	—	—	—	—	—	**Decidir**

Fuente: Adaptado y reproducido de *Organizational Dynamics*, vol. 28, núm. 4, Victor H. Vroom, "Leadership and the Decision-Making Process", pp. 82-94. Derechos 2000, con autorización de Elsevier.

(importancia del compromiso). Este proceso continúa hasta llegar al último nódulo. De tal suerte, el director identifica un estilo eficaz para tomar una determinación acorde con la situación.

Los distintos estilos para decidir que aparecen al final de las ramas del árbol representan los diferentes grados de participación de los subordinados que el director debe tratar de adoptar en una situación dada. Los cinco estilos se definen así:

- *Decidir:* El director toma la decisión solo y después la anuncia o se "la vende" al grupo.
- *Delegar:* El director permite que sea el grupo solo el que defina la naturaleza exacta así como los parámetros del problema, y después, que desarrolle una solución.
- *Consultar (individualmente):* El director presenta uno a uno el programa a los miembros del conjunto, obtiene sus sugerencias y después toma la determinación.
- *Consultar (al grupo):* En una junta, el director presenta el problema a los miembros del grupo, obtiene sus sugerencias y después toma la decisión.
- *Facilitar:* En una junta, el director presenta el problema al colectivo, define el problema y sus límites, y luego facilita la discusión de los miembros del grupo mientras estos toman la determinación.

El planteamiento del árbol de decisiones de Vroom representa una perspectiva muy concentrada en el liderazgo y también bastante compleja. Para compensar esta dificultad,

FIGURA 8.5 ÁRBOL DE DECISIONES DE VROOM IMPULSADO POR EL DESARROLLO

Un líder debe usar esta matriz cuando tiene más interés por desarrollar a los empleados que por tomar una determinación lo antes posible. Tal como en el caso del árbol impulsado por el tiempo que presenta la figura 8.4, el líder evalúa siete factores de la situación. A su vez, estos conducen al líder por el embudo hasta el proceso recomendado a efecto de decidir.

	Significancia de la decisión	Importancia del compromiso	Experiencia del líder	Probabilidad de compromiso	Apoyo del grupo	Experiencia del grupo	Competencia del equipo	
P L A N T E A M I E N T O D E L P R O B L E M A	M	M	M		M	M	M	**Decidir**
							P	**Facilitar**
						P	—	**Consultar (al grupo)**
					P	—	—	
			—	P	M	M	M	**Delegar**
							P	**Facilitar**
						P	—	**Consultar (al grupo)**
					P	—	—	
		P	—	—	M	M	M	**Delegar**
							P	**Facilitar**
						P	—	**Consultar (al grupo)**
					P	—	—	
	P	M	—	M	—	—	—	**Decidir**
				P	—	—	—	**Delegar**
		P	—	—	—	—	—	**Decidir**

Fuente: Adaptado y reproducido de *Organizational Dynamics*, vol. 28, núm. 4, Victor H. Vroom, "Leadership and the Decision-Making Process", pp. 82-94. Derechos 2000, con autorización de Elsevier.

él desarrolló un software de sistema experto para ayudar a los directores a evaluar con precisión y rapidez una situación y tomar a continuación una decisión adecuada respecto de la participación de los empleados. Muchas empresas, entre ellas Halliburton Company, Litton Industries y Borland International han proporcionado a sus gerentes capacitación para saber usar las distintas versiones de este modelo.

TOMAR DECISIONES PARA CONTINGENCIAS Y DURANTE CRISIS

planear para contingencias proceso de tomar decisiones, por adelantado, respecto de cursos de acción alternativos que podrían seguirse si el curso pretendido se viese alterado inesperadamente o si resultara inadecuado

manejo de crisis conjunto de procedimientos que la organización aplica en casos de desastre o de alguna otra calamidad inesperada

Los directores deben también ser aptos para tomar decisiones para casos de contingencia o crisis. Planear para contingencias se refiere al proceso de decidir por adelantado sobre cursos de acción alternativos que se podrían seguir si el curso pretendido sufriera una alteración inesperada o se tornara inservible.[46] El manejo de crisis, un concepto relacionado con el anterior, hace referencia al conjunto de procedimientos que la organización utiliza cuando se presentan desastres o alguna otra calamidad imprevista. Algunos elementos del manejo de crisis pueden ser ordenados y sistemáticos, mientras que otros serían más bien aleatorios y se presentarían a medida que se desarrollan los hechos.

Un ejemplo excelente de una planeación general para contingencias se presentó a finales de la década de 1990 para anticipar lo que se llamó "bug Y2K". La preocupación por el efecto de los errores técnicos que se podrían presentar en las computadoras en virtud de que sus relojes internos cambiaran de 1999 a 2000 dio lugar a que la mayoría de las organizaciones hicieran planes para la contingencia. Por ejemplo, muchos bancos y hospitales tenían disponible personal extra; algunas compañías crearon sistemas de respaldo para sus computadoras, y otras incluso aumentaron las existencias en inventario por si no podían comprar más productos o materiales.[48]

Katrina y Rita, los devastadores huracanes que entraron a Estados Unidos por la costa del Golfo en 2005, subrayaron dramáticamente la importancia del manejo eficaz de una crisis. Por ejemplo, la respuesta ineficaz e inadecuada de la Federal Emergency Management Agency (FEMA) dejó claro a la vista de muchas personas que la organización no era capaz de manejar bien las crisis. En cambio, otras organizaciones respondieron de forma mucho más eficaz. Walmart se empezó a preparar para la urgencia el mismo día que Katrina pasó de depresión tropical a tormenta tropical. Desde unos días antes de que pegara la tormenta, sus tiendas en la zona contaban con potentes generadores y muchas existencias de hielo seco, para poder reabrir lo antes posible después de que hubiese pasado el ciclón. En los estados vecinos, la compañía también tenía veintenas de camiones en espera, llenos de inventario para sus tiendas relacionadas con la urgencia y con suministros que pensaba donar: agua embotellada, medicinas, etcétera. Además, Walmart muchas veces se adelantó por días a la FEMA en la entrega de esa ayuda.[49]

Tras ver las consecuencias del mal manejo de una crisis, después del ataque terrorista del 11 de septiembre de 2001 y los huracanes de 2005, hoy en día muchas compañías trabajan de forma muy activa en preparar mejores planes y procedimientos para esa clase de manejo. Por ejemplo, Reliant Energy y Duke Energy dependen de centros de cómputo donde los directores compran y venden activamente productos relacionados con la energía. Si un ataque terrorista o un desastre natural como un huracán afectaran sus centros de compraventa, en esencia no podrían seguir operando. Antes del 11 de septiembre de 2001, las dos organizaciones tenían planes para crisis relativamente vagos y superficiales. Ahora, las dos, y la mayor parte de las demás empresas, cuentan con planes mucho más detallados y amplios para el caso de que se presente otra crisis. Por ejemplo, tanto Reliant como Duke han creado centros secundarios de compraventa en otras ubicaciones. En caso de que tuviesen que cerrar sus principales centros, las dos podrían transferir con rapidez

> *'Somos profesionales en el manejo de crisis dentro del negocio de las líneas aéreas, y además lo hacemos muy bien.'*
> JEFF SMISEK
> CEO DE UNITED[47]

© Fortune, mayo 2, 2011, p. 54.

casi todas sus actividades medulares de compraventa en cuestión de 30 minutos o menos.[50] Sin embargo, por desgracia, como es imposible prever con precisión el futuro, ninguna organización puede estar perfectamente preparada para todas las crisis. De hecho, un elemento del derrame de la Petrolera Británica BP en el Golfo de México que tomó por sorpresa a muchos fue que la compañía no contaba con un plan para eventualidades críticas instituido para recapturar de inmediato el derrame.[51]

La *figura 8.6* presenta la mecánica de un plan de contingencia. Respecto de los otros planes de una empresa, los de contingencias entran en juego en cuatro puntos de acción. En el punto de acción 1, la dirección desarrolla los planes básicos de la organización, los cuales podrían incluir los estratégicos, los tácticos y los operativos. Como parte de ese proceso de desarrollo, los directores toman en cuenta por lo habitual diversas contingencias. Algunos grupos gerenciales incluso asignan a alguien la función de abogado del diablo para que pregunte "¿Qué pasaría si...?" aplicado a cada curso de acción. Por lo común consideran diversas contingencias.

En el punto de acción 2, la dirección pone en práctica el plan que ha escogido. También define las contingencias más importantes. El proceso de planeación para eventualidades sólo toma en cuenta hechos que podrían ocurrir y que tendrían un efecto sustancial en la empresa. A continuación, en el punto de acción 3, la compañía especifica determinados indicadores o señales que sugieren que una coyuntura está a punto de ocurrir. El director de un banco podría decidir que una caída de 2% en las tasas de interés se considere una contingencia. Un indicador podría ser dos meses consecutivos con una caída de 0.5% en cada uno de ellos. Mientras definen cuáles serían las contingencias, también deben ir

FIGURA 8.6 LA PLANEACIÓN PARA CONTINGENCIAS

La mayor parte de las organizaciones preparan planes de contingencia, los cuales especifican cursos de acción que seguirán en caso de que el plan que pretenden sufra una alteración inesperada o se torne inservible.

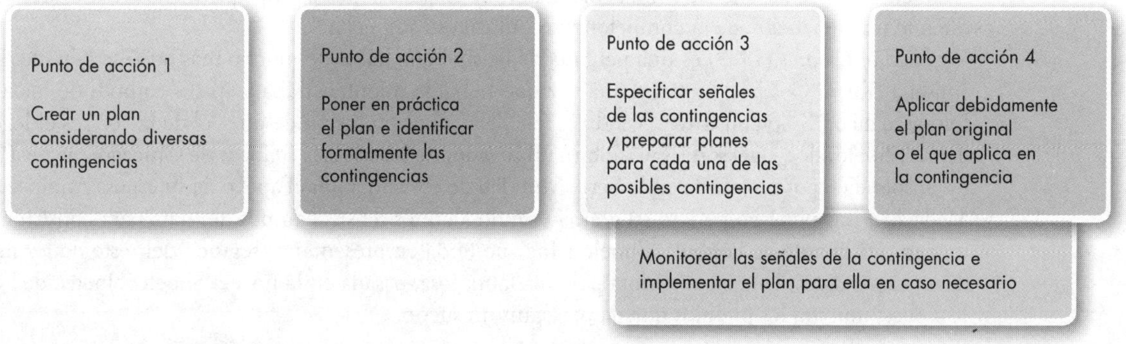

Punto de acción 1

Crear un plan considerando diversas contingencias

Punto de acción 2

Poner en práctica el plan e identificar formalmente las contingencias

Punto de acción 3

Especificar señales de las contingencias y preparar planes para cada una de las posibles contingencias

Punto de acción 4

Aplicar debidamente el plan original o el que aplica en la contingencia

Monitorear las señales de la contingencia e implementar el plan para ella en caso necesario

© Cengage Learning 2014

formulando los planes mismos al respecto. Algunos ejemplos de ellos para distintas situaciones son demorar la construcción de una planta, desarrollar otro proceso de producción y bajar los precios.

Tras esa etapa, los directores/líderes monitorean las señales identificadas en el punto de acción 3. El plan de contingencia se implementa cuando lo manda la situación. De lo contrario, el plan de acción primario sigue vigente. Por último, el punto de acción 4 señala que el plan original o el de contingencia se han aplicado debidamente.

La planeación para contingencias adquiere cada vez mayor importancia en casi todas las organizaciones, sobre todo en aquellas que operan en entornos particularmente complejos y dinámicos. Pocos gerentes tienen una visión tan exacta del futuro como para que puedan anticipar todo y hacer planes en consecuencia. La planeación coyuntural es una técnica muy útil que les ayuda a lidiar con la incertidumbre y el cambio. Sin embargo, el manejo de las crisis, por su propia naturaleza, es más difícil de anticipar. No obstante, las compañías que poseen una cultura sólida, un liderazgo fuerte y una capacidad para enfrentarse con lo inesperado tienen más probabilidad que otras de sortear con éxito una crisis.[52]

RESUMEN Y UNA MIRADA AL FUTURO

Ahora que ha leído y estudiado este capítulo seguramente sabe más acerca de las habilidades de toma de decisiones. En concreto, comprende cuáles son las clases de resoluciones y los diferentes contextos en que se llevan a cabo. Asimismo, ahora está familiarizado con los pasos de la toma racional decisoria y conoce mejor los numerosos procesos conductuales que influyen en la determinación de soluciones. Además, tiene mayor conocimiento de la toma de resoluciones participativa y en grupos, y de cómo decidir la cantidad de inclusión que se debe permitir. Por último, sabe cuáles son los elementos básicos de la toma de decisiones para diferentes contingencias y en situaciones de crisis.

El resto de este capítulo le brinda oportunidades para que siga desarrollando y afinando sus habilidades de toma de decisiones. Por ejemplo, le guiarán a recursos donde podrá visualizar las habilidades eficaces de esta clase y las menos eficaces. Las secciones siguientes ofrecen varias oportunidades para que usted practique y explore tales destrezas desde diferentes perspectivas. El capítulo termina con algunos datos adicionales para la evaluación y la interpretación.

VISUALICE LAS HABILIDADES DE TOMA DE DECISIONES

HABILIDADES DE TOMA DE DECISIONES EN ACCIÓN 1

Su tarea

Observe los dos videoclips BizFix de películas para este capítulo.

The Emperor's Club (2002) trata de cómo una persona puede hacer la diferencia. William Hundert (Kevin Kline), un profesor de la exclusiva Saint Benedict's Academy para jóvenes, cree que debe enseñar a sus alumnos a vivir con buenos principios. También quiere que aprendan su adorada literatura clásica. Un alumno nuevo, Sedgewick Bell (Emile Hirsch) se enfrenta a la vida regida por buenos principios de Hundert. La conducta de Bell durante el 73 concurso anual Mr. Julius Caesar lleva a Hundert a sospechar que Bell lleva una vida muy alejada de los buenos principios y, años después, durante una repetición de la competencia, confirma su sospecha.

Field of Dreams (1989) es una película de béisbol que habla de mucho más que ese deporte. Ray Kinsella (Kevin Costner) escucha una voz que le habla mientras trabaja en sus campos de maíz en Iowa y le dice: "Si lo construyes, vendrá". Ray llega a la conclusión de que "el de la voz" es el legendario "Shoeless Joe" Jackson (Ray Liotta), un jugador de los Medias Blancas de Chicago que en 1919 fue suspendido por un fraude en la Serie Mundial de ese año. Con el apoyo de su esposa Annie (Amy Madigan), Ray pone en peligro su granja usando algunos de sus campos de maíz para construir un moderno diamante de béisbol. "Shoeless Joe" no tarda en presentarse, seguido del resto de los jugadores suspendidos. Esta encantadora película fantasiosa, basada en la novela Shoeless Joede, de W.P. Kinsellas, muestra los premios que da perseguir un sueño.

Observe cómo estos dos videoclips presentan las habilidades de toma de decisiones.

1. El primero empieza con el señor Hundert como invitado especial de su exalumno Sedgewick Bell (Joel Gretsch) en la mansión de este, cuando Hundert discute con Bell porque ha hecho trampa durante una competencia que acaba de terminar. Bell ha ganado la competencia, pero Hundert advierte que lleva un audífono. Esta escena ocurre hacia el final de la película. Es una versión editada de la repetición de la competencia. Poco antes de hablar con Hundert en el baño, Bell ha anunciado que será candidato a senador de Estados Unidos. En esa noticia describe con detalle su compromiso con los valores específico que perseguirá en caso de ganar la elección. ¿Qué decisiones concretas presenta este videoclip?

2. El segundo clip forma parte de la secuencia "La gente vendrá" que tienen lugar hacia el final de la película. A estas alturas de la trama, Ray ha conocido a Terrence Mann (James Earl Jones). Han viajado juntos de Boston a Minnesota para encontrar a A.W. "Moonlight" Graham (Burt Lancaster). En este punto los tres están en la granja de Ray en Iowa. Esta escena ocurre después de la llegada de Mark (Timothy Busfield) para discutir la ejecución de la hipoteca de Ray y Annie. Mark, el hermano de Annie, no puede ver a los jugadores en el campo. Karin (Gaby Hoffmann), la hija de Ray y Annie, plantea que la gente vendrá a la ciudad de Iowa y comprará entradas para ver el juego de béisbol. Mark no entiende su planteamiento. Ray toma una determinación en ese momento. ¿Piensa usted que este tenía suficiente información para tomar una decisión informada? ¿Por qué sí o no?

HABILIDADES DE TOMA DE DECISIONES EN ACCIÓN 2

Este ejercicio le brinda la oportunidad de pensar en las habilidades de toma de decisiones que necesitaría para puestos directivos que ocupe en el futuro.

Su tarea

1. Piense en sus habilidades de toma de decisiones y trate de encontrar una escena que ilustre un uso positivo o eficaz de estas en una película, un programa de televisión o un video en YouTube.

2. Ahora haga lo mismo con una escena que ilustre un uso negativo o ineficaz de esas habilidades.

Comparta sus resultados con el grupo y explique por qué las habilidades de toma de decisiones que presenta cada videoclip son usadas de forma positiva o negativa. También debe tratar de sugerir maneras en que la situación negativa se podría haber cambiado para mejorarla.

PRACTIQUE SUS HABILIDADES DE TOMA DE DECISIONES

CÓMO ESCOGER CARRERA

Este ejercicio le servirá de práctica del uso de las habilidades de toma de decisiones para definir problemas y oportunidades de modo que escoja un curso de acción que aproveche las oportunidades; en este caso, elegir una carrera.

Las personas que buscan empleo deben conocer a fondo sus capacidades, preferencias y metas para elegir de manera correcta una carrera. Esto se aplica en particular a recién egresados de la universidad que se están preparando para iniciar una profesión en un campo que desconocen en gran medida. Por fortuna existen diversas fuentes de información para ayudarles. En el caso de Estados Unidos, el Bureau of Labor Statistics lleva datos sobre ocupaciones, posibilidades de empleo, remuneración,

PRACTICAR

condiciones de trabajo y muchas otras cuestiones de interés para quienes buscan empleo. La información está disponible por industria, ocupación, clase de empleador y región.

Su tarea

1. Entre en línea y busque la National Compensation Survey del Department of Labor iniciando en http://www.bls.gov/ncs/home.htm (o busque, también en internet, el nombre de la encuesta). Después seleccione "Multiple occupations for one geographic area"; ahí seleccione "National" o, si sus planes de carrera están dirigidos a un área geográfica específica, un estado o zona metropolitana particulares. Encuentre los datos detallados relativos a la ocupación que piensa que será la carrera la cual probablemente escoja cuando se gradúe. Tome nota de "Annual Mean Wage" (sueldo promedio anual) para esa ocupación en ese lugar.

2. Encuentre información detallada sobre otras ocupaciones que podría considerar y registre el sueldo promedio anual correspondiente. Juzgando exclusivamente con base en la información de este sitio, ¿cuál de los tres empleos sería el más deseable?

3. Acceda a las descripciones de empleos de distintas ocupaciones en www.bls.gov/ooh y haga clic en el vínculo para "A-Z Index" o vaya directamente a <www.bls.gov/oco/ooh_index.htm> y lea las descripciones correspondientes a cada una de sus tres opciones. Juzgando exclusivamente con base en las características del puesto, ¿qué ocupación sería más aconsejable para usted?

4. ¿Su respuesta a la pregunta 2 choca con la de la pregunta 3? En tal caso, ¿cómo resolvería el conflicto?

5. ¿Un empleo tiene características que usted desee tanto que estaría dispuesto a sacrificar parte de la paga con tal de obtenerlas? ¿Cuáles son esas características? En caso de que esté dispuesto a hacer ese sacrificio, ¿cuál sería el límite?

CÓMO ESCOGER A LOS MIEMBROS DE UN EQUIPO

Este ejercicio le servirá para crear sus habilidades de toma de decisiones porque le permitirá practicar la selección de miembros para un equipo interfuncional.

Suponga que es el vicepresidente de mercadotecnia y servicio al cliente de una compañía de mediano tamaño que crea y vende software de contabilidad para empresas. La mayor parte de sus consumidores son organizaciones de servicios, con ventas anuales de entre 1 y 10 millones de dólares. Su empresa está a punto de lanzar un nuevo producto, un aumento para el software actual que permitirá a los clientes usar el sistema que ella posee para manejar los gastos y llevar un registro de los recursos humanos de tales compañías.

Está formando el equipo que llevará el nuevo producto. Trabajará de forma autónoma, con un mínimo de supervisión de su parte. Algunas de las obligaciones del conjunto serán preparar una campaña de mercadotecnia para informar a los clientes, presentes y en potencia, acerca del nuevo producto; responder a las preguntas de los usuarios sobre los cambios y su empleo, y enviarlo a los compradores. Por ahora, el equipo incluye a un miembro que ayudó a escribir el código del software, una persona de finanzas y un miembro del departamento de logística que será el encargado de distribuir el producto terminado. Si bien, cada uno de estos miembros cumple una función importante en el equipo, usted es de la opinión que los dos integrantes que aún no ha escogido serán los factores medulares para crear una experiencia de grupo positiva.

Su tarea

1. De la lista de empleados que presentamos después de estas preguntas, escoja a otros dos miembros para completar su equipo; uno de mercadotecnia y otro de servicio al cliente. Cuando los elija tenga en mente las cuatro metas siguientes:

   A) Usted quiere que el lanzamiento del nuevo producto sea muy eficaz y cumpla las metas de ventas.

B) Usted quiere que el grupo desempeñe con rapidez y eficiencia sus tareas.

C) Usted quiere que el grupo funcione sin problemas como equipo, que esté unido y que no haya demasiados conflictos.

D) Usted supone que su compañía tendrá muy pronto otros lanzamientos de productos nuevos y quiere aprovechar el lanzamiento presente como una oportunidad para capacitar y desarrollar a los trabajadores para el futuro.

[NOTA: tal vez le ayude crear una tabla sencilla con 4 (metas) × 7 (personas) para registrar sus evaluaciones.]

2. Repase su proceso de toma de decisiones. ¿Qué cualidades fueron más importantes para usted cuando escogió a las personas? ¿Buscó las mismas cualidades para los dos puestos? Explique.

3. ¿Qué hizo para escoger a los individuos guiándose por sus cuatro metas diferentes? Por ejemplo, ¿tuvo que hacer algún canje entre estas cuatro?

4. ¿Piensa que el grupo cumplirá de modo satisfactorio sus objetivos? Explique por qué sí o no.

5. ¿Qué aprendió acerca de la importancia de la composición de un grupo? ¿Cómo podrían otros directores aprovechar lo que usted ha aprendido?

Empleados que cumplen con los requisitos para pertenecer al equipo:

Sampat Sengupta tiene 61 años, un grado de maestría y 40 años de experiencia en servicio al cliente en la industria de las TI. Es soltero; su carrera ha sido la parte más importante de su existencia. Ingresó a la compañía hace cinco años, cuando su empleador anterior fue adquirido por otra organización y terminó sus operaciones. En su trabajo anterior era jefe del grupo de atención al cliente de una empresa mucho más grande. Hace muchas sugerencias innovadoras para mejorar ese servicio en su empresa, entre ellas una reciente reorganización del departamento que ahorró miles de dólares a esta. A Sampat le molesta laborar para alguien como Whitney Armstrong, que tiene una educación y una experiencia menos relacionada con el negocio que él. Usted es de la opinión que Sengupta sabe mucho acerca del servicio al cliente y de que su desempeño laboral es muy superior al promedio. Labora después de terminado su horario y realiza más actividades profesionales fuera del trabajo que otra persona cualquiera de la compañía. Sampat ha pedido formar parte del equipo del lanzamiento y le ha sugerido que lo nombre jefe de este.

Whitney Armstong tiene 53 años, es jefa de servicio al cliente, tiene un grado de doctorado en ciencias de la computación, y quien tiene más antigüedad de entre los candidatos. Ha laborado en la compañía desde que se fundó, hace 14 años, y es amiga personal de muchos de los ejecutivos. Tras iniciar su carrera en el grupo de tecnología, Whitney no siguió actualizando sus habilidades para la programación. Hace unos dos años ingresó a atención al cliente, donde se hizo amiga de muchos clientes. Usted es de la opinión de que su desempeño como jefa de ese departamento ha sido promedio. Se lleva bien con todo el mundo, pero permite que sus empleados le presenten trabajos descuidados que preparan de modo muy lento. Ella es extrovertida y agradable, le molesta decir "No". Con frecuencia es demasiado optimista respecto de lo que puede hacer y, por eso mismo, se echa encima demasiadas tareas. Supone que dado su puesto como jefa de apoyo al cliente ella tiene derecho a ocupar un lugar en el equipo de lanzamiento.

Collin Barnett tiene 45 años y un grado de licenciatura en filología inglesa, además es el encargado de las comunicaciones de mercadotecnia con los clientes. Antes de ingresar en esta área hace 10 años, tuvo un desempeño promedio durante otra década en servicio al cliente. De todo el personal de marketing es el que tiene más experiencia con los clientes y los conoce mejor. Es muy franco y positivo. Muchas veces está en la cafetería de los empleados, contando chistes o charlando de deportes. Es amigo de todo el mundo en la compañía y siempre es voluntario para arreglar los eventos sociales de la fuerza laboral. Sus fiestas de Navidad y días de campo están siempre bien atendidas y son muy divertidas. Usted es de la opinión de que el desempeño de Collin en todo lo demás es más bien promedio. En pocas palabras, es uno de los empleados menos productivos, pero todos quieren trabajar con él. Como resultado de sus amistades, con frecuencia le piden que haga menos que sus compañeros. No obstante, su trabajo suele ser de buena calidad. Collin ha disfrutado laborando antes en equipos interfuncionales porque eso le permite trabajar con amigos que de lo contrario no vería con frecuencia.

Jalia Murphy tiene 36 años y un grado de licenciatura en relaciones públicas. Entró a trabajar a la compañía hace unos seis años, después de un intento fallido por tener su propia empresa de Relaciones Públicas (RP). En creatividad de marketing, ella es su superestrella. Cada una de sus campanas publicitarias ha tenido éxito enorme e incluso ganó un premio de la Cámara de Comercio local hace un año, el primero de su empresa. Destaca en los conceptos y el diseño de anuncios, pero sus habilidades para el liderazgo son débiles. Jalia suele comunicarse por correo electrónico o teléfono, y no le gusta hablar frente a un grupo. Trabaja en su casa dos días a la semana, con la explicación de que necesita paz y tranquilidad para "hacer la magia". En términos emocionales es madura y muchas veces acuden a ella otros empleados cuando tienen problemas personales. Ha contribuido a resolver más de un conflicto laboral con solo escuchar a las dos partes y ofreciéndoles sugerencias. Ella ha manifestado su interés por diseñar la campaña de mercadotecnia del equipo de lanzamiento, pero no por otras tareas.

Marilee West tiene 30 años y un certificado de bachillerato, y forma parte del grupo de servicio al cliente. Es madre soltera y ambiciosa y ha trabajado duro para subir de un puesto administrativo a otro profesional, con mejor paga. Es sumamente leal a la compañía y una empleada concienzuda; se puede confiar en que termine bien cada tarea y a tiempo. Por desgracia, su relación con su supervisora Whitney Armstrong no es muy buena por ahora. Whitney ha pedido a Marilee que cambie su horario laboral al vespertino y esta no ha aceptado, diciendo que el tiempo para su familia es primero. Sin embargo, en general, Marilee es querida por sus compañeros de trabajo. Como es tan eficiente, muchas veces le sobra tiempo para ayudar a otros a terminar sus actividades. Usted es de la opinión de que Marilee es muy valiosa para el grupo de servicio al cliente. Ella también quiere trabajar en el equipo de lanzamiento para expandir sus habilidades.

Alandra Pacheco tiene 28 años y es la contratación más reciente del departamento de marketing. Está asistiendo al turno vespertino para terminar sus estudios y obtener un grado de licenciatura en mercadotecnia. Llegó a su empresa hace un año a trabajar como interina durante verano y lo hizo tan bien que le ofrecieron un puesto de tiempo completo. Tiene mucho que aprender de esa área, pero es brillante y empeñosa. Antes de laborar en su compañía, Alandra era asociada de ventas en una tienda departamental, donde aprendió habilidades de servicio al cliente y desarrolló su interés por la mercadotecnia. Fuera del trabajo participa activamente en una organización de la comunidad que apoya a inmigrantes adultos en el aprendizaje del inglés. Su dominio del español es un activo cuando trata con sus clientes hispanoparlantes. Hasta ahora, el trabajo de Alandra ha sido promedio, pero usted piensa que ella mejorará cuando tenga más preparación y experiencia. Es cooperadora y está dispuesta a intentar todo lo que le piden que haga, pero titubea al presentar sus ideas propias. Carece de confianza en sí misma y parece ser que simplemente sigue la corriente de lo que dicen otros. Cuando habló con Alandra sobre el equipo, ella contestó: "Suena como una buena oportunidad para mí, pero no sé si yo pueda contribuir con algo que valga la pena".

Parker Goldman es el miembro más joven del equipo porque solo cuenta con 24 años; ha demostrado que es un mago para la computación desde que empezó a trabajar como programador para su compañía mientras cursaba el bachillerato. Sin embargo, cuando inició la universidad se dio cuenta de que le encantaba trabajar con otros, y por lo tanto cambió las computadoras para tomar el marketing. Terminó su licenciatura e ingresó a este departamento hace dos años. Usted es de la opinión de que él es el candidato más inteligente y el que tiene mejores capacidades técnicas. Su desempeño en mercadotecnia ha estado por encima de la media, y otros miembros del personal del área han empezado a acudir a él para pedirle consejos. Parker es entusiasta, ambicioso y positivo, pero con frecuencia no tiene mucho tacto con otros que no son tan inteligentes o habilidosos como él. Usted ha visto un correo electrónico en la computadora de este que fue enviado por un "cazatalentos" ofreciéndole un sueldo más alto, por lo cual teme que Goldman no permanezca en su compañía mucho tiempo más. Cuando le preguntó si quería estar en el equipo, Parker dijo que le parecía "buena onda", pero dice eso acerca de la mayor parte de las tareas.

TOMA DE DECISIONES Y COMUNICACIÓN

La toma de decisiones y la comunicación están muy relacionadas. Este ejercicio le proporcionará conocimientos respecto de algunas de esas interrelaciones.

Su tarea

1. Identifique una decisión que deberá tomar en algún momento futuro. Si labora en un puesto directivo, podría optar por abordar un problema o un asunto real; por ejemplo, seleccionar o despedir a un empleado, asignar aumentos de sueldo o escoger a alguien para una promoción. Si usted no labora en un puesto ejecutivo/gerencial, podría escoger una problemática relacionada con su trabajo académico que deberá tomar pronto; por ejemplo, qué licenciatura escoger, dónde asistir a cursos de verano o en qué lugar obtener un empleo, cuál trabajo escoger, o bien, si el año entrante vivirá en el campus de la universidad en lugar de fuera de él. Asegúrese de elegir una decisión que no ha tomado aún.

2. Haga en una hoja de papel una lista de las clases de información que probablemente empleará para tomar su decisión. Junto a cada uno de ellos, anote comentarios sobre dónde la puede obtener, cuál es su presentación, su confiabilidad y otras características importantes de la información.

3. A continuación suponga que ha usado la información obtenida antes y que ha tomado su decisión. En la otra cara del papel haga una lista de las distintas consecuencias y resultados que se derivarán de su determinación. Por ejemplo, si su opción implica un grado académico, tal vez necesite informar a su consejero y a su familia. Si implica una resolución gerencial de ascender a alguien, tendrá que comunicarlo a esa persona y a otras más. Haga una lista de tantas alternativas como pueda.

4. Junto a cada consecuencia anote comentarios acerca de cómo se comunicaría con cada una de las partes, el momento en que la informará y otros factores que a su parecer sean importantes.

5. ¿Qué fuerzas conductuales podrían intervenir en su decisión?

PRACTICAR

ESTUDIAR UN COMPONENTE DEL SISTEMA DE CONTROL DE UNA ORGANIZACIÓN

Este ejercicio le pide que use sus habilidades con el propósito de tomar decisiones para desarrollar un plan a efecto de fortalecer uno de los sistemas de control de una organización.

Las empresas e instituciones usan una amplia variedad de métodos de control. El consejo directivo, o un grupo de personas escogidas por el CEO de la compañía o por otros consejeros, es un sistema de control. Estos consejos de administración son especialmente importantes para el control estratégico. Tienen el encargo de garantizar que la organización alcance sus metas estratégicas, pero sin dejar de actuar con ética, de supervisar el desempeño del CEO y de otros miembros de la dirección administrativa, y de cuidar los intereses de los accionistas. Sin embargo, los escándalos recientes en empresas como Enron, WorldCom y otras más han demostrado que algunos consejos directivos no tuvieron un control adecuado.

La Securities and Exchange Commission (SEC por sus siglas en inglés) de Estados Unidos ha planteado propuestas para una serie de reformas con la esperanza de que mejoren el poder para controlar que tienen los consejos. Algunas de las recomendaciones se concentran en la composición de estos. Según la SEC, si no contienen el número y la composición correcta de consejeros es poco probable que sean eficaces. Ella recomienda que las compañías usen las directrices siguientes:

• Procure que el consejo no pase de una docena o menos de integrantes de modo que cada uno de estos se juegue algo más personal en el proceso.

• Para aumentar la objetividad, escoja a consejeros externos en su mayor parte. Ellos no son empleados de la compañía, no están relacionadas con ningún empleado y no están involucrados en cuestiones de negocios significativas con el CEO ni con esta.

• Pida a los consejeros que tienen una cantidad significativa de acciones de la compañía que enfoquen sus intereses más de cerca con los de los accionistas.

- Escoja a varios expertos en contabilidad o finanzas corporativas, en especial para que estén en la comisión de auditoría y la de sueldos y salarios.

- Para garantizar que los consejeros cuenten con tiempo suficiente para este consejo, no escoja a quienes estén en más de tres de estos.

Su tarea

1. Escoja una organización que le interese y use internet para investigar cómo es su consejo directivo. (*Recomendación*: los sitios web de las compañías son un buen punto de partida). Después busque en internet las biografías de cada consejero.

2. ¿En cuál de las cinco áreas mencionadas por la SEC es aceptable el consejo directivo de esta compañía? ¿En cuál de esas cinco no es aceptable?

3. ¿Cuáles son algunas consecuencias probables para el control de la organización? Considere las consecuencias positivas y las negativas.

4. Si fuera un tomador de decisiones a cargo de escoger a los consejeros, ¿qué haría para aumentar la eficacia del consejo?

DECISIONES PARA REDUCIR COSTOS

Este ejercicio le ayudará a desarrollar sus habilidades de toma de decisiones, y también le servirá para reconocer la importancia de la interdependencia entre las unidades de las organizaciones.

Suponga que es el vicepresidente de una enorme compañía estadounidense que diseña y fabrica gafas para sol. Dado el aumento de la demanda de consumo, ella ha crecido de forma sustancial en años recientes. Al mismo tiempo, este hecho no ha pasado inadvertido y ha sido un atractivo para que varios competidores entren al mercado en los pasados dos años. Por lo tanto, su CEO le ha dado instrucciones de que encuentre la manera de bajar costos en 10%, de modo que los precios también puedan disminuir en la misma proporción. Esa CEO piensa que la táctica es necesaria para conservar su participación de mercado frente a la nueva competencia.

Usted ha estudiado detenidamente la situación y ha determinado tres caminos diferentes para lograr abatir los costos:

- Empezar a comprar materiales, como el plástico y el vidrio, de calidad más baja.

- Recortar a una parte de sus empleados y después presionar a los restantes para que sean más productivos. Como parte de esta misma opción, el aumento futuro de la capacidad productiva será contratado en outsourcing a países en desarrollo, donde los salarios de los trabajadores son más bajos que en Estados Unidos.

- Reemplazar la maquinaria de producción existente por una más moderna y eficiente. Si bien, esto requerirá de entrada una inversión sustancial, usted está seguro de que dará por resultado costos de producción más bajos.

Su tarea

1. Estudie con detenimiento las otras alternativas y haga una lista de las ventajas y los inconvenientes de cada una.

2. ¿Cómo las actividades de cada alternativa afectarían a otras partes del a organización?

3. ¿Cuál es la opción más costosa en términos de su efecto en otras partes de la compañía (no en dólares absolutos)? ¿Cuál es la menos costosa?

4. ¿Cuáles son los principales obstáculos que podría afrontar en el caso de cada una de las tres opciones?

5. ¿Se le ocurren otras alternativas que podrían servir para la meta de bajar los costos?

EVALUAR LA CAPACITACIÓN

Este ejercicio le brinda la oportunidad de perfeccionar sus habilidades a efecto de interpretar información para tomar una decisión.

Su tarea

Su profesor dividirá al grupo en equipos pequeños para que discutan cada una de las preguntas siguientes. Cada uno de estos conjuntos debe tratar de llegar a un consenso y lo compartirá con el grupo entero. Piense con cuidado y creatividad en las preguntas y, si siente que le serviría contar con más información, identifique cuál sería esa información.

1. Usted es el director de una planta y le han pedido encontrar un programa de capacitación y desarrollo al que pueda mandar a subordinados. La información publicada relativa a todos los programas que está considerando dice:

    Programa A. Más de la mitad de los asistentes al programa han llegado a ser ejecutivos de primera línea en sus compañías.

    Programa B. La mayor parte de los asistentes siguen ascendiendo con rapidez en sus compañías. ¿Qué conclusión saca de lo anterior?

2. Usted, como miembro del comité ejecutivo, ha recibido un informe del ejecutivo responsable del programa de capacitación. El informe dice (en forma muy reducida):

    "Pensamos que nuestros directores de niveles bajos no se orientaban en medida suficiente a las relaciones humanas. Por lo tanto, preparamos un programa para capacitarlos en tales relaciones. Tomó una hora semanal (después del horario de trabajo), durante seis semanas. Al término del programa aplicamos un examen a los participantes y encontramos que ahora sabían bastante más del tema. El anterior es apenas un ejemplo de la forma en que la división de capacitación está gastando con prudencia y eficacia su dinero."

    ¿Qué piensa de este informe? ¿Por qué?

3. Más adelante, ese mismo informe dice:

    "Para evaluar nuestros programas pedimos siempre a los participantes que respondan a unas cuantas preguntas antes de que se vayan. Una es: "¿Aprendió algo en este programa?", y otra es: "¿Le gustó el programa?". Dado que siempre obtenemos un mínimo de dos tercios de respuestas afirmativas, y muchas veces el noventa y tantos por ciento de las respuestas a cada una de estas preguntas son también afirmativas, llegamos a la conclusión de que los programas son todo un éxito."

    ¿Usted está de acuerdo con la evaluación anterior? ¿Por qué sí o no?

4. Usted es director de capacitación de ML&T Company y se topa con un informe que sugiere un enfoque para la capacitación que ha tenido gran éxito. Si bien, la mayor parte de las pruebas que sustentan esa visión provienen de anécdotas relatadas por los participantes, también presenta en un apéndice los resultados de un estudio que tienen significado estadístico. El estudio compara los resultados básicos de un grupo que pasó por esta exitosa capacitación con uno que no la había cursado. Se utilizó una escala de Likert de cinco puntos (1 2 3 4 5).

    - Grupo capacitado: Número = 522 Media = 3.3472 Desviación estándar = 1.5369

    - Grupo no capacitado: Número = 496 Media = 3.1498 Desviación estándar = 1.6431

    - Una prueba t de la significancia entre las medias muestra que esta diferencia es significativa en nivel de 5% ($t = 1.96$).

    ¿Usted adoptaría el programa de capacitación basado en estos resultados? ¿Por qué sí o no?

LA TOMA DE DECISIONES INDIVIDUAL O EN GRUPO NOMINAL

Este ejercicio le permitirá comparar la toma de decisiones individual con la realizada por medio de grupos nominales.

La individual ofrece algunas ventajas en comparación con la colectiva, como la velocidad, la sencillez y la ausencia de conflictos. Sin embargo, en ocasiones estas ventajas pesan menos que otras consideraciones. En particular, la innovación es menor cuando un individuo toma una determinación. Los grupos nominales son especialmente adecuados para propiciar la creatividad porque una mayor cantidad de aportaciones de individuos más diversos puede generar más cursos de acción alternativos. Las personas tienen libertad para enumerar tantas alternativas creativas como puedan sin preocuparse por las críticas ni la presión política. Por lo tanto, los grupos nominales propician la creatividad debido a que combinan técnicas para mejorar la innovación individual y la de grupo.

Suponga que usted y sus compañeros de clases son directores administrativos de una universidad estatal que tiene unos 15 mil alumnos. En los pasados tres años, la escuela ha recibido un número creciente de solicitudes, pero su personal e instalaciones físicas no han tenido cambio. La institución afronta actualmente un problema: los estudiantes y sus familias están presionándolo para que admita a más solicitantes. La legislatura del Estado, que proporciona más de la mitad de los fondos de la universidad, ha respondido a la presión solicitando a esta para que incremente las inscripciones cuando menos a 3 mil estudiantes más, o un 20% adicional.

Su tarea

1. Escriba de manera individual tantas respuestas creativas a este problema como pueda. No se preocupe por determinar si son practicables las alternativas que está generando. De hecho, trate de enumerar tantas respuestas diferentes, incluso "descabelladas", como pueda.

2. Todos los estudiantes compartirán sus listas con las del grupo entero. Nadie, en ninguna circunstancia, debe revelar si piensa que la idea es "buena" o "mala". Las preguntas a otros alumnos acerca de sus sugerencias deben ser exclusivamente para efectos de aclaraciones.

3. Cuando todas las ideas individuales estén anotadas y aclaradas, sume a la lista las ideas adicionales que haya desarrollado el grupo durante este proceso.

4. Escojan (por votación) en grupo las tres acciones que consideran que tienen más probabilidad de resolver el problema a satisfacción de las partes interesadas.

5. ¿La técnica del grupo nominal generó alternativas más atractivas que las que generó usted por su cuenta?

6. ¿Las tres alternativas que ha escogido el grupo por votación son en su opinión "mejores" soluciones que las que usted concibió por su cuenta? Explique su respuesta.

7. Ofrezca algunas sugerencias sobre las clases de determinaciones de las empresas que se podrían tener con eficacia por medio de la toma de decisiones de un grupo nominal. ¿Cuándo no se debería usar?

PREPARAR UNA RELACIÓN O UN DIAGRAMA DE AFINIDAD PARA LA TOMA DE DECISIONES

Este ejercicio le ofrece la posibilidad de practicar cómo se prepara una relación o un diagrama de afinidad para la toma de decisiones eficaz. Estas técnicas le ayudarán a expandir y mejorar sus determinaciones en muchos campos de su vida, tanto personal como profesional.

El químico Linus Pauling, ganador del premio Nobel de Química y el de la Paz, dijo: "El mejor camino para tener una idea buena es tener muchas ideas". Preparar una relación es una técnica para incrementar la cantidad de ideas generadas en respuesta a la situación de una determinación. Los diagramas de afinidad le ayudan a interpretar y a organizar una cantidad grande de ideas diversas. Usted puede usar estos diagramas solos o con una relación que haya preparado, o bien, con otras técnicas para generar ideas. Estos son particularmente útiles para situaciones de decisiones que implican muchas ideas, cuando las ideas son muy diferentes entre sí, cuando las relaciones entre las ideas no son bien comprendidas, y cuando las preguntas subyacentes parecen ser abrumadoras o demasiado complejas para analizar racionalmente.

Suponga que está cerca el día de su graduación y debe decidir dónde vivirá a partir de entonces. Sus opciones son muchas y la determinación durará cuando menos cinco años, pero no le compromete necesariamente para el resto de su existencia. Podría optar por radicar en una zona urbana, una suburbana o una rural. Podría escoger entre una comunidad grande o una pequeña, diferentes regiones del país o del mundo y diferentes contextos sociales y económicos.

Su tarea

1. Tenga a la mano cuando menos 50 fichas de archivo, papel para notas con pegamento o pequeñas tiras de papel. Tome alrededor de 30 minutos para pensar con tranquilidad en las cualidades que quiere que tenga el lugar donde vivirá. Relájese y visualice su comunidad ideal, y después use las fichas o las tiras de papel para anotar las características deseadas. Por ejemplo, sus ideas podrían incluir "diversidad étnica" o "un suburbio de escala alta". Permita que las respuestas le vengan a la mente, no obligue a sus pensamientos a seguir un camino dado. En este punto del proceso, no se frene ni critique sus pensamientos. No es malo tener algunas ideas que parecen irracionales, que se dupliquen, que al parecer choquen, o que incluso parezcan insensatas. Trate de trabajar con rapidez y sin interrupción para generar un mínimo de 25 ideas. No se detenga hasta que llegue el momento en que piense que ya no tiene más ideas. Este proceso es una manera de usar la técnica conocida como "preparar una relación".

2. Extienda las fichas de modo que vea todas y, así colocadas, lea cada una de ellas. A continuación agrupe las fichas que contengan ideas similares. Poco a poco, conforme las vaya reordenando, irán surgiendo patrones de ideas. De nueva cuenta procure no ser crítico ni racional, simplemente considere las relaciones que existen entre las ideas. Siga cambiando de lugar las fichas, de modo que formen diferentes combinaciones, hasta que encuentre un conjunto de grupos que le parezca "el correcto".

3. Después, identifique cada uno de esos grupos asignándole un tema que sea un elemento común; por ejemplo, bajo el tema "ambientalista" podría agrupar "vivienda verde", "buen transporte público" y "restaurantes vegetarianos". Bajo el tema "comodidad" podría reunir "buen transporte público, "tardar poco tiempo para llegar al trabajo" e "ir a pie a restaurantes y tiendas". El proyecto terminado (un conjunto de diversas ideas agrupadas en temas relacionados se llama "diagrama de afinidad").

4. Responda las preguntas siguientes sobre su experiencia en los pasos 1 y 2 que anteceden.

   A) ¿Las técnicas de preparar una relación y un diagrama de afinidad le ayudaron a generar más ideas y a ver con más claridad las conexiones entre las ideas? En tal caso, explique cómo. De lo contrario, ¿qué técnicas habrían funcionado mejor?

   B) Observe que las dos técnicas fomentan explícitamente los aspectos conductuales de la toma de decisiones, en especial la intuición. ¿Piensa que eso es conveniente cuando lleva a cabo esa clase de determinaciones o cree que tendría mayor eficacia un planteamiento más racional?

   C) ¿Cómo podría un director usar estas técnicas en el trabajo? ¿Qué situaciones no serían adecuadas para el uso de estas técnicas?

DISEÑAR UNA NUEVA ORGANIZACIÓN

Este ejercicio le permitirá practicar la toma de decisiones asociadas al diseño de la organización.

Suponga que ha determinado iniciar en su comunidad un negocio de ropa deportiva informal. Sus productos serán gorras, camisas, pantalones y sudaderas que exhiban logotipos de la universidad y los bachilleratos locales. Usted es un diseñador talentoso y tiene varias ideas que harán que sus

PRACTICAR

productos sean únicos y muy populares. Asimismo, ha heredado una cantidad de dinero suficiente para montar su negocio, echarlo a andar y cubrir sus gastos personales durante un año más o menos, de modo que no tendrá que pagarse un sueldo durante ese primer año.

Piensa comprar la ropa deportiva en distintas tallas y modelos a otros proveedores. Su compañía utilizará un proceso de estampado para imprimir los logotipos y otros toques decorativos en los productos. Los dueños de tiendas locales de ropa han visto muestras de sus productos y han expresado que tienen mucho interés por venderlos. Sabe que también tendrá que dar servicio a las cuentas para tener contentos a los clientes.

Ahora está tratando de determinar la cantidad de personas que necesitará para su negocio y cuál es la forma más eficaz de agruparlos en una organización. Ha visto que puede empezar con pocos productos e ir expandiéndose a medida que lo pidan las ventas, pero le inquieta la idea de que si va sumando a más individuos constantemente, y reestructurando su organización en consecuencia, el resultado puedan ser la confusión y la ineficiencia.

Su tarea

1. Para cada uno de los escenarios siguientes decida cuál sería el mejor diseño de organización. Prepare un organigrama básico el cual refleje lo que piensa.
   - *Escenario 1:* Usted mismo vendería los productos y empezaría con una plantilla de cinco personas.
   - *Escenario 2:* Usted supervisaría la producción (sin ocuparse de las ventas) y empezaría con una plantilla de nueve individuos.
   - *Escenario 3:* Usted no manejaría personalmente ninguna función, pero en cambio supervisaría la operación entera, y empezaría con un una plantilla de 15 individuos.

2. Forme equipos de cuatro o cinco personas. Comparen sus distintos organigramas, concentrándose en las similitudes y las diferencias.

3. Trabajando con esos mismos equipos, suponga que han transcurrido cinco años y que su negocio es todo un éxito. Tiene una planta considerablemente grande para fabricar sus productos y los está enviando a 15 estados. Tiene cerca de 500 empleados. Cree un diseño organizacional que en su opinión se ciña mejor a esta organización.

4. Una vez que haya terminado el ejercicio anterior, conteste las preguntas siguientes:
   A) ¿Qué tan claras o ambiguas fueron las decisiones sobre el diseño organizacional?
   B) ¿Qué opina de haber iniciado con un tamaño grande para mantener la estabilidad, en lugar de como un negocio pequeño para después crecer?
   C) ¿Qué factores básicos tomó en cuenta para escoger el diseño de su organización?

TOMA DE DECISIONES Y COMUNICACIÓN EN UNA PEQUEÑA EMPRESA

Este ejercicio le ayudará a conocer las complejidades de la toma de decisiones y de la comunicación en una pequeña empresa la cual, en opinión de algunos emprendedores, adquiere incluso mayor importancia que en las organizaciones grandes.

Suponga que es el dueño/director de una pequeña cadena de tiendas minoristas que venden a precio módico ropa para hombres y mujeres profesionales. Usted tiene diez tiendas ubicadas en el oeste medio de Estados Unidos. Cada establecimiento tiene un gerente general, que es el encargado de toda la administración/gerencia general de ese establecimiento específico, y un subgerente. Además, su oficina corporativa cuenta con un gerente de RH, un especialista en publicidad y dos compradores. En el pasado, los gerentes locales tenían todo el control de sus tiendas individuales. Por lo mismo, la distribución, la cultura, las políticas y los procedimientos de cada tienda son diferentes.

Ahora ha decidido abrir más tiendas a un ritmo veloz. Para acelerar el proceso, usted desea estandarizar los establecimientos. Por desgracia, muchos de sus directivos actuales se molestarán con esta determinación porque considerarán que pierden autoridad y discreción directiva. No obstante, usted piensa que los cambios son importantes para la estandarización de todas las áreas.

Sus planes son remodelar todas las tiendas para que presenten una distribución estándar. También piensa preparar un manual de políticas y operaciones para cada una. El manual especificará exactamente cómo se dirigirá cada establecimiento. Usted piensa informar primero a los gerentes del plan por medio de memorandos, y después en una junta para discutir las preguntas y las inquietudes.

Su tarea

1. Prepare una lista de las objeciones principales que espera escuchar.
2. Haga un borrador de un memorando dirigido a los gerentes de las tiendas en el cual explique sus intenciones.
3. Esboce una orden del día para la junta donde piensa abordar las preguntas y las inquietudes de estos directores.
4. ¿Piensa que los gerentes deberían haber participado en la decisión? ¿Por qué sí o no?
5. ¿Cómo podría haber manejado de otro modo el caso?

USE SUS HABILIDADES DE TOMA DE DECISIONES

DECISIONES, DECISIONES, DECISIONES

Frank y Charles Seiberling empezaron a fabricar caucho para llantas de bicicleta en 1898, pero muy pronto se dedicaron a producir para toda clase de vehículos, inclusive para aviones en 1909, cuando solo había 100 de estos en Estados Unidos. Para 1916, la empresa de los Seiberling se había convertido en la fábrica de neumáticos más grande de ese país y, al poco tiempo, del mundo entero. Sin embargo, la mala dirección financiera de esa expansión condujo a muchos problemas. Goodyear compró la compañía después de la Primera Guerra Mundial y, a continuación, Paul Litchfield dirigió la producción (y la empresa) durante más de 30 años. Goodyear sigue siendo un productor de llantas de enorme peso en el mundo, pero Michelin de Francia, y Bridgestone de Japón, también son actores muy importantes en esa industria.

El dominio de Goodyear empezó a disminuir a medida que la competencia aumentó. Por ello, en la década de 1980, la compañía emprendió una reestructuración sustancial. Vendió Goodyear Farms en Arizona, empezó a fabricar llantas con el nombre de Kelly-Springfield, Lee y Atlas, y recortó a miles de empleados de su nómina. Sin embargo, todas esas medidas no fueron suficientes.

Goodyear había contraído una enorme deuda para detener un intento de absorción en 1986. Las ventas de automóviles estadounidenses bajaron. Es más, la compañía poseía un oleoducto que, si bien había quedado terminado en 1989, seguía consumiendo dinero y operando por debajo de su capacidad. El ingreso neto por acción bajó año tras año de 1987 a 1991. Después, el consejo directivo contrató a Stanley Gault, el ex-CEO de Rubbermaid Inc., quien estaba retirado, para que tratara de cambiar las cosas en Goodyear.

Se dice que Gault es como un torbellino que dirige las actividades sin tener que dar instrucciones directas. Cree en las organizaciones fundadas en la confianza, prefiere que las personas le llamen por su nombre de pila, y los sábados visita con regularidad las tiendas de llantas. Él tomó una serie de decisiones encaminadas a bajar los costos y a subir las ventas. Instaló un circuito cerrado de televisión a efecto de que los trabajadores estén enterados de la situación financiera de la compañía y para transmitir videocintas de las juntas trimestrales de preguntas y respuestas que sostiene en la oficina matriz.

Para mantener bajos los costos, retiró las bombillas de la mayor parte de las lámparas de su oficina, reemplazó las limosinas por sedanes, y vendió tres de los cinco aviones corporativos. Introdujo productos novedosos, vendió acciones nuevas y abrió nuevos canales de distribución (por ejemplo, usar la red de tiendas Sears). Al parecer, todo lo anterior estaba funcionando; Gault fue nombrado CEO del año por una publicación líder del gremio. En 1992, las ventas y las utilidades subieron y las perspectivas de Goodyear apuntaban a un futuro brillante.

Sin embargo, estaban por venir tiempos turbulentos. Los ingresos subieron y bajaron durante 2003, para después tener un crecimiento fuerte que siguió hasta 2008 y 2009. En 2005, a efecto de enfocar y fortalecer sus operaciones, Goodyear optó por vender sus operaciones estadounidenses que producían específicamente llantas para uso agrícola y tractores, su negocio de resinas adherentes Wingtack, y una plantación de caucho en Indonesia. La organización determinó adoptar una estrategia de administración de negocios llamada Six Sigma, creada por Motorola, la cual se basa en el compromiso con la excelencia, la satisfacción del cliente, la mejoría de los procesos y la toma de decisiones basada en hechos. Los empleados gozan de más discreción para determinar. Suman valor por medio de mayor productividad y creatividad y mejor habilidad para la resolución.

En 2006, la compañía registró buenos ingresos a pesar de la decisión de salir de algunos segmentos del mercado de las llantas de marca privada. En ese año también pasó por una enorme huelga y sufrió que los precios de las materias primas se dispararon. El CEO Robert Keegan tomó medidas para bajar los costos, y en 2007, Goodyear vendió su negocio de productos de ingeniería con el propósito de concentrar su toma de decisiones estratégicas. La empresa tomó también la determinación de vender de otra manera sus llantas, por ejemplo con mejores exhibidores que tienen por objeto atraer a las mujeres.

Preguntas del caso

Vea en línea

1. ¿Qué papel ha desempeñado la toma de decisiones en Goodyear?
2. Describa las habilidades de toma de decisiones de la dirección de Goodyear.
3. ¿Puede señalar algunas debilidades que hayan sido ocasionadas por el énfasis en esas habilidades?
4. ¿Qué haría usted para asegurarse de que cuenta con la clase de habilidades para empleos como los de Goodyear?

Referencias del caso

Lisa LaMotta, "Goodyear bounces back", *Forbes*, 25 de abril de 2008, http://www.forbes.com/2008/04/25/goodyear-tires-earnings-markets-equity-ex_1a1_0425markets19.html; Telis Demos, "Money losers", *Fortune*, 9 de julio de 2007 http://money.cnn.com/galleries/2007/fortune/0707/gallery.global500_losers.fortune/11.html; Matthew Boyle, "Goodyear rolls out softer sell for tires", *Fortune*, 14 de febrero de 2006 http://money.cnn.com/2006/02/14/news/companies/pluggedin_fortune/index.htm; "CEO of the Year: Stanley Gault of Goodyear", *Financial World*, 31 de marzo de 1992, p. 26; Peter Nulty, "The Bounce is Back at Goodyear", *Fortune*, 7 de septiembre de 1992, pp. 70-72.

LUFTHANSA

Deutsche Lufthansa AG, conocida popularmente solo como Lufthansa, es una compañía aérea propiedad del Estado alemán. Tiene un estupendo récord por la puntualidad de sus operaciones y es una de las líneas de aviación más grandes a nivel global, así como uno de los mayores transportistas de carga aérea del orbe. Como es propiedad de toda Alemania, nunca ha tenido que preocuparse mucho por la rentabilidad. Es más, como la actividad de las líneas aéreas europeas había estado estrictamente regulada, la compañía había podido operar tomando relativamente pocas medidas para competir. Así, durante años, Lufthansa cumplió su misión con la mayor eficiencia posible mientras operaba en un entorno relativamente protegido y aislado.

Sin embargo, las cosas empezaron a cambiar alrededor de 1990. En primer lugar, el gobierno alemán, que no contaba con liquidez debido a las presiones financieras de su programa de reunificación, exigió que Lufthansa tuviera un mejor desempeño económico. De hecho, incluso se habló de privatizarla. Es más, en 1992, la apertura del mercado europeo después de la desregulación incrementó la competencia entre todas las compañías europeas de aviación.

Para combatir, Lufthansa contrató a un nuevo CEO, Juergen Weber, el cual no tardó en ver que la línea aérea debía recortar costos para seguir siendo competitiva. De hecho, los análisis revelaron que la empresa tenía los márgenes de utilidad más bajos de entre las principales organizaciones de aviación de Europa. Weber decidió empezar por la fuerza laboral y anunció planes para recortar 7 mil empleos. Los trabajadores afectados pertenecían a dos sindicados, el Sindicato de Empleados Corporativos de Alemania (DAG) y el Sindicato de Servidores Públicos (OTV). Ambos respondieron de forma muy diferente al plan de Weber.

El OTV, cuyos agremiados eran los asistentes de vuelo y el personal de servicios en tierra, decidió adoptar una línea dura. Estableció la demanda de que Lufthansa primero recortara las nóminas de gerentes y administrativos. Es más, el sindicato amenazó con huelgas o tortuguismo si sus demandas no se cumplían. Sin embargo, el DAG, cuyos agremiados son los pilotos, los ingenieros y los técnicos, tomó una posición más conciliatoria. Al igual que el OTV, el DAG instó a Lufthansa a recortar costos administrativos, pero también dijo que aceptaría un recorte salarial de 8% y un aumento de las horas laborables, de 37.5 a 40 horas a la semana.

Los dos sindicatos se mostraban inquietos porque se hablaba de que Lufthansa estaba pensando arrancar otra línea aérea. La compañía quería conservar su organización presente para los vuelos internacionales, pero pretendía crear una línea aérea enteramente nueva (llamada Lufthansa Express) para los vuelos nacionales. Esta pagaría sueldos más bajos y ofrecería menos prestaciones a sus trabajadores. Si bien, algunos aviones de hecho tenían pintada la palaba "Express", la línea aérea separada jamás despegó.

Durante la década de 2000, los ejecutivos de Lufthansa decidieron usar las fusiones, las adquisiciones y las join ventures para mantener fuerte a la línea aérea. Así, en 2000, se asoció con Air One, una compañía italiana. En 2004, Lufthansa se convirtió en un cliente del servicio de conectividad por Internet Connexion lanzado por Boeing. En 2005 se fusionó con Swiss International Air Lines (SWISS) y creó después una sociedad con JetBlue, una línea estadounidense de bajo costo. En 2008, Lufthansa compró el control de Brussels Airlines y de British Midland International (BMI). A pesar de los tiempos difíciles de 2001-2002, y de una huelga enorme en 2008, el tráfico aéreo y los ingresos habían subido para 2010. Lufthansa parecía estar volando muy alto.

Preguntas del caso

1. ¿Por qué la toma de decisiones ha sido parte del éxito sostenido de Lufthansa?

2. ¿Eso mismo aplicaría para una línea aérea privada, alemana o estadounidense? ¿Por qué sí o no?

3. Describa las habilidades de toma de decisiones de la dirección de Lufthansa.

4. ¿Cuáles de las habilidades de toma de decisiones de la pregunta 3 serían más importantes, y cuáles serían menos importantes, para dirigir una línea aérea estadounidense?

5. Si usted ocupara un puesto en la organización de Lufthansa, ¿cómo se prepararía para contar con las habilidades de toma de decisiones necesarias para el éxito?

Vea en línea

Referencias del caso

Cornelius Rahn, "Lufthansa Targets 2010 Earnings Growth on Traffic", *BusinessWeek*, 11 de marzo de 2010, http://www.businessweek.com/news/2020-03-11/lufthansa-targets-2010-earnings-growth-on-traffic-increase.html; Marc Gunther, "Nothing blue about JetBlue", *Fortune*, 3 de septiembre de 2009, http://money.cnn.com/2009/09/03/news/companies/jetblue_airways_airline.fortune/index.htm; Ken Stier, "The not-so-friendly skies of Europe", *Fortune*, 25 de mayo de 2006, http://money.cnn.com/magazines/fortune/fortune_archive/2006/05/15/8376910/index.htm, "When Lufthansa is Carrying Too Much Baggage", *BusinessWeek*, 7 de septiembre de 1992, p. 80; "Steering a Supertanker", *Interavia Aerospace Review*, enero de 1992, p. 64.

EXTIENDA SUS HABILIDADES DE TOMA DE DECISIONES

Su profesor puede usar una o varias de estas **extensiones para el grupo** a efecto de brindarle otra oportunidad más para desarrollar sus habilidades de toma de decisiones. Por otro lado, usted puede seguir desenvolviéndolas por su cuenta mediante una o varias de las **extensiones individuales**.

Estas **extensiones** para el grupo se repiten exactamente de la misma forma para cada una de las siete habilidades específicas. Llevar a cabo la **extensión** exacta para las distintas capacidades le servirá para perfeccionar tanto estas como las diferencias sutiles que existen entre sí.

EXTENSIONES PARA EL GRUPO

- Forme equipos pequeños de estudiantes. Solicite a cada uno que escoja una organización y un puesto directivo. Después pídales que identifiquen las habilidades de toma de decisiones que necesitaría alguien en ese puesto.
- Arme equipos pequeños de alumnos. Indique a cada equipo que identifique un problema o una oportunidad que afronte una empresa u otra organización. Después pídales que señalen las habilidades de toma de decisiones que necesitarán los directores para lidiar con ese problema u oportunidad.
- Forme equipos pequeños de estudiantes. Asigne a cada conjunto una o varias compañías que deberán analizar. Indíqueles que identifiquen a los miembros que constituyen el consejo directivo y que investiguen sus antecedentes. Después solicite que describan las habilidades de toma de decisiones que estos consejeros deben tener.
- Arme equipos pequeños de alumnos. Pida a cada equipo que escoja un empleo común (por ejemplo, vendedor de tienda minorista, empleado de negocio de comida rápida). Pídales que describan las destrezas de toma de decisiones que ese empleado debe tener para el desempeño de su puesto.
- Forme equipos pequeños de alumnos. Indíqueles que esbocen las habilidades de toma de decisiones que necesitarían si fueran a iniciar un tipo específico de negocio nuevo.
- Forme equipos pequeños de estudiantes. Solicite a cada equipo que señale situaciones en las que se hayan encontrado recientemente y que hayan requerido que usaran sus habilidades de toma de decisiones.

EXTENSIONES INDIVIDUALES

- Acuda a la biblioteca e investigue una compañía. Determine su grado de eficacia y señale las habilidades de toma de decisiones que deben tener sus directores/gerentes de nivel alto. Comparta sus resultados con el grupo.
- Escoja a un director/gerente que sea muy visible y analice sus destrezas de toma de decisiones.
- Entreviste a un director/gerente de una organización local. Averigüe qué habilidades de toma de decisiones necesita para desempeñar su trabajo con eficacia.
- Piense en algún conocido suyo que tenga una posición directiva/gerencia. Describa el puesto ejecutivo que ocupa por cuanto se refiere al tipo de organización, al nivel que tiene en esta, y al área en la que labora. ¿Qué capacidades de toma de decisiones necesita esa persona para ser eficaz?
- Concentrándose en las habilidades de toma de decisiones, planifique un cambio hipotético para su escuela.
- Busque en internet ejemplos de capacidades de toma de decisiones en la administración y compare lo que encuentre con la información que presentamos aquí.

EXTENDER

- Se cuenta que Bob Woodward, el conocido periodista político, dijo en cierta ocasión: "Al ver al presidente tomar soluciones políticas o de políticas, uno puede ver cómo es él. La esencia de la presidencia es la toma de decisiones". ¿Qué piensa que significa lo anterior y cómo lo podría usar para mejorar esa habilidad?

SUS ACTUALES HABILIDADES DE TOMA DE DECISIONES

EVALUACIÓN DE SUS HABILIDADES DE TOMA DE DECISIONES

Ha terminado el capítulo 8 y llegado el momento de volver a evaluar sus habilidades de toma de decisiones. Para ello, conteste el instrumento siguiente. Piense en su situación o su empleo actuales, o en una organización a la cual pertenece. Responda pensando en su circunstancia presente y no en lo que supone que deberían contestar usted o cualquier ejecutivo o director. Si el enunciado no corresponde a su situación actual, responda en función de lo que piensa que sería el caso si estuviese en esa circunstancia.

Use la escala siguiente para responder:

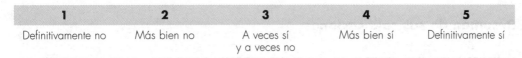

1	2	3	4	5
Definitivamente no	Más bien no	A veces sí y a veces no	Más bien sí	Definitivamente sí

Sume sus puntos y anote el total en la tabla que presentamos al final del instrumento.

Dado que muchos expertos sugieren que las evaluaciones del desempeño usen la retroalimentación de 360°, usted quizá considere conveniente saber lo que otros piensan de sus habilidades de toma de decisiones. Su profesor le puede proporcionar una forma diseñada para que contesten otros y, cuando la hayan respondido, usted también anotaría esas calificaciones en la tabla. Fíjese en las áreas en las que existe gran diferencia entre su visión y la de otros y dedique más tiempo a desarrollar las habilidades que ellos indican.

HABILIDADES DE TOMA DE DECISIONES

[**Nota:** los números corresponden a la evaluación básica que presenta el apéndice A.]

_____ 271. Asumo la responsabilidad de mis actos.

_____ 272. Siempre hago planes para saber cómo cumpliré con las fechas límite.

_____ 273. Puedo manejar asignaciones ambiguas e inciertas.

_____ 274. Estoy dispuesto a que otros tomen la batuta.

_____ 275. Evito tomar decisiones apresuradas.

_____ 276. Puedo actuar con contundencia cuando es necesario.

_____ 277. Soy capaz de manejar los conflictos.

_____ 278. Puedo manejar tareas que implican grandes volúmenes de información.

_____ 279. Puedo dirigir grupos.

_____ 280. Considero las alternativas antes de tomar una decisión.

_____ 281. Delego a efecto de que se hagan las cosas.

_____ 282. No evito tomar decisiones difíciles.

_____ 283. Hago lo que digo.

_____ 284. No me entrampo en los detalles.

_____ 285. Por lo habitual siento que he tomado la decisión correcta.

_____ 286. Por lo habitual tomo decisiones lógicas y racionales.

_____ 287. Tengo la aptitud de manejar bien el papeleo.

_____ 288. Involucro a otros en la toma de decisiones.

_____ 289. Involucro a otros en la planeación.

_____ 290. Tomo decisiones con otros.

_____ 291. Me ocupo de que sucedan las cosas.

_____ 292. Tomo decisiones oportunas.

_____ 293. Rara vez titubeo para tomar una decisión.

_____ 294. Delego tareas con facilidad.

_____ 295. Antes de tomar una decisión procuro obtener información válida.

_____ 296. Me fijo metas difíciles.

_____ 297. Asumo plena responsabilidad de mis decisiones.

_____ 298. Trato de dejar en claro a los demás el porqué de las decisiones que tomo.

_____ 299. Por lo habitual tomo decisiones acertadas, incluso bajo presión.

_____ 300. Sopeso cuidadosamente mis opciones cuando tomo decisiones.

Resumen de sus calificaciones

Habilidad (calificación máxima posible)	**Su calificación actual**	**Las calificaciones de otros**	**Su calificación en el capítulo 1**
Toma de decisiones (150)			

Interpretación de sus calificaciones

Compare su calificación con la que obtuvo en la evaluación inicial del capítulo 1. Si su calificación ha mejorado poco o nada, debería estudiar el mismo conjunto de incisos de la **evaluación de las habilidades para administrar** del capítulo 1 y comparar cada uno de ellos para saber dónde ha habido un cambio o no. Debe dedicar más tiempo a desarrollar las capacidades particulares en las que el cambio ha disminuido o permanecido igual.

INTERPRETACIONES

ESTILOS DE TOMA DE DECISIONES

Por lo habitual hay tres estilos de toma de decisiones: el proyectivo, el consistente y el reflexivo. Usted puede saber cuál es el suyo si suma los números que ha asignado a cada respuesta, donde a) = 1, b) = 2 y c) = 3, y después comparar sus totales con la escala siguiente: 10-16 proyectivo; 17-23 consistente, y 24-30 reflexivo.

Los proyectivos toman decisiones con suma rapidez, sin darse tiempo para obtener toda la información que podrían necesitar y sin considerar todas las alternativas. Sin embargo, son fundamentales y no dejan las cosas para después. Los estudiantes que tienden a ser tomadores de determinaciones proyectivos harían bien en desacelerarse un poco.

Los consistentes son más equilibrados dado que tienen una mezcla del estilo reflexivo y el proyectivo. Por lo tanto, suelen tener el mejor récord por haber tomado buenas decisiones.

Los reflexivos suelen requerir mucho tiempo para decidir, reunir una cantidad considerable de información y analizar varias alternativas. Si bien, no toman determinaciones rápidas, pueden demorar demasiado, desperdiciar recursos buscando información y ser considerados indecisos y timoratos. Los estudiantes que tienden a ser tomadores de resoluciones reflexivos harían bien en acelerar sus procesos decisorios.

MUESTRARIO DE CONTROL INTERNO Y EXTERNO

El locus de control se refiere a la medida en que un individuo piensa que su conducta tiene un impacto directo en las consecuencias.

Una persona que tiene un locus de control interno piensa que los individuos controlan su vida, de modo que el éxito o el fracaso es resultado de su propia conducta y sus decisiones. Ellas desean participar, prefieren las organizaciones descentralizadas, quieren gozar de libertad y autonomía para desempeñar su trabajo y les gustan los sistemas de premios basados en el desempeño individual.

Una persona que tiene un locus de control externo piensa que fuerzas que ella no controla dictan lo que le sucede. Por ende, quienes tienen este locus piensan que el éxito o el fracaso son resultado de la fortuna, el azar, la suerte o la conducta de otros. Ellos prefieren las organizaciones centralizadas, los trabajos estructurados y los sistemas de premios basados en la antigüedad.

Al parecer, la mayor parte de los directores tienen un locus de control interno.

CUESTIONARIO ACERCA DEL ESTILO PARA RESOLVER PROBLEMAS

La letra "S" de la columna I-A se refiere a sensitivo. La letra "N" de la columna II-B se refiere a *intuitivo*. La letra "T" de la columna III-A se refiere a *pensante*, y la letra "F" de la columna IV-B se refiere a *sensible*.

Las primeras dos columnas identifican sus calificaciones para sensitivo-intuitivo. Por lo general, las personas han preferido uno de estos dos estilos para reunir información. La tabla siguiente presenta un resumen de las características de estos dos estilos.

	Comparación de tipos de personas sensitivas e intuitivas	
Característica	**Tipo sensitivo (S)**	**Tipo intuitivo (N)**
Enfoque	Los detalles, lo práctico, la acción, hacer rápido las cosas	Los patrones, la innovación, las ideas, los planes de largo plazo
Orientación al tiempo	El presente, vivir la vida como viene	Logros futuros, cambio, reordenar
Entorno laboral	Presta atención a los detalles, es paciente con los detalles y no comete errores con los datos, no corre riesgos	Ve el "cuadro entero", paciente con la complejidad, corre riesgos
Fortalezas	Pragmático, orientado a los resultados, objetivo, competitivo	Original, imaginativo, creativo, idealista
Posibles debilidades	Impaciente cuando los proyectos se demoran, decide las cuestiones con demasiada rapidez, carece de perspectiva de largo plazo, puede simplificar demasiado una tarea compleja	No da seguimiento, comete errores con los datos, poco práctico, da por sentado que las personas contribuirán

INTERPRETAR

Las siguientes dos columnas representan las calificaciones de pensativo-sensible. Los individuos prefieren por lo habitual evaluar la información con base en uno de estos dos estilos. La tabla siguiente resume las características de ambos.

	Comparación de los tipos de personas pensantes (T) y sensibles (F)	
Característica	**Tipo pensante (T)**	**Tipo sensible (F)**
Enfoque	La lógica de la situación, la verdad, los principios de la organización	Los valores y las necesidades humanas, la armonía, los sentimientos, las emociones
Orientación al tiempo	Pasado, presente, futuro	Pasado
Entorno laboral	Empresarial, impersonal, trata con equidad a otros, bien organizado	Amigable por naturaleza, personal, armonía, cuidado e interés por otros
Fortalezas	Bueno para ordenar con lógica las cosas, tiende a ser firme y testarudo, es racional, es objetivo, prevé resultados lógicos	Disfruta complaciendo a las personas, solidario, leal, saca los sentimientos de otros, se interesa por el individuo detrás del empleo o la idea
Posibles debilidades	Demasiado analítico, nada emocional, demasiado serio, rígido, gran verborrea	Sentimental, pospone las tareas desagradables, evita los conflictos

SU ESTILO DE TOMA DE DECISIONES

Toda persona tiene una manera característica de tomar decisiones. Esta evaluación utiliza cuatro categorías: analítico, conceptual, conductual y directivo. Algunas características de cada una son:

- Analítico (pensante-tarea): capacidad para lo abstracto; pensamiento lógico; gran tolerancia de la ambigüedad; busca grandes volúmenes de datos y los comprueba; identifica y cuestiona los supuestos subyacentes; orientado a la tarea; su desempeño se funda en análisis, planeación y pronósticos.

- Conceptual (pensante-personas): capacidad creativa; "pensadores de sistemas" amplios; tolera mucho la ambigüedad y la complejidad; valora la calidad; comparte valores con los colegas; gran necesidad de logros; requiere reconocimientos y retroalimentación constructiva; necesita libertad; orientado a los individuos; desempeño en función de explorar opciones y creatividad.

- Conductual (actuante-personas): personal; se concentra en el individuo; tolera poco la ambigüedad; caracterizado como solidario y participativo; bueno para escuchar; prefiere los datos "blandos" a los "duros"; orientado a las personas y las inquietudes sociales.

- Directivo (actuante-tarea): se concentra en resultados de corto plazo; deseo por tener control; tolera poco la ambigüedad; implementa objetivos operativos de forma sistemática y eficiencia; orientado a la eficiencia; los hechos son realidad; se comunica por medio de cifras y datos; busca establecer estructura en el trabajo; orientado a las tareas.

Las calificaciones de los estilos y sus significados se interpretarían así:

	Menos preferido	Respaldo	Dominante	Muy dominante
Directivo	20-67	68-81	82-89	90-160
Analítico	20-82	83-96	97-104	105-160
Conceptual	20-72	73-86	87-94	95-160
Conductual	20-47	48-61	62-69	70-160

Para efectos de comparación, estas son algunas calificaciones típicas:

	D	A	C	B
Promedio	75	90	80	55
Almirantes	59	102	92	47
Directores ejecutivos	70	90	93	47
Jefes de policía	71	90	81	58
Planificadores de finanzas	75	100	74	51
Planificadores estratégicos	62	81	100	57
Directores	74	89	83	54
Directoras	75	88	74	64

☐ Menos preferido
⬭ Dominante
⬯ Muy dominante

Fuente: Adaptado de la presentación en PowerPoint® de William Benjamin Marz, Jr., presentada en línea en http://www.uccs.edu/~wmartz/buad100/DECSTYLE.PPT", adaptado de Alan Rowe y R.O. Mason, *Managing with style*, Jossey-Bass, 1987.

INTERPRETAR

NOTAS

[1] E. Frank Harrison, *The Managerial Decision Making Process*, 5a ed., Boston, Houghton Mifflin, 1999. Vea también Elke U. Weber y Eric J. Johnson, "Mindful Judgement and Decision Making", en *Annual Review of Psychology* 2009, Susan T. Fiske, Daniel L. Schacter y Robert Sternberg, Eds., Annual Reviews, Palo Alto California, 2009, pp. 53-86.

[2] George P. Huber, *Managerial Decision Making*, Glenview, Illinois, Scott, Foresman, 1980.

[3] Para un ejemplo vea Paul D. Collins, Lori V. Ryan y Sharon F. Matusik, "Programmable Automation and the Locus of Decision-Making Power", *Journal of Management*, vol. 25, 1999, pp. 29-53.

[4] "How Mulally Helped Turn Ford Around", *USA Today*, 18 de julio de 2011, p. 2B.

[5] Huber, *Managerial Decision Making*. Vea también David W. Miller y Martin K. Start, *The Structure of Human Decisions*, Englewood Cliffs, Nueva Jersey, Prentice-Hall, 1976; Alvar Elbing, *Behavioral Decisions in Organizations*, 2a ed., Glenview, Illinois, Scott, Foresman, 1978.

[6] Rene M. Stulz, "Six Ways Companies Mismanage Risk", *Harvard Business Review*, marzo de 2009, pp. 86-94.

[7] "Ford Lays Bet On New Truck By Rehiring 1,000 Workers", *Wall Street Journal*, 31 de octubre de 2008, pp. B1 y B2.

[8] "High-End Pickup Sales Power Forward", *USA Today*, 6 de febrero de 2012, p. B1.

[9] Gerard P. Hodkinson, Nicola J. Brown, A. John Maule, Keith W. Glaister y Alan D. Pearman, "Breaking the Frame: An Analysis of Strategic Cognition and Decision Making Under Uncertainty", *Strategic Management Journal*, vol. 20, 1999, pp. 977-985.

[10] "Andersen's Fall from Grace Is a Tale of Greed and Miscues", *Wall Street Journal*, 7 de junio de 2002, pp. A1, A6.

[11] Jerry Useem, "Boeing vs. Boeing", *Fortune*, 2 de octubre de 2000, pp. 148-160, "Airbus Prepares to 'Bet the Company' as It Builds a Huge New Jet", *Wall Street Journal*, 3 de noviembre de 1999, pp. A1 y A10.

[12] Robert C. Litchfield, "Brainstorming Reconsidered: A Goal-Based View", *Academy of Management Review*, vol. 33, núm. 3, 2008, pp. 649-668.

[13] Paul Nutt, "Expanding the Search for Alternatives During Strategic Decision-Making", *Academy of Management Executive*, vol. 18, núm. 4, 2004, pp. 13-22.

[14] *Wall Street Journal*, 27 de mayo de 2005, p. A1.

[15] Paul J.H. Schoemaker y Robert E. Gunther, "The Wisdom of Deliberate Mistakes", *Harvard Business Review*, junio de 2006, pp. 108-115.

[16] "Airbus Chips Superjumbo Production", *Wall Street Journal*, 7 de mayo de 2009, p. B1.

[17] "Accomodating the A380", *Wall Street Journal*, 29 de noviembre de 2005, p. B1, "Boeing Roars Ahead", *BusinessWeek*, 7 de noviembre de 2005, pp. 44-45; "Boeing's New Tailwind", *Newsweek*, 5 de diciembre de 2005, p. 45.

[18] "The Wisdom of Solomon", *Newsweek*, 17 de agosto de 1987, pp. 62-63.

[19] "Making Decisions in Real Time", *Fortune*, 26 de junio de 2000, pp. 332-334. Vea también Eugene Sadler-Smith y Erella Shefy, "The Intuitive Executive: Understanding and Applying 'Gut Feel' in Decision Making", *Academy of Management Executive*, vol. 18, núm. 4, 2004, pp. 76-91, y Don A. Moore y Francis J. Flynn, "The Case of Behavioral Decision Research in Organizational Behavior", en James P. Walsh y Arthur P. Brief, *The Academy of Management Annals*, vol. 2, Londres, Routledge, 2008, pp. 399-432.

[20] Herbert A. Simon, *Administrative Behavior*, Nueva York, Free Press, 1945. Simon ha afinado y actualizado sus ideas en Herbert A. Simon, *Administrative Bahavior*, 3ª ed., Nueva York, Free Press, 1976, y Herbert A. Simon, "Making Management Decisions: The Role of Intuition and Emotion", *Academy of Management Executive*, febrero de 1987, pp. 57-63.

[21] Patricia Corner, Angelo Kinicki y Barbara Keats, "Integrating Organizational and Individual Information Processing Perspectives on Choice", *Organization Science*, agosto de 1994, pp. 294-302.

[22] "Lessons from Saturn's Fall", *BusinessWeek*, 2 de marzo de 2009, p. 25.

[23] Kimberly D. Elsback y Greg Elofson, "How the Packaging of Decision Explanations Affects Perceptions of Trustworthiness", *Academy of Management Journal*, vol. 43, pp. 80-89, 2000.

[24] Kenneth Brousseau, Michael Driver, Gary Hourihan y Rikard Larsson, "The Seasoned Executive's Decision-Making Style", *Harvard Business Review*, febrero de 2006, pp. 111-112; vea también Erik Dane y Michael G. Pratt, "Exploring Intuition and its Role in Managerial Decision Making", *Academy of Management Review*, vol. 32, núm. 1, 2007, pp. 33-54.

[25] *Fortune*, 27 de junio de 2005, p. 55.

[26] Barry M. Staw y Jerry Ross, "Good Money After Bad", *Psychology Today*, febrero de 1988, pp. 30-33; D. Ramona Bobocel y John Mever, "Escalating Commitment to a Failing Course of Action: Separating the Roles of Choce and Justification", *Journal of Applied Psychology*, vol. 79, 1994, pp. 360-363.

[27] Mark Keil y Ramiro Montealegre, "Cutting Your Losses Extricating Your Organization When a Big Project Goes Awry", *Sloan Management Review*, primavera de 2000, pp. 55-64.

[28] "Closing Time for a Rock Theme Park", *Wall Street Journal*, 7 de enero de 2009, p. B1.

[29] Gerry McNamara y Philip Bromiley, "Risk and Return in Organizational Decision Making", *Academy of Management Journal*, vol. 42, pp. 330-339, 1999.

[30] Para ejemplificar vea Brian O'Reilly, "What It Takes to Start a Startup", *Fortune*, 7 de junio de 1999, pp. 135-140.

[31] Martha L. Finney, "The Catbert Dilemma-The Human Side of Tough Decisions", *HR Magazine*, febrero de 1997, pp. 70-78.

[32] Ann E. Tenbrunsel y Kristen Smith-Crowe, "Ethical Decision Making: Where We've Been and Where We're Going", en James P.

Walsh y Arthur P. Brief, *The Academy of Management Annals*, vol. 2, Londres, Routledge, 2008, pp. 545-607.

[33] David J. Glew, Anne M. O'Leary, Ricky W. Griffin y David D. Van Fleet, "Participation in Organizations: A Preview of the Issues and Proposed Framework for Future Analysis", *Journal of Management*, vol. 21, núm. 2, 1995, pp. 395-421; para una actualización reciente vea Russ Forrester, "Empowerment Rejuvenating a Potent Idea", *Academy of Management Executive*, vol. 14, núm. 1, 2002, pp. 67-78.

[34] Edwin A. Locke, David M. Schweiger y Gary P. Latham, "Participation in Decision Making: When Should It Be Used?", *Organizational Dynamics*, invierno de 1986, pp. 65-79; Nicholas Baloff y Elizabeth M. Doherty, "Potential Pitfalls in Employee Participation", *Organizational Dynamics*, invierno de 1989, pp. 51-62.

[35] "The Art of Brainstorming", *BusinessWeek*, 26 de agosto de 2002, pp. 168-169.

[36] Andre L. Delbecq, Andrew H. Van de Ven y David H. Gustafson, *Group Techniques for Program Planning*, Glenview, Illinois, Scott, Foresman, 1975; Michael J. Prictula y Herbert A. Simon, "The Experts in Your Midst", *Harvard Business Review*, enero-febrero de 1989, pp. 120-124.

[37] Para una extensión del método del grupo nominal vea Kevin P. Coyne, Patricia Gorman Clifford y Renee Dye, "Breakthrough Thinking From Inside the Box", *Harvard Business Review*, diciembre de 2007, pp. 71-80.

[38] Norman P.R. Maier, "Assets and Liabilities in Group Problem Solving: The Need for an Integrative Function", en J. Richard Hackman, Edward E. Lawler III y Lyman W. Porter, Eds., *Perspectives on Business Organizations*, 2a ed., Nueva York, McGraw-Hill, 1983, pp. 385-392.

[39] Anthony L. Laquinto y James W. Frederickson, "Top Management Team Agreement About the Strategic Decision Process: A test of Some of Its Determinants and Consequences", *Strategic Management Journal*, vol. 18, 1997, pp. 63-75.

[40] Richard A. Cosier y Charles R. Schwenk, "Agreement and Thinking Alike: Ingredients for Poor Decisions", *Academy of Management Executive*, febrero de 1990, pp. 69-78.

[41] Irving L. Janis, *Groupthink*, 2ª ed., Boston, Houghton Mifflin, 1982.

[42] *Ibid*.

[43] Victor H. Vroom y Philip H. Yetton, *Leadership and Decision Making*, Pittsburgh, University of Pittsburgh Press, 1973; Victor H. Vroom y Arthur G. Jago, *The New Leadership*, Englewood Cliffs, Nueva Jersey, Prentice-Hall, 1988.

[44] Victor Vroom, "Leadership and the Decision-Making Process", *Organizational Dynamics*, primavera de 2000.

[45] Vroom y Jago, *The New Leadership, op. cit.*

[46] K.A. Froot, D.S. Scharfstein y J.C. Stein, "A Framework for Risk Management", *Harvard Business Review*, noviembre-diciembre de 1994, pp. 91-102.

[47] *Fortune*, 2 de mayo de 2011, p. 54.

[48] "How the Fixers Fended off Big Disasters", *Wall Street Journal*, 23 de diciembre de 1999, pp. B1 y B4.

[49] "At Wal-Mart, Emergence Plan Has Big Payoff", *Wall Street Journal*, 12 de septiembre de 2005, pp. B1 y B3.

[50] "Next Time", USA Today, 4 de octubre de 2005, pp. 1B y 2B, vea también Judith A. Clair y Ronald L. Dufresne, "How Companies Can Experience Positive Transformation from a Crisis", *Organizational Dynamics*, vol. 36, núm. 1, 2007, pp. 1B y 2B.

[51] "Trial to Put BP Oil Spill in Perspective", *USA Today*, 27 de febrero de 2012, pp. 1B y 2B.

[52] Michael Watkins y Max Bazerman, "Predictable Surprise: The Disasters You Should Have Seen Coming", *Harvard Business Review*, marzo de 2003, pp. 72-81.

CAPÍTULO 9

EVALÚE SUS HABILIDADES TÉCNICAS

Cuestionario PBP (puntaje de bases de poder)
Definición de calidad y productividad
Comprensión del control
¿Está técnicamente orientado?

APRENDA ACERCA DE LAS HABILIDADES TÉCNICAS

Tecnología, producto y servicio, industria y conocimientos
  de negocios
Técnicas de contabilidad y dirección financiera
  Presupuestos
  Estados financieros
  Análisis de razones
Técnicas de pronóstico
  Pronóstico de ventas e ingresos
  Pronóstico tecnológico
  Otros tipos de pronóstico
  Técnicas de pronóstico
Otras técnicas de planeación
  Programación lineal
  Análisis de equilibrio
  Simulaciones
  PERT
Herramientas de toma de decisiones
  Matrices de beneficios
  Árboles de decisiones
  Otras técnicas
Resumen y una mirada al futuro

VISUALICE SUS HABILIDADES TÉCNICAS

Habilidades técnicas en acción 1
Habilidades técnicas en acción 2

PRACTIQUE SUS HABILIDADES TÉCNICAS

Aplique habilidades técnicas en los presupuestos
Use sus habilidades técnicas en internet
Organizarse
Use internet para obtener datos
Identifique habilidades técnicas relacionadas con calidad
  y productividad
Alcance directivo
Use FODA para evaluar fortalezas y debilidades en la vida
  laboral
Identifique habilidades técnicas necesarias en diferentes
  organizaciones
Impacto de la estrategia organizacional en la estructura

USE SUS HABILIDADES TÉCNICAS

Perrier sigue a flote
Operaciones restauranteras

EXTIENDA SUS HABILIDADES TÉCNICAS

Extensiones para el grupo
Extensiones individuales

SUS HABILIDADES TÉCNICAS ACTUALES

Evaluación de sus habilidades técnicas

INTERPRETACIONES

Cuestionario PBP (puntaje de bases de poder)
Definición de calidad y productividad
Comprensión del control
¿Está técnicamente orientado?

HABILIDADES TÉCNICAS

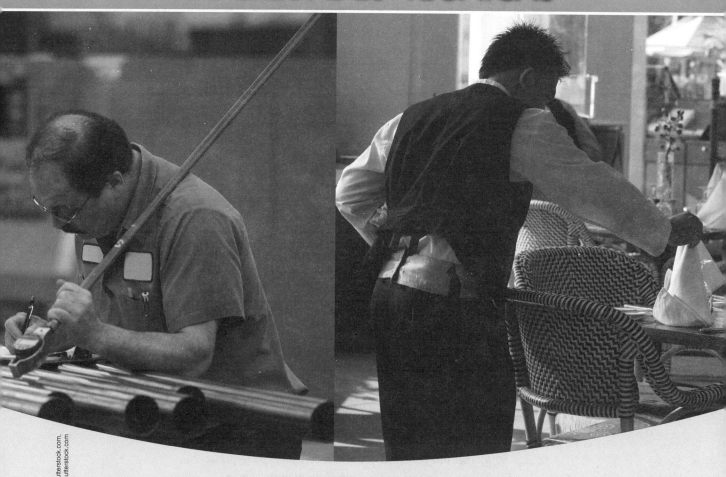

Las habilidades de toma de decisiones, analizadas en el capítulo anterior, también implican con frecuencia conocimientos y habilidades técnicos. Estas suelen requerirse asimismo en conjunción con las demás capacidades directivas básicas. El presente capítulo, entonces, se centrará en ayudarle a desarrollar sus habilidades técnicas. Comenzaremos con un examen general de conocimientos de negocios y organizacionales y proporcionaremos después material más detallado sobre esas capacidades, algunas técnicas y herramientas de toma de decisiones. Luego de la sección del texto, varios casos y ejercicios le ayudarán a desarrollar y dominar aún más tales capacidades.

EVALÚE SUS HABILIDADES TÉCNICAS

CUESTIONARIO PBP (PUNTAJE DE BASES DE PODER)

Las organizaciones usan por lo general seis clases de poder: legítimo, de recompensas, coercitivo, referente, experto y de relaciones. Esta autoevaluación le dirá el grado en que usa o usaría cada una de ellas.

Instrucciones:

En cada uno de los 30 elementos que aparecen a continuación, indique el grado en el que cada enunciado lo describe. Haga su evaluación lo más objetiva y factualmente basada que pueda, sin considerar cuál cree que es la "mejor" respuesta. Si su experiencia de trabajo es limitada, indique qué cree que haría en un empleo. Usando la escala siguiente, escriba el número apropiado del 1 al 7 en los espacios en blanco de la columna izquierda.

En muy escaso grado	En escaso grado	En cierto grado	En alto grado	En muy alto grado
1	2	3	4	5	6	7

¿En qué grado hace o haría lo siguiente?

_____ 1. Saber mucho acerca de cómo hacer su trabajo y el de otros.

_____ 2. Ganarse la confianza y el respeto de las personas.

_____ 3. Esperar que los demás hagan lo que sugiere porque usted es el jefe.

_____ 4. Ser accesible para hablar de asuntos no relacionados con el trabajo.

_____ 5. Comportarse como a otros les gusta comportarse.

_____ 6. Influir en cuánto aumento salarial reciben otros.

_____ 7. Servir como fuente de información y consejos en cuestiones relacionadas con el trabajo.

_____ 8. Hacer valer su "rango" cuando pide a otros que hagan una tarea.

_____ 9. Mostrar una conducta que los demás realmente respetan.

_____ 10. Tener un impacto en los ascensos en su organización.

_____ 11. Expresar interés en hablar con otros acerca de cuestiones no relacionadas con el trabajo.

_____ 12. Hacer sentir incómoda a las personas cuando han cometido un error o infringido una regla.

_____ 13. Tener conocimientos de lo que es importante para los demás en el desempeño de sus labores;.

_____ 14. Criticar a otros y su trabajo.

_____ 15. Suponer que sus subordinados tienen el deber de cumplir sus solicitudes.

_____ 16. Reprender a los individuos por cometer errores.

_____ 17. Ofrecer respuestas a otros sobre cómo hacer mejor un trabajo.

_____ 18. Tener voz en la magnitud de un aumento salarial o un ascenso que otros podrían recibir.

_____ 19. Actuar de una manera que otros admiran y aspiran a adoptar.

_____ 20. Ser accesible para escuchar las inquietudes de otros.

_____ 21. Usar su puesto (o autoridad) para lograr que las personas hagan las tareas que les corresponden.

_____ 22. Imponer sanciones o escribir reportes para el expediente de alguien por haber hecho un mal trabajo.

_____ 23. Reconocer el buen desempeño en una forma significativa para las personas.

_____ 24. Depender de la amistad para que se cumpla el trabajo.

_____ 25. Criticar públicamente a los individuos cuando han cometido un error.

_____ 26. Mostrar características y conducta que otros admiran.

_____ 27. Permitir a las personas tomarse un día o un beneficio similar por haber hecho un buen trabajo.

_____ 28. Enseñar a la gente cómo hacer su trabajo en forma más efectiva.

_____ 29. Creer que tiene el derecho de tomar decisiones que afectan a otros en el trabajo.

_____ 30. Depender de las buenas relaciones interpersonales entre usted y otros.

Puntuación:

Registre sus respuestas en los espacios numerados los cuales corresponden a los enunciados numerados del PBP; use una escala de 1 a 7. Luego sume el total de cada columna para determinar el grado en que se utiliza cada base de poder. Un puntaje alto significa que se usa más. Los números en la última fila son los puntajes medios de cada base de poder procedentes de una muestra nacional de directores. Pueden emplearse para hacer comparaciones, pero no necesariamente representan un puntaje mejor.

Bases de poder

	Referente	Experto	De relaciones	Legítimo	De recompensa	Coercitivo
	2. _____	1. _____	4. _____	3. _____	6. _____	12. _____
	5. _____	7. _____	11. _____	8. _____	10. _____	14. _____
	9. _____	13. _____	20. _____	15. _____	18. _____	16. _____
	19. _____	17. _____	24. _____	21. _____	23. _____	22. _____
	26. _____	28. _____	30. _____	29. _____	27. _____	25. _____
Sumas:	_____	_____	_____	_____	_____	_____
Encuesta de Estados Unidos						
Media	23.75	24.50	24.05	18.70	29.60	13.40

Bases de poder: referente (basado en identificación personal, imitación y carisma), experto (basado en conocimiento y habilidad), de relaciones (relación amable entre dos individuos), legítimo (de un puesto en una organización), de recompensas (controla recompensas o premios) y coercitivo (controla castigos o remoción de recompensas).

Fuente: W. Alan Randolph y Richard S. Blackburn, *Managing Organizational Behavior*, Homewood, Illinois, Irwin, 1989, pp. 412–413. Este estudio de las bases de poder fue desarrollado por W. Alan Randolph y Barry Z. Posner para su uso en la evaluación de cómo las personas usan sus bases de poder. Cuestionario y puntuación © 1987 W. Alan Randolph y Barry Z. Posner. Se reproduce con autorización.

Vea las interpretaciones al final del capítulo.

DEFINICIÓN DE CALIDAD Y PRODUCTIVIDAD

La calidad es un término complejo cuyo significado ha cambiado sin duda en el tiempo. La siguiente evaluación sondea sus ideas al respecto y sobre los enfoques de la calidad.

Instrucciones:

Estará de acuerdo con algunos de los enunciados, y en desacuerdo con otros. En algunos casos, tomar una decisión podría ser difícil, pero debe obligarse a hacerlo. Registre sus respuestas junto a cada enunciado de acuerdo con la siguiente escala de calificación:

<u>*Escala de calificación:*</u>
4 – Totalmente de acuerdo
3 – Ligeramente de acuerdo
2 – Relativamente en desacuerdo
1 – Totalmente en desacuerdo

_____ 1. Calidad se refiere a la capacidad de un producto o servicio para cumplir sus principales características operativas, como ofrecer una imagen nítida en el caso de un televisor.

_____ 2. Calidad es un aspecto absoluto y mensurable de un bien o servicio.

_____ 3. El concepto de calidad incluye aspectos complementarios de un bien o servicio, como el control remoto de un televisor.

_____ 4. Productividad y calidad están inversamente relacionadas, de tal manera que, para obtener una, debe sacrificar la otra.

_____ 5. El concepto de calidad se refiere al grado en el que el diseño y las características operativas de un producto se ajustan a determinados estándares establecidos.

_____ 6. Productividad se refiere a lo que se crea en relación con lo que se necesita para crearlo.

_____ 7. Calidad significa que un producto no se descompondrá durante un periodo especificado.

_____ 8. Calidad se refiere solo a productos; es inmensurable para servicios.

_____ 9. El tiempo durante el cual un bien o servicio funcionará es lo que se conoce como calidad.

_____ 10. Todos usan exactamente la misma definición de calidad.

_____ 11. Calidad se refiere a la facilidad y la rapidez de reparación de un producto o servicio.

_____ 12. Ser tratado cortésmente no tiene nada que ver con la calidad de algo.

_____ 13. Cómo luce, se siente, sabe o huele un producto es lo que se entiende por calidad.

_____ 14. El precio, no la calidad, es lo que determinar el valor último de los servicios.

_____ 15. Calidad se refiere a lo que los clientes piensan de un bien o servicio.

_____ 16. Productividad y calidad no pueden aumentar al mismo tiempo.

Fuente: Van Fleet, _Contemporary Management_, 3a ed. © 1994 South-Western, parte de Cengage Learning, Inc. Se reproduce con autorización. www.cengage.com/permissions

Vea las interpretaciones al final del capítulo.

COMPRENSIÓN DEL CONTROL

Control es un área que depende en gran medida de habilidades técnicas. Sistemas de control deben formarse cuidadosamente en todas las organizaciones, independientemente de sus metas específicas. La siguiente evaluación indaga sus ideas respecto de los sistemas y enfoques del control.

Instrucciones:

Estará de acuerdo con algunos de los enunciados siguientes, y en desacuerdo con otros. En algunos casos, tomar una decisión podría ser difícil, pero debe obligarse a hacerlo. Registre sus respuestas (1-2-3-4) junto a cada enunciado de acuerdo con la siguiente escala:

Escala de calificación

4 Totalmente de acuerdo   3 Ligeramente de acuerdo

2 Relativamente en desacuerdo   1 Totalmente en desacuerdo

_____ 1. Los controles efectivos deben ser inflexibles si han de usarse de manera sistemática.

_____ 2. La forma más objetiva de control es la que usa medidas como precios de acciones y tasa de rendimiento sobre la inversión (ROI).

_____ 3. El control es restrictivo y, en lo posible, debe evitarse a toda costa.

_____ 4. Controlar mediante reglas, procedimientos y presupuestos no debe usarse a menos que las normas mensurables sean difíciles o costosas de desarrollar.

_____ 5. La excesiva dependencia de estándares medibles de control es raramente un problema para las organizaciones de negocios.

_____ 6. Las organizaciones deben alentar el desarrollo del autocontrol individual.

_____ 7. Las organizaciones tratan de establecer controles conductuales como primer tipo de control por usar.

_____ 8. La forma más fácil y menos costosa de control es el de la producción o de la cantidad.

_____ 9. La eficiencia de corto plazo y la efectividad de largo plazo resultan del uso de estándares de control similares.

_____ 10. Controlar tomando en cuenta el rendimiento sobre la inversión (ROI) y usando los precios de las acciones al tomar decisiones de control son maneras de asegurar que una organización de negocios responde a su mercado externo.

_____ 11. El autocontrol debe usarse para reemplazar otras formas de control.

_____ 12. Controles como el rendimiento sobre la inversión (ROI) son más apropiados para las corporaciones y unidades de negocios que para pequeños grupos e individuos.

_____ 13. El control es innecesario en una organización bien administrada.

_____ 14. El uso de controles de la producción o de cantidad puede llevar a consecuencias no buscadas o desafortunadas.

_____ 15. Los estándares de control no dependen de qué sector se considera.

_____ 16. Controlar mediante el uso de reglas, procedimientos y presupuestos puede llevar a rigidez y a una pérdida de creatividad en una organización.

_____ 17. Diferentes formas de control no pueden usarse al mismo tiempo. Una organización debe decidir cómo va a controlar, y después ceñirse a ese método.

_____ 18. Fijar objetivos generales de producción o cantidad para las divisiones de una compañía puede conducir a resultados destructivos.

_____ 19. El control mediante reglas, procedimientos y presupuestos no es por lo habitual muy costoso.

_____ 20. La dependencia del autocontrol individual puede llevar a problemas de integración y comunicación.

Fuente: Hill y Jones, _Strategic Management_, 4a ed. TXT, 4a ed. © 1998 South-Western, parte de Cengage Learning, Inc. Se reproduce con autorización. www.cengage.com/permissions

Vea las interpretaciones al final del capítulo.

¿ESTÁ TÉCNICAMENTE ORIENTADO?

Las personas tienden a pensar diferente en los problemas. Algunas son más técnicas, mientras que otras son más intuitivas. Las preguntas siguientes están diseñadas para proporcionar retroalimentación sobre sus preferencias en la resolución de problemas.

Instrucciones:

Responda cada pregunta lo más honestamente que pueda. Esta es una evaluación de opción forzada, así que elija la opción que más le agrade (o que menos le desagrade), pero cerciórese de contestar cada una.

1. Cuando resuelvo problemas, mi enfoque básico es
   A) lógico, racional
   B) intuitivo

2. Si escribiera libros, preferiría escribir
   A) ficción
   B) no ficción

3. Cuando leo, busco
   A) las ideas principales
   B) datos y detalles específicos

4. Cuando leo, las historias que prefiero son
   A) realistas
   B) fantásticas

5. Mientras estudio o leo
   A) escucho música en la radio
   B) debo tener silencio

6. Prefiero aprender
   A) con orden y planeación
   B) mediante libre exploración

7. Prefiero organizar cosas
   A) secuencialmente
   B) en términos de relaciones

8. El enunciado que mejor describe mi humor es
   A) casi ningún cambio anímico
   B) frecuentes cambios anímicos

9. Me gusta andar haciendo payasadas.
   A) sí
   B) no

10. Me describiría a mí mismo como
    A) generalmente conformista
    B) generalmente inconformista

11. Me abstraigo
    A) con frecuencia
    B) prácticamente nunca

12. El tipo de asignación que más me gusta es
    A) bien estructurada
    B) abierta

13. Me parece preferible
    A) producir ideas
    B) sacar conclusiones

14. Lo siguiente es más agradable para mí:
    A) soñar
    B) planear en forma realista

15. Encuentro más emocionante
    A) inventar algo nuevo
    B) mejorar algo que ya existe

16. El tipo de historia que prefiero es
    A) de hadas
    B) sentimental

17. Prefiero lo siguiente:
    A) gatos
    B) perros

18. Prefiero la siguiente actividad:
    A) crear historias
    B) analizar historias

19. Juzgo más fácil pensar cuando estoy
    A) sentado derecho
    B) acostado

EVALUAR

20. Preferiría ser
    A) compositor musical
    B) crítico musical

21. Si alguien quisiera hipnotizarme,
    A) creo que podría ser hipnotizado muy fácilmente
    B) no creo que pudiera ser hipnotizado

22. Preferiría practicar
    A) ballet
    B) danza interpretativa improvisada

23. Respecto de la memoria, soy mejor para
    A) recordar nombres y fechas
    B) recordar dónde estaban las cosas en un cuarto o imagen

24. Cuando se trata de recibir instrucciones, prefiero
    A) instrucciones verbales
    B) demostración

25. Cuando recibo instrucciones verbales, generalmente me siento
    A) inquieto
    B) atento

Puntuación:

En la siguiente clave de respuestas, encierre en un círculo la respuesta A o B que dio para cada uno de los 25 elementos. Luego obtenga el total de sus respuestas encerradas en un círculo en la col. I y en la col. II.

Elemento	Col. I	Col. II		Elemento	Col. I	Col. II
1.	B	A		14.	A	B
2.	A	B		15.	A	B
3.	A	B		16.	B	A
4.	B	A		17.	A	B
5.	A	B		18.	A	B
6.	B	A		19.	B	A
7.	B	A		20.	B	A
8.	B	A		21.	A	B
9.	A	B		22.	B	A
10.	B	A		23.	B	A
11.	A	B		24.	B	A
12.	B	A		25.	A	B
13.	A	B				

Total : _____   _____

Fuente: Adaptado de Steven Altman, Enzo Valenzi y Richard M. Hodgetts, *Organizational Behavior: Theory and Practice.* © 1985 por Harcourt Brace & Company, se reproduce con autorización de Steve Altman.

Vea las interpretaciones al final del capítulo.

 ENTRE EN Griffin/VanFleet Assessment Library para ver las versiones en línea de esta evaluación y otras más.*

---

*Este material se encuentra disponible en inglés.

APRENDA ACERCA DE LAS HABILIDADES TÉCNICAS

problemas. Las habilidades técnicas son las destrezas necesarias para ejecutar o comprender tareas relativamente concretas que requieren conocimientos especializados.

TECNOLOGÍA, PRODUCTO Y SERVICIO, INDUSTRIA Y CONOCIMIENTOS DE NEGOCIOS

La tecnología consiste en los procesos de conversión usados para transformar insumos (como materiales o información) en productos (como bienes o servicios). La mayoría de las organizaciones usan múltiples tecnologías, pero la *tecnología básica* es la más importante. Aunque la mayoría de las personas visualiza líneas de montaje y maquinaria al pensar en tecnología, este término puede aplicarse también a compañías de servicios. Por ejemplo, una sociedad de inversión como Fidelity utiliza tecnología para transformar dólares de inversión en ingresos casi de la misma manera en que Union Carbide usa recursos naturales para fabricar productos químicos.

Como la manufactura dominó alguna vez la industria estadounidense, el área entera de la administración solía llamarse "administración de la producción". Fabricar (o manufacturar) es una forma de negocios que combina y transforma recursos en resultados tangibles que más tarde se venden a otros. La Goodyear Tire & Rubber Company es una compañía manufacturera porque combina hule y compuestos químicos y emplea equipo de mezcla y máquinas moldeadoras para fabricar llantas. Broyhill es una empresa manufacturera porque compra madera y componentes de metal, cojines y tela, y después los combina para convertirlos en muebles.

Una organización de servicios es la que transforma recursos en un producto intangible y crea utilidad de tiempo o lugar para sus clientes. Por ejemplo, Merrill Lynch hace transacciones bursátiles para estos, Avis les renta autos y las estéticas locales cortan su cabello. En 1947 el sector servicios fue responsable de menos de la mitad del producto nacional bruto (PNB) de Estados Unidos. En 1975, sin embargo, esa cifra llegó a 65%, y en 2012 ya era superior a 80%. Los directores han terminado por ver que muchas de las herramientas, técnicas y métodos que se usan en una fábrica también son útiles para una empresa de servicios. Por ejemplo, los directores de plantas automotrices y salones de belleza tienen que decidir por igual cómo diseñar sus instalaciones, identificar las mejores ubicaciones para ellas, determinar capacidades óptimas, tomar decisiones de almacenamiento de inventario, fijar procedimientos para la adquisición de materias

habilidades técnicas la capacidad del director para desempeñar o comprender tareas relativamente concretas que requieren conocimientos especializados

tecnología aquello compuesto por los procesos de conversión que se usan para transformar los insumos (por ejemplo, materiales o información) en productos (por ejemplo, bienes o servicios)

fabricar (*o manufactura*) actividad que combina recursos y los transforma en bienes tangibles que a continuación son vendidos a otras personas

No todos los directores estudian en escuelas de administración; algunos proceden de ingeniería, ciencias, humanidades, agricultura u otras áreas. Pero más allá de sus antecedentes, deben entender las tecnologías básicas que usan sus organizaciones. Además, todos deben saber de ciertos procedimientos de base técnica usados por contabilidad y finanzas, así como otras herramientas y técnicas de uso común para tomar decisiones y resolver

primas y establecer estándares de productividad y calidad.

Los directores deben también conocer los bienes y servicios básicos creados y suministrados por la organización. Un gerente de recursos humanos no tiene necesidad de comprender el funcionamiento interno de una computadora que su empresa manufactura. Pero debe tener un conocimiento básico de los tipos de computadoras que esta hace, los clientes que atiende, etcétera. De igual manera, los directores deben conocer la dinámica básica que existe en sus industrias. Por ejemplo, todos los gerentes deben comprender su participación de mercado relativa, principales competidores, entre otros. Además, deben conocer el modelo fundamental de negocios que su empresa utiliza. Algunas compañías de computadoras, por ejemplo, hacen sus propias partes de estas y luego las montan para formar las unidades terminadas. Otras compran componentes preensamblados y después los usan para fabricar computadoras personalizadas. Por lo habitual es también importante que los directores conozcan la contabilidad y la administración financiera básicas.

TÉCNICAS DE CONTABILIDAD Y DIRECCIÓN FINANCIERA

Aunque la mayoría de las organizaciones tienen directores de contabilidad y finanzas para ocuparse de los recursos económicos, todos ellos deben tener al menos una comprensión rudimentaria de los sistemas y procedimientos de contabilidad y administración de finanzas que utilizan sus compañías. De hecho, todos los directores/gerentes desempeñan un papel al menos básico en el control financiero. Control financiero es el de los recursos económicos al fluir en la compañía (ingresos, inversiones de los accionistas), ser poseídos por esta (capital de trabajo, ganancias retenidas) y salir de ella (pagos, gastos, egresos en general). Las empresas deben administrar sus finanzas de tal forma que los ingresos sean suficientes para cubrir los costos y aun así rendir utilidades a los dueños. Las organizaciones no lucrativas, como las universidades, tienen las mismas preocupaciones: sus ingresos (procedentes de dinero de impuestos o colegiaturas) deben cubrir sus gastos operativos y generales.

Las armadoras estadounidenses Ford y GM han terminado por darse cuenta de que tienen que reducir los costos de pagar la plantilla laboral que no necesitan pero que están obligadas a mantener a causa de antiguos acuerdos laborales. Ford ofreció cubrir el costo total de una educación

> *'La tecnología es una cuestión enorme, porque funcionalmente nosotros somos una compañía tecnológica con alas.'*
> JEFF SMISEK
> CEO de United[1]

© Fortune, mayo 2, 2011, p. 53.

universitaria a algunos de sus empleados si renunciaban; GM ofreció pagos únicos de montos variables a varios de sus trabajadores a cambio de su renuncia.[2] Un análisis completo de la administración y dirección de finanzas escapa al alcance de este libro, pero examinaremos el control provisto por los presupuestos y otras herramientas de control financiero.

Presupuestos

Un presupuesto es un plan expresado en términos numéricos.[3] Las organizaciones los establecen para grupos de trabajo, departamentos, divisiones y la compañía entera. El periodo usual para él es de un año, aunque desgloses presupuestarios por trimestre o mensuales son también comunes. Se expresan por lo habitual en términos monetarios, pero ocasionalmente pueden expresarse en unidades de producción, tiempo u otros factores cuantificables. Cuando Disney lanza la producción de una nueva película de dibujos animados, crea un presupuesto de cuánto debería costar. Hace varios años, cuando filmes como *Aladino* y *El rey león* recaudaban cientos de millones de dólares, los ejecutivos de la empresa eran muy flexibles cuando se excedía lo establecido. Pero luego de varios fiascos animados, como *Atlántida: el imperio perdido* y *El planeta del tesoro*, Disney tuvo que adoptar una línea mucho más dura frente a excesos presupuestarios.[4]

A causa de su naturaleza cuantitativa, los presupuestos brindan criterios para medir el desempeño y facilitan comparaciones entre departamentos, niveles en la organización y de un periodo a otro. Tienen cuatro propósitos principales. Sirven a los directores para coordinar recursos y proyectos (porque usan un común denominador, usualmente dólares, o cualquier otra moneda). Ayudan a definir los estándares de control establecidos. Ofrecen pautas sobre los recursos y expectativas de la empresa. Por último, los presupuestos permiten que esta evalúe el desempeño de gerentes y unidades organizacionales.

La mayoría de las compañías desarrollan y hacen uso de tres diferentes tipos de presupuesto: financiero, operativo y no monetario. La *tabla 9.1* resume las características de cada uno de ellos. Un *presupuesto financiero* indica de dónde espera la empresa obtener su dinero para el periodo siguiente y cómo planea usarlo. Dado que los recursos económicos son crucialmente

organización de servicios aquella que transforma los recursos en productos intangibles y que crea para sus clientes utilidad del tiempo o del lugar

control financiero el tocante a los recursos que entran a la organización (ingresos, inversiones de accionistas), que son posesión de la organización (capital de trabajo, ingresos retenidos) y que salen de la organización (sueldos, gastos)

presupuesto un plan expresado en términos de números

TABLA 9.1 TIPOS DE PRESUPUESTO

Las organizaciones usan varias categorías de presupuesto para ayudar a dirigir sus funciones de control. Las tres principales son: financiero, operativo y no monetario. Hay también diferentes tipos de presupuesto en cada categoría. Para ser más efectivo, cada uno debe coincidir cuidadosamente con la función específica controlada.

Tipo de presupuesto	Qué muestra el presupuesto
Presupuesto financiero	Fuentes y usos de efectivo
Presupuesto de flujo de efectivo o de caja	Todas las fuentes de ingresos en efectivo y egresos en efectivo en periodos mensual, semanal o diario
Presupuesto de gastos de capital	Costos de bienes mayores, como una nueva planta, maquinaria o terreno
Balance general	Pronóstico de los activos y pasivos de la organización en caso de que todos los demás presupuestos se cumplan
Presupuesto operativo	Operaciones planeadas en términos financieros
Presupuesto de ventas o ingresos	Ingresos que la compañía espera recibir de sus operaciones normales
Presupuesto de gastos	Gastos previstos por la empresa durante el periodo venidero
Presupuesto de ganancias	Diferencias previstas entre ventas o ingresos y egresos
Presupuesto no monetario	Operaciones planeadas en términos no financieros
Presupuesto de trabajo	Horas de trabajo directo disponibles para su uso
Presupuesto de espacio	Pies y metros cuadrados de espacio disponible para varias funciones
Presupuesto de producción	Número de unidades por producir durante el periodo venidero

© Cengage Learning 2014

importantes, la organización debe saber de dónde procederán esos recursos y cómo se les usará. El presupuesto financiero da respuesta a esas dos preguntas. Fuentes usuales de efectivo incluyen ingresos por concepto de ventas, préstamos de corto y largo plazos, la venta de activos y la emisión de nuevas acciones.

Durante años, Exxon fue muy conservadora en sus presupuestos de capital. En consecuencia, amasó una enorme reserva económica, pero era superada en ventas por Royal Dutch/Shell. Los ejecutivos de Exxon fueron capaces entonces de usar sus fondos para ayudar a financiar la fusión de la empresa con Mobil, creando ExxonMobil, y para recuperar el puesto número uno en ventas. Desde entonces, la compañía se ha vuelto más agresiva en presupuestar capital para mantenerse adelante de su rival europea.

Un *presupuesto operativo* concierne a las operaciones planeadas dentro de la organización. Esboza qué cantidades de productos o servicios se propone crear y qué recursos usará para hacerlo. Por ejemplo, Dell realiza un presupuesto operativo que especifica cuántas computadoras personales de cada modelo fabricará de manera trimestral.

Un *presupuesto no monetario* es simplemente el expresado en términos no financieros, como unidades de producción, horas de trabajo concreto, horas de maquinaria o instalaciones en pies cuadrados. Los directores en los niveles bajos de una organización son los que más comúnmente usan los presupuestos no monetarios. Por ejemplo, el gerente de una planta puede programar con más efectividad el trabajo sabiendo que tiene 8 mil horas laborales por asignar en una semana, más que tratando de determinar cómo gastar mejor 86 451 dólares en salarios semanales.

De manera tradicional, la alta dirección y el contralor desarrollaban presupuestos y luego se los imponían a los gerentes de nivel inferior. Aunque algunas organizaciones siguen aún este patrón, muchas contemporáneas permiten ahora que todos los directivos participen en el proceso para presupuestar. Como punto de partida, la alta dirección emite por lo habitual un llamado de solicitudes presupuestarias, acompañado por una indicación de los patrones generales que los presupuestos podrían adoptar. Por ejemplo, si se espera que las ventas desciendan el año próximo, de antemano se les podría decir a los gerentes que se preparen para recortes en los gastos operativos.

Como muestra la *figura 9.1*, los jefes de cada unidad de operación suelen presentar solicitudes de presupuesto al jefe de sus divisiones. El director de una unidad de operación podría ser un gerente de departamento en una compañía manufacturera o mayorista o quien dirige un programa en una agencia de servicio social. Los jefes divisionales podrían incluir a directores de planta, gerentes de ventas regionales o rectores universitarios. El jefe divisional integra y consolida las solicitudes de los jefes de las unidades de operación en una sola petición presupuestaria divisional. Un alto grado de interacción entre gerentes suele tener lugar en esta etapa, ya que el jefe divisional coordina las necesidades monetarias de los diversos departamentos.

Las solicitudes divisionales se remiten entonces a un comité presupuestario, el cual se compone usualmente de

FIGURA **9.1** DESARROLLO DE PRESUPUESTOS EN LAS ORGANIZACIONES

La mayoría de las organizaciones usan el mismo proceso básico para desarrollar presupuestos. A las unidades de operación se les pide presentar a las divisiones sus solicitudes presupuestarias. Estas divisiones compilan a su vez las de las unidades y presentan las propias a la compañía. Un presupuesto organizacional se compila entonces para su aprobación por el comité presupuestario, el contralor y el director general.

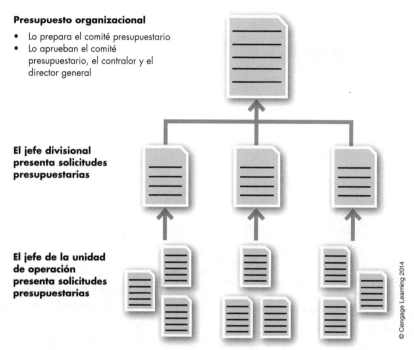

Presupuesto organizacional

- Lo prepara el comité presupuestario
- Lo aprueban el comité presupuestario, el contralor y el director general

El jefe divisional presenta solicitudes presupuestarias

El jefe de la unidad de operación presenta solicitudes presupuestarias

© Cengage Learning 2014

altos ejecutivos y es el que revisa las solicitudes de varias divisiones y, una vez más, corrige duplicaciones e inconsistencias. Finalmente, el comité, el contralor y el director general revisan y acuerdan el presupuesto general de la organización, así como los específicos para cada unidad de operación. Estas decisiones se comunican entonces a cada gerente.

Los presupuestos ofrecen varias ventajas, pero también tienen debilidades. Del lado positivo, facilitan el control efectivo. Asignar valores en dólares u otra moneda a operaciones permite a los directores monitorear mejor las operaciones e identificar áreas problemáticas. Presupuestar facilita también la coordinación y comunicación entre departamentos, porque expresan diversas actividades en un denominador común (por ejemplo dólares). Además, ayuda a mantener registros de desempeño organizacional y son un complemento lógico de la planeación. En otras palabras, mientras los directores desarrollan planes, deben considerar simultáneamente medidas de control que las acompañen. Las empresas pueden presupuestar para vincular planes y control desarrollando primero presupuestos

> "
> *'Debo entender.*
> *Soy quien firma las*
> *cartas de representación*
> *con los auditores.'*
>
> MICHAEL WOODFORD
> Exejecutivo de Olympus, al explicar
> un reciente escándalo financiero en
> la empresa japonesa[5]
> "

© Bloomberg BusinessWeek, febrero 20-febrero 26, 2012, p. 72.

como parte del plan y usándolos después como parte del control.

Por otro lado, algunos directores aplican presupuestos con demasiada rigidez. Estos se hacen para servir como marcos, pero ellos a veces no perciben que circunstancias cambiantes podrían justificar ajustes en aquellos. El desarrollo de presupuestos también puede ser muy tardado. Finalmente, podrían limitar la innovación y el cambio. Cuando todos los fondos disponibles se asignan a presupuestos operativos específicos, puede ser imposible procurar dinero adicional para aprovechar una oportunidad inesperada. De hecho, por estas mismas razones, algunas organizaciones se empeñan en reducir sus sistemas presupuestarios. Aunque es probable que la mayoría de las compañías sigan usando presupuestos, la meta es volverlos menos limitantes y rígidos. En efecto, fuertes habilidades técnicas ayudarán a los directores a decidir cuándo y cómo emplearlos con más efectividad. Además, mientras que los presupuestos son el medio más común de control financiero, otras herramientas útiles son los estados de finanzas, el análisis de razones y las auditorías financieras.

APRENDER

Estados financieros

Un estado financiero es un perfil de algún aspecto de las circunstancias económicas de una organización. Hay formas comúnmente aceptadas y requeridas de preparación y presentación de tales estados.[6] Los dos estados financieros básicos preparados y usados por prácticamente todas las compañías son el balance general y el estado de ingresos.

El balance general lista en un momento específico los activos y pasivos de la organización, usualmente el último día del año fiscal. Por ejemplo, el balance general podría resumir su condición financiera al 31 de diciembre de 2013. La mayoría de estos balances se dividen en activos circulantes (activos relativamente líquidos, o fácilmente convertibles en efectivo), activos fijos (activos de más largo plazo y menos líquidos), pasivos circulantes (deudas y otras obligaciones que deben pagarse en el futuro próximo), pasivos de largo plazo (pagaderos a un periodo más amplio) y capital social (los derechos de los dueños sobre los activos).

Mientras el balance general refleja un perfil instantáneo de la posición financiera de una organización en un momento dado, el estado de pérdidas y ganancias resume el desempeño económico de un periodo, usualmente un año. Por ejemplo, este estado podría cubrir el periodo que va del 1 de enero de 2013 al 31 de diciembre de 2013. Resume los ingresos de la empresa menos sus gastos para reportar el ingreso neto (pérdidas o ganancias) del lapso. La información del balance general y el estado de ingresos se usa para calcular importantes razones financieras.

© Ingvar Bjork/Shutterstock.com

Análisis de razones

Las razones financieras comparan entre sí diferentes elementos de un balance general o estado de ingresos. El análisis de razones es el cálculo de una o más de estas para evaluar algún aspecto de la solidez económica de una organización. Las empresas usan varias razones financieras como parte de su control monetario. Por ejemplo, las razones de liquidez indican qué tan líquidos (fáciles de ser convertidos en efectivo) son los activos de una organización. Las razones de endeudamiento reflejan la capacidad de satisfacer obligaciones financieras de largo plazo. Las

razones de rendimiento muestran a directores e inversionistas cuánto rendimiento está generando la empresa en relación con sus activos. Las razones de cobertura ayudan a estimar su capacidad para cubrir los gastos de intereses sobre capital prestado. Las razones de operación indican la efectividad de áreas funcionales específicas más que de la organización entera. Walt Disney es un ejemplo de una compañía que depende mucho de las razones financieras para mantener a punto sus operaciones económicas.[7]

TÉCNICAS DE PRONÓSTICO

Las diversas destrezas de contabilidad y administración financiera analizadas líneas atrás se relacionan principalmente con la función de control. Las habilidades técnicas también son importantes en la planeación.[8] Para proyectar, los directores deben hacer supuestos sobre sucesos futuros. Pero a diferencia de Harry Potter y sus amigos, quienes planifican no pueden simplemente mirar una bola de cristal o agitar una varita. En cambio, deben desarrollar pronósticos de probables circunstancias futuras. Pronosticar es el proceso de construir supuestos o premisas sobre el futuro los cuales los directores/gerentes pueden usar en la planeación o la toma de decisiones.

Pronósticos de ventas e ingresos

Como lo indica su nombre, el pronóstico de ventas concierne a predecir operaciones futuras de esta clase. Como los recursos monetarios (derivados principalmente de las ventas) son indispensables para financiar las operaciones tanto presentes como futuras, el conocimiento de las ventas de futuro es de importancia fundamental. El pronóstico de ventas es algo que toda empresa, desde ExxonMobil hasta la pizzería de la esquina, debe hacer. Considérense, por ejemplo, las siguientes preguntas que un director/gerente debería contestar:

1. ¿Cuántos de cada uno de nuestros bienes deberíamos producir la semana próxima? ¿El mes próximo? ¿El año próximo?

2. ¿Cuánto dinero tendremos para gastar en la mercadotecnia de prueba así como investigación y desarrollo de nuevos productos?

3. ¿Cuándo y en qué grado tendremos que expandir nuestras instalaciones de producción existentes?

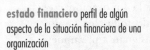

estado financiero perfil de algún aspecto de la situación financiera de una organización

balance general lista de los activos y los pasivos de la organización en un momento específico, por lo habitual el último día de su ejercicio fiscal

estado de pérdidas y ganancias resume el desempeño financiero en un periodo de tiempo, por lo habitual un año

análisis de razones cálculo de una o varias razones financieras para evaluar algún aspecto de la salud económica de la organización

4. ¿Cómo deberíamos responder a las demandas sindicales de un aumento salarial de 5%?

5. Si pedimos un préstamo para nuestra expansión, ¿cuándo podremos pagarlo?

Ninguna de estas preguntas puede responderse adecuadamente sin una noción de cuáles serán probablemente los ingresos futuros. Así, el pronóstico de ventas es por lo habitual uno de los primeros pasos de la planeación.

De manera desafortunada, el término *pronóstico de ventas* sugiere que esta forma de pronosticar es apropiada solo para las organizaciones que tienen algo para vender. Pero otros tipos de empresas también dependen de recursos financieros, y por lo tanto también deben pronosticar. La Universidad del Sur de Carolina, por ejemplo, debe pronosticar el estado futuro de la asistencia antes de planear sus cursos, dimensión de su personal, etcétera. Los hospitales deben pronosticar sus ingresos futuros por concepto de cuotas de pacientes, pagos de seguros y otras fuentes para evaluar su capacidad de expandirse. Aunque nosotros seguiremos usando el término convencional *pronóstico de ventas*, tenga en mente que lo que realmente está en juego es el *pronóstico de ingresos*.

Los directores usan varias fuentes de información para desarrollar un pronóstico de ventas. Previas cifras de ventas y cualquier tendencia obvia, como el crecimiento o estabilidad de una compañía, habitualmente sirven como la base. Indicadores económicos generales, mejoras tecnológicas, estrategias de nuevas de mercadotecnia y la conducta de la competencia podrían unirse para asegurar un pronóstico exacto. Una vez proyectado, el pronóstico de ventas (o ingresos) se convierte en un marco orientador para otras actividades. Gastos de materias primas, presupuestos publicitarios, estructuras de comisiones de ventas y similares costos de operación se basan por igual en las cifras de ventas planeadas.

Los directores suelen prever las ventas en varios horizontes temporales. Los pronósticos de largo plazo pueden actualizarse y afinarse al completarse varios ciclos de corto plazo. Por razones obvias, deben ser lo más precisos posible, y la exactitud del pronóstico de ventas tiende a aumentar conforme las organizaciones aprenden de sus anteriores experiencias de pronosticación. Pero cuanto más inciertas y complejas sean las condiciones futuras, más difícil será desarrollar pronósticos precisos. Para compensar parcialmente estos problemas, estos son más útiles para los gerentes si se expresan como un intervalo más que como un índice o número absoluto. Si se espera que los aumentos proyectados en las ventas se ubiquen en un intervalo de 10 a 12%,

un director puede considerar todas las implicaciones del intervalo entero. Un incremento de 10% podría dictar una serie de actividades; un incremento de 12% demandaría una serie distinta.

Pronóstico tecnológico

El tecnológico es otro tipo de pronóstico usado por muchas organizaciones. Se centra en predecir qué tecnologías futuras emergerán probablemente y cuándo es viable que sean económicamente factibles. En una era en la que los adelantos y la innovación en ese rubro se han vuelto la regla más que la excepción, los directores deben ser capaces de prever nuevos acontecimientos. Si un gerente invierte de manera intensiva en la tecnología existente (como procesos de producción, equipo y sistemas de cómputo) y la tecnología se vuelve obsoleta en el futuro próximo, la compañía ha desperdiciado sus recursos.

Las innovaciones tecnológicas más llamativas en años recientes han sido en electrónica, especialmente semiconductores. Computadoras personales, juegos electrónicos y equipo de comunicaciones sofisticado como los teléfonos inteligentes son evidencia de la explosión electrónica. Dada la creciente importancia de la tecnología y el rápido ritmo de la innovación en esta, a los directores les interesará cada vez más el pronóstico tecnológico en los años venideros.

Otros tipos de pronóstico

Los directores pueden usar también otros tipos de pronóstico; por ejemplo, con el de recursos se proyecta las necesidades y disponibilidad futuras por la organización de recursos humanos, materias primas y otro equipo y provisiones necesarios. Las condiciones económicas generales son el tema de los pronósticos económicos. Por ejemplo, algunas compañías pronostican la magnitud de la población o del mercado. Algunas también intentan pronosticar futuras políticas fiscales gubernamentales y varias regulaciones del Estado que podrían ponerse en práctica. De hecho, casi cualquier componente del entorno de una organización podría ser un área de pronóstico apropiada.

Técnicas de pronóstico

Para realizar los varios tipos de pronóstico que hemos identificado, los directores usan varias técnicas. El análisis de series de tiempo y la modelación causal son dos cuantitativas comunes.

FIGURA 9.2 EJEMPLO DE ANÁLISIS DE SERIES DE TIEMPO

Como el análisis de series de tiempo supone que el pasado es un buen predictor del futuro, es más útil cuando se dispone de datos históricos, las tendencias son estables y los patrones son evidentes. Por ejemplo, pocos de esos análisis dan resultados tan claros, porque casi siempre hay considerablemente más fluctuación en los datos de un año a otro.

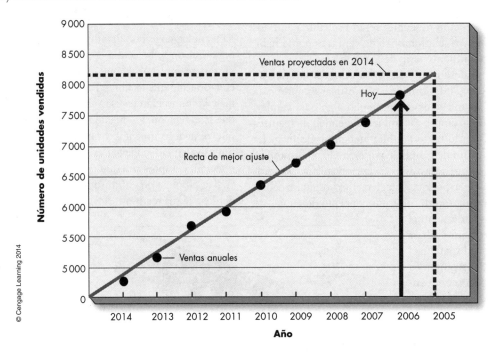

© Cengage Learning 2014

Análisis de series de tiempo El supuesto básico del análisis de series de tiempo es que el pasado es un buen predictor del futuro. Esta técnica es más útil cuando el director dispone de muchos datos históricos y cuando son evidentes patrones y tendencias estables. En estos análisis, la variable en consideración (como ventas o matrícula) se traza en el tiempo y se identifica una recta de "mejor ajuste". La *figura* 9.2 muestra cómo podría lucir un análisis de series de tiempo. Los puntos representan el número de unidades vendidas cada año entre 2005 y 2013. La recta de mejor ajuste se ha trazado también. Es la línea alrededor de la cual se aglomeran los puntos con menor variabilidad. Un director que quiere saber qué ventas esperar en 2014 extiende simplemente la línea. En este caso, la proyección sería de alrededor de 8 200 unidades.

El análisis real de series de tiempo implica mucho más que simplemente ubicar datos de ventas y usar después una regla y un lápiz para trazar y extender la recta. Sofisticados procedimientos matemáticos, entre otras herramientas, son necesarios para explicar fluctuaciones estacionales y cíclicas e identificar la recta de mejor ajuste. En situaciones reales es raro que los datos sigan el nítido patrón que aparece en la *figura* 9.2. De hecho, los datos puntuales podrían estar tan ampliamente dispersos que ocultarían casi por completo tendencias significativas, solo perceptibles mediante una meticulosa inspección asistida por computadora.

Modelación causal Otra útil herramienta de pronóstico es la modelación causal. En realidad, este término representa un grupo de varias técnicas. La *tabla* 9.2 sintetiza tres de los enfoques que mejor funcionan. Los modelos de regresión son ecuaciones creadas para predecir una variable (como volumen de ventas) que depende de varias más (por ejemplo precio y publicidad). La variable predicha se llama variable dependiente; las empleadas para hacer la predicción se conocen como variables independientes. Una ecuación de regresión representativa utilizada por una pequeña empresa podría adoptar esta forma:

$$y = ax_1 + bx_2 + cx_3 + d$$

donde

y = variable dependiente (ventas, en este caso)

x_1, x_2 y x_3 = variables independientes (presupuesto de publicidad, precio y comisiones)

a, b y c = ponderaciones de las variables independientes calculadas durante el desarrollo del modelo de regresión

d = una constante

Para usar este modelo, un director puede insertar varias alternativas de presupuesto de publicidad, precio y comisiones en la ecuación, y después calcular y. El valor calculado de y representa el nivel pronosticado de ventas, dados varios niveles de publicidad, precio y comisiones.

TABLA 9.2 TÉCNICAS DE PRONÓSTICO DE MODELACIÓN CAUSAL

Los directores usan varios tipos de modelos causales en la planeación y la toma de decisiones. Tres muy populares son los modelos de regresión, los econométricos y los indicadores económicos.

Modelos de regresión	Utilizados para predecir una variable (llamada variable dependiente) con base en otras variables conocidas o supuestas (llamadas variables independientes). Por ejemplo, podríamos predecir las ventas futuras con base en los valores de precio, publicidad y niveles económicos.
Modelos econométricos	Hacen uso de varias ecuaciones de regresión múltiple para considerar el impacto de cambios económicos grandes. Por ejemplo, podríamos predecir qué impacto tendría en nuestra organización la migración al Sun Belt.
Modelos económicos	Varias estadísticas, índices o parámetros de la población que predicen variables organizacionalmente relevantes, como ingreso discrecional. Algunos ejemplos incluyen índice del costo de vida, tasa de inflación y nivel de desempleo.

© Cengage Learning 2014

Los modelos econométricos emplean técnicas de regresión en un nivel mucho más complejo e intentan predecir grandes cambios económicos y el impacto potencial de esos cambios en la organización. Podrían emplearse para predecir varios grupos de edad, étnicos y económicos que caracterizarán diferentes regiones de Estados Unidos en el año 2025, y también para predecir los tipos de productos y servicios que esos grupos podrían desear. Un modelo econométrico completo consistiría en cientos o incluso miles de ecuaciones. Las computadoras son casi siempre necesarias para aplicarlos. Dadas las complejidades que implica el desarrollo de modelos econométricos, muchas empresas que los usan dependen de consultores externos especializados en este enfoque.

Los indicadores económicos, otra forma de modelo causal, son estadísticas o índices respecto de personas los cuales reflejan el nivel económico de una población. Ejemplos de indicadores de este tipo ampliamente usados incluyen las tasas presentes de productividad nacional, inflación y desempleo. Al usar tales indicadores, un director echa mano de experiencias pasadas que han revelado una relación entre determinado indicador y alguna faceta de las operaciones de la compañía. Por ejemplo, Pitney Bowes Data Document Division puede predecir ventas futuras de sus formas de negocios con base en gran medida en estimaciones del PNB actualizadas y otros índices de crecimiento económico.

Técnicas cualitativas de pronóstico Las organizaciones usan también varias técnicas cualitativas para desarrollar sus pronósticos, que dependen de un juicio u opinión individual o grupal más que de análisis matemáticos sofisticados. El *enfoque opinión de un jurado de expertos* implica usar el juicio colectivo de miembros de la dirección de nivel alto. Es decir, la alta dirección sirve como un grupo de expertos al que se le pide hacer una predicción sobre algo: conducta competitiva, tendencias en la demanda del producto, etcétera. Su juicio colectivo forma entonces la base del pronóstico.

El método de pronóstico *composición de la fuerza de ventas* es una reserva de las predicciones y opiniones de

Las compañías de productos alimentarios suelen usar técnicas de evaluación de clientes al lanzar nuevos artículos. Por ejemplo, esta mujer prueba diferentes opciones de sabor de un producto novedoso.

vendedores experimentados. A causa de su experiencia, estos individuos suelen ser capaces de pronosticar con precisión qué harán varios clientes. La dirección combina estos pronósticos e interpreta los datos para crear planes. Los editores de libros de texto usan este procedimiento para proyectar cuántos ejemplares de un nuevo título podrían vender.

La técnica *evaluación del cliente* va más allá de la fuerza de ventas de una organización y recolecta datos de sus clientes. A su vez, ellos dan estimaciones de sus necesidades futuras de los bienes y servicios que la empresa ofrece. Los directores deben combinar, interpretar y llevar a la práctica esa información. Sin embargo, este enfoque tiene dos grandes limitaciones. Los consumidores podrían estar menos interesados en darse tiempo para desarrollar predicciones exactas que los miembros de la organización misma, y el método no prevé la inclusión de nuevos clientes. Walmart ayuda a sus proveedores a usar este enfoque proporcionándoles proyecciones detalladas con varios meses de anticipación sobre lo que se propone comprar.

Seleccionar una técnica adecuada de pronóstico puede ser tan importante como aplicarla correctamente. Algunas son apropiadas solo para circunstancias específicas. Por ejemplo, la de composición de la fuerza de ventas es buena solo para pronósticos de ventas. Otras técnicas son útiles en varias situaciones. Algunas, como los modelos econométricos, requieren empleo de computadoras amplio, mientras que otras, como los modelos de evaluación del cliente, pueden utilizarse con poca experiencia matemática. En la mayoría de los casos, la selección de una técnica particular depende de la naturaleza del problema, las experiencias y preferencias del director y los recursos disponibles.

OTRAS TÉCNICAS DE PLANEACIÓN

Por supuesto que la planeación implica algo más que sólo pronosticar. Otras herramientas y técnicas útiles para efectos de proyección incluyen la programación lineal, el análisis de equilibrio y las simulaciones.

Programación lineal

La programación lineal, una herramienta cuantitativa de planeación muy popular, es un procedimiento para calcular la combinación óptima de recursos y actividades. Es apropiada cuando hay algún objetivo por cumplir (como una cuota de ventas o determinado nivel de producción) dentro de una serie de restricciones (como un presupuesto de publicidad limitado o capacidades de producción restringidas).

Para ilustrar cómo puede usarse la programación lineal, supongamos que una pequeña compañía de electrónica fabrica dos bienes básicos: un sintonizador de

alta calidad de televisión por cable y un receptor de alta calidad para captar el audio de la televisión y reproducirlo mediante de un amplificador estéreo. Ambos artículos pasan por los mismos dos departamentos, primero producción y después inspección y prueba. Cada artículo tiene un conocido margen de ganancia y un alto nivel de demanda. Es deber del director de producción crear la combinación óptima de sintonizadores (T) y receptores (R) que maximice las ganancias y use con la mayor eficiencia el tiempo en producción (PR) y en inspección y prueba (IT). La *tabla* 9.3 da la información necesaria para el uso de la programación lineal a efecto de resolver este problema.

La función objetivo es una ecuación que muestra lo que queremos alcanzar. En términos técnicos, es una representación matemática de la deseabilidad de las consecuencias de una decisión particular. En nuestro ejemplo, la función objetivo puede representarse como sigue:

Maximizar ganancias = $\$30X_T + \$20X_R$

donde

R = número de receptores por producir

T = número de sintonizadores por producir

Las cifras $30 y $20 son los respectivos márgenes de utilidades del sintonizador y el receptor, como se indica en la *tabla* 9.3. El objetivo, entonces, es maximizar las ganancias.

Sin embargo, este objetivo debe cumplirse dentro de una serie específica de restricciones. En nuestro ejemplo, estas son el tiempo requerido para producir cada bien en cada departamento y el tiempo total disponible. Estos datos se encuentran también en la *tabla* 9.3 y pueden usarse para elaborar las ecuaciones de restricciones relevantes:

$10T + 6R \leq 150$

$4T + 4R \leq 80$

> *'Si no tienes suficientes o el tipo correcto [de partes], tu planta cerrará. Las fábricas están dispuestas a pagar una alta prima de comodidad para […] garantizar que sus provisiones estén aseguradas.'*
>
> BASILI ALUKOS
> analista financiero[9]

© Bloomberg BusinessWeek, febrero 27-marzo 4, 2012, p. 48.

TABLA 9.3 DATOS DE PRODUCCIÓN DE SINTONIZADORES Y RECEPTORES

La programación lineal puede usarse para determinar el número óptimo de sintonizadores y receptores que podría hacer una empresa de entretenimiento doméstico. Información esencial necesaria para realizar este análisis incluye el número de horas que cada artículo pasa en cada departamento, la capacidad de producción de cada departamento y el margen de ganancia de cada artículo.

Departamento	Número de horas requeridas por unidad		Capacidad de producción por día (en horas)
	Sintonizadores (T)	Receptores (R)	
Producción (PR)	10	6	150
Inspección y prueba (IT)	4	4	80
Margen de utilidades	$30	$20	

Es decir, no podemos usar más capacidad de la disponible. Y, desde luego:

$T \geq 0$

$R \geq 0$

La serie de ecuaciones consistente en la función objetivo y las restricciones pueden resolverse gráficamente. Para comenzar, supongamos que la producción de cada bien se maximiza cuando la del otro es de cero. Las soluciones resultantes se trazan entonces en un eje de coordenadas. En el departamento PR, si $T = 0$, entonces:

$10T + 6R \leq 150$

$10(0) + 6(0) \leq 150$

$R \leq 25$

En el mismo departamento, si $R = 0$, entonces:

$10T + 6R \leq 150$

$10(0) + 6(0) \leq 150$

$T \leq 15$

De igual forma, en el departamento IT, si no se fabrica ningún sintonizador,

$4T + 6R \leq 80$

$4(0) + 6(0) \leq 80$

$R \leq 20$

Por último, si no se producen receptores,

$4T + 6R \leq 80$

$4(0) + 6(0) \leq 80$

$T \leq 20$

Las cuatro desigualdades resultantes se grafican en la *figura 9.3*. La región sombreada representa el espacio de factibilidad, o combinaciones de producción que no exceden la capacidad de ningún departamento. El número óptimo de artículos estará definido en una de las cuatro esquinas del área sombreada; es decir, la empresa debería producir solo 20 receptores (punto C), solo 15 sintonizadores (punto B), 13 receptores y 7 sintonizadores (punto E) o ningún bien en absoluto. Con la restricción de que la fabricación tanto de unos como de otros debe ser mayor que cero, se sigue que el punto E es la solución óptima. Esa combinación requiere 148 horas en PR y 80 horas en IT, y rinde $470 en utilidades. (Nótese que si solo se crearan receptores, las utilidades serían de $400; solo producir sintonizadores significaría $450.)

Lamentablemente, el método gráfico sólo puede manejar dos alternativas, y nuestro ejemplo fue simple en extremo. Cuando hay otras opciones debe emplearse un complejo método algebraico. Problemas del mundo real pueden requerir varios cientos de ecuaciones y variables. Evidentemente se necesitan computadoras para ejecutar análisis tan sofisticados. La programación lineal es una técnica eficaz, que

---

FIGURA **9.3** SOLUCIÓN GRÁFICA DE UN PROBLEMA DE PROGRAMACIÓN LINEAL

Hallar la solución gráfica de un problema de programación lineal es útil cuando solo se consideran dos alternativas. Cuando los problemas son más complejos, se necesitan computadoras que puedan ejecutar cientos de ecuaciones y variables. Prácticamente todas las grandes empresas, como General Motors, Chevron y Sears, usan la programación lineal.

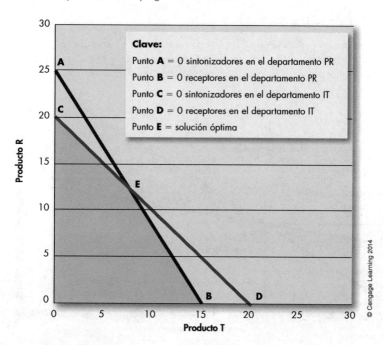

Clave:

Punto **A** = 0 sintonizadores en el departamento PR
Punto **B** = 0 receptores en el departamento PR
Punto **C** = 0 sintonizadores en el departamento IT
Punto **D** = 0 receptores en el departamento IT
Punto **E** = solución óptima

© Cengage Learning 2014

desempeña un papel clave tanto en la planeación como en la toma de decisiones. Puede usarse para programar la producción, seleccionar una cartera óptima de inversiones, asignar representantes de ventas a territorios o crear con costo mínimo un artículo.

Análisis de equilibrio

La programación lineal se llama *procedimiento normativo* porque prescribe la solución óptima de un problema. El análisis de equilibrio es un procedimiento descriptivo porque simplemente describe relaciones entre variables; luego toca al director tomar decisiones. (Este es un ejemplo, entonces, de un gerente que debe emplear habilidades técnicas y después de toma de decisiones.) Podemos definir el análisis de equilibrio como un procedimiento para identificar el punto en el que los ingresos comienzan a cubrir sus costos asociados. Podría utilizarse para analizar los efectos en las ganancias de diferentes combinaciones de precio y producción o varios niveles productivos.

La *figura 9.4* representa las variables de costos clave en el análisis de equilibrio. Crear más bienes o servicios incluye tres clases de costos: costos fijos, costos variables y costos totales. Los *costos fijos* son aquellos en los que se incurre más allá del volumen de producción generado. Incluyen pagos de renta o hipoteca del edificio, sueldos gerenciales y depreciación de planta y equipo. Los *costos variables* se modifican con el número de unidades fabricadas, como el costo de materias primas y trabajo directo utilizado para hacer cada unidad. Los *costos totales* son los fijos más los variables. Note que debido a los fijos, la línea de los totales nunca comienza en cero.

Otros factores importantes en el análisis de equilibrio son ingresos y utilidades. Los ingresos, el monto total de las

FIGURA **9.4** FACTORES DE COSTOS EMPLEADOS EN EL ANÁLISIS DE EQUILIBRIO

Para determinar el punto de equilibrio de utilidades sobre ventas de un producto o servicio, el director debe establecer primero los costos tanto variables como fijos. Estos costos se combinan después para mostrar los costos totales.

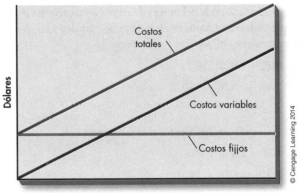

ventas, en dólares u otra moneda, se calculan multiplicando el número de unidades vendidas por el precio de venta de cada unidad. Las *utilidades* se determinan entonces restando los costos totales a los ingresos totales. Cuando ingresos y costos totales se trazan en los mismos ejes, emerge la gráfica de equilibrio que aparece en la *figura 9.5*. El lugar en el que las líneas que representan los costos totales y los ingresos totales se cruzan es el punto de equilibrio. Si la compañía representada en la *figura 9.5* vende más unidades que las representadas por el punto A, obtendrá una

FIGURA **9.5** ANÁLISIS DE EQUILIBRIO

Una vez determinados y graficados los costos totales, el director grafica los ingresos totales que se obtendrán de diferentes niveles de ventas. Las regiones definidas por la intersección de las dos gráficas muestran áreas de pérdidas y utilidades. Esta misma muestra el punto de equilibrio: el nivel de ventas en el que todos los costos son cubiertos pero no se obtienen ganancias.

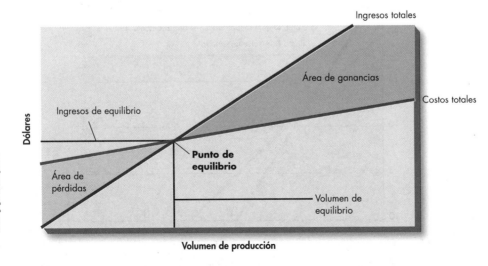

ganancia; vender por debajo de ese nivel resultará en una pérdida.

Matemáticamente, el punto de equilibrio (expresado en unidades de producción o volumen) se indica por la fórmula

$$BP = \frac{TFC}{P - VC}$$

donde

BP = punto de equilibrio

TFC = costos fijos totales

P = precio por unidad

VC = costos variables por unidad

Supongamos que usted considera la producción de una nueva manguera para jardín con una manija ergonómicamente curva. Ha determinado que un precio de venta aceptable será de 20 dólares. También ha establecido que los costos variables por manguera serán de 15 dólares, y tiene costos fijos totales de $400 000 al año. La pregunta es: ¿cuántas mangueras debe vender anualmente para estar en equilibrio? Usando el modelo de equilibrio,

$$BP = \frac{TFC}{P - VC}$$

$$BP = \frac{400\,000}{20 - 15}$$

$$BP = 80\,000 \text{ unidades}$$

Así, debe vender 80 mil mangueras para estar en equilibrio. Un análisis adicional también mostraría que si pudiera aumentar su precio a $25 por manguera, tendría que vender solo 40 mil para estar en equilibrio, y así sucesivamente.

Nueva York usó un análisis de equilibrio para evaluar siete variaciones de aprobaciones previas de su servicio Medicaid. Se compararon los costos implicados en cada variación con los ahorros obtenidos de la eficiencia y calidad mejorada del servicio. Ese estado descubrió que solo tres de esas variaciones eran rentables.

El análisis de equilibrio es una popular e importante técnica de planeación, pero también tiene debilidades notorias. Considera los ingresos solo hasta el punto de equilibrio, y no toma en cuenta el valor de tiempo del dinero. Por ejemplo, como los fondos utilizados para cubrir los costos fijos y variables podrían usarse con otros propósitos (como inversión), la organización pierde ingresos en intereses al atar su dinero antes de llegar al punto de equilibrio. Así, a menudo los directores solo usan en análisis de equilibrio como el primer paso en la planeación. Una vez concluido el análisis preliminar, se usan técnicas más sofisticadas (como el análisis de tasa de rendimiento o el análisis de valor presente descontado). Esos instrumentos pueden ayudar al gerente a decidir si proceder o destinar los recursos a otras áreas.

Simulaciones

Otro útil recurso de planeación es la simulación. La palabra *simular* significa copiar o representar. Una simulación organizacional es un modelo de una situación real que puede manipularse para descubrir cómo funciona. Es una técnica descriptiva más que prescriptiva. Concepts NREC es una empresa consultora de ingeniería que ayuda a sus clientes a planear fábricas nuevas. Usando un sofisticado modelo de simulación de fábricas, esta empresa ayudó a un cliente a reducir varias máquinas y operaciones de una nueva planta y a ahorrar más de 750 mil dólares.

Para considerar otro ejemplo, supongamos que la ciudad de Houston construirá otro aeropuerto. Las consideraciones por abordar podrían incluir el número de pistas, la dirección de esas pistas, el número de terminales y salas de espera así como la tecnología y los recursos humanos necesarios para alcanzar una frecuencia objetivo de despegues y aterrizajes. (Claro que planear realmente un aeropuerto implicaría muchas más variables que estas.) Podría hacerse un modelo para simular esos factores, así como sus interrelaciones. El planificador podría insertar entonces varios valores diferentes para cada factor y observar los resultados probables.

Los problemas de simulación son similares en varios aspectos a los abordados por la programación lineal, pero la simulación es más útil en situaciones de mayor complejidad caracterizadas por diversas restricciones y oportunidades. El desarrollo de modelos de simulación sofisticados podría requerir la experiencia de especialistas o consultores

La creación de un aeropuerto suele apoyarse en el uso de simulaciones para determinar la disposición óptima de pistas, terminales, salas y otras instalaciones. El diseño de esta nueva terminal de pasajeros en construcción en el aeropuerto internacional de Dusseldorf se basó en resultados de varias simulaciones.

externos, y la complejidad de la simulación requiere casi siempre el uso de una computadora. Por estas razones es muy probable que la simulación se emplee como técnica de planeación en grandes organizaciones con los recursos requeridos.

PERT

Una última herramienta de planeación que examinaremos es la PERT (Program Evaluation and Review Technique). Fue desarrollada por la Marina de Estados Unidos para coordinar las actividades de tres mil contratistas durante el desarrollo del submarino nuclear Polaris, y se le atribuye haber ahorrado dos años de trabajo en el proyecto. La mayoría de las grandes compañías usan PERT de diferentes maneras. El propósito de la técnica es desarrollar una red de actividades y sus interrelaciones y destacar por lo tanto intervalos de tiempo críticos que afectan el proyecto general. PERT sigue seis pasos básicos:

1. Identificar las actividades por realizar y los sucesos que marcarán su consumación.

2. Desarrollar una red que muestre las relaciones entre las actividades y los sucesos.

3. Calcular el tiempo necesario para cada acontecimiento y el tiempo que requiere pasar de un suceso al siguiente.

4. Identificar dentro de la red la ruta más larga a la consumación del proyecto. Esta ruta se llama ruta crítica.

5. Afinar la red.

6. Usar la red para controlar el proyecto.

Supongamos que un director de marketing quiere usar PERT para planear el marketing de prueba y el lanzamiento nacional de un nuevo producto. La *tabla 9.4* identifica los pasos básicos implicados en la ejecución de este proyecto. Las actividades se ubican después en una red como la que aparece en la *figura 9.6*. En esta figura, un número encerrado en un círculo representa cada suceso culminado. Las letras sobre las líneas que unen los sucesos indican actividades. Nótese que algunas de estas se realizan independientemente entre sí y otras deben llevarse a cabo en secuencia. Por ejemplo, la producción de la prueba (actividad a) y la ubicación de la sede en que se efectuará (actividad c) pueden hacerse al mismo tiempo, pero esta ubicación tiene que realizarse antes de la prueba real (actividades f y g).

Se determina entonces el tiempo necesario para pasar de una actividad a otra. La manera regular de calcular el tiempo entre cada actividad es promediar el tiempo más optimista, el más pesimista y el más probable, con este último ponderado por 4. El tiempo suele calcularse con la siguiente fórmula:

$$\text{Tiempo esperado} = \frac{a + 4b + c}{6}$$

TABLA 9.4 ACTIVIDADES Y SUCESOS PARA LANZAR UN NUEVO PRODUCTO

PERT se usa para planear calendarios de proyectos, y es particularmente útil cuando deben coordinarse muchas actividades con intervalos de tiempo críticos. Aparte de serlo para lanzar un nuevo producto, PERT es útil para proyectos como la construcción de una nueva fábrica o edificio, la remodelación de una oficina o la apertura de una nueva tienda.

Actividades	Sucesos
	1. Origen del proyecto
a. Producir una cantidad limitada para marketing de prueba	2. Culminación de la producción para mercadotecnia de prueba
b. Diseñar el empaque preliminar	3. Culminación del diseño del empaque preliminar
c. Localizar el mercado de prueba	4. Localización del mercado de prueba
d. Obtener la cooperación de comerciantes locales	5. Cooperación de comerciantes locales obtenida
e. Enviar productos a tiendas selectas	6. Productos para la mercadotecnia de prueba enviados a tiendas
f. Monitorear ventas y reacciones de los clientes	7. Ventas y reacciones de clientes monitoreadas
g. Encuestar a clientes en el área del mercado de prueba	8. Clientes encuestados en área de mercado de prueba
h. Hacer cambios necesarios al producto	9. Cambios hechos al producto
i. Hacer cambios necesarios al empaque	10. Cambios hechos al empaque
j. Fabricar en serie el producto	11. Producto fabricado en serie
k. Iniciar la publicidad nacional	12. Publicidad nacional ejecutada
l. Iniciar la distribución nacional	13. Distribución nacional terminada

FIGURA 9.6 RED PERT PARA LANZAR UN NUEVO PRODUCTO

PERT se usa para planear calendarios para proyectos. Es particularmente útil cuando deben coordinarse muchas actividades con intervalos de tiempo críticos. Aparte de serlo para lanzar un nuevo producto, PERT es útil para proyectos como la construcción de una nueva fábrica o edificio, la remodelación de una oficina o la apertura de una nueva tienda.

Los números y letras en azul corresponden a los usados en la tabla 9.4.

Los números en rojo remiten al número esperado de semanas para cada actividad.

© Cengage Learning 2014

donde

a = tiempo optimista

b = tiempo más probable

c = tiempo pesimista

El número esperado de semanas para cada actividad en nuestro ejemplo aparece en rojo junto a cada ruta en la *figura 9.6*. Se identifica entonces la ruta crítica (o la ruta más larga a través de la red PERT), que se considera crítica porque muestra el tiempo más breve en que puede consumarse el proyecto. En nuestro ejemplo, la ruta crítica es 1-2-3-6-7-9-10-11-12-13, lo que hace un total de 57 semanas. PERT indica así al director que el proyecto tardará esa cantidad de semanas en completarse.

La primera red puede afinarse. Si 57 semanas es demasiado, el director podría decidir comenzar el diseño del paquete preliminar antes de que se terminen los productos de prueba; o bien, podría decidir que 10 semanas en lugar de 12 son tiempo suficiente para monitorear las ventas. La idea es que si la ruta crítica puede acortarse, lo mismo ocurrirá con la duración total del proyecto. La red PERT sirve como un marco permanente tanto para la planeación como para el control durante el proyecto. Por ejemplo, el gerente puede usarla para monitorear el estado del proyecto en relación con el que debería tener. Así, si una actividad en la ruta crítica tarda más de lo planeado, él debe compensar el tiempo en otra parte o aceptar el hecho de que el proyecto entero se atrasará.

HERRAMIENTAS DE TOMA DE DECISIONES

Los directores también pueden usar varias herramientas más específicamente relacionadas con la toma de decisiones que con la planeación. De nueva cuenta, la aplicación e interpretación de estos instrumentos requiere que el directivo tenga habilidades técnicas firmes. Dos herramientas de uso común para tomar decisiones son las matrices de beneficios y los árboles de decisiones.

Matrices de beneficios

Una matriz de beneficios especifica el valor probable de diferentes opciones, dependiendo de diferentes resultados posibles asociados con cada una. Su uso requiere disponer de varias opciones, que puedan ocurrir varios sucesos diferentes y que las consecuencias dependan de qué opción se seleccione y de qué acontecimiento o serie de ellos ocurra. Un concepto importante para comprender la matriz de beneficios es, entonces, la probabilidad. Una probabilidad es la posibilidad, expresada como porcentaje, de que un suceso particular ocurra o no. Si creemos que uno se dará 75 veces de cada 100, podemos decir que la probabilidad de que ocurra es de 75 por ciento, o 0.75. Las probabilidades varían en valor de 0 (ninguna posibilidad de ocurrencia) a 1.00 (ocurrencia segura, también llamada de 100 por ciento). En el mundo de los negocios, hay pocas probabilidades de 0 o 1.00. La mayoría de las probabilidades que los directores usan se basan en el juicio subjetivo, la intuición y los datos históricos.

El valor esperado de un curso de acción opcional es la suma de todos los posibles valores de los resultados de esa acción multiplicada por sus respectivas probabilidades. Supongamos, por ejemplo, que un capitalista de riesgo considera invertir en una nueva compañía. Si cree que hay una probabilidad de 0.40 de ganar 100 mil dólares, una probabilidad de 0.30 de ganar 30 mil y una probabilidad de 0.30 de perder 20 mil, el valor esperado (*EV*) de esta opción es

$$EV = 0.40(100\,000) + 0.30(30\,000) + 0.30(-20\,000)$$

$$EV = 40\,000 + 9\,000 - 6\,000$$

$$EV = \$43\,000$$

FIGURA 9.7 EJEMPLO DE MATRIZ DE BENEFICIOS

Una matriz de beneficios ayuda al director a determinar el valor esperado de diferentes opciones. Una matriz de beneficios es efectiva solo si el director se asegura de que las estimaciones de probabilidad son lo más exactas posible.

		Inflación alta (probabilidad de 0.30)	Inflación baja (probabilidad de 0.70)
Opción de inversión 1	Compañía de productos de entretenimiento	− $10 000	+ $50 000
Opción de inversión 2	Compañía de fomento de energía	+ $90 000	− $15 000
Opción de inversión 3	Compañía procesadora de alimentos	+ $30 000	− $25 000

© Cengage Learning 2014

El inversionista puede ponderar entonces el valor esperado de esta inversión contra los valores esperados de otras opciones disponibles. El *EV* más alto señala la inversión que debería tener más probabilidades de ser seleccionada.

Por ejemplo, supongamos que otro capitalista de riesgo desea invertir 20 mil dólares en una nueva empresa. Ha identificado tres opciones posibles: una compañía de productos de entretenimiento, una compañía de fomento de energía y una compañía procesadora de alimentos. Como el valor esperado de cada opción depende de cambios de corto plazo en la economía, especialmente la inflación, decide desarrollar una matriz de beneficios. Estima que la probabilidad de inflación alta es de 0.30, y la probabilidad de inflación baja es de 0.70. Luego calcula los probables rendimientos de cada inversión en el caso tanto de alta como de baja inflación. La *figura* 9.7 muestra cómo luciría esta matriz de beneficios (un signo de resta indica pérdida). El valor esperado de invertir en la compañía de productos de entretenimiento es

$$EV = 0.30 \, (-10\,000) + 0.70(50\,000)$$

$$EV = -3\,000 + 35\,000$$

$$EV = \$32\,000$$

De igual manera, el valor esperado de invertir en la compañía de fomento de energía es

$$EV = 0.30 \, (90\,000) + 0.70 \, (-15\,000)$$

$$EV = 27\,000 - 10\,500$$

$$EV = \$16\,500$$

Por último, el valor esperado de invertir en la compañía procesadora de alimentos es

$$EV = 0.30 \, (30\,000) + 0.70 \, (25\,000)$$

$$EV = 9\,000 + 17\,500$$

$$EV = \$26\,500$$

Invertir en la compañía de productos de entretenimiento tiene entonces el valor esperado más alto.

Otros posibles usos de las matrices de beneficios incluyen determinar cantidades óptimas de pedido, decidir si reparar o reemplazar maquinaria descompuesta y determinar cuál de varios nuevos productos lanzar. Desde luego que la clave real del uso eficaz de estas matrices es hacer estimaciones exactas de las probabilidades relevantes.

Árboles de decisiones

Los árboles de decisiones son como las matrices de beneficios porque aumentan la capacidad de un director de evaluar opciones utilizando valores esperados. Sin embargo, son más apropiados cuando hay varias decisiones que tomar en secuencia.

La *figura* 9.8 ilustra un árbol de decisiones hipotético. La pequeña empresa representada quiere comenzar a exportar sus productos a un mercado extranjero, pero su capacidad limitada la restringe al principio a un solo mercado. Los directores creen que Francia o China sería el mejor lugar para empezar. Sea cual fuere la opción que seleccione la compañía, las ventas del producto en ese país podrían resultar altas o bajas. En Francia hay una posibilidad de 0.80 de ventas altas, y una de 0.20 de ventas bajas. Los beneficios previstos en estas situaciones se predicen en 20 millones y 3 millones de dólares, respectivamente. En China, las probabilidades de ventas altas versus bajas son de 0.60 y 0.40, respectivamente, y los beneficios asociados se presumen en 25 millones y 6 millones de dólares. Como muestra la *figura* 9.8, el valor esperado de embarcar a Francia es de 16 600 000 dólares, mientras que el valor esperado de hacerlo a China es de 17 400 000.

El lector astuto notará que esta parte de la decisión podría haberse dispuesto como una matriz de beneficios. Sin embargo, el valor de los árboles de decisión es que podemos extender el modelo para incluir decisiones subsecuentes. Por ejemplo, supongamos, que la compañía comienza exportando a China. Si las ventas altas se materializan, llegará pronto a otra situación de decisión. Podría usar los ingresos extra para 1) incrementar sus exportaciones a China, 2) construir una planta cerca de China y reducir así costos de envío,

FIGURA 9.8 EJEMPLO DE ÁRBOL DE DECISIONES

Un árbol de decisiones extiende a múltiples determinaciones los conceptos básicos de una matriz de beneficios. Muestra los posibles resultados de dos niveles decisorios. La primera resolución es si expandirse a China o a Francia. La segunda, suponiendo que la compañía lo hace a China, es si incrementar las exportaciones a este país, construir una planta cerca de ahí o iniciar exportaciones a Francia.

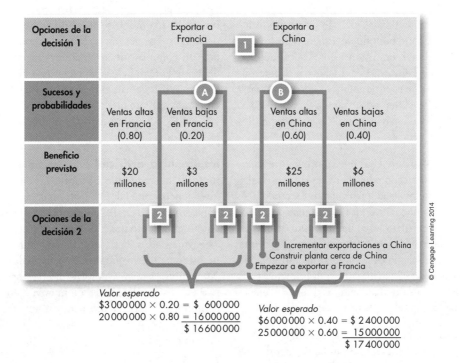

o 3) empezar a exportar a Francia. Varios resultados son posibles para cada decisión, y cada uno tendrá también una probabilidad y un beneficio previsto. Por lo tanto, es posible volver a calcular valores esperados a lo largo de varios niveles de decisiones hasta el inicial. Lo mismo que en el caso de las matrices de beneficios, determinar con exactitud las probabilidades es el elemento crucial de este proceso. Empleados de manera apropiada, los árboles de decisiones pueden brindar a los directores un útil mapa de caminos a través de situaciones decisorias complejas.

Otras técnicas

Además de matrices de beneficios y árboles de decisión, hay disponibles otras técnicas cuantitativas para facilitar la toma de decisiones.

Modelos de inventarios Son técnicas que ayudan al director a decidir cuánto inventario mantener. Target Corporation los utiliza para ayudar a determinar qué cantidad de mercancía ordenar, cuándo hacerlo, etcétera. El inventario consta tanto de materias primas (insumos) como de bienes terminados (productos). Por ejemplo, Colgate Palmolive mantiene una provisión de las sustancias químicas que usa para hacer crema de afeitar; de las latas empleadas para envasar la crema de afeitar, y cajas de crema de afeitar enlatada listas para ser embarcadas.

Para los bienes terminados, ambos extremos son malos: un inventario excedente compromete capital, mientras que uno reducido podría resultar en escasez e insatisfacción del cliente. Lo mismo repercute para las materias primas: demasiado inventario detiene capital, pero si una compañía se queda sin recursos, podrían ocurrir pausas de trabajo. Por último, como el proceso de hacer un pedido de materias primas y provisiones tiene costos asociados (como tiempo de oficina, gastos de envío y costos unitarios más altos para cantidades pequeñas), es importante minimizar la frecuencia de órdenes. Los modelos de inventarios ayudan al director a tomar decisiones que optimicen el tamaño de estos. Nuevas innovaciones para administrarlos, como justo a tiempo, o JIT (por las siglas en inglés de *just in time*), se apoyan firmemente en modelos de toma de decisiones. Un sistema JIT implica programar la llegada de materiales en lotes reducidos conforme se les necesita, eliminando así la necesidad de un gran inventario de reserva, espacio de almacén, etcétera.

Modelos de cola Los modelos de cola se incluyen para ayudar a las organizaciones a administrar filas de espera. Todos estamos familiarizados con tales situaciones: compradores que esperan para pagar víveres en Kroger, conductores que aguardan para comprar gasolina en una estación de Exxon, viajeros que llaman a American Airlines para hacer reservaciones, y clientes que esperan a ser atendidos por un cajero en Citibank. Tómese el caso de Kroger. Si un director de tienda tiene solo una caja en operación, el costo del personal de cajas para la tienda es muy bajo; sin embargo, muchos clientes se molestan por la larga fila que se hace frecuentemente. Para resolver este problema, ese gerente decide mantener abiertas 20 cajas en todo momento. A los clientes les gustará el corto periodo de espera, pero los costos de en plantilla laboral serán muy altos. Un modelo de cola sería apropiado en este caso para ayudarle a determinar la cantidad óptima de cajas: el número que equilibraría los costos de personal y el tiempo de espera de los clientes. Target usa modelos de cola para determinar cuántos pasillos de cajas poner en sus tiendas.

Modelos de distribución Una decisión que enfrentan muchos directores de mercadotecnia tiene que ver con la distribución de los productos de la organización. En específico, deben determinar a dónde irán estos y cómo transportarlos. Ferrocarriles, camiones y flete aéreo tienen costos de embarque asociados, y cada medio de transporte sigue diferentes horarios y rutas. El problema es identificar la combinación de rutas que optimice la efectividad de la distribución y los costos de esta. Estos modelos ayudan a los directores/ejecutivos a determinar este patrón óptimo distributivo.

Teoría de juegos La teoría de juegos fue originalmente desarrollada para predecir el efecto de las decisiones de una compañía sobre sus competidores. Modelos desarrollados a partir de esta teoría buscan predecir cómo reaccionará un competidor a varias actividades que una organización

podría emprender, como cambios de precios, modificaciones promocionales y el lanzamiento de nuevos productos. Si Wells Fargo Bank considerara aumentar en 1% su tasa de crédito principal, podría usar un modelo de teoría de juegos para predecir si Citibank seguiría su ejemplo. Si el modelo revelara que este lo hará, Wells Fargo procedería probablemente; de lo contrario, quizá mantendría vigentes sus tasas de interés. Por desgracia, la teoría de los juegos no es aún tan útil como sus desarrolladores esperaban. Las complejidades de la realidad combinadas con las limitaciones de la técnica restringen su aplicabilidad. La teoría de juegos, sin embargo, proporciona un marco conceptual útil para analizar la conducta competitiva, y podría resultar más servible en el futuro.

Inteligencia artificial Otra adición significativa al conjunto de herramientas cuantitativas de los directores es la inteligencia artificial (IA). La forma más útil de la IA es el sistema experto,[7] el cual es en esencia un programa de cómputo que intenta reproducir los procesos racionales de decisores experimentados. Por ejemplo, Hewlett-Packard desarrolló un sistema experto que verifica pedidos de ventas de sistemas de cómputo nuevos y después diseña disposiciones preliminares de estos. HP puede ahora enviar en componentes la computadora a un cliente, para su montaje final *in situ*. Este método ha permitido a la compañía reducir sus instalaciones de montaje final.

© Penka Todorova Vitkova/Shutterstock.com

RESUMEN Y UNA MIRADA AL FUTURO

Tras haber leído y estudiado este capítulo, usted ahora deberá tener una mejor comprensión de las habilidades técnicas. En específico, una comprensión clara de la importancia de la tecnología, productos y servicios, industria y conocimientos de negocios. También verá el valor de herramientas de contabilidad y administración financiera. Además, su serie de capacidades técnicas incluirá familiaridad con varios instrumentos de pronóstico, otros de planeación y herramientas de toma de decisiones.

La parte restante del capítulo le ofrecerá oportunidades de seguir desarrollando y afinando sus destrezas técnicas. Por ejemplo, lo dirigirá a recursos en los que podrá visualizar esa clase de habilidades tanto efectivas como menos efectivas. Secciones subsecuentes le brindarán varias oportunidades para que practique y explore habilidades técnicas desde diferentes perspectivas. El capítulo termina con evaluaciones y datos de interpretación adicionales.

VISUALICE LAS HABILIDADES TÉCNICAS

HABILIDADES TÉCNICAS EN ACCIÓN 1

Su tarea

Considere los dos videoclips BizFlix de películas para este capítulo.

Casino (1995) es una película de Martin Scorsese que presenta un largo, complejo y bellamente fotografiado estudio de los casinos de Las Vegas y sus relaciones con el crimen organizado en la década de 1970. Completa la trilogía de Scorsese que también incluye *Mean Streets* (1973) y *Goodfellas* (1990). Ambición, codicia, drogas y sexo destruyen el imperio de juego de la banda. Esta cinta incluye notables actuaciones de Robert De Niro como Sam "Ace" Rothstein, Joe Pesci como Nicky Santoro y Sharon Stone como Ginger McKenna.

Doomsday (2008) es una película de suspenso de ciencia ficción en el que el virus Reaper golpea Glasgow, Escocia, el 3 de abril de 2008. Este virus se propaga y devasta la población de toda Escocia. Las autoridades cierran las fronteras para no permitir a nadie entrar o salir del país. No se permite el vuelo aeronáutico. El deterioro social se extiende, y una conducta caníbal se desarrolla entre los pocos sobrevivientes. Al final, no queda nadie en el área en cuarentena. El virus reaparece en 2032, esta vez en Londres, Inglaterra. Imágenes de satélite secretas muestran la vida en Glasgow y Edimburgo. El primer ministro John Hatcher (Alexander Siddig) y su asistente Michael Canaris (David O'Hara) asignan la tarea de buscar la cura al jefe de seguridad Bill Nelson (Bob Hoskins).

Observe cómo se muestran las habilidades técnicas en estos dos videoclips.

1. El primero forma parte de la secuencia "The Truth about Las Vegas" que aparece al principio de la película. Sigue a las escenas en las que el casino engaña al jugador japonés. La escena comienza con un close up de Sam "Ace" Rothstein (Robert De Niro) de pie entre sus dos ejecutivos del casino (Richard Amalfitano y Richard F. Strafella). En una narración en voz en off, él dice: "En Las Vegas, todos vigilan a todos". La escena termina después de que Rothstein describe a los primeros tramposos que monitorean con binoculares la sala de juego. ¿Qué habilidades técnicas podrían ser necesarias para los muchos niveles de monitoreo en el casino?

2. El segundo videoclip empieza al principio de la escena titulada "No Rules, No Backup", con una toma del emblema del Departamento de Seguridad Interior de Estados Unidos. Luego se ve al alcalde Eden Sinclair (Rhona Mitra) parado bajo la lluvia fumando un cigarro mientras espera al jefe Nelson. La secuencia termina cuando Michael Canaris baja del helicóptero mientras le dice a Sinclair: "Entonces no necesitas volver a fastidiar". Cierra la puerta del helicóptero. El alcalde Sinclair se quita el cabello de la cara mientras pondera esa afirmación. ¿Qué habilidades técnicas necesitará Sinclair para realizar su tarea?

HABILIDADES TÉCNICAS EN ACCIÓN 2

Este ejercicio le brinda la oportunidad de pensar en cuáles habilidades técnicas podría requerir en puestos directivos que ocupe en el futuro

Su tarea

1. Piense en las habilidades técnicas y trate de identificar una escena de la película, un programa de televisión o tal vez un video en YouTube que ilustre el uso positivo o eficaz de tales destrezas.

VISUALIZAR

2. Ahora haga lo mismo en una escena que ilustre un uso eficaz o ineficaz de esas habilidades.

Comparta con el grupo sus resultados y discutan por qué cada videoclip muestra el uso positivo y el negativo de las habilidades técnicas. También debe sugerir cómo se habría podido cambiar la situación negativa para que fuera mejor.

PRACTIQUE SUS HABILIDADES TÉCNICAS

APLIQUE HABILIDADES TÉCNICAS EN LOS PRESUPUESTOS

Este ejercicio le dará práctica en la aplicación de habilidades técnicas relacionadas con la elaboración de un presupuesto y la evaluación de la efectividad de este.

Aunque los presupuestos corporativos son mucho más complicados que los personales, los pasos para crearlos son muy similares. Los dos comienzan con las estimaciones de ingresos y egresos. Luego, ambos comparan los resultados reales con los estimados. Ambos presupuestos terminan desarrollando un plan de acción correctiva.

Su tarea

1. Prepare sus gastos e ingresos personales estimados para un mes. Los primeros deben representar el monto que gasta en un mes típico, no lo que realmente gastó. Incluya alimentos, colegiatura, renta, pagos del automóvil, gastos en guardería, alimentos, servicios públicos, etcétera. Luego estime sus ingresos de todas las fuentes como salario, mesada, préstamos y, aunque técnicamente no se trata de un ingreso, incluya también los fondos tomados en préstamo de tarjetas de crédito. Calcule los totales.

2. Anote todos sus gastos reales del último mes; luego, todos sus ingresos reales. Si no tiene cifras exactas, estímelas lo más precisamente posible. Calcule los totales.

3. Compare sus estimaciones con sus gastos e ingresos reales. ¿Hay alguna discrepancia? ¿Qué la causó?

4. ¿Qué esperaba tener para el mes: un superávit o un déficit? ¿Qué fue lo que realmente obtuvo? ¿Cuáles son sus planes para compensar cualquier déficit o para administrar cualquier superávit?

5. ¿Emplea regularmente un presupuesto personal? ¿Un presupuesto de esta clase tiene probabilidades de serle útil? ¿Por qué sí o no?

USE SUS HABILIDADES TÉCNICAS EN INTERNET

Este ejercicio le permitirá practicar sus habilidades técnicas en el uso de internet para obtener información con la cual tomar una decisión.

Supongamos que es dueño de una empresa y busca un lugar para una fábrica nueva. Su organización hace productos relativamente "limpios", es decir, no contaminan el medio ambiente, y su fábrica no generará desechos tóxicos. De ese modo la mayoría de las comunidades darían la bienvenida a su planta.

Usted busca un sitio que tenga una fuerza de trabajo estable y con buenos estudios, lo mismo que vivienda asequible, acceso a servicios de salud de calidad y un sistema educativo aceptable. Ha reducido su decisión a las siguientes ciudades:

- Santa Cruz, California
- Manhattan, Kansas
- Amherst, Massachusetts
- Madison, Wisconsin
- College Station, Texas
- Athens, Georgia

Su tarea

1. Use internet para investigar cada una de esas seis ciudades.
2. Ordene las ciudades con base en los criterios señalados.
3. Seleccione la mejor ciudad para su nueva fábrica.

ORGANIZARSE

Este ejercicio le ayudará a entender la importancia relativa de las habilidades técnicas en la coordinación de actividades en una organización.

Por lo regular, las personas que inician y administran pequeñas empresas tienen las habilidades técnicas necesarias para realizar las operaciones que estas demandan. Pero al crecer el negocio, coordinar múltiples actividades, entre ellas algunas para las que el fundador podría no estar bien preparado, se vuelve una inquietud importante. La pregunta es cómo disponer las tareas para alcanzar una organización eficiente y efectiva.

Su tarea

Su compañía ha crecido al punto de que ahora tiene cuatro principales ofertas de productos. Debe crear esos bienes, comercializarlos, financiarlos y embarcarlos. Cuenta con personal que se hace cargo de cada una de esas actividades. Los cuatro artículos son claramente separables y distintos, aunque no son enteramente diversos en términos de tecnología o base de clientes. A continuación hay algunas maneras posibles de organizar su empresa.

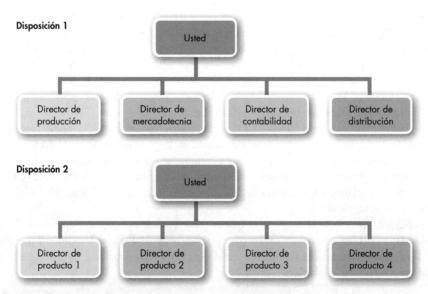

Disposición 3

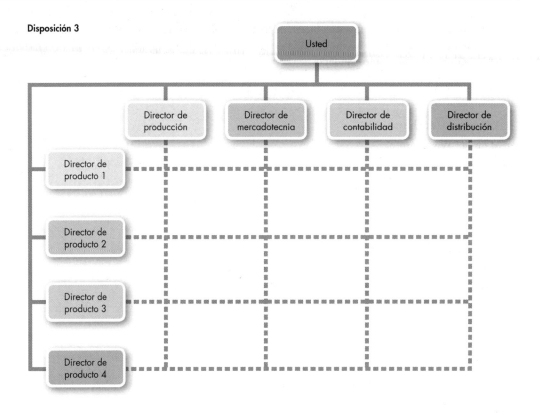

1. ¿Qué habilidades técnicas específicas podrían requerirse para cada una de estas disposiciones organizacionales?
2. ¿Cuáles parecen ser las ventajas y desventajas de cada una?
3. ¿Qué disposición usaría? ¿Por qué?

USE INTERNET PARA OBTENER DATOS

Este ejercicio le ayudará a desarrollar y aplicar habilidades técnicas que implican internet y su potencial para ofrecer datos brutos que pueden convertirse en información relevante para decisiones clave.

Supongamos que es el director de una gran cadena nacional de tiendas. Es responsable de identificar posibles lugares para la construcción de un almacén y centro de distribución. La idea detrás del centro es que la empresa pueda usar su enorme poder de compra para adquirir muchos productos en elevadas cantidades a precios relativamente bajos. Establecimientos individuales pueden pedir entonces los volúmenes específicos que necesitan del almacén.

El lugar debe incluir un gran terreno. El almacén mismo, por ejemplo, ocupará más de 15 mil metros cuadrados. Además, debe estar cerca de ferrocarriles e importantes autopistas, porque los embarques deberán llegar tanto por tren como por camión, aunque los de salida ocurrirán exclusivamente por camión. Otras consideraciones importantes son que los precios de los terrenos y el costo de la vida deben ser relativamente bajos y las condiciones climáticas moderadas para minimizar las perturbaciones de los embarques.

La experiencia general de la empresa es que las comunidades pequeñas y medianas funcionan mejor. Además, ya existen almacenes en las partes oeste y este de Estados Unidos, así que el nuevo almacén tiene más probabilidades de ubicarse en el área central o centro-sur. Su jefe le ha solicitado identificar tres o cuatro sedes posibles.

Su tarea

1. Con las consideraciones anteriores, emplee internet para buscar hasta 10 posibles lugares.

2. Usando información adicional en línea, redúzcalos a tres o cuatro.

3. Empleando nuevamente internet, investigue lo más que pueda acerca de estos lugares potenciales.

4. Priorice los tres o cuatro sitios dando una razón para la primera y la última posiciones.

IDENTIFIQUE HABILIDADES TÉCNICAS RELACIONADAS CON CALIDAD Y PRODUCTIVIDAD

Este ejercicio le ayudará a ver cómo se relacionan las habilidades técnicas con la calidad, la productividad y la dirección de operaciones.

Supongamos que ha decidido poner un negocio para hacer un artículo como alguno de los que usa con regularidad, por ejemplo computadoras, CD, libros o prendas de vestir. Investigue para enterarse lo más posible acerca de cómo ese bien se diseña, produce y distribuye a los consumidores, y después complete la tarea de abajo.

Su tarea

1. Cree dos columnas en una hoja para: A) todas las actividades relevantes que ya sabe hacer para este negocio nuevo (por ejemplo, instalar software en una computadora, coser dos piezas de tela) y B) todas las actividades que no sabe hacer.

2. Liste en orden de importancia todas las habilidades relativas a este producto.

3. Especifique dónde se podrían adquirir las habilidades necesarias para realizar todas las actividades relacionadas con el producto que quiere hacer.

4. Determine cuántas personas probablemente tendrá que emplear a efecto de tener a su disposición un juego completo de habilidades para hacer y comercializar el producto.

ALCANCE DIRECTIVO

Este ejercicio le ayudará a entender cómo las consideraciones técnicas se relacionan con el alcance directivo, el número de empleados supervisados por un director o gerente.

Por lo habitual es probable que sea ineficiente un alcance menos que óptimo. Por ejemplo, si tanto el director como sus subordinados son muy competentes, lógicamente aquel puede asumir responsabilidad sobre un mayor número de estos que si la competencia de uno u otros fuera menor. Si el alcance es demasiado restringido, el director podría tener muy poco trabajo que hacer; pero si es demasiado amplio, otras de sus labores podrían descuidarse.

Varios factores situacionales afectan el apropiado alcance directivo que es óptimo para una situación particular, incluidos los siguientes:

• La competencia del director

• La competencia de los subordinados

• La dispersión física de las estaciones de trabajo de los subalternos

• El monto de responsabilidades de no supervisión en el puesto del director

- El grado de interacción requerido entre uno y otros
- El nivel de procedimientos estandarizados incorporados en las labores de los subordinados
- La semejanza de las tareas supervisadas
- La frecuencia con la que surgen preguntas y problemas nuevos relacionados con el trabajo
- Las preferencias del director y los subordinados

Su tarea

1. Determine los efectos de cada factor situacional mencionado en el alcance directivo.

2. Supongamos que es un gerente. Evalúe la importancia relativa que concedería a cada factor situacional para definir su alcance directivo.

3. Describa cómo un alcance ajustado inapropiadamente con cada factor resultará en ineficiencias tanto para directores como para subordinados.

4. Si factores situaciones y el alcance gerencial existente están ajustados inapropiadamente, quizá sea posible cambiar uno u otro para alcanzar un mejor ajuste. Examine cada factor y decida si sería más fácil cambiar el factor o cambiar el alcance directivo para mejorar el ajuste.

Para más información vea D.D. Van Fleet, "Span of Management: research and issues", *Academy of Management Journal*, vol. 26, núm. 3, septiembre de 1983 (nota de investigación), pp. 546–552, y D.D. Van Fleet y A.G. Bedeian, "A history of the span of management", *Academy of Management Review*, vol. 2, núm. 3, julio de 1977, pp. 356–372.

USE FODA PARA EVALUAR FORTALEZAS Y DEBILIDADES EN LA VIDA LABORAL

Una técnica conocida como análisis de fortalezas (*strengths*), oportunidades (*opportunities*), debilidades (*weaknesses*) y amenazas (*threats*) (FODA) ayuda a las organizaciones a identificar sus capacidades y limitaciones internas, así como sucesos y tendencias significativos del entorno externo. La técnica FODA también puede ser útil para entender sus fortalezas y debilidades personales. La evaluación siguiente ofrece la oportunidad de comprender mejor el proceso de ese análisis y de identificar áreas de mejora en su disposición para una carrera presente o futura.

Su tarea

Haga dos listas: una de sus *fortalezas* y otra de sus *debilidades*. Juzgue elementos como fortalezas o debilidades según los conciba en relación con su carrera actual o la prevista a futuro. Por ejemplo, la creatividad podría ser más valorada en una carrera en marketing, mientras que la empatía podría ser más valorada en la administración de recursos humanos. Si tiene problemas para pensar en elementos o decidir cómo clasificarlos, hable con un amigo o compañero, o con alguien que lo conozca bien. Las ideas de ellos pueden ser útiles.

1. Liste lo siguiente como *fortalezas*:

   A) Experiencia de trabajo en un campo parecido o afín.

   B) Educación formal e informal. Esto debería incluir títulos obtenidos o esperados, así como cursos sin créditos y otro tipo de capacitación.

   C) Habilidades o conocimientos técnicos relacionados con su carrera. Esto podría abarcar, por ejemplo, el dominio de lenguajes de programación como empleado de IT o el conocimiento de procedimientos de auditoría como contador.

   D) Habilidades generales. Capacidades que son valoradas en casi cualquier puesto incluirían liderazgo, trabajo en equipo, comunicación y otras.

E) Características personales. Una vez más, la mayoría de las carreras demandan atributos individuales positivos como iniciativa, creatividad, seguridad, optimismo, autodisciplina, energía, capacidad para manejar el estrés, etcétera.

F) Habilidades de búsqueda de empleo. La capacidad para presentar una apariencia profesional, para formar redes, para asesorar a otros o ser asesorado, entre otras, son habilidades de búsqueda de empleo que podrían ser un bien en su carrera.

2. Liste lo siguiente como *debilidades*:

A) Falta de cualquiera de los elementos anteriores; por ejemplo, de experiencia de trabajo o título.

B) Áreas débiles o indeseables en relación con otros candidatos a puestos, como bajo promedio escolar o carrera universitaria no afín, habilidades débiles, pocos conocimientos técnicos o características negativas (es decir, poco autocontrol, o incapacidad para manejar críticas).

Elabore ahora dos listas más: una de oportunidades que podría tener, y otra de amenazas a su éxito. Juzgue también esta vez elementos como oportunidades y amenazas concibiéndolos en relación con su carrera actual o la prevista para el futuro. Por ejemplo, tener buenas calificaciones podría abrir oportunidades, mientras que tener problemas familiares podría ser una amenaza para sus planes profesionales. Si tiene dificultades para pensar en elementos o decidir cómo clasificarlos hable con un orientador, un compañero o alguien en el área que le podría interesar. Las ideas de ellos pueden ser útiles.

3. Liste lo siguiente como *oportunidades*:

A) Continuar sus estudios.

B) Desarrollar una nueva habilidad; por ejemplo, aprender una lengua extranjera o un programa de computación.

C) Viajar a destinos especiales, nacionales o extranjeros.

D) Aceptar una asignación nueva y desafiante.

E) Ofrecer sus servicios a una organización social o no lucrativa.

4. Liste lo siguiente como *amenazas*:

A) Obligaciones familiares imprevistas.

B) Cambio de tecnología en su campo.

Una vez que tenga las cuatro relaciones, evalúe cuidadosamente la importancia de cada una en función con las demás y considere cómo esa información podría ayudarle a desarrollar mejor sus planes profesionales.

IDENTIFIQUE HABILIDADES TÉCNICAS NECESARIAS EN DIFERENTES ORGANIZACIONES

Este ejercicio le ayudará a entender la importancia relativa de las habilidades técnicas en diferentes clases de organizaciones.

Algunos emprendedores tienen las capacidades técnicas que necesitan para abrir y dirigir exitosamente sus negocios. Por ejemplo, un estilista que abre un salón de belleza, una arquitecta que inicia un despacho de diseño de residencias, y un chef que lanza un nuevo restaurante tienen por igual las destrezas técnicas necesarias (cortar y peinar el cabello, hacer planos, cocinar) para hacer el trabajo de la empresa. En otros casos, el emprendedor puede tener habilidades directivas generales, pero en esencia podría "comprar" en el mercado laboral las capacidades técnicas requeridas. Por ejemplo, un emprendedor sin experiencia como cocinero podría iniciar un nuevo restaurante contratando a un chef profesional que dirija la cocina.

Su tarea

A continuación se muestran ejemplos de 10 pequeñas empresas que un emprendedor podría lanzar. Para ayudarse a contestar las preguntas que siguen, piense en compañías locales existentes que se ajusten a las descripciones generales.

- Tienda de ropa
- Montaje de clones de computadoras
- Taberna
- Tienda de tarjetas deportivas
- Operación de reciclamiento de aluminio
- Tienda de CD usados
- Clínica de servicios de salud
- Cafetería gourmet
- Operación de servicios a empresas
- Taller de reparación de electrodomésticos

1. ¿Qué habilidades técnicas específicas se requieren para cada empresa?
2. Para cada compañía, ¿es imperativo que el emprendedor posea realmente las habilidades técnicas requeridas, o es factible en cambio contratar a otros que cuenten con ellas?
3. ¿Cuáles son algunos de los principales factores que determinan la viabilidad de comprar habilidades técnicas en el mercado de trabajo?

IMPACTO DE LA ESTRATEGIA ORGANIZACIONAL EN LA ESTRUCTURA

En este ejercicio se le pedirá desarrollar habilidades técnicas relacionadas con la comprensión del impacto de la estrategia de una empresa en la estructura de esta.

Supongamos que es gerente de una empresa que ha desarrollado una nueva línea innovadora de ropa deportiva, como Under Armour®. Si no está familiarizado con Under Armour, visite la página en www.uabiz.com e infórmese acerca del producto.

Su tarea

Usando la información sobre estrategia dada en cada una de las siguientes preguntas y sus conocimientos del producto Under Armour, A) elija la forma apropiada de estructura organizacional en cada una de las cinco condiciones y B) explique cómo cada estrategia influyó en su elección de diseño organizacional.

1. ¿Cuál sería la organización más apropiada para Under Armour si su estrategia de nivel corporativo fuera seguir produciendo una línea limitada de artículos muy similares para su venta en Estados Unidos?
2. Si su estrategia corporativa fuera seguir fabricando sólo su producto original pero venderlo en Asia y Europa tanto como en América del Norte, ¿cuál sería la mejor organización para Under Armour?
3. ¿Cuál sería la organización más adecuada para la empresa si su estrategia de nivel corporativo fuera incursionar en áreas afines, usando las innovaciones desarrolladas en el diseño de sus telas de manejo de calor para ayudar a diseñar otros productos, como cortinas bloqueadoras de calor o trajes de seguridad para bomberos?
4. Si su estrategia corporativa fuera usar su experiencia en innovaciones de telas para incursionar en otras áreas, como diseño de prendas de vestir, ¿cuál sería la organización más adecuada para Under Armour?
5. ¿Cuál sería la organización más apropiada para la compañía si su estrategia de nivel corporativo fuera usar los fondos generados por sus ventas de ropa a efecto de financiar incursiones en varias industrias de otro tipo?

SUS PROBLEMAS

Este ejercicio le ayudará a perfeccionar sus habilidades técnicas centrándose en problemas específicos reales.

Su tarea

1. *Miembros individuales de la clase.* Piense en problemas asociados con el trabajo que tiene o que tuvo en el pasado reciente. ¿Hablar con sus compañeros de uno de esos problemas sería (o podría haber sido) de posible valor para usted? De ser así, ¿para qué problema habría sido más beneficiosa esa conversación?

    A) Escriba en una hoja su problema. Concentre su atención en él. Podría ser el más urgente, el más interesante o el único del que puede hablar sin revelar problemas.

    B) Los mejores problemas para conversar podrían no ser los más complicados o los más simples. Más bien, son aquellos para los que puede hacerse algo. ¿El problema que seleccionó se puede resolver realmente, o es "siempre un problema, pase lo que pase"?

    C) ¿Qué tipo de problemática es?

    MARQUE UNO: ___ ¿De dinero? ___ ¿Con personas? ___ ¿Técnico?

    MARQUE UNO: ___ ¿Personal? ___ ¿Organizacional?

    D) Su profesor pedirá levantar la mano para contestar cada una de las seis posibles combinaciones de problemas:

	Personal	Organizacional
De dinero		
De personas		
Técnico		

2. *Grupos pequeños.* Usando las cinco clasificaciones anteriores, formen grupos pequeños con interesados en conversar acerca de los mismos tipos de problemas. Intenten hacer que estos conjuntos sean aproximadamente de igual tamaño.

    A) Los miembros del grupo deberán presentarse con los demás y por escrito compartir después sus problemas. El grupo elegirá luego uno de los problemas para conversar al respecto.

    B) El grupo deberá formular o reformular cuidadosamente el problema, generar algunos medios opcionales para enfrentarlo y elegir después una solución. Un integrante del grupo deberá estar preparado para compartir esto con la clase.

3. *Clase entera.* La clase volverá a reunirse para permitir que cada grupo pequeño presente los resultados de su conversación. Una vez que todos los grupos hayan expuesto, la clase seleccionará un problema para comentarlo en plenaria.

USE SUS HABILIDADES TÉCNICAS

PERRIER SIGUE A FLOTE

La historia de Perrier tiene numerosos incidentes. Al principio hizo un esfuerzo por desarrollar un spa en el manantial naturalmente carbonatado de Vergeze, Francia. Pese a su popularidad general, no fue un éxito comercial. Tampoco lo fueron los esfuerzos por embotellar esa agua como una bebida saludable. Entonces apareció el inglés A.W. St. John Harmsworth. Él le compró el manantial a Louis Perrier a principios del siglo xx (y de ahí su nombre oficial, Source Perrier). Hacia la década de 1930, la compañía ya vendía casi 20 millones de botellas al año. En 1992, Perrier solo era superada por BSN como productor global de agua embotellada bajo marcas como Arrowhead, Calistoga, Contrex, Great Bear, Poland Spring, Vichy, Volvic y, desde luego, Perrier.

Adaptarse a gustos cambiantes del consumidor y otros factores ambientales es fuente de orgullo en Perrier, y ha resultado esencial muchas veces. Por ejemplo, en 1990 se descubrió benceno en la marca de agua embotellada Perrier. La compañía retiró pronto todo este producto (no solo el agua que se sabía que estaba contaminada), descubrió y resolvió la problemática (un filtro sucio) y volvió a ubicarlo en las tiendas en menos de tres meses. Aunque este parece un periodo corto para un empeño tan grande, es mucho tiempo en mercadotecnia, y los competidores se apresuraron a ocupar el espacio en anaqueles, con la esperanza de apoderarse de la participación de mercado de esa marca. Muchos clientes de Perrier cambiaron simplemente a otras marcas de la compañía, y otros se fueron con los competidores. Motivada a proteger su imagen de distribuir únicamente agua pura de manantial, consolidó marcas y gastó sumas enormes en publicidad para relanzar la marca Perrier. Estaba empeñada en proteger su imagen de distribuir solo agua pura de manantial, y pensaba que el público seguiría motivado a comprar la famosa bebida de botella verde.

Algunos opinaron que Perrier exageró retirando su marca de los estantes y que nunca podría recuperarse de la ausencia del artículo durante ese periodo. La empresa replicó que su porqué fue demostrar la dedicación a sus clientes en el suministro de nada menos que el producto más puro. Ambas visiones podrían ser correctas, por supuesto, pero Perrier sufrió daños, y en consecuencia fue adquirida por Nestlé. En 2004 estalló una crisis cuando el grupo Nestlé anunció un plan de reestructuración para Perrier. Luego, en 2005, un tribunal ordenó a esta detener la reestructuración por no haber consultado adecuadamente a su personal. No obstante, la recuperación ocurrió. En 2010 Nestlé Waters reportó un fuerte crecimiento de sus marcas S. Pellegrino, Perrier y Contrex.

Preguntas del caso

Vea en línea

1. ¿Cuál es la utilidad de una conciencia de habilidades técnicas para comprender las condiciones de Perrier?

2. ¿Qué habilidades técnicas particulares parecen emplearse en Perrier?

3. Si estuviera interesado en un puesto en la empresa Perrier (o en Nestlé Waters), ¿cómo se prepararía para tener las capacidades técnicas requeridas para el éxito?

4. ¿Cree que sus habilidades serían compatibles con un trabajo en Perrier? ¿Por qué sí o no? Si no fueran compatibles pero quisiera que sí, ¿qué haría para cambiar sus destrezas?

Referencias del caso

"Strong first-quarter sales, full-year outlook confirmed", Nestlé Press Release, 22 de abril de 2010 www.nestle.com/MediaCenter/PressReleases/AllPressReleases/Q1results2010.htm; Richard Tomlinson, "Troubled Waters at Perrier", *Fortune*, 29 de noviembre de 2004; "Review/Preview: A Quickened Tempo in 1992 Dealmaking", *Mergers & Acquisitions*, 1 de mayo de 1992, p. 7; Gary Hoover, Alta Campbell, Alan Chai y Patrick J. Spain, Eds., Hoover's *Handbook of World Business* 1992, Austin, Texas, The Reference press, 1992, p. 288; Patricia Sellers, "Perrier Plots Its Comeback", *Fortune*, 23 de abril de 1990, pp. 277–278; Daniel Seligman, "Keeping Up", *Fortune*, 12 de marzo de 1990, p. 139 y Daniel Butler, "Perrier's Painful Period", *Management Today*, agosto de 1990, pp. 72–73.

OPERACIONES RESTAURANTERAS

Red Lobster y Olive Garden son dos de las más exitosas cadenas de restaurantes de Estados Unidos. La primera se especializa en mariscos y ha existido desde 1968. Fue adquirida por General Mills en 1970 y esta lanzó Olive Garden en 1982.

Las operaciones restauranteras de éxito comienzan con las materias primas. Red Lobster compra millones de toneladas de mariscos al año en el mundo entero. Una cantidad de estos, como es el caso de los camarones, se envían a una planta en St. Petersburg, Florida, donde se procesa, se congela rápidamente y se empaca. Otros, como el pez espada, se mandan frescos directamente a almacenes en todo el país. Estos almacenes envían después productos frescos y congelados a restaurantes de Red Lobster en todo Estados Unidos. Este sistema garantiza calidad en el proceso al tiempo que se ahorra más de 25 centavos por libra (453 g) sobre los costos promedio de otros restaurantes de mariscos. Los de Olive Garden adoptan un método aún más simple, elaborando pastas en cada sede. Al utilizar materiales preenvasados pero mezclando la pasta a diario en cada restaurante, sus costos son alrededor de 40 centavos por libra, contra 55 centavos de cada libra de pasta preparada.

Cada noche, los gerentes de los restaurantes predicen sus ventas del día siguiente usando cifras del mismo día de la semana anterior y el año pasado. Los ingredientes necesarios para atender a ese número de personas se sacan entonces de los congeladores y refrigeradores, y las órdenes de trabajo se preparan a efecto de tener los platillos apropiados listos para comenzar el día siguiente. Prediciendo la afluencia de clientes con el uso de datos históricos precisos, tanto Red Lobster como Olive Garden son también capaces de programar más eficientemente a sus empleados. Como la mayoría de los restaurantes, dependen en gran medida de plantilla laboral de medio tiempo, y por lo tanto tienen considerable flexibilidad respecto de los niveles de personal diarios.

La preparación y presentación están también muy estandarizadas en cada restaurante Red Lobster y Olive Garden. Una langosta de una libra, por ejemplo, debe cocerse al vapor exactamente 10 minutos. Estas normas, desarrolladas en cocinas de prueba de las oficinas centrales, garantizan que los alimentos estén preparados siempre de la misma manera. Tienen diagramas que muestran exactamente cómo debe disponerse la comida en cada plato, y hasta la colocación del perejil. Estos diagramas se diseñan para que las porciones parezcan más grandes, y para mantener la uniformidad. Los directores portan termómetros de bolsillo para verificar en el acto la temperatura de los alimentos. Por ejemplo, el café nunca se sirve a menos de 65 grados Celsius, mientras que las ensaladas están siempre por debajo de los 4 grados. Una alteración indica que la cocina esta retrasada, que un mesero es demasiado lento, o que hay un problema en los hornos.

General Mills se desprendió de su sector de restaurantes en 1995, como parte de Darden Restaurants. En 2008, pese a las malas condiciones económicas, Darden vio aumentar sus ingresos. Analistas financieros ven a esta empresa como una de las mejor operadas de la industria restaurantera. Esto se notó cuando el desastroso derrame de petróleo en el Golfo de México amenazó la pesca, y ejecutivos de Darden indicaron que mantenían más de una fuente de abastecimiento para resolver tales emergencias.

Preguntas del caso

1. ¿Qué habilidades técnicas se manifiestan en las operaciones de estos restaurantes?

2. "Aunque ciertos conocimientos técnicos son específicos del ramo restaurantero, las habilidades técnicas pueden transferirse de cualquier área." Comente este enunciado.

3. ¿Ha trabajado o comido en alguna ocasión en un Red Lobster u Olive Garden? ¿Hay elementos de dirección de operaciones que recuerde de su experiencia?

4. Si le interesara un puesto en uno de los restaurantes de Darden, ¿sus destrezas serían compatibles? ¿Qué debe hacer para obtener las habilidades técnicas requeridas para el éxito?

Vea en línea

Referencias del caso

Melissa Nelson, "Oil spill shuts down 19 percent of Gulf fishing", *BusinessWeek*, 18 de mayo de 2010, http://www.businessweek.com/ap/financialnews/D9FPHIK84.htm; Yuval Rosenberg, "A stock to stomach tough times", *Fortune*, 9 de enero de 2009 http://money.cnn.com/2009/01/09/magazines/fortune/investing/investor_daily.fortune/index.htm; "Dinnerhouse Technology", *Forbes*, 8 de julio de 1991, pp. 98-99; "Burritos, Anyone?", *Forbes*, 18 de marzo de 1991, pp. 52–56; "Cafe Au Lait, a Croissant—and Trix", *BusinessWeek*, 24 de agosto de 1992, pp. 50–51.

EXTIENDA SUS HABILIDADES TÉCNICAS

Su profesor puede usar una o varias de estas extensiones para el grupo a efecto de brindarle otra oportunidad para desarrollar sus habilidades técnicas. Por otro lado, usted puede seguir desarrollándolas individualmente mediante una o varias de las extensiones personales.

Las extensiones grupales se repiten exactamente de la misma forma para cada una de las siete habilidades específicas. Desarrollar la extensión exacta para las distintas capacidades le servirá para perfeccionar tanto estas como las diferencias sutiles que existen entre sí.

EXTENSIONES PARA EL GRUPO

- Forme equipos pequeños de estudiantes. Solicite a cada uno que escoja una organización y un puesto directivo. Después pídales que identifiquen las habilidades técnicas que necesitaría alguien en ese puesto.

- Arme equipos pequeños de alumnos. Indique a cada equipo que identifique un problema o una oportunidad que afronte una empresa u otra organización. Después pídales que señalen las habilidades técnicas que necesitarán los directores para lidiar con ese problema u oportunidad.

- Forme equipos pequeños de estudiantes. Asigne a cada equipo una o varias compañías que deberán analizar. Indíqueles que identifiquen a los miembros que constituyen el consejo directivo e investiguen sus antecedentes. Después solicite que describan las habilidades técnicas que estos consejeros deben tener.

- Arme equipos pequeños de alumnos. Pida a cada conjunto que escoja un puesto laboral común (por ejemplo, vendedor de tienda minorista, empleado de negocio de comida rápida). Pídale que describa las habilidades técnicas que ese trabajador debe tener para desempeñarse en su empleo.

- Forme equipos pequeños de alumnos. Indique a los estudiantes que esbocen las habilidades técnicas que necesitarían si fueran a iniciar un tipo específico de negocio nuevo.

- Arme equipos pequeños de estudiantes. Solicite a cada uno que señale situaciones en las que se hayan encontrado recientemente y que hayan requerido de sus habilidades técnicas.

EXTENSIONES INDIVIDUALES

- Acuda a la biblioteca e investigue una compañía. Determine su grado de eficacia y señale las habilidades técnicas que deben tener sus directores de nivel alto. Comparta sus resultados con el grupo.

- Escoja a un director que sea muy visible y analice sus habilidades técnicas.

- Entreviste a un gerente de una organización local. Averigüe qué habilidades técnicas necesita a efecto de desempeñar con eficacia su trabajo.

- Piense en algún conocido suyo que sea directivo. Describa el puesto administrativo que ocupa por cuanto se refiere al tipo de organización, el nivel que tiene en esta, y el área gerencial en la que trabaja. ¿Qué capacidades técnicas necesita para ser eficaz?

- Concentrándose en las habilidades técnicas, planifique un cambio hipotético para su escuela.

- Busque en internet ejemplos de habilidades técnicas en la dirección y compare lo que encuentre con la información presentada aquí.

EXTENDER

- Albert Einstein, el físico ganador del Premio Nobel, dijo supuestamente: "La preocupación por el hombre y su destino debe ser siempre el principal interés en todos los empeños técnicos. Nunca olvides esto en medio de tus diagramas y ecuaciones". ¿Cuál es la lección directiva que transmite esta cita?

SUS HABILIDADES TÉCNICAS ACTUALES

EVALUACIÓN DE SUS HABILIDADES TÉCNICAS

Ha terminado el capítulo 9 y llegado el momento de volver a evaluar sus habilidades técnicas. Para ello, conteste el instrumento siguiente. Piense en su situación o su empleo actuales, o en una organización a la cual pertenece. Responda pensando en su circunstancia presente y no en lo que supone que deberían contestar usted o cualquier administrador o director. Si el enunciado no corresponde a su situación actual, responda en función de lo que piensa que sería el caso si estuviese en esa circunstancia.

Use la escala siguiente para responder:

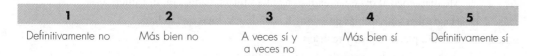

1	2	3	4	5
Definitivamente no	Más bien no	A veces sí y a veces no	Más bien sí	Definitivamente sí

Sume sus puntos y anote el total en la tabla que presentamos al final del instrumento.

Dado que muchos expertos sugieren que las evaluaciones del desempeño usen la retroalimentación de 360°, usted quizá considere conveniente saber lo que otros piensan de sus habilidades para dirigir. Su profesor puede proporcionarle una forma que está diseñada para que contesten otros y, cuando la hayan respondido, usted deberá anotar esas calificaciones en la tabla. Fíjese en las áreas en las que existe gran diferencia entre su visión y la de otros y dedique más tiempo a desarrollar las habilidades que ellos indican.

HABILIDADES TÉCNICAS

[Nota: los números corresponden a los de la evaluación básica que presenta el apéndice A.]

_____ 1. Logro muchas cosas.

_____ 2. Participo activamente en el desarrollo personal.

_____ 3. Soy capaz de coordinar tareas.

_____ 4. Soy capaz de utilizar eficientemente los recursos disponibles (personas, materiales, equipo, etcétera).

_____ 5. Los demás me consultan problemas y preguntas técnicos.

_____ 6. Soy confiable.

_____ 7. Estoy decidido a triunfar.

_____ 8. Soy por lo habitual una persona llena de energía.

_____ 9. Soy bueno para los números.

_____ 10. Me interesa el éxito en mi carrera.

_____ 11. Estoy al tanto de mis socios y de lo que debe hacerse.

_____ 12. No estoy satisfecho con el desempeño promedio.

_____ 13. Estoy dispuesto a ser flexible en la ejecución del trabajo.

_____ 14. Estoy en disposición de hacer lo necesario para triunfar.

_____ 15. Estoy dispuesto a mantenerme en un problema hasta que se resuelva.

_____ 16. Estoy fuertemente motivado a "cumplir con mi deber".

_____ 17. Analizo rápidamente la información financiera.

_____ 18. Puedo ajustar mis metas/actividades sin sentirme frustrado.

_____ 19. Puedo identificar las partes importantes de presupuestos y estados financieros.

_____ 20. Puedo leer y entender información financiera u otra de índole cuantitativa.

_____ 21. Puedo usar información estadística y cuantitativa cuando es necesario.

_____ 22. Vigilo atentamente los gastos.

_____ 23. Desarrollo planes completos y detallados.

_____ 24. Me gustan las actividades que me obligan a aprender cosas nuevas.

_____ 25. Me agrada mejorar cosas.

_____ 26. Establezco procedimientos efectivos y eficientes para llevar a cabo las actividades.

_____ 27. Establezco normas de desempeño para quienes pertenecen a mi organización.

_____ 28. Manejo muy bien los detalles.

_____ 29. Tengo mucho autocontrol.

_____ 30. Tengo normas muy altas para mí y para los demás.

_____ 31. Me mantengo al día en adelantos técnicos relacionados con mis intereses.

_____ 32. Hago saber a los demás qué estoy haciendo y lo bien que lo hago.

_____ 33. Elaboro planes claros y realistas.

_____ 34. Prefiero el cambio gradual al cambio súbito.

_____ 35. Leo material sobre mis tareas presentes y futuras.

_____ 36. Me adapto fácilmente a nuevas iniciativas.

_____ 37. Busco retroalimentación sobre lo que hago.

_____ 38. Rara vez dejo sin terminar un trabajo.

_____ 39. Me fijo metas de aprendizaje específicas.

_____ 40. Pugno por la excelencia en todo lo que hago.

_____ 41. Pugno por la alta calidad en mi trabajo.

_____ 42. Tiendo a mantenerme al tanto de información sobre mis tareas.

_____ 43. Tiendo a no olvidarme de los problemas hasta que se resuelven.

_____ 44. Suelo utilizar métodos probados y comprobados.

_____ 45. Trato de no desperdiciar recursos.

_____ 46. Intento estar preparado siempre.

_____ 47. Trato de mejorar mis conocimientos y habilidades.

_____ 48. Intento persistir en una tarea aun si encuentro dificultades inesperadas.

_____ 49. Trato de mantenerme ocupado todo el tiempo.

_____ 50. Sé qué debe hacerse.

Resumen de sus calificaciones

Habilidad (calificación máxima posible)	Su calificación actual	Las calificaciones de otros	Su calificación en el capítulo 1
Técnicas (250)			

Interpretación de sus calificaciones

Compare su calificación con la que obtuvo en la evaluación inicial del capítulo 1. Si su calificación ha mejorado poco o nada, debería estudiar el mismo conjunto de incisos de la **evaluación de las habilidades para administrar** del capítulo 1 y comparar cada uno de ellos para saber dónde ha habido un cambio o no. Debe dedicar más tiempo a desarrollar las capacidades particulares en las que el cambio ha disminuido o permanecido igual.

INTERPRETACIONES

CUESTIONARIO PBP (PUNTAJE DE BASES DE PODER)

No hay alguna interpretación adicional. Los totales por columna indican el grado en que se usa cada base de poder. Un puntaje alto significa que la base de poder se usa más. Puede comparar sus puntajes con los de una muestra nacional de directivos, pero recuerde que esos no necesariamente representan mejores resultados.

DEFINICIÓN DE CALIDAD Y PRODUCTIVIDAD

Los elementos de número impar se refieren a las ocho dimensiones de la calidad y son ciertos. Estas son: desempeño, características, confiabilidad, conformidad, durabilidad, servicio, estética y calidad percibida. Los elementos de número par son falsos.

    Debería tener respuestas positivas para los elementos de número impar, y negativas para los elementos pares. Si estuvo totalmente de acuerdo con los impares y por completo en desacuerdo con los de número par, su puntaje total sería de cero.

    ¿Qué elementos contestó incorrectamente? Concéntrese en saber por qué las respuestas son como son. La American Society for Quality Control define la calidad como la serie total de rasgos y características de un producto o servicio dotadas de capacidad para satisfacer necesidades explícitas o implícitas de los clientes.

COMPRENSIÓN DEL CONTROL

Los elementos de número impar son falsos y los pares, ciertos. Debería tener respuestas positivas para los elementos de número par, y negativas para los impares. Si estuvo totalmente de acuerdo con todos los elementos pares y por completo en desacuerdo con todos los de número impar, su puntaje total sería igual a cero.

    ¿Qué elementos contestó incorrectamente? Concéntrese en saber por qué las respuestas son como son.

¿ESTÁ TÉCNICAMENTE ORIENTADO?

Los estudios sugieren que algunas personas están más técnicamente orientadas que otras. Es decir, resuelven problemas sistemáticamente, trabajan mejor con ideas secuenciales y gustan de resolver problemas de manera lógica. Esto está en contraste con las personas que resuelven problemas en forma intuitiva.

INTERPRETAR

La columna I mide su preferencia percibida por usar funciones intuitivas. La columna II mide su predilección percibida por usar funciones técnicas. Un alto puntaje en la columna II indica que está técnicamente orientado. Por ejemplo, quizá seas más efectivo en las actividades de planeación y operaciones de la dirección que en el aspecto intuitivo, creativo o de relaciones humanas administrativas.

NOTAS

[1] *Fortune*, 2 de mayo de 2011, p. 53.

[2] "To Shed Idled Workers, Ford Offers to Foot Bill for College", *The Wall Street Journal*, 18 de enero de 2006, pp. B1 y B3; "GM's Employees Buyout Offer", *Fast Company*, mayo de 2006, p. 58.

[3] Belverd E. Needles, Jr., Marian Powers y Susan Crosson, *Principles of Accounting*, 11a ed., Cincinnati, Cengage Learning, 2012.

[4] "At Disney, String of Weak Cartoons Leads to Cost Cuts", *The Wall Street Journal*, 18 de junio de 2002, pp. A1 y A6.

[5] *Bloomberg BusinessWeek*, 20–26 de febrero de 2012, p. 72.

[6] Needles, Powers y Crosson, *Principles of Accounting*.

[7] "Mickey Mouse, CPA", *Forbes*, 10 de marzo de 1997, pp. 42–43.

[8] Hay numerosos textos disponibles que explican y resumen procedimientos técnicos de planeación y decisión. Una referencia especialmente buena es David Anderson, Dennis Sweeney, Thomas Williams, Jeffrey Camm, James Cochran, Michael Fry y Jeffrey Ohlmann, *Quantitative Methods for Business*, 12a ed., Cincinnati, Cengage Learning, 2013.

[9] *Bloomberg BusinessWeek*, 27 de febrero–4 de marzo de 2012, p. 48.

CAPÍTULO

10

TRANSICIÓN DE LA DIRECCIÓN AL LIDERAZGO

© iStockphoto.com/kali9

A lo largo de este libro hemos enfatizado las habilidades directivas. Ahora es momento de indicar cómo puede usarlas para ir más allá de la dirigencia y ser un líder. Este capítulo se centra en apoyarlo en la comprensión del liderazgo y en desarrollar sus capacidades en este tema. Comenzaremos examinando las diferencias entre dirigir y liderar, y después proporcionaremos material detallado para que aprenda más acerca de liderar y liderazgo. Tras la sección del texto hay varios casos y ejercicios para ayudarlo a desarrollar y dominar más esas habilidades.

EVALÚE SUS HABILIDADES DE LIDERAZGO

¿QUÉ TAN CARISMÁTICO ES USTED?

Los líderes carismáticos parecen capaces de influir con facilidad a otros. Articulan una visión, muestran interés en los demás, tienen altas expectativas y crean grupos u organizaciones de alto desempeño. La siguiente autoevaluación brinda una medición de su potencial carismático.

Instrucciones:

Los siguientes enunciados se refieren a características que podría tener. Lea atentamente cada uno y decida en qué grado se aplican a usted. Luego escriba ese número en el espacio provisto.

Escala de calificación

5 = En muy alto grado
4 = En grado considerable
3 = En grado moderado
2 = En grado ligero
1 = En escaso o nulo grado

_____ 1. Mis amigos me dicen que debería ser actor.

_____ 2. Me siento seguro en mi trabajo y en situaciones sociales.

_____ 3. Me encanta el teatro.

_____ 4. Cuando oigo música, comienzo a llevar el ritmo.

_____ 5. A menudo soy el centro de atención en actos sociales.

_____ 6. Por lo general intento vestirme para causar impacto o crear una impresión favorable.

_____ 7. Cuando hablo con amigos podría abrazarlos o tocarlos.

_____ 8. Soy abierto y curioso, interesado en muchas cosas.

_____ 9. Mis amigos me cuentan sus problemas y me piden consejos.

_____ 10. Soy generalmente asertivo.

_____ 11. Tiendo a ser socialmente libre y auténtico.

_____ 12. Mis amigos esperan de mí que tome la iniciativa en la mayoría de las situaciones.

_____ 13. Trato de entender los puntos de vista y conducta de los demás antes que criticarlos.

_____ 14. Intento hablar de forma que no lastime a los demás.

_____ 15. Puedo interaccionar fácilmente con personas de todas las edades y sexos.

_____ 16. Tengo un buen sentido del humor.

_____ 17. Me distingo por respuestas rápidas y humorísticas.

_____ 18. Sonrío fácilmente y mucho.

Puntuación:

EE	*Total de elementos 4-6*	_____	**SE**	*Total de elementos 16-18*	_____
ES	*Total de elementos 7-9*	_____	**SS**	*Total de elementos 13-15*	_____
EC	*Total de elementos 1-3*	_____	**SC**	*Total de elementos 10-12*	_____
Total	*Total de todos los elementos*				

Fuentes: Adaptado de Ronald E. Riggio, 15 de febrero de 2010, "Charisma: What is it? Do you have it? Cutting-Edge Leadership", en línea en www.psychologytoday.com/blog/cutting-edge-leadership/201002/charisma-what-is-it-do-yóu-have-it (visitado el 18 de enero de 2012); Gary Yukl, *Leadership in Organizations*, 8a ed., Upper Saddle River, Nueva Jersey, Pearson Education, Inc., 2013; Howard S. Friedman, "How Charismatic Are You?", O, *The Oprah Magazine*, 2010, en línea en www.oprah.com/spirit/How-Charismatic-Are-You (visitado el 17 de enero de 2012) y Henrik Edberg, "How to Be Charismatic: 7 Powerful Tips from the Mentalist", 2009, en línea en www.positivityblog.com/index.php/2009/03/20/how-to-be-charismatic-7-powerful-tips-from-the-mentalist/ (visitado el 17 de enero de 2012).

Vea las interpretaciones al final del capítulo.

CUESTIONARIO SOBRE EL COMPORTAMIENTO DEL LÍDER DIRECTIVO

El liderazgo se reconoce ahora como una serie de características que es importante que todos los ejecutivos desarrollen en una organización. La siguiente evaluación sondea las prácticas o creencias que usted aplicaría en una función gerencial, es decir su liderazgo directivo.

Instrucciones:

Los siguientes enunciados se refieren a diferentes formas en las que podría comportarse en una función de liderazgo directivo. Para cada enunciado indique cómo se comporta o cómo cree que se comportaría. Describirse podría ser difícil en algunos casos, pero debe obligarse a hacer una elección. Registre sus respuestas junto a cada enunciado de acuerdo con la escala que se presenta a continuación:

<u>*Escala de calificación*</u>

5 = Muy descriptivo de mí
4 = Bastante descriptivo de mí
3 = Algo descriptivo de mí
2 = No muy descriptivo de mí
1 = En absoluto descriptivo de mí

_____ 1. Enfatizo la importancia del desempeño y aliento a todos a hacer su máximo esfuerzo.

_____ 2. Soy amable, comprensivo y considerado con los demás.

_____ 3. Ofrezco consejos útiles a otros sobre cómo avanzar en su carrera y los animo a desarrollar sus habilidades.

_____ 4. Estimulo el entusiasmo del grupo por el trabajo y digo cosas para reforzar su seguridad.

_____ 5. Brindo elogios y reconocimientos apropiados por un desempeño eficaz y muestro aprecio por esfuerzos y contribuciones especiales.

_____ 6. Recompenso el desempeño eficaz con beneficios tangibles.

_____ 7. Informo a las personas sobre sus deberes y responsabilidades, aclaro reglas y políticas y les hago saber lo que se espera de ellas.

_____ 8. Sea solo o con otros, establezco metas de desempeño específicas y desafiantes, aunque realistas.

_____ 9. Proporciono toda la capacitación y coaching necesarios o dispongo que otros lo hagan.

_____ 10. Mantengo informados a todos sobre decisiones, eventos y acontecimientos que afectan sus actividades.

_____ 11. Consulto a los demás antes de tomar decisiones relacionadas con el trabajo.

_____ 12. Delego responsabilidades y autoridad a otros y les concedo discrecionalidad para determinar cómo hacer sus labores.

_____ 13. Planeo cómo organizar y programar de modo eficiente el trabajo.

EVALUAR

_____ 14. Busco oportunidades diferentes que el grupo pueda explotar, propongo proyectos nuevos y ofrezco ideas innovadoras.

_____ 15. Emprendo acciones prontas y decididas para enfrentar problemas serios y perturbaciones de trabajo.

_____ 16. Suministro a mis subordinados las provisiones, equipo, servicios de apoyo y otros recursos necesarios para laborar con efectividad.

_____ 17. Me mantengo informado sobre las actividades del grupo y verifico su desempeño.

_____ 18. Me mantengo enterado acerca de sucesos externos con implicaciones importantes para el grupo.

_____ 19. Promuevo y defiendo los intereses del grupo y emprendo acciones apropiadas para obtener los recursos necesarios para él.

_____ 20. Enfatizo el trabajo en equipo e intento promover la cooperación, la cohesión y la identificación con el grupo.

_____ 21. Desaliento peleas y críticas innecesarias dentro del grupo y ayudo a resolver en forma constructiva conflictos y desacuerdos.

_____ 22. Critico actos específicos inaceptables, busco cosas positivas qué decir y doy a las personas la oportunidad de ofrecer explicaciones.

_____ 23. Emprendo acciones disciplinarias apropiadas para enfrentar a quien infringe una regla, desobedece una orden o tiene un desempeño sistemáticamente bajo.

Fuente: Reproducido de David D. Van Fleet y Gary A. Yukl, _Military Leadership: An Organizational Behavior Perspective_, pp. 38–39. © 1986, con autorización de Elsevier Science.

Vea las interpretaciones al final del capítulo.

 ENTRE EN Griffin/VanFleet Assessment Library para ver las versiones en línea de esta evaluación y otras más.*

_____

*Este material se encuentra disponible en inglés.

APRENDA ACERCA DE LAS HABILIDADES DE LIDERAZGO

Nuestra atención principal en este libro ha estado en la dirección y las habilidades que los gerentes o directores necesitan para ser más efectivos. Sin embargo, muchos también quieren llegar más lejos de esas habilidades, y desarrollar sus capacidades como líderes. Este capítulo ofrece una

introducción al liderazgo y puede servir seguramente como una transición efectiva a la reflexión sobre cómo pasar de la dirección a este. El **liderazgo** es tanto un proceso como una propiedad. Como proceso, es decir, a centrarse en lo que los líderes realmente hacen, es el uso de una influencia no coercitiva para determinar las metas del grupo u organización, motivar la conducta hacia el cumplimiento de esas metas y ayudar a definir la cultura grupal u organizacional.[1] Como propiedad, es la serie de características atribuidas a individuos percibidos como líderes. Así, los **líderes** son personas que pueden influir en las conductas de otros sin tener que recurrir a la fuerza, o a personas a las que los demás aceptan como líderes.

DIFERENCIAS ENTRE DIRIGIR Y LIDERAR

Con base en estas definiciones, debería estar claro que liderazgo y dirección están relacionados, pero no son lo mismo. Una persona puede ser un director, un líder, ambas cosas o ninguna.[2] La *tabla 10.1* resume algunas de las diferencias básicas entre dirección y liderazgo. Las dos columnas muestran cómo cada elemento difiere cuando se le considera desde el punto de vista ya sea de la dirección o del liderazgo. Por ejemplo, al ejecutar planes, los gerentes se centran en monitorear resultados, compararlos con las metas y corregir desviaciones. En contraste, el líder se centra en energizar a las personas para que venzan obstáculos burocráticos al cumplimiento de sus metas.

Las organizaciones necesitan tanto dirección como liderazgo para ser efectivas. Este es necesario para crear cambio, y aquélla se requiere para alcanzar resultados ordenados. La dirección en unificación con el liderazgo puede producir un cambio ordenado, y este en conjunción con aquella puede mantener a la organización apropiadamente alineada con su entorno. Quizá parte de la razón de que la compensación de los ejecutivos se haya disparado en años recientes es la creencia de que las habilidades gerenciales y de liderazgo reflejan una crucial pero rara combinación que puede conducir al éxito organizacional.

liderazgo (como proceso) usar la influencia de uno, sin recurrir a la coacción, para dar forma a las metas del grupo o la organización, motivar la conducta requerida para alcanzar esas metas, y ayudar a definir la cultura grupal o de la compañía

liderazgo (como propiedad) conjunto de características que se atribuyen a personas que son percibidas como líderes

líderes personas que influyen en la conducta de otros sin tener que recurrir a la fuerza, o individuos que otras personas aceptan como tales

TABLA 10.1 DISTINCIONES ENTRE DIRECCIÓN Y LIDERAZGO

Actividad	Dirección	Liderazgo
Crear una agenda	*Planear y presupuestar* Establecer pasos y calendarios detallados para alcanzar los resultados requeridos; asignar los recursos necesarios para hacer realidad esos resultados	*Establecer dirección* Desarrollar una visión del futuro, a menudo del futuro distante, y estrategias para producir los cambios necesarios para cumplir esa visión
Desarrollar una red humana para cumplir la agenda	*Organizar y dotar de personal* Establecer determinada estructura de puestos y niveles para cumplir los requerimientos del plan, dotar de personal a esa estructura con individuos, delegar responsabilidades y autoridad para realizar el plan, brindar políticas y procedimientos para ayudar a guiar a la gente, y crear métodos o sistemas para monitorear la implementación	*Alinear a las personas* Comunicar la dirección con palabras y hechos a todos aquellos cuya cooperación podría ser necesaria para influir en la creación de equipos y coaliciones que comprendan las visiones y estrategias y acepten su validez
Ejecutar planes	*Controlar y resolver problemas* Monitorear resultados versus planeación en cierto detalle, identificar desviaciones y después planear y organizar para resolver estos problemas	*Motivar e inspirar* Energizar a las personas para que venzan importantes barreras políticas, burocráticas y de recursos satisfaciendo las muy básicas, pero a menudo incumplidas, necesidades humanas
Resultados	Produce cierto grado de predictibilidad y orden además de tener el potencial de producir resultados sistemáticamente mejores a los esperados por diversos grupos de interés (por ejemplo, para los clientes, siempre terminar a tiempo; para los accionistas, cumplir el presupuesto)	Produce cambio, con frecuencia en un grado drástico, y tiene el potencial de producir como resultado un cambio extremadamente útil (por ejemplo, nuevos artículos que los clientes quieren o, nuevos enfoques de las relaciones laborales que ayuden a volver más competitiva a una empresa más competitiva)

Fuente: Reproducido con autorización de The Free Press, división de Simon & Schuster Adult Publishing Group, a partir de *A Force for Change: How Leadership Differs from Management*, de John P. Kotter. Copyright © 1990 por John P. Kotter, Inc.

COMPRENSIÓN DE LOS ELEMENTOS BÁSICOS DEL LIDERAZGO

Para comprender plenamente el liderazgo, es necesario comenzar con el concepto de poder. También es conveniente examinar algunos de los primeros enfoques del poder.

Poder y liderazgo

Poder es la aptitud para afectar la conducta de otros. Una persona puede tener poder sin realmente usarlo. Por ejemplo, un entrenador de futbol lo tiene para dejar en la banca a un jugador que no se desempeña a la par de sus compañeros. El entrenador rara vez usa este poder, porque los jugadores reconocen que este existe y se esfuerzan por conservar sus posiciones iniciales. En ámbitos organizacionales, hay usualmente cinco tipos de poder: poder legítimo, para incentivar, coercitivo, referente y experto.[3]

Poder legítimo El poder legítimo es el que se otorga mediante la jerarquía organizacional; lo define la empresa por cederlo a las personas que ocupan un puesto particular. Un director puede asignar tareas a un subordinado, y si este se niega a hacerlas puede ser reprendido, o incluso despedido. Tales resultados se derivan del poder legítimo del directivo definido y otorgado a él por la organización. El poder legítimo, entonces, es sinónimo de autoridad. Todos los gerentes tienen esta clase de poder sobre sus subalternos. La mera posesión de poder legítimo, sin embargo, no convierte a alguien en líder. Por ejemplo, algunos subordinados solo siguen órdenes estrictamente sujetas a la letra de las reglas y políticas organizacionales. Si se les pide hacer algo que no está en su descripción de puesto, se niegan o hacen un mal trabajo. El gerente de tales empleados ejerce poder, pero no autoridad.

Poder para incentivar El poder para incentivar es la facultad de dar o retener recompensas o compensaciones. Los incentivos que un director puede controlar incluyen aumentos salariales, bonos, recomendaciones de ascenso, elogios, reconocimiento y asignaciones de trabajo interesantes. En general, cuanto mayor es el número de recompensas que controla y más importantes son estas para sus subordinados, mayor es el poder de incentivar de ese líder. Si el empleado ve como valiosas solo las recompensas organizacionales formales provistas por el gerente o directivo, este no es un líder. Si el subalterno también desea y aprecia los premios informales de la gerencia, como elogios, gratitud y reconocimiento, entonces el gerente o director también ejerce liderazgo.

poder capacidad para afectar la conducta de otros

poder legítimo poder que ha definido la organización que debe ser otorgado a las personas que ocupan un puesto particular en la estructura organizacional

poder para incentivar el que permite dar o no dar incentivos o premios

APRENDER

(Nótese que el uso efectivo del poder de incentivar también requiere el uso de habilidades diagnósticas, como se explicó en el capítulo 6.)

Poder coercitivo El poder coercitivo es el poder ejercido para obligar el cumplimiento por medio de la amenaza psicológica, emocional o física. En el pasado, la coerción física en las organizaciones era relativamente común. En la mayoría de las organizaciones actuales, sin embargo, la coerción se limita a reprimendas verbales, reprimendas escritas, ceses disciplinarios, sanciones, destitución y despido. Algunos gerentes pueden ocasionalmente usar el abuso verbal, la humillación y la coerción psicológica en un intento por manipular a sus subordinados. (La mayoría de la gente coincidiría en que esas no son conductas directivas apropiadas.) James Dutt, legendario exdirector general de Beatrice Company, comentó una vez a un subordinado que si su esposa y su familia este se interponían en su afán de trabajar 24 horas al día los siete días de la semana, debía deshacerse de ellos.[4] Cuanto más punitivos sean los elementos bajo control de un gerente y más importantes sean para sus subordinados, más poder coercitivo posee ese directivo. Por otro lado, cuanto más usa un director ese poder coercitivo, es más probable que provoque resentimiento y hostilidad, y menos probable que sea visto como un líder.[5]

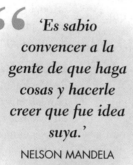

© Jupiterimages

Poder de referencia En comparación con el poder legítimo, de recompensas o premios, y coercitivo, los cuales son relativamente concretos y se fundan en facetas objetivas de la vida organizacional, el poder de referencia es abstracto. Se basa en la identificación, imitación, lealtad o carisma. Los seguidores podrían reaccionar favorablemente porque se identifican de alguna manera con un líder, quien podría ser como ellos en personalidad, formación o actitudes. En otras situaciones, los seguidores podrían optar por imitar a uno con poder de referencia usando el mismo tipo de ropa, trabajando las mismas horas o abrazando la misma filosofía directiva. Este poder puede también adoptar la forma de carisma, un atributo intangible del líder que inspira lealtad y entusiasmo. Así, un director podría tener poder de referencia, pero es más probable que este sea asociado con el liderazgo.

Poder de experto El poder de experto se deriva de la información o experiencia. Un director que sabe cómo

> *'Es sabio convencer a la gente de que haga cosas y hacerle creer que fue idea suya.'*
>
> NELSON MANDELA
> Expresidente
> de Sudáfrica[6]

© Time, julio 21, 2008, p. 46.

interaccionarcon un cliente excéntrico pero importante, un científico capaz de alcanzar un importante adelanto técnico tecnológico con el que ninguna otra compañía ha soñado y un asistente administrativo que sabe cómo aclarar el papeleo burocrático, tiene ese poder de experto sobre quien necesite tal información. Mientras más importante sea esta y menos personas tengan acceso a ella, mayor será el grado de poder de experto de un individuo. En general, las personas que son tanto líderes como directores tienden a tener mucho poder de esta clase.

Uso del poder ¿Cómo usa el poder un director o líder? Varios enfoques son posibles.[7] El más simple es la *solicitud legítima*, que se basa en el poder legítimo. El gerente solicita que el subordinado cumpla porque el subordinado reconoce que la organización le ha dado a aquél el derecho de hacer esa solicitud. La mayoría de las interacciones diarias entre directivo y subalterno son de este tipo. Otro uso del poder es el *cumplimiento fundamental* y se basa en la teoría del reforzamiento de la motivación. En esta forma de intercambio, un subordinado cumple para obtener el premio que el director controla. Supongamos que un gerente pide a un empleado hacer algo fuera de la gama de sus deberes normales, como trabajar horas extra el fin de semana, finiquitar una relación con un antiguo comprador o transmitir una mala noticia. El subordinado cumple y, como consecuencia directa, cosecha elogios y un bono. La siguiente vez que se le solicite realizar una actividad similar, el subalterno reconocerá que el cumplimiento será fundamental en la obtención de más recompensas. De ahí que la base instrumental sea aclarar importantes contingencias de premios al desempeño.

Un director usa *coerción* cuando sugiere o da a entender que el subordinado será castigado, despedido o reprendido si no hace algo. La *persuasión racional* ocurre cuando el director puede convencer al subordinado de que el cumplimiento está en el mejor interés de este. Por ejemplo, un gerente podría alegar que debe aceptar una transferencia porque sería buena para la carrera del subalterno. En cierto sentido, la

---

poder coercitivo poder para obligar al cumplimiento recurriendo a las amenazas psicológicas, emocionales o físicas

poder de referencia el que se basa en la identificación, la imitación, la lealtad y el carisma

poder de experto el que se deriva de la información o la experiencia

persuasión racional es como el poder de los premios, salvo que el ejecutivo en realidad no controla la recompensa.

Otra forma en que un gerente puede usar el poder es por medio de la *identificación personal*. Un director que reconoce que tiene poder referente sobre un subordinado puede determinar la conducta de este adoptando conductas deseables: el directivo se vuelve conscientemente un modelo para el subalterno y explota la identificación personal. A veces un gerente puede inducir a un empleado a hacer algo congruente con una serie de ideas o valores elevados mediante la *apelación inspiracional*. Por ejemplo, una petición de lealtad representa una de estas apelaciones. El poder de referencia tiene una función en determinar el grado en el que un recurso de esta clase es exitoso, porque su efectividad depende al menos en parte de las aptitudes persuasivas del líder.

Un método dudoso de usar el poder es mediante la distorsión de la información. El director retiene o distorsiona información para influir en la conducta de sus subordinados. Por ejemplo, si un gerente acepta que todos participen en la elección de un nuevo miembro del grupo pero subsecuentemente encuentra a un individuo al que en realidad prefiere, podría retener algunas de las acreditaciones de otros candidatos calificados a efecto de que el miembro deseado sea seleccionado. Este uso del poder es peligroso. Podría ser poco ético, y si los subalternos descubren que el director los ha engañado deliberadamente, perderán seguridad y confianza en su liderazgo.[8]

Rasgos del liderazgo

El primer enfoque del estudio del liderazgo analizó los rasgos personales, psicológicos y físicos de los líderes fuertes. Este enfoque suponía que existía algún atributo básico o una serie de estos que diferenciaba a los líderes de los que no lo eran. Si esos rasgos podían definirse, identificaría a líderes potenciales. Los investigadores pensaban que el liderazgo podría incluir inteligencia, asertividad, una estatura superior al promedio, buen vocabulario, atractivo, seguridad en uno mismo y atributos similares.[9]

Durante la primera mitad del siglo XX, se realizaron cientos de estudios en un intento por identificar importantes rasgos de liderazgo. En la mayoría de los casos, los resultados de esos estudios fueron decepcionantes. Por cada serie de líderes que poseían un rasgo en común, se encontró también una larga lista de excepciones, y el listado de características sugeridas se volvió pronto tan largo que tenía escaso valor práctico. Explicaciones alternativas existían por lo habitual incluso para relaciones entre rasgos y liderazgo las cuales parecieron válidas inicialmente. Por ejemplo, los investigadores observaron que muchos líderes tienen buenas habilidades de comunicación y son asertivos. Sin embargo, más que ser causa de liderazgo esos atributos, líderes exitosos podrían comenzar a mostrarlos después de haber alcanzado una posición directiva o de guía.

Aunque la mayoría de los investigadores renunciaron a tratar de identificar peculiaridades como predictores de aptitud para el liderazgo, muchas personas siguen adoptando, explícita o implícitamente, una orientación a los rasgos.[10] Por ejemplo, los políticos suelen ser elegidos con base en su apariencia personal, capacidad de oratoria o un aura de seguridad en sí mismos. Además, características como la honestidad y la integridad bien podrían ser atributos fundamentales de liderazgo que sirven a un propósito importante. La inteligencia también parece desempeñar una función significativa.[11]

Conductas del liderazgo

Motivados por su falta de éxito en la identificación de rasgos de liderazgo útiles, los investigadores empezaron pronto a estudiar otras variables, especialmente las conductas o acciones de los líderes. La nueva hipótesis fue que, por alguna razón, los ejecutivos efectivos se comportaban de modo diferente que líderes menos efectivos. Así, la meta fue desarrollar una mejor comprensión de las conductas del liderazgo.

Estudios de Michigan Investigadores de la Universidad de Michigan, dirigidos por Rensis Likert, comenzaron a estudiar el tema a finales de la década de 1940.[12] Con base en extensas entrevistas tanto con líderes (directores) como con seguidores (subordinados), esta investigación identificó dos formas básicas de conducta del líder: centrada en el trabajo y centrada en los empleados. Los gerentes que utilizan la **conducta del líder centrada en el trabajo** prestan mucha atención a las actividades de sus subalternos, explican procedimientos de trabajo y están vivamente interesados en el desempeño. Los que usan la **conducta del líder centrada en los empleados** se interesan en desarrollar un grupo laboral cohesionado y en asegurar que los empleados estén satisfechos con sus puestos. Su preocupación principal es el bienestar de sus subordinados. Estos dos estilos de conducta de liderazgo se suponen presentes en los extremos de un mismo continuo. Aunque esto sugiere que los líderes podrían ser extremadamente centrados en el trabajo, en extremo centrados en los empleados o ubicarse en un punto intermedio, Likert estudió sólo los dos estilos extremos, por su contraste. Argumentó que la conducta centrada en los trabajadores tiende por lo habitual a ser más efectiva.

Estudios de Ohio State Casi al mismo tiempo en que Likert iniciaba sus estudios acerca del liderazgo en la Universidad de Michigan, un grupo de investigadores de la Ohio State University también comenzó a investigar el tema.[13] Las extensas encuestas con amplios cuestionarios realizadas durante los estudios de Ohio State también sugirieron

conducta del líder centrada en el trabajo la que presta atención estrecha al trabajo de los subordinados, les explica los procedimientos laborales y siente profundo interés por el desempeño de estos

conducta del líder centrada en los empleados la de quien está interesado en crear un grupo de trabajo cohesionado y se asegura de que los empleados estén satisfechos con sus trabajos

FIGURA 10.1 EL GRID GERENCIAL

El grid gerencial es un método para evaluar estilos de liderazgo. El objetivo general de una organización empresa que la utiliza es capacitar a sus directores en la aplicación de técnicas de desarrollo organizacional simultáneamente más interesadas en las personas y en la producción (estilo 9.9 en el grid).

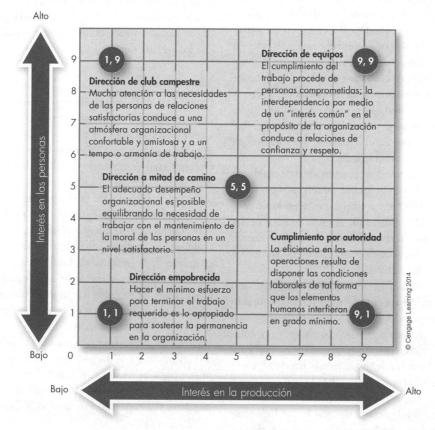

que hay dos conductas o estilos básicos del líder: la conducta de estructura inicial y la conducta de consideración.

Cuando se usa la **conducta de estructura inicial**, el líder define claramente la función líder-subordinado para que todos sepan qué se espera, establece líneas formales de comunicación y determina cómo se ejecutarán las tareas. Los líderes que usan la **conducta considerada** muestran interés en sus subordinados y tratan de establecer un clima cordial, amable y comprensivo. Las conductas identificadas en Ohio State son similares a las descritas en Michigan, pero hay diferencias importantes. Una de estas es que los investigadores de Ohio State no interpretaron como unidimensional la conducta del líder; cada conducta fue supuesta como independiente de la otra. Entonces, de modo presumible un líder podía exhibir niveles variables de iniciación de estructuras y, al mismo tiempo, niveles variables de consideración.

Al principio, los estudiosos de Ohio State pensaron que los líderes que mostraban niveles altos de ambas conductas tenderían a ser más efectivos que otros. Sin embargo, un estudio en International Harvester (ahora Navistar International) sugirió un patrón más complicado.[14] Quienes investigaban descubrieron que los empleados de supervisores con altas

calificaciones en estructuras que iniciaban eran de alto rendimiento pero expresaban niveles de satisfacción bajos y tenían un elevado índice de ausentismo. A la inversa, los de supervisores con altas calificaciones en consideración tenían bajos puntajes de desempeño pero niveles de satisfacción altos y pocas ausencias laborales. Estudios posteriores aislaron otras variables que dificultan la predicción sistemática, y determinaron que también ocurrían influencias situacionales. (Este conjunto de investigaciones se estudiará en la sección sobre enfoques situacionales del liderazgo.)[15]

Grid gerencial Un enfoque conductual más del liderazgo es la cuadrícula del liderazgo.[16] Inicialmente llamada cuadrícula gerencial, ofrece un medio para evaluar estilos de este y capacitar después a los directores para que se orienten hacia un estilo ideal de conducta. Esta cuadrícula se muestra en la *figura 10.1*. El

conducta de estructura inicial la que define con claridad la función del líder-subordinado de modo que todos sepan lo que se espera de él, que implanta líneas formales de comunicación y que establece cómo serán desempeñadas las tareas

conducta considerada exhibir interés por los subordinados y tratar de establecer un clima cálido, amigable y solidario

eje horizontal representa interés en la producción (similar a la conducta centrada en el trabajo y la de estructura inicial), y el eje vertical representa interés en las personas (similar a la conducta centrada en los empleados y la conducta considerada). Adviértanse los cinco extremos de la conducta directiva: el director 1, 1 (dirección empobrecida), quien exhibe mínimo interés tanto en la producción como en las personas; el 9, 1 (cumplimiento por autoridad), quien se interesa mucho en la producción pero exhibe poco interés en los individuos; el 1, 9 (dirección de club campestre), quien tiene los intereses exactamente contrarios a los del director 9, 1; el 5, 5 (dirección a mitad de camino), quien mantiene un interés adecuado tanto en las personas como en la producción, y el 9, 9 (dirección de equipos), que exhibe máximo interés tanto en los individuos como en la producción.

De acuerdo con este enfoque, el estilo ideal de conducta directiva es el 9, 9. Existe un programa de seis fases para ayudar a los gerentes o directores a alcanzar este estilo de conducta. A.G. Edwards, Westinghouse, la FAA, Equicor y otras compañías han usado con razonable éxito el grid gerencial. Sin embargo, existen pocas evidencias científicas publicadas acerca de su verdadera efectividad.

Las teorías de la conducta del líder han desempeñado una importante función en el desarrollo del pensamiento contemporáneo acerca del liderazgo. En particular, nos exhortan a no ocuparnos de qué son los líderes (el enfoque de rasgos), sino a concentrarnos en qué hacen (sus conductas). De modo lamentable, estas teorías hacen también prescripciones genéricas universales sobre lo que constituye el liderazgo efectivo. Sin embargo, cuando tratamos con sistemas sociales complejos compuestos por individuos también multifactoriales, pocas relaciones, si es que hay alguna, son consistentemente predecibles, y ninguna es una fórmula para el éxito infalible. Aun así, con la esperanza de hallar una prescripción confiable de liderazgo efectivo los teóricos de la conducta trataron de identificar relaciones sistemáticas entre conductas del líder y respuestas de los empleados. Como cabía esperar, a menudo fracasaron. Por lo tanto, ello hizo necesario otros métodos para comprender el liderazgo. El catalizador de estos nuevos enfoques fue la constatación de que aunque dimensiones interpersonales y orientadas a tareas podían ser útiles para describir la conducta de los líderes, no lo eran para predecirla o prescribirla. El paso siguiente en la evolución de la teoría del liderazgo fue la creación de modelos situacionales.

interés por la producción conducta similar a la que se centra en el trabajo o la que inicia una estructura

interés por las personas conducta similar a la que se centra en los empleados o la que exhibe consideración por ellos

teoría CMP la primera teoría del liderazgo verdaderamente situacional; dice que el estilo de conducta del líder refleja su personalidad y que la mayor parte de las personalidades caben en una de dos categorías: la del que por naturaleza se orienta a las tareas o la del que se orienta a las relaciones

medida del compañero menos preferido (CMP) instrumento que sirve para medir las tendencias de la conducta de un líder

COMPRENSIÓN DE LOS ENFOQUES SITUACIONALES DEL LIDERAZGO

Los modelos situacionales suponen que la conducta apropiada del líder varía de una circunstancia a otra. La meta de una teoría respecto de esas circunstancias, entonces, es identificar factores situacionales clave y especificar cómo interaccionan para determinar la conducta apropiada del líder.

Teoría CMP

La teoría CMP, desarrollada por Fred Fiedler, fue la primera teoría del liderazgo genuinamente situacional.[17] Como se explicará más adelante, CMP significa "compañero menos preferido". Partiendo de un enfoque de rasgos y conductual combinado, Fiedler identificó dos estilos de liderazgo: orientado a tareas (análogo a la conducta centrada en el trabajo y de estructuras iniciales) y orientado a relaciones (similar a la conducta centrada en los empleados y de consideración). Llegó más allá de los enfoques conductuales previos sosteniendo que el estilo de comportamiento es reflejo de la personalidad del líder, y que la mayoría de las personalidades se dividen en dos categorías: orientada a tareas, o bien, orientada a relaciones por naturaleza. Fiedler mide el estilo de liderazgo por medio de un controvertido cuestionario llamado medida del compañero menos preferido (CMP). Para usar esta medida, se le pide a un director o líder describir al individuo específico con el que menos puede trabajar, es decir, el CMP, llenando una serie de 16 escalas ancladas en cada extremo por un adjetivo positivo o negativo. Por ejemplo, 3 de las 16 escalas son:

Útil	8 7 6 5 4 3 2 1	Frustrante
Tenso	8 7 6 5 4 3 2 1	Relajado
Aburrido	8 7 6 5 4 3 2 1	Interesante

El puntaje de CMP del líder se calcula entonces sumando los números bajo la línea marcada en cada escala. Nótese que en estos tres ejemplos los números más altos se asocian con cualidades positivas (útil, relajado e interesante), mientras que las cualidades negativas (frustrante, tenso y aburrido) tienen valores bajos. Un puntaje total alto refleja supuestamente una orientación a relaciones, y un puntaje bajo, una orientación a tareas de parte del líder. La medida CMP es controvertida porque los investigadores discrepan acerca de su validez. Algunos cuestionan qué exactamente refleja una medida CMP y si el puntaje es un índice de conducta, personalidad u otro factor.[18]

APRENDER

Carácter favorable de la situación El supuesto subyacente de los modelos situacionales del liderazgo es que la conducta apropiada del líder varía de una circunstancia a otra. De acuerdo con Fiedler, el factor situacional clave es el carácter favorable de la situación desde el punto de vista del líder. Este factor se determina por las relaciones líder-miembros, la estructura de la tarea y el poder de la posición. Las *relaciones líder-miembros* se refieren a la naturaleza de la relación entre el líder y el grupo de trabajo. Si estos tienen un alto grado de confianza, respeto y seguridad mutuos, y si se agradan unos y otros, se supone que las relaciones son buenas. Si hay poca seguridad, respeto o confianza,

y si no se agradan unos y otros, las relaciones son malas. Naturalmente, las buenas relaciones son más favorables.

La *estructura de tareas* es el grado en que la actividad del grupo está debidamente definida. Una tarea estructurada es rutinaria, fácil de entender e inequívoca, y el grupo tiene procedimientos estándar y precedentes en los cuales apoyarse para ejecutarla. Una tarea no estructurada no es rutinaria, sino ambigua y compleja, sin procedimientos o precedentes estándar. Como puede verse, un alto grado de estructura es más favorable para el líder, mientras que uno bajo lo es menos. Por ejemplo, si la tarea no es estructurada, el grupo no sabrá qué hacer y aquél tendrá que desempeñar una función más importante en la orientación y la dirección de sus actividades. Si lo es, el líder no tendrá que involucrarse tanto y podrá dedicar tiempo a actividades no supervisoras.

El *poder de la posición* es el conferido al puesto del líder. Si este tiene facultad para asignar trabajo y premiar o castigar a los empleados, se supone que el poder de la posición es fuerte. Pero si debe hacer que se aprueben asignaciones laborales por alguien más y no administra incentivos y penalizaciones, el poder de la posición es débil, y es más difícil cumplir metas. Desde el punto de vista del líder, un poder de posición fuerte es evidentemente preferible a uno endeble. Sin embargo, el poder de la posición no es tan importante como la estructura de la tarea y las relaciones líder-miembros.

Carácter favorable y estilo del líder Fiedler y sus colegas realizaron numerosos estudios en los que vincularon lo favorable de varias situaciones con el estilo del líder y la efectividad del grupo.[19] Los resultados de esos estudios, así como el marco general de la teoría, se muestran en la *figura 10.2.* Para interpretar este modelo, examine primero los factores

FIGURA 10.2 LA TEORÍA CMP DEL LIDERAZGO

La teoría CMP (compañero menos preferido) del liderazgo de Fiedler sugiere que la conducta apropiada del líder varía en función de lo favorable de la situación. Este carácter favorable se define a su vez por la estructura de la tarea, las relaciones líder-miembros y el poder de la posición del primero. De acuerdo con la teoría CMP, las situaciones más y menos favorables demandan un liderazgo orientado a tareas, mientras que circunstancias moderadamente favorables sugieren la necesidad de un liderazgo orientado a relaciones.

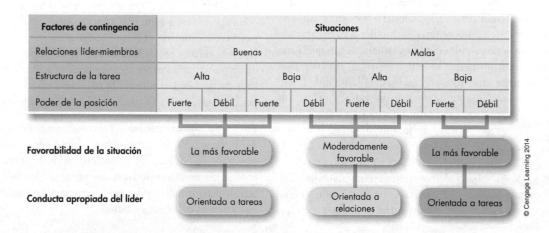

© Cengage Learning 2014

situacionales en la parte superior de la figura. Buenas o malas relaciones líder-miembros, alta o baja estructura de la tarea y fuerte o débil poder de posición del primero pueden combinarse para dar seis situaciones particulares. Por ejemplo, buenas relaciones líder-miembros, alta estructura de la tarea y fuerte poder de posición del líder (en el extremo izquierdo) definen presumiblemente la situación más favorable. Por el contrario, malas relaciones líder-miembros, baja estructura de la tarea y débil poder del primero (extremo derecho) son las menos favorables. Las otras combinaciones reflejan niveles intermedios de aceptación.

Tanto el grado de aceptación como la forma de la conducta del líder a los cuales se descubrió más estrechamente asociados con un efectivo desempeño grupal para esas situaciones aparecen debajo de cada serie de situaciones. Cuando la circunstancia es la más y menos favorable, Fiedler determinó que un líder orientado a tareas es el más efectivo. Sin embargo, cuando la situación es solo moderadamente favorable, se predice que uno orientado a relaciones es el más efectivo.

Flexibilidad del estilo del líder Fiedler argumentó que, para cualquier individuo dado, el estilo de liderazgo es esencialmente fijo y no puede cambiar; los líderes no pueden modificar su conducta para ajustarla a una situación particular porque está vinculada con sus rasgos de personalidad particulares. Así, cuando el estilo de un líder y la situación no coinciden, él plantea que la situación debe transformarse para ajustarla al estilo. Cuando las relaciones líder-miembros son buenas, la estructura de la tarea es baja y el poder de posición se presenta débil, el estilo del líder con más probabilidades de ser efectivo es el orientado a relaciones. Si es orientado a tareas, existe un desajuste. De acuerdo con Fiedler, el líder puede volver más congruentes los elementos de la situación estructurando la tarea (por ejemplo desarrollando pautas y procedimientos) e incrementado el poder (solicitando autoridad adicional o por otro medio).

La teoría de contingencias de Fiedler ha sido atacada con base en varios argumentos. Los críticos alegan que 1) no siempre se confirma con investigaciones, 2) sus hallazgos están sujetos a otras interpretaciones, 3) la medida CMP carece de validez, y 4) sus supuestos sobre la inflexibilidad de la conducta del líder son poco realistas.[20] Sin embargo, la teoría de Fiedler fue una de las primeras en adoptar una perspectiva situacional sobre el liderazgo. Ha ayudado a muchos

> '*Escucho, pero tengo la última palabra. Entonces depende de mí hacer que funcione, para no perder mi credibilidad.*'
>
> RICHARD BRANSON
> fundador y director general
> de Virgin[21]"

teoría del liderazgo de la ruta-meta dice que las funciones principales de un líder son ofrecer incentivos valorados o deseados en el centro de trabajo y aclarar al subordinado las clases de conductas que lo llevarán a alcanzar las metas y aquellos valorados

directores o gerentes a reconocer los importantes factores situacionales que deben considerar en su función y ha fomentado reflexiones adicionales acerca de la naturaleza situacional del liderazgo. Además, Fiedler ha intentado abordar algunas de las preocupaciones respecto de su teoría revisándola y añadiéndole elementos como los recursos cognitivos.

Teoría de la ruta-meta

La teoría del liderazgo de la ruta-meta fue desarrollada por Martin Evans y Robert House.[22] Sugiere que las funciones primarias de un líder son volver disponibles en el trabajo recompensas valoradas o deseadas y aclarar a los subordinados los tipos de conducta que conducirán al cumplimiento de metas y recompensas valoradas. En otras palabras, el líder debe aclarar las rutas a la consecución de los objetivos.

Conducta del líder La versión más desarrollada de la teoría de la ruta-meta identifica cuatro clases de conducta del líder. La *conducta directiva del líder* deja saber a los subalternos qué se espera de ellos, da orientación y dirección, y programa el trabajo. La conducta comprensiva del líder consiste en ser amable y accesible, mostrar interés en el bienestar de los subordinados y tratar a los miembros como iguales. La *conducta participativa del líder* incluye consultar a los subalternos, solicitarles sugerencias y permitir su participación en la toma de decisiones. La conducta del *líder orientado a logros* significa fijar metas desafiantes, alentar a los subordinados, esperar que se desempeñen en niveles altos y mostrar confianza en sus aptitudes.

En contraste con la teoría de Fiedler, la de la ruta-meta supone que los líderes pueden cambiar su estilo o conducta para satisfacer las demandas de una situación particular. Por ejemplo, al topar con un nuevo grupo de subordinados y un proyecto novedoso, el líder puede ser directivo en el establecimiento de procedimientos de trabajo y la descripción de qué debe hacerse. Después, puede adoptar una conducta comprensiva para fomentar la cohesión grupal y un clima positivo. Conforme el grupo se familiariza con la tarea y enfrenta nuevos problemas, el líder puede exhibir una conducta participativa para estimular la motivación de los miembros del grupo. Por último, la conducta orientada a logros podría usarse para animar el alto desempeño continuo.

Factores situacionales Como otras teorías situacionales del liderazgo, la de la ruta-meta sugiere que el estilo apropiado del líder depende de factores relativos a las circunstancias. Se centra en los factores situacionales de las características personales de los subordinados y las características ambientales del lugar de trabajo.

FIGURA 10.3 MARCO DEL LIDERAZGO DE LA RUTA-META

La teoría del liderazgo de la ruta-meta sugiere que los directores pueden usar cuatro tipos de conducta de líder para aclarar las rutas de los subordinados al cumplimiento de metas. Tanto las características personales de estos como·las particularidades ambientales de la organización deben tomarse en cuenta al determinar qué estilo de liderazgo funcionará mejor para una situación particular.

Motivación de los subordinados para el desempeño

© Cengage Learning 2014

Importantes características personales incluyen la percepción de los subordinados acerca de sus aptitudes y el locus de control. Si los individuos perciben que carecen de capacidades, podrían preferir un liderazgo directivo que les ayude a comprender mejor las relaciones ruta-meta. No obstante, si se conciben como poseedores de muchas aptitudes, los empleados podrían resentir un liderazgo directivo. El locus de control es un rasgo de la personalidad. Los sujetos que tienen un locus interno de control creen que lo que les sucede está en función de sus esfuerzos y conducta. Quienes tienen un locus externo de control suponen que el destino, la suerte o "el sistema" determinan lo que les ocurre. Una persona con un locus interno podría preferir un liderazgo participativo, mientras que una con uno externo podría preferir un supervisor directivo. Los gerentes pueden hacer poco o nada por influir en las características individuales de sus subordinados, pero pueden determinar el entorno para aprovecharlas mediante, por ejemplo, el otorgamiento de recompensas y la estructuración de tareas.

Características ambientales incluyen factores fuera del control de los subalternos. La estructura de la tarea es uno de esos factores. Cuando la estructura es alta, el liderazgo directivo es menos eficaz que cuando es baja. Los empleados no suelen necesitar que sus jefes les digan repetidamente cómo hacer un trabajo rutinario. El sistema formal de autoridad es otra característica ambiental importante. De nueva cuenta, cuanto mayor sea el grado de formalidad, menos aceptarán los subordinados la conducta directiva del líder. La naturaleza del grupo laboral afecta asimismo la conducta apropiada de aquél. Cuando este conjunto brinda al empleado apoyo social y satisfacción, la conducta comprensiva es menos crucial. Cuando el trabajador no deriva apoyo social y satisfacción del grupo, puede recurrir al líder en busca de esa ayuda.

Mayor apoyo del liderazgo puede ser también un factor importante en momentos de cambio o en condiciones inusualmente estresantes. El marco básico ruta-meta ilustrado en la *figura 10.3* muestra que diferentes conductas del líder afectan la motivación de los subordinados para el desempeño. Características personales y ambientales se ven como definitorias de cuáles comportamientos llevan a qué resultados. La teoría del liderazgo de la ruta-meta es un modelo dinámico e incompleto. La intención original fue formularla en términos generales para que investigaciones futuras pudieran explorar varias interrelaciones y modificarla. Los estudios sugieren que es una descripción razonablemente buena del proceso del liderazgo. Futuras indagaciones en este campo deberían permitirnos descubrir más sobre el vínculo entre liderazgo y motivación.[23]

Enfoque del intercambio líder-miembros

Dado que el liderazgo es un área muy importante, directores e investigadores siguen estudiándolo y desarrollando nuevas ideas, teorías y perspectivas. El **modelo de liderazgo del intercambio líder-miembros (ILM)**, concebido por George Graen y Fred Dansereau, subraya la importancia de relaciones variables entre los supervisores y cada uno de sus subalternos.[24] Cada par superior-subordinado se llama "diada vertical". Este modelo difiere de métodos previos que se centran en las relaciones diferenciales que los líderes suelen establecer con subordinados distintos. La *figura 10.4* presenta los conceptos básicos de la teoría del intercambio líder-miembros.

Este modelo sugiere que los supervisores establecen una relación especial con un reducido número de subordinados de su confianza, llamados el "grupo interno". Este grupo suele recibir deberes especiales que requieren responsabilidad y

> **modelo de liderazgo del intercambio líder-miembros (ILM)**
> subraya la importancia de las relaciones variables que existen entre los supervisores y cada uno de sus subordinados

APRENDER

FIGURA 10.4 EL MODELO DEL INTERCAMBIO LÍDER-MIEMBROS (ILM)

El modelo ILM sugiere que los líderes forman particulares relaciones independientes con cada uno de sus subordinados. Como se ilustra aquí, un factor clave en la índole de esta asociación es si los individuos están en el grupo externo o el grupo interno del líder.

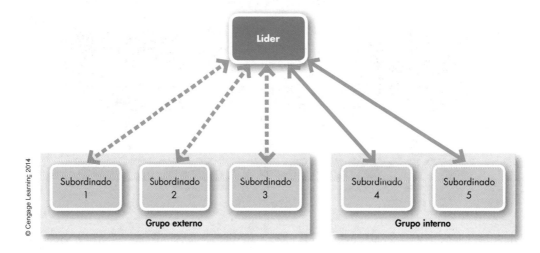

© Cengage Learning 2014

APRENDER

interno o de grupo externo. No es claro cómo selecciona un líder a los miembros del grupo interior, pero la decisión podría basarse en la compatibilidad personal y la competencia de los subordinados. Las investigaciones han confirmado la existencia de grupos internos y grupos externos. Además, estos estudios han descubierto por lo habitual que los miembros del grupo interno tienen un más alto nivel de desempeño y satisfacción que los miembros del grupo externo.[25]

COMPRENDA LAS PERSPECTIVAS AFINES SOBRE EL LIDERAZGO

Debido a su importancia para la efectividad organizacional, el liderazgo sigue siendo objeto de gran cantidad de investigaciones y nuevas teorías. Enfoques recientes que han atraído la atención son los conceptos de sustitutos del liderazgo y los liderazgos carismático, transformacional, intercultural y ético.[26]

Sustitutos del liderazgo

La concepción de sustitutos del liderazgo fue desarrollada porque los modelos y teorías existentes acerca de este no explican situaciones en las que no es necesario.[27] Los modelos existentes simplemente intentan especificar qué tipo de conductas del líder son apropiadas. Sin embargo, la noción de los sustitutos identifica situaciones en las que estas son neutralizadas o reemplazadas por características del subordinado, la tarea y la organización. Por ejemplo, cuando un

© Laurence Mouton

La teoría del intercambio líder-miembros sugiere que los líderes forman diferentes tipos de relaciones con subordinados distintos. Este líder, por ejemplo, parece estar más comprometido con la persona junto a él que con cualquiera de los otros dos individuos presentes.

autonomía; también pueden recibir privilegios especiales. Los subordinados que no forman parte de este grupo constituyen el "grupo externo", y reciben menos tiempo y atención del supervisor. Adviértase en la figura que el líder tiene una relación diádica, o uno a uno, con cada uno de los cinco subordinados.

Al principio de su interacción con un subordinado dado, inicia una relación de grupo

sustitutos del liderazgo identifica situaciones en las cuales las conductas de los líderes son neutralizadas o reemplazadas por características del subordinado, de la tarea y de la organización

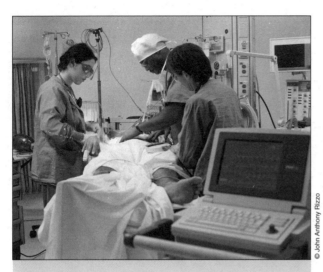

En algunos ámbitos, varios elementos pueden servir como sustitutos del liderazgo. Este equipo de sala de urgencias, por ejemplo, no tuvo que esperar instrucciones para ayudar al paciente, sino que supo iniciar el tratamiento de inmediato.

paciente llega a la sala de urgencias de un hospital, los profesionales de guardia no esperan a que un líder les diga qué hacer. Enfermeras, médicos y asistentes entran en acción sin esperar la conducta de líder directivo o supervisor de la sala de urgencias.

Características del subordinado que pueden servir para neutralizar la conducta del líder incluyen aptitud, experiencia, necesidad de independencia, orientación profesional e indiferencia a recompensas organizacionales. Por ejemplo, empleados con un alto nivel de aptitud y experiencia podrían no necesitar que se les diga qué hacer. De igual forma, la fuerte necesidad de independencia de un subordinado podría volver ineficaz la conducta del líder. Características de la tarea que podría sustituir el liderazgo incluyen rutina, disponibilidad de retroalimentación y satisfacción intrínseca. Cuando la actividad es rutinaria y simple, el subalterno podría no necesitar dirección. Cuando es desafiante e intrínsecamente satisfactoria, podría no requerir o desear el apoyo social de un líder.

Características organizacionales que pueden sustituir el liderazgo incluyen formalización, cohesión grupal, inflexibilidad y una estructura de recompensas rígida. El liderazgo podría no ser necesario cuando, por ejemplo, políticas y prácticas son formales e inflexibles. De igual modo, un recio sistema de recompensas podría despojar al líder de poder de recompensas y reducir por lo tanto la importancia de su función. Investigaciones preliminares han confirmado el concepto de sustitutos del liderazgo.[28]

Liderazgo carismático

El concepto de liderazgo carismático, como las teorías de los rasgos, supone que el carisma es una característica individual del líder. Carisma es una forma de atracción interpersonal que inspira apoyo y aceptación. Si todo lo demás funciona igual, entonces, alguien que tiene carisma tiene más probabilidades de ser capaz de influir en los demás que quien no lo tiene. Por ejemplo, un supervisor muy carismático tendrá más éxito en influir la conducta de sus subordinados que uno que carece de carisma. Así, la influencia es, de nueva cuenta, un elemento fundamental de esta perspectiva.

Robert House fue el primero en proponer una teoría del liderazgo carismático, basada en hallazgos de investigación de varias disciplinas de las ciencias sociales.[29] Su teoría sugiere que los líderes con esa particularidad tienen probabilidades de poseer mucha seguridad en sí mismos, una firme convicción en sus creencias e ideales y una fuerte necesidad de influir en los demás. También tienden a comunicar altas expectativas sobre el desempeño de sus seguidores y a expresar confianza en sus estos. Donald Trump es un excelente ejemplo de líder carismático. Aunque ha cometido su ración de errores y es percibido por lo habitual como apenas un director "promedio", muchas personas lo consideran una gran figura.

La mayoría de los expertos reconocen tres elementos de liderazgo carismático en las organizaciones.[30] Primero, el líder debe ser capaz de imaginar el futuro, fijar expectativas altas y modelar conductas congruentes con estas. Luego, el que tiene carisma debe energizar a otros mediante una demostración de entusiasmo personal, seguridad en sí mismo y patrones de éxito. Finalmente, esta clase de líder habilita a otros apoyándolos, empatizando con ellos y expresándoles confianza.[31]

Ideas del liderazgo carismático son hoy muy populares entre los directores, y objeto de numerosos libros y artículos. Por desgracia, se han intentado pocos estudios para probar específicamente el significado e impacto del tema. Hay también persistentes consideraciones éticas sobre el liderazgo carismático que preocupan a algunas personas. Por ejemplo, el presidente Bill Clinton fue un líder carismático. Pero algunos de sus críticos sostuvieron que ese mismo carisma hizo que sus partidarios ignoraran sus defectos y minimizaran algunas de sus indiscreciones. En contraste, el presidente George W. Bush no poseía un alto nivel de carisma, y esto pudo haber permitido a algunos críticos magnificar sus deficiencias.

liderazgo carismático presupone que el carisma es una característica personal del líder

carisma forma de atraer a otras personas, que inspira su apoyo y aceptación

© John Anthony Rizzo

© Anthony Correia/Shutterstock.com

APRENDER

Liderazgo transformacional

Otra perspectiva afín del liderazgo tiene varias designaciones: el liderazgo inspiracional, el simbólico y el transformacional. Nosotros usamos el término **liderazgo transformacional** y lo definimos como el que va más allá de las expectativas ordinarias al transmitir una noción de misión, estimular experiencias de aprendizaje e inspirar nuevas maneras de pensar.[32] A causa de la rapidez del cambio y de entornos turbulentos, los líderes transformacionales son considerados fundamentales para el éxito de negocios.[33]

Un popular artículo periodístico de amplia circulación identificó una vez siete claves del liderazgo de éxito: confiar en los subordinados, desarrollar una visión, mantener la calma, alentar el riesgo, ser un experto, alentar el desacuerdo y simplificar las cosas. Aunque esta lista fue resultado de un análisis simplista de la bibliografía sobre el liderazgo, es congruente con las premisas del transformacional. De igual modo son los recientes ejemplos citados como liderazgo efectivo. Tómese el caso de 3M. El nuevo director general de esta empresa se esfuerza en volverla más eficiente y rentable manteniendo al mismo tiempo su papel de liderazgo en la innovación de nuevos productos. También ha cambiado el sistema de recompensas y premios, revisado procedimientos y reestructurado la compañía entera. Hasta ahora, los analistas han aplaudido esos cambios.

Liderazgo intercultural

Otro enfoque nuevo del liderazgo se basa en cuestiones interculturales. En este contexto, la cultura se usa como un concepto amplio que abarca tanto diferencias internacionales como las debidas a la diversidad en el interior de una. Por ejemplo, cuando una empresa japonesa envía a un ejecutivo a dirigir las operaciones de la compañía en Estados Unidos, este deberá aclimatarse a las distinciones que existen entre los dos países y cambiar en consecuencia su estilo de liderazgo. La cultura de Japón se caracteriza por lo general por el colectivismo, mientras que la estadounidense se basa más en el individualismo. El director japonés, entonces, hallará necesario reconocer la importancia de las contribuciones y recompensas individuales, así como las diferencias en funciones individuales y grupales, que existen en empresas japonesas y estadounidenses.

De igual forma, factores interculturales desempeñan un creciente papel en las organizaciones a medida que su fuerza

> *'En cuanto llegué, dije que en 90 días tomaríamos algunas decisiones sobre la dirección de la organización.'*
>
> SANJAY JHA
> CEO de Motorola Mobility Holdings[34]

© Fortune, julio 4, 2011, p. 63.

de trabajo se vuelve cada vez más diversa. Por ejemplo, la mayoría de las investigaciones sobre el liderazgo se han efectuado con base en muestras o estudios de caso que involucran a líderes masculinos blancos, porque hasta fecha reciente la mayoría de los directores y cabezas de negocios eran, al menos en Estados Unidos, hombres con ese rasgo. Conforme más afroestadounidenses, mujeres y latinos alcanzan posiciones de liderazgo, podría ser necesario reevaluar qué tan aplicables son las teorías y modelos presentes acerca del tema cuando se aplican a un conjunto de líderes crecientemente diverso.

Liderazgo ético

La mayoría de los individuos ha supuesto desde hace mucho que los directores de nivel alto son personas éticas. Pero a resultas de escándalos corporativos recientes se ha cimbrado la fe en ellos. Quizá ahora más que nunca, normas de conducta ética elevadas se consideran prerrequisito para un liderazgo efectivo. En específico, se demanda a los altos ejecutivos mantener esa clase de lineamientos en su conducta, exhibir infaliblemente un comportamiento ético y sujetar a otros en su organización a esas mismas normas.

La sociedad escudriña más que nunca las conductas de los altos líderes, y los responsables de contratar a nuevos ejecutivos para una empresa examinan más de cerca, en perspectiva, los antecedentes de estos últimos. Las presiones emergentes por modelos de gobierno corporativo de mayor

© iStockphoto.com/kali9

El liderazgo intercultural se vuelve común de modo creciente en el mundo de negocios globales de hoy. Líderes de una cultura responsables de dirigir a personas de otras culturas deben empeñarse en comprender mejor cómo sus diferencias podrían afectar sus relaciones de trabajo.

APRENDER

firmeza harán probablemente incrementarse aún más el compromiso de seleccionar a individuos con altas normas éticas y de hacerlos más responsables que en el pasado tanto de sus acciones como de las consecuencias de estas.[35]

RESUMEN Y UNA MIRADA AL FUTURO

Después de leer y estudiar este capítulo, usted debe tener una mejor comprensión de las habilidades de liderazgo. Específicamente, debería reconocer y ser capaz de articular las diferencias fundamentales entre dirección y liderazgo. También estaría en posibilidad de comentar los elementos básicos de este, como poder y liderazgo, las perspectivas iniciales de rasgos sobre él y las conductas que lo incluyen.

Además, debería describir importantes enfoques situacionales respecto del tema, como la teoría CMP, la teoría de la ruta-meta y la perspectiva del intercambio líder-miembros. Por último, debería ser capaz de explicar perspectivas afines del liderazgo como sus sustitutos y los liderazgos carismático, transformacional, intercultural y ético.

El resto de este capítulo le dará oportunidades de continuar desarrollando y afinando sus habilidades de liderazgo. Por ejemplo, se le dirigirá a recursos en los que podrá visualizar habilidades al respecto tanto efectivas como menos efectivas. Secciones subsecuentes le brindarán varias oportunidades para que practique y explore esas capacidades desde perspectivas diferentes. El capítulo concluirá con datos adicionales de evaluación e interpretación.

VISUALICE SUS HABILIDADES DE LIDERAZGO

HABILIDADES DE LIDERAZGO EN ACCIÓN 1

Su tarea

Considere los dos videoclips BizFlix para este capítulo.

En *Good Company* (2004) se exponen las complejidades de las corporaciones estadounidenses. Una adquisición corporativa pone al ejecutivo estrella de publicidad Dan Foreman (Dennis Quaid) bajo las órdenes de un nuevo jefe, Carter Duryea (Topher Grace) quien tiene la mitad de su edad y quiere que este demuestre su valía como nuevo director de marketing de *Sports America*, la principal revista de Waterman Publishing. Carter aplica sus particulares enfoques mientras sale con la hija de Dan, Alex (Scarlett Johansson).

Friday Night Lights (2004) está basada en el libro de H.G. Bissinger sobre Odessa, Texas, y su pasión por los partidos nocturnos de futbol americano de la preparatoria en los viernes y los Permian High Panthers. El entrenador Gary Gaines (Billy Bob Thornton) lleva al equipo a las semifinales de 1988, donde debe competir con un equipo de jugadores mucho más corpulentos. Un rápido ritmo en las secuencias de futbol, y uno lento en las secuencias serias e introspectivas, dan a esta película muchos momentos excelentes.

Observe cómo se muestran las habilidades de liderazgo en estos dos videoclips.

1. El primero comienza cuando Carter Duryea entra a la oficina de Dan Foreman diciendo: "¡Dios mío, Dan! ¡Dios mío!". Mark Steckle (Clark Gregg) llega poco después. Mark está casi violentamente molesto y amenaza con dispararle a Dan. Luego de una interacción sumamente tensa, la secuencia termina cuando Carter pregunta: "¿Alguna idea?". Dan dice: "Una". ¿Qué habilidades de liderazgo sugieren las conductas de Mark y Carter?

2. El segundo empieza con una toma del entrenador Gaines y el equipo reunido a su alrededor durante el receso de medio tiempo. Gaines inicia su discurso diciendo: "Bueno, es muy simple. Les quedan otros dos cuartos y eso es todo". Termina después de que les dice: "Chicos, tengo muchas esperanzas. Tengo muchas esperanzas". ¿Qué habilidades de liderazgo son evidentes en el manejo de esta situación por Gaines?

VISUALIZAR

HABILIDADES DE LIDERAZGO EN ACCIÓN 2

Este ejercicio le dará la oportunidad de reflexionar en las habilidades de liderazgo que podrían estar implicadas en puestos directivos en su futuro.

Su tarea

1. Piense en las habilidades de liderazgo y trate de identificar una escena que ilustre un uso positivo o efectivo de esas habilidades en una película, un programa de televisión o un video en YouTube.

2. Ahora haga lo mismo en relación con una escena que ilustre un uso negativo o ineficaz de esas mismas habilidades.

Comparta sus resultados con el grupo y explique cómo el uso positivo y negativo de habilidades de liderazgo se muestra en cada videoclip. Asimismo, sugiera cómo la situación negativa habría podido cambiar para bien.

PRACTIQUE SUS HABILIDADES DE LIDERAZGO

HAGA UN DIBUJO DEL LIDERAZGO

Este ejercicio le dará la oportunidad de ver cómo su concepción de un líder o del liderazgo se compara con la de otros compañeros de su grupo.

Su tarea

1. Piense en el liderazgo y lo que ese término le transmite.

2. Ahora haga un dibujo del "liderazgo". Elabore en una hoja alguna ilustración de lo que este significa para usted. No se espera que sea un artista, así que si lo requiere utilice figuras de calcomanías o símbolos para transmitir sus impresiones.

3. Su profesor revisará sus dibujos y señalará patrones o semejanzas. El grupo comentará estos patrones y lo que sugieren sobre su concepción del liderazgo.

ANALICE EL ESTILO DE LIDERAZGO

Este ejercicio le ayudará a desarrollar un marco conceptual del liderazgo y la dirección. Aunque son lo mismo en algunos sentidos, con más frecuencia son diferentes.

La mayoría de las conductas directivas y de las de liderazgo son producto de la experiencia individual de trabajo, así que cada líder/director tiende a tener un estilo propio. Analizar los estilos gerenciales de liderazgo y compararlos y relacionarlos con diferentes contextos organizacionales suele brindar gratificantes experiencias de aprendizaje.

Su tarea

1. Desarrolle una lista de preguntas relacionadas con temas que haya estudiado y sobre los que quisiera preguntar durante una entrevista frente a frente a un director/líder en funciones. Para los propósitos de esta tarea, un director o líder es una persona cuya prioridad laboral implica

supervisar el trabajo de otras personas. El líder/ director podría trabajar en una empresa o en una agencia pública o privada.

2. Antes de la entrevista, presente a su profesor su lista de preguntas para su aprobación.

3. Entreviste al director/líder usando las preguntas desarrolladas previamente. No lo entretenga de más de una hora. Tome apuntes acerca de los comentarios que haga y de las observaciones de usted.

4. Elabore un reporte oral y luego uno por escrito, empleando su información y respuestas a las siguientes preguntas:

   a) ¿Cómo eligió y se puso en contacto con el líder/director al que entrevistó?

   b) Sin revelar nombres, describa el nivel y responsabilidades de su líder/gerente.

   c) Describa brevemente las circunstancias de la entrevista. ¿Cuánto tiempo duró?

   d) ¿De qué forma usa su entrevistado las habilidades de toma de decisiones?

   e) ¿De qué forma usa las habilidades de administración del tiempo?

   f) ¿Qué habilidades interpersonales indicó su líder/gerente que han sido las más importantes para él?

   g) ¿Qué sintió su líder/director al ser entrevistado? ¿Cómo lo sabe usted?

DIRECTORES Y LÍDERES

Este ejercicio le ofrecerá la oportunidad de comparar sus opiniones sobre directores y líderes con las de otros compañeros de su grupo.

Su tarea

1. Haga una lista de 10 características de los directores y una de 10 rasgos de los líderes.

2. En equipos pequeños, comparta sus listas con otros estudiantes y comente lo siguiente:

   a) ¿Qué características de los directores, si hay alguna, aparecen en listas de alumnos diferentes?

   b) ¿Qué características de los directores, si las hay, están en listas de estudiantes diferentes?

   c) ¿Qué rasgos, si hay alguno, pusieron los estudiantes tanto en su lista de directores como en la de líderes?

3. Pida a su grupo compilar un listado de 10 características de los directores, y uno de 10 características de los líderes.

4. Compartan las listas con todo el grupo, y vean si este puede coincidir en un listado definitivo respecto de los directores y otro acerca de los líderes. ¿Qué tienen en común estas dos listas? ¿Alguna característica aparece tanto en la de los directores como en la de los líderes?

¿QUIÉNES SON LOS LÍDERES?

Este ejercicio le ofrecerá la oportunidad de comparar sus conceptos con los de otros en su grupo acerca de quiénes son los líderes.

Su tarea

1. Haga una lista de 10 líderes, es decir individuos a los que la mayoría reconocería como líderes.

2. En equipos pequeños, comparta y comente sus listas.

a) ¿Los mismos líderes aparecieron en la lista de más de un estudiante?

b) ¿Qué tienen esos individuos en común (si hay algo): educación, industria, tipo de puestos ocupados, historia familiar, etcétera?

3. Que cada equipo acuerde una lista de 10 líderes y la comparta con el resto del grupo. ¿Qué tienen en común los líderes de las diversas listas grupales (si hay algo)? Si alguno parece radicalmente diferente a los otros líderes, comente qué lo distingue de ellos pero lo convierte en uno de los más conocidos.

4. Intente repetir este ejercicio con posibilidades más restringidas, por ejemplo mujeres, indios estadounidenses, minorías, directores/ejecutivos, políticos, o bien, líderes religiosos, internacionales o de una industria particular.

UTILICE LAS HABILIDADES DE LIDERAZGO

LAS DIFICULTADES DEL LIDERAZGO

John King era presidente de Babcock International, una gran empresa de ingeniería, cuando se le eligió presidente de la atribulada British Airways (BA) para hacerla pasar de una organización gubernamental a una empresa privada. Hizo importantes recortes de personal, vendió aviones sobrantes lo mismo que algunas propiedades, cambió de aseguradora, transformó el consejo de administración, cambió de agencia de publicidad y contrató a un nuevo director general, Colin Marshall, quien fue específicamente escogido porque conocía las compañías de servicios y la administración, pero no tenía experiencia previa en la industria de las líneas aéreas, así que estaría abierto a nuevas maneras de operar.

Marshall dejó la casa de sus padres en su adolescencia para hacerse a la mar con la Orient Steam Navigation Company. Pasó siete años navegando de Gran Bretaña a Australia antes de ir a Chicago como aprendiz de gerente en Hertz. Dejó esta por Avis, donde trabajó en la división europea y luego en las oficinas generales en Nueva York. Más tarde pasó a la compañía matriz, Norton Simon, Inc., como ejecutivo. Aprendió mucho acerca de rudas batallas competitivas laborando tanto para Hertz como para Avis. En 1981 procedió a aplicar su experiencia en el comercio, donde llegó a ser subdirector general de Sears PLC Holdings (compañía matriz del imperio comercial Selfridges y no relacionada con Sears Roebuck). En 1983 pasó de ahí al puesto de director general de BA.

King y Marshall trabajaron bien en común. La fusión de British Airways con British Caledonia, que tuvo lugar el mismo año de la privatización de BA, fue tan difícil y prolongada que muchos empleados estaban deprimidos cuando terminó. Para aligerar la tensión y permitir que la nueva organización se volviera eficaz rápidamente, Marshall y King pidieron a una empresa consultora que organizara una fiesta para todos los empleados. Esta fiesta, para 40 mil personas, se celebró en un hangar sin uso y fue muy efectiva para reducir tensiones y unir a todos.

Al asumir el control de BA, Marshall aplicó su experiencia en Hertz y Avis para hacer de ella una empresa altamente competitiva y rentable. Enfatizó el servicio al cliente como el medio para ganar batallas competitivas, y recibió elevados elogios por mejoras en el servicio en todas las áreas de BA. En 1990, BA y Aeroflot formaron Air Russia para establecer rutas de Moscú a Europa, Estados Unidos y el Extremo Oriente. En 1991, gracias a un excelente sistema de información y a continuos y rígidos controles de costos bajo el liderazgo de Marshall, BA era la aerolínea más rentable del mundo. Luego, en 1992, la empresa aceptó comprar 44 por ciento de USAir en un paso que la convertiría en la primera aerolínea realmente global del mundo.

King dejó su puesto como presidente en 1993 y fue reemplazado por Marshall, mientras que Robert Ayling asumía el de director general. Este se concentró en reducir costos, pero no fue suficiente. En 1999, pese a haber sido nombrada como una de las líneas aéreas más admiradas, British Airways reportó una enorme caída en ganancias. A raíz de esto, en 2000, Ayling fue removido de su puesto y Rod Eddington nombrado como su sucesor, quien redujo aún más la fuerza de trabajo en respuesta a la depresión causada por los ataques del 11 de septiembre de 2001. Luego, en 2005, ocurrió un cambio más, pues William M. Walsh, exjefe de Air Lingus, se hizo cargo de la compañía.

En enero de 2008, British Airways dio a conocer una nueva subsidiaria, OpenSkies, para aprovechar la liberalización de los derechos de cruce transatlánticos. En ese momento era la línea aérea más grande del Reino Unido y la séptima más grande del mundo, pero perdió esa posición poco después. El 30 de julio de 2008, British Airways e Iberia Airlines anunciaron un plan de fusión que resultaría en que unieran fuerzas en una transacción que involucraba todas sus acciones. Ambas conservarían aparte sus marcas, a la manera de KLM y Air France, en su acuerdo de unión.

El 31 de marzo de 2009, la compañía celebró su 35 aniversario. Luego, en un paso de consolidación diseñado para ayudarla a recuperar su rentabilidad, procedió a fusionarse con la principal línea española, Iberia. Este hecho daría origen a la tercera más grande aerolínea del mundo en términos de ingresos anuales. A principios de 2010, la fusión proseguía, y su consumación estaba prevista para finales de ese año. La compañía combinada se conocería como International Airlines Group, aunque las marcas Iberia y BA seguirían coexistiendo.

Preguntas del caso

1. ¿Qué habilidades puede reconocer entre los diversos líderes directivos de British Airways?

2. ¿Cómo describiría el liderazgo de King? ¿El de Marshall?

3. ¿Qué coincidencias hay entre sus habilidades y las de King y Marshall? ¿Está preparado para ser un director o líder?

4. ¿Qué habilidades cree que serían particularmente importantes para ayudar a una compañía en problemas como British Airways?

5. ¿En qué otros tipos de organizaciones podría una persona desarrollar la mayoría de las habilidades necesarias para los líderes de British Airways?

Vea en línea

USAR

Referencias del caso

Slobodan Lekic, "Airlines struggle to return to profitability," *BusinessWeek*, 27 de mayo de 2010; Steve Rothwell, "British Airways counts on crew cuts after record loss", *BusinessWeek*, 21 de mayo de 2010; Kenneth Labich, "Europe's Sky Wars", *Fortune*, 2 de noviembre 1992, pp. 88–91; Richard D. Hylton, "United to BA: Take Off", *Fortune*, 7 de septiembre de 1992, p. 9; "Getting Extra Mileage From British Air", *BusinessWeek*, 24 de agosto de 1992, p. 86; Paula Dwyer, Andrea Rothman, Seth Payne y Stewart Toy, "Air Raid: British Air's Bold Global Push", *BusinessWeek*, 24 de agosto de 1992, pp. 54–61; Nathaniel Gilbert, "British Airways' Fail-Safe I/S Takes Off", *Chief Information Officer Journal*, primavera de 1990, pp. 41–44.

PAPEL O NO: XEROX LO HA CUBIERTO

La Haloid Photographic Company se fundó en 1906. Durante las primeras décadas de su existencia, se empeñó en desarrollar y afinar la xerografía, el proceso de transferir imágenes electrostáticas a papel plano. En 1958 se convirtió en Haloid Xerox. El año siguiente la compañía lanzó su primera fotocopiadora simplificada de oficina, la Xerox 914. Las ventas y ganancias se dispararon de inmediato, ya que el aparato se convirtió en artículo básico de oficina en todo el mundo. Las ventas pasaron de 37 millones de dólares en 1960 a 268 millones en 1965. La compañía cambió su nombre a Xerox en 1961.

El éxito llevó a Xerox a dos resultados distintos, uno de ellos una bendición, el otro una maldición. Del lado positivo, sus copiadoras dominaron el mercado y continuaron generando altos ingresos y ganancias durante años. Del lado negativo, Xerox, incapaz de diagnosticar cambios en el mercado, se volvió complaciente en el de las copiadoras e hizo una mala labor en el desarrollo de innovaciones en otros mercados clave. Por ejemplo, sus científicos estuvieron entre los primeros en incursionar en las computadoras personales, en tanto que sus laboratorios de investigación fueron realmente los pioneros de las impresoras láser. Sin embargo, la incapacidad de diagnosticar el potencial de esas innovaciones causó que la compañía perdiera el rumbo en ambas industrias.

En la década de 1980, también el descuido del ramo de copiadoras de Xerox comenzó a crear problemas. De hecho, para cuando advirtió la amenaza de Canon y Ricoh, estas dos empresas ya habían incursionado drásticamente en la participación de mercado. Canon asumió en realidad la más alta posición en el mercado de fotocopiadoras a color. Observadores culparon de la caída de Xerox a su burocrático diseño organizacional y su letárgico enfoque del desarrollo de nuevos productos.

En 1990, Paul Allaire se volvió director general, con el mandato de poner nuevamente de pie a la compañía. En ese entonces era un veterano con 26 años en Xerox y ampliamente apreciado por su enfoque proactivo y agresivo de la dirección. Dispuso rápidamente que el equipo ejecutivo se sometiera a un extenso programa de desarrollo organizacional para garantizar el acuerdo con lo que iban a hacer y cómo lo harían. Esta actividad implicó una batería de diagnóstico de pruebas de personalidad seguida por varios días en un monasterio de Connecticut para procesar los resultados y abordar las diferencias.

Una vez que el comité de ejecutivos estableció un marco de referencia común y acordó un plan de ataque, Allaire comenzó a cambiar la organización. En particular, él y otros directores decidieron crear la cultura y atmósfera de varias pequeñas empresas bajo el amparo de Xerox Corporation. Pensaban que esto promovería un mejor conocimiento del mercado lo cual conduciría a la innovación al mismo tiempo que elevaría el compromiso e involucramiento de las personas con la organización y sus metas.

Para cumplir esos objetivos, se transformó el diseño organizacional entero de la empresa. Antes, esta se había estructurado como una alta jerarquía y se basaba en la departamentalización funcional. Se convirtió entonces en una matriz, definiendo unidades relativamente autónomas. Aunque algunos gerentes protestaron por los cambios y unos cuantos incluso decidieron retirarse, la mayoría del personal clave pensaba que Xerox estaba en mucho mejor posición para recuperar su lugar en la industria.

Paul Allaire fue sucedido por Anne Mulcahy en la dirección general en 2001, quien procedió a sostener el progreso alcanzado por Allaire, solo para que terribles condiciones económicas contuvieran a la compañía. Pero reforzó a esta al seguir diagnosticando cuidadosamente los gustos del consumidor, monitoreando el mercado y el desarrollo de productos y manteniendo la eficiencia de Xerox.

Xerox tiene hoy cuatro divisiones de productos: Global Business and Services Group, Global Customer Operations, Global Services y ACS (Affiliated Computer Services). ACS, una empresa de externalización, fue adquirida en 2009 a instancias de Ursula Burns, la presidenta. Ese mismo año vio el lanzamiento de las impresoras ColorCube, que auguraban la captura de gran parte del mercado de la impresión a color. El compromiso de Xerox con la adquisición de ACS se refleja en el hecho de que Burns sucedió a Mulcahy como directora general en 2010. Eso también fue notable porque esta fue la primera transmisión de poder de una mujer a otra en una gran corporación, y porque Burns se convirtió en la primera directora general afroestadounidense de una compañía de Fortune 500.

Preguntas del caso

Vea en línea

1. ¿Qué tipos de cambios enfrentaron los diferentes líderes de Xerox?
2. ¿Qué habilidades serían las más útiles para responder a esas modificaciones?
3. ¿Por qué Xerox fue incapaz de diagnosticar importantes cambios en su entorno a mediados del siglo xx?
4. ¿Qué habilidades de liderazgo parecerían ser las más importantes en Xerox? ¿Por qué?
5. ¿Cómo acometería el desarrollo de sus habilidades de liderazgo a efecto de prepararse para un puesto directivo en Xerox?

Referencias del caso

Geoff Colvin, "Ursula Burns launches Xerox into the future", *Fortune*, 22 de abril de 2010 http://money. cnn. com/2010/04/22/news/companies/xerox_ursula_burns.fortune/index.htm; Patricia Sellers, "Xerox chief charts her new path", *Fortune*, 10 de marzo de 2010 http://postcards.blogs.fortune.cnn.com/2010/03/10/xerox-chief-charts-her-new-path/; Anna Kattan, "Xerox bets on pricey printers", *Fortune*, 1 de junio de 2009 http://money.cnn.com/2009/06/01/technology/xerox_pricey_printers.fortune/index.htm; "The New, New Thinking at Xerox", *BusinessWeek*, 22 de junio de 1992, pp. 120–121; Robert Howard, "The CEO as Organizational Architect: An Interview with Xerox's Paul Allaire", *Harvard Business Review*, septiembre–octubre de 1992, pp. 107–121.

EXTIENDA SUS HABILIDADES DE LIDERAZGO

Su profesor puede usar una o más de estas **extensiones para el grupo** a fin de brindarle otra oportunidad para desarrollar sus habilidades de administración de tiempo. Por otro lado, podría continuar su desarrollo por usted mismo haciendo una o más de las **extensiones individuales**.

Las **extensiones grupales** se repiten exactamente para cada una de las siete habilidades específicas. Desarrollar la **extensión** exacta para las distintas capacidades le servirá para perfeccionar tanto estas como las diferencias sutiles que existen entre sí.

EXTENSIONES PARA EL GRUPO

- Forme equipos pequeños de estudiantes. Solicite a cada uno que escoja una organización y un puesto directivo. Después pídales que identifiquen las habilidades interpersonales que necesitaría alguien en ese puesto.

- Arme equipos pequeños de alumnos. Indique a cada equipo que identifique un problema o una oportunidad que afronte una empresa u otra organización. Después pídales que señalen las habilidades interpersonales que necesitarán los directores para lidiar con ese problema u oportunidad.

- Forme equipos pequeños de estudiantes. Asigne a cada equipo una o varias compañías que deberán analizar. Indíqueles que identifiquen a los miembros que constituyen el consejo de administración e investiguen sus antecedentes. Después solicite que describan las habilidades interpersonales que estos consejeros deben tener.

- Arme equipos pequeños de alumnos. Pida a cada uno que escoja un empleo común (por ejemplo, vendedor de tienda minorista, empleado de negocio de comida rápida). Pídale que describa las habilidades interpersonales que ese empleado debe tener para desempeñar sus funciones.

- Forme equipos pequeños de alumnos. Indique a los estudiantes que esbocen las habilidades interpersonales que necesitarían si fueran a iniciar un tipo específico de negocio nuevo.

- Arme equipos pequeños de estudiantes. Solicite a cada uno que señale situaciones en las que se hayan encontrado recientemente y que hayan requerido el uso de sus habilidades de liderazgo.

- Forme pequeños equipos de alumnos. Haga que cada conjunto realice una lluvia de ideas para hacer una lista de habilidades en las que piensan cuando oyen la palabra liderazgo. Pida a un representante de cada uno escribir en el pizarrón su lista. Advierta semejanzas y diferencias entre los listados.

- Arme equipos pequeños. Indique que cada uno explore el uso del poder por gerentes y líderes. ¿Qué habilidades usan los líderes en su ejercicio del poder?

- Forme pequeños equipos de estudiantes. Solicite que cada uno identifique varios tipos de organizaciones, y luego comente si los altos ejecutivos de esas organizaciones son más directores o más líderes.

EXTENDER

EXTENSIONES INDIVIDUALES

- Acuda a la biblioteca física o virtual e investigue una compañía. Caracterice su nivel de efectividad e identifique las habilidades diagnósticas de sus directores de nivel alto. Comparta sus resultados con el grupo.

- Escoja a un director que sea muy visible y analice sus habilidades de diagnóstico.

- Entreviste a un gerente de una organización local. Averigüe qué habilidades para administrar el tiempo necesita a efecto desempeñar con eficacia su trabajo.

- Piense en algún conocido suyo que sea directivo. Describa el puesto administrativo que ocupa por cuanto se refiere al tipo de organización, al nivel que tiene en esta, y al área gerencial en la que trabaja. ¿Qué capacidades diagnósticas necesita ese sujeto para ser eficaz?

- Planee un cambio hipotético en su escuela centrándose en el uso de las habilidades de diagnóstico.

- Busque en internet ejemplos de liderazgo en la dirección y compare con lo que encuentre en la información presentada aquí.

- ¿Sus habilidades coinciden con las de un director o las de un líder? ¿Cómo cambiará para coincidir mejor con la función que prefiere?

- Lea una biografía o autobiografía de un líder efectivo. ¿Cuáles son las habilidades más fuertes de esa persona?

- Identifique a dos líderes, uno carismático y otro igualmente efectivo pero no carismático. ¿Qué diferencias en habilidades puede identificar?

INTERPRETACIONES

¿QUÉ TAN CARISMÁTICO ES USTED?

Riggio sugiere que el carisma implica seis elementos. Aunque es una medida sumamente simplista, los puntajes que usted tiene indican el grado en el que parece tener cada uno de esos elementos. Cuanto más alto sea su puntaje total, tanto mayores probabilidades hay de que sea carismático. He aquí una breve descripción de cada uno de ellos.

EE (expresividad emocional) Expresar sentimientos espontáneamente y en una forma genuina que afecte a otros.

SE (sensibilidad emocional) La aptitud para leer las emociones de los demás y hacer conexiones con ellos.

CE (control emocional) La aptitud para controlar las emociones y activarlas y desactivarlas.

ES (expresividad social) El uso de la habilidad de la comunicación verbal para atraer a otros a la interacción social y hablar en público.

SS (sensibilidad social) Habilidad en situaciones sociales que permite a una persona ser diplomática y sensible a las circunstancias.

CS (control social) Juego de roles sociales que permite a alguien encajar con todo tipo de personas.

Para más información vea Ronald E. Riggio, *The Charisma Quotient: What It Is, How to Get It, How to Use It*, Nueva York, Dodd Mead, 1988.

CUESTIONARIO SOBRE EL COMPORTAMIENTO DEL LÍDER DIRECTIVO

Estos enunciados representan 23 categorías de conducta que las investigaciones han identificado como descriptivas del liderazgo directivo. No todas son importantes en cualquier situación dada. Por lo habitual, menos de la mitad se asocian con el desempeño en situaciones particulares; así, en este cuestionario no existe una serie "correcta" o "incorrecta" de respuestas. Las categorías de conductas son:

1. Enfatizar el desempeño
2. Mostrar consideración
3. Brindar asesoría profesional
4. Inspirar a los subordinados
5. Ofrecer elogios y reconocimiento
6. Estructurar contingencias de premios
7. Aclarar funciones de trabajo
8. Establecer metas
9. Capacitar-dar coaching
10. Diseminar información
11. Alentar la participación en decisiones
12. Delegar
13. Planear
14. Innovar
15. Resolver problemas
16. Facilitar el trabajo
17. Monitorear las operaciones
18. Monitorear el entorno
19. Representar a la unidad de trabajo
20. Facilitar la cooperación y el trabajo en equipo
21. Administrar conflictos
22. Ofrecer críticas
23. Administrar disciplina

En las organizaciones militares en guerra, inspirar a los subordinados, enfatizar el desempeño, aclarar las funciones de trabajo, resolver problemas y planear parece lo más importante. Por otro lado, en tiempo de paz, inspirar a los subordinados, enfatizar el desempeño, aclarar las funciones de trabajo, mostrar consideración, ofrecer críticas y administrar disciplina parece lo más importante. En las compañías de negocios, enfatizar el desempeño, monitorear el entorno, poner en claro aquellas funciones, fijar metas y a veces innovar parece lo primordial. Sin embargo, en cada uno de estos casos el nivel de organización, tipo de tecnología, condiciones del entorno y objetivos perseguidos contribuyen por igual a determinar la mezcla precisa de conductas que conducirá a la efectividad. Usted debe analizar su situación particular para establecer qué subconjunto de conductas es más probable que sea importante y empeñarse después en desarrollar ese subconjunto.

INTERPRETAR

NOTAS

[1] Gary A. Yukl, *Leadership in Organizations*, 3a ed., Englewood Cliffs, Nueva Jersey, Prentice-Hall, 1994, p. 5. Vea también Gregory G. Dess y Joseph C. Pickens, "Changing Roles: Leadership in the 21st Century", *Organizational Dynamics*, invierno de 2000, pp. 18–28, y Julian Barling, Amy Christie y Colette Hoption, "Leadership", en Sheldon Zedeck (Ed.), *Handbook of Industrial and Organizational Psychology*, American Psychological Association, Washington, D.C., 2010. Michael Watkins, "How Managers Become Leaders", *Harvard Business Review*, junio de 2012, pp. 64–72.

[2] John P. Kotter, "What Leaders Really Do", *Harvard Business Review*, mayo-junio de 1990, pp. 103–111 (reproducido en *Harvard Business Review*, diciembre de 2001, pp. 85–93). Vea también Daniel Goleman, "Leadership That Gets Results", *Harvard Business Review*, marzo-abril de 2000, pp. 78–88; Keith Grints, *The Arts of Leadership*, Oxford, Reino Unido, Oxford University Press, 2000.

[3] John R.P. French y Bertram Raven, "The Bases of Social Power", en Dorwin Cartwright (Ed.), *Studies in Social Power Ann Arbor*, Michigan, University of Michigan Press, 1959, pp. 150–167.

[4] Hugh D. Menzies, "The Ten Toughest Bosses", *Fortune*, 21 de abril de 1980, pp. 62–73.

[5] Bennett J. Tepper, "Consequences of Abusive Supervision", *Academy of Management Journal*, 2000, vol. 43, núm. 2, pp. 178–190; vea también Bennett J. Tepper, "Abusive Supervision in Work Organizations: Review, Synthesis, and Research Agenda", *Journal of Management*, vol. 33, num. 3, 2007, pp. 261–289.

[6] *Time*, 21 de junio de 2008, p. 46.

[7] Thomas A. Stewart, "Get with the New Power Game", *Fortune*, 13 de enero de 1997, pp. 58–62.

[8] Philip M. Podsakoff y Chester A. Schriesheim, "Field Studies of French and Raven's Bases of Power: Critique, Reanalysis, and Suggestions for Future Research", *Psychological Bulletin*, vol. 97, 1985, pp. 387–411; Robert C. Benfari, Harry E. Wilkinson y Charles D. Orth, "The Effective Use of Power", *Business Horizons*, mayo-junio de 1986, pp. 12–16, y Yukl, *Leadership in Organizations*.

[9] Bernard M. Bass, *Bass & Stogdill's Handbook of Leadership*, 3a ed., Riverside, Nueva Jersey, Free Press, 1990.

[10] Shelley A. Kirkpatrick y Edwin A. Locke, "Leadership: Do Traits Matter?", *Academy of Management Executive*, mayo de 1991, pp. 48–60. Vea también Robert J. Sternberg, "Managerial Intelligence: Why IQ Isn't Enough", *Journal of Management*, vol. 23, num. 3, 1997, pp. 475–493.

[11] Timothy Judge, Amy Colbert y Remus Ilies, "Intelligence and Leadership: A Quantitative Review and Test of Theoretical Propositions", *Journal of Applied Psychology*, vol. 89, num. 3, 2004, pp. 542–552.

[12] Rensis Likert, *New Patterns of Management*, Nueva York, McGraw-Hill, 1961, y Rensis Likert, *The Human Organization*, Nueva York, McGraw-Hill, 1967.

[13] Los estudios de Ohio State han inspirado muchos artículos, monografías y libros. Una buena referencia general es Ralph M. Stogdill y A.E. Coons (Eds.), *Leader Behavior: Its Description and Measurement*, Columbus, Ohio, Bureau of Business Research, Ohio State University, 1957.

[14] Edwin A. Fleishman, E.F. Harris y H.E. Burt, *Leadership and Supervision in Industry*, Columbus, Ohio, Bureau of Business Research, Ohio State University, 1955.

[15] Timothy Judge, Ronald Piccolo y Remus Ilies, "The Forgotten One? The Validity of Consideration and Initiating Structure in Leadership Research", *Journal of Applied Psychology*, 2004, vol. 89, num. 1, pp. 36–51.

[16] Robert R. Blake y Jane S. Mouton, *The Managerial Grid*, Houston, Gulf Publishing, 1964; Robert R. Blake y Jane S. Mouton, *The Versatile Manager: A Grid Profile*, Homewood, Illinos, Dow Jones-Irwin, 1981.

[17] Fred E. Fiedler, *A Theory of Leadership Effectiveness*, Nueva York, McGraw-Hill, 1967.

[18] Chester A. Schriesheim, Bennett J. Tepper y Linda A. Tetrault, "Least Preferred Co-Worker Score, Situational Control, and Leadership Effectiveness: A Meta-Analysis of Contingency Model Performance Predictions", *Journal of Applied Psychology*, 1994, vol. 79, num. 4, pp. 561–573.

[19] Fiedler, *A Theory of Leadership Effectiveness*; Fred E. Fiedler y M.M. Chemers, *Leadership and Effective Management*, Glenview, Illinois, Scott, Foresman, 1974.

[20] Lawrence H. Peters, Darrell D. Hartke y John T. Pohlmann, "Fiedler's Contingency Theory of Leadership: An Application of the Meta-Analysis Procedures of Schmidt and Hunter", *Psychological Bulletin*, vol. 97, pp. 274–285, y Fred E. Fiedler, "When to Lead, When to Stand Back", *Psychology Today*, septiembre de 1987, pp. 26–27.

[21] *Bloomberg Business Week*, 22–28 de noviembre de 2010, p. 122

[22] Martin G. Evans, "The Effects of Supervisory Behavior on the Path-Goal Relationship", *Organizational Behavior and Human Performance*, mayo de 1970, pp. 277–298; Robert J. House y Terence R. Mitchell, "Path-Goal Theory of Leadership", *Journal of Contemporary Business*, otoño de 1974, pp. 81–98. Vea también Yukl, *Leadership in Organizations*.

[23] J.C. Wofford y Laurie Z. Liska, "Path-Goal Theories of Leadership: A Meta-Analysis", *Journal of Management*, 1993, vol. 19, num. 4, pp. 857–876.

[24] George Graen y J.F. Cashman, "A Role-Making Model of Leadership in Formal Organizations: A Developmental Approach", en J.G. Hunt y L.L. Larson (Eds.), *Leadership Frontiers*, Kent, Ohio, Kent State University Press, 1975, pp. 143–165; Fred Dansereau, George Graen y W.J. Haga, "A Vertical Dyad Linkage Approach to Leadership Within Formal Organizations: A Longitudinal Investigation of the Role-Making Process", *Organizational Behavior and Human Performance*, 1975, vol. 15, pp. 46–78.

[25] Kathryn Sherony y Stephen Green, "Coworker Exchange: Relationships Between Coworkers, Leader-Member Exchange, and

Work Attitudes", *Journal of Applied Psychology*, 2002, vol. 87, num. 3, pp. 542–548.

[26] Bruce J. Avolio, Fred O. Walumbwa y Todd J. Weber, "Leadership: Current Theories, Research, and Future Directions", en Susan T. Fiske, Daniel L. Schacter y Robert Sternberg (Eds.), *Annual Review of Psychology 2009*, Palo Alto, California, Annual Reviews, 2009, pp. 421–450.

[27] Steven Kerr y John M. Jermier, "Substitutes for Leadership: Their Meaning and Measurement", *Organizational Behavior and Human Performance*, diciembre de 1978, pp. 375–403.

[28] Charles C. Manz y Henry P. Sims, Jr., "Leading Workers to Lead Themselves: The External Leadership of Self-Managing Work Teams", *Administrative Science Quarterly*, marzo de 1987, pp. 106–129. Vea también "Living Without a Leader", *Fortune*, 20 de marzo de 2000, pp. 218–219.

[29] Robert J. House, "A 1976 Theory of Charismatic Leadership", en J.G. Hunt y L.L. Larson (Eds.), *Leadership: The Cutting Edge*, Carbondale, Illinois, Southern Illinois University Press, 1977, pp. 189–207. Vea también Jay A. Conger y Rabindra N. Kanungo, "Toward a Behavioral Theory of Charismatic Leadership in Organizational Settings", *Academy of Management Review*, octubre de 1987, pp. 637–647.

[30] David A. Nadler y Michael L. Tushman, "Beyond the Charismatic Leader: Leadership and Organizational Change", *California Management Review*, invierno de 1990, pp. 77–97.

[31] Jane Howell y Boas Shamir, "The Role of Followers in the Charismatic Leadership Process: Relationships and Their Consequences", *Academy of Management Review*, 2005, vol. 30, num. 1, pp. 96–112.

[32] James MacGregor Burns, *Leadership*, Nueva York, Harper & Row, 1978. Vea también Rajnandini Pillai, Chester A. Schriesheim y Eric J. Williams, "Fairness Perceptions and Trust as Mediators for Transformational and Transactional Leadership: A Two-Sample Study", *Journal of Management*, 1999, vol. 25, num. 6, pp. 897–933.

[33] Robert Rubin, David Munz y William Bommer, "Leading from Within: The Effects of Emotion Recognition and Personality on Transformational Leadership Behaviors", *Academy of Management Journal*, 2005, vol. 48, núm. 5, pp. 845–858.

[34] *Fortune*, 4 de julio de 2011, p. 63.

[35] Kurt Dirks y Donald Ferrin, "Trust in Leadership", *Journal of Applied Psychology*, 2002, vol. 87, núm. 4, pp. 611–628; vea también Russell A. Eisenstat, Michael Beer, Nathanial Foote, Tobias Fredberg, and Flemming Norrgren, "The Uncompromising Leader", *Harvard Business Review*, julio-agosto de 2008, pp. 51–59.

APÉNDICE A

EVALUACIÓN DE HABILIDADES PARA DIRIGIR (ADMINISTRAR)

Para evaluar sus habilidades para dirigir (administrar), llene el siguiente instrumento, que cubre cada una de las principales habilidades estudiadas en este libro. Piense en su situación, empleo u organización actual. Responda pensando en su circunstancia presente y no lo que supone que deberían contestar usted o cualquier administrador o director. Si el enunciado no corresponde a su situación actual, responda en función de lo que piensa que sería el caso si estuviese en esa circunstancia.

Use la escala siguiente para responder:

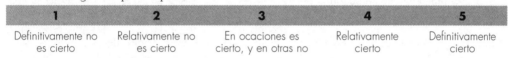

1	2	3	4	5
Definitivamente no es cierto	Relativamente no es cierto	En ocaciones es cierto, y en otras no	Relativamente cierto	Definitivamente cierto

Sume sus puntos y anote el total en la tabla que presentamos al final del instrumento.

Dado que muchos expertos sugieren que las evaluaciones del desempeño usen la retroalimentación de 360°, usted quizá considere conveniente saber lo que otros piensan de sus habilidades gerenciales. Su profesor puede proporcionarle una forma que está diseñada para que contesten otros y, cuando la hayan respondido, usted deberá anotar esas calificaciones en la tabla. Fíjese en las áreas en las que existe gran diferencia entre su visión y la de otros y dedique más tiempo a desarrollar las habilidades que ellos indican.

HABILIDADES TÉCNICAS

_____ 1. Logro muchas cosas

_____ 2. Participo activamente en el desarrollo personal.

_____ 3. Soy capaz de coordinar tareas.

_____ 4. Soy capaz de utilizar eficientemente los recursos disponibles (personas, materiales, equipo, etcétera)

_____ 5. Los demás me consultan problemas y preguntas técnicos.

_____ 6. Soy confiable.

_____ 7. Estoy decidido a triunfar.

_____ 8. Soy por lo habitual una persona llena de energía.

———— 9. Soy bueno para los números.

———— 10. Me interesa el éxito en mi carrera.

———— 11. Estoy al tanto de mis socios y de lo que debe hacerse.

———— 12. No estoy satisfecho con el desempeño promedio.

———— 13. Estoy dispuesto a ser flexible en la ejecución del trabajo.

———— 14. Estoy en disposición de hacer lo necesario para triunfar.

———— 15. Estoy preparado a mantenerme en un problema hasta que se resuelva.

———— 16. Estoy fuertemente motivado a "cumplir con mi deber".

———— 17. Analizo rápidamente la información financiera.

———— 18. Puedo ajustar mis metas/actividades sin sentirme frustrado.

———— 19. Puedo identificar las partes importantes de presupuestos y estados financieros.

———— 20. Puedo leer y entender información financiera u otra de índole cuantitativa.

———— 21. Puedo usar información estadística y cuantitativa cuando es necesario.

———— 22. Superviso con cuidado los gastos.

———— 23. Desarrollo planes completos y detallados.

———— 24. Me gustan las actividades que me obligan a aprender cosas nuevas.

———— 25. Me agrada mejorar cosas.

———— 26. Establezco procedimientos efectivos y eficientes para llevar a cabo las actividades.

———— 27. Establezco normas de desempeño para quienes pertenecen a mi organización.

———— 28. Manejo muy bien los detalles.

———— 29. Tengo mucho autocontrol.

———— 30. Tengo normas muy altas para mí y para los demás.

———— 31. Me mantengo al día en adelantos técnicos relacionados con mis intereses.

———— 32. Hago saber a los demás qué estoy haciendo y lo bien que lo hago.

———— 33. Elaboro planes claros y realistas.

———— 34. Prefiero el cambio gradual al cambio súbito.

———— 35. Leo material sobre mis tareas presentes y futuras.

———— 36. Me adapto fácilmente a nuevas iniciativas.

———— 37. Busco retroalimentación sobre lo que hago.

———— 38. Rara vez dejo sin terminar un trabajo.

———— 39. Me fijo metas de aprendizaje específicas.

———— 40. Pugno por la excelencia en todo lo que hago.

———— 41. Pugno por la alta calidad en mi trabajo.

———— 42. Tiendo a mantenerme al tanto de la información sobre mis tareas.

———— 43. Tiendo a no olvidarme de los problemas hasta que se resuelven.

———— 44. Suelo utilizar métodos probados y comprobados.

———— 45. Trato de no desperdiciar recursos.

———— 46. Intento estar preparado siempre.

———— 47. Trato de mejorar mis conocimientos y habilidades.

———— 48. Intento persistir en una tarea aun si encuentro dificultades inesperadas.

———— 49. Trato de mantenerme ocupado todo el tiempo.

———— 50. Sé qué debe hacerse.

HABILIDADES INTERPERSONALES

_____ 51. Admito y acepto la responsabilidad de mis errores.

_____ 52. Siempre hago mi parte en actividades grupales.

_____ 53. Soy ambicioso y competitivo.

_____ 54. Soy asertivo o enérgico cuando es necesario.

_____ 55. Estoy consciente de conflictos potenciales al tratar con otros.

_____ 56. Me siento a gusto en posiciones de liderazgo.

_____ 57. Por lo general soy una persona extrovertida.

_____ 58. Por lo general soy animado y entusiasta.

_____ 59. Estoy genuinamente interesado en lo que hacen los demás en términos de su carrera.

_____ 60. Soy paciente con otros.

_____ 61. Soy muy bueno para lograr que otros adopten mis ideas.

_____ 62. Soy sensible a las necesidades y sentimientos de otras personas.

_____ 63. Soy muy resistente mental y físicamente.

_____ 64. Estoy dispuesto a adoptar una posición impopular si siento que es lo correcto.

_____ 65. Tengo disposición a trabajar mucho tiempo cuando es necesario.

_____ 66. Me aseguro de que aquellos a quienes delego tengan autoridad y recursos para hacer el trabajo.

_____ 67. Evito comprometerme demasiado rápido.

_____ 68. Puedo actuar como vocero de un grupo.

_____ 69. Puedo ser asertivo cuando es necesario.

_____ 70. Puedo manejar con eficacia el estrés y la presión.

_____ 71. Cuido mis relaciones con los demás.

_____ 72. Considero las opiniones y los sentimientos de otros cuando presentan sus ideas.

_____ 73. Coopero con los demás.

_____ 74. Delego cuando es apropiado.

_____ 75. Desarrollo y mantengo buenas relaciones de trabajo y cooperación con los demás.

_____ 76. Creo que las personas son en su mayoría confiables y éticas.

_____ 77. Descubro que, por lo general, los otros cumplen mis expectativas.

_____ 78. Por lo habitual estoy consciente de las fortalezas y debilidades de los miembros de mi grupo.

_____ 79. Por lo general muestro entusiasmo en el cumplimiento de objetivos y fechas límite.

_____ 80. Por lo común me gano la atención y el respeto de los demás miembros de un grupo.

_____ 81. Me interesan genuinamente los sentimientos de los demás.

_____ 82. Me llevo bien con mis compañeros de trabajo.

_____ 83. Me llevo bien con mis superiores.

_____ 84. Doy a las personas la oportunidad de demostrar de qué son capaces.

_____ 85. Me tomo la molestia de ayudar a la gente a desarrollarse.

_____ 86. Manejo con eficacia las calamidades.

_____ 87. Tengo una amplia gama de contactos y amigos.

_____ 88. Tengo confianza en los demás.

_____ 89. Ayudo a otros a aprender cuando hacen nuevas tareas.

_____ 90. Ayudo a resolver demandas en conflicto entre miembros del grupo.

_____ 91. Inspiro confianza.

_____ 92. Mantengo informados a los demás de cómo marchan las cosas.

_____ 93. Hago saber a los otros cuando han hecho un buen trabajo.

_____ 94. Entero a los demás cuando hacen mal las cosas.

_____ 95. Informo a las personas si su desempeño no está a la altura de lo que se desea.

_____ 96. Escucho las opiniones de los demás.

_____ 97. Prefiero dirigir que seguir.

_____ 98. Doy consejos a otros cuando es apropiado.

_____ 99. Proporciono información a los demás acerca de lo que tienen que hacer para que lo hagan bien.

_____ 100. Reconozco y enfrento problemas entre individuos y grupos.

_____ 101. Reconozco y recompenso a los demás por ayudarme.

_____ 102. Me apoyo en la persuasión y la experiencia para motivar a las personas.

_____ 103. Busco responsabilidad adicional para mejorar.

_____ 104. Comparto el crédito del trabajo grupal.

_____ 105. Me doy tiempo para conocer a las personas.

_____ 106. Tiendo a ser un firme jugador en equipo.

_____ 107. Confío en que los demás harán lo correcto.

_____ 108. Trato siempre de ser cortés.

_____ 109. Intento no molestarme cuando me critican.

_____ 110. Trato de no irritarme ni ponerme de mal humor cuando estoy bajo estrés.

_____ 111. Intento no tomar partido en discusiones.

_____ 112. Trato de ser un buen modelo a seguir.

_____ 113. Busco mantenerme seguro aun en situaciones ambiguas y estresantes.

_____ 114. Trato de involucrarme en actividades grupales.

_____ 115. Intento asesorar a los demás para ayudarlos con sus actividades.

_____ 116. Trato de transmitir mis sentimientos para que los demás sepan cómo me siento.

_____ 117. Intento crear un entorno en el que las personas se desempeñen al máximo.

_____ 118. Trato de enfrentar los conflictos centrándome en las razones reales de los mismos.

_____ 119. Intento desarrollar afinidad con otros.

_____ 120. Intento potenciar a la gente para ayudarla a desempeñarse mejor.

_____ 121. Trato de involucrar a todos en actividades grupales.

_____ 122. Intento lograr que las personas trabajen bien en común.

_____ 123. Trato de ayudar a los otros a aprender de sus errores.

_____ 124. Intento motivar a los demás a desempeñarse correctamente.

_____ 125. Trato de brindar apoyo a otros.

_____ 126. Intento comprobar que las tareas se distribuyan equitativamente entre los miembros del grupo.

_____ 127. Intento poner el ejemplo con mi desempeño para alentar la excelencia en los demás.

_____ 128. Intento fijar estándares de desempeño altos para los miembros del grupo.

_____ 129. Trato de sugerir que el trabajo de todos es importante.

_____ 130. Intento tratar imparcialmente a todos.

HABILIDADES CONCEPTUALES

_____ 131. Tengo capacidad de pensar fuera de lo establecido.

_____ 132. Soy creativo.

_____ 133. Soy emocionalmente maduro.

_____ 134. Soy bueno para el razonamiento abstracto.

_____ 135. Soy bueno para analizar problemas.

_____ 136. Soy bueno para recopilar información.

_____ 137. Soy bueno para identificar información importante.

_____ 138. Soy bueno para identificar problemas.

_____ 139. Soy bueno para resolver problemas.

_____ 140. Estoy a la altura de retos nuevos.

_____ 141. Estoy dispuesto a correr riesgos.

_____ 142. Puedo identificar los recursos necesarios para cumplir mis tareas.

_____ 143. Discrepo de reglas y procedimientos.

_____ 144. Enfrento constructivamente mis fracasos y errores.

_____ 145. Desarrollo maneras de evaluar lo que hago.

_____ 146. Me gusta aprender formas nuevas de hacer las cosas.

_____ 147. Me agradan los riesgos.

_____ 148. Me concentro en el desempeño.

_____ 149. Con frecuencia doy con enfoques frescos e imaginativos de un problema.

_____ 150. Origino de manera frecuente el cambio.

_____ 151. Constantemente doy el primer paso para llevar a cabo las actividades.

_____ 152. Por lo habitual puedo resolver los problemas solo.

_____ 153. Manejo con mente abierta el cambio.

_____ 154. Conozco bien mis fortalezas y debilidades.

_____ 155. Tengo altos estándares para mí mismo.

_____ 156. Imagino soluciones alternativas para resolver problemas.

_____ 157. Inicio nuevas ideas.

_____ 158. Mantengo en perspectiva las metas y actividades de largo y de corto plazos.

_____ 159. Conozco mi estilo personal de aprender y ajusto las situaciones al mismo.

_____ 160. Hago pronósticos para prepararme para sucesos futuros.

_____ 161. Promuevo el cambio.

_____ 162. Corro riesgos fácilmente.

_____ 163. Reconozco que en la vida hay algo más que trabajo y un empleo.

_____ 164. Busco oportunidades para ponerme a prueba.

_____ 165. Vendo ideas.

_____ 166. Establezco metas.

_____ 167. Pugno por hacer mi mejor esfuerzo.

_____ 168. Pienso mucho en cómo obtener más por menos.

_____ 169. Trato de enfrentar rápidamente los problemas.

_____ 170. Intento aprender de mis errores.

HABILIDADES DIAGNÓSTICAS

_____ 171. Actúo en forma independiente cuando es necesario.

_____ 172. Me adapto rápidamente a situaciones nuevas.

_____ 173. Soy capaz de visualizar los aspectos principales de los problemas.

_____ 174. Estoy dispuesto a quebrantar las reglas si es necesario.

_____ 175. Soy sistemático y metódico.

_____ 176. Estoy dispuesto a ceder para llegar a acuerdos.

_____ 177. Analizo los hechos antes de tomar decisiones.

_____ 178. Abordo los problemas tratando primeramente de determinar sus causas de fondo.

_____ 179. Hago preguntas sobre problemas difíciles antes de tratar de resolverlos.

_____ 180. Me aseguro de que los miembros de mi grupo tengan los recursos necesarios para triunfar.

_____ 181. Para resolver mejor los problemas los divido en las partes que los componen.

_____ 182. Defino el problema antes de tratar de resolverlo.

_____ 183. Desarrollo posibles soluciones a los problemas.

_____ 184. Diagnostico causas de mal desempeño antes de actuar para corregirlo.

_____ 185. Me concentro en preguntas y problemas importantes para la organización.

_____ 186. Con frecuencia tengo ideas sobre cómo mejorar actividades grupales.

_____ 187. Por lo habitual puedo identificar rápidamente asuntos clave.

_____ 188. Identifico las actividades fáciles y las resuelvo antes de acometer otras más difíciles.

_____ 189. Identifico límites de soluciones para ayudar a superarlos.

_____ 190. Me gusta trabajar en un ambiente desafiante.

_____ 191. Me agrada hacer bien los detalles.

_____ 192. Practico lo que predico.

_____ 193. Busco comprender los síntomas de un problema a efecto de desarrollar soluciones.

_____ 194. Trato de concentrar las conversaciones grupales en el problema en cuestión.

_____ 195. Intento obtener opiniones divergentes sobre un problema y su solución.

_____ 196. Trato de lograr que los demás desarrollen posibles soluciones a los problemas.

_____ 197. Intento ayudar a otros a comprender y resolver los problemas.

_____ 198. Trato de aprovechar las oportunidades que se me presentan.

_____ 199. Uso información de mis redes de comunicación al analizar los problemas.

_____ 200. Por lo habitual "miro antes de saltar".

HABILIDADES PARA LA COMUNICACIÓN

_____ 201. Percibo con exactitud mensajes no verbales.

_____ 202. Busco activamente el consejo de los demás.

_____ 203. Soy una persona con la que es fácil trabajar.

_____ 204. Soy un comunicador excelente.

_____ 205. Estoy consciente de mis reacciones emocionales respecto de lo que se dice en una conversación.

_____ 206. Estoy consciente de las reacciones emocionales de otros en relación con lo que se dice en una conversación.

_____ 207. Soy capaz de corregir documentos escritos.

_____ 208. Soy claro y comprensible en comunicaciones orales.

_____ 209. Soy bueno para expresar mis ideas.

_____ 210. Soy bueno para negociar.

_____ 211. Soy bueno para persuadir.

_____ 212. Soy bueno para reportar información.

_____ 213. Soy bueno para enseñar.

_____ 214. Pido explicaciones adicionales si no entiendo lo que alguien dice.

_____ 215. Puedo describir con precisión mis sentimientos.

_____ 216. Puedo ser enérgico y persuasivo en comunicaciones orales.

_____ 217. Soy capaz de facilitar conversaciones grupales.

_____ 218. Puedo entrevistar muy bien a otros.

_____ 219. Puedo preparar fácil y rápidamente informes por escrito.

_____ 220. Tengo habilidad de brindar retroalimentación apropiada.

_____ 221. Soy capaz de relacionarme bien con diferentes tipos de personas.

_____ 222. Puedo hablar con efectividad frente a un grupo.

_____ 223. Tengo habilidad de trabajar solo o con otros.

_____ 224. Puedo asesorar a otros para ayudarlos.

_____ 225. Puedo contribuir a la comprensión haciendo preguntas.

_____ 226. Doy orientación a otros para auxiliarlos.

_____ 227. Enfrento con serenidad situaciones difíciles.

_____ 228. No me pongo a la defensiva cuando me critican.

_____ 229. Animo a quienes me rodean a sentirse en libertad de expresar sus sentimientos, incluso los más crudos.

_____ 230. Me gusta formar parte de un grupo.

_____ 231. Me agrada estar con otras personas.

_____ 232. Me resulta fácil expresar mis sentimientos.

_____ 233. Se me facilita ver las cosas desde la perspectiva del otro.

_____ 234. Por lo habitual me parece interesante lo que otros dicen.

_____ 235. Por lo común me doy a entender cuando hablo.

_____ 236. Por lo general escucho sin interrumpir.

_____ 237. Mantengo al día a los demás sobre información y cambios.

_____ 238. Hago saber a otros si se verán afectados por algo que estoy haciendo.

_____ 239. Oigo con atención.

_____ 240. Escucho más de lo que hablo cuando estoy con otros.

_____ 241. Escucho desacuerdos entre otros.

_____ 242. Oigo las preocupaciones de los demás.

_____ 243. Escucho las opiniones e ideas de los demás.

_____ 244. Escucho lo que los equipos quieren hacer.

_____ 245. Escucho de manera adecuada en situaciones grupales.

_____ 246. Causo buena impresión cuando doy una presentación.

_____ 247. Doy a conocer mis opiniones sin ser agresivo.

_____ 248. Me cercioro de que la gente no experimente "sorpresas" de mí.

_____ 249. Proporciono retroalimentación clara y específica.

_____ 250. Doy retroalimentación relacionada con desempeño o comportamiento particular.

_____ 251. Rara vez participo en discusiones.

_____ 252. Doy el ejemplo del ahínco con que deben trabajar las personas en mi organización.

_____ 253. Hablo con efectividad.

_____ 254. Formulo clara y concisamente mis opiniones cuando hablo con otros.

_____ 255. Me esfuerzo en pertenecer a redes de comunicación para estar al tanto de información importante.

_____ 256. Enseño a otros cómo realizar actividades.

_____ 257. Tiendo a ser bueno para las palabras.

_____ 258. Me inclino a dar mucha información a los demás.

_____ 259. Trato de dar a otros la oportunidad de decir lo que piensan.

_____ 260. Intento no estar demasiado ocupado para escuchar los problemas y preocupaciones de otros.

_____ 261. Trato de explicar claramente los resultados deseados cuando asigno tareas.

_____ 262. Intento descubrir qué piensan los demás antes de sacar conclusiones.

_____ 263. Trato de dar retroalimentación que ayude a la gente a resolver sus problemas.

_____ 264. Busco identificar el mensaje "real" en las comunicaciones de los demás.

_____ 265. Intento proporcionar retroalimentación acerca de los problemas más que sobre las características personales.

_____ 266. Trato de "ponerme en los zapatos" de la otra persona cuando hablo con ella.

_____ 267. Intento responder a la gente en forma útil.

_____ 268. Utilizo la gramática correcta.

_____ 269. Acepto de buena gana las opiniones de otros.

_____ 270. Escribo de manera clara y concisa.

HABILIDADES DE TOMA DE DECISIONES

_____ 271. Acepto la responsabilidad de mis acciones.

_____ 272. Siempre planeo cómo cumplir las fechas límite.

_____ 273. Soy capaz de hacer frente a asignaciones ambiguas e inciertas.

_____ 274. Estoy dispuesto a permitir que otros tomen la iniciativa.

_____ 275. Evito tomar decisiones apresuradas.

_____ 276. Puedo actuar decididamente cuando es necesario.

_____ 277. Soy capaz de manejar los conflictos.

_____ 278. Puedo manejar tareas que implican grandes cantidades de información.

_____ 279. Puedo dirigir grupos.

_____ 280. Considero alternativas antes de tomar decisiones.

_____ 281. Delego para que se hagan las cosas.

_____ 282. No evito tomar decisiones difíciles

_____ 283. Hago lo que digo.

_____ 284. No me involucro en los detalles.

_____ 285. Por lo habitual siento que he tomado las decisiones correctas.

_____ 286. Por lo general tomo decisiones lógicas y racionales.

_____ 287. Tengo aptitud para reducir el papeleo.

_____ 288. Involucro a los demás en la toma de decisiones.

_____ 289. Involucro a los demás en la planeación.

_____ 290. Tomo decisiones con otros.

_____ 291. Hago que las cosas se vuelvan realidad.

_____ 292. Tomo decisiones oportunas.

_____ 293. Rara vez titubeo cuando tomo decisiones.

_____ 294. Delego tareas fácilmente.

_____ 295. Busco buenas aportaciones antes de tomar decisiones.

_____ 296. Me pongo metas difíciles.

_____ 297. Asumo plena responsabilidad de mis decisiones.

_____ 298. Trato de dejar en claro a los demás el porqué de las decisiones que tomo.

_____ 299. Por lo habitual tomo decisiones acertadas incluso bajo presión.

_____ 300. Sopeso cuidadosamente mis opciones cuando tomo decisiones.

HABILIDADES PARA LA ADMINISTRACIÓN DEL TIEMPO

_____ 301. Casi siempre termino a tiempo mis actividades.

_____ 302. Soy capaz de "desconectarme" después de un día difícil en el trabajo.

_____ 303. No me estresan las fechas límite y los compromisos.

_____ 304. Analizo nuevas actividades o asignaciones para establecer sus prioridades.

_____ 305. Enfrento primero los problemas y las tareas de alta prioridad.

_____ 306. Enfrento los problemas uno por uno.

_____ 307. No programo en exceso; dejo tiempo para "lo inesperado" y la relajación.

_____ 308. Hago ejercicio para liberar tensiones.

_____ 309. Por lo habitual soy puntual.

_____ 310. Por lo general puedo priorizar las tareas sin muchas dificultades.

_____ 311. Por lo común administro bien mi tiempo.

_____ 312. Logro que otros ayuden cuando es necesario.

_____ 313. Manejo rápidamente las interrupciones para no retrasar mi trabajo.

_____ 314. Manejo el papeleo rápida y eficazmente.

_____ 315. Tengo "confidentes" con los que puedo liberar mis frustraciones.

_____ 316. Llevo una lista de "pendientes".

_____ 317. Mantengo organizado y ordenado el espacio de trabajo.

_____ 318. Mantengo ordenados la información y los documentos.

_____ 319. Sé cuánto tiempo dedico a las diversas actividades que realizo.

_____ 320. Hago un buen uso del tiempo.

_____ 321. Cumplo metas.

_____ 322. Minimizo distracciones que podrían impedirme trabajar en tareas cruciales.

_____ 323. Programo y organizo mis tareas.

_____ 324. Organizo mis actividades.

_____ 325. Organizo eficazmente mi tiempo.

_____ 326. Presto atención a los detalles.

_____ 327. Practico técnicas de relajación (por ejemplo, recitar un mantra, respirar lentamente).

_____ 328. Priorizo mis actividades.

_____ 329. Respondo pronto a solicitudes escritas.

_____ 330. Devuelvo rápidamente las llamadas telefónicas.

_____ 331. Rara vez tengo que pedir aplazamientos.

_____ 332. Fijo y cumplo fechas límite.

_____ 333. Reservo tiempo para planear y programar.

_____ 334. Fijo metas diarias y preparo cada día listas de pendientes.

_____ 335. Establezco fechas límite específicas en los proyectos.

_____ 336. Me doy tiempo para reunirme con otros.

_____ 337. Trato de nunca dejar las cosas para la última hora.

_____ 338. Utilizo el establecimiento de metas a efecto de fijar prioridades para mis tareas y actividades.

_____ 339. Empleo los planes para administrar mis tareas.

_____ 340. Trabajo en forma pulcra y organizada.

Resumen de sus puntajes

Habilidades (puntaje máximo posible)	Sus puntajes	Puntajes de otros
Técnicas (250)		
Interpersonales (400)		
Conceptuales (200)		
Diagnósticas (150)		
Para la comunicación (350)		
Para la toma de decisiones (150)		
Para la administración del tiempo (200)		

Interpretación de sus puntajes

Habilidades	Su nivel de habilidades				
	Dominio	Razonablemente diestro	Aceptable	Necesito más desarrollo	Necesito desarrollo considerable
Técnicas	225 o más	200 – 224	175 – 199	150 – 174	149 o menos
Interpersonales	360 o más	320 – 359	280 – 319	240 – 279	239 o menos
Conceptuales	180 o más	160 – 179	140 – 159	120 – 139	119 o menos
Diagnósticas	135 o más	120 – 134	105 – 119	90 – 104	89 o menos
Para la comunicación	315 o más	280 – 314	245 – 279	210 – 244	209 o menos
Para la toma de decisiones	135 o más	120 – 134	105 – 119	90 – 104	89 o menos
Para la administración del tiempo	180 o más	160 – 179	140 – 159	120 – 139	119 o menos

APÉNDICE B

HABILIDADES DE BÚSQUEDA DE EMPLEO

En este libro hemos tratado de capacitarlo para aprender y desarrollar sus habilidades para dirigir. Pero a efecto de demostrar esas destrezas recién adquiridas, debe ponerlas en práctica como director. Este apéndice está diseñado para ayudarlo a alcanzar esa meta mediante el aprendizaje y el desarrollo de una última habilidad: la búsqueda de empleo.

APRENDA HABILIDADES DE BÚSQUEDA DE EMPLEO

Carreras
    Opciones de carreras
    Elección de una carrera
    Etapas vitales y etapas profesionales
       Exploración
       Establecimiento
       Mantenimiento
       Declinación
Desarrollo profesional
    Planeación profesional o de carrera

    Administración de la carrera
Consideraciones profesionales especiales
    Mujeres y minorías
    Ingreso doble y carreras dobles
Búsqueda de empleo
    Autoevaluación
    Preparación de su currículum y solicitud de empleo
    Entrevista
¡Buena suerte!

Antes de concentrarse en la búsqueda de empleo, haría bien en informarse más sobre las carreras en general y los muchos puestos disponibles en ellas. No hay una profesión que nos funcione a todos. Algunas personas participan en una sola carrera su vida entera, mientras que otras pueden cambiarla, incluso dos o más veces. Aunque la mayoría trabajamos siempre para otros, hay quienes operan sus propias empresas, y otros hacen ambas cosas. Usted tiene que descubrir qué opción es la que más le acomoda.

CARRERAS

Si tiende a pensar más en un empleo que en una carrera, no es inusual. Pero casi sin duda tendrá una carrera. El término *carrera* se refiere simplemente a las actitudes y conductas relacionadas con la experiencia de trabajo durante su vida.[1] Así, puede aplicarse a la totalidad de las áreas vitales, y todos pueden tener una carrera. Una secretaria que considera cómo mejorar su puesto presente y adónde podría llevarla eso en unos años tiene una carrera en mente. Un cocinero que aprende nuevas recetas y trata de mejorar su desempeño tiene una carrera. Cada vez que piensa en su empleo presente y en uno futuro y cómo pasar de uno a otro, está reflexionando en su profesión. Así debe de ser, porque el solo hecho de pensar en ella le permitirá controlar las varias etapas de esta y lograr lo deseado.

"Dame un pescado y comeré hoy; enséñame a pescar y comeré por el resto de mi vida."[2] Tener una meta profesional es como aprender a pescar: le ayuda a tomar decisiones que determinarán su vida. También le permite adaptarse a condiciones cambiantes en el trabajo, y tolerar algunas de las partes aburridas, frustrantes y hasta inseguras de este, porque las ve como pasos necesarios en el tránsito de una etapa de su carrera a la siguiente. También puede ayudarle a ver que su empleo presente no está contribuyendo a esa profesión, para que pueda planear mejor cuándo y cómo cambiar de actividad laboral.

Opciones de carreras

Su elección inicial de una carrera es importante, pero las carreras pueden cambiar, y efectivamente lo hacen. Ninguna decisión es para siempre. La profesión para la que decide prepararse y seguir cuando tiene 16 años podría ser diferente de la que selecciona cuando tiene 26. Esta, a su vez, podría ser distinta de la que elija a los 36, 46, 56, 66, o incluso a los 76. Pero cada vez que cambia, hay determinados factores que deberá considerar. La seguridad en el empleo es uno de ellos. Por ejemplo, es probable que no desee iniciar una carrera en una industria en decadencia, como la manufactura de máquinas de escribir manuales o de carruajes tirados por caballos.

Uno de los aspectos de las opciones de profesión es en qué sector de la economía trabajar. Cada área de nuestra economía necesita personas calificadas. El empleo en la agricultura ha decaído, pero las agroindustrias han prosperado. Otros sectores han crecido o fluctuado. El sector servicios, el comercio mayorista y minorista y los gobiernos estatales y locales han visto sustanciales incrementos en puestos laborales en los últimos 40 años. El trabajo en la minería y en el gobierno federal ha sido relativamente estable en el mismo periodo. Usted también puede optar por el ejército para una parte o la totalidad de su carrera. El empleo en la milicia es sustancial aun en tiempos de paz. Las organizaciones no lucrativas, las cuales tienen metas distintas a la de producir ganancias, también necesitan personas; lo mismo que las organizaciones y fundaciones religiosas, benéficas y de servicio social. Debe considerar todos los sectores de la economía y esas organizaciones diferentes al tomar una decisión profesional.

Elección de una carrera

Tomar una decisión profesional implica tres pasos. El primero es conocerse a sí mismo, incluidas sus habilidades.[3] El segundo es tener información suficiente de posibles carreras y empleos. Por último, debe conocer el ajuste entre usted y su profesión. Sencillo como parece, esto puede ser difícil de hacer, pero debe intentar recorrer este proceso periódicamente durante su vida.

Pregúntese qué es lo que realmente quiere en la vida. ¿Cuáles son sus metas y aspiraciones generales concretas? ¿Quiere llevar una vida tranquila y pacífica? ¿Desea inventar algo? ¿Quiere ser rico? ¿Qué implicaría alcanzar lo que desea? ¿Tiene las habilidades y aptitudes necesarias? Cuestiónese acerca de qué le parece interesante y emocionante; ¿qué le gusta hacer?

Ahora haga esas mismas preguntas sobre muchas posibles carreras. Las carreras que elija, ¿qué requieren en términos de habilidades y aptitudes? ¿Qué ofrecen a las personas respecto del involucramiento emocional y el entusiasmo? ¿Cuáles son las metas asociadas con varias profesiones? Una carrera como silvicultor profesional podría llevar a logros muy diferentes que una como político.

Por último, indague el ajuste entre usted y su carrera. Busque una coincidencia entre sus metas y las de diferentes carreras, así como coincidencias en términos de intereses. Si encuentra una o más actividades que se ajustan a la perfección a sus objetivos e intereses, examine las habilidades y aptitudes requeridas. Si no cuenta con estas, ¿puede obtenerlas yendo a la escuela o leyendo sobre ellas? Orientadores y libros están a su disposición para ayudarle a dar esos pasos.[4]

Etapas vitales y etapas profesionales

Nuestra vida tiene lugar en una serie de etapas: infancia, adolescencia, juventud, edad adulta y senilidad o vejez. Cada una de ellas se asocia con un intervalo de edades, aunque los años son solo aproximaciones. Por ejemplo, la infancia dura hasta alrededor de los 13 años, la adolescencia, hasta alrededor de los 25, y la vejez, hasta que morimos. El paso de una etapa a otra puede ser turbulento, pero por lo habitual las cosas vuelven a asentarse después de cada transición. Es probable que sus deseos y necesidades difieran considerablemente entre cada fase.

Relacionadas de manera estrecha con las vitales están las etapas de carrera, las cuales son aún menos exactas que aquellas en términos de la edad en que ocurren, y por supuesto que ninguna carrera profesional corresponde a la infancia. Hay cuatro etapas en las carreras: exploración, establecimiento, mantenimiento y declinación.

Exploración Durante esta fase desarrolla una mejor comprensión de usted mismo y de diversas ocupaciones. En esta primera etapa, las personas están ansiosas de triunfar, dispuestas a mejorar sus habilidades mediante algún tipo de instrucción, y son generalmente jóvenes, aunque no lo serán si está por ocurrir un segundo ciclo profesional. La etapa continúa durante su primer empleo en este ciclo, el cual podría incluir el inicio de su propio negocio.

Establecimiento La etapa de establecimiento comienza con un periodo de prueba, una continuación de la de exploración, en el cual podría ocupar varios puestos conforme aprende más acerca de las opciones ocupacionales disponibles. Después del periodo de prueba, ocurren logros y avances. Empieza entonces a asentarse en una carrera, aprendiéndola y desempeñándose bien en ella. Se vuelve menos dependiente de otros y más independiente. Comienza a formar una identidad ocupacional y a establecer relaciones con otros en la organización.

Pasar de un puesto a otro, y a otro, es común en esta etapa, y usted podría descubrir que puede avanzar más rápido y ganar más dinero cambiando de empleo. Un alto exejecutivo de Walmart, Jack Shewmaker, tuvo ocho trabajos en 11 años antes de integrarse a esa compañía. Después permaneció en esta, pasando de gerente distrital en 1970, año en que se incorporó, a presidente, puesto que ocupó de 1978 a 1984.[5] Pasar por varios puestos se debe también en parte a la salida de grandes líderes de compañías. Por ejemplo, Gould, Inc. reclutó de IBM a James F. McDonald como nuevo director general. En 1984, Digital Equipment Corporation obtuvo de Ford Motor Company a su vicepresidente de finanzas. Una importante empresa consultora, Hay Group, Inc., descubrió que las organizaciones que usan en puestos clave a personas llegadas de fuera exceden sus metas de tasa de rendimiento más a menudo que aquellas que se apoyaban en sus propios cuadros.[6]

Mantenimiento La etapa de mantenimiento puede seguir uno o más patrones: crecimiento continuo, nivelación, estancamiento o declinación temprana. Los cambios profesionales pueden resultar de estos últimos patrones, y usted volverá a empezar. En esta etapa de la carrera, las personas suelen comenzar a actuar como mentoras de miembros jóvenes de la organización, mostrándoles los detalles y ayudándolos a avanzar. Por lo general empiezan a reexaminar sus metas en la vida y a replantear sus planes profesionales de largo plazo.

Declinación La etapa de declinación significa por lo regular el fin del empleo de tiempo completo y enfrentar el retiro y otras opciones de fin de carrera. La pregunta predominante es: "¿Qué hago ahora?". Usted podría iniciar una nueva profesión o permanecer en la presente. En esta fase, los individuos comienzan generalmente a reconocer que están envejeciendo y a ajustarse de varias maneras, algunas positivas, como ayudar a los demás, y otras no tan positivas, por ejemplo volverse indiferentes o incluso darse por vencidos.

Desarrollo profesional

Su carrera es importante para usted, y las de miembros de organizaciones son importantes para el éxito de estas. El desarrollo profesional es el enfoque cuidadoso y sistemático de asegurar la toma de decisiones razonables en ese campo. Implica un elemento individual, es decir la planeación profesional, y un elemento organizacional, esto es, la administración de carrera.

Planeación profesional o de carrera Lo mismo que las opciones de carreras, la planeación profesional es más detallada e implica especificar cuidadosamente cómo desenvolverse en una carrera una vez tomada la decisión. ¿Cómo alcanzará el éxito en ella? ¿Cuál es la ruta a seguir? ¿Importa el área en la que usted se inicie? ¿Hay determinados puestos en los que debe estar seguro de adquirir experiencia? Algunas compañías ofrecen asistencia formal en planeación profesional.

Primero, haga un plan por escrito. Piense en términos de dónde quiere estar al final de un periodo largo, digamos 20 años. Ahora, a efecto de lograr ese punto en dos décadas, ¿dónde deberá estar en 10 años? Retroceda para desarrollar una respuesta; luego vaya hacia atrás otra vez para ver dónde debe estar en cinco años y en uno. Saber dónde se tiene que estar en un año para alcanzar su meta de 20 años debería ser información fundamental para determinar su decisión hoy.

Mientras planea su carrera, podría tomar conciencia de deficiencias en sus habilidades, experiencia o aptitudes. Podría descubrir, por ejemplo, que para cumplir sus objetivos a 10 años debe aprender un idioma extranjero. Puede empezar a aprenderlo ahora. Reconocer cuáles son sus deficiencias le da la oportunidad de rectificar mediante la instrucción o pasando a un nuevo puesto para adquirir experiencia adicional.

Debe revisar de cuando en cuando su plan profesional, quizá cada tres o cuatro años, aunque no con una frecuencia menor a cinco. Esto le permitirá ver si está cumpliendo sus objetivos, si requiere replantearlos, si debe trabajar con más empeño, o si necesita más capacitación, desarrollo y experiencia. Esta revisión periódica sirve también para mantener en mente sus metas de largo plazo, de tal manera que no sean eliminadas por crisis de corto plazo.

Si persigue su carrera en una organización, debe desarrollar su plan junto con otros ahí. Hable con quienes labora para obtener consejo. Si su empresa tiene un sistema formal de administración profesional (plan de vida y carrera), consulte a quienes lo dirigen a efecto de saber si su proyecto tiene sentido dentro de ella.

Administración de la carrera Muchas organizaciones, entre ellas AT&T, Bank of America, General Electric, General Foods, General Motors y Sears, ofrecen ayuda de la llamada administración de la carrera o profesional.[7] Esta es distinta de los programas de capacitación y desarrollo que la mayoría de las compañías ofrecen ya sea en sus instalaciones (es decir, impartiendo ellas mismas la enseñanza) o enviando a sus empleados a los conducidos por grupos sindicales, universidades o empresas consultoras. La administración de la carrera incluye asesoría, planeación de recursos y sistemas de información al respecto, así como trayectoria profesional.

La asesoría profesional o para la carrera puede ser informal o formal. Los consejos informales de un superior a un subordinado son una modalidad; otra son entrevistas y sesiones de evaluación de desempeño. Un método más formal es tener una asesoría profesional especial, provista por un departamento de personal a disposición de todo empleado interesado o solo de aquellos que serán descendidos, ascendidos o escindidos de la organización.

La trayectoria profesional se refiere a la identificación de coherentes progresiones de puestos —pistas, rutas o sendas profesionales— de particular interés para la organización. Como en el caso de la asesoría, puede ser formal o informal. La organización puede especificar determinada trayectoria que siga una secuencia particular; un ejemplo es una universidad que establece que los puestos de maestro asistente y del de asociado son la progresión normal a la categoría de titular. Por otro lado, la trayectoria podría ser informal, en cuyo caso "todos saben" que primero se deben ocupar los puestos A y B para poder obtener el puesto C.

Aunque son útiles para efectos de planeación, las trayectorias profesionales no deben tomarse cada una como un absoluto. La organización que cambia *lo habitual* por lo que *debe ser* es incapaz de reconocer situaciones singulares y talento excepcional cuando ocurren. En el pasado, por ejemplo, la mayoría de los ejecutivos llegaban a la cima trabajando en una sola empresa, mientras que en la actualidad muchos han estado en varias compañías durante su ascenso a la cumbre. El creciente número de mujeres en puestos ejecutivos ha provocado también cambios en las trayectorias profesionales tradicionales. Un sistema que no es lo bastante flexible para permitir esto impedirá llegar a la cima a algunos individuos muy talentosos.

La planeación de recursos profesionales se refiere al uso de cuidadosas técnicas de proyección en la administración de carrera. La organización hace planes y pronostica necesidades de personal, desarrolla diagramas que muestran las progresiones proyectadas de empleados, prepara inventarios de necesidades de recursos humanos basados en evaluaciones de personal existente y monitorea la implementación de esos planes.

Los sistemas de información profesional son más que solo mercados internos de trabajo (lo que significa que las vacantes en la organización se anuncian en pizarrones de avisos o en boletines y memorandos, y los miembros de ella tienen la primera oportunidad de obtener esos puestos). Estos sistemas combinan mercados laborales internos con asesoría formal y el mantenimiento de un centro de tal información para los empleados. Así, un sistema de información profesional puede motivar tanto como desarrollar al personal de la empresa.

Las compañías que tienen programas formales de desarrollo profesional son por lo habitual más efectivas en el uso de sus recursos humanos que las que no los tienen. De manera adicional, estos programas permiten a las organizaciones hacer frente a las numerosas regulaciones gubernamentales concernientes a tales recursos y reconocer y responder a una amplia variedad de consideraciones en relación con las carreras.

Consideraciones profesionales especiales

Mujeres y minorías Con demasiada frecuencia, las mujeres y las minorías han sentido que algunas carreras son inaccesibles para ellas, en la mayoría de los casos porque la discriminación impide a personas de esos grupos entrar a estas en número suficiente para poner un ejemplo a otros. Cuando la reserva potencial de talento es artificial o arbitrariamente reducida de algún modo, la economía padece, porque la efectividad organizacional no es la que debería. Así, es importante reconocer que miembros de cualquier grupo pueden y deben triunfar en todas las carreras.

Cada vez más mujeres se incorporan cada año a la fuerza de trabajo. Más de la mitad de las mayores de 16 años están empleadas hoy en día, y casi 50% de la población laboral consiste en personal femenino. Estas dos estadísticas representan grandes incrementos desde las condiciones imperantes a principios de este siglo. A este respecto, ha habido un aumento significativo en años recientes. Muchas de esas mujeres tienen sus propios negocios. De hecho, las empresas propiedad de mujeres fueron una de las partes de más rápido crecimiento de la economía estadounidense durante las décadas de 1970 y 1980. Pese al rápido crecimiento y a que cerca de tres millones de compañías son propiedad de ellas, se sabe relativamente poco sobre el patrón profesional de las mujeres de negocios exitosas.[8] De hecho, ciertamente las mujeres no están confinadas a pequeñas empresas; han sobresalido incluso en algunas de las corporaciones más grandes de Estados Unidos.[9]

Empresas de búsqueda de ejecutivos sugieren que existen diferencias profesionales entre altos ejecutivos masculinos y femeninos.[10] Los hombres tienden a ser mayores y han estado más tiempo en su compañía. Un estudio determinó que ambos grupos trabajan 55 horas a la semana, aunque ellos ganan sustancialmente más que ellas. Además, la mayoría de las mujeres piensan que han hecho grandes sacrificios personales para llegar adonde estaban. Veinte por ciento no se había casado nunca, contra menos de 1% de los hombres; 20% estaban separadas o divorciadas, contra alrededor de 4% de sus contrapartes; 95% de ellos tenían hijos, a diferencia de solo poco más de la mitad de las mujeres. No obstante, el número de ejecutivas ha aumentado drásticamente en la última década, y las mujeres se han integrado a los consejos directivos de empresas como Black & Decker y Smith Kline Beckman Corporation.[11] Como hay consideraciones diferentes en las profesiones de hombres y mujeres, y a causa de la discriminación de género, las mujeres deben ser particularmente atentas a la planeación de su carrera.[12]

Miembros de grupos minoritarios triunfan también en una extensa variedad de carreras. Asistencia gubernamental existe en varias formas para ayudar a miembros de esos grupos quienes se interesan en iniciar y administrar sus propias empresas. La Minority Business Development Agency de Estados Unidos se inició en el Departamento de Comercio en 1969. El Departamento del Interior, por medio de la Bureau of Indian Affairs, estableció en 1970 el Indian Business Development Fund, para ayudar a los amerindios a obtener fondos para establecer negocios. La Economic Development Administration puso en marcha un Minority Contractors Assistance Program en 1971 para ayudar a las minorías en la industria de la construcción. Asistencia profesional y técnica como ayuda en contabilidad e ingeniería se brinda conforme a la Sección 406 de la Equal Opportunity Act. Algunos grupos privados, como la Cuban American Foundation, también están disponibles para dar asistencia a las minorías en la propiedad de sus empresas.[13]

En suma, mujeres y minorías pueden y deben tener carreras exitosas. Quizá enfrentan obstáculos adicionales, pero las dificultades existen también para hombres y blancos. Las investigaciones han sugerido en años recientes que la acción más importante para que todos alcancen el éxito profesional es ser vistos, ser observados, ser notados y ser apreciados por otros en su organización.[14]

Ingreso doble y carreras dobles Más de la mitad de las mujeres adultas trabajan en la actualidad. Como muchas de ellas están casadas, significa que gran número de hogares cuentan ahora con dos fuentes de ingreso. Las ventajas económicas de esto son obvias. De hecho, en ausencia de hijos, hay pocas desventajas financieras, si es que alguna. Ocurren problemas cuando hay hijos, pero muchas compañías ya dan pasos para resolver algunos de ellos ofreciendo horarios flexibles, permisos personales más generosos, guarderías, etcétera.

La mayoría de los problemas de las familias de doble ingreso pueden solucionarse. Si surge algún problema, por ejemplo, que determinado hijo contraiga una enfermedad prolongada, uno de los padres puede desertar de la fuerza de trabajo y permanecer en casa mientras el vástago recupera la salud. Sin embargo, si ambos padres persiguen una carrera, la situación cambia radicalmente. Interrumpir una carrera es mucho más devastador que interrumpir una serie de empleos. ¿A qué carrera debería renunciarse? ¿La de quién es menos importante? El ajuste para las familias de carreras duales no es fácil ni obvio, y a veces uno de los padres, o ambos, deben hacer un sacrificio serio de metas de largo plazo. Incluso cosas como programar vacaciones pueden volverse problemáticas, porque ambas partes deben tomar tiempo libre al mismo tiempo.[15]

Desde luego que la prolongada enfermedad de un hijo no es un problema que enfrente la mayoría de las parejas de doble carrera. Ascensos y reasignaciones que implican transferencias a nuevos lugares son mucho más comunes y pueden ser sumamente inquietantes. La profesión de uno de los miembros de la pareja podría beneficiarse de la aceptación de la nueva asignación, pero la del otro podría obtener beneficios de la permanencia en el mismo sitio. ¿Cuál carrera es más importante? ¿Y si las dos personas trabajan en la misma compañía y una se desempeña mucho mejor que la otra? Una asciende rápidamente, mientras que la otra lo hace despacio, o no lo hace en absoluto (o, peor todavía, es despedida). Este tipo de fricciones pueden destruir un matrimonio.

Resolver estos conflictos no es fácil. Es particularmente difícil ahora, porque no muchas personas son lo bastante experimentadas para ofrecer consejos, aunque existen algunos consejos tentativos.[16] Un elemento clave en familias de doble carrera es obviamente adoptar una visión de "familia" o "nosotros/nuestro" en vez de "yo". Esto podría significar decidirse por la reubicación para ayudar ahora al miembro A de la pareja, en el entendido de que la siguiente decisión profesional importante ayudará al miembro B (por supuesto que cuando llegue el turno de B, A podría arrepentirse).

BÚSQUEDA DE EMPLEO

Con todo esto en mente, entonces, está listo para iniciar su búsqueda de trabajo. Hacerlo puede ser una tarea larga, así que es mejor abordarla con la idea de que en definitiva tendrá éxito. Pero no se desanime si tarda más de lo que previó. Debe conocerse a sí mismo —sus habilidades, fortalezas y debilidades— para lograr preparar un currículum y cartas de presentación efectivos, al igual que para desempeñarse de modo eficaz en entrevistas. Desde luego, debe obtener información sobre industrias y organizaciones para dirigir su búsqueda de empleo. En el resto de este apéndice se esbozarán ideas para auxiliarlo en esa búsqueda.

Autoevaluación

La clave de una autoevaluación útil es la honestidad. Pero pese a nuestros esfuerzos más honestos, podríamos no vernos como otros nos ven. Por esta razón es beneficioso obtener las opiniones de los demás, particularmente en el entorno de trabajo, sobre nuestras fortalezas y debilidades. Intente combinar sus opiniones y las de otros al realizar su autoevaluación.

¿Qué habilidades tienes que atraerían a un posible empleador? ¿Qué tan actuales son esas capacidades? ¿Qué conocimientos posee que le permitirían agregar valor a una organización? ¿Qué tan actuales son esos conocimientos? Haga una lista de lo anterior y destaque palabras clave en ellas. No olvide considerar conocimientos y habilidades técnicos, interpersonales, conceptuales, de diagnóstico, de comunicación, de toma de decisiones y de administración del tiempo.

Considere sus prioridades. Busca empleo, pero, ¿a qué renunciaría por obtenerlo? ¿Está dispuesto a que se le reubique? ¿Lo está su familia? ¿Aceptará una reducción en su sueldo? De ser así, ¿de cuánto? Al considerar sus prioridades, piense en asuntos como su tiempo, lugar de trabajo, viajes implicados, potencial de nuevos retos, potencial de ascenso, quiénes serán sus compañeros, bajo las órdenes de quién estará, cuáles son las prestaciones —lo que incluye vacaciones, retiro, seguro, etcétera—, y qué tan seguro o estable podría ser el nuevo puesto.

Considere sus metas profesionales. ¿Dónde quiere estar en 10 años? ¿En cinco años? ¿En uno? ¿Este nuevo empleo le ayudará a cumplir esos objetivos? ¿Le ayudará a adquirir los conocimientos y habilidades que necesita para alcanzarlos? ¿Abrirá nuevas oportunidades o contactos para usted que le ayuden a cumplir sus metas?

Por último, considere los tipos de puestos y organizaciones en los que se siente más a gusto y aquellos en los que está menos a gusto. ¿Prefiere las empresas pequeñas o grandes? ¿Un horario y condiciones de trabajo muy predecibles o cierto grado de incertidumbre y flexibilidad? ¿Prefiere laborar con personas, computadoras, equipo, "cosas" o "papel"? Puede sin duda identificar otros elementos del empleo u organizacionales que preferiría tener o evitar en una nueva situación. Haga una lista de esos elementos y téngala a la mano para consultarla conforme surjan oportunidades.

Preparación de su currículum y solicitud de empleo

Un currículum es un resumen de sus acreditaciones y experiencia de trabajo. No hay una manera perfecta de prepararlo. No se trata de una relación detallada de todo lo que lo describe a usted y sus acreditaciones; es una síntesis. Tampoco tiene una extensión fija. Busque exhaustividad y brevedad en el documento, y la extensión resultante podría ser de una a cuatro o cinco cuartillas. Las antiguas "reglas" acerca de una sola cuartilla (o dos) ya no se aplican en la mayoría de los campos, pero debería conocer la norma en su campo y ceñirse a ella.

En el mercado de trabajo de hoy necesita dos versiones de su currículum. Una impresa limpia y nítida para entregar a posibles empleadores cuando se lo soliciten, y una electrónica para buscar empleo en línea. Esta puede ser muy útil para muchas búsquedas laborales. Pero debe reconocer, por supuesto, que gran número búsquedas exitosas se han realizado, y seguirán haciéndolo, sin el uso de las electrónicas.

Esas dos versiones difieren no solo en los medios utilizados, sino también en la naturaleza del contenido. Un currículum impreso enfatiza los verbos, esto es palabras que señalan acción, para llamar la atención del lector acerca de lo que usted ha hecho. Uno electrónico hace hincapié en los sustantivos, o sea en nombres, a efecto de permitir a las personas encontrarlo más fácil con programas o motores de búsqueda. El impreso podría decir que impartió talleres o que inventó un eslogan de publicidad en su empleo actual, mientras que el electrónico podría decir que fue instructor de talleres o que en la actualidad es autor de textos publicitarios en un departamento dedicado a esto. También debe tener el cuidado de evitar palabras clave (verbos o sustantivos) que den información sobre filiación política o religiosa o que sugieran sus opiniones sobre temas controvertidos. Tampoco incluya información personal sobre su apariencia, estado civil, etcétera.

Al preparar su currículum encontrará que, en realidad, hoy en día hay cinco versiones en uso. Dos impresas y tres electrónicas. El tradicional impreso se formatea para que tenga una apariencia agradable: que no esté saturado de texto de arriba abajo y de un lado a otro, ni con grandes márgenes o muchos espacios en blanco. Crecientemente, sin embargo, las organizaciones piden impresos que sean fáciles de escanear para integrarlos a bases de datos electrónicas. Los currículum para escaneo no deben contener palabras en negritas, subrayadas o cursivas ni usar fuentes tipográficas muy elaboradas. Tampoco deben tener columnas ni listas con viñetas, porque algunos escáneres no pueden manejar esas funciones de formateo.

Un currículum electrónico es muy parecido a uno impreso para escaneo. Debe tener pocas variaciones de fuentes y ninguna imagen. De hecho, lo ideal es que se hagan en texto plano o ASCII. Un electrónico formateado también es muy parecido a uno impreso formateado. Contiene fuentes e imágenes que indican algo sobre la personalidad. Por último, algunos currículum electrónicos se hacen como páginas web. Estos suelen ser aún más elaborados, pero debe saber que algunas organizaciones no revisarán páginas web. También debe conocer que determinados sitios para subir o publicar su currículum tienen instrucciones específicas a seguir. Si no rehace el suyo para ajustarlo a esas especificaciones, simplemente lo desecharán y usted perderá las oportunidades que le habría brindado publicarlo ahí. Siga todas y cada una de las indicaciones provistas por una organización. No dé por hecho que esta le permitirá usar el formato o enfoque que más le agrada.

El lenguaje que use en su currículum debe ser actual. Esto indica en perspectiva a los empleadores que mantiene al día sus habilidades y conocimientos. Considere cuidadosamente qué términos o frases llamarían la atención de un posible empleador y use esas palabras clave. No olvide utilizarlas en contexto, sin embargo no meramente en una especie de lista. De igual modo, evite su uso repetitivo; pierden impacto si se les reitera mucho. Una vez más, recuerde que las palabras clave en los currículum impresos son los verbos, mientras que en los electrónicos son los sustantivos.

En términos de formato, identifique y siga la práctica vigente en su campo profesional o laboral. Los electrónicos no deben tener más de 65 caracteres por renglón (recuerde que los espacios también son caracteres). Las fuentes fáciles de escanear, faxear, etcétera, son Times New Roman y Courier. Utilice un tamaño de fuente de 10 o 12 puntos y recuerde que un currículum impreso para escaneo y uno electrónico en texto plano sólo deberán tener una fuente y un tamaño.

La práctica vigente en su campo es importante para determinar si incluir o no un objetivo profesional o párrafo introductorio. En algunas áreas se usa uno u otro, y en otras, ninguno de los dos. Coloque siempre primero la información más reciente (orden cronológico inverso: su empleo presente, luego el anterior, etcétera). Un currículum electrónico bien puede ser más extenso que uno impreso, porque la mayoría de estos requieren una línea para separar cada pieza de nueva información, mientras que en algunos casos sería fácil poner varios elementos en el mismo renglón de uno impreso.

El orden de la información también puede variar de un campo a otro. Una disposición común, sin embargo, es nombre, dirección, objetivo profesional o párrafo introductorio (si es común en su campo), experiencia de trabajo (el más reciente primero), estudios (especialidades, cursos generales, concentraciones e instituciones), pasatiempos y/o intereses (esto es opcional y mucha gente no lo usa; nosotros recomendamos no incluirlo a menos que sea muy común en su área), referencias (al menos indique que puede proporcionarlas si se lo solicitan y, desde luego, obtenga autorización antes de usar a alguien como referencia).

Una vez que haya reunido la información y preparado un primer borrador, ¡corrija, corrija, corrija! Los currículum con faltas de ortografía, errores tipográficos o errores gramaticales no lo llevarán lejos. Si prepara el suyo en una computadora, utilice su programa de revisión ortográfica, aunque no en sustitución de su propia lectura de corrección. Antes de presentarlo, también es buena idea mostrarlo a amigos o colegas para obtener sus reacciones. Podrían notar algo que pasó por alto.

Una vez terminado, está usted listo para solicitar empleo. En algunos casos, enviarlo por correo postal o por fax junto con una carta de presentación constituirá su solicitud (si lo manda por correo, no olvide que deben hacer juego el papel de su currículum, el de la carta de presentación y el del sobre). En otros casos, la organización requerirá que llene un formato de solicitud. De hecho, algunas compañías le indicarán que use solo su formato y no aceptarán su currículum. Tras recibir la solicitud, en Estados Unidos la mayoría de estas le enviarán un formato EEO/AA (Equal Employment Opportunity and Affirmative Action) para que lo llene y lo devuelva. Esa información se usa exclusivamente para rendir informes a organismos gubernamentales y no se utiliza en el proceso de contratación, así que no se preocupe al proporcionarla. En esta etapa, algunas organizaciones podrían llamarle por teléfono para hacerle preguntas específicas más allá de las incluidas en los formatos de solicitud.

Si todo marcha bien, se le pedirá presentarse para una entrevista. Este es también un paso importante, así que en la siguiente sección se dará orientación al respecto.

Entrevista

Nunca olvide que la entrevista es un proceso bidireccional. La organización obtiene la información que desea y le da a usted información que quiere tener. Debe dar la que la empresa busca, pero también haga preguntas para obtener datos que desea conocer más allá de la que le proporcionen.

Antes de entrevistarse haga su tarea: investigue lo más que pueda acerca de la organización, la industria en que opera y el puesto específico que le interesa. Revise su currículum y sus acreditaciones para el trabajo, y prepare respuestas para preguntas generales sobre usted en función del tipo de empleo que más le interesa y cómo planea su día. Puede hallar posibles preguntas en varias fuentes.[17] Ensaye respuestas potenciales, y practique la entrevista con un amigo o pariente, de ser posible.

Tome en cuenta que existen varios tipos de entrevista, y prepárese para cada uno de ellos. Primero están las estructuradas o dirigidas y las no estructuradas o no dirigidas. Las primeras siguen una serie de preguntas cuidadosamente elaboradas, y el entrevistador no se apartará de esa serie. Las segundas son más informales y permiten más libertad de expresión. Las grupales o de panel (dos o más entrevistadores al mismo tiempo) son de uso probable cuando trabajará en un entorno colaborativo (las primeras, en niveles organizacionales más bajos que las segundas). Las entrevistas estresantes pueden usarse si es probable que el puesto esté sometido a presión significativa y si la empresa quiere determinar lo bien que la maneja. Por lo general, tales entrevistas implican una descarga de preguntas con poco tiempo para considerar las respuestas y preguntas capciosas diseñadas para "volverse contra usted". A algunos empleadores les gusta utilizar las estresantes para todos los puestos, así que debe considerar atentamente si estaría a gusto o no trabajando en compañías así. También hay entrevistas telefónicas. Pueden ser del tipo de cualquiera de las anteriores, con la diferencia de que se llevan a cabo por teléfono, no en persona. En esencia, todas las recomendaciones presentadas aquí (con excepción de cómo vestirse) son aplicables tanto a la telefónica como a la efectuada frente a frente.

El día en que la tenga, no olvide salir temprano para confirmar que ningún imprevisto le haga llegar con demora. Es mucho mejor llegar temprano que tarde. Preséntese bien arreglado y vista apropiadamente para el tipo de organización y puesto. No coma mientras espera, ni tampoco masque chicle ni fume. Si usa un refrescante para el aliento, deséchelo antes de que comience el encuentro. Cerciórese de tener varias copias de su currículum y su lista de referencias en caso de que más de una persona esté implicada en el proceso de la entrevista.

Estreche la mano de su o sus interlocutores y no olvide sus nombres. Durante la charla responda rápido, pero si una pregunta requiere cierta reflexión antes de contestar, tómese su tiempo. Muestre entusiasmo por la organización y el puesto, así como disposición a cooperar. Lleve en mente sus preguntas —incluso podría anotarlas en tarjetas para consultarlas durante la entrevista— y hágalas cuando parezca apropiado. Al concluir, dele las gracias a quien lo entrevistó.

Al haber terminado tome rigurosas notas de todo lo que se haya mencionado. Podrían emerger puntos que no estén claros y que deba disipar cuando ocurra su siguiente contacto (si es el caso). Envíe una breve carta de agradecimiento un día después del encuentro, y compleméntela con una llamada telefónica una semana más tarde. Por último, evalúese para que pueda desempeñarse aún mejor en su siguiente entrevista.

¡BUENA SUERTE!

Desde aquí, le deseamos suerte. Con frecuencia, eso es lo que se necesita en esta etapa, porque hay muchas personas calificadas buscando los mismos puestos. Cerciórese de proseguir con otros empleadores en perspectiva, sólo por si acaso.

VISUALICE SUS HABILIDADES DE BÚSQUEDA DE EMPLEO

HABILIDADES DE BÚSQUEDA DE EMPLEO EN ACCIÓN 1

Su tarea

Considere el primer videoclip BizFlix del capítulo 10 "Transición de la dirección al liderazgo".

En *Good Company* (2004) se exponen las complejidades de las corporaciones estadounidenses. Una adquisición corporativa pone al ejecutivo estrella de publicidad Dan Foreman (Dennis Quaid) bajo las órdenes de un nuevo jefe, Carter Duryea (Topher Grace) quien tiene la mitad de su edad y quiere que este demuestre su valía como nuevo director de marketing de *Sports America*, la principal revista de Waterman Publishing. Carter aplica sus particulares enfoques mientras sale con la hija de Dan, Alex (Scarlett Johansson).

Advierta cómo son evidentes en este videoclip las habilidades profesionales o de búsqueda de empleo.

1. El clip comienza cuando Carter Duryea entra a la oficina de Dan Foreman diciendo: "¡Dios mío, Dan! ¡Dios mío!". Mark Steckle (Clark Gregg) llega poco después. Mark está casi violentamente molesto y amenaza con dispararle a Dan. Luego de una interacción sumamente tensa, la secuencia termina cuando Carter pregunta: "¿Alguna idea?". Dan dice: "Una". Carter pone así en peligro su puesto y su carrera. ¿Qué habilidades profesionales o de búsqueda de empleo podría él necesitar si las cosas marchan bien? ¿Si las cosas no van bien?

HABILIDADES DE BÚSQUEDA DE EMPLEO EN ACCIÓN 2

Este ejercicio le dará la oportunidad de pensar en habilidades de búsqueda de empleo que podrían estar implicadas cuando usted o sus compañeros se gradúen.

Su tarea

1. Piense en habilidades profesionales o de búsqueda de empleo y trate de identificar una escena que ilustre en una película, programa de televisión o video en YouTube un uso positivo o efectivo de tales capacidades.

2. Ahora haga lo mismo respecto de una escena que ilustre un uso negativo o ineficaz de esas habilidades.

PRACTIQUE SUS HABILIDADES DE BÚSQUEDA DE EMPLEO

SELECCIÓN DE UN EMPLEO

Este ejercicio requiere que utilice sus habilidades en la selección de un empleo por usted mismo.

Supóngase que egresará pronto de la universidad y que ha recibido tres ofertas de trabajo, que se resumen enseguida.

- Oferta núm. 1 ($32 000): puesto de nivel bajo en una gran compañía en un lugar muy atractivo. Sin embargo, ve perspectivas de ascenso relativamente limitadas, y sabe de la probabilidad de reubicarse con frecuencia.

- Oferta núm. 2 ($29 000): empleo en una empresa nueva, lo que significa trabajar horas de más. Sin embargo, si esta sobrevive un año, las oportunidades son ilimitadas. Podría tener que mudarse ocasionalmente, pero no por varios años.

- Oferta núm. 3 ($35 000): puesto en el negocio familiar. Comenzará entre los mandos medios y podrá controlar sus transferencias o reubicaciones, pero sabe que algunas personas en la compañía podrían molestarse a causa de sus lazos familiares.

Su tarea

1. Enliste las recompensas u oportunidades que cree que resultarían de cada empleo.

2. Haga una relación de los inconvenientes o problemas que podría prever con cada puesto.

3. Respecto de los resultados que indicó en los puntos 1 y 2, decida qué tan importante es cada recompensa o problema para usted. (*Pista:* enliste en orden de importancia los aspectos positivos y los negativos.)

4. Considerando los aspectos positivos y los negativos a los que concedió más peso, ¿qué empleo seleccionaría entre estas tres ofertas?

5. ¿Qué otros resultados serán importantes para usted en la selección de un puesto?

¿CUÁL EMPLEO?

Este ejercicio le dará práctica en la definición de problemas y oportunidades a efecto de elegir un empleo entre varias opciones.

Para tomar una decisión de trabajo apropiada, el aspirante debe conocer primero sus aptitudes, preferencias y metas. En la actividad tendrá la oportunidad de tomar por otro una decisión, así que los riesgos serán mínimos. Sin embargo, podría utilizar el mismo método para su propia toma de decisiones de empleo.

Su tarea

Pat está por graduarse. Luego de meses de enviar su currículum y de acudir a entrevistas, cree que hay cinco posibles oportunidades de trabajo: en una GRAN compañía, en una PEQUEÑA empresa, en el gobierno de la CIUDAD, en la empresa FAMILIAR e iniciar su PROPIO negocio. Ella ha hecho estimaciones de la probabilidad de realmente conseguir una oferta de cada una de estas posibilidades y dispuso en orden de importancia el atractivo inmediato de cada una. Además, también ha calculado la probabilidad de su éxito en cada empleo. Por último, ha reflexionado un poco en el impacto de largo plazo de los puestos laborales; es decir, cuál de ellos tiene más probabilidades de resultar en éxito o desarrollo profesional en un futuro lejano. Como se necesitará mucho tiempo y otros recursos para finalmente conseguir el trabajo, Pat debe decidir desde este momento cuál perseguir. Las cifras que derivó aparecen enseguida.

Empleo	Orden de atractivo inmediato	Probabilidad de conseguir una oferta	Probabilidad de éxito en el puesto	Impacto profesional de largo plazo
GRANDE	3	0.70	0.60	Moderado
PEQUEÑA	1	0.50	0.80	Alto
CIUDAD	2	0.80	0.80	Moderado
FAMILIAR	5	1.00	0.50	Bajo
PROPIO	4	1.00	0.20	Desconocido

1. Pensando en el éxito en el puesto, utilice la información de Pat para decidir qué trabajo debería perseguir.

2. Ahora haga lo mismo pensando en la oferta final más probable.

3. Si usted fuera Pat, ¿qué haría? ¿Por qué?

NOTAS

[1] Douglas T. Hall, *Careers in Organizations*, Santa Monica, California, Goodyear, 1976.

[2] R.N. Bolles, *What Color Is Your Parachute? 2012: A Practical Manual for Job-Hunters and Career-Changers*, Berkeley, California, Ten Speed Press, 2011.

[3] Diane Cole, "Assess Your Skills to Reduce Career Doubts", *The Wall Street Journal, The College Edition of the National Business Employment Weekly*, primavera de 1990, pp. 7-8.

[4] Un libro excelente es R.N. Bolles, *op. cit.*

[5] H. Gilman y K. Blumenthal, "Two Wal-Mart Officials Vie for Top Post", *The Wall Street Journal*, 23 de julio de 1986, p. 6.

[6] J.A. Byrne y A.L. Cowan, "Should Companies Groom New Leaders or Buy Them?", *BusinessWeek*, 22 de septiembre de 1986, pp. 94-96.

[7] B.A. Duval y R.S. Courtney, "Upward Mobility: The GF Way of Opening Employee Advancement Opportunities", *Personnel*, mayo-junio de 1978, pp. 43-53; P.G. Benson y G.C. Thornton III, "A Model Career Planning Program", *Personnel*, marzo-abril de 1978, pp. 30-39.

[8] D.D. Bowen y R.D. Hisrich, "The Female Entrepreneur: A Career Development Perspective", *Academy of Management Review*, vol. 11, núm. 2, 1986, pp. 393-407.

[9] Anne M. Russell, "High-Tech Corporate Careers: Where Career Ladders Are Like Roller Coasters", *Working Woman*, 1 de mayo de 1989, pp. 55-86.

[10] "Male vs. Female: What a Difference It Makes in Business Careers", *The Wall Street Journal*, 9 de diciembre de 1986, p. 1.

[11] "Women Directors Now Bring Strong Management Credentials to Boards", *The Wall Street Journal*, 19 de agosto de 1986, p. 1.

[12] Kathy Cannings y Claude Montmarquette, "Managerial Momentum: A Simultaneous Model of the Career Progress of Male and Female Managers", *Industrial and Labor Relations Review*, 1 de enero de 1991, pp. 212-228; Gary N. Powell y Lisa A. Maniniero, "Cross Currents in the River of Time: Conceptualizing the Complexities of Women's Careers", *Journal of Management*, 1 de junio de 1992, pp. 215-237.

[13] "Winning Friends and Influencing People", *Hispanic Business*, 1 de julio de 1989, pp. 20-25.

[14] Walter Kiechel III, "The Importance of Being Visible", *Fortune*, 24 de junio de 1985, pp. 141-143.

[15] Constanza Montana, "Career Couples Find Vacations Hard to Plan", *The Wall Street Journal*, 4 de agosto de 1986, p. A15.

[16] Ronya Kozmetsky y George Kozmetsky, *Making It Together: A Survival Manual for the Executive Family*, Nueva York, Free Press, 1981.

[17] Vea, por ejemplo, M. Yate, *Hiring the Best*, Avon, Massachusetts, Adams Media, 2006.

GLOSARIO

A

administración conjunto de que incluyen planear organizar, dirigir y controlar los recursos de una organización (humanos, financieros, materiales y de información) con el propósito de alcanzar sus metas de forma efectiva

administración de riesgos proceso de proteger a la empresa y sus activos reduciendo las consecuencias que podrían tener hechos futuros que entrañan riesgos

administración estratégica manera de abordar las oportunidades y los desafíos de los negocios; un proceso directivo global sostenido que tiene por objeto formular estrategias efectivas e implementarlas

agotamiento sentimiento de cansancio físico y mental que se puede presentar cuando una persona sufre demasiado estrés durante un plazo muy extenso

alicientes (*contrato psicológico*) lo que una organización proporciona a un individuo: remuneración, oportunidades para hacer carrera, seguridad de empleo, estatus, etcétera

amenazas organizacionales áreas que incrementan la dificultad para que una organización tenga un desempeño de gran nivel

análisis de razones cálculo de una o varias razones financieras para evaluar algún aspecto de la salud financiera de la organización

apertura grado de rigidez de las creencias, y de la gama de intereses de una persona

aportaciones (*contrato psicológico*) lo que un individuo entrega a la organización: esfuerzo, habilidades, capacidad, tiempo, lealtad, etcétera

áreas de la dirección marketing, finanzas, operaciones, recursos humanos, administración y otras más

atribuir facultades proceso de permitir a los empleados establecer las metas de su trabajo y que tomen decisiones y resuelvan problemas dentro de su ámbito de responsabilidad y autoridad

ausentismo porcentaje de ocasiones en que los empleados no se presentan a trabajar

autoestima medida en que una persona cree que es valiosa y merecedora

autoritarismo medida en que una persona piensa que está bien que existan diferencias de poder y de estatus en los sistemas sociales jerárquicos, como es el caso de las organizaciones

B

balance general lista de los activos y los pasivos de la organización en un momento específico, por lo habitual el último día de su ejercicio fiscal

C

cadena de rumores red informal de comunicación que puede abarcar a la organización entera

cambio en la organización toda modificación sustantiva de alguna de las partes de la organización

cambio planeado el que es diseñado e implementado de forma oportuna y ordenada anticipándose a hechos futuros

cambio reactivo respuesta gradual a las circunstancias a medida que se presentan

carisma forma de atraer a otras personas que inspira su apoyo y aceptación

castigo consecuencia negativa que se presenta después de una conducta indeseable

centralización proceso de retener el poder y la autoridad sistemáticamente en manos de los directores del nivel más alto

"cinco grandes" rasgos de la personalidad cinco rasgos fundamentales de la personalidad que tienen especial importancia para las organizaciones: simpatía, meticulosidad, neurosis, extraversión y apertura

ciudadanía organizacional conducta de individuos que hacen una aportación global positiva a la organización

coalición alianza informal de individuos o grupos creada para alcanzar una meta común

compañero de trabajo menos preferido (CMP) instrumento que sirve para medir las tendencias de la conducta de un líder

competencia distintiva algo que la organización hace excepcionalmente bien

comunicación proceso de transmitir información de una persona a otra

comunicación efectiva proceso de enviar un mensaje de tal modo que, cuando se recibe, su significado sea lo más parecido posible a la intención al mandarlo

comunicación escrita la que emplea medios escritos, por ejemplo cartas, memoranda, informes, correos electrónicos y textos en la web

comunicación horizontal aquella que implica a colegas y pares del mismo nivel de la organización

comunicación no verbal intercambio de señales que no emplea palabras o que las usa para transmitir más significado que la definición estricta de ellas

comunicación oral se presenta en conversaciones, decisiones de grupos, llamadas telefónicas y otras situaciones en que se usan palabras habladas para expresar significados

comunicación vertical aquella que sube y baja por los niveles de la organización, por lo habitual siguiendo las líneas formales de dependencia

conducta considerada exhibir interés por los subordinados y tratar de establecer un clima cálido, amigable y solidario

conducta de estructura inicial la que define con claridad la función del líder-subordinado de modo que todos sepan lo que se espera de él, que implanta líneas formales de comunicación y que establece cómo serán desempeñadas las tareas

conducta del líder centrada en el trabajo la que presta atención estrecha al trabajo de los subordinados, les explica los procedimientos laborales y siente profundo interés por el desempeño de estos

conducta del líder centrada en los empleados la de quien está interesado en crear un grupo de trabajo cohesionado y se asegura de que los empleados estén satisfechos con sus trabajos

conductas del desempeño conjunto completo de conductas relacionadas con el trabajo que la organización espera que exhiban los individuos

conductas disfuncionales las que disminuyen el desempeño de la organización, en lugar de contribuir al mismo

conflicto resultado de una desavenencia entre dos o más personas, grupos u organizaciones

conocimiento de uno mismo medida en que sabemos cómo nos ven otros

contrato psicológico conjunto global de expectativas que tiene un individuo en función de lo que contribuirá a la organización y de lo que esta le regresará a cambio

control regulación de las actividades de la organización de modo que cualquier elemento del desempeño pretendido permanezca dentro de límites aceptables

control de operaciones se refiere a los procesos que la organización usa para transformar los recursos en productos o servicios

control de selección se concentra en cumplir las normas de calidad o de cantidad de un producto o un servicio durante el proceso de transformación mismo

control estratégico se concentra en la efectividad con la cual la estrategia corporativa, la del negocio y la funcional de la organización están ayudándola a alcanzar sus metas

control estructural se ocupa del modo en que los elementos de la estructura de la organización cumplen con su propósito fundamental

control financiero el referente a los recursos financieros de la organización, y también e igual al acrónimo FODA en español el relativo a los recursos que entran a la organización (ingresos, inversiones de accionistas), que son posesión de la organización (capital de trabajo, ingresos retenidos) y que salen de la organización (sueldos, gastos)

control posterior a la acción el que se concentra en los productos de la organización después de que ha terminado el proceso de transformación

control preliminar se concentra en los recursos (financieros, materiales, humanos y de información) provenientes del entorno los cuales introduce la organización

controlador director/ejecutivo que se encarga de ayudar a los gerentes de línea con sus actividades de control, de coordinar el sistema de control entero de la organización, y de reunir y asimilar la información pertinente

controlar monitorear el avance que registra la organización para alcanzar sus metas

creatividad capacidad de una persona para generar ideas nuevas o para concebir otras perspectivas de ideas que ya existen

D

debilidades organizacionales capacidades que no permiten que una organización escoja estrategias que apoyan su misión y las implemente, las cuales se pueden convertir en áreas de oportunidad

decisiones programadas decisiones relativamente estructuradas o que se vuelven a presentar con determinada frecuencia (o las dos cosas)

decisiones no programadas las que están relativamente poco estructuradas y que se presentan con mucho menor frecuencia

delegar proceso que siguen los directores y/o gerentes para asignar a otras personas una parte de su carga total de trabajo

descentralización proceso de delegar poder y autoridad

sistemáticamente a los gerentes/ejecutivos de nivel medio y bajo de toda la organización

desembolso de recursos (*como parte de la estrategia*) especifica la manera en que la organización distribuirá sus recursos entre las áreas funcionales

desventaja competitiva cuando una organización no está implementando las estrategias valiosas que sí ponen en funcionamiento las compañías competidoras; las que están en desventaja competitiva alcanzarán niveles de desempeño por debajo del promedio

diferencias individuales atributos personales que varían de un individuo a otro

dimensión (*como parte de la estrategia*) especifica el grupo de mercados en los que competirá la organización

dirección de crisis conjunto de procedimientos que la organización aplica en casos de desastre o de alguna otra calamidad inesperada

dirigir haciendo rondines *práctica* de estar al tanto de lo que ocurre haciendo recorridos en la empresa y hablando con las personas

diversidad caso que se presenta en una comunidad de personas cuando sus miembros son diferentes en una o varias dimensiones

E

educación primaria, secundaria, media superior, superior y/o educación continua que contribuye a la eficacia del director

eficaz tomar las decisiones correctas e implementarlas con éxito

eficiente usar los recursos debidamente, de modo que ejerzan menos costos y ofrezcan más resultados. Por ejemplo, una compañía como Honda, que fabrica productos de gran calidad con costos relativamente bajos, es eficiente

elusión consecuencia negativa que los empleados evitan observando una conducta deseada

empleo compartido dos empleados de medio tiempo que comparten un mismo empleo de tiempo completo

engranaje persona-empleo medida en que las contribuciones del individuo encajan con los incentivos que ofrece la organización

equipo número pequeño de personas que tienen habilidades que se complementan y también un propósito, metas de desempeño y un planteamiento en común, de los cuales todas tienen la obligación de rendir cuentas ante las demás

equipos de trabajo los que son permanentes y se encargan de desarrollar el trabajo diario de la organización

equipos directivos los compuestos por directores/gerentes de distintas áreas y que se encargan de coordinar a los equipos de trabajo

equipos para desarrollar productos combinaciones de equipos de trabajo y de equipos de resolución de problemas para que creen diseños nuevos de productos o servicios que satisfarán las necesidades de los clientes

equipos para resolver problemas equipos temporales creados para abordar problemas específicos en el centro de trabajo

equipos virtuales aquellos que quizá nunca se reúnan de hecho en un mismo lugar; desarrollan sus actividades de forma digital por medio de teleconferencias y otros sistemas electrónicos de información

escalar el compromiso aferrarse a una decisión más allá de determinado punto cuando ha quedado claro que está equivocada

estado de certidumbre (*en la toma de decisiones*) situación en la cual el tomador de decisiones sabe con certeza razonable cuáles alternativas y condiciones están asociadas a cada alternativa

estado de incertidumbre (*en la toma de decisiones*) situación en la cual el tomador de decisiones no conoce todas las alternativas, ni los riesgos asociados o las consecuencias probables de cada una de ellas

estado de pérdidas y ganancias resume el desempeño financiero en un periodo de tiempo, por lo habitual un año

estado de riesgo (*en la toma de decisiones*) situación en la cual la presencia de cada alternativa y sus posibles réditos y costos están asociados a cálculos de probabilidad

estado financiero perfil de algún aspecto de la situación financiera de una organización

estrategia corporativa conjunto de alternativas estratégicas de entre las cuales la organización va eligiendo algunas para dirigir sus operaciones de forma simultánea en varias industrias y en varios mercados

estrategia del negocio conjunto de alternativas estratégicas que escoge una organización para desarrollar sus actividades en una industria o un mercado particulares

estrategia deliberada un plan escogido e implementado con el propósito de apoyar metas específicas

estrategia emergente patrón de la acción que se desarrolla en una organización a lo largo del tiempo cuando no existe una misión ni metas o a pesar de que estas existan

estrategia plan global para alcanzar las metas de la organización

estrategias efectivas las que propician que la organización y su entorno estén perfectamente en línea con la consecución de las metas estratégicas

estrés respuesta que presenta un individuo a un estímulo fuerte

etnia composición referente al aspecto étnico de un grupo o una organización

expectativa de esfuerzo a desempeño probabilidad que percibe el individuo de que su esfuerzo conduzca a un gran desempeño

expectativas del desempeño a los resultados percepción del individuo de que su desempeño le llevará a un resultado específico

experiencias los empleos de la persona mientras es estudiante, los puestos profesionales de ingreso, los empleos en una carrera anterior (diferente) a la actual y los ascensos de puestos que contribuyen a la eficacia del director

extinción situación que se presenta cuando una conducta es repetida porque recibe un premio, pero que se suspende cuando no lo recibe

extraversión medida en que una persona se siente cómoda en sus relaciones

F

fabricar actividad que combina recursos y los transforma en bienes tangibles que a continuación son vendidos a otras personas

formulación de la estrategia conjunto de procesos que implica crear y enfocar al diseñar las estrategias de la organización

fortaleza común capacidad organizacional que poseen un número considerable de compañías competidoras

fortalezas organizacionales habilidades y capacidades que permiten a una organización concebir sus estrategias e implementarlas

funciones decisorias los de emprendedor, mediador en conflictos, adjudicador de recursos y negociador

funciones informativas los de monitor, difusor y portavoz

funciones interpersonales los de representante oficial, líder y enlace

G

grupo Delphi el que se usa para configurar una decisión a partir de una opinión consensuada de expertos

grupo nominal el que se suele usar para generar alternativas o ideas creativas o innovadoras

grupos y equipos que interactúan (*para tomar decisiones*) la forma más común de grupos que toman decisiones; se pide a un grupo o a un equipo existentes o recién designados que tomen una decisión

H

habilidades conceptuales la capacidad del director para el pensamiento abstracto

habilidades interpersonales la capacidad del director para comprender y relacionarse con personas y con grupos, así como para motivar a otros para que den su mejor desempeño

habilidades para administrar el tiempo capacidad del director/ gerente/ejecutivo para ordenar sus labores por prioridad, para trabajar con eficiencia y para delegar debidamente

habilidades para diagnosticar la capacidad del director para visualizar la respuesta más conveniente para una situación

habilidades para la comunicación la capacidad de un director para transmitir de forma eficaz ideas e información a otros y recibir de la misma forma las ideas y la información que ellos le proporcionan

habilidades para tomar decisiones la capacidad del director para reconocer y definir con exactitud los problemas y las oportunidades y, a continuación, escoger un curso de acción adecuado para resolver los problemas y aprovechar las oportunidades

habilidades personales las que se derivan o giran en torno al conocimiento de uno mismo, la inteligencia emocional, los valores, la ética, las prioridades, la motivación y el autocontrol

habilidades técnicas la capacidad del director/gerente para desempeñar o comprender tareas relativamente concretas que requieren de conocimientos especializados

I

imitación estratégica práctica de copiar la competencia distintiva de otra compañía y, por lo tanto, de implementar una estrategia valiosa

implementación de la estrategia métodos que sirven para poner en práctica o aplicar las estrategias en la organización

innovación esfuerzo manejado de una organización con el propósito de desarrollar productos o servicios nuevos o con otros usos para los existentes

innovaciones directivas cambios en el proceso de trabajo mediante el cual los productos y los servicios son concebidos, procesados y entregados a los clientes

innovaciones técnicas cambios en el aspecto material o el desempeño de un producto o un servicio, o del proceso físico mediante el cual se crean el producto o el servicio

inteligencia emocional (IE) medida en que las personas se conocen a sí mismas, manejan sus emociones, se motivan a sí mismas, expresan empatía por otros y poseen habilidades sociales

interés por la producción conducta similar a la que se centra en el trabajo o la que inicia una estructura

interés por las personas conducta similar a la que se centra en los empleados o la que exhibe consideración por ellos

intuición lo que se cree de forma innata acerca de algo, sin consideración consciente alguna

J

jornada laboral comprimida laborar las 40 horas de una semana de trabajo completa en menos de los cinco días habituales

jornadas laborales variables desviación de la jornada laboral tradicional que empieza a las 8 o 9 de la mañana y termina a las 5 de la tarde, cinco días a la semana

L

liderar conjunto de procesos que sirven para que los miembros de la organización trabajen juntos a efecto de llevar adelante los intereses de esta

liderazgo (*como proceso*) usar la influencia de uno, sin recurrir a la coacción, para dar forma a las metas del grupo o la organización, motivar la conducta requerida para alcanzar esas metas, y ayudar a definir la cultura grupal o de la compañía, y (*como propiedad*) conjunto de características que se atribuyen a personas que son percibidas como líderes

liderazgo carismático presupone que el carisma es una característica personal del líder

liderazgo estratégico capacidad para comprender las competencias de la organización y de su entorno para dirigir el cambio de esta a efecto de alcanzar y mantener una alineación superior entre ella y su entorno

liderazgo transformacional el que va más allá de las expectativas porque transmite un sentimiento de misión, estimula las experiencias de aprendizaje e inspira otras formas de pensar

líderes personas que influyen en la conducta de otras sin tener que recurrir a la fuerza, o individuos que otras personas aceptan como líderes

locus de control medida en que las personas creen que su conducta tiene un efecto en lo que les sucede

M

maquiavelismo conducta que tiene por objeto hacerse de poder y controlar la conducta de otros

meticulosidad número de metas en las que se enfoca una persona, inclusive la dirección eficaz del tiempo y el cumplimiento de las obligaciones laborales

modelo de la toma racional de decisiones planteamiento prescriptivo que indica a los directores/gerentes cómo deberían tomar sus decisiones; parte del supuesto de que ellos son seres lógicos y racionales y que toman decisiones para bien de la organización

modelo del liderazgo del intercambio entre líder y miembro (LMX) subraya la importancia de las relaciones variables que existen entre los supervisores y cada uno de sus subordinados

modelo directivo (*para la toma de decisiones*) describe cómo se suelen tomar de hecho las decisiones; sostiene que los directores 1) emplean información incompleta e imperfecta, 2) están sujetos a racionalidad limitada, y 3) tienden a "satisfacer" cuando toman decisiones

modificación de la conducta (OB Mod, por sus siglas en inglés) procedimiento integral para usar la teoría del refuerzo

N

neurosis medida en que una persona experimenta comúnmente emociones desagradables, como ira, ansiedad, depresión y sentimientos de vulnerabilidad, en lugar de equilibrio, tranquilidad, resiliencia y seguridad

niveles de la dirección los directores de nivel alto, los de nivel medio y los de primera línea

O

oportunidades organizacionales áreas que podrían generar un desempeño mejor

orden de prioridad capacidad para comprender la importancia relativa de diferentes metas y actividades

organización de servicios aquella que transforma los recursos en productos tangibles y que crea para sus clientes utilidad del tiempo o del lugar

organizar determinar cómo se deben agrupar y coordinar las actividades y los recursos

P

parámetro del control meta que servirá para comparar el desempeño posterior

participación el proceso de permitir a los empleados opinar cuando se toman decisiones relativas a su trabajo

pensamiento de grupo el que se presenta cuando el deseo de cohesión y de llegar a un consenso es más grande que la meta de llegar a la mejor decisión posible

personalidad conjunto relativamente estable de atributos psicológicos que diferencian a una persona de otra

perspectivas de procesos (*para la motivación*) teorías y conceptos que se concentran en la razón por la cual las personas escogen determinadas opciones conductuales para solventar sus necesidades y cómo evalúan su satisfacción después de que han alcanzado esas metas

perspectivas del contenido (*para la motivación*) teorías y conceptos que abordan cuestiones relativas a los factores del centro de trabajo que motivan a las personas

pirámide de las necesidades de Maslow perspectiva de los contenidos que dice que existen cinco niveles de necesidades que se presentan por orden de importancia

plan de pago a destajo cuando la organización paga al empleado una cantidad determinada de dinero por cada unidad que produce

planear establecer las metas de una organización y decidir cuál es el mejor camino para alcanzarlas

planear para contingencias proceso de tomar decisiones, por adelantado, respecto de cursos de acción alternativos que podrían seguirse si la trayectoria pretendida se viese alterada inesperadamente o si resultara inadecuado

planes de pago de incentivos planes individuales de incentivos que premian el desempeño de la persona en tiempo real

planteamiento del árbol de decisiones de Vroom uno que usa los árboles de decisiones para determinar la medida en que se debería propiciar la participación de los subordinados en la toma de decisiones en virtud de las características de la situación

poder capacidad para afectar la conducta de otros

poder coercitivo poder para obligar al cumplimiento recurriendo a las amenazas psicológicas, emocionales o físicas

poder de experto el que se deriva de la información o la experiencia

poder legítimo poder que ha definido la organización que debe ser otorgado a las personas que ocupan un puesto particular

poder para incentivar el que permite dar o no dar incentivos

poder referente el que se basa en la identificación, la imitación, la lealtad y el carisma

presupuesto un plan expresado en términos de números

proceso de la toma de decisiones reconocer y definir la índole de la situación de la decisión, señalar alternativas, elegir la "mejor" alternativa y ponerla en práctica

programa de intervalos fijos el que proporciona refuerzos a intervalos invariables de tiempo, independientemente de la conducta

programa de intervalos variables uno basado en los tiempos para proporcionar refuerzos, pero los intervalos de tiempo entre un refuerzo y otro varían

programa de proporciones fijas el que aporta refuerzos después de un número fijo de conductas, independientemente del tiempo que transcurra entre las conductas

programa de razones variables uno en el cual cambia el número de conductas que se necesitan para cada refuerzo

programas de reparto de ganancias aquellos diseñados para compartir con los empleados los ahorros de costos derivado de una mayor productividad

programas de trabajo flexibles aquellos que proporcionan a los empleados mayor control personal sobre sus horarios de trabajo

propensión al riesgo la medida en que una persona está dispuesta a correr riesgos y a tomar decisiones temerarias

propia eficacia lo que una persona cree respecto de sus capacidades para desempeñar una tarea

R

racionalidad limitada los tomadores de decisiones están sujetos a sus valores, reflejos, habilidades, además de hábitos inconscientes

red de comunicación patrón que usan los miembros de un grupo o un equipo para comunicarse

refuerzo positivo método para reforzar una conducta proporcionando un incentivo después de que se ha desarrollado la conducta deseada

resultados en la teoría de las expectativas: la consecuencias percibidas de una conducta motivada

riesgo incertidumbre respecto de hechos futuros

rotación de empleados tasa de renuncias laborales que presentan los empleados

S

satisfactorio cuando los tomadores de decisiones solo suelen buscar hasta el punto donde identifican una alternativa que satisface un parámetro mínimo de suficiencia, en lugar de desarrollar una búsqueda exhaustiva para encontrar la mejor alternativa posible

simpatía capacidad de una persona para llevarse bien con otras

síndrome de adaptación general proceso de tres pasos: la alarma, la resistencia y el agotamiento

sistema de incentivos los mecanismos formales e informales que sirven para definir, evaluar y compensar el desempeño de los empleados

sustitutos del liderazgo identifica situaciones en las cuales las conductas de los líderes son neutralizadas o reemplazadas por características del subordinado, de la tarea y de la organización

SWOT siglas de *strengths* (fortalezas), *weaknesses* (debilidades), *opportunities* (oportunidades) y *threats* (amenazas), y también: igual al acrónimo FODA en español

T

techo de cristal se refiere a la barrera que impide que las mujeres suban a puestos directivos o de alto nivel en muchas organizaciones

tecnología aquello compuesto por los procesos de conversión que se usan para transformar los insumos (por ejemplo, materiales o información) en productos (por ejemplo, productos o servicios)

teoría de la equidad teoría de los procesos la cual sostiene que las personas tienen motivos para pretender equidad social en los premios que reciben por su desempeño

teoría de la ruta-meta del liderazgo dice que las funciones principales de un líder son ofrecer incentivos valorados o deseados en el centro de trabajo y aclarar al subordinado las clases de conductas que le llevarán a alcanzar las metas y aquellos valorados

teoría de las expectativas perspectiva de los procesos la cual sostiene que la motivación depende de dos cosas: lo mucho que deseemos algo y el peso de la suposición de que probablemente lo obtendremos

teoría de los dos factores de la motivación perspectiva del contenido que se basa en dos dimensiones diferentes, una que va de satisfecho a no satisfecho, y la otra que va de insatisfecho a no insatisfecho

teoría del establecimiento de metas teoría de los procesos de la motivación que presupone que la conducta es un resultado de metas e intenciones conscientes

teoría del refuerzo dice que la conducta cuyas consecuencias son un premio probablemente será repetida, mientras que la de consecuencias que son un castigo tiene menor posibilidad de ser repetida

teoría LPC la primera teoría del liderazgo verdaderamente situacional; dice que el estilo de conducta del líder refleja su personalidad y que la mayor parte de las personalidades caben en una de dos categorías: la del líder que por naturaleza se orienta a las tareas o la del que se orienta a las relaciones

Tipo A individuos que son sumamente competitivos y muy entregados a su trabajo y que piensan que todo es urgente

Tipo B individuos que son menos competitivos y menos entregados a su trabajo, y que creen que las cosas no son tan urgentes

tomar decisiones escoger un curso de acción de entre un conjunto de alternativas

trabajo a distancia el que permite a los empleados laborar parte de su tiempo fuera de la oficina, por lo habitual en su casa

V

valencia en la teoría de las expectativas, un índice del valor que una persona concede a un resultado particular

ventaja competitiva sostenida la que se presenta después de que han terminado todos los intentos por imitar una estrategia

ÍNDICE ANALÍTICO

A

A.G. Edwards, 370
AACSB (American Assembly of Collegiate Schools of Business), 6
Abercrombie & Fitch, 155, 206, 292
Actividades
    control, monitoreo y evaluación de las, 15
    organizar los recursos y las, 15-16
Adaptación como objeto del control, 199
Adidas, 290
Administración de riesgos
    definición de, 169
    propensión al riesgo, 169-170
Adjudicador de recursos como función del director, 18
Advanced Micro Devices, 155
Aer Lingus, 383
Agotamiento como consecuencia del estrés, 65-66
Airbus, 202-204, 285-287
Aladino (película), 329
Alcance, 158
Allaire, Paul, 382
Alstead, Troy, 13
Alternativas para la toma de decisiones
    escoger las, 286-287
    evaluar las, 285-286
    identificar las, 285
    implementar las, 287-288
    reconocer y definir las, 285
Alukos, Basili (cita), 336
Amalfitano, Richard, 345
Amazon.com, 10
Amenazas presentes (modelo de las cinco fuerzas), 158
Amenazas organizacionales, 157
America Pop Inc., 20
American Airlines, 166
American Assembly of Collegiate Schools of Business, 6
American Express, 207
American Messenger, 89-90
American with Disabilities Act de 1990, 116
AmeriHost, 21
Amigos, manejo del estrés y los, 66
Amnistía Internacional, 45
Amoco, 210
Análisis de las fuerzas de campo, superar la resistencia al cambio y, 169
Análisis de razones, 332
Análisis del punto de quiebre, 338-339
    uso de los factores de los costos para el (figura), 338
Análisis FODA, formulación de la estrategia y
    amenazas y oportunidades organizacionales, 157

debilidades organizacionales, evaluación de las, 158
evaluar fortalezas/debilidades de trabajo-vida personal (ejercicio), 350-351
figura, 157
fortalezas organizacionales, evaluación de las, 157-158
usadas para formular, 157-158
Anderson, Abram, 134
Apertura como rasgo de la personalidad, 37
Aplicación, crecimiento de la, 162
Aplicación, lanzamiento de la, 161-162
Apple Computer, 162, 165
Aportaciones, contratos psicológicos y, 106
Árbol de decisiones de Vroom
    acerca del, 291
    impulsado por el desarrollo (figura), 296
    impulsado por el tiempo (figura), 295
    planteamiento del, para la toma de decisiones, 294
Árboles de decisiones, 294-296, 342-343
Áreas de la dirección, 14
Arkin, Alan, 215
Arte de la administración, 32-33
Arthur Andersen, 284
Associated Press, 14
AT&T, 66, 212
Atkinson, J.W., 139
Atlántida: el imperio perdido (película), 329
Atribución de facultades
    definición de, 291
    motivación y, 210
    técnicas y asuntos del, 211
Ausentismo, 124-125
Autoestima como rasgo de la personalidad, 38
Autoevaluación
    calidad y productividad, definición de, 359
    calificación como director, 24
    capacidades mentales, evalúe sus, 29, 48
    carismático, 364-365
    clima organizacional, 191-193, 228-230
    conducta del director y/o gerente, cuestionario, 364-366, 387
    control, entender el, 324-325
    correr riesgos personales, 152-153, 184-185
    creatividad, habilidades conceptuales, 147-150, 184

cuestionario acerca del estilo para resolver problemas, 271, 315
cuestionario de habilidades para la realimentación, 239-240, 269
cuestionario para calificar las bases de poder, habilidades técnicas, 322-323, 359
desarrollo de habilidades y, 31 (figura), 32
diferencias de género en la comunicación, 240-241
efectividad del equipo, 100-102, 140
equipos, uso de, 102, 103
escala de actitudes innovadoras, 150-152, 184
estilo para aprender, ¿cuál es el suyo?, 28-29
estilo de retroalimentación, 192
habilidades conceptuales, establecimiento de metas, 146-147, 182-184
habilidades interpersonales, 137-140
habilidades para administrar el tiempo, 52-53, 55-57
habilidades diagnósticas, 227-229
habilidades para la comunicación, 237-239, 266-269
habilidades para planificar, 53, 95
habilidades para tomar decisiones, 274, 278-280, 314-317
habilidades técnicas, 357-358
implicación en el trabajo, 100-101, 141
manejo del estrés, 54-55, 95
    metas del aprendizaje, propias y ajenas, 43-44
muestrario de control interno-externo, toma de decisiones, 274-275, 315
necesidades, 100, 140-141
orientación técnica, 325-327, 359-360
perfil de habilidades básicas para la dirección, 6-7, 24
perfil de la personalidad tipo A, 94-95
preferencias por una estructura
    las estructuras organizacionales, 195-196
tipo de personalidad, 132-134
usar equipos, 140
Autoridad, delegación y (figura), 59
Autoritarismo como rasgo de la personalidad, 38
Ayling, Robert, 383

B

Babcock International, 382
Baby boom, generación del, 115, 120
Baby Mama (película), 255
Baesler, Randy (cita), 286
Balance general, 332
Ballmer, Steve (cita), 60
Banco Mundial, 11
Banyu, 180
Barreras del individuo para la comunicación, 252-253
Barreras organizacionales para la comunicación, 253-254
Barreras para la comunicación
    individuales, 252-253
    organizacionales, 253-254
    superar las (tabla), 254
    tabla de las, 253
Battelle, 225
Battle Creek Toasted Corn Flake Company, 178-179
Baymont Inns, 21
Because I Said So (película), 256
Beecham Group, 123
Bergin, Patrick, 216
Best Apparel of Seattle, 133
Best Buy, 12
Bissinger, H.G., 126, 379
BizFlix films, 171, 216, 255, 345, 379
Black, Lucas, 126
Blankfein, Lloyd (cita), 64
Blumenthal, Neil, 11,
BMW, 41
Body Shop, 44-45
Boeing, 41, 119, 199, 202, 283, 285, 286, 287
Booth, Lewis (cita), 34
Branson, Richard (cita), 374
Brin, Sergey, 15
British Airways, 385
Brodsky, Norma, 59-60
Bromas en el centro de trabajo, 118
Broyhill, muebles, 328
Brújula organizacional (figura), 12
    áreas de la dirección, 14
    definición de, 12
    niveles de la dirección, 13-14
Burch, Tory (cita), 155
Bureau of Labor Statistics, 299-300
Busfield, Timothy, 299
Bush, George W., 221, 377

C

Cadena de conjuntos que comunican rumores, 250
Cadena de rumores, 250
Cadena de rumores, comunicaciones organizacionales informales, 250-251